中国古典名著译注丛书

大唐西域记译注

上

〔唐〕玄奘 撰著
〔唐〕辩机 编次
芮传明 译注

中华书局

图书在版编目(CIP)数据

大唐西域记译注/(唐)玄奘撰著;(唐)辩机编次;芮传明译注. —北京:中华书局,2019.7(2024.9 重印)
(中国古典名著译注丛书)
ISBN 978-7-101-13911-2

Ⅰ.大… Ⅱ.①玄…②辩…③芮… Ⅲ.①西域-历史地理-唐代②《大唐西域记》-译文③《大唐西域记》-注释
Ⅳ.①K928.6②K935.06

中国版本图书馆 CIP 数据核字(2019)第 106369 号

书　　名	大唐西域记译注(全二册)
撰 著 者	〔唐〕玄　奘
编 次 者	〔唐〕辩　机
译 注 者	芮传明
丛 书 名	中国古典名著译注丛书
封面题签	徐　俊
责任编辑	朱立峰
封面设计	许丽娟
责任印制	陈丽娜
出版发行	中华书局

　　　　　　(北京市丰台区太平桥西里 38 号　100073)
　　　　　　http://www.zhbc.com.cn
　　　　　　E-mail:zhbc@zhbc.com.cn

印　　刷	河北博文科技印务有限公司
版　　次	2019 年 7 月第 1 版
	2024 年 9 月第 5 次印刷
规　　格	开本/880×1230 毫米　1/32
	印张 28½　插页 4　字数 650 千字
印　　数	11001-12500 册
国际书号	ISBN 978-7-101-13911-2
定　　价	112.00 元

目　录

前　言

一、《大唐西域记》的作者问题

《大唐西域记》是唐初高僧玄奘西行求法，历十七年，经百余国，凡五万余里的游记。该书内容丰富，涉及中亚、西亚、南亚地区内许多国家的山川地形、城邑关防、交通道路、风土习俗、物产气候、语言文字、政治经济、文化宗教等各个方面，并有不少佛教故事传说。此书早在古代就已成为名著，降及近现代，更是蜚声士林，在国内外产生了巨大影响。然而，《西域记》如此赫赫有名，其作者却至今未能完全肯定——至少未被学术界一致公认，从而难免令人遗憾。在此则首先谈论它的作者问题。

当今所见的《大唐西域记》的印本，自北宋本以下，每卷卷首的作者题名，都分列成这样两行：

三藏法师玄奘奉诏译

大总持寺沙门辩机撰

这一题名款式十分特殊，也很难理解。似乎此书乃是由玄奘译自梵文；但是为何同时又称辩机撰写？现代有的研究专著则将玄奘和辩机都视为作者（例如，季羡林等《大唐西域记校注》封面署为"玄奘　辩机原著"），似乎也不确切。我赞成将玄奘看成作者，而辩机只是加以润色和编排的观点。兹申述理由如下。

　　清朝乾隆年间，王鸣盛在其《十七史商榷》卷九十二"西域记"条下指出："《旧·方伎传》：'僧玄奘……撰《西域记》十二卷。'……考石刻太宗御制《圣教序》，及高宗为太子时制《述圣记》，宏福寺沙门怀仁集王羲之书，并钱希白《南部新书》辛卷所载，与《旧书》略同。《玉海》第十六卷云：'唐《西域记》十二卷，玄奘译，辩机撰。'今佛藏有此，卷首并列二僧名。据《旧书》云云，则玄奘所译乃佛经。此书玄奘自撰，何译之有？辩机恶僧，岂能著书？《玉海》非是，藏本承其误耳。"王氏谓辩机恶僧，不能著书（辩机守身不正，曾与高阳公主私通，事泄后，被太宗腰斩），此言固然不合逻辑；但是他清楚指出辩机并非《大唐西域记》的作者，则颇有根据和见地。事实上，唐代的许多著述中都声称此书乃玄奘所撰。例如，贞观二十年（646年）七月十三日，玄奘在其所上的《进西域记表》中说道："至于玄奘所记，微为详尽，其迂辞玮说，多从蠲弃，缀为《大唐西域记》一十二卷，缮写如别。"道世在其撰成于高宗总章元年（668年）的《法苑珠林》卷一百《杂集部》记云："《大唐西域传》十三卷，右此一部，皇朝西京大慈恩寺沙门玄奘奉敕撰。"又，慧琳在其成于宪宗元和（806—820年）初的《一切经音义》卷八十二清楚标明，《大唐西域记》乃是"三藏沙门玄奘奉敕撰"。其它如《开元释教录》、《贞元释教录》等唐代佛教典籍也都只称《大唐西域记》为玄奘所撰，而不称玄奘译，并绝不提及辩机的名字。由此可知，所谓"辩机撰"的题款，只是宋代及其以后的事情。

　　为什么宋代会将辩机误解成《大唐西域记》的作者？贺昌群在其《大唐西域记之译与撰》一文中是这样解释的：唐代道宣所

著《大唐内典录》卷五列出玄奘所译大、小乘经论六十七部，最末为《大唐西域记》十二卷，总称"京师大慈恩寺沙门玄奘奉诏译"（未提辩机之名）；显然，这种题款极易使人误认为《大唐西域记》也属玄奘翻译的佛经之列，遂启后世称《西域记》为玄奘所译之端。此后，宋太祖在开宝四年（971年）开雕蜀板藏经，既误据《内典录》之题款，又因辩机《记赞》中有"爰命庸才，撰斯方志"一语，遂题成"辩机撰"。后世因袭之，致有此误。这一解释言之成理，很可能符合——或者至少接近——事实。

　　至于辩机在《大唐西域记》的成书过程中究竟起了什么作用？我认为，周连宽的观点是可以接受的（见氏著《大唐西域记史地研究丛稿》"附录一"）：比较接近事实的说法是，辩机整理玄奘所得材料而成书。《记赞》中"恭承志记，伦次其文"一语表明，玄奘交给辩机的原稿，很可能已是《志记》，辩机不过加以编次排比而已。道宣《续高僧传》卷四《玄奘传》云："（玄奘）微有余隙，又出《西域传》一十二卷，沙门辩机，亲受时事，连缀前后。"这实际上正是道宣为自己《大唐内典录》中《西域记》条所作的注解。当时道宣是玄奘译经的助手之一，其言可信。所以，"沙门辩机，亲受时事"当理解为：辩机接受玄奘游历各国所记当时的事情；"连缀前后"，则应理解为：辩机把玄奘原稿的内容连贯排比成为一部更有系统的著述。有鉴于此，应该把现行《大唐西域记》的著录款式改正为"唐释玄奘撰　辩机编次"。

二、玄奘的生平

在叙述玄奘的生平事迹之前，有两个关键的时间问题必须首先予以澄清，即，玄奘的诞生年份或其年寿问题，以及玄奘出发西行的年份问题。显然，这两个时间关系到玄奘一生中其它重大活动的时间，不能轻易忽略。

（一）玄奘的生卒年份

玄奘是一位具有深远影响的历史人物，但是，对于他的年寿，唐人的传记、行状、塔铭、经录等的说法各不相同；即使在同一篇文章内，其前后年岁的记载也自相矛盾。所以，这一问题迄于现代仍然众说纷纭，未有定论。在唐人的记载中，对于玄奘卒于高宗麟德元年（664年）二月初五夜半的说法并无异辞；但是，由此逆推其出生年份与年寿，则有不少异说。主要有如下几种：

甲、六十三岁说　冥祥《大唐故三藏玄奘法师行状》（约成于玄奘逝世的同年四月间）记云：“麟德元年……（玄奘）谓弟子及翻经僧等：‘有为之法，必归磨灭，泡幻之质，何得久停。今麟德元年，吾行年六十有三，必卒于玉华。若于经论有疑，宜即速问，勿为后悔。’”由此逆推，则玄奘应生于隋文帝仁寿二年（602年）。对于此说，不少中外学者持赞同意见。例如，陈垣《释氏疑年录》及《书内学院新校慈恩传后》、刘汝霖《唐玄奘法师年谱》、朱东润《大慈恩寺三藏法师传述论》、田光烈《玄奘哲学思想中之辩证法因素》、堀谦德《解说西域记》、前岛信次《玄奘三藏》等都持这一观点。

乙、六十五岁说　道宣《续高僧传》（成于玄奘逝世的翌年）卷四《玄奘传》记云：“麟德元年，（玄奘）告翻经僧及门人曰：‘有为之法，必归磨灭，泡幻形质，何得久停。行年六十有五矣，必卒玉华。于经论有疑者，可速问。’”由此逆推，则玄奘应生于隋文帝开皇二十年（600年）。陈思《唐玄奘法师年谱》、蒋维乔《中国佛教史》、吕澂《玄奘法师传略》、道端良秀《唐代佛教史研究》、望月信亨《望月佛教大事年表》等均从此说。

丙、六十九岁说　慧立原著、彦悰笺补的《大慈恩寺三藏法师传》（成于玄奘逝世后的第二十四年，即武后垂拱四年）卷十载云：“至（显庆）五年春正月一日，起首翻《大般若经》。……（玄奘）谓诸僧曰：‘玄奘今年六十有五，必当卒命于此伽蓝。经部甚大，每惧不终，人人努力加勤，勿辞劳苦。’”据此，显庆五年（660年）时玄奘已经六十五岁，则其诞生年份当为隋文帝开皇十六年（596年），亦即是说，玄奘应当享年六十九岁。梁启超《支那内学院精校本玄奘传书后》、苏渊雷《玄奘》、向达《玄奘法师》等均持此说。

以上三种说法所据的原始资料中，《慈恩传》成书时间最晚，并且先由慧立写成五卷，后由彦悰竭力搜寻早先流散的五卷，再加补充整理，才成现有的十卷；所以，其权威性不及前二者。换言之，六十九岁说恐怕有误。至于前二种说法相比较，《续高僧传》的作者道宣是一位著名的佛教史学家，其记载应当更为严谨；次外，有更多的原始资料证实《续高僧传》之说。所以，可能六十五岁说更为接近事实。杨廷福亦持六十五岁说（见氏著《玄奘论集》“玄奘年寿考论”篇），并具体地论证了这一观点。其主要论据可以概括如下：

甲、六十五岁之说始于道宣的《续高僧传》。而道宣则是玄奘的同辈人（生于596年）；并从玄奘开始在弘福寺译经之时，就在译场掌缀文，后又在西明寺充任上座，与玄奘一起译经，直到玄奘去世，道宣几乎始终在京师。两人的关系非常密切。故按常情论，以道宣这样的身份，不至于搞错玄奘的年寿。

乙、道宣的写作态度严肃认真，以《续高僧传》为例，他力求查明所传者的生卒年月，凡不可考见，均付之阙疑；而书中又以《玄奘传》用力最勤，篇幅最长，故玄奘之年岁不应有误。此外，玄奘逝世，高宗为之罢朝，"京城道俗，奔赴哭泣日数百千"（语见《慈恩传》卷十）；而当时道宣正在长安，不久后即成《续高僧传》。按此背景推测，难道道宣还会不知道玄奘的正确年岁？

丙、《慈恩传》和《塔铭》均谓玄奘十三岁在东都蒙大理卿郑善果的器识，始得引渡出家。按玄奘享年六十五岁计算，是年为大业八年（612年）；而据《隋书·炀帝纪》、《樊子盖传》、《裴矩传》、《旧唐书·郑善果传》等，郑善果于大业八年恰好在大理卿任上。这为六十五岁说又添一证。

丁、《慈恩传》卷九所载显庆二年九月二十日玄奘之《请入少林寺表》中有"岁月如流，六十之年，飒焉已至"句。按词义训释，"飒焉已至"乃是"倏然将临"之意；则若以玄奘享年六十五岁计，显庆二年为五十八岁，与"六十之年，飒焉已至"之辞完全吻合。反之，与其它年寿说均相矛盾。

戊、旧抄本《重请入山表》当是玄奘手笔，其中说道："沙门玄奘言：……自奉诏翻译，一十五年，夙夜匪遑，思力疲尽。

行年六十，又婴风疹，心绪迷谬，非复平常，朽疾相仍，前途讵几。"玄奘从贞观十九年（645年）开始译经，上表时为显庆四年（659年），其间恰为十五年；是年玄奘既然自称六十岁，则他去世时（麟德元年，即664年）为六十五岁可无疑问。

（二）玄奘西游的首途年份

关于玄奘西行首途的年份，曾经有过激烈的争论，大致可以分为贞观元年说、二年说、三年说。梁启超提出四证，首创元年说（见其《中国历史研究法》第五章、《佛学研究十八篇》附录三、《支那内学院精校本玄奘传书后》等）；其后冯承钧、刘汝霖、曾了若、黄忏华、向达、任继愈、田光烈、杨廷福，以及日本学者前岛信次均从之。丁谦则主二年说："唐太宗贞观二年，东都僧玄奘遍游五印度，至贞观十九年返，前后凡十七年。"（见氏著《大唐西域记地理考证》，《浙江图书馆丛书第二集》）吕澂及日本学者宇井伯寿等都曾经赞成此说。陈垣竭力主张三年说（见氏著《书内学院新校本慈恩传后》）；嗣后，研究中国哲学史、佛教史与中西交通史的学者如陈思、张星烺、蒋维乔、周叔迦、朱东润、苏渊雷等均从同之。

一篇很有说服力的文章是杨廷福的《玄奘西行首途年月考释》。他通过五个方面的探讨，得出玄奘在贞观元年八月西行首途的结论。这五个论据是：

甲、玄奘译毕《菩萨藏经》后与《西域记》同时奏上的《请御制三藏圣教序表》（载《广弘明集》卷二十二）说道："奘以贞观元年往游西域，求如来之秘藏，寻释迦之遗旨，总获六百五十七部。"故其它典籍之所以作"三年"，很可能是因为"元"、"三"

两字形近而产生传抄之误。

乙、西突厥可汗统叶护确实死于贞观二年；所以，玄奘只有在贞观元年启程，才有可能在二年初夏抵达素叶城，与统叶护可汗晤面。

丙、有人认为玄奘会见的突厥可汗乃是统叶护之子肆叶护，而非统叶护本人。实际上，种种史料都表明，玄奘所会见的确是统叶护，而非肆叶护。因此，玄奘不可能在贞观三年首途。

丁、玄奘抵达高昌后，高昌王麴文泰礼敬备至，与玄奘结为兄弟，再三挽留；玄奘在那里也确实逗留了好长一段时间。然而，按《通鉴》所记，贞观四年十二月，高昌王麴文泰曾经入朝唐廷。因此，按时间推算，玄奘只有于贞观元年首途西行，才来得及在高昌与麴文泰相聚许多时日；若于贞观三年动身，则高昌王不可能在离国赴中原之前与玄奘久聚，甚至二人在中途交错而过也未可知。

戊、各种史料均谓玄奘往返西域达十七年。仔细统计玄奘的行程以及在各地淹留的时间，确实需要十七足年。玄奘在返程中曾被于阗王挽留，未能立即回到中原，故曾修表遣人先送朝廷，其表文有“历览周游，一十七载”之语；而当时正值贞观十八年。所以，玄奘唯有在贞观元年首途，才可能使用这一措辞；若在贞观三年启程西行，无论如何谈不上“历览周游，一十七载”。

（三）玄奘的生平事略

玄奘于隋文帝开皇二十年（600年）诞生于陈姓之家。相传其远祖是后汉时颍川郡许县（今河南许昌县东）人陈仲弓。玄奘以上四代为官。高祖名湛，任北魏清河太守；曾祖名山，任北魏征东将军、南阳郡开国公；祖父名康，北齐国子博士，转司业，又转礼部侍郎，始移居洛阳附近，后成为缑氏县（今河南偃师县南）人；父名惠，曾任陈留县令、江陵县令。玄奘之二哥名素，出家后法名长捷，也是一位著名的僧人。

玄奘自小勤奋好学，得其二兄长捷的直接指导，对于佛学更是爱好。隋炀帝大业八年（612年），他得大理卿郑善果的特别赏识，在洛阳出家，时年方十三。玄奘十九岁时（618年），离开洛阳，前赴长安；旋即经汉中一带南入成都，在此逗留较久（约619—622年），听道基、宝暹等讲法，数年之间，熟习佛教各部学说。玄奘并在成都受具足戒，成为完全的僧人，时当唐高祖武德五年（622年）。此后，他又赴荆州、相州、赵州等地求学，然后约于武德九年（626年）年底返回长安，住大觉寺，并就道岳、法常、玄会等学《俱舍论》等佛经。所以，玄奘在西行之前，已在国内就学于十三位佛家名师，几乎尽通中国的佛学。

玄奘越来越不满足于中国佛学的紊乱状况，有许多问题均未得到彻底解决；同时又受来自印度那烂陀寺的高僧明友的影响，遂决心前往印度直接探索佛学的精髓，并取《瑜伽师地论》。当他终于踏上西行的征途时，已是贞观元年（627年）八月。玄奘取道如今的甘肃、新疆，历经西域诸国，行程数万里，遭遇了种种艰难险阻，才到达北印度。在北印度又经十余国，始抵当时印度佛教的最高学府那烂陀寺。时当贞观五年（631年）十月初，玄奘三十二岁。此时那烂陀寺的主持是著名高僧戒贤大师；据说戒贤已经一百多岁，是为了等候玄奘才继续留在人世的。戒贤对玄奘异常器重，特遣四位长老、两百余僧、千余施主迎接玄奘进入那烂陀寺。玄奘在那烂陀寺求学、研究，前后共达五年。在那里听戒贤大师讲授《瑜伽师地论》共三遍，又听《顺正理》一遍，《因明》、《声明》、《集量》等各二遍，《中论》、《百论》各三遍；同时又学婆罗门教经典及梵书，对印度的语言也下了一番功夫，为归国后的翻译事业奠定了良好的基础。

玄奘旅印期间，还去其它各地游学，拜访过不少名师，参观了许多古迹，获得了广博的知识。贞观十五年（641年），玄奘辞别北印度的雄主戒日王，启程回国，时年四十二岁。

贞观十九年（645年）正月，玄奘"倍途而进"，于二十四日行抵长安西郊漕上，由于民众奔凑观礼，前进不得，只能留宿于此。房玄龄遣右武威大将军侯莫陈实等前往迎接；玄奘遂于二十五日进入长安城。玄奘从印度带归中国的，除了一些如来舍利和佛像外，尚有佛教的经、律、论共五百二十夹，计六百五十七部，用二十四匹马驮载。

同年二月，玄奘应召前往洛阳行宫晋见太宗；嗣后即奉诏回长安弘福寺组织规模宏大的佛经译场，开始翻译事业。玄奘从贞观十九年五月，一直到麟德元年正月，即他逝世前一个月，差不多整整十九年的时间内，都在率领学问僧们勤勤恳恳地从事译经工作。《慈恩传》卷七描述玄奘的日常生活道："自此以后，专务翻译，无弃分阴。每日自立程课，若昼日有事不充，必兼夜以续之。遇乙之后方乃停笔。摄经已，复礼佛行道，至三更暂眠，五更复起，读诵梵本，朱点次第，拟明旦所翻。每日斋讫，黄昏二时讲新经论，及诸听学僧等恒来决疑请义。……日夕已去，寺内弟子百余人咸请教诫，盈廊溢庑，皆酬答处分无遗漏者。"在这十九年间,玄奘除了有时奉诏入宫伴随皇室外,大部分时间都在长安的弘福寺、大慈恩寺、西明寺以及长安以北的玉华宫寺进行翻译。由他主持翻译的佛教经籍,共计七十五部,一千三百三十五卷,不但数量巨大,质量也臻上乘。

唐高宗麟德元年二月五日夜半,玄奘法师在玉华宫寺辞世,终年六十五岁。消息传到长安,文武百官以及僧俗人等莫不悲悼,高宗为之罢朝数日。四月十四日,遵照玄奘遗嘱,葬于浐水之滨白鹿原,五百里内执拂者不计其数。总章二年(669年),有敕迁葬玄奘于樊川北原,营建塔宇。神龙元年(705年),敕在东、西两京各建一佛光寺,追谥玄奘为大遍觉法师。

三、《大唐西域记》的主要成就和特色

《大唐西域记》是我国古代极为重要的一部地理著述。它不但使中国地理学达到空前的水平,对于印度以及亚洲其它地区的地理学也做出了巨大的贡献。在玄奘之前,虽然早有不少地理著作,但它们不是夹杂着浓重的神话传说成份(例如《禹贡》、《山海经》、《穆天子传》等),就是叙述范围较小(例如《法显传》、《惠生行传》等)。玄奘西行的时代,在中国方面,正值唐代一统天下,声威逐渐远播之时,所以在今新疆等地的旅行颇为顺利;此时西突厥政权在中亚等地的"强制和平"又有助于他在该地区的活动;至于北印度,也恰值笃信佛教的戒日王雄霸之时,这大大有利于玄奘在那里的求学和旅行。玄奘因此得以比较顺利地通行各国,从而比较具体地记载各地的地理状况。玄奘回国以后,唐太宗出于"扬威四海"的强烈愿望,迫切希望玄奘迅

速写出此书。这是《大唐西域记》的内容较诸以前各种地理书更为详细，更为真实的重要原因之一。《大唐西域记》所记述的国家达一百三十八个以上，分布的范围则以中亚、南亚为主，兼及西亚、小亚；其中绝大部分都是他亲履之地，大多数地理、交通描绘都真实可信，所载佛教古迹也多凿凿有据，不少记载已为现代考古发掘所证实。所以，即使仅就古代地理学而言，《大唐西域记》也完全称得上是一部杰出的著作。

　　《大唐西域记》的另一个重大贡献在于历史方面，即是在印度历史、印度佛教史及中西交通史方面的巨大史料价值。古代印度人在哲学、自然科学方面都有很高的造诣，但是缺乏历史观念，没有给后人留下哪怕仅仅一部的翔实史籍。马克思也曾慨叹："印度社会根本没有历史，至少是没有为人所知的历史。"（见其《不列颠在印度统治的未来结果》）因此，玄奘的这一著作，被研究印度历史的学者们公认为极其宝贵的历史资料。印度史学家辛哈、班纳吉说："中国的旅行家如法显、玄奘，给我们留下了有关印度的宝贵记载。不利用中国的历史资料，要编一部完整的佛教史是不可能的。"（见他们合著的《印度通史》）英国的著名印度史学家史密斯也曾说："对于玄奘对印度历史的贡献，无论怎样评价也不会过高。"（见 V.A.Smith, *The Oxford History of India*）《大唐西域记》对于印度历史上的许多重大事件都有所记述，例如关于伟大的语法学家波你尼，关于毗卢择迦王讨伐诸释，关于阿育王与太子拘浪拿的故事等；至于对贵霜王朝雄主迦腻色迦、公元 7 世纪上半叶北印度统治者戒日王等人的描述则更为详细。关于佛教史，《大唐西域记》保留的资料还要多。佛教史上几次著名的集结，除了南传佛教承认的阿育王集结外，其它的活动也都被记载下来；大乘佛教的许多大师，如马鸣、龙猛（龙树）、提婆、无著、世亲等人的活动情况，书中也有不少描述。另一方面，《大唐西域记》还谈到了释迦牟尼的生卒年份，而这对于印度历史年代的确定，起着关键性的作用（当然，尚有其它汉文史籍也谈及了这个问题）；释迦的生卒年份确定后，此前和此后的重要事件的年代才有可靠的依据，才能真正谈到历史。有的史学家形象地说，在古代印度没有年代的一片黑暗中，有一根闪光的柱子，这就是释迦牟尼的生卒年代。

　　《大唐西域记》不仅解决了其它史籍所没有解决的问题（例如关于印度当时的政治经济状况，关于重大历史事件，关于宗教力量的对比，关于佛教的结集，关于小乘部派的分布情况等），还提出了不少值得研究、解决的新问题。季羡林在《大唐西域记校注》的《前言》中指出，玄奘提及的各国的语言情况，至今尚未完全获得证实，有待于进一步探讨研究。提婆达多是释迦牟尼的死敌，他与释迦在当年的斗争，对于后世大乘佛教的教义和发展有否关系？这又是一个非常值得思考的问题。此外，玄奘所记印度的若干社会制度、风俗习惯也有待于继续深入地搞清楚。

　　以上只是简要地提及了《大唐西域记》的主要价值，而其实际贡献远远不止这些。它不但拓宽了当时中国人的眼界，以及为后世保存了珍贵的史料，并且还对中国日后的文化艺术施加了巨大的影响。由《大唐西域记》敷衍而成的著名古典小说《西游记》，便是生动的一例。真正能够流芳百世、永垂千古的作品，取决于它的内在价值，而不是依靠人为的吹嘘。

四、译注说明

最后，为方便读者阅读，再对本书的结构和体例等问题略作介绍和说明。

本书的原文以章巽校点的《大唐西域记》（上海人民出版社，1977年）为底本，基本抄录，只是将相应的繁体字改作简体。对于因古籍版本不同以及笔误或印刷错误而产生差异的个别字，则主要参考比对季羡林等撰写的《大唐西域记校注》（中华书局，1985年），推敲后做出修正。对于这些改动（也包括与底本有所出入的少量标点），不再逐一作注说明，以免文字过于琐碎。

全书对原文的三个《序》、十二卷正文，以及书末的《跋》和《赞》，均以原文、注释和译文三种形式予以介绍。由于内容较为丰富，故每卷（包括《序》和《赞》）都按地区或内容分割成数节，用阿拉伯数字标志序号。每节开首设置"题解"，以概括本节主要内容或其特色。每节又复分成若干更小的段落（在正文中，通常以单独一国或一城为限），以小数点后的数字为序，如1.1、1.2等。

对于全书注释中直接引用原句或重要观点的近现代著述，通常都用略称标志，其全称及相关信息则列于书末的略称表内，以供读者进一步查考。对于大量引用的古代史籍以及作为综合性和全面参考的近现代著述，除个别外，不再一一列出，以免过于冗长。

本书最初撰写于20世纪90年代初。当时，始终得到恩师章巽教授的直接指导，并且在参考资料方面获得大力支持；同时，

对于季羡林等的《大唐西域记校注》和《大唐西域记今译》也多
所参考；又，挚友余太山曾对本书提过极为有益的建议。我在此
一并致以衷心的感谢。有关本书这一新版的来龙去脉，可参看
书末所附的"译注后记"，在此不赘。

芮传明

初成于 一九九三年元月

再记于 二〇一八年三月

序

【题解】

本序由敬播撰写。敬播为蒲州河东人，于贞观初擢为进士。曾参与颜师古和孔颖达的《隋史》编纂工作，与令狐德棻等人合撰《晋书》，以及与许敬宗合撰《高宗实录》、《太宗实录》。房玄龄曾称他为"陈寿之流"，并因颜师古注《汉书》过繁，令敬播撰其要为四十篇。敬播历任著作佐郎、太子司议郎、谏议大夫、给事中，后坐事出为越州长史，徙安州刺史而卒。本序可分为两大部分：第一部分概括了历代以来中原王朝与域外的交通，但是强调指出，大唐以前从未翔实而深入地介绍过天竺的佛学和经文，唯有本朝才完成了这一伟大事业；第二部分则简述玄奘法师西行求法的过程，以及他在将佛经引入中原王朝，使中土人了解域外状况方面的巨大贡献。

1.1　窃以穹仪方载之广，蕴识怀灵之异，《谈天》^①无以究其极，《括地》^②讵足辩其原？是知方志^③所未传，声教所不暨者，岂可胜道哉！详夫天竺^④之为国也，其来尚矣。圣贤以之叠轸^⑤，仁义于焉成俗。然事绝于曩代，壤隔于中土，《山经》^⑥莫之纪，《王会》^⑦所不书。博望凿空，徒实怀于邛竹；昆明闭道，谬肆力于神池^⑧。遂使瑞表恒星^⑨，郁玄妙于千载^⑩；梦彰佩日^⑪，秘神光于万里。暨于蔡愔访道，摩腾入洛，经藏石室，未尽龙宫之奥，像画凉台^⑫，宁极鹫峰^⑬之美？自兹厥后，时政多虞。阉竖称权，愦东京而鼎峙；母后成衅，剪中朝而幅裂；宪章泯于函、雒，烽燧警于关塞，四郊因而多垒，况兹邦之绝远哉^⑭！然而钓奇之客，希世间至。颇存记注，宁尽物土之宜；徒采《神经》^⑮，未及真如^⑯之旨。有隋一统，实务恢疆，尚且眷西海而咨嗟^⑰，望东离^⑱而杼轴^⑲。扬旌玉门^⑳之表，信亦多人；利涉葱岭^㉑之源，盖无足纪。曷能指雪山^㉒而长骛^㉓，望龙池^㉔而一息者哉？良由德不被物，威不及远。我大唐之有天下也，辟寰宇而创帝图，扫搀抢而清天步^㉕。功侔造化，明等照临。人荷再生，肉骨豺狼之吻；家蒙锡寿，还魂鬼蜮之墟。总异类^㉖于藁街^㉗，掩遐荒于舆地^㉘。苑十洲而池环海^㉙，小五帝^㉚而鄙上皇^㉛。

【注释】

①战国时代的齐人驺衍之术迂大而闳辩，故国人号之为"谈天衍"；他所撰之书则称为《谈天》。刘向《别录》："驺衍之所言，五德终始，天地广大，书言天事，故曰《谈天》。"

②《括地》，当是大禹所得之地理书《括地象图》的简称。《尚书纬刑德放》："禹长于地理水泉九州，得《括地象图》，故以为司空。"《周礼·春官·保章氏》贾公彦疏引作《括地象》。又，唐初魏王泰曾命萧德衍、顾胤等辑《括地志》；但敬播在此所称的《括地》恐怕不是指该书。

③"方志"当即"地志"，乃是记载地理沿革之史志的泛称；由于古人认为天圆地方，称地为"方州"，遂产生"方志"一名。此名常与同为

泛称的"山经"并提，韩愈《南山》诗云："吾闻京城南，兹维群山囿。东西两际海，巨细难悉究。山经及地志，茫昧非受授。"

④天竺，亦作天笃、天督、天毒、身毒等，今印度之古名。《括地志》云："天竺国有东、西、南、北、中央天竺国，国方三万里。"关于五印度，释见卷二1.2注①。

⑤叠，义为重复、数量多。轸，原义为车厢底部四面之横木，戴震《考工记图》："舆下四面材合而收舆谓之轸，亦谓之收。"但在此的"轸"则为车的代称，《后汉书·左雄、周举、黄琼传论》："往车虽折，而来轸方遒。"故这里的"叠轸"一词是形容车马频繁，比喻天竺不断涌现圣贤之士。

⑥《山经》，在此恐怕不是特指古代地理名著《山海经》（《山海经》的作者和时代迄今未成定说，最早可上溯至禹、益，《吴越春秋·越王无余外传》："（禹）巡行四渎，与益夔共谋。行到名山大泽，召其神而问之山川脉理、金玉所有、鸟兽昆虫之类及八方之民俗、殊国异域土地里数，使益疏而记之。故名之曰《山海经》"），而是对所有地理著述的泛称；犹如上文注③所言，"山经"常与"方志"并提，泛指地志。《宋史·刘敞传》："学问渊博，自佛老、卜筮、天文、方药、山经、地志，皆究知大略。"显然，"山经"为同一类书的统称。

⑦《王会》，乃先秦古籍《逸周书》中的一篇，记载四方诸侯入朝的盛况。《逸周书》多记周初事迹，连序在内，共计七十一篇。

⑧按《汉书·张骞传》，张骞在西汉武帝时期（前141—前87年）数度出使西域，是为中原王朝与西域进行官方交往之始，故称此举为"凿空"（开通之义）。他于元朔六年（前123年）被封为博望侯。张骞在大夏国（兴都库什山与阿姆河上游之间，当今阿富汗北部地区）曾见

转购自印度的邛山（位于今四川荣经县西南）竹杖，因而断定蜀中有交通道可通印度，遂建议武帝经略西南。然而汉使至昆明受阻，终未能通。又据《汉书·武帝本纪》，武帝曾于元狩三年（前120年）发谪吏在长安西南挖掘昆明池，周回四十里，模拟昆明国之滇池，用以操习水战，旨在日后征讨阻隔汉使的昆明国。这里的"神池"即是指这个昆明池。

⑨ 古人相信，上天为预告或赞叹将要出现的善事，便有不可思议的现象产生，这就称为祥瑞。佛陀降诞之时，出现包括星辰在内的种种祥瑞，所以序文在此称"瑞表恒星"。《法苑珠林》卷八《千佛篇·降胎部》详引诸经所载释迦牟尼诞生时的祥瑞，其中有不少是星辰示现的吉兆。例如，引《因果经》云："尔时菩萨欲降母胎，即乘六牙白象，发兜率宫，无量诸天作诸妓乐，烧众名香，散天妙花，随菩萨满虚空中放大光明，普照十方，以四月八日明星出时降神母胎。""二月八日，夫人往毗蓝尼园，见无忧花，举右手摘，（释迦牟尼）从右胁出。"分析说："今谓世代既遥，译人前后直就经文，难可论辩，考求外典，如似可见。《春秋》云，鲁庄公七年，即庄王一十年，四月辛亥，恒星不见，星殒如雨。检内外，以四月为正也。"又引《普曜经》云："（释迦牟尼）太子满十月，已临产之时，先现瑞应三十有二。……十九，沸宿下侍，诸星卫从。"

⑩ 据说，释迦出世于周昭王二十四年，涅槃于周穆王五十二年。按此计算，则从释迦去世到东汉明帝时代佛教传入中土（关于佛教传入之始，见下文各注）时，正好经过千年，与《周书异记》"周昭王时有圣人出在西方。太史苏由对曰：'所记一千年时，声教被及此土'"之语吻合，故序文在此有"郁（遮蔽、阻隔之义）玄妙于千载"之说。

⑪ 梦彰佩日，典出汉明帝梦见身绕日光之神的故事。牟子《理惑论》二十章叙述中原始闻佛道之事："昔孝明皇帝梦见神人，身有日光，

飞在殿前。欣然悦之。明日,博问群臣:'此为何神?'有通人傅毅曰:'臣闻天竺有得道者,号之曰佛,飞行虚空,身有日光,殆将其神也。'"明帝(57—75年在位)遂遣使西域,抄写佛经。佛教于是传入中原。在此,"梦彰佩日"中的"彰"义为明、光明;"佩"义为环绕,《水经注·鲍丘水注》:"鲍丘水又东南入夏泽,泽南纡曲渚一十余里,北佩谦泽,眇望无垠也。"

⑫ 牟子《理惑论》、袁宏《后汉纪》、范晔《后汉书》等均仅言明帝梦神人后遣使西域,而未载蔡愔携佛像与沙门回国之事。此事首见于王琰《冥祥记》:"初,使者蔡愔将西域迦叶摩腾等赍优填王书、释迦佛像,帝重之,如梦所见也。乃遣画工图之数本于南宫清凉台及开阳门显节寿陵上供养。又于白马寺壁画千乘万骑绕塔三匝之像,如诸传备载。"《冥祥记》所志诡异,这条记载本不可信(汤用彤认为:"蔡愔、摩腾故事,显为更晚出之事实。刘宋以前既不见于正史,又为佛家所未称述,则其说之不可信,盖可知矣。"见氏著《佛教史》,第19页),但是后世却公认为求法史实。《高僧传·摄摩腾传》云:"腾译《四十二章经》一卷,初缄在兰台石室第十四间中。"同书《兴福篇》之论曰:"蔡愔、秦景自西域还至,始传画甓释迦,于是凉台、寿陵并图其像。"这里的"蔡愔访道"、"摩腾入洛"、"经藏石室"、"像画凉台"诸语均源自这类传说。

⑬ 鹫峰,即灵鹫山,亦简称灵山,梵名耆阇崛。山形似鹫头,又以山中多鹫,故名。在中印度国上茅城附近。如来曾在这里演讲《法华经》等。佛家以此山为圣地,故中国的各"灵鹫山"、"灵山"(例如,浙江杭州西湖之畔、福建福清县之北、广东曲江县之北等地都有这类名称的山)均源出佛教传说。《西域记》卷九"摩揭陀国"条叙述此山较详。

⑭ 自和帝(88—105年在位)开始,外戚、宦官交替专权,东汉渐

趋衰败。和帝十岁即位，窦太后临朝。太后以窦宪为侍中，内干机密，出宣诰命；窦宪诸弟也都居亲要之职。窦氏横行京师，和帝与臣僚隔绝，只能依靠贴身宦官，遂于永平四年（92 年）以宦官郑众之禁军消灭窦氏势力。安帝（106—125 年在位）时，邓太后与其弟邓骘掌握实权。此后，安帝借助宦官李闰、江京，清除邓氏，宦官遂执大权。顺帝（125—144 年在位）扶植外戚，相继拜后父梁商及其子梁冀为大将军，导致身后梁太后与梁冀先后选立冲、质、桓三帝。延熹二年（159 年）梁太后死后，桓帝与宦官单超等合谋消灭梁氏；嗣后，则宦官独揽大权，"手握王爵，口含天宪"（语见《后汉书·朱穆传》）。各种势力激烈争斗，互相残杀，终于导致董卓入洛，群雄并起，三国分裂。序文这段文字中的"阉竖"系指宦官。"愦"与"溃"通，义为乱（《诗经·大雅·召旻》："我相此邦，无不溃止"）。"母后"，指诸朝皇后与太后。"幅裂"，指分割国土。"函、雒"，为函谷关、洛阳之简称，在此代表近在天子脚下的京城地区。"垒"，即军壁，军营所处，筑土自卫，谓之垒，这里比喻敌军。这几句都是描述佛教始入中国后不久东汉政局的衰败状况。

⑮《神经》，即《神异经》的略称。原题汉东方朔撰，晋张华注。《隋志》所载亦同。但是刘向《七略》不载，故当为六朝文士假托。所载诸事多荒唐无稽，不可究诘，然而词华缛丽，词赋家多引用之。

⑯ 真如，梵文 tathatā 或 bhūtathatā 的意译。"真"，即真实；"如"，即如常；诸法之体性离虚妄而真实，故云"真"；常住而不变不改，故云"如"。意为事物的真实状况、真实性质。早期佛经中译为"本无"；后世各宗派分别称之为性空、无为、实相、法界、法性、实际、真实、真性、佛性、法身等。其基本概念相同，通常释为绝对不变的"永恒真理"或本体。

⑰《后汉书·西域传》载云："和帝永元九年（97年），都护班超遣甘英使大秦，抵条支。临大海欲度，而安息西界船人谓英曰：'海水广大，往来者逢善风三月乃得度，若遇迟风，亦有二岁者，故入海者皆赍三岁粮。海中善使人思土恋慕，数有死亡者。'英闻乃止。"这即是关于甘英徒然望西海而兴叹，出使大秦终归失败的前因后果。这里的"眷"字为反顾之貌，《诗经·小雅·大东》："眷言顾之，潸言出涕。"

据德国学者夏德考证，《后汉书·西域传》在此所言的"安息"即帕提亚国（Parthia），约相当于今伊朗；"条支"即卡尔提阿（Chaldaea），相当于今濒临波斯湾的幼发拉底河下游流域；"大秦"即罗马帝国东境，主要是指叙利亚；"大海"即"西海"，也就是波斯湾（见夏德《全录》，第42、45、47等页）。然而，在汉文古籍中，"西海"所指极为广泛。日本学者白鸟库吉概括道，前汉时代青海名为西海；至张骞使西域，则里海、波斯湾均称西海；后汉时代又称印度洋为西海；至于唐代，杜环《经行记》称地中海为西海（见白鸟《研究（下）》，第276—277页）。故"西海"并非专称，不可拘泥于此。序文在此的"眷西海而咨嗟"一语固然使用了甘英大秦之使失败的典故，但是由于作者旨在讥讽隋朝，所以实际上只是泛指了隋代未能交通绝域的事实。

⑱《后汉书·西域传》云："东离国居沙奇城，在天竺东南三千余里，大国也。其土气、物类与天竺同。列城数十，皆称王。"序文在此为与上句对仗而用"东离"一名，并非特指此国。

⑲ 杼轴，亦作杼柚。原为织具，杼以持纬，柚以受经，《诗经·小雅·大东》："小东大东，杼柚其空。"杼与抒、舒通；"杼情"为舒宣情思之意，故"杼轴"可引申为"怀念"。

⑳ 玉门，即玉门关，也称玉关，西汉武帝时所置。故址在今甘肃省

敦煌县西北小方盘城。关城方形如盘，北、西两面有门，北门外不及百米即疏勒河。六朝时，自今瓜州通哈密一道日见重要，关址遂东移至今瓜州双塔堡附近。这是古代通西域的要道。西汉时大将霍去病破走月氏，开玉门关，交通西域；李广利伐大宛（约当今中亚费尔干纳盆地）不克，大军被阻玉门关外；东汉班超曾上书称"不敢望到酒泉郡，但愿生入玉门关"；隋炀帝曾遣薛世雄等出玉门关，击伊吾；后裴矩亦西至玉门关，晓喻西突厥处罗可汗入朝中原。所以，序文在此有"扬旌玉门之表，信亦多人"之语。

㉑　葱岭，主要指今帕米尔高原。这一高地号称"世界屋脊"，大部分位于今塔吉克斯坦共和国境内，另一部分则在我国新疆、查谟和克什米尔、印度、阿富汗的交界处。它的许多山峰均在 6000 米以上。塔吉克斯坦境内的最高峰共产主义峰（现称伊斯梅尔·索莫尼峰）达 7495 米；中国境内的最高峰公格尔峰则达 7649 米。由此向四方延伸出巨大的山脉：天山山脉伸向北方，昆仑山脉和喀喇昆仑山脉伸向东方，兴都库什山脉伸向西方。古代中原地区与中亚、南亚、西亚等地的交通往来，往往取道葱岭；但是它严寒高峻，不易通过，故序文在此谓隋代"利涉葱岭之源（者），盖无足纪"。

㉒　雪山，一称大雪山，通常用以指称今喜马拉雅山；但在《西域记》中则多指兴都库什山脉（Hindukush）。该山脉自帕米尔高原向南延伸而成，以东北至西南的方向斜贯今阿富汗，长约 1200 千米，是伊朗高原与南亚次大陆分界处的大山脉。其最高峰提里奇米尔峰（Tirich Mir）高达 7699 米。兴都库什山将阿姆河水域与喀布尔河水域分隔在其两麓。据说其名出自波斯语，义为"杀死印度人的"，因为此山高而酷寒，常年居住在炎热地区的印度人在翻越时不胜其寒，往往冻死，故名。

在《西域记》中，此山也称为"黑岭"，见玄奘序1.5注⑥。

㉓ 这里的"长骛"义为远行，曹植《应诏》诗云："弭节长骛，指日遄征。"

㉔ "龙池"当指迦毕试国西北二百余里大雪山顶神龙所居之池（见《西域记》卷一"迦毕试国"条）。兴都库什山脉乃是由中亚进入印度的必经之路，所以这里"指雪山而长骛，望龙池而一息"一语隐指远游天竺（印度），访佛圣地。此语与《晋书·载记第二十二·论》"铁骑如云，出玉门而长骛；琱戈耀景，捐金丘而一息"句型酷肖。二者可能出自一人之手，因为本序的作者敬播曾参与修撰《晋书》。

㉕ 搀抢，一作欃枪，即慧星。《开元占经》卷八十五引孙炎云："欃枪，妖星别名也。"古人以为慧星出现必致国乱。"天步"犹言国运，《晋书·慕容晞载记》："显宗主祭于冲年，庾亮窃政于元舅，朝纲不振，天步孔艰，遂得据已成之资，乘土崩之会。"又，陆机《辨亡论上》："清天步而归旧物。"

㉖ 古代汉人常称种族、政、教异于自己的外族为"异类"，每含贬义。《后汉书·宋汉传》："前在方外，仍统军实，怀柔异类，莫匪嘉绩，戎车载戢，边人用宁。"

㉗ 藁街，本是汉代长安之街名，这是来自域外的人的聚居区；在此则象征外族居住的一切中原腹地。《三辅黄图·杂录》："蛮夷邸在长安藁街。"

㉘ 舆，即车舆，其前牙曲；地形不可方正，故云"舆地"。这里的"舆地"当是舆地图之略称，亦即中原王朝之版图。所以，"总异类于藁街，掩遐荒于舆地"一语夸耀了唐初异族入居中原，异域纳入版图的"盛况"。

㉙ 旧题汉东方朔撰《十洲记》云，汉武帝闻西王母说，八方巨海之

中，有祖洲、瀛洲、玄洲、炎洲、长洲、元洲、流洲、生洲、凤麟洲、聚窟洲等十洲，乃人迹稀绝之处。是知"十洲"系绝远的海外荒地之代称。江淹《报袁叔明书》云："狂士之行有三：其奇者以紫天为宇，环海为池，倮身大笑，被发行歌。"则"环海"乃四周之海。故这里的"苑十洲而池环海"一语竭力地夸张了唐代疆域之广阔。

　　㉚ 五帝，当指上古的五人帝；关于其具体对象，诸说不一。大致有五说：甲．少昊、颛顼、帝喾、唐尧、虞舜；乙．黄帝、颛顼、帝喾、唐尧、虞舜；丙．大皋、炎帝、黄帝、少皋、颛顼；丁．伏羲、神农、黄帝、唐尧、虞舜；戊．太昊、炎帝、少昊、颛顼、黄帝。

　　㉛ 上皇，当指传说中的远古；其具体对象有六说：甲．天皇、地皇、泰皇；乙．天皇、地皇、人皇；丙．伏羲、女娲、神农；丁．伏羲、神农、祝融；戊．伏羲、神农、共工；己．燧人、伏羲、神农。所以，序文在此的"小五帝而鄙上皇"一语，乃是对当代帝君的最高颂辞。

【译文】

　　我个人认为，苍穹大地广阔无垠，各方居民的学识智慧互不相同，《谈天》无法将它们彻底研究，《括地》又怎能尽辨其渊源？故知地志所未记载的事物，中国声威教化尚未抵达的地区，实在不胜枚举。至于天竺的立国，由来已久。圣贤之士不断涌现，仁义之举蔚然成风。然而，其事未悉于我国古代，其地远离于中国疆域，《山海经》之类未曾记载，《王会篇》等书也未提及。博望侯始通西域，徒然寄希望于贩抵大夏的邛竹；昆明国阻隔通道，竟使武帝枉费精力于长安的神池。因此之故，虽然佛陀诞生时有星辰显示祥瑞，但其玄妙教法未被中国知悉达千年之久；东汉明帝梦见金神身周环绕日光，然而佛教神光仍被阻隔于万里之外。此后蔡愔西赴远域寻访佛法，摄摩腾东来洛阳翻译佛经。尽管经文珍藏于石室，终不如天竺龙宫中的那样深奥；纵然佛像精绘于凉台，又怎及天竺鹫峰上的那么美妙？在这以后，中国政局频生祸患。宦官擅权，作乱东京，造成各派势力对峙；太后、皇后，竭力干政，导致中原疆土分裂。典章制度毁灭于京城，烽火烟燧报警于边塞。王都四周尚且战火频仍，哪里还顾得到与遥远的天竺交往呢？偶然地，也有少数猎奇者到达天竺。他们虽也有所记载，但是怎能详述其风土人情？仅仅模仿《神异经》，记些荒唐怪诞之事，而未涉及佛教的“真如”要旨。隋朝一统天下，固然拓宽了疆域，但也只能如昔日的甘英那样，望着西海而叹息，或者无可奈何地思念东方的天竺等国。能使中国战旗飘扬在玉门关外的人物，诚然不在少数；顺利渡越葱岭而探索其源的事迹，却是未见记载。如何再谈得上远行雪山，憩息龙池呢？这是因为隋朝的德泽不能遍及万物，声威不能远布绝域。至于我大唐拥有天下之后，则开辟疆土于整个世界，创建帝国宏业，消除一切不祥之兆，导致国运昌盛。功业巍然，可与天地媲美，祥光普照，犹如日月一般。人民喜获再生，如同豺狼口中的白骨又长新肉；家庭蒙恩添寿，仿佛鬼门关上的幽灵复返阳世。殊民异族来居中原腹地，远国绝域纳入中国版图。真可谓以十洲为内苑，以环海为内池，小看上古五帝，傲视远古三皇。

1.2　法师幼渐法门①，慨祇园②之莫履；长怀真迹，仰鹿野③而翘心。褰裳净境④，实惟素蓄。会淳风之西偃⑤，属候律之东归⑥，以贞观三年，杖锡遵路⑦。资皇灵⑧而抵殊俗，冒重险其若夷；假冥助而践畏途⑨，几必危而已济。暄寒骤徙，展转方达。言⑩寻真相，见不见于空有⑪之间；

博考精微，闻不闻于生灭⑫之际。廓群疑于性海⑬，启妙
觉于迷津⑭。于是隐括⑮众经，无片言而不尽；傍稽圣迹，
无一物而不窥。周流多载，方始旋返。十九年正月，届于长
安。所获经论六百五十七部，有诏译焉。亲践者一百一十国，
传闻者二十八国。或事见于前典，或名始于今代。莫不餐和
饮泽⑯，顿颡而知归；请吏⑰革音⑱，梯山⑲而奉贶⑳。欢
阙庭而相抃㉑，袭冠带㉒而成群。尔其物产风土之差，习俗
山川之异，远则稽之于国典，近则详之于故老。邈矣殊方，
依然在目。无劳握椠㉓，已详油素㉔。名为《大唐西域记》，
一帙，十二卷。窃惟书事记言，固已缉于微婉；琐词小道，
冀有补于遗阙。秘书著作佐郎敬播序之云尔。

【注释】

① 法，即是佛陀的作为普世准则的教导；此法为众圣入道之通处，
故谓门。《注维摩诘经》卷八僧肇注云："为世则谓之法，众圣所由谓之
门。"故"法门"系指通过修习佛法获得佛果的门户，但在此则当泛指佛
教教义。

② 祇园，即祇树园、祇陀园、祇树给孤独园的略称，亦作祇洹、祇
桓。是为印度的佛教圣地之一，故址约当今塞特马赫特（Set Mahet）地
方。据说，释迦牟尼成道后，曾在这里居住说法二十五年；故玄奘以未
亲履该地为憾。《西域记》卷六"室罗伐悉底国"叙述给孤独园（祇园）
较为详细。

③ 鹿野，又称鹿园、鹿苑、鹿野苑、鹿林、施鹿林、仙人鹿园、仙人
园、仙园、仙人论处、仙人住处、仙人堕处等等；梵文作 Mṛgadāva。故址

当在今瓦腊纳西以北约 7 公里处的 Sārnāth 。《西域记》卷七"婆罗痆斯国"条描述较详。这是佛陀成道后，说四谛之法，度憍陈如等五比丘，为古仙人说法之处。《大毗婆沙论》卷一百八十二："问：何故名仙人论处？答：若作是说诸佛定于此处转法轮者；彼说佛是最胜仙人，皆是于此处初转法轮，故名仙人论处。若作是说诸佛非定于此转法轮者；彼说应言仙人住处，谓佛出世时有佛大仙及圣弟子仙众所住，佛不出世时有独觉仙所住，若无独觉时有世俗五通仙住，以此处恒有诸仙已住、今住、当住，故名仙人住处。有说应言仙人堕处，昔有五百仙人飞行空中，至此遇退因缘，一时堕落。问：何故名施鹿林？答：恒有诸鹿游止此林，故名鹿林；昔有国王名梵达多，以此林施与群鹿，故名施鹿林。"

④ 净境，即净域、净土，佛教徒对圣者所住国土的称呼。《大乘义章》卷十九："经中或时名佛地，或称佛界，或云佛国，或云佛土，或复说为净刹、净首、净国、净土。"这里的"净境"即是指佛教发源地天竺。

⑤ 淳风，即淳厚之风、淳古之风。《北史·苏绰传》记苏绰所拟诏书之言云："夫化者，贵能扇之以淳风，浸之以太和，被之以道德，示之以朴素。"偃，在此取自"偃草"的引申意义。《晋书·索靖传》记索靖《草书状》之辞曰"举而察之，（草书）又似乎和风吹林，偃草扇树"，则其意原指草倒伏之状。其引申义则是比喻民众接受上层的教化。《论语·颜渊》云："季康子问政于孔子曰：'如杀无道以就有道，何如？'孔子对曰：'子为政，焉用杀？子欲善，而民善矣。君子之德风，小人之德草。草上之风必偃。'"故在此的"淳风之西偃"句当是"中国的淳朴古风教化西方民众"之意。

⑥ 候律东归，当典出《汉书·律历志上》："黄帝使泠纶，自大夏之西，昆仑之阴，取竹之解谷生，其窍厚均者，断两节间而吹之，以为黄钟

之宫。制十二筒以听凤之鸣，其雄鸣为六，雌鸣亦六，比黄钟之宫，而皆可以生之，是为律本。至治之世，天地气合以生风；天地之风气正，十二律定。”是知音律为黄帝所创，且律管材料来自西域。

古人以律候气（候气，即是占候气的吉凶及时气的变化），推音律以定历法。《后汉书·律历志上》载云：“候气之法，为室三重，户闭，涂衅必周，密布缇缦。室中以木为案，每律各一，内庳外高，从其方位，加律其上，以葭莩灰抑其内端，案历而候之。气至者灰动。其为气所动者其灰散，人及风所动者其灰聚。殿中候，用玉律十二。惟二至乃候灵台，用竹律六十。候日如其历。”由此可知候（候气）、律之关系密切，经常并称。《通典·乐三·十二律》：“先王通于伦理，以候气之管为乐声之均，吹建子之律。”

古人又将音律视为王者要务。《史记·律书》：“王者制事立法，物度轨则，壹禀于六律。六律为万事根本焉。其于兵械尤所重，故云‘望敌知吉凶，闻声效胜负’。百王不易之道也。” 又，《魏书·律历志上》载中书监高闾之表文云：“《书》称‘同律度量衡’，论云‘谨权量，审法度’。此四者乃是王者之要务，生民之所由。四者何先？以律为首。岂不以取法之始，求天地之气故也。孔子曰：‘移风易俗，莫尚于乐。’然则乐之所感，其致远矣。”

所以，“候律”（当为“候气之律”略称）遂成中国声教的代称。至于序文的“候律东归”一语，则更明显地喻指当时犹如黄帝用来自西域的材料，始创音律的时代一样，圣帝在位，王化大盛。所以这里的“会淳风之西偃，属候律之东归”之句意在夸耀大唐的声威之广和王化之盛；而与自然节气并无关系。

⑦ 关于玄奘首途年月的争论，由来已久。我国近现代著名学者梁

启超、陈垣等均曾参与讨论。分别有贞观元年说、二年说、三年说等。不过近年杨廷福先生之《玄奘西行首途年月考释》一文所持的元年说观点，似乎更具有说服力；本书亦从其说。参看《前言》第二部分。

⑧ 皇灵，犹言帝王之神灵。《南史·宋武帝纪》所载晋帝禅位诏书有语云："是用仰祇皇灵，俯顺群议，敬禅神器，授帝位于尔躬。"

⑨ 冥助，谓佛、菩萨对于亡者之救助。《慈恩传》卷八："将延景福，式资冥助。"序文在此则略有引申，意指佛、菩萨对活人的佑助。畏途，谓险阻之途，或畏惧者。《北齐书·清河王岳传》："是用安夫一德，同此贞心，践畏途而不疑，履危机而莫惧。"

⑩ 言，在此义为讯问，《广雅·释诂》："言，问也。"故这里的"言寻真相"句当是询问、打听，向人请教佛学的意思。

⑪ 空，梵文 śūnya 的意译；音译作"舜若"。指事物之虚幻不实，或指理体之空寂明净。谓世界一切现象都是因缘所生，刹那生灭，没有质的规定性和独立实体，假而不实，故曰空。有，梵文 bhava 的意译，义为存在、生存，相对于"空"、"无"而言。它的使用范围极广，关于其含义和分类的说法也有多种。据《大毗婆沙论》卷六十，"有"主要是指有情众生之异熟果体，以及能召感此异熟果体的诸业，即由善恶之业因，能召感苦乐之果报；这种因果报应相续而不亡失，遂称为"有"。

⑫ 生灭，佛家用语。有为之诸法，依因缘和合而为未有法之有，谓之"生"；依因缘离散而为已有法之无，谓之"灭"。但是，有为法之生灭乃是假生假灭，而非实生实灭。

⑬ 性海，形容"真如"（释见本序 1.1 注 ⑯）的理性深广如海，故名。《五灯会元》："祖曰：'汝化性海得否？'曰：'何谓性海，特未尝知。'祖即为说性海，曰：'山河大地，皆依建立，三昧六通，由兹发现。'"

⑭ 迷津，即三界六道，凡夫俗子生死往来的世界。堕入其中，便不能成佛，故称迷津。

⑮ 隐括，原为矫制邪曲之器，引申为矫正之义。何休《公羊传解诂·序》："往者略依胡母生条例，多得其正，故遂隐括，使就绳墨焉。"故在此的"隐括众经"之语当意为"（玄奘）修改矫正许多佛经"。

⑯ 和，在此为"和德"之略。和德即合德，亦即温和之德。《汉书·公孙弘传》所载公孙弘之对策云："臣闻之，气同则从，声比则应。今人主和德于上，百姓和合于下，故心和则气和，气和则形和，形和则声和，声和则天地之和应矣。故阴阳和，风雨时，甘露降，五谷登，六畜蕃，嘉禾兴，朱草生，山不童，泽不涸，此和之至也。故形和则无疾，无疾则不夭，故父不丧子，兄不哭弟。德配天地，明并日月，则麟凤至，龟龙在郊，河出图，洛出书，远方之君莫不说义，奉币而来朝，此和之极也。"泽，则为"恩泽"之略。人主恩施于下，如雨之润物，故作此称。《书经·毕命》"泽润生民"，《传》云："其德泽惠施，乃浸润生民。"所以，序文的"餐和饮泽"一语是用以形容域外诸国深沐大唐之恩德。

⑰ 吏，义为治理或官吏。这里的"请吏"一词则是指域外诸国请求中原王朝派人治理其地。

⑱ 音，在此泛指音乐。中国自古极端重视音乐，并认为它与政治、道德密不可分。《礼记·乐记》云："凡音者，生于人心者也。乐者，通伦理者也。是故知声而不知音者，禽兽是也。知音而不知乐者，众庶是也。唯君子为能知乐。是故审声以知音，审音以知乐，审乐以知政，而治道备矣。是故不知声者，不可与言音；不知音者，不可与言乐。知乐则几于礼矣。礼乐皆得，谓之有德。"因此，在此的"革音（改革音乐）"一词意指域外诸族仰慕中华文化，竞相归化。

⑲ 梯山，谓施梯而登险阻之山，比喻道路之遥远、艰险，常与"航海"连用。《后汉书·西域传》论曰："梯山栈谷绳行沙度之道，身热首痛风灾鬼难之域，莫不备写情形，审求根实。"

⑳ 赆，通常指送行时赠送的财物。《孟子·公孙丑下》："予将有远行，行者必以赆。" 序文在此的"奉赆"则是指域外诸国向中原王朝的朝献。

㉑ 抃，两手相拍击，状似现今的鼓掌。但在古代，往往称歌舞场合之击节拍为"抃"。陈旸《乐书》云："帝喾命伶人作唐歌，有抃以为节。"注云："两手相击也。今龟兹乐人弹脂为歌舞之节，亦抃之细。"《晋书·后妃上》记左贵嫔之颂辞曰："万国齐欢，六合同欣。坤神抃舞，天人载悦。"所以，这里的"相抃"一词应当意为"相互歌舞击节"，而不是"相互鼓掌"。

㉒ 冠带，即顶冠束带。这是古代中国上层阶级的礼服。《史记·苏秦传》："受冠带，祠春秋。"通常以此比喻习于礼教的中国人，以区别于"夷狄"之辈。"冠带之国"也就成了中国的代称，《韩非子·有度》："兵四布于天下，威行冠带之国。"所以，序文的"袭冠带"一语是指域外诸族颇受中国文化之熏陶，不一定实指外族穿上了汉人的服装。

㉓ 椠，即书版，也就是记文字的大木板。《西京杂记》云："扬子云好事，常怀铅提椠，从诸计吏，访殊方绝俗之语，作《方言》。"

㉔ 油素，即白色的油丝绢，有时供书、画之用。扬雄《答刘歆书》："雄常把三寸弱翰，赍油素四尺，以问其异语。"则序文的"无劳握椠，已详油素"一语乃是活用了扬雄采集方言的典故。

【译文】

　　玄奘法师幼年时受佛学薰陶，因未曾亲至祇园圣地而遗憾万分；长成后更缅怀佛迹，为瞻仰鹿野圣地而热切盼望。束装远行，朝圣于佛国净土，乃是其久怀的夙愿。正值西域颇受中华淳厚古风教化之时，又当东方犹如黄帝始创音律，王化大盛之日，法师在贞观三年手持锡杖，启程西游。依仗帝王神灵保佑，抵达风俗迥异之邦，经历危难重重，终能化险为夷；得到佛陀菩萨救助，经过险阻恐怖之路，几乎置之死地，而后死里逃生。酷热、严寒往往突变，转辗曲折方始抵达。请教寻访佛学真谛，因理解了事物之虚幻与存在的关系而看到了前所未见的东西；广泛探索深入研究，因觉悟了因缘之和合与离散的关系而听到了前所未闻的东西。用深广如海的真如理性消除了众多疑问，从三界六道的迷境之中悟出了无上正觉。于是法师修正诸多佛经，没有遗漏片言只语；参拜佛陀圣迹，所有圣迹都曾亲见。周游多年，方始归国。贞观十九年正月，抵达长安。取得佛经六百五十七部，并且奉诏翻译。法师亲自访问过的有一百一十国，得之于传闻的有二十八国。有些国家的情况，古代典籍已有记载；有些国家的名称，当代中土方始获悉。它们无不深受大唐的和德恩泽，顿首求请内附；恳求成为大唐臣民，改用中国礼乐，翻越丛山峻岭，远道前来朝献。欢聚于中原朝廷者歌舞击节，穿戴着大唐衣冠者成群结队。至于这些国家的物产风土，相异的习俗山川，有关古代的情况可查考其国典籍，有关近代的事迹则讯问耆旧父老。遥远的异域啊，宛如近在眼前。不必再提着书版到处采访，异域的风貌已详细记在白绢之上。此书名为《大唐西域记》，一函，计十二卷。我个人认为，本书记载事物所用的语言，确实业已微妙婉曲；而我这序文的碎言琐语，只希望略补其遗漏缺失。秘书著作佐郎敬播序于此。

序

尚书左仆射燕国公于志宁制

【题解】

　　本序撰写者于志宁为雍州高陵人。太宗时任文学馆学士、中书侍郎、太子左庶子，封黎阳县公；高宗时封燕国公，拜太子太师，后遭诬而降授荣州刺史、华州刺史。于志宁曾监修国史，参与修撰格式律令、《五经义疏》等，有集二十卷。本序集中于叙述玄奘法师的身世、经历和成就，可补前一序之不足。然而，《序》首列述陈氏先祖的"辉煌业绩"，旨在提高玄奘身价，结果却落入俗套，反而有损玄奘形象。

1.1　若夫^①玉毫^②流照，甘露^③洒于大千^④；金镜^⑤扬辉，薰风^⑥被于有截^⑦。故知示现三界^⑧，粤^⑨称天下之尊；光宅^⑩四表，式标域中之大^⑪。是以慧日^⑫沦影，像化^⑬之迹东归；帝猷^⑭宏阐，大章^⑮之步西极。

【注释】

　　① 若夫，原为转语词，《礼记·射义》："射者何以射？何以听？循声而发，发而不失正鹄者，其唯贤者乎？若夫不肖之人，则彼将安能以中？"但亦可用作为发语词，《汉书·叙传上》："若夫鞅、斯之伦，衰周

之凶人，既闻命矣。"

② 玉毫，又作玉豪。慧琳《音义》卷十一："玉毫者，如来眉间白毫毛也，皓白光润，犹如白玉。佛从毫相放大光明，照十方界。故云玉毫，瑞色也。"由于玉毫为佛相之象征，故序文在此的"玉毫流照"犹言佛光普照。

③ 甘露，古代中国视为天下太平的瑞兆，《论衡·是应》："甘露味如饴蜜者，俱太平之应。"后亦用来意译佛典中的 amṛta，亦即不死药。《光明文句》卷五："甘露是诸天不死之药，食者命长生安，力大体光。"佛教则以甘露比喻如来的教法，《佛地论》卷三："如来圣教，于诸外道一切世间邪劣教中，最为殊胜清净。犹如醍醐，亦如甘露，令得涅槃永不死故。"

④ 大千，即"大千世界"，乃"三千大千世界"的略称。其名源自古代印度传说：以须弥山为中心，七山八海交互绕之，更以铁围山为外廓，是谓一小世界；合一千小世界为小千世界；合一千小千世界为中千世界；合一千中千世界为大千世界。大千世界之数高达十亿。由于一个"大千世界"内包括小、中、大三种"千世界"，故又称"三千大千世界"。佛教认为"三千大千世界"是佛陀所教化的范围，其大小恰等于第四禅天，成坏必同时。所以，这里所言的"甘露洒于大千"犹言佛法普遍施惠于天下。

⑤ 金镜，即镜，因古代之镜以铜为之，故名。后借喻为月亮，杜牧《寄沈褒秀才》诗："晴河万里色如刀，处处浮云卧碧桃。仙桂茂时金镜晓，洛波飞处玉容高。"不过，这里的"金镜"是用其再度引申之义：明道（大道）。《文选》刘峻《广绝交论》："圣人握金镜，阐风烈，龙骧蠖屈，从道污隆。"李善注云："郑玄曰：金镜喻明道。"

⑥ 薰风，一作熏风，即和风。温庭筠《休浣日西掖谒所知》："毫端蕙露滋仙草，琴上薰风入禁松。荀令凤池春婉娩，好将余润变鱼龙。"在

此，"薰风"则比喻德政，《史记·五帝纪》："南风之薰兮，可以解吾民之愠兮。"

⑦ 有截，为"海外"的代称。《汉书·萧望之传》颜师古注《诗经·商颂·长发》"率礼不越，遂视既发；相土烈烈，海外有截"句云："率，循也。遂，遍也；既，尽也。发，行也。相土，契之孙也。烈烈，威也。截，齐也。言殷宗受命为诸侯，能修礼度，无有逾越也。遍省视之，教令尽行，而相土之威烈烈然盛，四海之外皆整齐。"则知"截"义齐整；而"有"则为语首助词，凡一字不成词，则加"有"字以配之。故"有截"仍为齐整义；序文只是借"海外有截"之典，用"有截"代指海外，犹言中国大治的局面也遍及于四海之外。

⑧ 佛教将一切生死往来的世界（亦即世俗世界）分为三个部分，故称三界。第一为欲界，这是具有食欲、淫欲的众生居住之处，上自六欲天，中自人界之四大洲，下至无间地狱，全都包括在内。第二为色界，此界在欲界之上，它已脱离淫、食两欲，但是仍享受着殊妙精美的有形物质；由禅定之深、浅、粗、妙分为四级，称为四禅天。第三为无色界，这是无形色众生居住的地方，那里无色、无物、无身体，亦无宫殿、国土，唯以心识住于深妙之禅定；它包括四天，称为四无色天或四四空处。佛教认为三界乃是"迷界"，只有设法从中解脱出来，才能达到"涅槃"的境界。

⑨ 粤，句首发语辞，《史记·周本纪》："粤詹雒伊，毋远天室。"佛陀的尊号之一曰"世尊"，故这里的"粤称天下之尊"一语系指佛法称尊于天下。

⑩ 光宅，充满被覆之意，《尚书·尧典序》："昔在帝尧，聪明文思，光宅天下。"《传》云："言圣德之远著。"又，郑康成注《尚书·尧典》"光被四表，格于上下"句云："言尧德光耀及四海之外，至于天地。所谓大

人与天地合其德，与日月齐其明。”故这里的“光宅四表”显然是赞颂唐皇的“圣德”远播。

⑪ 式，发语辞，《诗经·邶风·式微》：“式微式微，胡不归？”标，即“标榜”之略，义为称扬，《世说新语·品藻》：“王夷甫以王东海比乐令，故王中郎作碑云：‘当时标榜，为乐广之俪。’”则本句的“式标”与上句的“粤称”辞型对应，意亦相近。《老子》二十五章：“故道大，天大，地大，王亦大。域中有四大，而王居其一焉。”是知“域中”系指整个宇宙，而帝王则是其中最重要和最尊贵的“四大”之一。所以，“式标域中之大”一语当是意谓唐皇作为与天地并称的尊贵者名扬宇内。此语颂扬的是唐皇的伟大，而非唐朝疆域的广大。

⑫ 慧日，比喻佛或佛之智慧，谓佛智能如太阳那样普照世间。《法华经·普门品》：“无垢清净光，慧日破诸暗，能伏灾风火，普明照世间。”

⑬ 像化，即“像法之教化”。而“像法”则是佛灭五百年后的一千年内所行的与“正法”相似的佛法。《法华义疏》卷四：“大论佛法凡有四时。一，佛在世时；二，佛虽去世，法仪未改，谓正法时；三，佛去世久，道化讹替，谓像法时；四，转复微末，谓末法时。”佛教东传中国，已在东汉明帝及其以后（见敬播序言1.1注⑪、⑫），这时上距佛陀涅槃已逾五百年，所以，正在“像法”时期。故序文谓“像化之迹东归”，是指当时的佛法传入中原一事，而不是指佛像及其教化的传入。

⑭ 帝猷，即皇猷，义为“帝王之教化”、“帝王之谋策”，《北史·牛弘传》：“皇猷遐阐，化覃海外。”

⑮ 大章，尧乐之名，《礼记·乐记》：“《大章》，章之也。”陈澔注云：“疏曰：尧乐谓之大章者，言尧之德章明于天下也。”古代乐、礼紧密结合，往往成为政治和道德的象征（参看敬播序1.2注⑱），故这里的“大

章之步西极”意指中国声教远播西方。

【译文】

　　玉毫大放光明,佛光普照四方,佛法犹如甘露,洒遍大千世界。唐皇的大道好似月光,辉耀天下;德政仿佛和风,布及四海。如来的妙法展示于三界,堪称天下的至尊;唐皇的圣德远播于海外,号为宇内的伟人。佛陀的涅槃如日沉沦,佛教于像法时期东传中国;唐皇的大道广为传播,声教历千山万水西被异域。

　　1.2　有慈恩道场①三藏法师,讳玄奘,俗姓陈氏,其先颍川②人也。帝轩提象,控华渚而开源③;大舜宾门,基历山而耸构④。三恪照于姬载⑤,六奇光于汉祀⑥。书奏而承朗月⑦,游道而聚德星⑧。纵壑骈鳞⑨,培风齐翼⑩。世济之美⑪,郁为景胄⑫。

【注释】

　　① 道场,梵文 bodhimaṇḍala 的意译,原来用以指称佛陀成圣道之处,即摩揭陀国尼连禅河畔菩提树下的金刚座(《西域记》卷八“摩揭陀国上”条谈及),后则指供养佛、菩萨之处及学道之处。隋炀帝大业九年(613 年),诏改天下佛寺为道场。这里的“道场”即用此义。

　　② 颍川,秦汉时郡治在阳翟,当今河南省禹州市。晋治许昌。南朝刘宋治召陵,今河南省漯河市召陵区。隋代废置。

　　③ 帝轩,即黄帝,传说中中原各族的祖先。少典氏之子,姓公孙。生于轩辕之丘,长于姬水,国于有熊,故亦称轩辕氏、有熊氏,并姬姓。提,揭示之义,“提象”,即言上天示象。《帝王世纪》谓“黄帝时有大星

如虹，下流华渚"。这里有"提象"及"控华渚"之语。《史记·陈杞世家》谓陈氏之先乃虞帝舜；舜为颛顼之后；而颛顼即黄帝之孙。故陈姓源出于黄帝。则"帝轩提象，控华渚而开源"一语显然旨在将玄奘的世系追溯到显贵的黄帝。

④大舜宾门，语出《史记·五帝本纪》："（舜）宾于四门，四门穆穆，诸侯远方宾客皆敬。"即是大舜亲自宾迎来朝诸侯的一段佳话。

相传舜曾耕种于历山。但是关于历山的方位则众说纷纭。《水经注·济水》云："漯水入焉，水出历县故城西南……城南对山，山上有舜祠，山下有大穴，谓之舜井，抑亦茅山禹井之比矣。《书》舜耕历山，亦云在此，所未详也。"又，《水经注·瓠子水》云："雷泽西南十里许有小山，孤立峻上，亭亭杰峙，谓之历山。山北有小阜，南属池泽之东北。有陶墟，缘生言舜，所在耕陶墟阜联属，滨带瓠河也。"其它尚有"蒲州河东县首雷山"说、"越州余姚县"说等说法。

⑤《左传·襄公二十五年》载郑子产之语云："昔虞阏父为周陶正，以服事我先王。我先王赖其利器用也，与其神明之后也，庸以元女大姬配胡公，而封诸陈，以备三恪。"虞阏父为舜的后裔，其了胡公既封于陈，则陈姓亦源自舜。

恪，恭、敬之义。按《乐记》，周武王未及下车，封黄帝之后于蓟，封帝尧之后于祝，封帝舜之后于陈。下车，乃封夏后氏之后于杞，封殷之后于宋。则所谓"三恪"乃是陈、蓟、祝；其地位尊于诸侯，卑于夏、商二王之后杞、宋。故"三恪照于姬载"之语系指玄奘先世显贵于周代（周室王族姬姓）。

⑥《汉书·陈平传》云："平自初从，至天下定后，常以护军中尉从击臧荼、陈豨、黥布。凡六出奇计，辄益邑封。奇计或颇秘，世莫得闻

也。"此即"六奇光于汉祀"的典故，旨在追述玄奘先世在汉代的伟绩。

　　⑦ 书奏而承朗月，典出东汉时陈宠、陈忠父子的事迹。和帝（88—105 年）、安帝（106—125 年）时代，世典刑法的陈氏父子屡上书奏，务求宽详，因而名重一时。朗月，即明月，语出《文选·魏文帝与吴质书》："白日既匿，继以朗月。"这里是指陈宠、陈忠继续发扬光大陈氏门风。

　　⑧ 游道而聚德星，典出檀道鸾《续晋阳秋》："陈仲弓（实）从诸子侄共造荀（季和）父子，于时德星聚，太史奏五百里贤人聚。"德星，即景星、瑞星，《汉书·郊祀志》："有司皆曰：'陛下建汉家封禅，天其报德星云。'"古人认为，德星出于有道之国，《史记·天官书》："景星者，德星也。其状无常，出于有道之国。"

　　⑨ 纵壑，乃"纵壑鱼"之略，谓自由泳游于大壑之间的鱼，比喻贤臣遇到圣主。李峤《为欧阳通让夏官尚书表》："巨鳞纵壑，朝有得贤之颂。惟鹈在梁，臣无滥官之责。"骈，朋比、比列之义，则"骈鳞"犹言"鳞比"、"鳞次"，谓相次若鱼鳞。《文选》张华《励志诗》："四气鳞次，寒暑环周。"注云："四时寒暑，如鱼鳞之相次，循环而无极。"故"纵壑骈鳞"一语意谓玄奘陈氏家族中贤臣遇见圣主的现象层出不穷。

　　⑩ 培风，或释为"乘风"之义。《读书杂志·余编上》："庄子《逍遥游篇》：'而后乃今培风。'念孙按，培之言冯也；冯，乘也。冯与培声相近。"齐，迅疾之义，《广雅·释诂》："齐，疾也。"翼，原义鸟翅，这里当指大鹏之翅。故"培风齐翼"一语有"大鹏乘风疾驱"之意，喻指陈氏家族鹏程万里，宦途通达。

　　⑪ 世济之美，当是语出《左传·文公十八年》："昔高阳氏有才子八人：……齐圣广渊，明允笃诚，天下之民谓之八恺。高辛氏有才子八人：……忠肃共懿，宣慈惠和，天下之民谓之八元。此十六族也，世济其

美，不陨其名，以至于尧，尧不能举。"济，义为"成"；故"世济之美"一语犹言"世代所成之美德"。

⑫ 郁，乃"郁毓"之略，丰盛之貌。《文选》左思《蜀都赋》"蜜房郁毓被其阜"注云："郁毓，盛多也。"景，在此作"大"义，与"京"通。胄，则义为"子孙"、"后裔"。故"郁为景胄"之语意谓"（陈氏）形成了兴盛的大族"。

【译文】

慈恩寺的三藏法师，法名玄奘，俗姓陈氏，先世出自颍川。黄帝时上天垂象，巨星下流华渚，从而始开陈氏族源；大舜曾亲迎诸侯，辛勤躬耕历山，因此奠定陈氏基业。陈国与蓟、祝合称三恪，显耀于周代；陈平曾密献奇计六条，驰誉于汉朝。陈宠父子屡上书奏，犹如明月继承白日，光大陈氏门风；陈实一家聚贤论道，于是瑞星显现天空，以至名闻帝君。陈氏贤臣屡遇圣主，好似巨鱼泳游大壑；陈氏族人亨通宦途，仿佛大鹏乘风疾驱。陈氏的美德经世代而形成，陈氏的门第兴盛而著名。

1.3　法师籍庆 ① 诞生，含和 ② 降德 ③，结根深而葆 ④ 茂，导源浚 ⑤ 而灵长 ⑥。奇开之岁，霞轩月举 ⑦；聚沙之年 ⑧，兰薰桂馥 ⑨。洎乎成立 ⑩，艺殚坟素 ⑪。九皋载响 ⑫，五府交辟 ⑬。以夫早悟真假，夙昭慈慧 ⑭，镜 ⑮ 真筌 ⑯ 而延伫 ⑰，顾生涯 ⑱ 而永 ⑲ 息。而朱绂紫缨 ⑳，诚有界 ㉑ 之徽 ㉒ 网；宝车 ㉓ 丹枕 ㉔，实出世之津途。由是摈落 ㉕ 尘滓 ㉖，言归闲旷。令兄长捷法师 ㉗，释门之栋干者也。擅龙象于身世 ㉘，挺鹙鹭于当年 ㉙。朝野挹其风猷 ㉚，中外羡其声彩。既而情深友爱，道睦天伦。法师服勤请益，分阴[31]靡弃。业光上首[32]，擢秀[33]檀林[34]；德契中庸[35]，腾芬兰室[36]。抗策平道[37]，包九部[38]而吞梦[39]；鼓枻玄津[40]，俯四韦而小鲁[41]。自兹遍游谈肆[42]，载移凉燠。功既成矣，能亦毕矣。至于泰初日月[43]，烛耀灵台[44]；子云鐢帨[45]，发挥神府[46]。于是金文[47]暂[48]启，伫秋驾[49]而云趋[50]；玉柄才拔[51]，披雾市而波属[52]。若会斲轮之旨[53]，犹知拜瑟之微[54]。以泻瓶之多闻[55]，泛虚舟而独远。乃于轘辕[56]之地，先摧鲽腹之夸[57]；井络[58]之乡，遽表浮杯[59]之异。远迩宗[60]挹，为之语曰：昔闻荀氏八龙[61]，今见陈门双骥[62]。汝、颍多奇士，诚哉此言。

【注释】

① 庆，当指庆云，即瑞云，吉祥之兆。《汉书·礼乐志》引《郊祀歌》十五章之辞曰："神之徕，泛翊翊，甘露降，庆云集。"如淳注云："《天文志》云：'若烟非烟，若云非云，郁郁纷纷，是谓庆云。'"

② 含和，意为内藏温和之气，《淮南子·俶真训》："天含和而未降，地怀气而未扬。"

③ 降德，指天降德星；而德星即瑞星，为吉祥之兆（参见于志宁序1.2注⑧）。

④ 菿，即初生之草，《方言》卷二："凡草生而初达谓之菿。"郭璞注云："锋萌始出。"又，《文选》左思《吴都赋》："郁兮菿茂。"故"根深而菿茂"一语当是喻指玄奘的家族源远流长，贤者辈出，而他则自幼聪慧不群，才华横溢。

⑤ 浚，在此义为深，《诗经·小雅·小弁》："莫高匪山，莫浚匪泉。"

⑥ 灵长，谓运祚之绵延，《晋书·王敦传》论云："赖嗣君英略，晋祚灵长。"则这里的"导源浚而灵长"一语用以比喻陈氏家族的声望久盛不衰。

⑦ 轩，义为举，《文选》木华《海赋》"翔雾连轩"注云："轩，举也。"。这里的"霞轩月举"是喻指玄奘自幼出类拔萃，其典当出自《世说新语·容止》："海西时，诸公每朝，朝堂犹暗，唯会稽王来，轩轩如朝霞举。"

⑧ 聚沙之年，比喻童年，典出《法华经·方便品》："乃至童子戏，聚沙为佛塔。如是诸人等，皆已成佛道。"

⑨ 兰薰桂馥，比喻世德流芳，也譬喻子弟佳胜，后嗣蕃昌。骆宾王《上张司马启》云："常山王之玉润金声，博望侯之兰薰桂馥。"

⑩ 成立，即成人，《颜氏家训·养生》："成立之年，便增妻孥之累。"

⑪ 坟素，谓圣贤所著之书。《文选》潘岳《闲居赋》："傲坟素之长圃，步先哲之高衢。"注云："贾逵曰：'三坟，三皇之书；八索，素王之法。'铣曰：'三坟之书，素王之法，以为长圃，啸傲于中矣。'"

⑫ 九皋，水泽奥深之处，比喻深远。此"九皋载响"语典出《诗经·小雅·鹤鸣》："鹤鸣于九皋，声闻于野。"意指玄奘名闻遐迩。

⑬ 五府，即太傅、太尉、司徒、司空、大将军，见《小学绀珠·职官类·五府》。辟，征召（贤士）之义。《旧唐书·韦夏卿传》："始在东都，倾心辟士，颇得才彦。"故"五府交辟"一语意指各级官府竞相延聘玄奘。

⑭ 慈慧，在此当指"慈悲"与"慧"。《智度论》卷二十七："大慈与一切众生乐，大悲拔一切众生苦。"达于无为之空理谓"慧"，《唯识论》卷九："云何为慧？于所观境简择为性，断疑为业，谓观得失俱非境中，由慧推求，得决定故。"

⑮ 镜，镜考、镜戒之义，《汉书·外戚传·中山卫姬传》："孝王后深说经义，明镜圣法。"

⑯ 真筌，即真诠；诠义为"显"，显示真理之文句谓"真筌"。《宗镜录》卷二十六："金是身外之浮财，岂齐至教？命是一期之业报，曷等真筌？"

⑰ 延伫，久立以待之意。《楚辞·离骚》："悔相道之不察兮，延伫乎吾将返。"《文选》祢衡《鹦鹉赋》："望故乡而延伫。"

⑱ 生涯，谓人生有止境，《庄子·养生》："吾生也有涯，而知也无涯。"

⑲ 永，与咏通，故这里的"永息"即"咏叹"之义。

⑳ 朱绂，赤色之绂，《易纬·乾凿度下》："朱绂者，天子赐大夫之服。"紫缨，紫色的系冠之带，张说《蜀路》诗："秦京开朱第，魏阙垂紫缨。"故"朱绂紫缨"一语喻指高官厚禄、荣华富贵。

㉑ 有界，即"有"（参见敬播序 1.2 注 ⑪）的世界，包括欲界、色界、无色界这样三界（参见本序 1.1 注 ⑧）。

㉒ 徽，绳索，与"网"一样，均可引申为束缚之义。故序文的"朱绂紫缨，诚有界之徽网"一语意指人世间的功名利禄实是使人不能悟道的绳索和罗网。

㉓ 宝车，以众宝装饰之大白牛车，《法华经·譬喻品》："以众宝物，造诸大车，庄校严饰。周匝栏楯，四面悬铃，金绳交络；珍珠罗网，张施其上，金华诸璎，处处垂下。众彩杂饰，周匝围绕。柔软缯纩，以为茵蓐，上妙细氎，价值千亿，鲜白净洁，以覆其上。有大白牛，肥壮多力，形体姝好，以驾宝车。多诸傧从而侍卫之。"在此，"宝车"则用以喻指佛教的一乘之法。

㉔ 丹枕，也是比喻佛智、佛法。《法华经·譬喻品》："其车（指宝车——引者）高广，众宝庄校。……安置丹枕。"智者疏云："车内枕者，

休息身、首。行如身，智如首；以一行三昧之枕，息一切智、一切行，所息得理而然。丹者，即赤光，譬智光无间，喻无分别法。以朱正紫间故，以赤表无杂之光，以譬智也。南山注经音云：西方无木枕，皆以赤皮内绵毛为枕；赤而且光，内枕也。"

㉕ 摈落，义为排斥、不取，谢灵运《昙法师诔》："慨然有摈落荣华，兼济物我之志。"

㉖ 尘滓，意指世俗之污秽，《颜氏家训·勉学》："其余桎梏尘滓之中。"尘滓在此亦通"尘垢"，即佛家对"烦恼"的通称，《不动经》："以智慧火烧诸障碍，亦以法水澍诸尘垢。"

㉗ 长捷法师，即玄奘之第二兄，先于玄奘出家，住东都净土寺。事见《慈恩传》卷一。

㉘ 擅，在此当为擅长、专精之意。叶适《观文殿学士知枢密院事陈公文集序》："经欲精，史欲博，文欲肆，政欲通，士擅其一而不能兼也。"龙象，原来喻指阿罗汉或佛教徒中修行勇猛，最为精进者；身世，原指一世之遭遇经历，在此略加引申，意谓"终生"。所以，序文的"擅龙象于身世"一语当是说长捷法师终身专注于修持佛学，成果卓著。

㉙ 挺，义为出类拔萃，超特出众。苏洵《养才》："必挺然出于众人之上。"《后汉书·谢夷吾传》："会稽谢夷吾，出自东州，厥土涂泥，而英姿挺特，奇伟秀出。"鹙鹭，亦称鹙鹭子，即舍利弗，乃佛陀弟子中的最重要者之一。本为外道，其师死后，茫茫求道，于途中遇见马胜比丘；比丘为说"因缘所生法"之偈，遂毅然改奉佛教。所以，在此的"挺鹙鹭于当年"一语当是谓长捷法师献身奉佛的精神比之当年的鹙鹭子，尤有过之。

㉚ 挹，义为推重，《新唐书·李频传》："给事中姚合名为诗，士多归重，（李）频走千里丏其品，合大加奖挹，以女妻之。"风猷，即风教道

德。《宋书·文帝本纪》袁洵等表文曰："伏惟陛下君德自然,圣明在御,孝悌著于家邦,风猷宣于蕃牧。"所以,这里的"朝野挹其风猷"一语是意谓无论官、民,均对长捷的道德情操备加推崇。

㉛ 分阴,谓极短的时间,《晋书·陶侃传》:"(侃)常语人曰:'大禹圣者,乃惜寸阴,至于众人,当惜分阴。'"

㉜ 上首,指一座大众中之主位,或以一人为上首,或以多人为上首,诸经所说不同。例如,《无量寿经》在一万二千比丘中举三十一比丘为上首;《观无量寿经》在三万二千菩萨中举文殊师利一人为上首。这里的"上首"则泛指有道高僧阶层。

㉝ 擢秀,原意谓植物发荣滋长,苏轼《元修菜》诗:"种之秋雨余,擢秀繁霜中。"在此用其引申之义:人才秀出。徐勉《报伏挺书》:"雄州擢秀,弱冠升朝。"

㉞ 檀林,旃檀(产自南印度的一种香木)之林,用为佛教寺院的尊称。

㉟ 中庸,在此即佛教用语"中道",乃是脱离"两边"(两个极端)的不偏不倚的观点、方法。比喻佛教最高真理,有时与真如、法性、实相、佛性同义。

㊱ 兰室,即佛寺的异名。兰,系"兰若(梵文 āraṇya)"之略,原义为"空净闲静之处",指僧人的居处。

㊲ 抗策,原义为举鞭驱马而行,储光羲《终南幽居》诗:"抗策还南山,水土自相亲。" 平道,即佛家所谓的"平等法":一切众生平等成佛之法。《金刚经》:"是平等法,无有高下,是名阿耨多罗三藐三菩提。"不过这里的"平道"可能喻指整个佛法。所以,"抗策平道"一语犹谓玄奘如策马驰骋一般,遍览诸种佛典。

㊳ 九部,即九部经,乃佛经按内容与体裁所作的分类。大、小乘的

"九部"互异。

㊴ 吞，并包之义。梦，古代沼泽名，在今湖北省；往往与同一地区的云泽并称。北宋沈括曾作《云梦考》（见其《梦溪笔谈》卷四《辩证二》），认为云、梦跨长江南北，云在江北，梦在江南。这里的"吞梦"喻指玄奘气魄之大和学识之广。《文选》司马相如《子虚赋》："吞若云梦者八九于其胸中，曾不蒂芥。"

㊵ 鼓枻，一作鼓楫、鼓棹。枻为船旁之板。鼓枻，即叩枻，原义为击节以歌。《楚辞·渔父传》："渔父莞尔而笑，鼓枻而去。歌曰：'沧浪之水清兮，可以濯吾缨。沧浪之水浊兮，可以濯吾足。'遂去，不复与言。"玄津，谓玄妙之津途，盖指佛法。《文选》王巾《头陀寺碑文》："释网更维，玄津重枻。"所以，此"鼓枻玄津"与上句"抗策平道"对仗，也用以比喻玄奘游弋于浩如烟海的佛教典籍中。

㊶ 四韦，即四韦陀之略，亦即婆罗门教的根本经典四吠陀经：《梨俱吠陀》《夜柔吠陀》《娑摩吠陀》《阿闼婆吠陀》。小鲁，语出《孟子·尽心上》："孟子曰：孔子登东山而小鲁，登太山而小天下。"东山乃鲁国城东之高山。故"俯四韦而小鲁"一语犹言玄奘通晓博大精深的佛教经典后，便觉得婆罗门教的圣典相形见绌了。

㊷ 谈肆，当即"谈林"（谈议之林），谓僧徒之学场，犹言学林。《续高僧传·释志念传》："（释志念）频弘二论，一十余年，学观霞开，谈林雾结。"

㊸ 泰初日月，语出《世说新语·容止》："时人目夏侯太初朗朗如日月之入怀。"比喻姿容的俊美悦目。

㊹ 灵台，在此指心，《庄子·庚桑楚》："不可内于灵台。"

㊺ 子云罄悦，语出扬雄（字子云）《法言》："今之学也，非独为之

华藻也，又从而绣其鞶帨。”鞶为盛帨巾的小囊，帨为佩巾。扬雄此语用以批评当时学者文章的繁碎。

㊻ 发挥，义为反覆推演，语无剩义。李德裕《易州侯台记》：“博采旧史，发挥新意。”神府，即灵台，是为精神之宅，亦指心。《淮南子·俶真训》：“是故圣人托其神于灵府，而归于万物之初。”所以，序文的“泰初日月，烛耀灵台；子云鞶帨，发挥神府”一语意指玄奘不但秀外，而且慧中；对于类似扬雄所说的纷杂繁多的佛教经典，亦能反覆推演，得其真髓。

㊼ 金文，即金言，乃佛陀所说之教法。《高僧传·经师论》：“金言有译，梵响无授。”

㊽ 暂，在此义“顿”。杜甫《晨雨》诗：“暂起柴启色，轻沾鸟兽群。”

㊾ 秋驾，天子之车驾。《文选》王融《三月三日曲水诗序》：“念负重于春冰，怀御奔于秋驾。”序文的“秋驾”似尊称玄奘本人。

㊿ 云趋，如云之相趋。王廷扬《登瀛州赋》：“天策开府，四海云趋。”

(51) 玉柄，以玉所饰之拂尘柄。李白《游昌禅师山池》：“高僧拂玉柄，童子献霜梨。”抣，通“挥”。

(52) 波属，义为连续、相继，《宋书·谢灵运传》：“缀响联词，波属云委。”

(53) 斲，义为斫、削、雕饰。斲轮，谓艺之精熟，或指富于经验者。《庄子·天道》：“臣也以臣之事观之。斲轮，徐则甘而不固，疾则苦而不入。不徐不疾，得之手而应于心，口不能言，有数在焉于其间。臣不能以喻臣之子，臣之子亦不能受之于臣，是以行年七十而老斲轮。”故在此的“若会斲轮之旨”意谓玄奘深深领会佛经的要旨。

(54) 拜瑟，可能为“琴瑟”之讹。《风俗通义·声音》载云，伯子牙鼓琴，钟子期听之。子牙意在高山，子期则曰："善哉乎，巍巍若太山。"尔后又意在流水，子期则曰："善哉乎，汤汤若江河。"故子期死后，伯牙破琴绝弦，终生不复操琴，认为世间再无知音者。这里的"犹知拜（琴）瑟之微"一语恐怕即是使用此典，以譬喻玄奘洞悉佛法的奥妙。

(55) 多闻，是为佛陀十大弟子之一阿难的特长。《增一阿含经》卷三："知时明物，所至无疑，所忆不忘，多闻广远，堪任奉上，所谓阿难比丘是。"佛家以"如泻瓶水"比喻传领佛法，毫无遗漏。《涅槃经》卷四十："阿难事我二十余年……持我所说十二部经，一经于耳，曾不再问。如写瓶水，置之一瓶。"故"以泻瓶之多闻"一语是用以譬喻玄奘的博识强记，得到了佛法的全部真髓。

(56) 轘辕，即轘辕山，在今河南偃师县（即玄奘故乡洛州缑氏）东南，山道险峻。

(57) 鍱腹，用铜片护腹。《智度论》卷二十六载云，骄慢外道萨遮祇尼犍子自夸腹中容一切智慧，恐其破裂，故以铜鍱锢腹。故"摧鍱腹之夸"之语意谓玄奘击败十分厉害的论敌。本书卷十 2.4 谈及羯罗拿苏伐剌那国在古代曾有一沙门挫败过一个"腹锢铜鍱"的外道。

(58) 井络，星座名，在蜀地上方，故喻指蜀地。《河图括地象》："岷山之地，上为井络。"

(59) 浮杯，《高僧传·杯度传》云刘宋时佛僧杯度常以木杯渡水，所以后来常用"浮杯"喻指僧人云游。《慈恩传》卷一载云："（玄奘）即于武德五年于成都受具……条式有碍，又为兄所留，不能遂意，乃私与商人结侣，泛舟三峡，沿江而遁，到荆州天皇寺。"序文的"井络之乡，遽表浮杯之异"之语所指当是此事。

(60) 宗，与"众"通，《逸周书·程典解》："商王用宗谗。"

⑥ 荀氏八龙，东汉荀淑诸子的美称。《后汉书·荀淑传》："荀淑字季和，颖川颍阴人，荀卿十一世孙也。……有子八人：俭、绲、靖、焘、汪、爽、肃、专，并有名称，时人谓之'八龙'。""颖川为之语曰：'荀氏八龙，慈明无双。'"

⑥ 陈门双骥，则指玄奘与其兄长捷。荀、陈均为颖川人，故序文称"汝、颖多奇士"。

【译文】

法师降生之时，瑞云预示吉兆，天含温和之气，并有德星照耀。陈氏望族，犹如根深老树；法师早慧，仿佛茂盛嫩芽。其门源远流长，运祚绵延，声望久盛不衰。法师自幼仪容出众，美如朝霞明月；童年才华横溢，好似兰桂飘香。成人之后，圣贤之书无不精熟。名闻遐迩，各级官府竞相延聘。然而法师早就悟出"真"、"假"之义，始终具备慈悲之心，洞悉无为空理；以佛教真理为楷模，眷恋不舍，知人世生活有限度，喟然叹息。功名利禄实是束人于俗世的绳索罗网；佛法佛智确为进入于涅槃的桥梁道路。法师于是排斥尘俗烦恼，专谈旷远佛学。其兄长捷法师，是为佛门栋梁。他专注佛学，终生勤勉奋进，出类拔萃，不输当年鹙鹭子。君臣上下对其道德情操均加推崇，中国异邦对其声望风采俱各仰慕。法师弟兄情谊甚笃，深合天伦之道。他殷勤侍奉兄长，虚心求学受教，绝不浪费光阴。其学业光耀于高僧阶层，拔萃于佛教寺院；德行合乎"中道"真义，盛名布于僧徒之间。策马驰骋于佛法领域，遍览各种佛典，学识之广博，犹如胸藏云梦大泽；扬帆遨游于佛法大海，深得佛学真髓，相比吠陀经，不啻东山俯视鲁城。从此云游佛僧学场，数度寒暑。功德既成，学业亦备。法师不仅如夏侯太初，仪表堂堂，恣容俊美，其内心也玲珑机敏，智慧超群；尽管佛典繁杂纷多，法师均能心领神会，反覆推演，得其真谛。于是，佛陀教法顿时清晰明了，四方僧徒如云相趋，前来求教；法师拂尘驱散重重迷雾，指点众人如波相继，得渡迷津。法师洞悉佛法，犹如领会斫轮之要旨，深知琴音之奥妙。他博识强记，如瓶泻水，嗣后独驾轻舟，远游它乡。先在轘辕地区，击败十分厉害的论敌；又在蜀中地区，表达泛舟东下的意愿。远近人众均对法师推崇备至，说道：古代曾有荀家"八龙"，如今又见陈家"双骥"。汝、颍地区多出奇士，此语可谓千真万确。

1.4　法师自幼迄长，游心玄籍①。名流先达，部执②交驰，趋末忘本，撅华捐实，遂有南北异学③，是非纷纠。永言④于此，良用抚然。或恐传译蹄驳⑤，未能筌究，欲穷香象之文⑥，将馨龙宫⑦之目。以绝伦之德，属会昌之期，杖锡拂衣，第如遐境。于是背玄灞⑧而延望，指葱山⑨而矫迹⑩。川陆绵长，备尝艰险。陋博望⑪之非远，嗤法显⑫之为局。游践之处，毕究方言，镌求幽赜⑬，妙穷津会⑭。于是词发雌黄⑮，飞英天竺；文传贝叶⑯，聿归振旦⑰。

【注释】

　　① 玄籍，玄妙之典籍，通常指佛经。《注维摩经·序》："至韵无言，而玄籍弥布。"

　　② 部执，佛教各部之执见。《唯识了义灯》："部是众义，名圣弟子为部；执是取义，皆取佛说三藏之中所说法义。"《唯识枢要》："佛涅槃后，因彼大天，部执竞兴。"

③ 南北异学,指玄奘西行前中国南北分歧的佛教学说。北方有地论宗学派,主张如来藏缘起说,谈六相圆融,明一乘佛性。南方则有摄论宗学派,主张无尘唯识义,兼立九说的理论。地论宗又分为南道和北道两个派系,聚讼纷纭。

④ 永言,长思、长念之义。《诗经·大雅·文王》:"永言配命,自求多福。"又,《诗经·大雅·下武》:"永言孝思,孝思维则。"故这里的"永言于此"当意为"(玄奘)始终念及这类(南北异学的)争论"。

⑤ 踳驳,义为乖舛错杂。唐玄宗《孝经序》:"近视《孝经》旧注,踳驳尤甚。"

⑥ 香象之文,典出《俱舍论》所载的香象宣令故事。原指《俱舍论》;在此则为佛典之通称。《大方便佛报恩经》卷四:"(提婆达多)虽复能多读诵六万香象经,而不能免阿鼻地狱罪。"

⑦ 龙宫,在此比喻收藏一切佛经与佛法之所。《摩诃摩耶经》:"千五百岁……恶魔波旬及外道众踊跃欢喜,竞破塔寺,杀害比丘。一切经藏皆悉流移至鸠尸那竭国,阿耨达龙王悉持入海。于是佛法而灭尽也。"《莲华面经》卷下:"佛言:'阿难! 此阎浮提及余十方所有佛钵及佛舍利,皆在婆伽罗龙王宫中。'"

⑧ 玄灞,指灞水,在今陕西省,流经长安。长安东有桥横灞水上,人们常于此处送别亲友。曹唐《送康祭酒赴轮台》诗:"灞水桥边酒一杯,送君千里赴轮台。"故"背玄灞而延望"之语意谓玄奘离开长安远行,指望早抵圣地天竺。

⑨ 葱山,即葱岭,见敬播序 1.1 注 ㉑。

⑩ 矫迹,犹言"举步"。矫,义为举,《文选》陶潜《归去来辞》:"时矫首而遐观。"

⑪ 博望,即博望侯,指张骞,参见敬播序1.1注⑧。

⑫ 法显,东晋时期赴西域求法的高僧。后秦弘始元年(399年),法显以六十左右的高龄,发自长安,经河西走廊,越流沙,逾葱岭,取道印度河流域而入恒河流域,游今巴基斯坦与阿富汗之地,然后东入印度。他曾穿行尼泊尔南部,抵达恒河下游的佛教中心地摩竭提国首都巴连弗邑,并在那里留住三年,学梵书梵语,抄写经律。后又渡海至今斯里兰卡,住二年,续得经本,遂航海东归。中途暂停今苏门答腊或爪哇,饱受风涛之苦,于东晋义熙八年(412年)抵达今山东半岛的崂山,再转陆路南下,于翌年到建康。首尾共达十五年;携回梵文佛经多种。法显与玄奘并为古代伟大的佛僧与旅行家;序文之"嗤法显之为局"一语,显属夸张之说。

⑬ 赜,义为幽深难见。《周易·系辞上》:"圣人有以见天下之赜,而拟诸其形容,象其物宜,是故谓之象。"这里的"幽赜"用为"深奥学问"之义。

⑭ 津会,似即"要津"之义,在此指佛学要旨。

⑮ 雌黄,原为一种黄色土的名称,在此则意谓对前人之书的纠谬、批评。郝懿行《证俗文》卷三:"今谓讥议人曰雌黄,非也。古人写书用黄纸,故以雌黄灭误,以其相类也。颜之推曰:'读天下书未遍,不可妄下雌黄。'谓不得以己意擅改书中之字。"

⑯ 贝叶,即"贝多罗树叶"之略。《酉阳杂俎·木篇》:"贝多,出摩伽陀国,长六七丈,终冬不凋。……西域经书用此三种皮叶,若能保护,亦得五六百年。"通常以"贝叶经"喻指一切佛经。

⑰ 震旦,一作振旦、真旦、神丹等,梵文Cīnasthāna的音译,义为"秦地"。这是古印度对于中国的称呼。

【译文】

　　法师从童年到成年，专注于研讨佛典。佛学界的名家先辈，各执己见，舍本逐末，捡拾花朵，丢弃果实；于是分成南北学派，争是论非。法师每每念及于此，深为慨叹。他担心此前佛经的翻译乖舛错杂，未能彻底洞悉原意，故欲遍览佛经原文，尽得印度释藏。这一高尚无比的情操，适逢国运昌盛的时代；他手持锡杖，撩衣迈步，前赴异域远方。别离长安，向往圣地，直奔葱岭险途。水陆道路漫长，历尽千险万苦。可以因张骞所经之地太近而鄙视之，也可因法显所见所闻不广而讥笑之。法师游踪所及，都要精研方言，探求深奥学问，悉窥佛法要旨。他纠正前人的谬误，播扬美名于天竺；取得真经，携归中国。

1.5　太宗文皇帝金轮①篡御，宝位居尊。载伫②风徽③，召见青蒲④之上；遒睠⑤通识⑥，前膝黄屋⑦之间。手诏绸缪⑧，中使⑨继路。俯摘⑩睿⑪思，乃制《三藏圣教序》，凡七百八十言。今上⑫昔在春闱⑬，裁《述圣记》⑭，凡五百七十九言。启玄妙之津，尽揄扬之旨。盖非道映鸡林⑮，誉光鹫岳⑯，岂能缅降神藻，以旌时秀？奉诏翻译梵本，凡六百五十七部。具览遐方异俗，绝壤殊风，土著之宜，人伦之序，正朔所暨，声教所覃⑰，著《大唐西域记》，勒成一十二卷。编录典奥⑱，综核明审，立言不朽，其在兹焉。

【注释】

　　① 金轮，在此为"金轮圣帝"或"金轮王"之略。佛教徒称拥有金轮宝的圣王为金轮王，优于其它三王。《俱舍论》卷十二："铁轮王王一

洲界，铜轮王二，银轮王三，若金轮王，王四洲界。"《三论玄义》："悉达处宫，方绍金轮圣帝。能仁出俗，遂为三界法王。"后用以比喻人间帝王；武则天革命以后即曾加号"金轮圣道皇帝"及"越古金轮圣道皇帝"。

② 载伫，留止之意。沈约《侍太子宴》诗："望古兴惕，心焉载伫。"

③ 风徽，义为美风。《魏书·李崇传》载李崇之表文云："养黄发以询格言，育青襟而敷典式，用能享国久长，风徽万祀者也。"

④ 青蒲，皇帝之内庭，以蒲青为席铺地，故名；一说以青规地，谏者伏其上，故名。《宋书·袁淑传》："登丹墀而敷策，蹑青蒲而扬谋。"

⑤ 睠，通"眷"，为眷顾之义，《后汉书·祭祀志》："后土神祇，睠顾降命。"

⑥ 通识，达智或达智者，《魏书·陈奇传》："（陈）奇冗散数年，高允与奇雠温古籍，嘉其远致，称奇通识，非凡学所窥。"

⑦ 黄屋，天子所乘之车以黄绢为盖里，故名。《史记·秦始皇纪》："冠玉冠，佩华绂，车黄屋。"

⑧ 绸缪，在此为恩情深厚之意，《文选》袁宏《三国名人序赞》："绸缪哲后，无妄惟时。" 注云："良曰：绸缪，恩密貌。"

⑨ 中使，帝王内宫派出的使者，指宦官。

⑩ 摛，抒发思想（而作诗文）。李商隐《太尉卫公会昌一品集序》："吮墨摛词，咏日月之光华，知天者之事也。"

⑪ 睿，在此作"圣"解，故"睿思"犹言天子之思念。《文选》颜延之《车驾幸京口侍游蒜山作》："睿思缠故里，巡驾匝旧坰。"

⑫ 今上，指高宗。于志宁撰本序时已在高宗时代。

⑬ 春闱，即春宫，也就是太子宫的称呼。陆贽《李勉太子太师制》："辅翼春闱，是资教谕。"

⑭《述圣记》，即《述三藏圣教序记》之略。唐高宗为太子时撰写。

⑮ 鸡林，即鸡园，亦称鸡头摩寺、鸡雀寺、鸡寺等，音译作"屈屈吒阿滥摩僧伽蓝"，阿育王所建之佛寺，在摩揭陀国波吒厘子城侧。本书卷八 1.5 谈及。

⑯ 鹫岳，即鹫峰、灵鹫山，参见敬播序 1.1 注 ⑬。

⑰ 正朔，"正"为年始，"朔"为月初；犹言帝王新颁之历法。古代君王易姓受命，必改正朔。故"正朔"也比喻为政权。暨，及、至之义；罩，延、及之义。故序文"正朔所暨，声教所罩"一语意谓这些地区都臣服于大唐，并为中国教化所影响。

⑱ 典奥，博大精深之义。《后汉书·胡广传》载史敞等推荐胡广之语云："（胡广）博物洽闻，探赜穷理，《六经》典奥，旧章宪式，无所不览。"

【译文】

太宗文皇犹如金轮圣帝，继承大宝，君临天下。素具礼贤下士的美风，召见法师于内庭；眷顾睿智博识的贤者，移座交谈在辇舆。亲撰诏书，恩重情深，频遣内使，皇恩浩荡。抒发圣思，写成《三藏圣教序》，共七百八十字。当今圣上为太子时，曾撰《述圣记》，共五百七十九字。揭示佛法之要旨，表明布扬之意愿。若非法师德行照耀鸡园，盛誉光映灵山，如何能使圣主缅思，亲撰神辞，表彰这位当代贤士？法师奉诏翻译梵文佛经，共六百五十七部。遍观远域他乡的奇风异俗、气候物产、社会道德，这些地区都是大唐臣属，接受中国教化；所以撰成《大唐西域记》，共计十二卷。所记内容，博大精深，全面校核，明了周密，不朽之作，即是此书。

序

三藏沙门玄奘奉敕撰

【题解】

　　本序由玄奘自己撰写。对于它在全书中的排列位置，古今都有争议。宋、元刻本均置之于第一卷卷首；但唐人慧琳《一切经音义》卷八十二则将它作为全书的序文之一。在此，从章巽师之说，把它作为全书的序文。这篇序文按照佛教的世界构成说，首先概述了无穷大的"索诃世界"以及可以居住人类的四大洲：东毗提诃洲、南赡部洲、西瞿陀尼洲、北拘卢洲。其次具体描述赡部洲四方（南方象主之国、西方宝主之国、北方马主之国、东方人主之国）的风土人情。实际上，只有后一部分比较接近真实情况。

1.1　历选①皇猷②，遐观帝录，庖羲③出震之初，轩辕④垂衣之始，所以司牧黎元，所以疆画分野。暨乎唐尧之受天运⑤，光格四表⑥；虞舜之纳地图⑦，德流九土⑧。自兹已降，空传书事之册；逖听⑨前修⑩，徒闻记言之史。岂若时逢有道⑪，运属无为⑫者欤？我大唐御极则天，乘时握纪，一六合⑬而光宅，四三皇⑭而照临。玄化⑮滂流，祥风⑯遐扇，同乾坤之覆载⑰，齐风雨之鼓润⑱。与夫东夷入贡，西戎即叙，创业垂统，拨乱反正⑲，固以跨越前王，囊括先代。同文共轨⑳，至治神功，非载记无以赞大猷，非昭宣何以光盛业。玄奘辄随游至，举其风土，虽未考方辨俗，信已越五逾三㉑。含生之俦，咸被凯泽；能言之类，莫不称功。越自天府㉒，暨诸天竺，幽荒异俗，绝域殊邦，咸承正朔㉓，俱沾声教。赞武功之绩，讽成口实；美文德之盛，郁为称首。详观载籍，所未尝闻；缅惟图牒㉔，诚无与二。不有所叙，何记化洽？今据闻见，于是载述。

【注释】

① 选，义为"数"，《诗经·邶风·柏舟》："威仪棣棣，不可选也。"这里的"历选"犹言"历数"。

② 皇猷，即帝猷，见于志宁序 1.1 注 ⑭。这里的"皇"、"帝"并非泛称，而是特指"三皇"、"五帝"。

③ 庖羲，又作伏羲、伏牺、伏戏、宓牺、炮牺等，中国古代神话传说中的始祖，雷神之子。震，为八卦之一，主东方；出震，犹谓万物发生于东方，《周易·说卦》："帝出乎震……万物出乎震。震，东方也。"庖羲即是东方天帝，故亦称"出震之君"。《晋书·地理志》："燧人钻火，庖羲出震。"

④ 轩辕，即黄帝，见于志宁序 1.2 注 ③。《周易·易辞下》："神农氏没，黄帝、尧、舜氏作。……黄帝、尧、舜垂衣裳而天下治，盖取诸乾坤。"朱熹注云："乾坤变化而无为。"故"垂衣之治"即"垂拱无为而治"。

⑤ 天运，即天命，《后汉书·刘虞、公孙瓒传论》："若虞、瓒无间，

同情共力，纠人完聚，畜保燕、蓟之饶，缮兵昭武，以临群雄之隙，舍诸天运，征乎人文，则古之休烈，何远之有！"

⑥ 光格四表，光耀四海之意。参见序言部分 2.1 注 ⑩。

⑦ 舜纳地图，语出西王母献地图之说。《开元占经》卷一百一十三引《帝王世纪》云："西王母慕舜之德，来献白环及贡益地图。"西王母是古代传说中西方绝域居民的代表。所以，她之向舜贡地图，犹言远域也臣服于中国。

⑧ 九土，即九州。有关九州的说法各异，其中包括中国之内分九州，以及中国并为九州之一的说法。《史记·驺衍传》："儒者所谓中国者，于天下乃八十一分，居其一分耳。中国名赤县神州，赤县神州内自有九州，禹之序九州是也，不得为州数。中国外，如赤县神州者九，乃谓九州也。"玄奘序文的"九土"当取后一义，犹言整个天下。

⑨ 遐听，远听之义。《文选》司马相如《封禅文》："率尔者踵武，遐听者风声。"

⑩ 前修，谓前代修习道德之人，犹言"前贤"。《文选》陆机《文赋》："识前修之所淑。"

⑪ 有道，谓天下承平。《论语·季氏》："孔子曰：天下有道，则礼乐征伐自天子出；天下无道，则礼乐征伐自诸侯出。"

⑫ 无为，古人谓圣人德盛，可使庶民自然化治，而不必有所作为，故亦作"无为而治"。《论语·卫灵公》："子曰：无为而治者，其舜也欤。夫何为哉？恭己正南面而已矣。"又，《汉书·董仲舒传》："垂拱无为而天下太平。"

⑬ 一六合，意即统一"六合"。天、地、四方，谓之六合，一作六极、六幕、六漠。《庄子·齐物论》："六合之外，圣人存而不论；六合之内，圣

人论而不议，"

⑭ 四三皇，意即"使'三皇'成为'四皇'"。关于"三皇"之所指，通常有六说，大抵指古代传说中的人类始祖燧人、伏羲、神农等（参见敬播序1.1 注 ㉛ ）。玄奘所谓的第四皇，系指大唐皇帝太宗，显然为颂扬之辞。

⑮ 玄化，即德化，《文选》曹植《责躬》诗："玄化滂流，荒服来王。"《乐府诗集·鼓吹曲辞·吴歌吹曲》："玄化者，言上修文训武，则天而行，仁泽流洽，天下喜乐也。"

⑯ 祥风，即瑞风，《白虎通·封禅》："德至八方则祥风至，佳气时喜。"

⑰ 覆载，指天地养育及包容万物，《庄子·天地》："夫道，覆载万物者也。"后亦为天地的代称。这里的"覆载"则意谓人君以至诚之德包容四方，犹如天地包容万物一般。《中庸》二十六章："故至诚无息，不息则久，久则征，征则悠远，悠远则博厚，博厚则高明。博厚所以载物也，高明所以覆物也，悠久所以成物也。博厚配地，高明配天，悠久无疆。"

⑱ 鼓润，激发、滋润万物，使之生长。《白虎通·礼乐》："鼓，振音，烦气也。万物愤懑震而生。雷以动之，温以暖之，风以散之，雨以濡之。奋至德之声，感和平之气也。同声相应，同气相求，神明报应，天地佑之，其本乃在万物之始耶？故谓鼓也。"

⑲ 拨乱反正，语出《汉书·礼乐志》："遭秦灭学，遂以乱亡。汉兴，拨乱反正，日不暇给。"颜师古注云："拨去乱俗而还之于正道也。"

⑳ 同文共轨，原为统治者所采取的使文化、交通等制度一致的措施，《史记·秦始皇本纪》："一法度，衡石，丈尺，车同轨，书同文字。"序文在此的"同文共轨"则喻指王者一统天下。

㉑ 越五逾三，意谓唐皇的德行业绩、声威教化已经超越了五帝与三皇。

㉒ 天府，原指富庶的秦国。《战国策·秦策》："苏秦始将连横说秦惠王曰：'西有巴、蜀、汉中之利，北有胡貉、代马之用，南有巫山、黔中之限，东有肴、函之固。田肥美，民殷富，战马万乘，奋击百万，沃野千里，蓄积饶多，地势形便，此所谓天府，天下之雄国也。'" 后亦用以称呼类似的富饶地区。但是玄奘自长安出发西行，故这里的"天府"更可能是指秦地，而非整个中国。

㉓ 咸承正朔，意谓认可大唐的宗主权。释见于志宁序 1.5 注 ⑰。

㉔ 图牒，与"图谍"通，即图谱。白居易《许昌县令新厅壁记》："若其官邑之省置省，风物之有无，田赋之上下，盖存乎图谍，此略不书。"

【译文】

历数三皇之教化事业，综观五帝之文字记录，庖羲在东方创造文明之初，黄帝垂衣裳无为而治之时，管理民众，划分疆土。继而唐尧接受天命，德光耀及四海；虞舜收纳贡图，德泽遍布九州。自此以来，徒然流传记事古籍；前贤教诲，亦只见于史书之中。哪里还有天下承平，无为而治的局面呢？我大唐依据天道建立王统，顺应潮流掌握纲纪；统一天下，圣德远布，功比三皇，光耀八方。仁德四播，瑞风远扬，犹如天地养育生灵，仿佛风雨滋润万物。东夷朝贡，西戎称臣，王业永传，拨乱反正，业已胜过前王，超越先代。一统天下，功业巍巍，若不记载，何以颂扬大道？若不宣传，何以显耀伟业？玄奘依据游踪，列述各地风情，虽未详考方位，细辨习俗，但是足知大唐声威所及，已经超过三皇五帝。一切生灵，均沾大唐恩泽；凡属人类，无不颂其功德。玄奘发自秦地,遍历五天竺国,僻地异民,远域他国,都向大唐称臣,均受大唐教化。称扬大唐功德卓绝,到处传诵,成为美谈;赞美大唐文德昌盛,一致公认,天下第一。仔细查检以往典籍,不曾有过这类事迹;遍览所有文书图谱,确实未见同样记载。如果我不有所记述,怎能展示大唐教化所及? 今据亲身见闻,载述于此。

1.2 然则索诃^①世界,旧曰娑婆世界,又曰娑诃世界,皆讹也。三千大千国土^②,为一佛之化摄也。今一日月所照临四天下者,据三千大千世界之中,诸佛世尊皆此垂化^③,现生现灭^④,导圣导凡。苏迷卢山^⑤唐言妙高山。旧曰须弥,又曰须娄,皆讹略也。四宝^⑥合成,在大海中,据金轮^⑦上,日月之所照回,诸天^⑧之所游舍。七山七海^⑨,环峙环列;山间海水,具八功德^⑩。七金山外,乃咸海也。海中可居者,大略有四洲焉。东毗提诃^⑪洲,旧曰弗婆提,又曰弗于逮,讹也。南赡部^⑫洲,旧曰阎浮提洲,又曰剡浮洲,讹也。西瞿陀尼^⑬洲,旧曰瞿耶尼,又曰劬伽尼,讹也。北拘卢^⑭洲。旧曰郁单越,又曰鸠楼,讹也。金轮王乃化被四天下,银轮王则政隔北拘卢,铜轮王除北拘卢及西瞿陀尼,铁轮王则惟赡部洲。夫轮王^⑮者,将即大位,随福所感,有大轮宝浮空来应,感有金、银、铜、铁之异,境乃四、三、二、一之差,因其先瑞,即以为号。

【注释】

① 索诃,梵文 Sahā 的音译,一作索阿、娑婆等,义为忍、堪忍。《法华文句》卷二:"娑婆,此翻忍。其土众生安于十恶,不肯出离,从人名土,

故称为忍。"故"索诃世界"即是世俗世界；按佛教之说，此为佛陀主宰及教化的区域。

②三千大千国土，即"大千世界"，释见于志宁序 1.1 注④。

③垂化，即垂迹。佛、菩萨之本体（本地）示现种种化身，以济度众生，称为垂迹。《注维摩经·序》："幽关难启，圣应不同，非本无以垂迹，非迹无以显本。本、迹虽殊，而不思议一也。"

④生、灭，释见敬播序 1.2 注⑫。

⑤苏迷卢山，亦作修迷楼、苏弥楼、须弥楼、须弥等，梵文 Sumeru 的音译；意译作妙高、妙光、安明、善积、善高等。这是一小世界的中心。《注维摩经》卷一："肇曰：须弥山，天帝释所住金刚山也，秦言妙高。处大海之中，水上方高三百三十六万里。"

⑥四宝，《俱舍论》云："妙高山王四宝为体，谓如次四面北东南西：金、银、吠琉璃、颇胝迦宝。"

⑦金轮，支撑世界的载体之一。按佛教之说，世界之最低层为风轮，此风轮依止虚空，其厚为十六亿由旬，其坚固如金刚。风轮之上有水轮，深八亿由旬。水轮之上有金轮，厚三亿二万由旬，径十二亿三千四百五十由旬。金轮之上有九山八海，是谓地轮。

⑧天，梵文 deva 之意译，原为光明、自然、清净、自在、最胜之义，乃是受人间以上胜妙果报之处。此外，也用以称呼居住在这类所在的神祇，《金光明经疏》："外国呼神亦名为天。"这里的"诸天"即取此义。

⑨七山七海，乃是古印度世界构成说中山与海的总数。另一说则谓九山八海，即，以须弥山为中心，四周环列八大山，各山之间都有一海，故名。诸经说法不一，玄奘在此取《俱舍论》卷十一之说。

⑩八功德，即序文所言的海水以及极乐浴池之水的八种性质。《无

量寿经》卷上："八功德水湛然盈满，清净香洁，味如甘露。"《称赞净土经》："何等名为八功德水？一者澄净，二者清泠，三者甘美，四者轻软，五者润泽，六者安和，七者饮时除饥渴等无量过患，八者饮已定能长养诸根四大。"

⑪ 毗提诃，梵文 Videha 的音译；意译作胜身。《俱舍论》卷十一："东胜身洲，东狭西广，三边量等，形如半月。"

⑫ 赡部，梵文 Jambū 的音译，原为树名；该洲因中央有此树而得名，且赡部树下产好金。玄应《音义》卷二十三："赡部洲……从树为名，旧言剡浮，或云阎浮，皆一也。"《释迦方志·中边篇》："古翻此（赡部）洲云好金地，谓阎浮檀金在洲北岸海中，金光浮出海上。其旁有阎浮树林，其果极大，得神通者方至于彼。"

⑬ 瞿陀尼，梵文 Godānīya 的音译；意译作牛货。玄应《音义》卷十二："瞿陀尼，或名瞿耶尼，或名瞿伽尼，皆是讹转也。瞿，此译云牛；陀尼夜，此云取与。以彼多牛，用牛市易，如此间用钱帛等。"

⑭ 拘卢，梵文 Uttarakuru 的音译名的略称，全称为郁多罗究留、郁多罗拘楼、郁单越等；意译作高胜、上作等。《起世因本经》卷二："有何因缘说彼名曰郁多罗究留洲？诸比丘，其郁多罗究留洲，于四天下，比余三洲最上、最妙、最胜彼，故说（郁多罗留洲，隋言上作）。"又，慧琳《音义》卷二十八："郁单越，上恽勿反。梵语，一名北俱卢洲，或云郁怛罗，或云郁多罗拘楼，或云郁多罗鸠留，皆梵语，讹也。正梵云嗢怛罗矩噜，译为高胜。《阿毗昙论》云：地方高大，定寿千岁，无诸苦，常受乐，胜余洲，故名高胜。"

⑮ 轮王，又称转轮王、转轮圣王、转轮圣帝等，因手持轮宝而得名。按古印度神话，轮王具有三十二相，即位时自天感得轮宝，遂转动轮宝降

服四方。轮宝分金、银、铜、铁四种,故有金、银、铜、铁四轮王。佛教沿用了这种说法。

【译文】

名为索诃之世俗世界(旧称娑婆,又称娑诃,均误)内的三千大千国土,均是佛陀所教化的地区。如今同一日月照临四个天下,在这三千大千世界之中,诸佛都在这里示现种种化身,济度众生,展示生灭关系,引导圣贤凡人。苏迷卢山(唐语称为妙高山。旧称须弥,又称须弥娄,均系讹略)由四种宝物构成,位于大海之中,座落金轮之上;日月绕其回转而照耀,众神在此遨游和居住。七重金山与七个大海环列其四周;诸山之间的海水具备八种优良性质。七重金山之外,便是咸海。海中可供人类居住,大致有四个洲。东面为毗提诃洲(旧称弗婆提,又称弗于逮,均误),南面为赡部洲(旧称阎浮提洲,又称剡浮洲,均误),西面为瞿陀尼洲(旧称瞿耶尼,又称㤲伽尼,均误),北面为拘卢洲(旧称郁单越,又称鸠留,均误)。金轮王的统治遍及四洲,银轮王的统治区不包括北拘卢洲,铜轮王的统治区中不包括北拘卢洲及西瞿陀尼洲,铁轮王则仅统治赡部洲。所谓轮王,即是在其将登大位之时,因其福德感应,有巨大轮宝从天上飘来,由于各自感应的轮宝有金、银、铜、铁的差异,其统辖的洲数也就有四、三、二、一的区别,根据预先的祥瑞,定下诸王的名号。

1.3 其赡部洲之中地者,阿那婆答多①池也。唐言无恼热。旧曰阿耨达池,讹也。在香山②之南,大雪山③之北,周八百里矣。金、银、琉璃、颇胝④,饰其岸焉。金沙弥漫,清波皎镜。八地菩萨^⑤以愿力^⑥故，化为龙王，于中潜宅。出清泠水^⑦，给赡部洲。是以池东面银牛口流出殑<small>巨升反</small>。伽^⑧河，<small>旧曰恒河，又曰恒伽，讹也。</small>绕池一匝，入东南海；池南面金象口流出信度^⑨河，<small>旧曰辛头河，讹也。</small>绕池一匝，入西南海；池西面琉璃马口流出缚刍^⑩河，<small>旧曰博叉河，讹也。</small>绕池一匝，入西北海；池北面颇胝师子口流出徙多^⑪河，<small>旧曰私陀河，讹也。</small>绕池一匝，入东北海，或曰潜流地下，出积石山^⑫，即徙多河之流为中国之河源云。

【注释】

① 阿那婆答多，梵文 Anavatapta 的音译；意译作无热、无热恼。《华严探玄记》卷二："阿那婆答多龙王，此云无热恼。"或以为此即今喜马拉雅山上的玛纳萨洛瓦湖（Manasarowar），约在北纬 31°，东经 81° 3′处。富水季节，该湖往往会泛滥，与 10 多公里外的罗德湖（Roodh）合成一湖，自此流出沙塔德罗河（S'atadru）；而另外三条河（布拉马普特拉河、恒河及阿姆河）的源头也在这周围的极近处。

② 香山，亦作香醉山，《俱舍论》卷十一："大雪山北，有香醉山。雪北香南，有大池水，出四大河。"《南山戒疏》卷一："四河本源香山所出。……俗云昆仑者，经言香山。"

③ 雪山，在此当指兴都库什山脉。释见敬播序 1.1 注 ㉒。

④ 颇胝，梵文 sphaṭika 的音译，又有颇梨、颇胝迦、塞颇致迦等译名，即是汉人所谓的"水精"。玄应《音义》卷二："颇梨……西国宝名也。梵言塞颇胝迦，又言颇胝，又云水玉，或云白珠。《大论》云，此宝出山石窟中，过千年冰化为颇梨珠。此或有也。"

⑤ 八地菩萨，通常作菩提萨埵或菩萨，梵文 bodhisattva 的音译；意译作大道心众生、大觉有情、高士、大士等。《法华经疏》卷一："菩提云道，是无上正遍知果道也；萨埵言众生。为求果道，故名道众生也。"又，《法华玄赞》卷二："菩提，'觉'义，是所求果。萨埵，'有情'义，是自身也。求菩提之有情者，故名菩萨。"

⑥ 愿，梵文 pranidhana 的意译。《法界次第》卷下："自制其心，名之曰誓；志求满足，故云愿也。"愿力，则是誓愿之力，亦称本愿力。《智度论》卷七："庄严佛世界事大。独行功德不能成故，要须愿力。"

⑦ 清泠水，即上文所说八功德水之一（释见本序 1.2 注 ⑩）。清泠，清和凉爽之意。陈子昂《修竹》诗："春风正淡荡，白露已清泠。"

⑧ 殑伽，又作洹水、恒伽、强伽、强伽等，梵文 Gaṅga 的音译，即今恒河。这是南亚地区流域最广的一条河流，全长 2580 公里，发源于喜马拉雅山脉南麓，最远的支流上游在中国西藏境内，西南流入印度。此后至德夫普拉亚格附近，与阿拉克南达河相汇合后，始称恒河。它最终注入孟加拉湾。Gaṅga 的原义是"从天堂而来"，历来被视为圣河。传说因仙人的祈求，恒河水从毗湿奴的脚尖流出，自天而降。湿婆为拯救大地，便截断河水，让它流入自己的眉梢，然后再分成七条溪流（一说分成四条或十条）淌下。佛教徒也将恒河看成"福水"，并沿用古印度传说，以河名为神名。《俱舍光记》卷五："殑耆，是河神名。若女声中呼名殑耆，若男声中呼名殑伽。"可洪《音义》卷一："恒伽，《大般若经》作殑伽，天女是也。"

⑨ 信度，又作辛头、信他、新头、新陶等，梵文 Sindhu 的音译，即今印度河。这是南亚最长的一条河流，长 2900 公里。发源于中国西藏的冈底斯山，西北流经查谟和克什米尔，又西南流过巴基斯坦注入阿拉伯

海。该河在印度历史上十分重要。河畔莫亨朱达罗和哈拉巴的考古发掘表明，早在公元前 2500 年左右，就已出现了高度发达的印度河文明；在其流域尚有许多抵抗外来侵略势力的古代战场，时间从亚历山大大帝时代一直到 20 世纪的第三次阿富汗战争。

⑩ 缚刍，伊兰语 Wakhshu 的音译，其它异名尚有博叉、薄叉、缚叉、妫水、乌许水、乌浒水、阿梅河、阿母河、暗木河等，即今阿姆河。Wakhshu 义为"河水保护神"；衍生自它的希腊语形式则为 Oxus，故被译成妫水、乌浒水等。阿母、暗木等则译自现今的通名 Amu Darya（Darya 在乌兹别克语、土库曼语和塔吉克语中义为"大河"）。该河位于亚洲的中部和西部，发自帕米尔高原，流入咸海，长约 2539 公里。古代，此河的南北两岸分别为巴克特里亚地区和索格迪亚那地区，它们都是中亚的商道辐辏之地。

⑪ 徙多，梵文 Śita 的音译，义为"冷河"。玄应《音义》卷二十四："徙多河……或言私多，或言悉陀，亦言私陀，皆梵音之差也。此云冷河。从无热恼池西面琉璃马口而出，流入西海，即是此国大河之源。"此河即是今中国新疆境内的叶尔羌河与塔里木河。

⑫ 积石山，在今青海省西宁西南，古代一直误以为黄河源于昆仑而出积石山。《读史方舆纪要·陕西》："积石山，在西宁卫西南百七十里，《禹贡》'导河自积石'是也。《水经注》：'河迳积石，而为中国河。'成公子安《大河赋》曰：'潜昆仑之峻极，出积石之嵯峨。'俗谓之大积石山。"

【译文】

赡部洲的中央，便是阿那婆达多池（唐语谓"无热恼"。旧称阿耨达池，误）。它在香山之南，大雪山之北，方圆达八百里。湖岸以金、银、琉璃、水精装饰。金色的沙子布满岸边,清澈的水波皎洁如镜。菩萨以誓愿之力,化作龙王,潜居湖中。排放清泠之水,供应南赡部洲。所以,湖的东侧银牛之口流出殑伽河(旧称恒河,又称恒伽,均误),绕湖一圈注入东南海中;湖的南侧金象之口流出信度河(旧称辛头河,误),绕湖一圈注入西南海中;湖的西侧琉璃马口流出缚刍河(旧称缚叉河,误),绕湖一圈注入西北海中;池的北侧水精狮口流出徙多河(旧称私陀河,误),绕湖一圈注入东北海中,有人说它潜行地下,至积石山再冒出地面,也就是说,徙多河是中国黄河之源。

1.4　时无轮王应运,赡部洲地有四主焉。南象主则暑湿宜象,西宝主乃临海盈宝,北马主寒劲宜马,东人主和畅多人①。故象主之国躁烈笃学,特闲异术②,服则横巾右袒,首则中髻四垂,族类邑居③,室宇重阁。宝主之乡,无礼义,重财贿,短制左衽,断发长髭,有城郭之居,务殖货之利④。马主之俗,天资犷暴,情忍杀戮,毳帐穹庐,鸟居逐牧⑤。人主之地,风俗机慧,仁义昭明,冠带右衽,车服有序,安土重迁,务资有类。三主之俗,东方为上⑥,其居室则东辟其户,且日则东向以拜。人主之地,南面为尊。方俗殊风,斯其大概。至于君臣上下之礼,宪章文规之仪,人主之地,无以加也。清心释累⑦之训,出离生死⑧之教,象主之国,其理优矣。斯皆著之经诰,问诸土俗,博关今古,详考见闻。然则佛兴西方,法流东国,通译音讹,方言语谬,音讹则义失,语谬则理乖。故曰"必也正名乎"⑨,贵无乖谬也。

【注释】

① 关于赡部洲"四主"之所指，《释迦方志·中边篇》说得更具体：
"又此一洲，四主所统。雪山以南，至于南海，名象主也。地唯暑湿，偏
宜象住，故王以象兵而安其国。俗风躁烈，笃学异术，是为印度国。……
雪山之西，至于西海，名宝主也。地接西海，偏饶异珍，而轻礼重货，是
为胡国。雪山以北，至于北海，地寒宜马，名马主也。其俗凶暴，忍煞衣
毛，是突厥国。雪山以东，至于东海，名人主也。地唯和畅，俗行仁义，
安土重迁，是至那国，即古所谓振旦国也。上列四主，且居一洲，分界而
王，以洲定中轮王为正，居中王边，古今不改。"

② 印度特多善异术者，有关这类记载，多见于汉文古籍之中。《新
唐书·西域传上》："得方士那逻迩娑婆寐，自言寿二百岁，有不死术，帝
改馆使治丹。……所谓畔茶法水者，出石臼中，有石象人守之，水有七种
色，或热或冷，能销草木金铁，人手入辄烂，以囊它髑髅转注瓠中。有树
名咀赖罗，叶如梨，生穷山崖腹，前有巨虺守穴，不可到。欲取叶者，以
方镞矢射之则落，为群鸟衔去，则又射，乃得之。其诡诘类如此。"

③ 族类邑居，当不仅是指按民族、宗族分别聚居，而主要是指按种
姓分类聚居。《西域记》卷二"印度总述"清楚指出，"印度种姓，族类群
分"。有关种姓，参见卷二 1.11 注 ①。

④ 上文谓宝主之地"临海盈宝"，当是取自拂菻（大秦）的特征。
《旧唐书·西戎传》谓位于西海之上的拂菻"土多金银奇宝，有夜光璧、
明月珠、骇鸡犀、大贝、车渠、玛瑙、孔翠、珊瑚、琥珀，凡西域诸珍异多
出其国"。序文在此"重财贿"，"务殖货之利"的描绘则取自中亚的康
国（以今撒马尔罕为中心的一块地区）居民的特征。《旧唐书·西戎传》
谓康国"生子必以石蜜纳口中，明胶置掌内，欲其成长口常甘言，掌持钱

如胶之黏物。俗习胡书。善商贾,争分铢之利。男子年二十,即远之旁国,米适中夏,利之所在,无所不到"。

⑤ 马主之地,指突厥及其它游牧民族。《北史·突厥传》:"其俗:被发左衽,穹庐毡帐,随逐水草迁徙,以畜牧射猎为事,食肉饮酪,身衣裘褐。贱老贵壮,寡廉耻,无礼义,犹古之匈奴。""善骑射,性残忍。"

⑥ 东方为上,是指尚东之俗,即以东方为最尊贵,作为前方。玄奘对这一习俗的描绘,完全符合实际情况。《周书·异域下》:"(突厥)可汗恒处于都斤山,牙帐东开,盖敬日之所出也。"《酉阳杂俎·物异》:"俱德建国乌浒河中,滩派中有火祆寺。相传祆神本自波斯国乘神通来此,常见灵异,因立祆祠。内无象,于大屋下置大小炉,舍檐向西,人向东礼。"又,《西域记》卷二"印度总述":"门辟东户,朝座东面。"

⑦ 清心释累,语出《后汉书·西域传论》:"详其清心释累之训,空有兼遣之宗,道书之流也。"注云:"清心谓忘思虑也,释累谓去贪欲也。不执着为空,执着为有。兼遣谓不空不有,虚实两忘也。"

⑧ 出离生死,或作出离。佛家用语,即谓达到不生不死,入于涅槃。《仁王经》卷中:"天人俱修出离行,能习一切菩萨道。"又,《佛地论》卷五:"言出离者,即是涅槃。"序文在此以"清心释累"和"出离生死"概括了佛教的基本教义。

⑨ 必也正名乎,语出《论语·子路》:"子路曰:'卫君待子而为政,子将奚先?'子曰:'必也正名乎。'"

【译文】

在未有轮王应运而生之时,赡部洲有四大君主。南方象主之地暑热湿润,宜于象的繁殖生存;西方宝主之地濒临大海,极多珍宝;北方马主之地寒风劲烈，适于牧马；东方人主之地气候温和，人口繁多。所以，象主之国的居民，性格暴躁，但是好学，尤其精熟奇异法术；其服饰横披巾布，右露臂膊，头顶扎髻，四面下垂；种姓族类分别聚居，房屋建筑多起楼阁。宝主之地的居民，不讲礼义，只重钱财；身着短装，衣襟向左；剪短头发，蓄长胡子；居住城郭之中，从事商贩谋利。马主之国的居民，本性狂放粗暴，性格残忍，嗜好杀戮；住在穹庐毡帐之中，随逐水草，到处放牧。人主之地的居民，机敏聪慧，有仁有义，磊落光明；头饰冠带，衣襟向右；车马服饰，均分等级；安居乡土，轻易不迁；有人专门致力于积聚钱财。北、西、南三主之地的风俗，崇尚东方，房屋之门朝东开设，每日清晨向东跪拜。人主之地的风俗，则以南方为尊。各地不同的风尚习俗，大致情况便是如此。至于君臣上下的礼节，典章制度的仪式，人主之地，最为完美。关于忘却思虑去除贪欲的训示，脱离生死入于涅槃的教导，象主之国的理论最为卓越。这些都著录于经文典籍，闻听于民间传说之中；范围广泛，涉及今古，事迹详尽，考诸见闻。然而由于佛教兴起于西土，佛法流传至东方，译音难免舛讹，方言也有出入；语音谬误则导致词义不确，词义不确则导致道理违背失实。所以孔子曾说"必须先正名"，重要的是没有荒谬反常之处。

1.5　夫人有刚柔异性，言音不同，斯则系风土之气，亦习俗之致也。若其山川物产之异，风俗性类之差，则人主之地，国史详焉；马主之俗，宝主之乡，史诰备载，可略言矣。至于象主之国，前古未详，或书地多暑湿，或载俗好仁慈，颇存方志，莫能详举。岂道有行藏①之致，固世有推移②之运乎？是知候律③以归化，饮泽④而来宾，越重险而款玉门，贡方奇而拜绛阙⑤者，盖难得而言焉。由是之故，访道远游，请益之隙，存记风土。黑岭⑥以来，莫非胡俗⑦。虽戎人同贯，而族类群分，画界封疆，大率土著。建城郭，务田畜；性重财贿，俗轻仁义；嫁娶无礼，尊卑无次；妇言是用，男位居下。死则焚骸，丧期无数；劗面截耳⑧，断发裂裳，屠杀群畜，祀祭幽魂。吉乃素服，凶则皂衣。同风类俗，略举条贯；异政殊制，随地别叙。印度风俗，语在后记。

【注释】

① 行藏，谓行道及隐退。《论语·述而》："子谓颜渊曰：'用之则行，舍之则藏，唯我与尔有是夫。'"刘宝楠《正义》云："行、藏皆指道言。盖与天下有道则见，无道则隐。"

② 推移，转变、更易之义。《淮南子·修务训》："且夫精神滑淖纤微，倏忽变化，与物推移。"这里的"道有行藏"和"世有推移之运"系指印度历代的政治兴废与文化转变状况；意思是说，由于这类情况变幻多端，所以早先来中国的朝贡者极少提及。

③ 候律，比喻中国的声教和王化，释见敬播序 1.2 注 ⑥。

④ 饮泽，意谓"深沐（大唐）恩德"，释见敬播序 1.2 注 ⑯。

⑤ 绛阙，即宫阙，犹言紫辰丹墀之类。陆机《五等诸侯论》："钲鼙震于阃宇，锋镝流乎绛阙。"

⑥ 黑岭，当即兴都库什山脉，也就是《西域记》多次提及的"雪山"或"大雪山"。据云，因大雪山北麓终年白雪皑皑，而南麓则降雪较少，相对说来，颜色呈灰黑。从印度本土北眺，所见则为兴都库什山脉的南麓，因此称之为"黑岭"。

⑦《西域记》中的"胡"字，所指往往并不固定，或指伊兰，或指印度。但是在此的"胡俗"则当指一切非汉族的风俗，其中也包括突厥等游牧民族的风俗。

⑧ 劓面截耳，是普遍流行于世界各族中的一个丧俗，即使在中原的汉人中也时有所见（当然，这是否系外来文化的影响，尚可进一步探讨），并不限于黑岭以南的居民。劓面，即是用刀割破脸部；截耳，通常是用刀划破耳朵，并非真的割去耳朵。中外史籍中关于各族劓面截耳的记载颇多，但是其功能不仅仅是表示哀悼，还有表明坚定意志、发誓等作用。例如，希罗多德《历史》卷二第六十一节载云，住在埃及的外族人卡里亚人在祭神的仪式中要用小刀将自己的前额割伤。足见劓面具有崇敬的意义。同书卷四第七十一节，谓斯奇提亚人（Scythians）在国王的葬礼上要割掉耳朵的一部分，剃光头，切伤前额与鼻子，以及用箭刺穿左手等。显然，其用意是志哀。劓面截耳以志哀的习俗尚见于匈奴人（见《后汉书·耿夔传》）、嚈哒人（见《梁书·滑国传》）、波斯人（见 *The Shanama*，Vol.7）、于阗人（见《洛阳伽蓝记》卷五）、突厥人（见《周书·突厥传》）、回纥人（见《新唐书·回鹘传上》）、蒙古人（见《蒙鞑备录》）等民族之间。《旧唐书·契苾何力传》谓契苾何力"拔佩刀东向大呼曰：'岂有大唐烈士，受辱蕃庭？天地日月，愿知我心。'又割左耳以明志不可夺也"。这是截耳以明志的一例。《新唐书·田承嗣传》载云："（田承嗣）阴使从子悦讽诸将诣使者劓面，请承嗣为帅。"则劓面有请愿之意。《南史·孝义传下》："霸城王整之姊嫁为卫敬瑜妻，年十六而敬瑜亡，父母舅姑咸欲嫁之，誓而不许，乃截耳置盘中为誓乃止。"可见，截耳又有发誓的意思。

【译文】

人的性情有刚有柔，语言发音也各不同，这是由水土风气及习俗差异造成的。关于千差万别的山川物产与风土人情，人主地区的国史已有详尽记载。马主地区的习俗、宝主地区的乡情，史籍经典也都周详载述，在此可以从略。至于象主地区，则古代并无详细记载，有的说它大部分地区暑热潮湿，有的称其民间流行仁慈之风，其方志中有所提及，但是未能一一例举。是否因为印度的"道"也是有时行道，有时隐退，其气运常常变易更换呢？所以，钦慕中国圣主声教而归化，深沐中国德泽来宾服，度越重重险阻奔赴玉门边关，进贡奇异方物拜伏天子阙下的域外人士，也难得提及该地的这类概况。因此之故，我寻访真理，远游异邦，利用请教学习的余暇，记下当地的风情。黑岭以东的地区，都是胡人的风俗。虽然胡人种族相同，但是各按小类分居，划分疆界互相独立，诸国居民多为土著。筑城居住，从事农牧；本性贪财，轻视仁义；女嫁男娶，均无礼制；尊卑长幼，不分次序；妇女意见，极得重视，男子地位，却甚卑微·。死后焚尸，丧期不定。划破头脸，割伤耳朵，剃去头发，撕破衣裳，宰杀牲畜，祭拜鬼魂。凡遇吉事，穿着白服，遇有凶事，则穿黑衣。在此只是概略例举类似的风俗习惯，至于不同的政体制度，则在具体谈及该地区时再为叙述。印度的风俗，记在下文。

卷第一

从阿耆尼国到素叶水城

【题解】

　　这是具体描述地理状况和风土人情的第一大段行程。这段行程始于玄奘离开高昌,终于西抵素叶水城;其地相当于从今我国新疆东部的吐鲁番盆地一直到今吉尔吉斯斯坦共和国北部的托克马克。途经的地区相继为阿耆尼国、屈支国、跋禄迦国、凌山、大清池。唐初,中原政局方定,所以玄奘西游之时,西域的这一大片地区尚未受控于唐廷,而是在西突厥政权的势力范围之内。据《慈恩传》卷一和卷二记载,玄奘曾得高昌王(高昌麴氏王室与阿史那氏突厥人有姻亲关系,并在当时臣服于突厥)致西突厥可汗及沿途各国君主的荐书,并在素叶水城受到突厥统叶护可汗的热情接待。显然,玄奘西行伊始,就颇得突厥人的庇护与赞助。他之所以过跋禄迦国后先取道西北方,远绕素叶水城后再逐步南下,恐怕即是旨在最大限度地取得西突厥可汗的支持。由此可知,古代的游牧民族对于当时的中西文化交流实有莫大的贡献。

阿耆尼国

1.1　出高昌故地①，自近者始，曰阿耆尼②国。旧曰焉耆。

阿耆尼国，东西六百余里，南北四百余里。国大都城③周六七里。四面据山，道险易守。泉流交带，引水为田。土宜縻、黍、宿麦、香枣、蒲萄、梨、柰诸果。气序和畅，风俗质直。文字取则印度，微有增损④。服饰毡毲，断发无巾。货用金钱、银钱、小铜钱⑤。王，其国人也，勇而寡略，好自称伐，国无纲纪，法不整肃。伽蓝⑥十余所，僧⑦徒二千余人，习学小乘教说一切有部⑧。经教律仪，既遵印度，诸习学者，即其文而翫⑨之。戒行律仪，洁清勤励。然食杂三净⑩，滞于渐教⑪矣。

从此西南行二百余里，逾一小山，越二大河，西得平川，行七百余里，至屈居勿反。支国。旧曰龟兹。

【注释】

① 高昌乃是包括了数十个城池的西域大国，辖境大致相当于今新疆吐鲁番盆地。《新唐书·高昌传》："高昌直京师西四千里而赢。其横八百里，纵五百里，凡二十一城。王都交河城，汉车师前王庭也。田地城，戊己校尉所治也。胜兵万人。"它于贞观十四年（640年）被唐所灭，先于《大唐西域记》撰写的日期，故《西域记》称之为"高昌故地"。

② 阿耆尼，亦称焉耆、乌耆、乌缠、亿尼等，通常认为是梵文 Agni 的音译，义为火，或古印度神话中的火神名。或以为，该地之正确名称不应是阿耆尼，而当为焉耆等，语原乃佉卢文 argi："按语原分析，argi 即汉史所谓焉耆。玄奘在《大唐西域记》中拟其音为 agni（火），乃附会梵

文，不足为信。"（见林梅村《佉卢文书释地》，第 78 页）

该国辖地包括今新疆焉耆回族自治县周近地区。是为"丝绸之路"北道上的要冲，西通天山山脉中的裕勒都斯河流域，再及伊犁河流域，东控博斯腾河地区。汉唐期间，阿耆尼（焉耆）曾与车师（高昌）、龟兹、疏勒一起称雄西域北道，同时成为古代西域的灿烂文化中心之一。

③ 历代以来，阿耆尼国之都城城址并不固定。慧琳《音义》卷八十二："（阿耆尼国，）两碛之西第一国也。……即安西镇之中是其一镇，西去安西七百里。汉时楼兰、善善、危须、尉犁等城皆此地也。或迁都改邑，或居此城，或住彼域，或随主立名，或互相吞灭，故有多名。皆相邻近，今或丘墟。"黄文弼认为，唐代焉耆国都当在今四十里城子东五里之内城，其规模与《西域记》所述相合（见黄文弼《论丛》，第 249 页）。

④ 操突厥语和信奉伊斯兰教的民族在新疆大规模扩散与定居之前，该地诸国的语言和文化颇受印欧民族的影响；阿耆尼（焉耆）亦然。19 世纪末以来的大量考古发现与专门研究证实，古代焉耆人使用的是属于印欧语系的"吐火罗语"中的甲方言。这种"吐火罗语"与印度之梵语颇有渊源，故玄奘称"取则印度，微有增损"。

⑤ 玄奘一路西行，各处多有通用金钱、银钱、小铜钱者。《慈恩传》卷一谓高昌王赠送玄奘"银钱三万"；《西域记》提及通用金钱、银钱、小铜钱的，除阿耆尼国外，尚有屈支、睹货逻、迦毕试、波剌斯等国。金钱、银钱当来自印度、波斯、拜占庭等大国。现代，在新疆的库车、吐鲁番等地都发现了不少时当 6、7 世纪的波斯萨珊王朝银币和东罗马（拜占庭）金币。新疆境内的"小铜钱"则可能是龟兹（屈支）自铸的五铢铸币的辅币，其形体大体呈圆状，小方孔，无内外廓，外径通常为 0.7—0.8）厘米（见张平《五铢铸币》，第 34 页）。西亚、小亚以及当地自铸货币的交

相流通,表明了当地与外界的经济交往十分繁荣。

⑥ 伽蓝,乃梵文 saṃghārāma 的译音"僧伽蓝摩"、"僧伽罗磨"、"僧伽蓝"的略称;意译为众园,音义混译则为僧院、僧园。玄应《音义》卷一:"僧伽蓝,旧译云村,此应讹也。正言僧伽蓝,此云众园也。"最初仅指建筑僧舍的基地,后则泛指包括土地、建筑物在内的僧人居住的寺院。

⑦ 僧,梵文 saṃgha 的译音"僧伽"的略称;义为"和"、"众",故又称"和合众"、"合合僧"。原指僧人团体,通常在四人以上。《智度论》卷三:"僧伽,秦言众。多比丘一处和合,是为僧伽。"后来则亦指佛教中个别的,而非集体的专业修持者。

⑧ 公元 1 世纪以降,大乘佛教流行后,将原始佛教和部派佛教贬称为"小乘"(梵文 hīnayāna,直译为狭小之车乘,引申之意则指运载狭劣之根机以达小果的教法)。但是,现代学术界仅沿用此名,并无贬意。说一切有部为小乘的二十部派之一,简称"有部",一作"说因部"。主旨是"说一切有",包括两大方面:甲、"法"一切有,即归纳世上一切事物和现象的"有为法"与超时空、无生灭变化的"无为法"都有实体,称为"法体恒有";乙、"时"一切有,即过去、现在和未来都一样,皆有实体。

⑨ 翫,钻研、修炼之意。嵇康《琴赋》序:"余少好音声,长而翫之。"亦可作"玩",《周易·系辞上》:"是故君子居则观其象而玩其辞,动则观其变而玩其占。是以自天佑之,吉无不利。"

⑩ 三净,即"三种净肉",是为小乘佛教允许僧徒所食用的肉类。《十诵律》卷三十七:"我听啖三种净肉。何等三? 不见,不闻,不疑。不见者,不自眼见为我故杀是畜牲;不闻者,不从可信人闻为汝故杀是畜牲;

不疑者,是中有屠儿,是人慈心,不能夺畜牲命。"后来更有"五种净肉"之说,即除上述三种外,再加"自死"(诸鸟兽命尽自死者)和"鸟残"(鹰鹫等食它鸟兽所余之肉)两种。

⑪ 渐教,指小乘教,与"顿教"相对。大乘教义认为,凡历劫修行,方出生死之法,名为渐教;而顿成顿悟佛果之法,则为顿教。故本文"滞于渐教"一语有"停留在初浅阶段"之意。

【译文】

离开昔日的高昌国境,首先叙述距此最近的国度,即阿耆尼国(旧称焉耆)。

阿耆尼国之疆域东西六百多里,南北四百多里。大都城方圆六七里。该国四周依山,道路艰险,易于防守。溪泉河流错纵交织,水被引来浇灌农田。土质宜于种植糜子、黍子、冬小麦、香枣、葡萄、梨、花红等作物水果。四季气候温和舒适,居民风气淳厚朴实。书面文字效法印度,略作增减。服装衣饰,毛料制成,剪短头发,不束巾帻。通用货币为金钱、银钱、小铜钱。国王是本地人氏,勇而无谋,喜欢自夸。国无纲常法纪,政令残缺松弛。境内有佛寺十多所,僧人两千多,研习小乘教的说一切有部。由于其佛教经义与戒律仪轨都仿照印度,故诸研习者依据印度原文探索研究。信徒遵守戒律仪轨,洁身自好,勤奋努力。但是允许兼食三种净肉,所以滞留在初浅的渐教阶段。

从这里向西南方走二百多里,翻过一座小山,渡过两条大河,向西抵达一片平原,再走七百多里,到达屈支国(旧称龟兹)。

屈支国

1.2　屈支^①国，东西千余里，南北六百余里。国大都城^②周十七八里。宜穈、麦，有粳稻，出蒲萄、石榴，多梨、柰、桃、杏。土产黄金、铜、铁、铅、锡。气序和，风俗质。文字取则印度，粗有改变^③。管弦伎乐，特善诸国^④。服饰锦褐^⑤，断发巾帽。货用金钱、银钱、小铜钱。王，屈支种也，智谋寡昧，迫于强臣。其俗生子以木押头，欲其匾𠼤^⑥也。伽蓝百余所，僧徒五千余人，习学小乘教说一切有部。经教律仪，取则印度，其习读者，即本文矣。尚拘渐教，食杂三净。洁清耽玩，人以功竞。

【注释】

　　① 屈支，又作龟兹、鸠兹、屈茨、归兹、丘兹、屈兹、苦先、曲先、苦叉等，乃是古代龟兹语 Kutsi、梵语 Kuci 的音译，今称库车。其国境相当于今新疆库车县周近地区。汉通西域以后，龟兹归属西域都护府。唐太宗贞观二十二年（648 年），龟兹和于阗、疏勒、焉耆（或碎叶）一起成为唐在西域的"安西四镇"。龟兹位于"丝绸之路"的天山南麓分支上，地处要冲，是为印欧文化与汉文化的交流融合之处。

　　② 唐代，龟兹（屈支）的都城名伊逻卢，其故址在今新疆库车县城东约 3 公里的皮朗旧城。

　　③ 屈支地区通用属于印欧语系的"吐火罗语"的乙方言。乙方言与印度文字也有很深的渊源，故《西域记》称"取则印度，粗有改变"。

　　④ 龟兹（屈支）的音乐特别有名。这与它处于东西交通孔道的地理位置密切相关：西域诸族的乐伎在东传中原时会聚于龟兹，从而使之

音乐大盛。隋初定令制七部乐，至炀帝大业中，则扩展为九部乐，其中有天竺、安国、龟兹、疏勒、康国、突厥等许多西域地区的乐伎，而龟兹乐在中原最为流行。《隋书·音乐志》云："至隋有《西国龟兹》、《齐朝龟兹》、《土龟兹》等，凡三部。开皇中，其器大盛于闾閈。"《通典·乐六·清乐》云："自周隋以来，管弦杂曲将数百曲，多用西凉乐；鼓舞曲多用龟兹乐。"《酉阳杂俎·语资》："玄宗常伺察诸王。宁王尝夏中挥汗鞭鼓，所读书乃龟兹乐谱也。"龟兹音乐之著名和流行可见一斑。

⑤ 锦，泛指有彩色花纹的丝织品。褐，粗毛布衣。《诗经·豳风·七月》："无衣无褐，何以卒岁？"郑笺云："褐，毛布也。"

⑥ 匾匾，薄或者不圆之貌。以木押头之俗亦见于《西域记》卷十二"佉沙国"。除了"西戎"之外，"东夷"也有箍扎婴儿头部的习俗。《后汉书·东夷列传·辰韩》："儿生欲令其头扁，皆押之以石。"

【译文】

屈支国之疆域东西一千多里，南北六百多里。大都城方圆十七八里。土质宜于种植穈子、麦子，出产粳稻、葡萄、石榴，盛产梨、花红、桃子、杏子。矿产为金、铜、铁、铅、锡。气候四季温和，民风淳厚朴实。书面文字效法印度，稍加修改。器乐歌舞，独擅盛场，尤胜各国。衣饰多用彩绸、毛布，头发剪短，束戴帻帽。通用货币为金钱、银钱、小铜钱。国王为屈支土著，才智平庸，谋略不足，受制于干练的权臣。其地风俗，用木板箍扎初生婴儿的头部，以使头形扁薄不圆。境内有佛寺一百多，僧人五千多，均研习小乘教的说一切有部。佛经教义与戒律仪轨都效法印度，故学习者直接阅读印度原文。僧徒依然滞溜于渐教阶段，兼食三种净肉。不过，人人洁身自好，钻研佛典，互相以修行之功效竞胜。

1.3　国东境城北天祠^①前，有大龙池。诸龙易形，交合牝马，遂生龙驹，懭戾^②难驭。龙驹之子，方乃驯驾，所以此国多出善马。闻之耆旧曰：近代有王，号曰金花^③，政教明察，感龙驭乘。王欲终没，鞭触其耳，因即潜隐，以至于今。城中无井，取汲池水。龙变为人，与诸妇会，生子骁勇，走及奔马；如是渐染，人皆龙种，持力作威，不恭王命。王乃引构突厥^④，杀此城人，少长俱戮，略无噍类^⑤。城今荒芜，人烟断绝。

【注释】

①　天祠，在《大唐西域记》中，若指明为印度外道的天祠，则肯定是供奉大自在天（摩醯首伐罗，或作摩醯首罗，梵文 Maheśvara 的音译）的神庙。但是，唐人却混淆了信奉大自在天的印度外道和崇拜火神、天神的波斯祆教（琐罗亚斯德教）。韦述《两京新记》卷三："胡祆祠，武德四年所立。西域胡天神，佛经所谓摩醯首罗也。"杜佑《通典》亦作如是说。有鉴于此，在并无其它傍证的情况下，对于这里所言"天祠"的性质，不宜遽下断语。

②　懭戾，亦作懭悷，狠而多恶，以及刚强难调伏之意。《玉篇》："悷，懭悷，多恶。"《广韵》："懭，懭悷，不调。"慧琳《一切经音义》卷六十六："懭悷者，是刚强难调伏也。"

③　金花，似即《旧唐书·龟兹传》提及的隋末在位的国王苏发勃驶。据冯承钧考证，"苏发"即"苏伐罗"，义为金（《翻译名义集·七宝篇》："苏伐罗，或云修跋拏，此云金"），梵文 suvarṇa 的音译；"勃驶"即"布瑟波"，义为花（《翻译名义集·百华篇》："布瑟波，此云华"），梵

文 Puṣpa 的音译。而汉文史籍所载汉唐时期龟兹王族之姓"白"（或作"帛"）即是 Puṣpa 的音译之略。易言之，龟兹王族之姓义为"花"。说见冯承钧《龟兹白姓》，第 165—166）页。

④突厥，于公元 6 世纪中叶兴起于阿尔泰山地区，推翻宗主柔然后，在中央亚欧地区建立庞大汗国，雄霸北方。隋朝统一中原后，突厥汗国分裂成东西两部。东部突厥于 630 年亡于唐太宗；西部突厥于 657 年亡于唐高宗。龟兹地区始终处于西部突厥的势力范围之内（松田寿男说，6 世纪 80 年代，"龟兹与天山北麓的突厥部落和哈密绿洲的居民以及其它民族都处于西突厥的统治之下，看来这时所形成的隶属关系一直继续到唐初，这样看估计不会有什么问题"。见松田寿男《天山研究》，第 329—330 页）。所以，《西域记》在此称龟兹王"引构突厥"，是符合当时的实际形势的。

⑤噍，义为"啮"；噍类，即有生命而能嚼食者，亦即活人。《汉书·高帝本纪上》："项羽为人，剽悍祸贼。尝攻襄城，襄城无噍类。所过无不残灭。"

【译文】

屈支国东部有一城池，城北天祠之前，有一巨大龙池。池中之龙往往出水，化作马形，交配母马，所产龙驹，刚强凶悍，难以驾驭。龙驹后代，始可驯养，用以驾车，所以该国多产良马。听年老长者说：近代有位国王，名叫金花，政治廉明，感动池龙，为之驾车。国王临终，用鞭触碰龙耳，龙即隐没池中，至今未见现身。城内没有水井，居民都用池水。龙便化作人形，与众女幽会交合，所生后代勇猛剽悍，奔跑迅速，犹如骏马。于是龙的血统转辗扩散，当地居民都成龙种，自恃超凡体力，施展威风，拒不服从国王命令。国王因此招引突厥，屠杀此城居民，不论老幼，全部屠戮，无人幸免。如今该城业已荒废，了无生机。

1.4　荒城北四十余里，接山阿^①，隔一河水，有二伽蓝，同名昭怙厘^②，而东西相称。佛像装饰，殆越人工。僧徒清肃，甚为勤励。东昭怙厘佛堂中有玉石，面广二尺余，色带黄白，状如海蛤。其上有佛足履^③之迹，长尺有八寸，广余六寸矣。或有斋日^④，照烛光明。

【注释】

①　山阿，即山曲，《三国志·魏书·常林传》：“（常）林乃避地上党，耕种山阿。”

②　昭怙厘，又作雀离、雀梨。关于其语原，众说纷纭。瓦特斯认为，这很可能是印地语 Chūri 的音译，义为如麻雀那么大的“小鸟”（Watters, *Travels in India*, V.1, pp.62-63）。伯希和认为是龟兹语 Čäkūr 的音译，义为“窣堵波尖”（伯希和《吐火罗语与库车语》，第 131 页）。杨宪益认为此词系由 Soghd → Zabul 演变而来，即为“窣利”（粟特）的变音（杨益宪《偶拾》，第 241—242 页）。松田寿男则以为此乃梵文 Śakra 音译，是为帝释天的名号（松田寿男《天山研究》，第 199 页）。似乎最后一说更为近是。

③　佛足印，是佛教传说中颇具趣味的“遗迹”之一。《西域记》卷三“乌仗那国”及卷八“摩揭陀国”等处均曾提及。义楚《释氏六帖》卷一：“《西域记》云，佛在摩揭陀国波吒离城石上印留迹记，奘法师亲履圣迹，自印将来。今在坊州玉华山，镌碑记之。……其佛足下五足指端有卍字文，相次各有如眼。又，指间各有网鞔，中心上下有通身文，大指下有宝

剑。又，第二指下有双鱼王文，次指下有宝花瓶文，次旁有螺王文。脚心下有千幅轮文，下有象牙文，上有月牙文。跟有梵王顶相文。"

④ 斋日，谓出家比丘每半月举行忏悔说戒的布萨仪式。佛教在家信徒按日期所持的"八斋戒"亦称"斋日"或"精进日"。

【译文】

荒城以北四十多里，与山曲相接之处，有两座佛寺，均名昭怙厘，隔一河流，东西相对。寺内佛像装饰精美，几乎超越人间技能。僧人洁身自好，严守戒规，勤勉事佛。东昭怙厘寺的佛堂中有一玉石，面宽二尺多，色泽呈黄白，形状如海蛤。石上有佛足踏过的印迹，长一尺八寸，宽六寸多。若逢斋日，光芒照耀。

1.5　大城西门外，路左右各有立佛像，高九十余尺。于此像前，建五年一大会处 ①。每岁秋分数十日间，举国僧徒皆来会集。上自君王，下至士庶，捐废俗务，奉持斋戒 ②，受经听法，渴日忘疲 ③。诸僧伽蓝庄严 ④ 佛像，莹以珍宝，饰之锦绮，载之辇舆，谓之行像 ⑤，动以千数，云集会所。常以月十五日、晦日，国王、大臣谋议国事，访及高僧，然后宣布。

【注释】

① 五年一次的大会，即是"无遮大会"，梵文语原为 Pañcapariṣad 或者 Pañcavārṣika-pariṣad，其异译名尚有般遮于瑟、般遮越师、般跋瑟迦、般遮跋利沙、般遮婆栗史迦等；音义混译则为"般遮大会"。在此大会期间，贤圣道俗、上下贵贱均等行施；是为佛教的传统大法会，始于阿育王

时期。《法显传·竭叉国》具体描绘五年大会道："值其国王作般遮越师。般遮越师，汉言五年大会也。会时请四方沙门，皆来云集。集已，庄严众僧坐处，悬缯幡盖，作金银莲花，着缯座后，铺净坐具。王及群臣如法供养，或一月、二月，或三月，多在春时。王作会已，复劝群臣设供供养，或一日、二日、三日、五日。供养都毕，王以所乘马，鞍勒自副，使国中贵重臣骑之，并诸白氎、种种珍宝、沙门所须之物，共诸群臣，发愿布施。布施已，还从僧赎。"

②斋戒，通常为沐浴更衣，戒除某些饮食，以示敬崇鬼神的举动。或云，清心之不净谓"斋"，禁身之过非谓"戒"。《大乘义章》卷十二："此等防禁，故名为戒，洁清曰斋。"

③渴，通"愒"。愒日，即"贪日"，《左传·昭公元年》；"后子出而告人曰：'赵孟将死矣。主民，玩岁而愒日，其与几何？'"故这里的"渴日忘疲"当是谓信徒们无厌足地日复一日听经而不知疲劳。

④庄严，佛家用语。《华严探玄记》云："庄严亦二义，一是具德义，二交饰义。"易言之，一种含义是以内在功德饰身；另一种含义是以外表华美饰物。

⑤行像，即奉佛像游行，是为佛教的盛典。《法显传·于阗国》："以四月一日，城里便扫洒道路，庄严巷陌。其城门上张大帷幕，事事严饰，王及夫人、采女皆住其中。瞿摩帝僧是大乘学，王所敬重，最先行像。"又，《法显传·摩竭提国》："年年常以建卯月八日行像。"显然，"行像"乃是一种活动，而非单指佛像。

【译文】

大都城西门之外，道路两旁均有立状佛像，高九十多尺。这些佛像前方,设立五年一度大会会场。每年秋分前后数十天内,全国僧人来此聚会。上自国王,下至平民,全都暂停世俗事务,沐浴更衣,虔诚持斋,聆听高僧讲经说法,日复一日,不知疲劳。各个佛寺都用美物装饰佛像,缀以奇珍异宝,使之光采夺目,佩上锦绣罗衣,载在车上游行,这种仪式称为行像。车载佛像,数以千计,聚集大会会场。通常在月半和月底,国王与大臣商讨国事,征求过有道高僧的意见后,再公开宣布。

1.6　会场西北渡河,至阿奢理贰[①]伽蓝。唐言奇特。庭宇显敞,佛像工饰。僧徒肃穆,精勤匪怠,并是耆艾宿德,博学高才,远方俊彦,慕义至止。国王、大臣、士庶、豪右,四事[②]供养,久而弥敬。闻之耆旧曰:昔此国先王,崇敬三宝[③],将欲游方,观礼圣迹,乃命母弟摄知留事。其弟受命,窃自割势,防未萌也。封之金函,持以上王。王曰:"斯何谓也?"对曰:"回驾之日,乃可开发。"即付执事,随军掌护。王之还也,果有构祸者,曰:"王命监国,淫乱中宫。"王闻震怒,欲置严刑。弟曰:"不敢逃责,愿开金函。"王遂发而视之,乃断势也。曰:"斯何异物? 欲何发明?"对曰:"王昔游方,命知留事,惧有谗祸,割势自明。今果有征[④],愿垂照览。"王深敬异,情爱弥隆,出入后庭,无所禁碍。王弟于后,行过一夫,拥五百牛,欲事刑腐。见而惟念,引类增怀:"我今形亏,岂非宿业[⑤]?"即以财宝赎此群牛。以慈善[⑥]力,男形渐具。以形具故,遂不入宫。王怪而问之,乃陈其始末。王以为奇特也,遂建伽蓝,式旌美迹,传芳后叶。

从此西行六百余里，经小沙碛。至跋禄迦国。旧谓姑墨，
又曰亟默。

【注释】

① 阿奢理，龟兹语 Aśari 的音译；义为奇特。贰，龟兹语形容词尾
之译音。则“阿奢理贰”义为“奇特的”。或以为其遗址在今库车西部库
木土拉河对岸。

② 四事，通常指衣服、卧具、饮食、医药，或者房舍、衣服、饮食、汤
药。 四事供养，原指以香花、灯明、饮食等资养众佛，《无量寿经》卷下：
“常以四事供养恭敬一切诸佛，如是功德不可称说。”本文“四事供养”
的对象则包括僧众在内。

③ 三宝，梵文 triratna 的意译。佛教以佛（佛祖释迦牟尼，也泛指一
切佛）、法（法轨，即佛教教义）、僧（继承和宣扬教义的僧众）为三宝。

④ 征，与“证”同义。《论语·八佾》：“子曰：夏礼吾能言之，杞不
足征也；殷礼吾能言之，宋不足征也。文献不足故也。足，则吾能征之
矣。”《集注》云：“言二代（夏、殷）之礼，我能言之，而二国（杞、宋）
不足取以为征。以其文献不足故也。文献若足，则我能取之，以证吾
言矣。”

⑤ 业，梵文 karma 的意译，义为“造作”；音译作“羯磨”。泛指一
切身心活动。由于其善性、恶性会分别产生苦、乐之果，故又称业因。过
去历世种下的业因即称宿业。

⑥ 慈善，即“慈悲善”，是《法华文句》卷三上所言的“七善”中的
最后一善“无缘慈善”。无缘慈悲就是“大慈悲”，这是佛的慈悲。故本
文所言“慈善力”乃是指王弟因其大慈大悲之心而产生的超凡能力。

【译文】

　　自大会场西北方渡河，抵达阿奢理贰寺（唐语谓"奇特"）。庭院殿堂明亮宽敞，佛像装饰精巧美观。僧人严肃认真，遵守戒规，勤奋努力，从不懈怠；个个年高德劭，博学多才，致使远方俊杰均仰慕其德行学识，纷至沓来。国王、大臣、平民、豪门大族，都为其提供衣食住行，并且敬意日增。听年老长者说：早先，此国已故君主敬奉佛教，打算云游四方，瞻仰佛祖遗迹，于是委托胞弟代理国事。其弟受托之后，暗自割去阴茎，以在谗言之祸以前预作防范。他将阴茎封在金匣之内，献呈国王。国王问道："这是什么意思？"王弟答道："陛下返驾之后，始可打开此匣。"国王便将金匣交付主事官吏，要他随军掌管保护。国王回宫之后，果然有人造谣，陷害中伤王弟，说道："陛下命他摄政，他却淫乱内宫。"国王听后大怒，将要处以严刑。王弟说道："如果我有罪责，绝对不会逃避，但是希望陛下首先打开金匣。"国王开匣察看，见是一段阴茎，不解地问道："这是什么怪物？你想说明什么？"王弟答道："当初陛下云游之前，命我留守代理国政，我担心日后谗言之祸，所以自割阴茎以表清白。如今阴茎果成铁证，还望陛下明察实情。"国王听后敬佩万分，对其友情更为加深；允许王弟自由出入内宫，不加任何限制。后来，王弟行路途中，遇见一位男子，赶着五百头牛，打算予以阉割。王弟见此，十分感念，类比自身，更增悲哀："我如今身残，岂不是往世业因所致？"旋即支付财宝，赎买群牛。其大慈大悲之心，产生无比威力，致使阴茎复生。王弟既然又有男根，于是不再进入内宫。国王大惑不解，问其前因后果；王弟遂禀陈事情始末。由于此事十分奇特，国王故而建造一座佛寺，表彰这一动人事迹，使之永远流芳后世。

　　从这里向西行走六百多里，越过小沙碛，便抵达跋禄迦国（旧称姑墨，又称呕默）。

跋禄迦国

1.7　跋禄迦^①国，东西六百余里，南北三百余里。国大都城周五六里。土宜气序，人性风俗，文字法则同屈支国，语言少异。细氍细褐，邻国所重。伽蓝数十所，僧徒千余人，习学小乘教说一切有部^②。

【注释】

① 跋禄迦，梵文 Balūka 或 Vālukā 的音译，义为沙；相当于汉代的姑墨国（"姑墨"乃突厥语 Kum 或 Kumak 的音译，也义为沙）。其国辖境相当于今新疆温宿县周近地区。

②说一切有部，释见卷一 1.1 注 ⑧。

【译文】

跋禄迦国之疆域，东西六百多里，南北三百多里。其国的大都城方圆五六里。当地土产、气候状况、居民性格、风俗习惯、书面文字、法令规则，都与屈支国相同，语言则稍有差别。该国特产细氈、细褐，深受邻近地区珍视。境内有佛寺几十座，僧人一千多名，研习小乘教的说一切有部。

凌山及大清池

1.8　国西北行三百余里，度石碛，至凌山^①。此则葱岭^②北原，水多东流矣。山谷积雪，春夏合冻，虽时消泮，寻复结冰。经途险阻，寒风惨烈。多暴龙^③难，凌犯行人。由此路者，不得赭衣持瓠，大声叫唤。微有违犯，灾祸目睹。暴风奋发，飞沙雨石，遇者丧没，难以全生。

　　山行四百余里，至大清池，_{或名热海，又谓咸海}。周千余里，东西广，南北狭 ^④。四面负山，众流交凑，色带青黑，味兼咸苦，洪涛浩汗，惊波汩溾。龙鱼杂处，灵怪间起，所以往来行旅，祷以祈福，水族虽多，莫敢渔捕。

【注释】

　　① 凌山之今地比定，可大别为二说。一说以为在伊犁和温宿之间的冰达坂（Muaur Dawan），北起噶克察哈尔海台（在伊犁沙图阿满军台南百里），南至塔木噶塔什台，两台相距百二十里，中间为最著名的冰川谷道，由布满裂缝的冰达坂多座组成。危径一线，攀登艰难，但也是重要的交通道之一。另一说认为凌山乃是温宿之西八十公里的乌什西北方的勃达岭（或作拔达岭、巴达里），约高 4284 米。《通典》所引杜环《经行记》和《新唐书·地理志》均曾提及这一山口。似以后一说为确。

　　② 葱岭，释见敬播序 1.1 注 ㉑。

　　③ 暴龙，当是指雪崩现象。山地大量积雪后，由于其本身的重量、外界的大风，以及气温骤升或者音响振动等原因，经常会突然间大块崩落或者巨团滚下，往往挟带石块，折断树木，以至压埋村屋，为害十分严重。《西域记》对于"暴龙"的描述，与这一现象相当吻合，故知玄奘所记的乃是自然灾害雪崩。

　　④ 大清池，一作滇池、热海，清代用蒙古语译音，作特穆尔图淖尔（Temurtu Nor），即是今之伊塞克湖（Issyk Kul），为突厥斯坦最重要的山地湖泊。它位于今吉尔吉斯斯坦共和国的东北部，天山山脉的西部。

海拔 1608 米，长 178 公里，宽 60 公里，最深处达 668 米，面积约 6236
平方公里。由于湖水含有盐份，且深度较大，所以冬季从不结冰，当地人
遂名之为热海（突厥语称"伊塞克廓尔"）或咸海、盐湖（即清代《西域
图志》中的"图斯库勒"）。铁矿石布满湖底，并被不断冲上岸来，因此又
被人称为"特穆尔图淖尔"（义为"铁湖"）。

汉代，伊塞克湖附近乃是乌孙民族的集居地；公元前 60 年，这一带
被置于汉王朝的西域都护府的管辖之下。突厥兴起后，这里又成为西部
突厥的活动中心；至玄奘西行时，该地区仍在突厥人掌握之中。唐代，
伊塞克湖地区不仅是"丝绸之路"北道的必经之地，也是北道转入中道
的重要联结点；它是往来于天山南北的中外商贾荟萃之地，亦即百货集
散、东西贸易的重要地区。

【译文】

从跋禄迦国向西北方行走三百多里，越过多石沙漠，然后抵达凌
山。这是葱岭北端，河水大多东流。山谷常年积雪，春夏依旧冰封，虽
然偶一融化，旋即重又冻结。通道艰险异常，阻难重重，寒风凛冽。常
有"暴龙"之灾，侵犯过往行人。途经此地之人，不得身穿红衣，不得
携带瓠杓，不得大声呼叫。如果稍有违犯，立刻灾祸降临，狂风大作，
飞沙走石，遭遇者丧失性命，难以幸存。

在凌山中行走四百多里，抵达大清池（或称热海，又名咸
海），方圆一千多里，东西宽广，南北狭窄。四面环山，许多河流
会聚于此，海水色呈青黑，味道又咸又苦，水波浩瀚，浪烈水急。
鱼龙混杂相处，时有灵怪出现，所以往来旅客，全都虔诚祈祷，以
求庇佑赐福；海中水产虽多，无人敢于捕捞。

素叶水城

1.9　清池西北行五百余里，至素叶水城^①。城周六七里，诸国商胡杂居也。土宜糜、麦、蒲萄，林树稀疏。气序风寒，人衣氈褐。

　　素叶以西数十孤城，城皆立长，虽不相禀命，然皆役属突厥。

【注释】

　　① 素叶水城，又作素叶城、碎叶城，因所依傍之素叶水（Suyab，今楚河）而得名。经克劳森考定，其故址在今吉尔吉斯斯坦共和国托克马克城西南约 8 公里处的阿克贝欣（Ak Beshim），位于楚河南岸，地当北纬 42°50′，东经 75°30′（见 Clauson, "Ak Beshim"）。碎叶城（素叶水城）在 679—719 年间曾是唐政权经营西域的"安西四镇"（碎叶、龟兹、于阗、疏勒）之一，具有十分重要的军事作用和政治作用。此外，它也是天山西部北麓最大的城市和贸易中心之一。这与其地理位置密切相关：天山南道经焉耆，过乌什，越天山后抵达碎叶，在此与沿天山北麓西至西突厥斯坦的天山北道相会合。碎叶城与其西约 600 里处的呾逻私城（今江布尔）相呼应，控制了这一带的绿洲群，并且向南通往锡尔河与阿姆河之间的索格底亚那绿洲群。自碎叶经呾逻私，沿锡尔河北岸西行，可通南俄草原和拜占庭。可见，碎叶城（素叶水城）是"绿洲之路"和"草原之路"的交会点，可称是中亚贸易中心索格底亚那地区"伸向东方的触角"。《慈恩传》卷二详细描绘了玄奘在素叶城拜会突厥叶护可汗的情况。

【译文】

从大清池向西北行走五百多里，抵达素叶水城。该城方圆六、七里，各国商胡杂居于此。土质宜于种植穄子、麦子、葡萄，树木比较稀疏。气候严寒多风，居民服装用毛毡、毛布制成。

素叶水城以西有几十座城池，相互独立，各设君主，虽然不相臣服，但都隶属突厥。

窣利地区

【题解】

通常认为，在汉译名中，"窣利"即是"粟特"，这是由不同时代粟特语方言差异造成的异译。所以，"窣利地区"可以理解为"粟特地区"（西文作 Sogdiana，现代汉译作"索格底亚那"）。然而事实上，玄奘所谓的窣利地区远较古今中外其它学者所定义的索格底亚那为大。前者北起锡尔河北的楚河上游一带，南抵阿姆河北；后者则往往仅指今泽拉夫善河流域一带。之所以出现这种现象，很可能是因为玄奘西行之时正值粟特人（属于伊兰族的东部分支）积极活动，四出经商和殖民的时代，以致玄奘将较多粟特人聚居的地区都视作"窣利地区"了。由于窣利地区乃是古代沟通亚欧大陆上各大文明区域"丝绸之路"主干线的必经之地，所以玄奘的这段描绘十分有助于后人了解隋唐时期中西交通的情况。这段行程始自千泉，终于铁门，涉及二十个地区；但是并非都是玄奘亲履之地，如怖捍以及弶秣贺与此下六国可能都是得之于传闻。

窣利地区总述

2.1　自素叶水城,至羯霜那^①国,地名窣利^②,人亦谓焉。文字语言,即随称矣。字源简略,本二十余言,转而相生,其流浸广,粗有书记,竖读其文,递相传授,师资无替^③。服毡褐,衣皮氎,裳服褊急。齐发露顶,或总剪剃,缯采络额^④。形容伟大,志性恇怯;风俗浇讹,多行诡诈;大抵贪求,父子计利;财多为贵,良贱无差^⑤。虽富巨万,服食粗弊。力田逐利者杂半矣。

【注释】

①羯霜那,梵文 Kasanna 或 Kusāna 的音译,一作史、碣石、渴石等。《新唐书·西域传下》:"史,或曰佉沙,曰羯霜那,居独莫水南康居小王苏薤城故地。……隋大业中,其君狄遮始通中国,号最强盛,筑乞史城,地方数千里。……天宝中,诏改史为来威国。"在 13 世纪阿拉伯地理学家们的著述中,此城被称为 Kiss、Kish 或 Kesh。14 世纪后期,帖木儿重建了自己的这一诞生地。此后,该城采用沙赫里夏勃兹(Shaar-sabiz,义为"绿城")一名,延用至今。它位于撒马尔罕西南约 75 公里处,据撒马尔罕至巴里黑的交通要道上。中世纪阿拉伯地理学家叶尔孤比认为它是粟特地区最重要的城市。

②窣利,关于其语原,或以为是波斯语 Sūlik,或以为是突厥语 Suliq,义为"有水"。其汉译名尚有速利、孙邻、苏哩、修利等。如今中国学术界通常以"粟特"一名等同之。古波斯人的 Sugda、古希腊人的 Sogdiana、阿拉伯人的 Māwarā-n-Nahr(义为"乌浒河外之地",亦即近现代欧人所谓的 Transoxiana)等,都被比定于汉籍中的"窣利"或"粟特"。

然而现今通常所说的粟特地域，主要是指锡尔河与阿姆河之间，以泽拉夫善河为中心的一块地区，也就是差不多相当于汉籍中"昭武九姓"各国的分布地区。这与玄奘将"窣利"的北界推至锡尔河北的楚河上游流域相差甚远。究其原因，很可能是由于玄奘时代，粟特人（窣利人）在楚河流域的移民地已经相当繁荣，善于经商的粟特人在当地的经济中已经占有相当重要的地位；故而玄奘误将这些地区也称为"窣利"了。

③ 窣利的语言文字，即是通常所说的粟特文和粟特语。该文字在其本土至少有三种变体，其中撒马尔罕变体占主导地位，这种字体随着粟特移民流入其它许多地区。我国敦煌以西长城烽燧出土的"粟特书简"属于公元 4 世纪初期，诸字母之间不联写。公元 500 年左右，出现佛经粟特字体。最晚至 7 世纪以前，又形成草体粟特文字。粟特文有自右向左横写者，也有自上而下竖写右移者。字母属中古东部伊兰文字系统，但是源于古阿拉米字母。阿拉米字母共二十二个，粟特文从中借用了十七个。《西域记》在此谓窣利语"二十余言"，可能是指最初的粟特字母。粟特语曾是中亚地区广泛流行的"国际语"，但是至蒙古征服时期（公元 13 世纪）业已绝迹，至今只有帕米尔高原上的雅格诺比语是其残存者。

④ 古代粟特人的这类服饰可从 20 世纪发掘的中亚遗址中壁画、织物等艺术品上得到印证。著名的遗址是 8 世纪粟特人的都城 Panjkand（义为"五城"，今撒马尔罕东方约 68 公里处的泽拉夫善河畔）以及同时期的穆格山城堡（撒马尔罕以东约 200 公里处的泽拉夫善河支流北岸）。有些壁画表现了粟特人别致的头发梳妆，额前没有头发遮盖，但在两鬓（即耳朵的正前方）有一缕长发，从两侧直垂胸部。其余的头发则以金首饰梳妆起来。新疆克孜尔石窟（拜城县克孜尔镇东南 10 公里处）中的壁画上可以看到酷似本文描绘的"裳服褊急"的装束。伊塞克湖附近

发现的古代石人则体现了"齐发露顶"的样式：周围剃去，顶部剩留一撮头发。楚河流域 Sokuluk 发掘到的 5 世纪左右的集落中，有一种人形壶，上面的粟特人脸形则显示了"缯采络额"的特征。

⑤ 关于粟特人（窣利人）之善于经商以及重利轻义，汉文古籍留下了许多记载。例如，《通典·边防九》引韦节《西番记》云："康国人（即粟特人）善商贾。男年五岁，即令学书，少解则遣学贾，以得利多为善。"《新唐书·西域下》："（康国人）善商贾，好利，丈夫年二十，去傍国，利所在无不至。"域外史家也有关于粟特人的记载，不过其描绘十分友好亲善："（粟特）人民好客而喜欢社交。这个民族充满了令人愉快的事物，繁荣昌盛，有许多温和而虔诚的居民。"（见 Minorsky, *The Regions*, p.113）

【译文】

从素叶水城到羯霜那国之间的地区，称为窣利，居民也以"窣利"为名。至于文字语言，也用同样称号。窣利文最初的字母不多，只有二十几个，然而字母互相组合，辗转衍生，产生的词汇日益增多，稍具文字记录；文书竖读，师徒依次传授阅读知识，从不间断。服饰材料为毛毡、粗毛布、毛皮、细毛布，衣裤都很窄小。头发剪齐，头顶裸露，或者全部剃光，用彩色丝带装饰前额。窣利人身材高大，但是性格怯懦，人情轻薄，行事伪诈；十分贪财，父子之间也计较得失；钱财多者便为尊贵，门第高低则无区别。即使拥有巨万财产，服饰饮食也极粗劣。居民之中，半数种田，半数经商。

千　泉

2.2　素叶城西行四百余里，至千泉①。千泉者，地方二百余里，南面雪山[②]，三陲平陆。水土沃润，林树扶疏，暮春之月，杂花若绮。泉池千所，故以名焉。突厥可汗每来避暑。中有群鹿，多饰铃环，驯狎于人，不甚惊走。可汗爱赏，下命群属，敢加杀害，有诛无赦。故此群鹿，得终其寿。

【注释】

① 千泉，《慈恩传》作屏聿。瓦特斯认为，屏聿（Ping-yü）即古突厥语 Bing-ghyul 的音译，义为"千泉"（见 Watters, *Travels in India*, Vol. I, p.73）。《西域同文志》卷五则谓"明布拉克"（Ming-bulag）出自回语，"明"义为"千"，其地泉眼众多，故名；这即是唐之千泉。通常认为千泉位于今吉尔吉斯山脉北麓，伏龙芝城以西约 120 公里处的 Merke，那里至今仍是吉尔吉斯人在楚河与锡尔河之间最好的避暑地，拥有良好的牧场和清澈的泉水。

② 雪山，在此并不是指喜马拉雅山或兴都什山，而是指今吉尔吉斯斯坦共和国北部的吉尔吉斯山脉。此山旧称亚历山大山脉（Alexander Range），从伊塞克湖（大清池）向西延伸，其最高峰塞密诺夫峰（Seminov）位于山脉东端，高 4875 米。山脉北麓有许多条溪水，向北注入楚河。隋代裴矩《西域图记·序》谓北道所经的"北流河水"，即是指分布着这些楚河支流的吉尔吉斯山脉地区；其北麓乃是古代中亚北方商道之一的必经地区。

【译文】

从素叶水城向西行走四百多里，抵达千泉。千泉地区方圆二百多里，南方面对雪山，其余三面都是平地。这里水量丰富，土地肥沃，树木茂盛，四处密布，晚春之月，繁花似锦。蓄泉池沼，多达千处，故名

"千泉"。突厥可汗常来避暑。这里畜养群鹿,饰有铃铛佩环,诸鹿业已驯服,习惯与人亲近,不会动辄惊逃。可汗宠爱群鹿,因此通令臣民,如果有人杀鹿,定将处死不赦。所以千泉诸鹿,得以自然死亡。

呾逻私城

2.3　千泉西行百四五十里,至呾逻私①城。城周八九里,诸国商胡杂居也。土宜气序,大同素叶。

【注释】

①呾逻私,一作呾逻斯、怛罗斯、塔刺寺、塔刺思、塔拉斯等,均为Talas 的音译;因该城在 Talas 河(即《汉书·陈汤传》提及的"都赖水")畔而得名。此城故址在今哈萨克斯坦共和国江布尔城(Dzhambul);江布尔原名奥利阿塔(Aulie Ata),地处约东经 71°,北纬 43°。今名塔拉斯的城则已移至江布尔东南偏东 80 公里处。隋唐时期,呾逻私城也是西部突厥的重要据点之一。据 6 世纪末拜占庭史家弥南的记载,568 年遣往突厥的拜占庭使臣蔡马库斯(Zemarchus)一行人曾与突厥可汗一起止宿于 Talas;可汗室点密并在那里会见和宴请拜占庭使臣及波斯使臣。足见呾逻私城的地位也非同一般。

【译文】

从千泉向西行走一百四五十里,抵达呾逻私城。该城方圆八九里,各国商胡杂居于此。这里的土质、物产、气候状况,与素叶水城大抵相同。

小孤城

2.4　南行十余里，有小孤城，三百余户，本中国人也，昔为突厥所掠，后遂鸠集同国，共保此城，于中宅居^①。衣裳去就^②，遂同突厥；言辞仪范，犹存本国。

【注释】

①　中原汉人在离乱之中入居突厥领内的情况很多。《通鉴·唐纪九·贞观五年》记云："隋末，中国人多没于突厥，及突厥降，上遣使以金帛赎之。五月，乙丑，有司奏，凡得男女八万口。"显然，这些汉人只是东突厥（于贞观四年被唐击灭）境内的侨民，并不包括在此的"小孤城"的汉族居民在内。文称"三百余户"，人数当至少达一两千。不过，《新唐书·西域上》谓呾逻私城附近"有小城，三百，本华人，为突厥所掠，群保此，尚华语"，则是因转录《西域记》而于"三百"之后脱落"余户"所致，遂令人误以为当地有三百多座汉人聚居城。当时，塔拉斯河流域虽有不少汉族移民，但是其人数不可能如此之多。

②　去就，犹言进退，在此意谓起居动作。《论语·子张》："子游曰：'子夏之门人，小人，当洒扫应对进退，则可矣。抑末也。'"朱熹注云："讥子夏弟子，于威仪容节之间则可矣。然此小学之末耳。"

【译文】

从呾逻私城向南行走十多里，有座小孤城，三百多户居民，本是中原汉人，以前遭突厥掳掠来此，后来便招集本国同胞，共同占据该城，建造房屋，安居下来。他们的服饰举止，已与突厥相同，但是语言和道德观念，则仍然保留着本国风格。

白水城　恭御城

2.5　从此西南行二百余里，至白水城^①。城周六七里。土地所产，风气所宜，逾胜咀逻私。

西南行二百余里，至恭御城^②。城周五六里。原隰^③膏腴，树林翁郁。

从此南行四五十里，至笯奴故反。赤建国。

【注释】

①②《新唐书·西域上》谓咀逻私城"西南赢二百里至白水城，原隰膏腴"。《释迦方志·遗迹篇》谓咀逻私城"又西南二百余里至恭御城"。前者未载"恭御"，后者未载"白水"；而二城距咀逻私城的方位与路程却又相同。这就使人怀疑，二城可能本为一地。玄奘在此对恭御城的方位也说得相当含糊，只称"西南行二百余里"，而未言明是从白水城，抑或从咀逻私城向西南行二百余里。这些证据表明，白水城与恭御城可能本是同一座城，或者是同一地方的两个城镇。玄奘大概只是听说其中一名，或者并未亲履其中一城。通常接受的比定是：白水城故址在今 Sairam，亦即中世纪阿拉伯地理学者多次提及的 Isfidjab 城，义为"白水"，在今塔什干东北，西距奇姆肯特约 15 公里。瓦特斯一方面指出"白水城"更可能是奇姆肯特东北方约 15 英里的曼肯特（Mankent，亦名 Ak-su，义为"白水"），另一方面又推测道，"恭御"恐为突厥语 Kūyu 的音译，义为"井、泉"，因此这一"泉城"被误拆成"白水城"（事实上，《大唐西域记》的敦煌唐写本以及日本松本初子氏所藏中尊寺金银泥经本就是将"白水城"写作"泉城"的）。简言之，二城实是一地（见 Watters，*Travels in India*, Vol.I， pp.83–84）。此说比较有理。

③ 原隰,广平称"原",下湿谓"隰"。《汉书·货殖传序》:"于是辩其土地川泽丘陵衍沃原隰之宜,教民种树畜养。"

【译文】

从这里向西南行走二百多里,抵达白水城。该城方圆六、七里。物产丰富,气候舒适,这类环境更比呾逻私优越。

向西南方行走二百多里,抵达恭御城。该城方圆五、六里。无论是广平之原还是低湿之地,都很肥沃,树林茂密,遍布各处。

从这里向南行走四、五十里,抵达笯赤建国。

笯赤建国

2.6　笯赤建 ① 国,周千余里。地沃壤,备稼穑 ②,草木郁茂,花果繁盛,多蒲萄,亦所贵也。城邑百数,各别君长,进止往来,不相禀命。虽则画野区分,总称笯赤建国。

从此西行二百余里,至赭时国。唐言石国。

【注释】

① 笯赤建,即弩室羯,《新唐书·西域下》:"新城之国,在石东北赢百里。有弩室羯城,亦曰新城,曰小石国城,后为葛逻禄所并。"其语原为 Nujakath,义为"新城";故址在今奇姆肯特。瓦特斯则认为"笯赤建"可能是突厥语复合词 Nujabahkend 的音译,义为"贵族之境"(见 Watters, *Travels in India*, Vol.I,　p.85)。

2 稼穑,耕种称"稼",收获称"穑",谓种谷与收谷,亦即农事之总称。《孟子·滕文公上》:"后稷教民稼穑,树艺五谷。"

【译文】

　　笯赤建国,方圆一千多里。土地肥沃,农务完备,草木茂盛,花果繁多,葡萄虽多,仍很珍贵。城池一百左右,各有君主官长,诸城自行决定其活动与交往,互相之间没有隶属关系。各城虽然划定疆域边界,但是总的名称仍为"笯赤建国"。

　　从这里向西行走二百多里,抵达赭时国(唐语称为石国)。

赭时国

　　2.7　赭时 [①] 国,周千余里。西临叶河 [②]。东西狭,南北长。土宜气序,同笯赤建国。城邑数十,各别君长,既无总主,役属突厥 [③]。

　　从此东南千余里,至怖_{敷发反}捍国。

【注释】

　　① 赭时,一作者舌、柘析、赭支、柘支、塔史、察赤、塔什干等。这是中古波斯语 Chāch 的译音,义为"石"。阿拉伯语作 Shāch。中世纪阿拉伯地理学家叶兹德的阿里兼以 Chāch、Shāsh 和 Tāshkand 三名称呼之。而 Tāshkand 则为复合词:Tash 义为"石",Kand 义为"……之地"或"乡、村",故整个词义为"石城"。Tāsh 乃 Chāch 在突厥语中的异化。"赭时"兼为地区名和城名。地区的大致范围在今锡尔河支流奇尔奇克河(Chirchik)流域;古城称"旧塔什干",在今塔什干城西(稍偏南)约 50 公里处,名 Binkath,是为中世纪锡尔河北的最大城市。塔什干地区是准噶尔盆地乃至吉尔吉斯草原与粟特地区之间的交通要冲,又处于北方游牧民族的经常性占领区与中亚绿洲诸城邦小国之间,其地位相当

重要。在隋唐时代的史籍中，凡冠以石姓的胡商，多为来自该地区的粟特人；他们频繁活动于今新疆及中原地区，建立了许多移居地，为古代中西交通做出了贡献。

② 叶河，《慈恩传》作"叶叶河"，《隋书》、《唐书》作"药杀水"，是为中古波斯语 Jaxšarta 的音译，亦即斯特拉波等古地理学者著述中的 Iaxartēs 或 Yaxartes，义为"珍珠"。故《新唐书·西突厥下》谓"药杀水，入中国谓之真珠河，亦曰质河"。阿拉伯人称之为 Sayḥūn，或以为这是《圣经·创世纪》中天堂河流之一 Pison 的转讹（见 Le Strange, *The Eastern Caliphate,* p.434）。不过，阿拉伯人更普遍地称之为 Nahr-ash-Shāsh，即"赭时河（Shāsh）"，因为在河畔座落着重要城市赭时（塔什干）。14 世纪后，多按当地突厥人的习惯称之为锡尔河（Sīr Daryā）了，沿用至今。锡尔河（叶河）发源于天山山脉，上游流经肥沃的费尔干纳盆地，下游经过克齐尔库姆沙漠的东缘，最终注入咸海，全长 3019 公里，在历史上往往成为伊兰族定居民和土兰族游牧民活动区的分界线。"丝绸之路"主要通道越过葱岭后，便南渡锡尔河，再西去地中海东岸。

③ 早在突厥汗国建立后不久，赭时国（即石国）等中亚地区就被置于西部突厥的控制之下了。6 世纪 60 年代，突厥与萨珊波斯合力击破嚈哒后，曾以阿姆河为界，瓜分前嚈哒政权的领土，则赭时在那时已归突厥控制。《新唐书·石国传》载云："隋大业（605—617 年）初，西突厥杀其王，以特勤匐职摄其国。"又，《新唐书·突厥下》云："统叶护可汗（618—628 年在位）……控弦数十万，徙廷石国北之千泉，遂霸西域诸国，悉授以颉利发，而命一吐屯监统，以督赋入。"足见赭时（石国）等地经常役属于突厥。玄奘所述符合实际情况。

【译文】

赭时国,方圆一千多里。西界濒临叶河。全境东西狭窄,南北很长。土质物产、气候状况,与笯赤建国相同。国内有城池几十座,各有君主长官,而无总的首领,全都隶属突厥。

怖捍国与窣堵利瑟那国

2.8　怖捍①国,周四千余里,山周四境。土地膏腴,稼穑滋盛,多花果,宜羊马。气序风寒,人性刚勇,语异诸国,形貌丑弊。自数十年,无大君长,酋豪力竞,不相宾服,依川据险,画野分都。

从此西行千余里,至窣堵利瑟那国。

窣堵利瑟那②国,周千四五百里。东临叶河。叶河出葱岭北原,西北而流,浩汗浑浊,汨漱③漂急。土宜风俗,同赭时国。自有王,附突厥。

【注释】

① 怖捍,一作破洛那、沛汗、钹汗、判汗、拔汗那、跋贺那等,Farghana 的音译,即今中亚费尔干纳盆地,部分属乌兹别斯坦克共和国,部分属吉尔吉斯斯坦共和国。该地即是汉代有名的大宛国,以产汗血马和酿制葡萄酒而闻名。

② 窣堵利瑟那,又名苏对沙那、率都沙那、苏都识匿,当为梵文 Sutṛṣṇa 的音译,义为"干燥"。其地相当于今塔吉克斯坦共和国西北部的乌拉秋别城西南 35 公里左右的沙赫里斯坦(Shahristan)。

③ 汨,(水、风等)快速(行流)之义,《文选》司马相如《上林赋》:

"汩乎混流。"潋,亦是水流漂疾之状,《文选》郭璞《江赋》"澹湟潋泱",李善注云:"皆水流漂疾之貌。"

【译文】

怖捍国,方圆四千多里,群山环绕四周。土地十分肥沃,作物苗壮茂盛,花草果木繁多,适宜放牧羊马。气候寒冷多风,居民性格勇烈;语言异于其它各国,体形面貌丑陋不堪。几十年来,该国并无最高君主,各地部帅互争雄长,彼此不相臣服,凭藉河流,据守天险,从而划分疆域,占领城池。

从此向西行走一千多里,抵达窣堵利瑟那国。

窣堵利瑟那国,方圆一千四五百里。东境濒临叶河。叶河发源于葱岭北端,流向西北,水波浩荡,水色浑浊,水流漂疾。当地物产、风俗习惯,与赭时国相同。本国立有君主,但是依附突厥。

大沙碛

2.9　从此西北入大沙碛,绝无水草^①。途路弥漫,疆境难测,望大山,寻遗骨,以知所指,以记经途。行五百余里,至飒秣建国。唐言康国。

【注释】

① 若窣堵利瑟那确实相当于今乌拉秋别,则飒秣建(今撒马尔罕)当在其西方稍偏南,两地直线距离约150公里。故"从此西北入大沙碛"一语就值得仔细推敲。如果玄奘对于窣堵利瑟那及大沙碛的记载不是得之于传闻,而是亲履其地的话,那么,似乎只有一个推测可以合理地解释上述问题:玄奘发自今乌拉秋别,沿土耳其斯坦山脉北坡下的大

沙漠南缘向西北方行抵今吉扎克（Jizak），然后再折向西南方，抵达今撒马尔罕。

【译文】

从这里向西北方行走而进入大沙碛，绝无水流与植物。一片茫茫，无路可寻，四方疆界难以确定。只有遥望大山，寻觅已故旅行者的遗骸，始能得知方向，辨识路径。行走五百多里后，抵达飒秣建国（唐语称康国）。

飒秣建国

2.10 飒秣建①国，周千六七百里，东西长，南北狭。国大都城周二十余里，极险固，多居人。异方宝货，多聚此国。土地沃壤，稼穑备植，林树翁郁，花果滋茂，多出善马。机巧之伎，特工诸国。气序和畅，风俗猛烈。凡诸胡国②，此为其中。进止威仪，近远取则。其王豪勇，邻国承命。兵马强盛，多是赭羯③。赭羯之人，其性勇烈，视死如归，战无前敌。

从此东南至弭秣贺国。唐言米国。

【注释】

① 飒秣建，一作悉万斤、萨末鞬、寻思干、邪米思干、薛米思加、薛米思坚、撒麻耳干、撒马尔罕等。关于其语原，说法不一。或以为悉万斤、飒秣建、萨末鞬之原音可能为梵文 Sāma-gama，义为"辐辏之地"、"聚合成群"等。而寻思干、薛米思干等的原音则为 Semiscand，其中，Semiz 为突厥语"肥饶"之义，cant（kand）乃是粟特语"……之地"之义。

故整个词义为"肥城"，元代耶律楚材《西游录》云："寻思干者，西人云肥也，以地土肥饶，故名之。"中世纪阿拉伯地理学家比鲁尼则谓突厥语之 Samezkend 义为"太阳城"。明代迄今通用的"撒马尔罕"一名的语原为 Samarkand，其含义不甚清楚。《钦定元史语解》释为"繁华"，即阿拉伯语"喧闹、充满生气、人群拥挤"之意。有人则以阿拉伯传奇故事（也门皇帝 Samar 占领该城后以自己的名字命名之）来解释，显属后世的附会。通常认为，《隋书》、《唐书》之所以称之为康国，是因为翻译了该词的后半部分 Kand（cant）。

飒秣建国之都城与国同名，遗址在今撒马尔罕之北邻 Afrasiab，位于泽拉夫善河南岸附近的一块高地上。城约建于公元前 6 世纪，古波斯帝国时曾为索格底亚那的首府，当时称 Marcanda。前 329 年，亚历山大大帝东征中亚时，摧毁此城。该城由于其地理位置，始终成为古代中西交通道上的重要枢纽，各国商人辐辏于此，因而繁荣异常。它曾是穆斯林阿拔斯王朝在东方的造纸中心，是萨曼王朝的阿拉伯文化中心，是帖木儿帝国的首都。玄奘西游时，该地正值强盛时期。

② 在此所谓的"胡国"，当指中亚的诸伊兰族城邦小国，而不包括南亚、西亚、小亚等国，更不是泛指一切非汉族的政权。所以，"此为其中"不仅意谓飒秣建乃是索格底亚那地区诸绿洲国的政治中心，也暗示其地理位置的居中。

③ 赭羯，一作柘羯。许多学者曾对其语原进行过探讨，基本观点可大别为三类：甲、地名说。例如，认为撒马尔罕附近的 Chalak 乃是其语原；由于该地男子身材魁梧、体格强壮，常被召去当兵，故人随地名，此类勇健者亦称 Chalak（赭羯、柘羯）（说见 Watters, *Travels in India*, Vol. I, p.94）。乙、族名说。藤田丰八将赭羯（柘羯）与塞人相联系：Sacae

（Saka）人最初为波斯军队提供优秀战士，后来便成为勇健的外族雇佣军士的统称。突厥兴起后，其勇健者充当粟特地区伊兰人国家的雇佣兵，仍然沿用旧称 Saka，即赭羯、柘羯（说见藤田《西域研究》，第 171 页）。丙、职名说。例如，白鸟库吉认为，赭羯之语原与 Sugūs、Šag 等音相近，由"战争"、"争斗"转义为"战士"；当时布哈拉、撒马尔罕之土著居民虽为伊兰族，但其君主及士兵则为勇悍的突厥人，故以官方语言称战士为"赭羯"（说见白鸟《研究（上）》，第 99 页）。赭羯（柘羯）军队不仅见于中亚诸国，也见于隋唐时代的中原地区，骁勇善战，故当非特指某地或某族，而是某种军事组织的称呼。鉴于后世奥斯曼帝国从异族青年中精选出来的皇家骑兵始终保持着居于右翼的习惯，而古突厥语 sa:ğ 义为"右"，故"赭羯（柘羯）"的原义很可能是"右翼军队"，它以骑兵为主；与此相应的精锐禁军则居左翼，以步兵为主。他们均属外族雇佣兵性质（说见芮传明《柘羯考》）。飒秣建国之本地居民（粟特人）多经商、务农，所以该国雇佣大量外族勇士保卫这块富庶的土地，这也附合客观情理。

【译文】

　　飒秣建国，方圆一千六七百里，东西较长，南北狭窄。其国的大都城方圆二十多里，地势险要，设防坚固，人口众多。各地珍宝异物，大多来此交易。该国土地肥沃，种植各类作物，树林葱郁茂密，花草水果繁盛，多产良种马匹。工匠心灵手巧，技能优于它国。气候温和舒适，风俗刚猛躁烈。周近诸胡国中，唯以飒秣建为核心。它的社会体制、行为规范，成为远近各地的模仿标准。国王豪爽骁勇，邻国都得听命。该国兵马强盛，大多属于"赭羯"。赭羯的成员，本性勇武刚烈，视死如归，在战斗中所向无敌。

从本国向东南方行至弭秣贺国（唐语称米国）。

弭秣贺、劫布呾那、屈霜你迦、喝捍、捕喝、伐地、货利习弥伽等七国

2.11 弭秣贺^①国，周四五百里。据川中，东西狭，南北长。土宜风俗，同飒秣建国。从此北至劫布呾那国。<small>唐言曹国。</small>

劫布呾那^②国，周千五百里，东西长，南北狭。土宜风俗，同飒秣建国。从此国西三百余里，至屈<small>居勿反。</small>霜<small>去声。</small>你迦国。<small>唐言何国。</small>

屈霜你迦^③国，周千四五百里，东西狭，南北长。土宜风俗，同飒秣建国。从此国西二百余里，至喝捍国。<small>唐言东安国。</small>

喝捍^④国，周千余里。土宜风俗，同飒秣建国。从此国西四百余里，至捕喝国。<small>唐言中安国。</small>

捕喝^⑤国，周千六七百里，东西长，南北狭。土宜风俗，同飒秣建国。从此国西四百余里，至伐地国。<small>唐言西安国。</small>

伐地^⑥国，周四百余里。土宜风俗，同飒秣建国。从此西南五百余里，至货利习弥伽国。

货利习弥伽^⑦国，顺缚刍河^⑧两岸，东西二三十里，南北五百余里。土宜风俗，同伐地国，语言少异。

从飒秣建国西南行三百余里，至羯霜<small>去声。</small>那国^⑨。<small>唐言史国。</small>

【注释】

① 弥秣贺，一作弥末、米，当为 Māymurgh 的对音。《新唐书·西域下》有《米国传》。该国的都城故址当在今撒马尔罕东南约 100 公里处的麻坚（Maghian）。

② 劫布呾那，一作伽不单，当为 Kebudhana 或 Kebud 的音译。亦即《新唐书·西域下》所载的西曹国。其都城故址今名 Gubdan，在泽拉夫善河北岸，距撒马尔罕约 10 公里左右。

③ 屈霜你迦，一名贵霜匿，乃是梵语化词 Kuṣāṇika、中古波斯语 Kusānik 等的音译。也就是何国；《新唐书·西域下》有传。其都城故址在今撒马尔罕西北约 100 公里的 Peishimbe 地区。

④ 喝捍，一作喝汗，即东安国；《新唐书·西域下》有传。其都城故址原名 Kharghan，在今泽拉夫善河北岸，与南岸的今 Kermineh 城相距约 5 公里左右。

⑤ 捕喝，又作副货、布豁、蒲华、卜合儿、不花剌等，当为 Bukhara 的音译。《魏书》称忸密、安息；《隋书》、《唐书》称安国。即今泽拉夫善河下游的著名城市布哈拉。或以为 Bukhārā 即 Bukhār，而后者乃是梵文 Vihāra（义为佛寺）的突厥—蒙古语形式。但是此说近几十年来已受到人们的怀疑（见 Frye, *Central Asia*, p.106 sq.）。

⑥ 伐地，又作毕，即西安国；《新唐书·西域下》有传。都城故址在今布哈拉西南，阿姆河右岸之 Betik。

⑦ 货利习弥伽，又作灌潜、呼似密、火寻、过利、火辞弥、花剌子模等，均为 Chorasmii（古希腊语）或其相近音的译音。其地在阿姆河下游两岸一带，是块肥沃的三角洲地区，很早就在中亚文明的发展中扮演重要角色。

⑧ 缚刍河，即今阿姆河，释见玄奘序 1.3 注 ⑩。

⑨ 玄奘在此所列的七国，大约都得之于传闻，而未亲履其地。他似乎是从飒秣建国直接抵达羯霜那国的。

【译文】

弭秣贺国，方圆四五百里。座落山谷之中，东西狭窄，南北较长。当地物产、民间习俗，都与飒秣建国相同。从本国向北行走，抵达劫布咀那国（唐语称曹国）。

劫布咀那国，方圆一千五百里，东西较长，南北狭窄。当地物产、民间习俗，都与飒秣建国相同。从本国向西行走三百多里，抵达屈霜你迦国（唐语称何国）。

屈霜你迦国，方圆一千四五百里，东西狭窄，南北较长。当地物产、民间习俗，都与飒秣建国相同。从本国向西行走二百多里，抵达喝捍国（唐语称东安国）。

喝捍国，方圆一千多里。当地物产、民间习俗，都与飒秣建国相同。从本国向西行走四百多里，抵达捕喝国（唐语称中安国）。

捕喝国，方圆一千六七百里，东西较长，南北狭窄。当地物产、民间习俗，都与飒秣建国相同。从本国向西行走四百多里，抵达伐地国（唐语称西安国）。

伐地国，方圆四百多里。当地物产、民间习俗，都与飒秣建国相同。从本国向西南行走五百多里，抵达货利习弥伽国。

货利习弥伽国的疆域，沿着缚刍河的两岸分布，东西宽二三十里，南北长五百多里。当地物产、民间习俗，都与伐地国相同，但是语言略有差异。

从飒秣建国向西南行走三百多里，抵达羯霜那国（唐语称作史国）。

羯霜那国

2.12 羯霜那国[1]，周千四五百里。土宜风俗，同飒秣建国。

从此西南行二百余里，入山。山路崎岖，溪径危险，既绝人里，又少水草。东南山行三百余里，入铁门。

【注释】

①羯霜那国，故址在今撒马尔罕西南。释见卷一 2.1 注①。

【译文】

羯霜那国，方圆一千四五百里。当地物产、民间习俗，都与飒秣建国相同。

从本国向西南行走二百多里，进入山区。山路曲折，谷间小道危险难行，既无人众居住，又缺水源树草。在山中沿东南方行走三百多里，便可进入铁门。

2.13 铁门[1]者，左右带山，山极峭峻，虽有狭径，加之险阻，两傍石壁，其色如铁。既设门扉，又以铁锢，多有铁铃，悬诸户扇，因其险固，遂以为名。

【注释】

① 铁门，自古以来是有名的隘口，故址在今乌兹别克斯坦共和国南部达尔本特西约 13 公里处。其名早就见于汉初的史籍中，迄于唐代，对

其描述更多。《慈恩传》卷二记云："山行三百余里，入铁门，峰壁狭峭而崖石多铁矿，依之为门，扉又镍铁，又铸铁为铃，多悬于上，故以为名，即突厥之关塞也。"可见铁门又以多铁矿而得名。另一方面，在此若将铁门理解为突厥的边界关塞，则不符合当时的政治构图。因为不但《西域记》下文谈及铁门之南的睹货逻国故地"总役属突厥"，《慈恩传》也更具体地描述了玄奘会见缚刍河以南的活国国王——突厥叶护可汗之长子旦度设的情况。足知当时突厥的势力远在铁门之南。所以，铁门实际上只是突厥势力范围中的一个关卡。

当蒙古大军横扫中亚时，作为通往伊朗与印度之咽喉的铁门首当其冲。成吉思汗曾亲自通过铁门南进，并在这里避暑。15世纪初，西班牙使臣克拉维约东使帖木儿政权，至此尚见到铁门关。铁门之山峡极为狭窄，最狭之处，人的双手张开几乎可以触及两壁，而且两旁崖岩峭直，不可攀援，所以成为撒马尔罕最坚固的屏障。由于它是繁华商道上的必经之路，所以又是征收客商税款的极好关卡；帖木儿依靠铁门获得的税金在其整个财政收入中占据很大比例。波斯语称此关隘为 Darband-i-Akhenin，阿拉伯语称 Bab al-khanid，都义为"铁门"。

【译文】

铁门两侧都是山壁，又高又陡，虽然当中有条狭窄小径，但是仍然险要难行，小道两旁石壁，颜色如铁一般。山口装置大门，并且用铁加固，许多铁制铃铛，挂在大门上面；由于铁门险峻坚固，所以获得这一称呼。

睹货逻国故地

【题解】

　　在汉文古籍中,睹货逻有许多异名:兜怯勒、吐呼罗、土蜜宜,以及大夏等。它即是公元前3世纪以降,地处兴都库什山与阿姆河上游之间的"希腊—巴克特里亚王国"。不过,玄奘在《西域记》中提及的"睹货逻国故地"并不严格地相当于古大夏国的领土。《西域记》分两大部分记述睹货逻国故地:首先是在本卷中述及十六国,其地大致相当于今塔吉克斯坦共和国西部与阿富汗东北部的阿姆河两岸一带;其次是在卷十二中述及十三国,其地更偏东南方。本卷的十六国分处阿姆河两岸:河北八国(呾蜜国、赤鄂衍那国、忽露摩国、愉慢国、鞠和衍那国、镬沙国、珂咄罗国、拘谜陀国)和河南八国(缚伽浪国、纥露悉泯健国、忽懔国、缚喝国、锐秣陀国、胡寔健国、呾剌健国、揭职国)。

睹货逻国故地总述

3.1　出铁门,至睹货逻 [①] 国旧曰吐火罗国,讹也。故地。南北千余里,东西三千余里。东阸葱岭 [②],西接波剌斯 [③],南大雪山 [④],北据铁门,缚刍大河 [⑤] 中境西流。自数百年 [⑥],王族绝嗣,酋豪力竞,各擅君长,依川据险,分为二十七国。虽画野区分,总役属突厥。气序既温,疾疫亦众。冬末春初,霖雨相继。故此境已南,滥波 [⑦] 已北,其国风土,并多温疾。而诸僧徒以十二月十六日入安居 [⑧],三月十五日解安

居，斯乃据其多雨，亦是随教设时也。其俗则志性恇怯；容
貌鄙陋，粗知信义，不甚欺诈。语言去就，稍异诸国。字源
二十五言，转而相生，用之备物；书以横读，自左向右；文
记渐多，逾广窣利⑨。多衣氎，少服褐。货用金、银等钱，模
样异于诸国。

　　顺缚刍河北下流至呾蜜国。

【注释】

　　① 睹货逻，一作吐呼逻、吐火罗、兜佉勒、兜呿罗，当是梵文
Tukhara 的音译。关于睹货逻（今亦称吐火罗斯坦）地域范围的划分，
有不同的说法。按《西域记》，其北界自阿姆河北的铁门开始，南界至今
兴都什山脉；阿姆河几乎将该地一分为二。这样划分的吐火罗地区显
然十分广阔。但是通常都认为吐火罗大致在阿姆河以南及兴都库什山
以北。例如，兰斯特兰奇谓吐火罗斯坦在巴里黑以东，沿阿姆河南岸延
伸至巴达赫尚，南边则界巴米安与喷赤希尔以北的山脉（见 Le Strange,
The Eastern Caliphate, pp.426–427）。巴托尔德也说吐火罗斯坦"从阿姆
河延伸至兴都库什山口"（见 Barthold, *Turkestan*, p.66）。总之，大致将
吐火罗视同于今阿富汗的北部地区。《西域记》之所以称之为"睹货逻
国故地"，是因为所叙述的若干地区并不是玄奘西行时期吐火罗国的疆
域，而是此前吐火罗作为民族独立国家时的旧领土。吐火罗（睹货逻或
大夏）族在贵霜王朝兴盛时期，始终处于被征服的地位。至贵霜遭受萨
珊波斯攻击而逐渐势衰时，吐火罗赢得了独立，建立了地域广阔的吐火
罗国。5 世纪中叶至 6 世纪中叶，吐火罗被嚈哒占领。嗣后，又归西突
厥控制，曾作为西突厥的强大附庸政权出现过。7 世纪初以后，吐火罗

国则由西突厥直接统治了。所以，玄奘西行时，已经不存在独立而幅员辽阔的吐火罗国。

②葱岭，即帕米尔高原。释见敬播序 1.1 注 ㉑。

③波剌斯，一作波斯，古波斯语 Parasi、Pārsi、Pārsa 的音译。其辖境大致相当于今伊朗的地域范围。玄奘西行之时，该国正处于萨珊王朝末期，领土日益落入方兴未艾的阿拉伯人手中。玄奘并未亲履此国，只是得之于传闻。但是《西域记》卷十一中的专条记述，则不但可与其它史料相互印证，而且具有独特的参考价值。参见卷十一 3.17 注 ①。

④大雪山，指兴都库什山脉。释见敬播序 1.1 注 ㉒。

⑤缚刍河，即阿姆河。释见玄奘序 1.3 注 ⑩。

⑥"数百年"，内田吟风认为当是"数十年"之误（见内田《吐火罗国》）。其理由是：吐火罗人虽在 5 世纪中叶被嚈哒所统治，但是 6 世纪下半叶西突厥取代嚈哒的宗主地位以后，吐火罗国曾以拥有十万兵力的大国再度兴起。在此期间，吐火罗国尽管名义上隶属于突厥，但是王室人员仍是吐火罗人。这时候，"以吐火罗人为立国之本的吐火罗国灭亡了，西突厥阿史那氏王朝的吐火罗国成立了"。因此，吐火罗国的"王族绝嗣"，至玄奘西行时不过数十年的时间。

⑦滥波，一作蓝波、岚婆，梵文 Lampāka 的音译；希腊古文献作 Lampatai、Lampagāi 等。相当于今阿富汗东北的拉格曼（Laghmān）省一带。或以为其都城即在今喀布尔东南 10 公里的洛伽尔河畔的贝格拉姆（Begram）。8 世纪初，慧超《往五天竺国传》记览波国道："又从此建驮罗国，西行入山七日，至览波国。此国无王，有大首领，亦属建驮罗国所管。" 玄奘时代，滥波属迦毕试国，但后来突厥击灭迦毕试，取代其宗主地位；慧超所说的健驮罗王即是突厥人。足见从玄奘至慧超的百年时

间内，突厥在中亚的势力仍在继续扩张。

⑧安居，梵文 vārṣika 或 varṣa 的意译，又作"雨安居"、"夏安居"。《业疏》卷四云："形心摄静曰安，要期在住曰居。"是为佛教所承袭的婆罗门教惯例。在古印度，雨季的三个月（五月十六日至八月十五日）中，禁止僧、尼外出，因为外出容易伤害草木昆虫，故应在寺内坐禅修学，接受供养。这段时期称为安居期。在中国与日本，安居期为农历四月十六日至七月十五日。按玄奘所言，则睹货逻地区之安居期为十二月十六日至翌年三月十五日，以适应当地的雨季。南亚、东亚称"雨安居"；中国称"夏安居"或"夏坐"、"坐夏"、"坐腊"。开始阶段称"结夏"，结束称"安居竟"或"解夏"。

⑨这里所谓的睹货逻国的语言与天山南麓流行的"吐火罗语"（参见卷一 1.1 注 ④ 和 1.2 注 ③）不同。自从希腊—巴克特里亚时代以降，吐火罗地区曾流行希腊语、希腊文字。希腊语不久后废弃不用，但希腊文的书写体却在当地继续存在了几百年，甚至出现在 5 世纪嚈哒的钱币上。所以，《西域记》在此所说的睹货逻国语言，似乎就是用希腊字母书写的语言。"字源二十五言"，可能是指常用的二十四个希腊字母加上一个具有 sh 音值的特别字母。

【译文】

出铁门后抵达前睹货逻国（旧称吐火罗国，误）境内。该地区南北一千多里，东西三千多里。东面与葱岭相连，西面与波剌斯接界，南部对着大雪山，北部依据铁门，缚刍大河横贯中央，水流西奔。几百年来，原来的王室已无后嗣，部帅豪强，互争雄长，依仗河流，凭藉险阻，分为二十七国。虽然各自划分疆域，但是全部隶属突厥。由于气候温热,疾病瘟疫也随之增多。冬末春初,霪雨不断。所以,这一地区之南,直到滥波国之北,各个地方都流行瘟病。僧众从十二月十六日入安居,到三月十五日解安居,这里按照当地多雨的特点,因时制宜制定教规。居民向来怯懦胆小,面貌长相粗俗丑陋,稍微懂得一点信义,相互之间不太欺诈。他们的语言举止与其它诸国略有差异。共有二十五个字母,辗转结合,不断衍生,用来表达一切事物;书写文字,从左到右,并且横读;其文字记载逐渐增多,以至超过窣利地区。居民较多穿着棉布服装,较少穿着粗毛布衣。货币用金钱、银钱等,钱币式样异于其它诸国。

　　顺着缚刍河的北岸向下游行走,抵达呾蜜国。

呾蜜、赤鄂衍那、忽露摩、愉慢、鞠和衍那、镬沙、珂咄罗、拘谜陀、缚伽浪、纥露悉泯健、忽懔等十一国

3.2　呾蜜^①国,东西六百余里,南北四百余里。国大都城周二十余里。东西长,南北狭。伽蓝十余所,僧徒千余人。诸窣堵波^②即旧所谓浮图也,又曰鍮婆,又曰塔婆,又曰私鍮簸,又曰数斗波,皆讹也。及佛尊像,多神异,有灵鉴。东至赤鄂衍那国。

　　赤鄂衍那^③国,东西四百余里,南北五百余里。国大都城周十余里。伽蓝五所,僧徒鲜少。东至忽露摩国。

　　忽露摩^④国,东西百余里,南北三百余里。国大都城周十余里。其王奚素突厥也。伽蓝二所,僧徒百余人。东至愉朔俱反。漫国。

　　愉慢^⑤国,东西四百余里,南北百余里。国大都城周十六七里。其王奚苏突厥也。伽蓝二所,僧徒寡少。西南临缚刍河,至鞠和衍那国。

鞠和衍那^⑥国，东西二百余里，南北三百余里。国大都城周十余里。伽蓝三所，僧徒百余人。东至镬沙国。

镬沙^⑦国，东西三百余里，南北五百余里。国大都城周十六七里。东至珂咄罗国。

珂咄罗^⑧国，东西千余里，南北千余里。国大都城周二十余里。东接葱岭，至拘谜_{莫闭反}陀国。

拘谜陀^⑨国，东西二千余里，南北二百余里，据大葱岭中。国大都城周二十余里。西南邻缚刍河，南接尸弃尼国。

南渡缚刍河，至达摩悉铁帝国、钵铎创那国、淫薄健国、屈浪拿国、呬_{火利反}摩咄罗国、钵利曷国、讫栗瑟摩国、曷逻胡国、阿利尼国、瞢健国，自活国东南至阔悉多国、安呾逻缚国，事在回记^⑩。活国西南至缚伽浪国。

缚伽浪^⑪国，东西五十余里，南北二百余里。国大都城周十余里。南至纥露悉泯健国。

纥露悉泯健^⑫国，周千余里。国大都城周十四五里。西北至忽懔国。

忽懔^⑬国，周八百余里。国大都城周五六里。伽蓝十余所，僧徒五百余人。西至缚喝国。

【注释】

① 呾蜜，一作怛满、怛没、迭儿密、帖里麻、忒耳迷、迭里迷等，均为 Tirmidh 的音译。故址在今乌兹别克斯坦共和国最南部的阿姆河北岸的铁尔梅兹（Termez）稍南。

② 窣堵波，一作窣都婆、偷婆、塔婆、素睹波、薮偷婆等。"窣堵波"

等乃是梵文 Stūpa 的音译；"塔婆"等则是巴利文 Thūpa 的音译。此词意译为方坟、圆冢、大聚、灵庙、高显处、功德聚等。也有在 Stūpa 之前加 Buddha，音译作"佛陀窣堵波"，后讹略成"浮图"，亦即佛塔。窣堵波原是佛教徒用以供奉和安置舍利（释迦牟尼火化后结成的珠状物，释见卷一 3.4 注 ⑧）、经文和各种法物的处所。它由台（基台）、复钵（台上的半球部分）、平头（祭台，方箱形）、竿、伞五个部分组成。最初的形式为圆冢；至阿育王时，始造复钵式的塔。塔又分为两种：藏有舍利者称"塔"，无舍利者称"支提"。佛家规定，凡属僧人以上者方始允许建造窣堵波，按其地位高低决定塔的层次；在家人则无此资格。

③ 赤鄂衍那，一作石汗那、斫汗那、支汗那，乃是 Saghāniyān 的音译。其故址在今铁尔梅兹东北的迭瑙（Denau），义为"新村"。

④ 忽露摩，阿拉伯文 Kharūn 的音译。当即《新唐书·地理七》所记天马都督府所辖的洛那州的首府忽论城。其故址在今塔吉克斯坦共和国杜尚别（Dushambe）略西。

⑤ 愉慢，阿拉伯文 Shuman 的音译。沙畹说："（唐代）天马都督府，以解苏国数瞒城置。《西域记》有国名愉慢，其王奚素突厥也。奚素与解苏，应是同名异译；则愉慢亦即数瞒。大食撰述有国名 Schouman，在乌浒河北 Kafirnagan 之上流，应是此国也。"（见沙畹《史料》，第 251—252 页）。则愉慢之故地当在今杜尚别附近。

⑥ 鞠和衍那，一作俱德建、久越得犍、久越得健，当是梵文 Kuvāyāna、波斯和阿拉伯语 Quwādhiyān 的音译。故址在今塔吉克斯坦共和国西部的卡菲尼甘河下游西岸的卡巴第安（Kabadian），当北纬 37° 21′，东经 68° 9′。

⑦ 镬沙，一作沃沙，阿拉伯文 Waxš 的音译。其都城可能为洛瓦甘

（Lāwakand），故址在今塔吉克斯坦共和国西部瓦克什河下游的库尔干秋别之北。

⑧ 珂咄罗，一作珂咄、骨咄，是为 Khuttal 的音译。其都城可能为呼尔布克（Hulbuk），故址在今库尔干秋别东北的库利亚布（Kulyab）。

⑨ 拘谜陀，又作居密、久未陀、拘密支、俱蜜等，是为 Kumādh 的音译。故址在今瓦克什河上游的苏尔霍勃河流域。

⑩《西域记》始自尸弃尼，止于安呾逻缚的这十四国，在卷十二中有专条叙述，释文分别见本书卷十二诸条。

⑪ 缚迦浪，即《新唐书·地理七》所记钵罗州的首府兰城。故址在今阿富汗东北部昆都士以南的巴格兰（Baghlan）。

⑫ 纥露悉泯健，是为穆斯林地理文献中的 Rub 与 Siminjan 两个相连城邦。故址在今巴格林以西之艾巴克（Haybak）。

⑬ 忽懔，一作昏磨，即 Khulm，遗址在今艾巴克以北的塔什库尔干城略北。

【译文】

呾蜜国，东西六百多里，南北四百多里。该国大都城方圆二十多里。全国领地东西较长，南北狭窄。境内有佛寺十多座，僧人一千多。各地的窣堵波（即以前所谓的"浮图"，又称鍮婆、塔婆、私鍮婆、薮斗波，均误）及佛祖神像大多具有灵异，显示奇迹。自本国向东行抵赤鄂衍那国。

赤鄂衍那国，东西四百多里，南北五百多里。该国的大都城方圆四十多里。境内有佛寺五座，僧人很少。从本国向东行走，抵达忽露摩国。

忽露摩国，东西一百多里，南北三百多里。该国的大都城方圆十多里。国王是奚素突厥人。境内有佛寺两座，僧人一百多。从本国向东行走，抵达愉慢国。

愉慢国，东西四百多里，南北一百多里。该国的大都城方圆十六七里。国王是奚素突厥人。境内有佛寺两座，僧人极少。从本国向西南行至缚刍河畔，便抵达鞠和衍那国。

鞠和衍那国，东西二百多里，南北三百多里。该国的大都城方圆十多里。境内有佛寺三座，僧人一百多。从本国向东行走，抵达镬沙国。

镬沙国，东西三百多里，南北五百多里。该国的大都城方圆十六七里。从本国向东行走，抵达珂咄罗国。

珂咄罗国，东西一千多里，南北也是一千多里。该国的大都城方圆二十多里。国境的东界与葱岭邻接，抵达拘谜陀国。

拘谜陀国，东西两千多里，南北两百多里，全境处于葱岭山脉之中。该国的大都城方圆二十多里。其领地的西部濒临缚刍河，南部则与尸弃尼国接界。

向南渡过缚刍河，抵达达摩悉铁帝国、钵铎创那国、淫薄健国、屈浪拿国、呬摩呾罗国、钵利曷国、讫栗瑟摩国、曷逻胡国、阿利尼国、瞢健国，从活国向东南行走，则抵达阔悉多国、安呾逻缚国，这些国家的情况，都在归途部分叙述。从活国向西南行走，抵达缚伽浪国。

缚伽浪国，东西五十多里，南北两百多里。该国的大都城方圆十多里。从本国向南行走，抵达纥露悉泯健国。

纥露悉泯健国，方圆一千多里。该国的大都城方圆十四五里。从本国向西北行走，抵达忽懔国。

忽懔国，方圆八百多里。该国的大都城方圆五六里。境内有佛寺十多座，僧人五百多。从本国向西行走，抵达缚喝国。

缚喝国

3.3　缚喝^①国，东西八百余里，南北四百余里。北临缚刍河。国大都城周二十余里，人皆谓之小王舍城^②也。其城虽固，居人甚少。土地所产，物类尤多，水陆诸花，难以备举。伽蓝百有余所，僧徒三千余人，并皆习学小乘法教。

【注释】

①缚喝，又有薄罗、缚喝罗、缚渴罗、班里、班勒纥、巴里黑、必里罕，以及拔底延、薄提、缚底野、缚吒等名称。缚喝的对音为 Balkh，古希腊人称之为 Bactria，即中国所谓的大夏国。其国都城故址在今阿富汗北部马扎里沙里夫西北约 19 公里处的巴里赫旧城。贵霜王朝时期，该地盛行佛教，乃是兴都库什山以北地区的佛教中心。

②所谓"小王舍城"，是指该城犹如小的王舍城一般。关于王舍城，参见卷三 3.4 注 ⑩，以及卷九 1.12 注 ①。

【译文】

缚喝国，东西八百多里，南北四百多里。其国北部濒临缚刍河。大都城方圆二十多里，人们称之为小王舍城。城池虽然坚固，但是居民很少。当地土产，种类繁多，水生、陆生的花卉品种，多得难以一一列举。境内有佛寺一百多座，僧人三千余名，全都研习小乘佛教。

3.4　城外西南有纳缚_{唐言新}。僧伽蓝^①，此国先王之所建也。大雪山北作论诸师，惟此伽蓝美业不替。其佛像则营以名珍，堂宇乃饰之奇宝。故诸国君长，利之以攻劫。此伽蓝素有毗沙门天^②像，灵鉴可恃，冥加守卫。近突厥叶护可汗^③子肆叶护可汗，倾其部落，率其戎旅，奄袭伽蓝，欲图珍宝；去此不远，屯军野次。其夜梦见毗沙门天曰："汝有何力，敢坏伽蓝？"因以长戟，贯彻胸背。可汗惊寤，便苦心痛，遂告群属所梦咎征，驰请众僧，方伸忏谢，未及返命，已从殒殁。

伽蓝内南佛堂中有佛澡罐，量可斗余；杂色炫耀，金石难名。又有佛牙^④，其长寸余，广八九分，色黄白，质光净。又有佛扫帚，迦奢^⑤草作也，长余二尺，围可七寸，其把以杂宝饰之。凡此三物，每至六斋^⑥，法侣成会，陈设供养，至诚所感，或放光明。

伽蓝北有窣堵波，高二百余尺，金刚泥涂^⑦，众宝厕饰。中有舍利^⑧，时烛灵光。

伽蓝西南有一精庐^⑨，建立以来，多历年所。远方辐辏，高才类聚，证四果^⑩者，难以详举。故诸罗汉^⑪将入涅槃^⑫，示现神通^⑬，众所知识，乃有建立诸窣堵波，基址相邻，数百余矣。虽证圣果，终无神变^⑭，盖亦千计，不树封记。今僧徒百余人，夙夜匪懈，凡圣难测。

【注释】

① 纳缚僧伽蓝，义净《求法高僧传·玄照法师传》作纳婆毗诃罗，是为梵文 Navavihāra 的音译；意译作"新寺"。此寺属于小乘佛寺。

② 毗沙门天，梵文 Vaiśravaṇa-deva 的音义混译，又称多闻天。是为四天王（即中原佛教所称的"四大金刚"）之一，乃佛教的护法天神；

因其掌托古佛舍利塔,故俗称托塔天王。《法华义疏》云:"此天恒护如来道场而闻法,故名多闻天。"《北方毗沙门天王随军护法真言》论其画像曰:"于彩色中并不得和胶。于白㲲上画一毗沙门神,七宝庄严衣甲,左手执戟矟,右手托腰上。其神脚下作二夜叉鬼,并作黑色。其毗沙门面,作甚可畏形,恶眼视一切鬼神势。其塔奉释迦牟尼佛。"

③ 突厥叶护可汗,即是西突厥的统叶护可汗;据《慈恩传》卷二,他曾在素叶城会见过玄奘。按《通鉴》,统叶护可汗于贞观二年(628年)被伯父所杀,其子咥力特勤立为肆叶护可汗。又,贞观六年(632年),肆叶护遭设卑达官与弩失毕二部攻击,轻骑奔康居,寻卒。是知肆叶护死于632年或其后不久。但是,《西域记》却谓肆叶护死于玄奘抵达缚喝国之前不久。事实上,玄奘至缚喝时早在628年(见杨廷福《年谱》,第128页),因此这里所谓肆叶护死于心痛之类的记述,不可当作信史看待。

④ 佛牙,即佛牙舍利。释迦牟尼火化时,全身均化成珠状舍利,唯牙齿形状不变,故谓佛牙舍利。《后分涅槃经》云:"帝释……于佛口中右畔上颔取牙舍利,即还天上起塔供养。尔时,有二捷疾罗刹隐身随释,众皆不见,盗取一双佛牙舍利。"

⑤ 迦奢,梵文 kāśa 的音译。是为一种茅草,拉丁学名 Saccharum Spontaneum。海滨沙滩地区野生的多年草本植物。通常丛生,茎高三尺许,初夏抽穗,果实长七八分,生白毛。

⑥ 六斋,即六斋日。按佛教之说,每月之八日、十四日、十五日、二十三日、二十九日、三十日这样六天乃是四天王伺人善恶之日,又是恶鬼伺人之日,所以必须诸事谨慎,过正午断绝一切食物;这是劫初传来的圣法,但佛陀出世以后,使诸弟子兼于此日受持八戒,故六斋日又成为六个八戒斋日。《四天王经》云:"佛告诸弟子:……斋日责心、慎身、守

口。诸天斋日伺人善恶……遣使者下，案行天下，伺察帝王、臣民、龙鬼、蜎蜚蚑行蠕动之类心念、口言、身行罪恶。"又，《智度论》卷十三："问曰：何以故六斋日受八戒，修福德？答曰：是日恶鬼逐人，欲害人命，疾病凶衰，令人不吉。是故劫初圣人教人持斋，修善作福，以避凶衰。是时，斋法不受八戒，直以一日不食为斋。后佛出世，教语之言：汝当一日一夜如诸佛持八戒，过中不食。是功德将人至涅槃。"

⑦ 金刚泥涂，犹言用金刚石的粉末涂饰。金刚，梵文 vajra 的意译；音译则为缚日罗、跋折罗、和耆罗等。《大藏法数》卷四十一："梵语跋折罗，华言金刚。此宝出于金中，色如紫英，百炼不销，至坚至利，可以切玉，世所希有，故名为宝。"

⑧ 舍利，亦作设利罗、室利罗等，梵文 śarīra 的音译。原意"米粒"，后指称佛僧之尸体或身骨。相传释迦牟尼遗体火化后，结成珠状物，被佛教徒视为圣物。《秘藏记》上云："天竺呼米粒为舍利。佛舍利亦似米粒，是故曰舍利也。"《弥勒上生经疏》下："舍利者，稻谷也。驮都者，体也。佛体大小如稻谷量，故以为名。"后来，德行较高的佛僧死后烧剩的骨殖，也称舍利。舍利有"生身舍利"和"法身舍利"之分。前者是指遗体所成之舍利（其中又分白色骨舍利、黑色发舍利、赤色肉舍利三类）；后者则指佛教大、小乘的全部经卷。《西域记》在此当然是指"生身舍利"。

⑨ 精庐，即精舍，古代原来用以指称讲学之所或书斋之类。中原佛教则用以指称僧侣的寝室或者精心修行者的居所，后来泛指佛教寺院。《学林新编》："晋孝武幼奉佛法，立精舍于殿门，引沙门居之，因此俗谓佛寺曰静舍，亦曰精舍。"又，慧苑《音义》卷上："精舍者，非以舍之精妙名为精舍；由有精练行者之所居，故谓之精舍也。"

⑩ 四果，佛教徒修习到消除一切思虑、烦恼、欲望，处于完全宁静

的大悟状态之前, 所经历的四个阶段。这四果是: 第一, 须陀洹果 (梵文 strotāpanna-phala), 意译 "预流果"、"入流果"、"逆流果" 等, 意谓去凡夫而初入圣道之法流, 或者入圣位逆生死之暴流, 即断尽三界见惑之位。第二, 斯陀含果 (梵文 sakṛdāgāmin-phala), 意译 "一来果", 指进而断绝欲界九地中的前六品; 由于后三品思惑未断, 故尚应于欲界之间与天界受生一度, "一来", 便是一度往来之意。第三, 阿那含果 (梵文 anagāmi-phala), 意译作 "不来果"、"不还果" 等, 谓断绝思欲后三品之残余, 不再还来欲界, 此后受生则色界和无色界了。第四, 阿罗汉果 (梵文 arhat-phala), 意译作 "无极果"、"无学果", 是为断尽一切见、思二惑后的果位, 应受天人供养, 永入涅槃, 不再生死轮回。

⑪ 罗汉, 即阿罗汉、阿罗诃之略称, 梵文 ahrat 的音译; 意译作杀贼 (杀烦恼之贼)、应供 (当受人天供养)、不生 (永入涅槃, 不再受生死果报)。是为小乘佛教修行到的最高果位; 也用以指称这一果位的修习者。在佛教初期的传说中, 有十六罗汉, 分四方守护佛法, 此为《阿弥陀经》之说;《法住记》则谓释迦牟尼令十六大罗汉常住人间, 普渡众生。中原佛教中流行的 "十八罗汉" 是从 "十六罗汉" 发展而来, 最初可能起源于绘画: 唐末张玄和贯休始画十八罗汉像, 宋代苏轼分别题赞诗。关于增加的两个罗汉所说不一, 有的增达摩多罗与布袋和尚, 有的增降龙与伏虎, 西藏地区则增摩耶夫人与弥勒。至于中原佛教中的 "五百罗汉", 或以为是参加佛教第一次结集或第四次结集的五百比丘; 或以为是常随释迦听法传道的五百弟子。《嘉兴续藏经》收有南京高道寺所录《江阴军乾明院五百罗汉尊号碑》一卷, 列举第一罗汉阿若憍陈如到第五百罗汉愿事众。今佛寺所塑五百罗汉像, 多依之列名。这当是后世的附会。

⑫ 涅槃, 亦作泥日、泥洹等, 梵文 nirvāṇa 之音译; 义为 "灭、灭度、

寂灭、无为"等。或者称般涅槃、般泥洹（梵文 parnirvāṇa），意译作圆寂。
这是佛教全部修习所要达到的最高理想，一般指熄灭生死轮回之后获得
的一种精神境界。《大乘起信论》云："以无明灭故，心无有起；以无起故，
境界随灭；以因缘俱灭故，心相皆尽，名得涅槃。"简言之，"涅槃"是指
彻底脱离世间三界而毫无欲望的一种存在状态；一旦证得，就是万能的
神。但"涅槃"也往往作为佛教信徒死亡的代称。

　　⑬ 神通，即是不可测而又无碍之威力，一作"神通力"或"通力"。
《大乘义章》卷二十二："神通者，就能彰名。所为神异，目之为神；作
用无壅，谓之为通。"

　　⑭ 神变，谓以天然之内慧，外示不测无方之变动改异。《法华义疏》
卷三："阴阳不测为神，改常之事为变。"《法华玄赞》卷二："妙用无方
曰神，神通转异曰变。"

【译文】

　　小王舍城的西南郊有纳缚（唐语谓"新"）寺，乃是该国一位已故
君主建造。在大雪山以北地区，唯有这座佛寺中阐释佛经的各位高僧
功业相继，不曾间断。这里佛像用名贵珍宝制作，大殿屋宇用奇异宝物
装饰。所以，其它各国君主，都贪图其财宝而来劫掠。佛寺中原有毗沙
门天塑像，其灵验神异足可使人信赖依仗，他暗中守护着这座寺庙。最
近突厥叶护可汗之子肆叶护可汗，倾巢而出，率领大军，突然袭击纳缚
寺，企图掠夺珍宝。在离寺不远之处，扎营野外。这天夜间梦见毗沙门
天对他说道："你有什么能力，竟敢破坏佛寺？"随即掷出长戟，穿透
他的胸背。可汗受惊醒来，便觉心痛异常，于是告诉属下其梦境所示的
徵兆；遣人飞骑延请众僧，预备表达忏悔之意，但是使者尚未返还，可

汗已经一命归阴。

　　佛寺之南的佛堂中有只佛澡罐，容量约有一斗多，彩色闪耀，难以判别是由金属抑或石料制成。又有佛牙舍利，一寸多长，八九分宽，色呈黄白，质地光洁。又有佛扫帚，用迦奢草扎成，二尺多长，周长七寸，扫帚把柄饰有各种珍宝。每逢六斋之日，僧俗聚会之时，这三件宝物便被展示供养，有时被崇拜者的诚心所感，便会放射光茫。

　　佛寺之北有一座塔，高达二百多尺，用金刚粉末涂饰，各种珍宝装缀，塔内藏有舍利，不时照耀灵光。

　　佛寺的西南有一精舍，建造迄今，岁月久远，远方僧众齐奔这里，卓越人才来此会聚，其中证得四果之人，多得难以一一枚举。当初这些罗汉行将圆寂之时，展示神通，了解他们的人便为之建造了佛塔。各塔的基址彼此邻接，多达一百多座。有的虽然证成圣果，但是最后并未显示神通，这类人也多达千数，后人则没有为之建塔纪念。如今全寺有僧人一百多，昼夜勤学，从不松懈，以至人们难以分辨谁是凡僧，谁是罗汉。

3.5　大城西北五十余里有提谓城，北四十余里有波利城①。城中各有一窣堵波，高余三丈。昔者如来②初证佛果③，起菩提树④，方诣鹿园⑤。时二长者⑥遇彼威光，随其行路之次，遂献麨蜜，世尊⑦为说人天之福，最初得闻五戒⑧十善也。既闻法海，请所供养，如来遂援其发、爪焉。二长者将还本国，请礼敬之仪式。如来以僧伽胝⑨旧曰僧伽梨，讹也。方叠布下，次下郁多罗僧⑩，次僧却崎⑪，旧曰僧祇支，讹也。又覆钵，竖锡杖，如是次第，为窣堵波。二人承命，各还其城，拟仪圣旨，式修营建，斯则释迦法中最初窣堵波也。

城西七十余里有窣堵波，高余二丈，昔迦叶波佛^⑫时之所建也。

从大城西南入雪山阿，至锐秣陀国。

【注释】

① 提谓，一作帝梨富婆、离谓，梵文 Trapṣa 的音译；意译作胡瓜。波利，又作跋利迦，梵文 Bhallika 之音译；意译作金挺。二者原来均为人名。《五分律》卷十五云：“（佛祖）结跏趺坐，七日受解脱乐。过七日已，从三昧起，游行人间。时有五百贾客，乘五百乘车，中有二大人，一名离谓，一名波利。二人昔善知识，死为善神，恒随逐之。作是念：‘今佛始成大道，未有献食，我今当使二人饭佛，使长夜获安。’遂以神力，车牛皆踬。众人怖惧，四向求神。彼神于空中语言：‘汝等莫怖，今佛世尊初成大道，静坐七日，从定起，游行，坐彼树下，未有献食者。汝奉上麨蜜，长夜获安。’众人欢喜，即和麨蜜，俱诣树下，遥见世尊。……前礼佛足，奉上麨蜜。……即受二自归，是为人中二贾客最初受二自归。”

② 如来，梵文 Tathāgata 的意译；音译作多陀阿伽陀、答塔葛达、怛佗仪多等。是为佛的十号（如来、应供、正遍知、明行足、善逝、世间解无上士、调御大夫、天人师、佛、世尊）之一。“如”，亦名“如实”，即真如（释见敬播序 1.1 注 ⑯），指佛所说的“绝对真理”；循此真如，达到佛的觉悟。《成实论》卷一：“如来者，乘如实道来成正觉，故曰如来。”

③ 佛果，谓佛为万行之所成，故名。能成之万行为因，所成之万德为果。

④ 菩提树，即贝多树，梵文 bodhidruma 的音译；意译作道树、觉

树，因为"菩提"义为道、觉，是断绝世间一切烦恼而入涅槃的智慧。释迦牟尼于此树下悟道成佛，故名。此树又称毕钵罗树或卑钵罗树（梵文 pippla），一种高大的常绿乔木。《广东新语》卷二十五："诃林有菩提树。萧梁时，智药三藏自西竺持来，今历千余年矣。大可百围，作三四大柯，其根不生于根而生于枝，根自上倒垂，以千百计。大者合围，小者拱把。岁久根包其干，唯见根而不见干。干已空中无干，根即其干；枝亦空中无枝，根即其枝。其叶似柔桑而大，本圆末锐，二月而凋落，五月而生。僧采之浸以寒泉，至于四旬之久，出而浣濯，渣滓既尽，惟余细筋如丝，霏微荡漾。以作灯帷笠帽，轻弱可爱。持赠远人，比于绡縠。"

⑤ 鹿园，即鹿野，释见敬播序 1.2 注 ③。

⑥ 长者，梵文 śreṣṭhina 或 gṛha-pati 的意译；前者音译作"室隶瑟姹"，后者音译作"疑叻贺钵底"。通常为富豪或年高德劭者的尊称。《法华玄赞》卷十："心平性直，语实行笃，齿迈财盈，名为长者。"

⑦ 世尊，梵文 Lokanātha 的意译；音译作路迦那他。是为佛的尊号。参见于志宁序 1.1 注 ⑨。

⑧ 五戒，即不杀生、不偷盗、不邪淫、不妄语、不饮酒；十善，即不杀生、不偷盗、不邪淫、不妄语、不两舌（挑拨离间）、不恶口（口出粗恶之言）、不绮语（口出杂秽含淫意之语）、不贪欲、不嗔恚、不邪见。

⑨ 僧伽胝，又作僧伽梨、僧伽致、僧伽知，梵文 saṃghāti 的音译；义为重、合，取其割截而又重合的意思。是为比丘所穿的"三衣"中的最大者，故有时译作"大衣"；又因它用许多布条缝成，故又作"杂碎衣"；又，僧徒入王宫、聚落说法和乞食时必穿此衣，故又称"入王宫聚落时衣"。

⑩ 郁多罗僧，又作温多罗僧、优多罗僧、温怛罗伽等，梵文 uttarāsaṅga 的音译；意译作七条衣、上衣。入众衣，亦为三比丘衣之一，

在礼诵、听讲、布萨（佛教专诵戒律的集会）时穿。

⑪ 僧却崎，又作僧伽、僧竭支、僧脚欹迦等，梵文 saṃkakṣikā 的音译；意译作覆膊衣、掩腋衣。是为长方形之衣片，即袈裟之下挂。袈裟直着于身，容易染着汗垢，故用下挂。《寄归传》卷二："其僧脚崎衣即是覆膊，更加一肘始合本仪。其被着法，应出右肩交搭左膊，房中恒着，惟此与裙。出外礼尊，任加余服。"

⑫ 迦叶波佛，又作迦叶、迦摄、迦摄波，梵文 Kāśyapa 的音译；意译为"饮光"。是为释迦佛以前之佛，于现世界人寿二万岁时出世而成正觉，乃"过去七佛"之一。据传，其父为婆罗疿斯国国王梵摩达。迦叶波度化世人二万；释迦牟尼乃是其门徒，并从他那里获得有关未来佛教的预言。

【译文】

都城西北方相距五十多里处，有座提谓城，在此之北四十多里处，有座波利城。两个城内各有一座佛塔，高三丈多。当初，如来悟道成佛之后，立即前赴菩提树下，然后再去鹿园。这时两位忠厚长者感其神威灵光，追随他于旅途之中，贡献炒麦粉与蜂蜜。世尊为他们阐释带给凡人与天神厚福的道理，是为首次听到五戒十善的二人。他们聆听佛法教诲之后，旋即请佛赐予可以供奉的物品，如来遂赠送自己的头发、指甲。二位长者将还本国之时，向如来请教礼拜敬奉的规矩方式。如来用僧服中的"大衣"僧伽胝（旧称僧伽梨，误）叠成四方，平铺地下，然后脱下"上衣"郁多罗僧，再脱下"覆膊衣"僧却崎，均叠好铺平，上面倒覆食钵，竖立锡杖，按这次序，构成一座佛塔。二人遵从佛陀之命，各还自己城内，根据佛陀指示，修建两座佛塔，这即是佛教中最初的塔。

都城西方七十多里处有座佛塔,高二丈多,乃是早先迦叶波佛时代所造。

从都城西南方进入雪山山曲,抵达锐秣陀国。

锐秣陀国与胡寔健国

3.6　锐秣陀^①国,东西五六十里,南北百余里。国大都城周十余里。西南至胡寔健国。

胡寔健^②国,东西五百余里,南北千余里。国大都城周二十余里。多山川,出善马。西北至呾剌健国。

【注释】

① 锐秣陀,一作锐末陀。或以为其地在兴都库什山区,今阿富汗的波尔克西南地区。

② 胡寔健,Gūzgān 的对音,故址在今阿富汗西北部席巴尔干(Shibarghan)以南,包括今迈马纳的东南和西南一带。

【译文】

锐秣陀国的疆域,东西五、六十里,南北一百多里。该国的大都城方圆十多里。从本国向西南行走,抵达胡寔健国。

胡寔健国的疆域,东西五百多里,南北一千多里。该国的大都城方圆二十多里。境内多见山地河流,出产良种马匹。从本国向西北行走,抵达呾剌健国。

呾剌健国

3.7　呾剌健^①国,东西五百余里,南北五六十里。国大都城周十余里。西接波剌斯国^②界。

从缚喝国^③南行百余里,至揭职国。

【注释】

① 呾剌健,又作多勒建、塔里寒、塔里干等,乃 Tāliqāan 的对音。其都城故址约在今阿富汗昆都士以东 65 公里处。

② 波剌斯国,释见卷一 3.1 注 ③。

③ 缚喝国,释见卷一 3.3 注 ①。

【译文】

呾剌健国之疆域,东西五百多里,南北五、六十里。该国的大都城方圆十多里。其西界邻接波剌斯国。

从缚喝国向南行走一百多里,抵达揭职国。

揭职国

3.8 揭职^①国,东西五百余里,南北三百余里。国大都城周四五里。土地硗确^②,陵阜连属。少花果,多菽、麦。气序寒烈,风俗刚猛。伽蓝十余所,僧徒三百余人,并学小乘教说一切有部^③。

东南入大雪山^④,山谷高深,峰岩危险,风雪相继,盛夏合冻,积雪弥谷,蹊径难涉。山神鬼魅,暴纵妖祟,群盗横行,杀害为务。行六百余里,出睹货逻国^⑤境,至梵衍那国。

【注释】

① 揭职,或以为即是《隋书》中的伽折,均是 Gaz 的对音。都城故

地相当于今巴尔赫故城南约 30 多公里的加兹谷。

　　② 硗确,谓多沙石而不适宜耕种之地,即瘠薄之地。《韩诗外传》:"丰膏不独乐,硗确不独苦。"

　　③ 说一切有部,释见卷一 1.1 注 ⑧。

　　④ 大雪山,释见敬播序 1.1 注 ㉒。

　　⑤ 睹货逻国,释见卷一 3.1 注 ①。

【译文】

　　揭职国之疆域,东西五百多里,南北三百多里。该国的大都城方圆四五里。境内地多沙石,不宜耕种,山岭岗丘,连绵相接。花草水果较少,豆类、麦类甚多。气候严寒,民风刚烈。境内有佛寺十多座,僧人三百多,全都研习小乘教的说一切有部。

　　从本国向东南行走,进入大雪山,山高谷深,峰陡崖险,风雪交替,即使盛夏季节,依然冰天雪地,积雪填满山谷,山道难以通行。山中的神仙鬼怪,肆疟作祟,众多盗匪,横行不法,专事劫掠,杀人无数。在山中行走六百多里,离开睹货逻国境,抵达梵衍那国。

梵衍那国和迦毕试国

【题解】

　　这是玄奘进入印度之前的最后一大段行程。梵衍那国位于雪山之中;迦毕试国也北背雪山。当时,这两个地区都盛行佛教,所以玄奘对于它们的描述特别具体周详,历述各种佛教圣迹以及若干神话传说,可资佛教及佛教流布状况研究之用。

梵衍那国

4.1　梵衍那^①国，东西二千余里，南北三百余里，在雪山之中也。人依山谷，逐势邑居。国大都城据崖跨谷，长六七里，北背高岩。有宿麦，少花果，宜畜牧，多羊马。气序寒烈，风俗刚犷，多衣皮褐，亦其所宜^②。文字、风教，货币之用，同睹货逻国。语言少异，仪貌大同。淳信之心，特甚邻国。上自三宝^③，下至百神，莫不输诚，竭心宗敬。商估往来者，天神现征祥，示祟变，求福德^④。伽蓝数十所，僧徒数千人，宗学小乘说出世部^⑤。

【注释】

①　梵衍那，又作范阳、帆延、范延、犯引、望衍等，都是 Bamian 的译音。其都城故址当在今阿富汗境内兴都库什山最西端的巴米安，在喀布尔以西偏北约 150 公里处。

②　宜，在此当为风俗、习俗、风格之意，而非"适宜"。《礼记·王制》："凡居民材，必因天地寒暖燥湿。广谷大川异制，民生其间者异俗，刚柔、轻重、迟速异齐，五味异和，器械异制，衣服异宜。修其教不易其俗，齐其政不易其宜。"故这里的"亦其所宜"应为"这也是当地的习俗"之意。

③　三宝，释见卷一 1.6 注 ③。

④　福德，谓一切善行；又谓行善后所得之福利。《无量寿经》卷下："福德自然。"

⑤　说出世部，亦作出世部、出世间说部、出世间语言部等，梵文 lokottaravāda 的意译；音译为卢俱多婆拖。小乘佛教的十八部派之一。释迦逝世后两百年从大众部中分出。其主旨与说一切有部的"诸法实

有"观点相反,而是认为"世间法但有假名,都无实体",唯有"出世之法"(即"涅槃"等精神境界)才是真实的。

【译文】

梵衍那国的疆域,东西两千多里,南北三百多里,处于雪山的山区中。居民借助山势,依次建造聚落。该国的大都城筑在山崖之上,横跨峡谷,六七里长,北侧背靠高峻悬崖。产冬小麦,较少花草水果,宜于放牧,多畜羊马。气候极其寒冷,民风刚猛粗野,经常穿着皮货毛布,这也出于当地习俗。该国的文字、风俗、教化,以及通用货币,与睹货逻国相同。所操语言稍有差异,仪态相貌大致一样。居民虔诚信仰宗教,远远超过邻近诸国。上自佛教三宝,下至各类神祇,他们无不诚心诚意,竭力礼敬。天神展现吉兆,显示灾祸,致使往来此地的商人诚恳祈求福德。境内有佛寺几十座,僧人几千名,全都信奉小乘教的说出世部。

4.2　王城东北山阿有石佛立像,高百四五十尺,金色晃耀,宝饰焕烂。东有伽蓝,此国先王之所建也。伽蓝东有鍮石[①]释迦佛立像,高百余尺,分身别铸,总合成立。

城东二三里伽蓝中有佛入涅槃[②]卧像,长千余尺。其王每此设无遮大会[③],上自妻子,下至国珍,府库既倾,复以身施,群官僚佐就僧酬赎,若此者以为所务矣。

【注释】

① 鍮石,即黄铜。黄铜为铜与锌之合金;古代没有纯粹的锌,便以炉甘石(即菱锌矿)与铜熔炼而成。《格古要论》:"鍮石,自然铜之精者也。今炉甘石炼成者,假鍮也。崔昉曰:铜一斤,炉甘石一斤,炼之成

鍮石。真鍮生波斯国者如黄金,烧之赤者不黑。"慧琳《音义》卷六十:
"鍮石似金,似而非金,西戎蕃国药炼铜所成。有二种鍮石,善恶不等。
恶者挍白,名为灰折;善者挍黄,名为金折。亦名为金折,亦名真鍮,俗
云不博金是也。"

② 入涅槃,即入灭,谓灭惑而度生死之海。指佛教中证果者的去世。
释见卷一3.4注⑫。

③ 无遮大会,释见卷一1.5注①。

【译文】

梵衍那国都城东北的山曲处有一座立佛石像,高达一百四五十尺,
金色光彩鲜艳夺目,珍宝装缀辉煌灿烂。佛像之东有座佛寺,乃该国已
故君主所建。佛寺之东又有鍮石制作的释迦立像,高达一百多尺,像身
各部分别铸造,然后组装而成。

都城之东二三里的佛寺中,有佛陀入灭姿态的卧像,长达一千多
尺。每当国王在此举办无遮大会时,上自君王的妻子儿女,下至国家
的奇珍异宝,全部布施佛教僧众,一旦国库施舍完毕,国王又以本身施
舍,再由大臣百官从僧人那里赎回,这类事情已成经常性事务。

4.3 卧像伽蓝东南行二百余里,度大雪山,东至小川泽,泉
池澄镜,林树青葱。有僧伽蓝,中有佛齿及劫① 初时独觉②
齿,长余五寸,广减四寸;复有金轮王③ 齿,长三寸,广二
寸;商诺迦缚娑④ 旧曰商那和修,讹也。大阿罗汉⑤ 所持铁钵,
量可八九升。凡三贤圣⑥ 遗物,并以黄金缄封。又有商诺
迦缚娑九条僧伽胝衣⑦,绛赤色,设诺迦⑧ 草皮之所绩成

也。商诺迦缚娑者，阿难⑨弟子也，在先身中，以设诺迦草衣，于解安居⑩日，持施众僧。承兹福力，于五百身⑪中阴⑫、生阴⑬，恒服此衣。以最后身，从胎俱出，身既渐长，衣亦随广；及阿难之度出家也，其衣变为法服；及受具戒⑭，更变为九条僧伽胝。将证寂灭⑮，入边际定⑯，发智愿力，留此袈裟⑰，尽释迦遗法。法尽之后，方乃变坏。今已少损，信有征矣。

从此东行入雪山，逾越黑岭，至迦毕试国。

【注释】

① 劫，又作劫波，梵文 kalpa 的音译；义为"极为久远的时节"，故又意译为"大时"。《释迦氏谱》云："劫是何名？此云时也。若依西梵，名曰劫波。此土译之名大时也，此一大时其年无数。"一般分为大劫、中劫、小劫。谓世上人的寿命有增有减，每一增（人寿自十岁开始，每百年增一岁，增至八万四千岁）与一减（人寿自八万四千岁开始，每百年减一岁，减至十岁）各为一小劫；合一增一减为一中劫；一大劫包括"成"、"住"、"坏"、"空"四个时期，通称四劫，各包括二十个中劫，即一大劫包括八十中劫。简言之，"劫"是宇宙从构成到毁灭的整个时期。在此所说的"劫初"意指世界形成之初，亦即指极为古老的时代。

② 独觉，又作圆觉、缘觉，梵文 Pratyēka Buddha 的意译；音译作辟支佛。在尚无佛陀的时代，自己觉悟而脱离生死者，谓之独觉，即大、中、小三乘之中乘。《俱舍论》卷十二："言独觉者，谓现身中离禀至教，唯自悟道，以能自调不调他故。"

③ 金轮王，释见于志宁序 1.5 注 ①。

④ 商诺迦缚娑,又作商那迦缚娑、商诺缚娑、商那和修、舍那和修等,梵文 Śaṇakavāsa 的音译。是为阿难的弟子。《付法藏传》卷二:"商那和修……由斯愿力甚大雄猛,处于母胎着商那衣。"又,《毗奈耶杂事》卷四十:"其子生时以奢搦迦衣裹身而出,因即名为奢搦迦。"

⑤ 阿罗汉,释见卷一 3.4 注 ⑪。

⑥ 三贤圣,即三贤士,谓大乘佛教的十住、十行、十回向三类菩萨。《三藏法数》:"十住、十行、十回向诸住菩萨,皆称贤者。此就别教而论。盖诸住菩萨但断见思惑尽,尚有无明惑在,未入圣住,故名贤。"

⑦ 僧伽胝衣,比丘的"三衣"之一,释见卷一 3.5 注 ⑨。僧伽胝衣分上、中、下三品,视该衣所用的布条而定:九、十一、十三条,二长一短,为下品;十五、十七、十九条,三长一短,为中品;二十一、二十三、二十五条,四长一短,为上品。故这里所说的"九条僧伽胝衣"当为下品。

⑧ 设诺迦,又作奢那、舍那、商那、娑那、奢搦迦等,梵文 Sāna 的音译,即麻类,其纤维可制衣,为"七种衣"之一。《毗奈耶杂事》卷四十:"(奢搦迦)即是麻类,此方先无,高共人等,堪织为布。"

⑨ 阿难,亦作阿难陀,梵文 Ānanda 之音译;意译作欢喜、喜庆等。是为释迦牟尼叔父斛饭王之子,即释迦牟尼的堂弟,生于佛成道之夜。释迦回乡时,阿难跟随出家,侍从释迦二十五年,受持一切佛法,成为释迦的十大弟子之一。阿难长于记忆,故称"多闻第一"。传说佛教第一次结集时,由阿难诵出藏经。在中原佛教寺院中,阿难往往被塑成侍立在佛陀两侧的最重要的两个弟子之一。

⑩ 安居,释见卷一 3.1 注 ⑧。

⑪ 五百身,亦作五百生、五百世。就字面意义讲,乃是五百次转生轮回;但实际上多用以泛指漫长的时期。

⑫ 中阴，又称中有，谓死此生彼，中间所受之阴形。《大乘义章》卷八："命报终谢，名为无有；生后死前，名为本有；……两身之间，所受阴形，名为中有。"

⑬ 生阴，一作生有，即诸趣出生之一刹那，即诞生。

⑭ 具戒，即具足戒，谓比丘、比丘尼当受之戒。比丘为二百五十戒，比丘尼为五百戒。《八宗纲要》云："受具戒时，并得如此无量无边等戒。量等虚空，境遍法界，莫不圆足，故名具足戒。"

⑮ 寂灭，即涅槃，释见卷一 3.4 注 ⑫。

⑯ 入定，即入于禅定，谓使心定于一处，止息身、口、意之三业。《观无量寿经》："出定入定，恒闻妙法。"边际，谓穷极万物。故"入边际定"意谓悟得宇宙万物的道理而心、体寂静。

⑰ 袈裟，亦作迦沙曳、加沙野等，梵文 kaṣāya 的音译；义为"杂驳之色"。玄应《音义》："外国通称袈裟，此云不正色也。"是为比丘之法衣；法衣避青、黄、赤、白、黑五种正色，而用其它杂色，故云袈裟。袈裟总共有十二个名称。《六物图》云："或名袈裟（从染色为名），或名道服，或名出世服，或名法衣，或名离尘服，或名消瘦服（损烦恼故），或名莲花服（离染着故），或名间色服（三色成故），或名慈悲衣，或名福田衣或名卧具，亦云敷具（皆谓相同被褥）。"

【译文】

从卧佛像寺向东南方行走二百多里，翻过大雪山，再东行抵达小川泽，泉流池水明澄如镜，树林果木青翠葱郁。有座佛寺，其中有佛牙以及世界初成时代独觉佛的牙齿，长五寸多，宽四寸不到。尚有金轮王的牙齿，长三寸，宽二寸。商诺迦缚娑（旧称商那和修，误）大罗汉使用的铁钵，容量达八九升。凡属三贤菩萨的遗物，都用黄金包装封藏。还有商诺迦缚娑的一件九条法衣，色泽暗红，用设诺迦草的纤维织成。商诺迦缚娑乃是阿难的弟子，在其前生，用设诺迦草法衣，于解安居之日，施舍给众僧。由于这一善举的福力，他在五百世的中阴和生阴期间，始终穿着这件法衣。他最后一世时，此衣与生俱来，随着其身体长大，此衣也愈益宽大；待到阿难度他出家之时，此衣变成法服；待到他受具足戒时，此衣又变成九条法衣。他即将圆寂之时，进入穷极万物的禅定境界，借助其智慧的愿力，留下这件袈裟，使之随同佛法存留到最后，要佛法灭尽之后，方才毁坏。如今袈裟已经稍有损伤，看来此说很有根据。

从这里向东行走，进入大雪山，翻越黑岭以后，抵达迦毕试国。

迦毕试国

4.4　迦毕试①国，周四千余里，北背雪山，三陲黑岭②。国大都城周十余里。宜谷、麦，多果、木，出善马、郁金香。异方奇货，多聚此国。气序风寒，人性暴犷，言辞鄙亵，婚姻杂乱。文字大同睹货逻国，习俗、语言、风教颇异。服用毛氎，衣兼皮褐③。货用金钱、银钱及小铜钱，规矩模样异于诸国。王，刹利④种也，有智略，性勇烈，威慑邻境，统十余国。爱育百姓，敬崇三宝⑤，岁造丈八尺银佛像，兼设无遮大会⑥，周给贫窭，惠施鳏寡。伽蓝百余所，僧徒六千余人，并多习学大乘法教。窣堵波、僧伽蓝崇高弘敞，广博严净。天祠数十所，异道千余人，或露形⑦，或涂灰⑧，连络髑髅，以为冠鬘。

【注释】

① 迦毕试，一作迦臂施、迦毗尸、伽比沙、诃毗施等，梵文 Kāpiśa 的音译。其地约相当于今阿富汗东部兴都库什山以南的喀布尔河流域。通常认为，其首府故址在今喀布尔北 60 多公里处的 Begram。那里是 Kohdanan 河中游，Panjshir 与 Ghorband 河的交汇处。该地区北靠兴都库什山脉，西依 Paghman 山脉，东部与南部则是由较高山地环抱而成的低洼盆地。故玄奘有"北背雪山，三陲黑岭"之说。

② 黑岭，可参看玄奘序 1.5 注 ⑥。

③ 瓦特斯将此语译作"他们所穿的内衣为毛布，外袍毛布与粗毛料"，亦即是将"服"译作"内衣"，"衣"译作"外衣"，似误。盖按古义，"服"为冠弁衣裳的总称；"衣"则与"裳"相对，一蔽上体，一蔽下肢。故严格说来，应该"服"在外，而"衣"在内。不过，《西域记》在此则连这种意思也没有，而只是泛指迦毕试居民普遍衣着的料子。

④ 刹利，又作刹帝利，梵文 Kṣatriya 的音译。是为印度独特的社会等级制度"种姓"中的第二等级，通常为王侯、武士阶级。《注维摩经》卷二："肇曰：刹利，王种也，秦言田主。"《智度论》卷二十三："刹利者，王及大臣。"关于种姓制度的详细解释，见卷二 1.11 注 1；亦可参看玄奘序 1.4 注 ③。

⑤ 三宝，释见卷一 1.6 注 ③。

⑥ 无遮大会，见卷一 1.5 注 ①。

⑦ 露形外道，是印度耆那教的派别之一，其显著特点是脱衣露形，故名。又称离系外道，《俱舍宝疏》卷九："离系者，即是露形外道。离衣等系，故名离系。此外道受持种种露形、拔发等禁。"又称天衣派，亦即"裸体"之义。该派形成于公元 1 世纪，认为教徒不应拥有包括衣服

在内的私财，只能以天为衣，遂有此名。有的教徒有一根腰带，长度不得超过一米半。

⑧ 涂灰外道，因其教徒周身涂灰修苦行，以求升天而得名。该派崇拜湿婆神，故又称"湿婆派"或"自在天派"，这是印度教中的一大派别。他们取大自在天依万物生本之义，以男性生殖器作为天神的神实而祀奉之。《续高僧传·玄奘传》云："至劫比他国，俗事大自在天，其精舍者高百余尺，中有天根，形极伟大，谓诸有趣由之而生。王民同敬，不为鄙耻。诸国天祠，率置此形，大都异道，乃有百数，中所高者，自在为多。"

【译文】

迦毕试国，方圆四千多里，北界依傍雪山，其它三侧被黑岭环绕。该国的大都城方圆十多里。适宜种植谷、麦，颇多水果、树木，出产良种马匹以及郁金香。各地珍宝异物，大多集于此国。气候严寒多风，居民性格暴烈，讲话粗俗下流，婚姻混杂不堪。文字与睹货逻国大体相同，风俗习惯、口头语言，以及文化教育则颇有差异。居民所穿衣服多用细毛布、毛皮以及粗毛布。流通货币为金钱、银钱、小铜钱，形制式样异于各国。其国王出自刹利种姓，素有智慧谋略，性格刚勇燥烈，声威慑服邻国，统治十多个附属小邦。国王对于人民仁爱厚道，对于佛法礼敬崇拜，每年制作一尊银质佛像，高达一丈八尺，同时召开无遮大会，救济贫穷百姓，布施鳏夫寡妇。境内有佛寺一百多座，僧人六千多名，多数研究大乘佛教。佛塔、佛寺堂皇高敞，肃穆洁净。尚有天祠几十所，外道教徒一千多；有的为露形派，有的为涂灰派，串连死人头骨，作为环状头饰。

4.5　大城东三四里北山下有在大伽蓝，僧徒三百余人，并学小乘法教。闻之耆旧曰：昔健驮逻①国迦腻色迦②王威被邻国，化洽远方，治兵广地，至葱岭东，河西蕃维③畏威送质。迦腻色迦王既得质子，特加礼命，寒暑改馆，冬居印度诸国，夏还迦毕试国，春、秋止健驮逻国。故质子三时往处，各建伽蓝；今此伽蓝即夏居之所建也。故诸屋壁，图画质子，容貌服饰，颇同中夏④。其后得还本国，心存故居，虽阻山川，不替供养。故今僧众，每至入安居、解安居，大兴法会，为诸质子祈福树善，相继不绝，以至于今。

　　伽蓝佛院东门南大神王像右足下，坎地藏宝，质子之所藏也。故其铭曰："伽蓝朽坏，取以修治。"近有边王，贪婪凶暴，闻此伽蓝多藏珍宝，驱逐僧徒。方事发掘，神王冠中鹦鹉鸟像乃奋羽惊鸣，地为震动，王及军人辟易⑤僵仆，久而得起，谢咎以归。

　　伽蓝北岭上有数石室，质子习定之处也。其中多藏杂宝，其侧有铭，药叉⑥守卫。有欲开发取中宝者，此药叉神变现异形，或作师子，或作蟒蛇、猛兽、毒虫，殊形震怒，以故无人敢得攻发。

　　石室西二三里大山岭上有观自在菩萨⑦像，有人至诚愿见者，菩萨从其像中出妙色身⑧，安慰行者。

【注释】

　　① 健驮逻，又作乾陀罗、犍陀卫、犍陀越、乾陀、犍陀罗、建陀罗、健陀罗等，均为梵文 Gandhāra 的音译。《华严经音义》卷三云："乾陀是香，

罗谓陀罗,此云遍也。言遍此国内多生香气之花,故名香遍国。"所以此国又称香行国、香风国、香结国等。健驮逻位于今阿富汗境内的库纳尔河与今巴基斯坦的印度河之间,大致包括今巴乔尔、斯瓦特、布纳尔、尤苏夫宰地区,以及喀布河以南白沙瓦周围的地区,是为古代亚洲的一个重要地区。公元前 4 世纪后期,希腊马其顿国王亚历山大侵入南亚,健驮逻成为希腊人在东方统治的中心之一,其文化艺术颇受希腊影响。公元前 3 世纪,印度孔雀王朝阿育王则在该地区积极推行佛教,使之成为佛教徒的第二个圣地。纪念释迦牟尼早期以身施舍故事的四大佛塔中有三座位于健驮逻。嗣后数百年间,健驮逻成为贵霜王朝的统治中心,迦腻色迦王曾大力提倡佛教。当时有大批巴克特里亚的希腊人迁来健驮逻,同时前来的尚有大量西方艺术家。所以,在这一地区逐步形成了举世闻名的"健驮逻艺术"。

②迦腻色迦(Kanishka),贵霜王朝的一位强大君主。贵霜疆域的北部曾包括锡尔河与阿姆河流域,南部则包括印度河流域与恒河中游地区,一度成为古代世界的四大帝国(汉朝、贵霜、安息、罗马)之一。尽管迦腻色迦是贵霜王朝的强大君主,但是关于他的情况,犹如关于这一王朝的情况一样,迄今未得其详。迦腻色迦曾是健驮逻国王,首府设在布路沙布逻(今白沙瓦)。早期吞并克什米尔谷地,并巩固了在印度河与恒河流域的统治。他曾与安息发生战争;并似曾率大军越过葱岭,征服了原来称臣于汉朝的于阗、莎车、疏勒等西域城国。他也曾勒索旁遮普与喀布尔等地的王公。终其一生,迦腻色迦进行了多次成功的战争。然而,关于迦腻色迦的在位年代,则众说纷纭,至今仍是一个悬而未决的问题。一百几十年来,讨论这一问题的著述不下数百种,值得注意的主张也有数十种。例如,有前 57 年、前 9 年、43 年、60—65 年、78 年、

103 年、110—115 年、125 年、128 年、130 年、144 年、225—232 年、248 年、278 年等。通常说来，西方学者多认为迦腻色迦之在位是在120—144 年间；而印度学者则多认为 78 年（即所谓的塞迦纪元之始）乃其登基之始。

③ 河西蕃维，犹言中国河西地区的"化外"居民的羁縻邦国。"蕃"，即蕃国、蕃邦，古代对于化外之民的称呼，《周礼·秋官·大行人》："九州之外，谓之蕃国。"维，联结、系连之义，《广雅·释诂二》："维，系也。"在此则引申为"羁縻"，亦即是指中国的羁縻属国。

④ 关于迦腻色迦所建的质子伽蓝，其它资料也曾提及。《慈恩传》卷二云："有一小乘寺名沙落迦，相传云是昔汉天子质于此时作也。其寺僧言：'我寺本汉天子儿作。今从彼来，先宜过我寺。'"《西域记》卷四"至那仆底国"条也提及汉质子和质子伽蓝事。冯承钧有专文讨论此事。他认为，《后汉书·疏勒传》提到安帝元初（114—120 年）中，疏勒国王之舅臣磐曾徙于月氏（即贵霜），并颇受月氏王的青睐；而这个臣磐即是《西域记》所说的质子。当时只见疏勒王族徙于贵霜的记载，而未见中原汉王朝送质子给贵霜的报道；另一方面，沙落迦（Śalaka）当是疏勒（沙勒）的异译。因此，《西域记》所谓的汉天子质子乃是疏勒王族质子的误传（说见冯承钧《汉质子》一文。此说本出日本学者堀谦德，见其《解说》，第 96—97 页）。但是向达不以为然，认为沙落迦乃 Sarag（西方人对于洛阳的称呼）的译名，亦即是说，质子当来自中原王朝。

⑤ 辟易，惊恐而退缩之意。《水经注·谷水注》："竹林七贤论曰：王戎幼而清秀，魏明帝于宣武场上为栏，苞虎牙，使力士袒褐，迭与之搏，纵百姓观之。戎年七岁，亦往观焉，虎乘间薄栏而吼，其声震地，观

者无不辟易颠仆，戎亭然不动。"

⑥ 药叉，又作夜叉、阅叉、夜乞叉等，梵文 yakṣa 的音译；意译作啖鬼、捷疾鬼、勇健、轻捷、秘密等。原为印度神话中一种半神的小精灵。或谓其父乃波罗娑底耶，或谓乃迦叶波，或谓是补罗诃，也有谓药叉系从梵天脚中生出。至于其母，则谓是财神俱毗罗之随从，或谓毗湿奴之随从。佛教传说中的药叉（夜叉）多很厉害可怕。玄应《音义》卷三："阅叉……或云夜叉，皆讹也。正言药叉，此译云能噉人鬼，谓食啖人也；又云伤者，谓能伤害人也。"《法华玄赞》卷二："夜叉，此云勇健。飞腾空中，摄地行，类诸罗刹也。罗刹，云暴恶，亦云可畏。"有时，药叉被列入恶鬼一类，如四天王率领的八部鬼众：乾闼婆，香神或乐神，淫乱好色；毗舍遮，食血肉鬼；鸠般荼，瓮形鬼或厌魅鬼，食人精气；饿鬼；诸龙；富单那，臭饿鬼或热病鬼；夜叉，勇健鬼；罗刹，恶鬼，食人血肉。有时，药叉则被列入护法神一类，如毗沙门天王率领的夜叉八大将的职责便是保护众生界。这里所言的"药叉"属于后一类。

⑦ 观自在菩萨，亦作观世自在、观世音、光世音、观音等；音译作阿婆卢去低舍婆罗、阿缚卢枳多伐湿伐罗等，梵文 Avalokiteśvara 的音译。或以为，avalokita 义为"观"，svara 义为"音"（指祈祷者的声音），故"观音"一名意谓他时刻在观察人世间一切众生的疾苦，听取他们的呼请。也有人认为，avalokita 义为"观境"或"正觉"、"无上智慧"，isvara 义为"进展无碍"、"一切自在"，故"观自在"一名意谓此神能自由地达到无上智慧。佛典中有"六观音"、"七观音"、"三十三观音"等类别；现今通常所说的观音则是"六观音"（千手观音、圣观音、马头观音、十一面观音、准胝观音、如意轮观音）中的圣观音；是为阿弥陀佛的弟子，与大势至菩萨分别侍立在阿弥陀佛的左右，故被称为胁侍。观音最初乃是

南印度的一位男性神，约于公元3—7世纪期间被佛教的大乘教派（尤其是中印度摩揭陀国的大乘教派）所采用；其形像往往是上身赤裸，手持莲花，半透明的袈裟自腰间下垂，复盖臀部与大腿，头戴冠冕，颈挂项圈，手套臂环、镯头等饰物。但是约在六朝至唐代期间，中原的观音菩萨演变为女身。她成为一位美丽端庄，大慈大悲，以大神通普救一切众生的佛教女神。《大日经疏》卷五记白衣观音道："半拏啰缚悉宁，译云白处，以此尊常在白莲花中，故以为名。亦戴天发髻冠，袭纯素衣，左手持开敷莲花。以此最白净处出生普眼，故此三昧为莲花部母也。"至于观音为何在中原佛教中逐步演变为女身（在藏传佛教中仍为男相），则众说纷纭。有人认为，由于中国本地人民迫切需要一个深具爱心，尤其是对妇女儿童深具爱心的崇拜偶像，所以逐步创造出了女相观音。有人则认为，印度的原始观音形像本来就带有女性色彩；传入中原后只是进一步演变罢了。还有人主张，由于唐初传入中国的景教（基督教的一支）传播了有关圣母玛丽亚的信仰，所以中国也创造了一个"东方玛丽亚"——观音。诸说都有一定的道理；应该说，观音性别在中原地区的演变，是各种因素共同作用的结果。

⑧妙色身，犹言美妙之色身。色身为三种身之一：色身为三十二相，乃至微尘数之相好身，是解脱之德；法门身，为三德、四无量、五分、六度、七觉、八圣，乃至八万四千法门功德积聚之身，是般若之德；实相身，是所谓实相真如，三身（法身、报身、应身）中法身之德。《止观》卷二："别相者，身有三种：一者色身；二者法门身；三者实相身。若息化论归，色身归解脱；法身归般若；实相身归法身。"色身又分二种：诸佛如来因中修无量之德，至于果感无量之相好庄严，是谓实色身；诸佛如来由大悲愿力为众生变化种种之身形，是名化色身。

【译文】

大都城之东三四里的北山脚下，有座大佛寺，僧人三百多名，全都研习小乘佛教。听年老长者说：从前，健驮逻国的迦腻色迦王威镇邻近各国，教化布及远方，利用军事力量，扩展本国疆域，达于葱岭以东，以至河西地区附隶于中原王朝的羁縻小邦君主，慑于他的威势，只得送子为质。迦腻色迦取得质子以后，优礼相待，四季各有驻跸馆邸，冬天往在印度诸国，夏天返还迦毕试国，春、秋则在健驮逻国。所以三个地方，全都建造佛寺，现在这一佛寺即是夏天居地所建。因此每间殿堂的壁上，都画有质子肖像，容貌服饰十分接近中国。嗣后质子得以回归本国，心中怀念故居，虽然远隔山川，仍旧贡奉不绝。所以寺内众僧，每年在入安居和解安居之日，都要举办盛大佛事，为质子们祈求福德，这一做法从未间断，直到今天。

本寺佛院东门之南的大神王像右脚下面，有一珍宝窖藏，系由质子埋藏。所以铭文声称："本寺朽坏之后，取此宝藏修葺。"近来，边鄙之地有一国王，贪婪凶暴，听说该寺藏有大量珍宝，遂用武力驱走众僧。当他正要发掘宝藏，神王头上的鹦鹉像却拍扇翅膀，大声鸣叫，以至大地震动，国王与其士兵惊恐退却，跌仆于地，动弹不得，许久之后方能站起，于是谢罪而归。

寺北山岭上几间石室，乃是质子修习禅定之处。其中藏有各种珍宝，室旁镌有铭文，并由药叉守护。如果有人企图窃取室内宝物，药叉神便会幻化出种种形相，或变狮子，或变蟒蛇、猛兽、毒虫，这些奇形怪状之物全都震怒异常，因此无人敢于发掘石室宝藏。

石室之西二三里的大山岭上，有一尊观自在菩萨像，如果有人虔诚求请，愿见菩萨，菩萨便会从其像中示现美妙色身，安慰来者。

4.6　大城东南三十余里至曷逻怙罗^①僧伽蓝，傍有窣堵波，高百余尺，或至斋日^②，时烛光明。覆钵^③势上石隙间流出黑香油，静夜中时闻音乐之声。闻诸耆旧曰：昔此国大臣曷逻怙罗之所建也。功既成已，于夜梦中有人告曰："汝所建立窣堵波未有舍利^④，明旦有献上者，宜从王请。"旦入朝进请曰："不量庸昧，敢有愿请。"王曰："夫何所求？"对曰："今日有先献者，愿垂恩赐。"王曰："然。"曷逻怙罗伫立宫门，瞻望所至。俄有一人持舍利瓶，大臣问曰："欲何献上？"曰："佛舍利。"大臣曰："吾为尔守，宜先白王。"曷逻怙罗恐王珍贵舍利，追悔前恩，疾往伽蓝，登窣堵波，至诚所感，其石覆钵自开，安置舍利，已而疾出，尚拘^⑤衣襟。王使逐之，石已掩矣。故其隙间，流黑香油。

【注释】

①　曷逻怙罗，又作罗睺罗、罗吼罗、罗云、何罗怙罗、罗怙罗等，梵文 Rahūra 的音译。关于其含义，解释不一。玄应《音义》卷二十一云："何罗怙罗，或言曷罗怙罗，云障月。……又言覆障。"《法华玄赞》卷一云："梵云罗怙罗，此云执日；旧言罗睺罗，翻为障蔽，非也。"但是，《西域记》在此提及的曷逻怙罗只是与佛陀之嫡子同名，二者并无任何关系。

②　斋日，释见卷一 1.4 注④。

③　覆钵，指塔顶之形状，犹如倒覆的食钵一般。塔顶作覆钵形，作九轮之基，则谓之覆钵，俗名斗形。玄应《音义》："（西域）别无幡竿，即于塔覆钵柱头悬幡。"这里的"势"字作"形状"解，《隋唐嘉话》："贾岛得'僧敲月下门'之句，始欲作'推'字，马上引手作推、敲势。"

④ 舍利,释见卷一 3.4 注 ⑧。

⑤ 拘,即拘絷,犹言曷逻怙罗之衣襟被覆钵之石拘止绊絷。《三国志·魏书·管辂传》注引《辂别传》云:"孔曜言:'体中无药石之疾,然见清河郡内有一骐骥,拘絷后厩历年,去王良、伯乐百八十里,不得骋天骨,起风尘,以此憔悴耳。'"

【译文】

自大都城向东南行走三十多里,抵达曷逻怙罗佛寺,寺侧有座佛塔,高达一百多尺,斋日期间,常常放射光芒。塔顶覆钵形石的缝隙之间,流出黑色香油,夜深人静之时,时常听到乐声。听年老长者说:这座佛塔乃是早先该国大臣曷逻怙罗所建造。佛塔建成之后,夜间梦中有人告诉他说:"你所建的佛塔,现在还没舍利,明晨有人献给圣上,你应请求国王恩赐。"曷逻怙罗一早入朝求道:"臣下自知平庸,但仍不揣冒昧,提出一个请求。"国王问道:"你有什么请求?"他答道:"今日献给陛下的第一样物品,望能开恩赐予臣下。"国王说道:"可以。"曷逻怙罗便在王宫门口守候,引颈延望来人。不多一会之后,有人手持舍利瓶而来,大臣问道:"你要将何物献给圣上?"那人答道:"佛的舍利。"大臣说道:"我且替你守护舍利,你应先去禀明国王。"曷逻怙罗恐怕国王珍爱舍利而反悔此前许诺的恩赏,于是迅速赶奔佛寺,登上佛塔;受其诚意所感,塔上的石覆钵自动打开,大臣安置好舍利后,立即退出,但是衣襟仍被石缝夹住。国王派人追还舍利,但是使者到达之时,覆钵石缝已经合拢。由于夹有一片衣襟,所以石缝之间流出黑色香油。

4.7 城南四十余里至雷胥立反。蔽多伐剌祠^①城。凡地大震,山崖崩坠，周此城界，无所动摇。

　　雷蔽多伐剌祠[1]城南三十余里，至阿路猱[2]奴高反。山，崖岭峭峻，岩谷杳冥。其峰每岁增高数百尺，与漕矩吒[3]国穬土句反。下同。那呬罗[4]山仿佛相望，便即崩坠。闻诸土俗曰：初，穬那天神[5]自远至，欲止此山。山神震恐，摇荡溪谷。天神曰："不欲相舍，故此倾动。少垂宾主，当盈财宝。吾今往漕矩吒国脉那呬罗罗山，每岁至我受国王、大臣祀献之时，宜相属望。"故阿路猱山增高既已，寻即崩坠。

【注释】

　　① 雷蔽多伐剌祠，当是梵文 Śvetavat-ālaya 的音译；义为"因陀罗居所"或"因陀罗寺"。因为 Śvetavat 是与梵天并称的最高神因陀罗的称号，义为"乘白象者"；ālaya 则义为"住所"。据瓦特斯，这里的"祠"字恐怕是汉文寺庙之义，而非整个词的译音（见 Watters, *Travels in India*, Vol.I, p.126）。

　　② 阿路猱，又作阿楼那、阿留那、阿卢那等，梵文 Aruṇa 的音译；义为"红色"，犹指日出时的红色。慧苑《音义》卷上："阿卢那，此云日欲出时，红赤之相。"此山在盖拉莎山脉（Kailasa）以西。"阿路猱"也是黎明神的名字。

　　③ 漕矩吒，又称漕矩，梵文 Jāguḍa 的音译，即漕国、谢颴等。其国都城为鹤悉那，故址在今阿富汗东部的加兹尼。《西域记》卷十二有专条叙述。

　　④ 穬那呬罗，当是梵文 Śunā-śira 的音译；śuna 的原义恐为"太阳"，śira 义为"山"；故"穬那呬罗"当意为"太阳神之山"。

⑤ 穰那天神，恐即是《隋书·漕国传》所述的"顺天神"；"顺"当为"穰那"的异译。《传》云："其俗淫祠。葱岭山有顺天神者，仪制极华，金银镂为屋，以银为地，祠者日有千余人。"

【译文】

从大都城向南行走四十多里，抵达雷蔽多伐剌祠城。每遇强烈地震，山岩就会崩塌，但是城池周近，却无丝毫动摇。

从雷蔽多伐剌祠城向南行走三十多里，抵达阿路猱山，此山悬崖陡峭，峡谷幽深。山峰每年增高几百尺，和漕矩吒国的穰那啊罗山高度相仿时，便会自行崩塌。听年老长者说：当初穰那天神从远方而来，意欲居留此山。但是山神恐惧，震荡山谷。天神便说："你不肯让我居留，故而晃动山岭。实际上，只要你稍尽地主之谊，我就会赠送大量财宝。如今我将去漕矩吒国的脉那啊罗山，每年到我享受国王、大臣的奉献之时，不妨彼此看看。"所以，阿路猱山增高到一定程度，就会立即崩塌。

4.8　王城西北二百余里至大雪山。山顶有池，请雨祈晴，随求果愿。闻之耆旧曰：昔健驮逻国[①]有阿罗汉[②]，常受此池龙王供养。每至中食[③]，以神通力，并坐绳床[④]，凌虚而往。侍者沙弥[⑤]密于绳床之下，攀缘潜隐，而阿罗汉时至便往，至龙宫乃见沙弥，龙王因请留食。龙王以天甘露[⑥]饭阿罗汉，以人间味而馈沙弥。阿罗汉饭食已讫，便为龙王说诸法要。沙弥如常为师涤器，器有余粒，骇其香味，即起恶愿，恨师忿龙："愿诸福力，于今悉现，断此龙命，我自为王。"沙弥发是愿时，龙王已觉头痛矣。罗汉说法诲谕，龙王谢咎责躬；沙弥怀忿，未从悔谢。既还伽蓝，至诚发愿，福力所致，是夜命终，为大龙王，威猛奋发，遂来入池，杀龙王，居龙宫，有其部属，总其统命。以宿愿故，兴暴风雨，摧拔树林，欲坏伽蓝。时迦腻色迦⑦王怪而发问，其阿罗汉具以白王。王即为龙于雪山下立僧伽蓝，建窣堵波，高百余尺。龙怀宿忿，遂发风雨。王以弘济⑧为心，龙乘瞋毒⑨作暴，僧伽蓝、窣堵波六坏七成。迦腻色迦王耻功不成，欲填龙池，毁其居室，即兴兵众，至雪山下。时彼龙王深怀震惧，变作老婆罗门⑩，叩王象而谏曰："大王宿植善本⑪，多种胜因⑫，得为人王，无思不服⑬。今日何故与龙交争？夫龙者，畜也，卑下恶类，然有大威，不可力竞。乘云驭风，蹈虚履水，非人力所能，岂王必所怒哉？王今举国兴兵，与一龙争，胜则王无服远之威，败则王有非敌之耻。为王计者，宜可归兵。"迦腻色迦王未之从也。龙即还池，声震雷动，暴风拔木，沙石如雨，云雾晦冥，军马惊骇。王乃归命三宝⑭，请求加护，曰："宿殖多福，得为人王，威慑强敌，统赡部洲⑮，今为龙畜所屈，诚乃我之薄福也。愿诸福力，于今现前。"即于两肩起大烟焰，龙退风静，雾卷云开。王令军众人担一石，用填龙池。龙王还作婆罗门，重请王曰："我是彼池龙王，惧威归命，惟王悲愍，赦其前过。王以含育⑯，覆焘⑰生灵，如何于我独加恶害？王若杀我，我之与王，俱堕恶道⑱，王有断命之罪，我怀怨仇之心，业报皎然，善恶明矣。"王遂与龙明设要契，后更有犯，必不相赦。龙曰："我以恶业⑲，受身为龙，龙性猛恶，不能自持，瞋心或起，当忘所制。王今更立伽蓝，不敢摧毁。每遣一人候望山岭，黑云若起，急击犍椎[20]，我闻其声，恶心当息。"其王于是更修伽蓝，建窣堵波，候望云气，于今不绝。

闻诸土俗曰：窣堵波中有如来肉舍利，可一升余，神变之事，难以详述。一时窣堵波内忽有烟起，少间便出猛焰，时人谓窣堵波已从火烬，瞻仰良久，火灭烟消，乃见舍利如白珠璠，循环表柱，宛转而上，升高云际，萦旋而下。

【注释】

① 健驮逻国，释见卷一 4.5 注 ①。

② 阿罗汉，释见卷一 3.4 注 ⑪。

③ 中食，斋日之异名，因日中进食，过午不食而得名。《释氏要览》上：《僧祇律》云：时食，谓时得食，非时不得食。今言中食，以天中日午时得食，当日午故言中食。"

④ 绳床，即胡床。《后汉书·五行志》："灵帝好胡服、胡帐、胡床、胡坐、胡饭、胡空侯、胡笛、胡舞，京都贵戚皆竞为之。"则胡床至少在东汉末已经盛行于中原地区。绳床实是可折叠的交椅，《三才图绘·器用部》："今之醉翁诸椅竹木间为之，制各不同，然皆胡床之遗意也。"印度至少是绳床的原产地之一，《西域记》卷二 "印度总述" 声称 "至于坐止，咸用绳床"。事实上，可能僧人使用得更多。唐诗中屡见佛僧与绳床的密切关系。张籍《题清彻上人院》："古寺临坛久，松间别起堂。看添浴佛水，自合读经香。爱养无家客，多传得效方。过斋长不出，坐卧一绳床。"白居易《赠僧自远禅师》："自出家来长自在，缘身一衲一绳床。"又，薛能《赠普恭禅师》："南檐十月绳床暖，背卷真经向日看。"也许佛教僧

人对于绳床之传入中原地区起了不小的作用。

⑤ 沙弥，乃是室罗摩拿洛迦、室末那伊洛迦、室罗摩尼罗等名的略称，后者为梵文 śramaṇera 的音译；意译作息慈、息恶、行慈、勤策男、求寂等。是为男子出家受十戒者之通称。《行事钞资持记》上："沙弥是梵语，此云息慈（息其世染，慈济群生）。"《俱舍颂疏·业品二》："勤策律仪，勤为大僧之所策励。旧云沙弥。"沙弥的品级低于受具足戒的比丘。

⑥ 甘露，释见序言部分 2.1 注 ③。

⑦ 迦腻色迦，释见卷一 4.5 注 ①。

⑧ 弘济，即广济，《后汉书·朗顗传》："求善赞务，弘济元元。"

⑨ 瞋毒，又称瞋、瞋恚，三毒（贪毒、瞋毒、痴毒）之一，并是其中最恶者。梵文 Krodha，音译作讫罗驮；义为"忿怒"。《唯识论》卷六："云何为瞋？于苦苦具憎恚为性。……瞋必令身心热恼起诸恶业。"《遗教经》："瞋心甚于猛火，常当防护，无令得入，劫功德贼，无过瞋恚。"又，《决定毗尼经》："宁起百千贪心，不起一瞋恚。以违害大慈莫过此故。"

⑩ 婆罗门，梵文 Brāhmaṇa 的音译；义为"清净"。是为古印度四大种姓（参见卷二 1.11 注 ①）中的最高等级，专职祭司。他们奉梵天、毗湿奴、湿婆为三大主神，主张吠陀天启，祭祀万能。这一信仰被称为婆罗门教。玄应《音义》卷十八："婆罗门，此言讹略也。应云婆罗贺磨拏，此义云承习梵天法者。其人种类自云，从梵天口生，四姓中胜，故独取梵名。唯五天竺有，诸国即无。经中梵志亦此名也。正言静胤，言是梵天之苗胤也。"《智度论》卷十："在家中七世清净，生满六岁皆受戒，名婆罗门。"是知婆罗门教教徒是世袭的，信奉婆罗门教乃是婆罗门种姓的特权和义务。它具有明显的排外性，其教义与种姓制度关系密切。它主张善恶有因果，人生有轮回，认为人和一切有生命体均有灵魂，躯体死后灵

魂还可在另一躯壳中复活；一个人转世的形态取决于其现世行为，即取决于他信奉婆罗门教的虔诚程度。严格执行者，下世可以变神，稍差的则依次变为婆罗门、刹帝利、吠舍等；若不执行教法规定，则变为贱民、畜生，乃至下地狱。玄奘西行的时代，正是佛教与婆罗门教等"外道"角逐比较剧烈的时代。

⑪ 善本，即善根。谓身、口、意三世之善，固不可拔，犹如生根一般。又，谓善能生妙果，生余善，为菩提之本。《胜鬘宝窟》上："善本，本亦因也。欲以此善为菩提根，故名为本。"又，《注维摩经·菩萨行品》云："什曰：谓坚固善心深不可拔，乃名根也。"

⑫ 胜因，谓殊胜之善因。《佛说无常经》："胜因生善道，恶业堕泥犁。"

⑬ 无思不服，语出《诗经·大雅·文王有声》："镐京辟雍，自西自东，自南自北，无思不服。"意谓天下没有不宾服的。

⑭ 三宝，释见卷一 1.6 注 ③。

⑮ 赡部洲，释见玄奘序 1.2 注 ⑫。

⑯ 含育，含养化育之意。何尚之《华林清暑殿赋》："暑虽殷而不炎，气方清而含育。"

⑰ 覆焘，即覆帱，犹言覆载（如天地之无不持载，无不覆盖、护育）。《后汉书·朱晖传》："夫天不崇大，则覆帱不广；地不深厚，则载物不博。"又，《三国志·魏书·高堂隆传》："覆焘群生，熙育兆庶。"参看玄奘序 1.1 注 ⑰。

⑱ 恶道，亦即恶趣，意谓乘恶行而往之道途，如地狱、畜生等。《大乘义章》卷八："地狱等报，为道所诣，故名为道。故地持言，乘恶行往，名为恶道。"参看卷四 2.3 注 6。

⑲ 恶业，乖理之行谓之恶；身、口、意三者作事谓之业。《华严经》

卷四十：“我昔所造诸恶业，皆由无始贪瞋痴。”参看卷一 1.6 注 ⑤。

　　⑳ 犍椎，一作犍槌，梵文 ghaṇṭā 的音译；原指钟、罄之类，后则通常指称佛寺的钟、木板等，击之以召集法众。慧琳《音义》卷八十：“捷搥，上音乾，下坠追反。案捷搥，警众之木，置于食堂。”《四分律行事钞》卷一：“《增一阿含》云：‘升讲堂击犍椎者，此是如来信鼓也。’”《释氏要览》：“今详律，但是钟、罄、石板、木板、木鱼、砧槌，有声能集众者，皆名犍椎也。”

【译文】

　　从都城向西北行走二百多里，抵达大雪山。山顶有一水池，向它求雨求晴，都能实现愿望。听当地年老长者说：从前，健驮逻国有位罗汉，经常享受此池龙王的供奉。往往在斋日午饭之时，施展神通之力，乘坐绳床，自空中飞往龙池。有一次，罗汉的使者沙弥，偷偷藏在绳床之下，攀附着床缘而隐蔽身形；罗汉到了时间前往龙宫，抵达之后才发现沙弥，龙王于是也邀他用餐。龙王用天上甘露款待罗汉，以人间食品招待沙弥。罗汉用餐完毕，便为龙王讲说佛法要旨。沙弥如往常一般为师父洗涤食具。食具上剩有残屑，其香无比，沙弥惊骇，便生恶念，怨恨师父，恼怒龙王：“希望各种福力，如今全部展现，使此龙王断命，让我自己为王。”沙弥发愿之时，龙王已感头痛。罗汉说法教诲，龙王谢罪自责；沙弥则心怀忿恨，不肯反躬自问。他回到佛寺以后，诚心发下誓愿；由于福力之故，沙弥当夜死去，变为巨大龙王，振奋勇猛威风，于是进入龙池，杀死龙王，占据龙宫，龙王原有部属，全部归他统率。由于他先前曾发重誓，所以如今掀起狂风暴雨，摧毁林树果木，意欲毁坏佛寺。当时迦腻色迦王感到十分奇怪，询问其中缘故；罗汉便将前因后果告诉国王。国王立即在大雪山之下为龙建造佛寺，并筑佛塔，高达一百多尺。龙王怀有宿怨，便又催发风雨。迦腻色迦旨在普救众生，龙王则因忿怒而行凶作恶，佛寺、佛塔被毁六次，至第七次方始建成。迦腻色迦王大功不成，深以为耻，便要填平龙池，毁其居处，于是兴兵发军，抵达雪山之下。当时龙王大感恐惧，遂变作年老婆罗门，勒住国王的乘象而劝说道："陛下前世多种善本，广育殊胜善因，所以今世得为人间君主，没有一地敢于不称臣宾服。但你现在何必与龙一争短长？龙，只是畜生而已，卑贱低劣之类，然而威猛之极，不宜与之斗力。它能腾云驾风，浮空踏水，决非人力所及，陛下何必触怒于它？陛下如今倾全国兵力，而与一龙争斗，即使取胜也无慑服远方的威风，如果失败则更有输给对方的耻辱。我为陛下着想，您应收兵回朝。"迦腻色迦王并未听从这一劝告。龙王旋即返还水池作法，导致声响震天，雷鸣动地，狂风大作，摧树拔木，飞沙走石，犹如下雨，云雾密布，天昏地暗，以致国王的军士马匹全都惊恐万状。迦腻色迦于是下令全军心归三宝，祈求佛法佑护。他说："我前世多种福德，今世得为人君，威名慑服强敌，统治南赡部洲，今日受制于这个畜生，乃是因为我的福德尚浅。但愿各种福力，如今立即展现。"他的两肩马上腾起浓浓火焰，龙王只得退却，风雨平息，云散雾开。国王命令军士每人担运一石，用以填平龙池。龙王遂又变作婆罗门，再次恳请国王道："我是水池中的龙王，现在惧怕您的威力而来归降，请您慈悲为怀，怜悯于我，饶赦先前罪过。陛下含养化育众生，普及所有生灵，为何唯独对我，意欲加以伤害？陛下如果杀我，那么我与陛下，都会堕入恶道，您有杀害生灵之罪，我有怨忿仇恨之心，则报应不爽，因果昭昭，善恶之分，清楚明了。"迦腻色迦王便与龙王当众订立契约，如果龙王日后再有侵犯，一定不再饶赦。龙王说道："我因前世罪业，今世转生为龙；而龙的秉性凶猛恶劣，不能自我把持,有时瞋心一起,便会忘记克制。敬请陛下另建佛寺,我决计不敢再加摧毁。您派一人在山顶守望,如果发现黑云升起,则请赶快敲击犍椎。当我听到犍椎之声,恶念就会自行熄灭。" 国王于是再造一座佛寺、一座佛塔,派人守候,观望云气,至今从未间断。

听当地居民说:佛塔中有如来的骨肉舍利,约有一升多,其神通变化之事,则难以详细记述。一次,佛塔内忽然有烟升起,顷刻冒出烈火,人们都以为佛塔已被烧毁,但是仰望许久,却见烈火熄灭,浓烟消散,只见舍利犹如洁白珠玉,环绕表柱,宛转上升,高达云端,然后又缓缓盘旋,降至佛塔。

4.9　王城西北大河南岸旧王伽蓝内,有释迦^①菩萨弱龄^②乱齿^③,长余一寸。其伽蓝东南有一伽蓝,亦名旧王,有如来顶骨一片,面广寸余,其色黄白,发孔分明。又有如来发,发色青绀,螺旋右萦,引长尺余,卷可半寸。凡此三事,每至六斋^④,王及大臣散花^⑤供养。顶骨伽蓝西南有旧王妃伽蓝,中有金铜窣堵波,高百余尺。闻之土俗曰:其窣堵波中有佛舍利升余,每月十五日,其夜便放圆光^⑥,烛耀露盘^⑦,联晖达曙,其光渐敛,入窣堵波。

【注释】

　　① 释迦,梵文 śākya 的音译;义为"能",种族名。由于佛教的创始人乔答摩悉达多属于这一种族,所以在他成佛之后,弟子们便尊称他为释迦牟尼(Śākyamuni)。muni 义为仁、儒、忍、寂、寂默等,故"释迦牟尼"即意为"能仁"、"能儒"、"能忍"等,也是"释迦族之圣人"或"释

迦族之贤人"的意思。在佛教典籍中，常简称佛陀为释迦；此外，也称佛家弟子为释迦子或释子，意谓出家为僧，即是继承了释迦种族，故应姓释氏。

② 弱龄，即少年。陶潜《始作镇军参军经曲阿作》诗："弱龄寄事外，委怀在琴书。"

③ 龀齿，亦作龀（齔）齿，谓儿童乳齿脱落而换恒齿。《说文》："龀，毁齿也。男八月生齿，八岁而龀；女七月生齿，七岁而龀。"故这里的"弱龄龀齿"是指释迦少年时代换下的乳牙。

④ 六斋，释见卷一3.4注⑥。

⑤ 散花，亦作散华，为供佛而散布花朵。《无量寿经》："悬缯然灯，散花烧香，以此回向，愿生彼国。"《魏书·释老志》："世祖初即位，亦遵太祖、太宗之业，每引高德沙门，与共谈论。于四月八日，舆诸佛像，行于广衢，帝亲御门楼，临观散花，以致礼敬。"

⑥ 圆光，通常是指佛、菩萨头顶上所放射出的圆轮光明。《观无量寿经》："彼佛圆光如百亿三千大千世界，于圆光中有百万亿那由他恒河沙化佛。"故在此所说的"圆光"也有特殊的宗教含义。

⑦ 露盘，即承露盘，宝塔上的轮盖，亦称轮相或相轮。《续高僧传·菩提流支传》云："承露金盘一十一重，铁锁角张，盘及锁上皆有金铎。"

【译文】

都城西北方大河南岸的旧王寺内，有释迦菩萨少年时代的乳齿，长一寸多。该寺东南有一佛寺，也叫旧王寺，其中有如来的顶骨一片，宽一寸多，呈黄白色，发孔清晰可见。又有如来头发，呈天青色，向右盘旋，拉长后达一尺多，卷曲后约半寸。每逢六斋期间，这三件圣物均由国王、大臣散花供养。顶骨寺的西南有旧王妃寺,其中有金铜佛塔,高一百多尺。听当地居民说:该塔内有佛舍利一升多,每月十五日之夜,便放射光圈,照耀佛塔露盘,与月光互相辉映;直至黎明,光芒才逐渐收敛,没入佛塔之内。

4.10 城西南有比罗娑洛^①山,唐言象坚。山神作象形,故曰象坚也。昔如来在世,象坚神奉请世尊^②及千二百大阿罗汉,山颠有大磐石,如来即之,受神供养。其后无忧王^③即磐石上起窣堵波,高百余尺,今人谓之象坚窣堵波也。亦云中有如来舍利,可一升余。

象坚窣堵波北山岩下有一龙泉,是如来受神饭已,及阿罗汉于中漱口嚼杨枝,因即植根,今为茂林。后人于此建立伽蓝,名鞞铎佉^④。唐言嚼杨枝也。

自此东行六百余里,山谷接连,峰岩峭峻,越黑岭,入北印度境,至滥波国。北印度境。

【注释】

① 比罗娑洛,Pīlusāra 的音译;pīlu 义"象",sāra 义"坚固",故玄奘称之为"象坚"。或谓山在 Panjshir 河的支流 Kōh-Daman 河南侧。

② 世尊,释迦牟尼的尊号,释见于志宁序 1.1 注 ⑨ 以及卷一 3.5 注 ⑦。

③ 无忧,梵文 Aśoka 的意译;音译作阿育、阿输伽、阿恕伽等。无忧王有时也称作无忧憎(Aśokavardhana)或者可畏无忧(Caṇḍāśoka);他也自称爱见(Priyadraśi),是为"天爱喜见王"(Devānaṃpriya

priyadraśi raja）的略称，大致相当于中国帝君之自称"朕"。无忧王的年
代是古代印度史上最重要的编年基准，有人将其在位之始定在公元前
264 年，也有人定在前 270 或 269 年。无忧王即位的第八年征服了羯餕
伽（今奥利萨邦），他在第十三号诏书中描绘了这场战争："十五万人被
俘，十万人被杀，死亡者又超过了此数的许多倍。"可见打得异常残酷。
据说他因此觉悟而信仰了佛教，他的一份诏书说："朕为征服羯餕伽人
而深深自责，盖欲征服一从未被征服的国家，就不得不陷人民于杀戮、死
亡和被俘的境地。是为朕所深感忧虑和悔恨之要事。"后来，无忧王以佛
教为国教，并于在位的第十八年举行第三次佛教集结，同时派遣大量僧
人四出布教。这一举动对于佛教之广为传播影响极大，以致后世认为，
佛教在这一时代业已传至中国，并将中原的许多佛教遗迹都归之于阿育
王时期。

　　④ 鞞铎佉，瓦特斯认为乃是梵文 Piṇḍaka 的音译，义为"树丛、茂
林"；而《西域记》原注"嚼杨枝"是错误的（见 Watters, *Travels in India,*
Vol.I，p.130）。关于佛陀嚼杨枝弃地，后遂成树的说法，历代西游僧人
多有类似记载。《法显传》云："出沙祇城南门，道东，佛本在此嚼杨枝，
刺土中，即生长七尺，不增不减。诸外道婆罗门嫉妒，或斫或拔，远弃之，
其处续生如故。"《宋云行记》云："（乌场国王城北八十里处）佛本清净，
嚼杨枝植地即生；今成大树，胡名曰婆楼。"义净则不认为佛陀嚼的是杨
枝，《寄归传·朝嚼齿木篇》云："每日旦朝，须嚼齿木揩齿刮舌，务令如
法。……其齿木者，梵云惮哆家瑟诧；惮哆译之为齿，家瑟诧即是其木。
长十二指，短不减八指，大如小指。一头缓，须熟嚼良久，净刷牙关。……
自至终身牙疼，西国迥无，良为嚼其齿木。岂容不识齿木，名作杨枝？
西国柳树全稀，译者辄传斯号。佛齿木树实非杨柳，那烂陀寺目自亲观。

即不取信于他，闻者亦无劳致惑。"

【译文】

都城之西南有比罗娑洛山（唐语称"象坚"）。此山的山神呈象的形状，所以亦名象坚。早先如来在世之时，象坚神曾恭敬地邀请世尊及一千二百位大罗汉前来此山；山顶有块大盘石，如来坐在上面，接受山神的供养。后来无忧王便在盘石之上建造佛塔，高一百多尺，现代人称之为象坚塔。也有人说塔内有如来舍利，约一升多。

象坚塔北边的山岩之下有一龙泉，乃是如来用完山神所奉膳食后，与罗汉们一起嗽口、嚼杨枝之处；当时将杨枝插入土中，如今已成为茂密树林。后人在此建造佛寺，取名鞞铎佉（唐语称"嚼杨枝"）。

从本国向东行走六百多里，山谷延绵不断，峰峦高耸陡峭，翻越黑岭之后，便进入北印度境内，抵达滥波国（在北印度境内）。

卷第二

印度总述

【题解】

　　这一部分"总述"对于现代人了解十几个世纪以前印度人的生活甚有益助。它分别从印度的名称、疆域、数量、岁时、宫室、衣饰、馔食、文字、教育、佛教、族姓、兵术、刑法、致敬、病死、赋税、物产等各个方面作了描述，比较全面地勾勒出一幅古代印度的图画，具有较高的史料价值。

名　称

1.1　详夫天竺之称，异议纠纷，旧云身毒，或曰贤豆，今从正音，宜云印度①。印度之人，随地称国，殊方异俗，遥举总名，语其所美，谓之印度。印度者，唐言"月"②。月有多名，斯其一称。言诸群生轮回③不息，无明长夜莫有司晨，其犹白日既隐，宵烛④斯继，虽有星光之照，岂如朗月之明。苟缘斯致，因而譬月。良以其土圣贤继轨，导凡御物，如月照临。由是义故，谓之印度。印度种姓⑤族类群分，而婆罗门特为清贵，从其雅称，传以成俗，无云经界之别，总谓婆罗门国焉。

【注释】

① 印度，除这里提及的天竺、身毒、贤豆诸异称外，尚有乾笃、印毒、印都、胫笃、盈丢、忻都、欣都思、印特伽等名。大多源自梵文 Sindhu 的音译，原义“河流”，后来专指印度河，此后则进而指称整个南亚次大陆。关于印度国号之由来，通常有三种解释：甲、源自“月亮”；乙、源自古印度统治者的族名；丙、源自印度河之名。玄奘在此采用第一说。今日印度之西文名称为 India。该地以喜马拉雅山与我国西藏为界，地势西北较高，气候干燥；中部为平原，气候炎热，雨量充足。物产以米、麦、棉、茶、麻、甘蔗等为主，山地产石炭、金、宝石等。人民属雅利安族，肤色褐或黄褐；头发黑色，作波纹状。

② 印度，也可以是梵文 Indu（义为“月”）的译音，故在此有“印度”源自“月”之说。Indu 是月天的诸名之一；其它名字尚有旃陀罗（Candra）、苏摩（Soma）、创夜神（Niśākara）、星宿王（Kakṣatranātha）、野兔形神（Śaśa）等。相传月种与日种共为印度的两大王种之一。按《往世书》、《摩诃婆罗多》等古史诗记载，印度古王世系月种的始祖为阿底哩（Atri）天仙；次为苏摩（Soma），而苏摩又名印度（Indu）、旃陀罗（Candra）；其后子孙繁衍，分为 Yadu、Pudu、Kasi 诸王系。于是其统辖地区便以王族名“印度”称呼之。这即是上文注 ① 提及的“印度”源于王族之说。但是相比之下，恐怕以第三说（源于印度河名说）最为接近事实。

③ 轮回，亦作沦回、生死轮回、轮回转生、流转、轮转等；音译作僧娑洛。梵文语原为 saṃsara，意谓众生无始以来，旋转于六道之生死，如车轮之转而无穷。原为婆罗门教的教义之一，佛教袭用之，并加以发展。《法华经·方便品》：“以诸欲因缘，坠堕三恶道，轮回六趣中，备受诸苦

毒。"《心地观经》卷三："有情轮回生六道,犹如车轮无始终。"

　　④ 宵烛,乃萤火虫之一名。《古今注·鱼虫》："萤火,一名耀夜,一名景天,一名熠熠,一名丹良,一名燐,一名丹鸟,一名夜光,一名宵烛。腐草为之,食蚊蚋。"又,刘峻《广绝交论》："冀宵烛之末光,邀润屋之微泽。"宵烛(萤火虫)的光芒微弱,只有在黑暗中才能看见,所以可用来喻指夜晚;玄奘即是使用此意,而不是指"晚上的蜡烛"。

　　⑤ 种姓,详见卷二 1.11 正文以及注 ①。

【译文】

　　仔细探究"天竺"一名,发现种种不同说法,相互之间纠缠不清,以前称作"身毒",或名"贤豆",如今按照正确发音,应该称作"印度"。印度居民,根据各自的居地而称呼其国,尽管各地风俗相异,但都采用一个总名,表述他们赞美的事物,名为印度。"印度"一词,唐语义为"月亮"。月亮有许多名称,这是其中之一。意谓众生生死轮回,永无休止,仿佛昏黑长夜漫无尽头,永远没有黎明之时,又如太阳既已落山,夜晚随即继之,虽有星光照耀,但是如何及得上明月之光。只是因为这一道理,才将印度喻为月亮。实是由于该国的圣人贤士不断继承前人事业,教导众生,统御万物,仿佛月光照耀黑夜一般。出于这一含义,命以"印度"之名。印度的种姓、家族分为许多集团,而婆罗门最为高贵,人们根据这一美称,相互传颂,沿袭成俗,尽管地理方位各异,总的称为婆罗门国。

疆　域

1.2　若其封疆之域,可得而言。五印度^①之境,周九万余里。

三垂大海^②，北背雪山^③。北广南狭，形如半月。画野区分，七十余国。时特暑热，地多泉湿。北乃山阜隐轸^④，丘陵舄卤^⑤；东则川野沃润，畴陇膏腴；南方草木荣茂；西方土地硗确^⑥。斯大概也，可略言焉。

【注释】

① 五印度，又称五天竺，即是将整个印度分为五个部分：东、南、西、北印度及中印度。中印度又称"中国"；故宜注意勿与现在通常所说的"中国"相混淆。

② 三垂大海，是指印度次大陆的东、南、西面均为印度洋所包围：东南临孟加拉湾，西南临阿拉伯海。

③ 北背雪山，系指印度北部边区靠着喜马拉雅山脉和兴都什山脉的南麓地区。

④ 隐轸，亦作隐赈、殷赈，盛富之貌。谢灵运《入东道路》诗："隐轸邑里密，缅邈江海辽。"《文选》左思《蜀都赋》："邑居隐赈，夹江傍山。"《西域记》在此则是指印度多山。

⑤ 舄卤，谓不蓄水而有盐性的不宜种植之地，即今所谓盐碱地。《汉书·地理志下》："太公以齐地负海舄卤，少五谷而人民寡，乃劝以女工之业，通鱼盐之利，而人物辐凑。"

⑥ 硗确，义为"瘠薄"，释见卷一3.8注②。

【译文】

至若印度的疆域，在此可作概述。五印度的领土，方圆九万多里。三边面临大海，北界背靠雪山。北部广宽，南部狭窄，整个地形，犹如半月。全国分成许多区域，共计七十多国。气候十分炎热，土地大多潮湿。北方山地密布，丘陵盐碱土质；东方多为平原，并且肥沃湿润，农田也很肥饶；南方草木繁茂；西方土地瘠薄。这是大概情况，在此约略言之。

数　量

1.3　夫数量之称，谓逾缮那^①。旧曰由旬，又曰逾阇那，又曰由延，皆讹略也。逾缮那者，自古圣王一日军行也。旧传一逾缮那四十里矣；印度国俗乃三十里；圣教所载惟十六里。穷微之数，分一逾缮那为八拘卢舍^②。拘卢舍者，谓大牛鸣声所极闻，称拘卢舍。分一拘卢舍为五百弓^③，分一弓为四肘^④，分一肘为二十四指，分一指节^⑤为七宿麦，乃至虮、虱、隙尘、牛毛、羊毛、兔毫、铜、水，次第七分，以至细尘，细尘七分，为极细尘^⑥。极细尘者，不可复析，析即归空，故曰极微^⑦也。

【注释】

①　逾缮那，又作逾阇那、瑜膳那、由延、由旬、俞旬等，梵文 yojana 的音译；原义为"附轭"，是指公牛挂轭行走一日的路程；或谓是帝王行军一天的路程。关于逾缮那（由旬）的确切长度，说法不一。《注维摩经》卷六："肇曰：由旬，天竺里数名也。上由旬六十里，中由旬五十里，下由旬四十里也。"《根本说一切有部百一羯磨》卷三注云："言瑜膳那者，既无正翻义，当东夏一驿，可三十余里。旧云由旬者，讹略。若准西国俗法，四俱卢舍为一瑜膳那，计一俱卢舍可有八里，即是当其三十二里。若准内教，八俱卢舍为一瑜膳那，一俱卢舍有五百弓，弓有一步数。准其步

数，才一里半余，将八倍之，当十二里。此乃不充一驿。亲验当今西方瑜膳那，可有一驿，故今皆作一驿翻之，庶无远滞。"

又，近代学者对此也有探讨，如 Flect 和 Vost 曾分别根据印度之一"肘"（hasta）为半码或小于半码来计算，则一个 yojona 当为 19.5 公里或者 22.8 公里等（参看慈怡《佛光辞典》，第 2075—2076 页）。

② 拘卢舍，又作俱卢舍，梵文 krośa 的音译。如上注所说，是为一逾缮那的四分之一或八分之一。

③ 弓，梵文 dhanus；音译作驮怒沙。慧苑《音义》卷下谓一尺五寸为肘，四肘为一弓，三百弓为一里。但恐不确，盖印度以人手作计量单位，则长度随人而异；且中国之尺、寸也因时而异，所以这种长度单位只可视为约数。

④ 肘，梵文 hasta 的意译。据《俱舍光记》，一肘指自肘本端至中指末之间的距离，约一尺八寸。

⑤ 指节，谓横大姆指而量其厚度。

⑥ 自"宿麦"以下均为七进位的计量单位。这里的"铜"字似应作"金"，且当与"水"字互乙，因为兔毛尘之七分之一者为水尘（得在水中自由通行之微尘），而"金尘"（黄金之尘片，能自由通行于体中）则是"水尘"的七分之一。《俱舍论》卷十一："七极微为一微量，积微至七为一金尘，积七金尘为水尘量，水尘积至七为一兔毫尘。"

⑦ 极微，为最小之长度单位，梵文 aṇu 的意译；音译作阿拿、阿菟。《俱舍光记》卷十二："七极微为一微量，微显细聚。梵云阿菟，此名微，眼见色中最微细也。应知但为天眼、轮王眼、后有菩萨眼所见。"《义林章》卷五："有体用中最极小者，所谓阿挐。说此名极微。"

【译文】

关于数量的名称,则名逾缮那(旧称由旬,又称逾阇那,又称由延,均误)。所谓逾缮那,自古以来始终以圣王军队一天的行程来计算。以前传说一逾缮那为四十里;按印度的惯例则为三十里;据佛教的记载,只有十六里。将这长度进一步分割,则一逾缮那为八拘卢舍。所谓拘卢舍,是指大牛叫声所达到的最远距离,这便称作拘卢舍。一拘卢舍分为五百弓,一弓分为四肘,一肘分为二十四指节,一指节分为七宿麦,以下还有虱、虮、隙尘、牛毛、羊毛、兔毫、铜、水等单位,依次作七等分,直至细尘,细尘又一分为七,则为极细尘。所谓的极细尘,便不能再分,如果再分的话,就一无所有了,所以称之为"极微"。

岁　时

1.4　若乃阴阳历运,日月次舍,称谓虽殊,时候无异,随其星建,以标月名①。时极短者,谓刹那②也。百二十刹那为一呾刹那,六十呾刹那为一腊缚,三十腊缚为一牟呼栗多,五牟呼栗多为一时③,六时合成一日一夜④,昼三夜三。居俗日夜分为八时⑤,昼四夜四,于一一时各有四分。月盈至满谓之白分,月亏至晦谓之黑分,黑分或十四日、十五日,月有小大故也。黑前白后,合为一月⑥。六月合为一行。日游在内,北行也;日游在外,南行也⑦。总此二行,合为一岁。又分一岁以为六时:正月十六日至三月十五日,渐热也;三月十六日至五月十五日,盛热也;五月十六日至七月十五日,雨时也;七月十六日至九月十五日,茂时也;九月十六日至十一月十五日,渐寒也;十一月十六日至正月十五日,盛寒也。如来圣教岁为三时：正月十六日至五月十五日，热时也；五月十六日至九月十五日，雨时也；九月十六日至正月十五日，寒时也。或为四时，春、夏、秋、冬也。春三月谓制呾逻[8]月、吠舍佉[9]月、逝瑟吒[10]月，当此从正月十六日至四月十五日。夏三月谓頞沙荼[11]月、室罗伐拿[12]月、婆达罗钵陀[13]月，当此从四月十六日至七月十五日。秋三月谓頞湿缚庾阇[14]月、迦剌底迦[15]月、末迦始罗[16]月，当此从七月十六日至十月十五日。冬三月谓报沙[17]月、磨祛[18]月、颇勒窭拿[19]月，当此从十月十六日至正月十五日。故印度僧徒依佛圣教坐雨安居[20]，或前三月，或后三月。前三月当此从五月十六日至八月十五日，后三月当此从六月十六日至九月十五日。前代译经律者，或云坐夏，或云坐腊，斯皆边裔殊俗，不达中国[21]正音，或方言未融，而传译有谬。又推如来入胎、初生、出家、成佛、涅槃日月，皆有参差，语在后记。

【注释】

① 古印度人以肉眼所见到的星宿为标准，区别天空的分野，其中有二十宿、十二宫、七曜之别。由于印度以星宿名标志月名，故玄奘谓"随其星建，以标月名"。

② 刹那，亦作乞沙拿，梵文 kṣaṇa 的音译；意译作一念、须臾。是为佛教用以表示时间的极小单位。《俱舍论》卷十二："何等名为一刹那量？众缘和合去得自体顷，或有动法行度一极微。……如壮士一疾弹指顷，六十五刹那。"《三藏法数》："一念中有九十刹那，一刹那中有九百

生灭。"

③ 呾刹那, 梵文 tatṣaṇa 的音译。腊缚, 梵文 lava 的音译。牟呼栗多, 梵文 muhūrta 的音译。时, 梵文 kala 的意译。

④ 六时合成一日一夜, 此乃古印度佛教的时间划分, 即将白天、黑夜都等分为三时: 昼三时为晨朝、日中、日没; 夜三时为初夜、中夜、后夜。《阿弥陀经》:"昼夜六时雨天曼陀罗华。"

⑤ 日夜分为八时, 虽为印度世俗者的时制, 但是著名的那烂陀寺也依此制。这种时制与现代时间的对应关系是: 昼四时从今上午九点到晚上二十二点; 夜四时从晚上二十二点到次日早晨九点。

⑥ 白分, 又称白月, 梵文 śuklapakṣa, 相当于太阴历的一日至十五日。黑分, 亦称黑月, 梵文 kṛṣṇapakṣa, 相当于太阴历的十六日至月底; 不过黑月的第一天也称"一日", 依次类推, 共计十五日或十四日。《底哩三昧经》:"黑月八日, 于寒林……坐其上念诵。"

⑦ "日游在内, 北行", 是指冬至到夏至; "日游在外, 南行", 是指夏至到冬至。

⑧ 制呾逻, 亦作制怛罗, 梵文 Caitra 的音译, 原系星名, 因出现于正月, 故用以命名正月。《俱舍光记》卷三十:"制怛罗, 是星名, 正月出现。正月从此星为名。"

⑨ 吠舍佉, 又作薜舍佉, 梵文 Vaiśākha 的音译, 是为二月之名, 又为佛陀之生月。《有部目得迦》卷六:"佛告长者:'薜舍佉月, 日月圆时, 是我生日。'"

⑩ 逝瑟吒, 梵文 Jyaiṣṭha 的音译, 是为三月之名。

⑪ 頞沙荼, 梵文 Āṣāḍha 的音译, 是为四月之名。

⑫ 室罗伐拿, 又作室罗筏拿、室罗缚拿等, 梵文 Śrāvaṇa 之音译。《俱

舍光记》：“室罗筏拿，当此间五月。”

⑬ 婆达罗钵陀，梵文 Bhādrapada 的音译，是为六月之名。

⑭ 頞湿缚庚阇，一作頞湿婆庚阇，梵文 Āśvayuja 之音译，是为七月之名。

⑮ 迦剌底迦，又作迦利底迦、迦利邸迦、歌利底迦、羯栗底迦、迦提等，梵文 Kārttika 的音译；此月以安居竟的次日开始的三十日当之。由于这一期间乃是比丘受迦稀那衣之时，所以又称此月为迦稀那月。但是，因为新、旧译家对于安居竟的日期说法不一，所以此月相当于的具体日期也相异。《行事钞》卷上：“若四月十六日结者，至七月十五日夜分尽讫，名夏竟。至明相出十六日后，至八月十五日已来，名迦提月。”玄奘、义净等新译家则以此后的一月当之，《寄归传》卷二：“从八月半已后，名歌栗底迦月。江南迦提设会，正是前夏了时。”正因为此月跨中国太阴历八、九两月，故“迦剌底迦”又为九月之名。慧琳《音义》卷十一：“迦利邸迦，唐言昴星。每年九月十五日，月临昴宿，故取此星为九月名。古名迦提，讹略不正也。”

⑯ 末迦始罗，一作摩囉誐始罗，梵文 Mārgaśira 的音译，是为九月之名。

⑰ 报沙，梵文 Pauśa 的音译，是为十月之名。

⑱ 磨祛，又作摩佉、摩祛，梵文 Māgha 的音译，是为十一月之名。或译作“摩伽陀”，《俱舍光记》卷十一：“摩伽陀月，当此间十一月。”

⑲ 颇勒窭拿，又作叵勒拿、叵囉虞那等，梵文 Phālguna 的音译，是为十二月之名。《饰宗记》卷六：“叵勒那月，十二月也。”

⑳ 安居，释见卷一 3.1 注 ⑧。

㉑ 中国，在此指印度，参见卷二 1.2 注 ①。

【译文】

至于四季变化、昼夜往返，名称虽然不同，时令却无差异，按照星宿位置，标出月份名号。极短的时间，称为刹那。一百二十刹那合一呾刹那，六十呾刹那合一腊缚，三十腊缚合一牟呼栗多，五牟呼栗多合一时，六时合一昼夜（白昼三时，夜间三时），世俗者则将一昼夜分为八时（白昼四时，夜间四时，每时各有四分）。月亮自盈至满，称为白分，月亮自亏至晦，称为黑分，黑分包括十四天或者十五天，因为月份有大有小。黑分在前，白分在后，合为一月。六个月合成一行。太阳运行在内，称为北行；太阳运行在外，称为南行。两行相加，合为一年。又将一年分为六个时节：正月十六至三月十五，为渐热时节；三月十六至五月十五，为盛热时节；五月十六至七月十五，为雨时节；七月十六至九月十五，为茂时节；九月十六至十一月十五，为渐寒时节；十一月十六至正月十五，为盛寒时节。如来的佛教则将一年分为三个时节：正月十六至五月十五，为热时节；五月十六至九月十五，为雨时节；九月十六至正月十五，为寒时节。或者分为四个季节，即春、夏、秋、冬。春季三个月名为制呾逻月、吠舍佉月、逝瑟吒月，相当于我国的正月十六至四月十五；夏季三个月名为頞沙荼月、室罗伐拿月、婆达罗钵陀月，相当于我国的四月十六至七月十五；秋季三个月名为頞湿缚庾阇月、迦剌底迦月、末伽始罗月，相当于我国的七月十六至十月十五；冬季三个月名为报沙月、磨祛月、颇勒窭拿月，相当于我国的十月十六至正月十五。所以印度的僧人按照佛陀教谕在雨季坐安居，或前三月，或在后三月。前三月相当于我国的五月十六至八月十五，后三月相当于我国的六月十六至九月十五。前代的经律翻译者，或者称之为坐夏，或者称之为坐腊，这都是因为边远地区的居民，不懂中印度的标准语音，或者由于不通方言，以致误译。此外尚有推算如来投胎、诞生、出家、成佛、涅槃的日期，都有不同说法，将在下文谈及。

宫　室

1.5　若夫邑里闾阎①，方城广峙；街衢巷陌②，曲径盘迂。阛阓③当涂，旗亭④夹路。屠、钓⑤、倡⑥、优⑦、魁脍⑧、除粪，旌⑨厥宅居，斥之邑外，行里往来，僻于路左。至于宅居之制，垣郭之作，地热卑湿，城多垒砖，暨诸墙壁，或编竹木，室宇台观，板屋平头，泥以石灰，覆以砖墼⑩。诸异崇构，制同中夏。苫茅苫草，或砖或板，壁以石灰为饰，地涂牛粪⑪为净，时花散布，斯其异也。诸僧伽蓝，颇极奇制。隅楼四起，重阁三层，椽栌⑫栋梁，奇形雕镂，户牖垣墙，图画众彩。黎庶之居，内侈外俭。隩⑬室中堂，高广有异，层台重阁，形制不拘。门辟东户，朝座东面。至于坐止，咸用绳床⑭。王族、大臣、士庶、豪右，庄饰有殊，规矩无异。君王朝座，弥复高广，珠玑间错，谓师子床⑮，敷以细氎，蹈以宝几。凡百庶僚，随其所好，刻雕异类，莹饰奇珍。

【注释】

①　闾阎，在此泛指居民住宅。闾，原义为"里门"；阎，原义为"里中门"。后则引申而指称里巷及民家。《史记·李斯传》："李斯以闾阎历诸侯，入事秦。"

②　陌，原指田中小路；东西为陌，南北为阡。在此则指市内街道。《后汉书·蔡邕传》："车乘日千余两，填塞街陌。"

③ 阛阓，在此作"市肆"解。阛，原义市垣，即市区围墙；阓，原义市区之外门。后则引申为市井、市肆。

④ 旗亭，即市楼。《史记·三代世表》："臣为郎时，与方士考功会旗亭下。"《正义》云："《西京赋》曰：'旗亭五重。'薛琮曰：'旗亭，市楼也。立旗于上，故取名焉。'"又，《集异记》："开元中，诗人王昌龄、高适、王之涣齐名。……一日，天寒微雪，三诗人共诣旗亭，贳酒小饮。"

⑤ 钓，当是"钓户"之略，指以捕鱼为生者，即渔民。王建《寄旧仙僧》诗："猎人箭底求伤雁，钓户竿头乞活鱼。"

⑥ 倡，当是倡女、倡伎或倡妓之略。但是古代"倡伎"的概念与近代颇有区别，即，她们的主要职业是在酒席间以歌舞助兴，而不是以卖身为主。《后汉书·梁冀传》："多从倡伎，鸣钟吹管，酣讴竟路。"又，《旧唐书·天竺国传》云："（中天竺）百姓殷乐……家有奇乐倡伎。"

⑦ 优，是为优人、俳人之略，即乐人。《琅琊代醉编·优人》："咸通中，优人李可及，滑稽谐戏，独出辈流，虽不能托讽谕，然巧智敏捷，亦不可多得。"

⑧ 魁脍，当是指行刑者。脍，谓细切肉；在此则似为"脍人"的引申义。《新唐书·朱粲传》："确醉，戏粲曰：'君脍人多矣，若为味？'粲曰：'嗜醇酒人，正似糟豚。'确悸，骂曰：'狂贼，归朝乃一奴耳，复得噬人乎？'粲惧。"

⑨ 旌，旗帜，在此用为动词，谓以旗帜标志出上述各行业人员的住宅。在古印度，这类人均属社会中的最低等级——贱民，不能与其它等级的人杂居，所以《西域记》作这样的描述。

⑩ 墼，未烧的砖坯。《说文通训定声》："墼，一曰未烧者也。今俗云土墼是与垒同谊。"

⑪ 牛粪，梵文 gomaya 的意译；音译作瞿磨夷、巨磨。印度风俗以牛粪为最清净者，净物必用之。密教的仪轨也仿效之，以牛粪涂坛去污秽为法。《大日经疏》卷四："牛栏者，西方聚落，牧牛共在一处，去村或十里、五里。既积多时，牛屎尿遍地重积。梵俗以为净。"又，叙述造坛之法云："如此次第除诸过已，细治所掘之土，稍稍填之，润以牛液，筑令坚固，平正犹如手掌。次用瞿摩夷、瞿模怛罗和合涂之。若浅略释者，此是牛粪及液为顺彼方俗以为清净故。"

⑫ 橡桷，即屋椽与屋檐。《说文》："橡，秦名为屋椽，周谓之橡，齐鲁谓之桷。"《方言》卷十三："屋桷谓之榱。"郭璞注云："雀桷即屋檐也。"

⑬ 陕，通奥，谓深，谓隐，谓藏；在此则引申其义，"陕室"即是内室。

⑭ 绳床，释见卷一 4.8 注 ④。

⑮ 师子床，又称师子座，梵文 simhāsana 的意译。原为佛之坐处，亦指君王之座。《智度论》卷七："是号名师子，非实师子也。佛为人中师子，佛所坐处，若床若地，皆为师子座。譬如今者，国王坐处亦名师子座。"《探玄记》卷二："依《智论》，佛为人中师子。佛所坐处，若床若地，皆名师子座。……又坐此座说无为师子吼法，是故亦名师子座。"

【译文】

至于居民住宅地区，则有方形城墙，高峻厚实；大街小巷，曲折盘绕。市肆遍布路口，店楼林立道旁。屠户、渔夫、倡伎、乐人、行刑者、清道夫，他们的居处则有特殊标帜，被驱逐在城廓之外；若在市内行走，只能避于道左。住宅构造和城垣建筑情况如次：地势低下，空气潮湿；城墙大多用砖砌成，房屋墙壁，或用竹木编成，厅堂楼台，则以木板铺顶，涂上石灰，外复砖坯。有的甚为高大，形制同于中国。屋顶使用茅草铺设,然后盖上砖头、木板,墙壁则用石灰涂饰,地面却以牛粪涂布,以为这样便是洁净,并在地面撒上鲜花,这是异于中国之俗。各处佛寺,风格奇特,四角建有高楼,楼阁则有三层,屋椽、屋檐、屋梁,雕刻奇妙图案,门户、窗户、墙壁,绘画众多彩图。平民百姓住宅,内部装饰华丽,外表清雅朴素;内室中堂,高矮宽窄不同,亭台楼阁,风格互有区别。门户东向而开,王座也朝东方。至于座椅,则都使用绳床。王室、大臣、百姓、豪门大族,所用绳床的装饰各不相同,但是绳床式样,则都没有差别。君主宝座,更为宽大,镶嵌珠宝,称作师子床,床面铺有细毛布,足下设有搁脚凳。大臣百官,各自根据爱好,在座椅上雕刻各种事物,嵌饰奇珍异宝。

衣　饰

1.6　衣裳服玩[①],无所裁制,贵鲜白,轻杂彩。男则绕腰络腋,横巾右袒,女乃襜衣[②]下垂,通肩总覆。顶为小髻,余发垂下。或有剪髭,别为诡俗。首冠花鬘[③],身佩璎珞[④]。其所服者,谓憍奢耶[⑤]衣及氎布等。憍奢耶者,野蚕丝也;蒭摩[⑥]衣,麻之类也;㤭钵罗[⑦]衣,织细羊毛也;褐剌缡[⑧]衣,织野兽毛也。兽毛细软,可得缉绩,故以见珍,而充服用。其北印度,风土寒烈,短制褊衣,颇同胡服。外道服饰,纷杂异制,或衣孔雀羽尾,或饰髑髅璎珞,或无服露形,或草板掩体,或拔发断髭,或蓬鬓椎髻,裳衣无定,赤白不恒。沙门[⑨]法服,惟有三衣[⑩]及僧却崎[⑪]、泥嚩些桑固反。那[⑫]。三衣裁制,部执不同,或缘有宽狭,或叶有小大。僧却崎唐言掩腋。旧曰僧祇支,讹也。覆左肩,掩两腋,左开右合,长裁过腰。

泥嚩些那_{唐言裙。旧曰涅槃僧，讹也。}既无带襻^⑬，其将服也，集衣为褔^⑭，束带以绦，褔则诸部各异，色乃黄赤不同。刹帝利、婆罗门清素居简，洁白俭约。国王大臣服玩良异，花鬘宝冠以为首饰，环钏璎珞而作身佩。其有富商大贾，唯钏而已。人多徒跣，少有所履。染其牙齿，或赤或黑，齐发穿耳，修鼻大眼，斯其貌也。

【注释】

① 服玩，原谓器用玩好之品。《南史·鱼弘传》："（鱼弘有）侍妾百余人，不胜金翠，服玩车马，皆穷一时之惊绝。"《颜氏家训·风操》："男则用弓矢纸笔，女则刀尺针缕，并加饮食之物及珍宝服玩，置之儿前，观其发意所取，以验贪廉愚智，名之为试儿。"但《西域记》在此是在叙述衣饰时提及"服玩"的，故当作"服饰"、"服章"解，犹言装束规定。

② 襜衣，系在衣服前面的围裙。《诗经·小雅·采绿》："终朝采蓝，不盈一襜。"朱熹注云："衣蔽前谓之襜，即蔽膝也。"又，《金史·舆服志下》："妇人服襜裙，多以黑紫，上编绣全枝花，周身六襞积。"

③ 花鬘，即花环，多见于佛家之身、首装饰。《酉阳杂俎·贝编》："天女九退相：一皮缓，二头花散落……又唇动不止，璎珞花鬘皆重。"

④ 璎珞，梵文 keyūra 的意译；音译作枳由罗、吉由罗。印度风俗，凡贵族男女，皆缀珠玉以为颈饰。《法华经·普门品》："解颈众宝珠璎珞，价值百千两金，而以与之。"又，同书《信解品》："即脱璎珞、细软上服、严饰之具，更着粗弊垢腻之衣。"

⑤ 憍奢耶，又作憍舍耶、憍尸衣、高世耶，梵文 kauśeya 的音译。意译为野蚕丝；亦为以野蚕丝所作之衣名。玄应《音义》卷一："憍奢邪，

此译云藏，旧译云虫，谓蚕在茧中，此即野蚕也。用野蚕丝线作衣者，憍奢邪衣也，"《饰宗记》卷五："今三藏云，高世耶者，即是野蚕之名。此蚕不养，自生山泽。西国无桑，多于酢果树上而食其叶。其叶皓白，粗如姆指，长二三寸，月余便老。以叶自裹，内成其茧，大如足指，极为坚硬。屠人采之，取热成绢，其绢极牢，体不细滑。"

⑥ 菆摩，梵文 kṣauma 之音译；意为麻。菆摩衣即是麻制的衣服。

⑦ 颭钵罗，一作颣钵罗、钦钵，梵文 kambala 的音译，义为羊毛。慧琳《音义》卷八十二："（颭钵罗衣，）梵语，上好衣名，纤细羊毛衣也。"

⑧ 褐刺缡，语原不详。似为兽毛织成之防雨衣（见堀谦德《解说》，第 123—124 页）。《慈恩传》卷五："鸠摩罗王亦施众珍，法师皆不纳。唯受鸠摩罗王曷刺厘帔（即粗毛下细者所作），拟在涂防雨。"

⑨ 沙门，亦作沙门那、室罗末拿、娑门、桑门、丧门等，梵文 śramaṇa 的音译；意译作勤劳、功劳、劬劳、静志、净志、息止、息心、息恶、勤息、修道、贫道、乏道等。原为古印度反婆罗门教思潮各个派别出家者的通称；至佛教盛行后，便往往用来专指佛教僧侣。《注维摩经》："肇曰：沙门，出家之都名也。秦言义训勤行，勤行趣涅槃也。""什曰：佛法及外道，凡出家者皆名沙门。"《释门归敬仪》卷上："沙门，或云桑门、沙门那，并是天竺道士之佳号。俗中之常目，亦是彼国修净行者。此云净志，以义目之。"

⑩ 三衣，为佛僧的法服：一，僧伽梨（saṇghāti），意译"众聚时衣"；二，郁多罗僧（uttarāsaṇga），意译"上衣"；三，安陀会（antarvāsaka），意译"中着衣"，衬体而着。三衣均为方形，以许多小片缝缀而成，随其条数而有区分：五条为安陀会，七条为郁都罗僧，九条以上为僧伽梨。

⑪ 僧却崎，释见卷一 3.5 注 ⑪。

⑫ 泥嚩些那，一作泥缚些那、泥伐散娜、泥婆娑等，梵文 nivāsana 之音译；意译作"禅裙"。是为佛僧之方裙，系在腰部。

⑬ 襻，谓系住钮扣之围套。

⑭ 褔，犹言衣之襞积，亦即褶叠。

【译文】

内外服装，都不缝裁，崇尚白色，轻视杂色。男子腰间绕一布条，上抵腋下，横搭左肩，袒露右肩；女子则围裙下垂蔽膝，上衣覆盖双肩。头顶梳成小髻，其余头发披下。有人剃去胡须，或者更有奇俗。头上戴着花环，身上佩饰珠链。他们所穿的，称为憍奢耶衣及细毛布衣等等。所谓憍奢耶，即是野蚕丝；蒭摩衣，属布麻类衣服；𧝓钵罗衣，由细羊毛织成；褐剌缡衣，由野兽毛织成。兽毛又细又软，可以纺织，因此受人珍视，作为衣服使用。北印度，气候酷寒，流行短式紧身衣服，类似于胡人服装。外道人士的服饰，繁杂纷多，形制各异，或者以孔雀羽尾为衣，或者以头骨项链为饰，或者一丝不挂，裸露全身，或者用草和板，遮蔽躯体，或者拔去头发，剪短胡子，或者鬓发蓬散，头顶扎髻；衣裳形制颇多变易，红、白色彩也不固定。沙门的法服，只有三衣和僧却崎、泥嚩些那。三衣的裁制，各个部派互有差别，或者贴边宽狭不同，或者褶页大小相异。僧却崎（唐语称为"掩腋"，旧名僧祇支，误）覆盖左肩，掩蔽两腋，左开右合，长度刚好过腰。泥嚩些那（唐语称作"裙"。旧名涅槃僧，误）由于没有扣套，故而穿着之时，将衣收拢褶叠，再用丝带束缚；不同部派的褶叠各异，色彩则有黄、白区分。刹帝利、婆罗门清廉朴素，淡泊节俭。国王大臣的服饰则迥然有别，花环宝冠作为头饰，镯头珠链作为身饰。至于富商大贾，则仅戴镯头。居民大多赤脚，很少穿鞋。牙齿染色，或红或黑，头发剪平，耳朵穿孔，鼻子高挺，眼睛甚大，这即是他们的相貌。

馔　食

1.7　夫其洁清自守，非矫^①其志。凡有馔食，必先盥洗，残宿不再，食器不传；瓦木之器，经用必弃；金、银、铜、铁，每加摩莹。馔食既讫，嚼杨枝而为净^②。澡漱未终，无相执触。每有溲溺，必事澡灌。身涂诸香，所谓旃檀^③、郁金^④也。君王将浴，鼓奏弦歌。祭祀拜祠，沐浴盥洗。

【注释】

①　矫，在此为矫正之义。《说文通训定声》："矫，揉箭箝也，从矢，乔声，正曲使直。"《荀子·性恶篇》："用此观之，然则人之性恶明矣，其善者伪矣。故枸木必将待檃栝烝矫然后直。"而这里的"非矫其志"一语正是针对荀子此说而言的；盖谓印度人"洁清自守"的"善"乃是出于天性，而不是后天外力的矫正所致。

②　关于"嚼杨枝"，释见卷一 4.10 注 ④。

③　旃檀，亦作旃檀娜，梵文 candana 的音译；意译"与乐"。此即中国通常所说的檀香木，据说因产自形似牛头的南印度摩罗耶山，故又名牛头旃檀。慧苑《音义》卷上："旃檀，此云与乐。谓白檀能治热病，赤檀能去风肿，皆是除疾身安之乐，故名与乐也。"《广东新语·香语》："岭南亦产檀香。……竺法真谓，元嘉末，有人于罗山见一树，大三丈余围，辛芳酷烈。其间枯条数尺，援而刃之，乃白旃檀也。比年三水县西北百余里，有香树一株，大七八丈围，其干至四丈乃发枝，垂阴二亩，通体纯

白。土人称白银香,盖白檀也。"

④ 郁金,草名,即郁金香,梵文 kuṇkumaṃr 的意译;音译作茶矩磨。《名义集》卷三:"茶矩磨,此云郁金。《周礼·春官》:'郁人采以鬯酒。'《说文》云:'郁金,草之华,远方所贡芳物。郁人合而酿之,以降神也,宗庙用之。'"

【译文】

他们自觉遵守教规,品行端正,并非因外力强迫所致。每逢进食,必定首先盥洗,隔宿的剩菜残羹,不再食用,饮食器皿,不相借用;陶质、木质食具,用后即予抛弃,金、银、铜、铁食器,经常擦拭打光。进食完毕,咀嚼杨枝,清洁口腔。沐浴嗽洗结束之前,相互之间绝不接触。大小便后,必定清洗。身上涂抹各种香料,例如旃檀、郁金等等。君王沐浴之前,则要鼓乐齐鸣。举行祭祀礼拜,也须沐浴盥洗。

文 字

1.8　详其文字,梵天所制,原始垂则,四十七言^①。寓物合成,随事转用。流演枝派,其源浸广,因地随人,微有改变,语其大较,未异本源。而中印度特为详正,辞调和雅,与天同音,气韵清亮,为人轨则^②。邻境异国,习谬成训,竞趋浇俗,莫守淳风。

至于记言书事,各有司存。史诰总称,谓尼罗蔽荼^③,唐言青藏。善恶具举,灾祥备著。

【注释】

① 关于古印度文字的创造者,有几种不同的传说,其中之一便是

"梵天说"。梵天,即大梵天王或梵王。按佛教之传说,色界之初禅天脱离欲界的淫欲,寂静清净;其中有三天:梵众天、梵辅天、大梵天(Mahābrahman)。大梵天的君主即是大梵天王(或梵王),名叫尸弃(Śikhin),深信正法;每逢佛出世,必最初来请转法轮,又常住佛之右边,手持白拂。然而,这只是佛教产生后所借用和发展的梵王形象。他在最初乃是婆罗门教的创造神,与湿婆、毗湿奴并称为婆罗门教中的三大神。婆罗门教认为世界万物(包括神、人)都由梵天所创造,故梵天被视为始祖。《摩奴法典》说,梵天出自"金胎"(梵卵),并将卵壳分成两半,创造了天、地,然后创造了十个生主,由他们继续完成创造工作。据说梵天原有五个头,后被湿婆毁去一个,剩下四个面向四方。梵天的四只手则分别持有吠陀经典、莲花、匙子、念珠或钵。印度古文字"梵文"即是因相传为梵天所说之书,遂有其名。书体右行,乃古今印度文字之本源。玄奘在此谓"四十七言",当是指梵文十四个元音加上三十三个辅音,两个辅助音(送气音 ḥ 和鼻化音 ṃ)则不计在内。

② 由于印度地广语杂,故玄奘始终以中印度语音为标准。他常称之为"中国正音"。

③ 尼罗蔽荼,梵文 Nilapiṭa 的音译;义为"青色文藏"。是为古印度史册、官方文书记录的总称。

【译文】

细究印度文字,则为梵天所创,最初制定规则,共有四十七个字母。字母合成词汇,表达事物名称,随事而异,辗转运用。流布演变,分枝生派,词语内容,日益广泛,随着地区、居民不同,文字则也稍有变异,但是大体说来,均未脱离本源。中印度的语言特别详备正确,其声调和谐文雅,同于天神之音,吐字清晰洪亮,成为众人典范。相邻地区及其它各国则对谬误习以为常,竟然作为正确解释,竞相仿效不正之俗,并不遵守淳朴之风。

至于言、行的记载,则各有专职掌管。史书文告,称为尼罗蔽荼(唐语称作"青藏"),善事恶行,全都罗列,灾祸吉祥,亦均详录。

教　育

1.9　而开蒙诱进,先导十二章①。七岁之后,渐授五明②大论:一曰声明③,释诂训字,诠目疏别。二工巧明④,伎术机关,阴阳历数。三医方明⑤,禁咒闲邪,药石针艾。四曰因明⑥,考定正邪,研核真伪。五曰内明⑦,究畅五乘⑧因果妙理。

其婆罗门学四吠陀⑨论:旧曰毗陀,讹也。一曰寿,谓养生缮性。二曰祠,谓享祭祈祷。三曰平,谓礼仪、占卜、兵法、军阵。四曰术,谓异能、伎数、禁咒、医方。

师必博究精微,贯穷玄奥,示之大义,导以微言,提撕⑩善诱,雕朽励薄。若乃识量通敏,志怀逋逸⑪,则拘絷反关,业成后已。

年方三十,志立学成,既居禄位,先酬师德。其有博古好雅,肥遁居贞⑫,沉浮物外,逍遥事表,宠辱不惊,声闻已远,君王雅尚,莫能屈节。然而国重聪睿,俗贵高明,褒赞既隆,礼命亦重。故能强志为学,忘疲游艺,访道依仁,不远千里。家虽豪富,志均羁旅,口腹之资,巡匄⑬以济,有贵知道,无耻匮财。娱游、惰业、媮食、靡衣⑭,既无令德,又非时习，耻辱俱至，丑声载扬。

【注释】

① 十二章，即悉昙（Siddham）章。是为儿童初学的课本，讲述字母、拼法、连声等基本语法知识。《演密钞》卷六："梵语悉昙，此云成就。准声明中即是男声，八转声中属于业声。业谓造作，以此为本而能成办诸章文字及名句等，故云成就。"

② 五明，梵文 pañcavidyā 的意译，是为佛教教授学徒的五门学问。《菩萨地持经》卷三："明处者有五种。一者内明处，二者因明处，三者声明处，四者医方明处，五者工业明处。此五种明处，菩萨悉求。"明，阐明之义，各开阐其理而证明之；又，明为"智"的异名，各依其学而得其智，故曰明。

③ 声明，梵文 śabdavidyā 的意译；音译作摄拖苾驮。明语言文字，即是研究文字、音韵和语法的学问。《探玄记》卷十二："声论治软智，以解了文章声字生胜智故。"

④ 工巧明，又作巧业明，梵文 śilpakarmavidyā 的意译。明工艺、技术、算历等，即是研究工艺、数学、天文、星象、音乐、美术，以至于有关日常衣食住行的科学技术和艺术的学问。《演密钞》卷四："文笔赞咏、歌舞妓乐，悉善其事；国城村邑、宫宅园苑、泉流陂池、草树花药，凡所布列，咸得其宜；金银摩尼、真珠琉璃、珊瑚等藏，悉知其处，出以示人；日月星宿、鸟鸣地震、夜梦吉凶、身相休咎，咸善观察，一无错谬，工巧明也。"

⑤ 医方明，梵文 cikitsāvidyā 的意译。明医术，即指研究印度古代医学的学问。

⑥ 因明，梵文 hetuvidyā 的意译；音译作醯都费陀。明考定真邪、

诠考真伪的理法，即是研究推理证明的学问，包括逻辑学和认识论（量论）两部分。《因明大疏》卷上："明此因义，故名因明。"

⑦ 内明，梵文 adhyātmavidyā 的意译。明自家之宗旨，即是研究佛教哲学的学问。《瑜伽论》卷三十八："诸佛语言，名内明论。"佛教以三藏十二部教为内明。

⑧ 五乘，谓使人到达其果地的五种教法。关于五乘的具体名号，有六种说法。其中之一是：一，人乘，乘五戒之行法而生于人间者；二，天乘，乘十善之行法而生于天上者；三，声闻乘，乘四谛之行法而到达阿罗汉果者；四，缘觉乘，乘十二因缘之行法而到达辟支佛果者；五，菩萨乘，乘六度之行法而上于佛果者。

⑨ 吠陀，又作韦陀、围陀、毗陀、皮陀等，Veda 之音译；意译作明智、明分等。是为印度最古老的圣典，集雅利安民族从中亚草原下至印度五河流域，占据雪山西麓、恒河流域期间的赞歌；也是婆罗门教的根本圣典，最早的约成书于公元前 15—10 世纪期间。所谓的"四吠陀"乃是：一，《梨俱吠陀》（Ṛgveda），集上古之赞美歌，共 10 卷，1017 篇，10580 颂；二，《夜柔吠陀》（Yajurveda），集四时祭祀之仪式、咒语，其中的咒文均为散文；三，《娑摩吠陀》（Sāmaveda），集赞歌而配音乐者，供祭祀时用，共 1549 颂，其中除 78 颂外，余皆为《梨俱吠陀》的赞歌；四，《阿闼婆吠陀》（Atharvaveda），集禳灾禁咒、日常祈祷修法的祭歌，共 27 卷，760 篇，6000 颂。

⑩ 提撕，使警觉之意，通常指教导弟子，使之警悟。《颜氏家训·序致》："吾今所以复为此者，非敢轨物范世也，业以整齐门内，提撕子孙。"

⑪ 逋逸，逃遁之意。《文选》陈琳《檄吴将校部曲文》："韩约马超，逋逸迸脱，走还凉州，复欲鸣吠。"这里的"逋逸"则指学生逃学。

⑫ 肥遁，意谓乐于隐居。《文选》夏侯湛《东方朔画赞》"矫矫先生，肥遁居贞"注云："向曰：肥，犹乐也；遁，隐。"贞，通"正"，则"守贞"犹言守正不阿。《三国志·蜀书·谯周传》注引桓温表文云："窃闻巴西谯秀，植操贞固，抱德肥遁，扬清渭波。"

⑬ 匃，同"丐"。

⑭ 婾食靡衣，一作靡衣婾食，"婾"有苟且、怠惰义，故在此谓穿着华丽衣服，苟且贪图于鲜美饮食。《汉书·韩信传》："名闻海内，威震诸侯，众庶莫不辍作怠惰，靡衣婾食，倾耳以待命者。"师古注云："辍，止也。靡，轻丽也。婾与偷字同。偷，苟且也。言为靡丽之衣，苟且而食，恐惧之甚，不为久计也。"

【译文】

儿童启蒙，引其入门，则先教悉昙十二章。七岁以后，逐步讲授五明大论：第一称为声明，旨在解字释义，分门别类。第二称为工巧明，教授技术机巧，天文历算。第三称为医方明，利用咒语制邪，研究草药针灸。第四称为因明，确定学说的正邪，考定理论的真假。第五称为内明，研究五乘的因果与精妙道理。

婆罗门则学四吠陀论（旧称毗陀，误）：第一称为寿，意指养生修性之道。第二称为祠，意指祭祀祈祷。第三称为平，意指礼仪、占卜、兵法、阵法。第四称为术，意指特异技能、驱邪咒语，以及医药处方。

老师必须广泛研究精微义理，深入探索奥妙玄旨，用精微佳妙之言，向学生展示圣典的正道要义，使学生警悟大道，循循善诱，犹如将腐朽之木雕刻成器，将金属薄片磨成利刃。如果卓有胆识度量的机变聪明者，意欲逃避艰苦认真的学习，老师则将他们拘禁在屋里，直到其学成为止。

学生到三十岁，志向既定，学业也成，如果身居官职，也得先谢师恩。有的学生崇尚古风，爱好清雅，乐于隐居，守正不阿；逍遥自在，置身于世俗事务之外，立身行事，并不受人间荣辱影响；声誉传播远方，即使君王十分欣赏，也未能迫使他们来朝。然而国家重视聪慧之士，习俗崇尚饱学之人，奖励赞扬，尊敬之极，礼敬有加，推崇备至。所以人们能够矢志求学，不顾劳累，努力学艺，寻访有道之士，归依仁爱之人，纵行千里，也不以为远。家中虽然巨富，却都立志远游，日常饮食，也靠各地乞讨而得；他们注重追求真理，却都不以贫穷为耻。至于有人只想游乐，懒懒散散，苟且贪食，衣着华贵，既无德行，又无技艺，则会导致一切耻辱，丑名远扬。

佛　教

1.10　如来理教①，随类得解，去圣悠远，正法醇醨②，任其见解之心，俱获闻知之悟。部执③峰峙，诤论波腾，异学专门，殊途同致。十有八部，各擅锋锐；大小二乘④，居止区别。其有宴默⑤思惟，经行⑥住立，定慧⑦悠隔，喧静良殊，随其众居，各制科防。无云律、论⑧，絓是佛经，讲宣一部，乃免僧知事⑨；二部，加上房资具；三部，差侍者祇承⑩；四部，给净人⑪役使；五部，则行乘象舆；六部，又导从周卫。道德既高，旌命亦异。时集讲论，考其优劣，彰别善恶，黜陟⑫幽明。其有商榷微言，抑扬妙理，雅辞赡美，妙辩敏捷，于是驭乘宝象，导从如林。乃至义门⑬虚辟，辞锋挫锐，理寡而辞繁，义乖而言顺，遂即面涂赭垩⑭，身坌尘土，斥于旷野，弃之沟壑。既旌淑慝⑮，亦表贤愚。人知乐道，家勤志学。出家归俗，从其所好。罹咎犯律，僧中科罚，轻则众命诃责，次又众不与语，重乃众不共住。不共住者，斥摈不齿，出一住处，措身无所，羁旅艰辛，或返初服⑯。

【注释】

① 理教，原为天台宗所分"界内二教"和"界外二教"中的更深层次的成佛法门之名称。对于沉沦三界之中的众生教授断见、思二惑，出离三界之法门，称为界内教，其中包括藏教和通教。藏教重事相之谈，究理浅薄，故称事教；通教事相之谈较逊，而穷理稍深，故称理教。又，对于已断见、思二惑，出离三界，于界外净土受变易生死的法身菩萨教授断无明而成佛之法门，称为界外教，其中包括别教和圆教。别教分别无量之事法，以便于学者悟理，故名事教；圆教不借助于譬事，而直谈一切万法为中道实相之妙理，故名理教。则是指"理教"为更高级的说法谈理教授方式。《西域记》在此并非特指通教和圆教，而是泛指如来的精妙佛法讲授。

② 醇醨，谓酒味之厚薄，厚者曰醇，薄者曰醨。《旧唐书·德宗纪下》："然而王霸迹殊，淳（醇）醨代变，揆时而理，斟酌斯难。"在此以"醇醨"譬喻世人对佛法理解的深浅。

③ 释迦逝世以后，原始佛教大分裂，形成许多教团派别，称为部派或部执。首先是所谓的"根本分裂"，即分裂成上座部和大众部；其次是"枝末分裂"，即形成小乘十八部或小乘二十部。南传佛教谓小乘十八部，即大众、牛家（鸡胤）、多闻、说假、一说、制多山、上座、化地、说一切有、饮光、说转、经量、法藏、犊子、法上、贤胄、六城（密林山）、正量

这样十八部。北传佛教则谓二十部。

④ 大乘，梵文 Mahāyāna 的意译；音译作摩诃衍、摩诃衍那等。摩诃义"大"，衍那义"乘载"或"道路"。1 世纪左右形成的佛教派别，自称能运载无量众生从生死大河的此岸到达菩提涅槃的彼岸，成就佛果，并贬称原始佛教为"小乘"（梵文 Hīnayāna 的意译；音译作希那衍或希那衍那）。大、小乘佛教的主要区别是：小乘将释迦视为教主；大乘则提倡三世十方有无数佛，并进一步神化佛陀。小乘追求个人自我解脱，以灰身灭智、证得阿罗汉为最高目标；大乘则宣传大慈大悲、普渡众生，以成佛度世，建立佛国净土为最高目标。小乘只否定人我之实在性；大乘则还否定法我之实在性。小乘着重于三十七道品的宗教道德修行；大乘则倡导以六度为内容的菩萨行。

⑤ 宴默，安然沉默之意。《三藏法数》卷四："默者，无言也，默必对说。诸佛、菩萨，或说或默，皆能显于妙理。"

⑥ 经行，修行之一法。旋绕往来，或直去直来，既防坐禅时的困倦，又为养身疗病之法。《寄归传》："五天之地，道俗多作经行。直去直来，唯遵一路。随时适性，勿居闹处，一则痊屙，一能销食。……若其右绕佛殿，旋游制底，别为生福，本欲虔恭。经行乃是销散之仪，意在养身疗病，旧云行道，或曰行经。"

⑦ 定、慧，是佛门修行的两种方法。摄乱意，止心于一境，不使散动，称为定。观察洞照事理，决断疑念，摆脱世间一切诱惑烦恼，称为慧。是为修行之根本法门。《六波罗蜜多经》："佛果大菩提，定慧为根本。"《六祖坛经》："师示众云：善知识，我此法门，以定慧为本。"但是诸部派对于二法互有偏重，各执一辞。故在此有"定慧悠隔"之语。

⑧ 律、论，即是佛教典籍总称"三藏"中的后二藏：律藏、论藏。

藏，原义为盛放物品的竹箧；故"三藏"（梵文 tripiṭaka）有"类书"之义。它将佛教典籍分为三个部分：素怛览藏，或修多罗藏（梵文 sūtrapiṭaka），义为经藏，集佛陀超度世人的学说，说定学；毗奈耶藏，或毗尼藏（梵文 vinayapiṭaka），义为律藏，集有关佛僧之戒律和组织的经籍，说戒学；阿毗达磨藏，或阿毗昙藏（梵文 abhidharmapiṭaka），义为论藏，集讨论佛教伦理制度中心理现象的经籍，说慧学。

⑨ 知事，梵文 karmadāna 的意译；音译作羯摩陀那、羯磨陀那。是为僧院司事务僧之总名。禅院的诸种职司模仿朝廷官制，分成东、西两班。都寺、监寺、副寺、维那、典座、直岁诸役为东班；东班成员便称为知事。《僧史略》卷中："案西域知事僧总曰羯磨陀那，译为知事，亦曰悦众，谓知其事悦其众也。稽其佛世，饮光统众于灵鹫，身子莅事于竹林。及沓婆摩罗年甫十六已证应真，其后念身不牢固，请为僧知事。"

⑩ 祇承，同祇奉，即敬奉之意。《尚书·大禹谟》："文命敷于四海，祇承于帝。"阮籍《大人先生传》："又焉得挟金玉万亿，祇奉君上而全妻、子乎？"

⑪ 净人，谓奉侍比丘僧之俗人；其人解比丘之"净语"，故名。比丘的指令总是符合戒律，所以称之为净语。《资持记》卷中："知属前人，净在比丘。由解斯义，故号净人。"

⑫ 黜陟，谓退降和升进人材（黜，罢黜、贬谪；陟，提升）。《尚书·舜典》："三载考绩，三考黜陟幽明。"蔡沈注云："考，核实也。三考，九载也。九载，则人之贤否，事之得失可见，于是陟其明而黜其幽。赏罚分明，人人力于事功。"

⑬ 义门，犹言义居，指尚义之门族。《宋史·孝义传》："陈崇为江州长史，益置田园，为家法戒子孙……南唐又为立义门，免其徭役。"但

是这里的"义门"则是指佛教的某种学说理论；故"义门虚辟"意谓徒然用经不起推敲的学说理论来欺世盗名。

⑭ 赭垩，即丹垩，谓赤土与白土。《汉书·司马相如传》："其土则丹青赭垩，雌黄白坿。"

⑮ 淑慝，即善恶。《尚书·毕命》："旌别淑慝，表厥宅里。彰善瘅恶，树之风声。"蔡沈注云："淑，善；慝，恶；瘅，病也。旌善别恶，成周今日由俗革之政也。表异善人之居里，如后世旌表门闾之类，显其为善者，而病其为不善者。以树立为善者风声，使显于当时，而传于后世，所谓旌淑也。"

⑯ 初服，同初衣，原指未仕时的服饰。《文选》潘岳《西征赋》："反初服于私门。"这里的"初服"则是指出家前的服装，即世俗衣饰。

【译文】

如来所说的深奥佛理，不同的人对其理解各异，现在距圣者释迦的时代已经十分久远，对于纯正佛法理解的深浅，全都取决于各人的内在见解，以及对于知识的悟性高低。如今部派林立，相互对峙，争论激烈，犹如狂涛，对于同一教义有种种异说，方法虽然相异，但是目标归一。十八部派，都想独占魁首；大乘、小乘，教义也有区别。修行之时，有人沉默思考，有人行走站立；禅定、智慧二法，其间相去甚远，喧闹、寂静二者，也有很大差别；于是各个僧团，自行制订条规。无论律藏、论藏，只要属于佛经，能讲其中一部，就可免司劳役杂务；能讲其中二部，奖励优等房屋用具；能讲其中三部，即有侍者听候差遣；能讲其中四部，专门净人供其役使；能讲其中五部，便可乘坐象载车舆；能讲其中六部，象车之外再加护卫。道行高超之人，褒奖方式不同寻常。僧人经常聚会，讲演评论，考核理论之优劣，鉴别行为之善恶，贬斥愚昧者，提升贤明者。如果有人能够研讨精微辞句，评说精妙义理，语言高雅瑰丽，论辩清晰敏捷，则能乘坐宝象，扈从簇拥。至若有人用虚假的学说欺世盗名，论辞被人驳倒，说理少而废话多，曲解真实含义而只有好听言语，则被人在脸上涂抹红土、白土，在身上扬洒尘土，驱逐至荒野之中，丢弃于沟壑之间。褒扬善良，惩戒邪恶，表彰贤士，贬斥蠢人。因此，人们都乐于修道，在家中勤勉学习佛法，无论出家或者在家，全都听凭各人爱好。如果违犯戒律，僧团即加处罚，轻者众人申斥，进而众人不与交谈，重者众人不与同居。如果到达众人不与之同居的地步，则已为人不齿，处处遭人排斥；若被逐出住所，他便无地栖身，只能到处流浪，备尝各种艰辛，或者脱下僧服，重新再当俗人。

族　姓

1.11 若夫族姓[①]殊者，有四流焉：一曰婆罗门[②]，净行[③]也，守道居正，洁白其操。二曰刹帝利[④]，王种也，旧曰刹利，略也。奕世君临，仁恕为志。三曰吠奢[⑤]，旧曰毗舍，讹也。商贾也，贸迁有无，逐利远近。四曰戍陀罗[⑥]，旧曰首陀，讹也。农人也，肆力畴陇，勤身稼穑。凡兹四姓，清浊殊流，婚妻通亲，飞伏[⑦]异路，内外宗枝，姻媾不杂。妇人一嫁，终无再醮。自余杂姓，实繁种族，各随类聚，难以详载。

【注释】

①　族姓，即种姓，这是自古以来印度特有的社会等级制度。其名称有好几个：梵语称 Varna（今通常译作"瓦尔那"，义为"色"）；印地语作

Jāti（古译"阇提"）；葡萄牙人东来以后，称之为 Casta（今通常译作"卡斯特"，义为"族姓"、"出身"，源自拉丁语 Castus，义为"血液纯洁"）。《梨俱吠陀》卷十《原人歌》说，原人有千头、千眼、千足，是"现在、过去、未来的一切"以及"不朽的主宰"，从其口生出婆罗门，从其双臂生出刹帝利，从其双腿生出吠舍，从其双足生出首陀罗。从而明确地标出了种姓制度中的四大阶层，即四个"瓦尔那"。四个瓦尔那都有自己特有的识别颜色：婆罗门为白色，刹帝利为红色，吠舍（奢）为棕色，首陀罗为黑色。

通常认为，印度种姓制度产生于奴隶制国家形成的过程中，与阶级社会的社会分工有关。其特征是：甲、职业世袭；乙、按其职业而构成其社会等级；丙、对于本等级以外的人表现强烈的排外情绪，尤其体现在婚姻、饮食等方面。随着时代的发展，在最初四大种姓的基础上，又派生出更多的亚种姓，例如《摩奴法典》就列举了六十多个亚种姓。越到近代，这种组织越是庞杂。据 20 世纪初的调查，在整个印度，主要以职业为划分标准的排它性社会集团，即"卡斯特"，已达 2378 个。仅就婆罗门而言，其大族姓就有十个（北方五个，南方五个），而为数更多的其它婆罗门小族姓尚不计在内。如果不按地域，而按血缘分类的话，则又有所谓的七大族姓，每一族姓都以神话中的一个圣者作为祖先。形形色色的区别和分割，导致整个印度社会分裂为成千上万个相互独立，乃至互持敌意的集团。正因为如此，近现代以来，对于印度种姓制度的批评日益增多，指责它的阶级歧视和互不合作。但是，这种严格的等级制度对于古代印度的社会来说，也不无有利之处。例如，它有助于维持社会的秩序，稳定社会。此外，当遭到外来民族（尤其是文明落后的"蛮族"）入侵时，种姓制度由于其强烈的排外性而使古老的印度文明得以保存下来，免遭蛮人的破坏，以及外来文明的同化。这对于印度的历史发展进程具有很大的影响。

②婆罗门，释见卷一4.8注⑩。

③净行，乃"净行者"之略，亦即梵志——修婆罗门行者的通称。《演密钞》卷二："梵者，净也。谓以净行为志名为梵志。"《婆娑论》卷三十四："（婆罗门）至彼王所……王言：'梵志从何所来？'"又，《智度论》卷五十六："梵志者，是一切出家外道。若有承用其法者，亦名梵志。"是知这里的"净行"乃是指外道修行者，亦即是指婆罗门。

④刹帝利，释见卷一4.4注④。

⑤吠奢，亦作吠舍、毗舍、俾舍等，梵文 vaiśya 的音译。种姓制度中的第三等级，通常从事商业，但亦事农、牧、工业。玄应《音义》卷十八："鞞舍，陛奚反，正言吠舍。此云坐，谓坐贾也。案天竺土俗，多重宝货，此等营求，积财巨亿，坐而出纳，故以名焉。"

⑥戍陀罗，亦作戍达罗、首陀罗、戍捺罗、首陀等，梵文 sūdra 之音译。印度种姓制度中的第四等级，主要从事农业。慧琳《音义》卷二："戍达罗，梵语也，古云首陀罗，或云首陀。即是农夫耕垦之俦也。"

⑦飞伏，汉代易学术语。以卦见者为飞，不见者为伏；以飞为未来，以伏为既往。《西域记》在此则喻指不同种姓互不通婚的隔绝程度犹如未来、既往那样不相混淆。

【译文】

关于种姓的区分，共有四类：第一称为婆罗门，即外道修行者，他们恪守教规，贞洁节欲，品行端正。第二称为刹帝利，是为王室种族（旧名刹利，乃系略称），世代为王，统治各国，心存仁慈，宽厚为怀。第三称为吠奢（旧称毗舍，误），是为商人，贩运货物，沟通有无，追求利润，不计远近。第四称为戍陀罗（旧称首陀，误），是为农夫，致力田耕，勤于种植，忙于收获。这样四个种姓，清高、平庸，迥然有别，互相之间，不通婚姻，犹如飞、伏，毫不混淆；即使同一种姓之内，父系、母系，也不通婚。妇女一旦嫁出，终生不得再婚。其余尚有繁杂种姓，名称众多，各自分类聚居，难以一一详述。

兵　术

1.12 君王奕世，惟刹帝利。篡弑时起，异姓称尊。国之战士，骁勇毕选，子父传业，遂穷兵术。居则宫庐周卫，征则奋旅前锋。凡有四兵，步、马、车、象。象则被以坚甲，牙施利距①，一将安乘，授其节度，两卒左右，为之驾驭。车乃驾以驷马，兵帅居乘，列卒周卫，扶轮挟毂。马军散御，逐北奔命。步军轻捍，敢勇充选，负大橹②，执长戟，或持刀剑，前奋行阵。凡诸戎器，莫不锋锐，所谓矛、楯、弓、矢、刀、剑、钺③、斧、戈、殳④、长矟⑤、轮索⑥之属，皆世袭矣。

【注释】

①利距，义谓"锋利的钩"。距，通"钜"，《正字通》："钜，与距通。"而"钜"即"鉤（钩）"，《文选》潘岳《西征赋》："于是驰青鲲于网钜。"注云："善曰：钜，鉤也。"鉤（钩）为兵器，似剑而曲，颜师古注《汉书·韩延寿传》"作刀剑鉤镡"句云："鉤，亦兵器也，似剑而曲，所以鉤杀人也。"

②大橹，即大的盾牌。《说文》："橹，大盾也。从木鲁声。樐或从卤。"《封氏闻见记·卤薄》："（卤）字亦作橹，又作樐，音义皆同。卤以甲为之，

所以扦敌。"

③ 钺，大的斧头。《尚书·牧誓》："时甲子昧爽，王朝至于商郊牧野，乃誓。王左杖黄钺，右秉白旄以麾。"蔡沈注云："钺，斧也，以黄金为饰。王无自用钺之理，左杖以为仪耳。"

④ 殳，属于杖类，古代以竹制成，长一丈二尺，有棱而无刃。《周礼·冬官考工记·庐人》："庐人为庐器，戈柲六尺有六寸，殳长寻有四尺。"

⑤ 矟，矛的一种。《释名·释兵》："矛长丈八尺曰矟，马上所持。言其稍稍便杀也。"

⑥ 轮索，犹言绳索。轮，通"纶"；而纶即是绳。《尔雅·释诂》："貉缩，纶也。"注云："纶者，绳也。"又，《说文通训定声》："纶，青丝绶也。从糸，仑声。按秦汉百石官佩此绶，非经纬织成，但合青丝绳辫纠之者，所谓宛转绳也。"索，即大绳，《小尔雅·广器》："大者谓之索，小者谓之绳。"故这里的"轮索"当是指粗细不等的各种绳索。

【译文】

世代担任君主的，只有刹帝利种姓。由于经常发生篡位弑君、异姓称王之事，所以国家的军士都从骁勇善战者当中挑选，父子世袭这一职业，因此娴熟精通军事技术。军人在平时守卫王宫，在战时充任先锋。全军分为四个兵种：步军、马军、车军、象军。战象身披坚固甲胄，牙安锐利曲钜，战将坐在象上，控制指挥大权，两卒分置左右，为他驾驭战象。战车由四马拖拉，军官乘在车上，士卒卫立两侧，紧靠车轮之旁。马军分散御敌，以及追逐溃逃敌军。步兵轻装作战，选自勇敢之士，身负大盾，手执长戟，或者执持刀剑，冲杀在前沿阵地。各种兵器，无不锋利,诸如矛、盾、弓、箭、刀、剑、钺、斧、戈、杖、稍,以及粗细绳索之类,都是世代操习,能够运用自如。

刑　法

1.13 夫其俗也,性虽狷急,志甚贞质,于财无苟得,于义有余让,惧冥运之罪,轻生事之业,诡谲不行,盟誓为信,政教尚质,风俗犹和。凶悖群小,时亏国宪,谋危君上,事迹彰明,则常幽图圄,无所刑戮,任其生死,不齿人伦。犯伤礼义,悖逆忠孝,则劓鼻、截耳、断手、刖足,或驱出国,或放荒裔。自余咎犯,输财赎罪。理狱占辞①,不加荆朴,随问款对,据事平科②。拒违所犯,耻过饰非,欲究情实,事须案者,凡有四条:水、火、称、毒。水则罪人与石,盛以连囊,沉之深流,校其真伪;人沉石浮则有犯,人浮石沉则无隐。火乃烧铁,罪人踞上,复使足蹈,既遣掌案,又令舌舐;虚无所损,实有所伤。懦弱之人,不堪炎炽,捧未开花,散之向焰;虚则花发,实则花焦。称则人石平衡,轻重取验;虚则人低石举,实则石重人轻。毒则以一羖羊③,剖其右髀,随被讼人所食之分,杂诸毒药置剖髀中;实则毒发而死,虚则毒歇而稣。举四条之例,防百非④之路。

【注释】

　　①占辞,犹言口供。占,义为"口授",《后汉书·袁敞传》:"(张)俊自狱中占狱吏上书自讼,书奏而俊狱已报。"注云:"占谓口授也,《前书》曰'陈遵凭几口占书吏'是也。"

②　平科，犹言公平地定罪，科，通课，科罚之意。《释名·释典艺》："科，课也，课其不如法者，罪责之也。"《宋史·徽宗本纪》："诏诸路疑狱当奏而不奏者科罪。"

③　羖羊，即黑色公羊。《说文》："羖，夏羊牡曰羖，从羊，殳声。"《说文通训定声》："羖……按，夏羊、黑羊，牝牡皆有角。"

④　百非，谓诸种邪恶之事，《孔子家语》："夫子见人之一善，而忘其百非。"故这里的"防百非之路"当是意为"防止种种邪恶之事"。

【译文】

至于印度的习俗，则民众的性格虽然刚猛躁烈，但其内心却忠厚淳朴，不取不义之财，却能礼让谦退，惧怕阴司的科罪，轻视人间的事业，不搞欺伪诈骗，相信盟约誓言，政府吏治崇尚质朴，人民惯于和睦相处。凶暴顽劣之徒，有时违犯国法，阴谋危害君王，如果罪行暴露，往往囚于监狱，不施刑罚杀戮，听任自生自灭，并被众人摒弃。如若伤及礼义，违背忠孝大道，则割鼻、截耳、断手、断足，或者驱逐出境，流放荒野。其余罪犯，则可纳钱赎罪。审理案件，听取口供，不用杖刑。官方仔细询问，罪犯缓缓回答，根据事实，公正定罪。如果有人否认罪行，文过饰非，官方若要追究真相，验证事实，则有四种方法：水判、火判、称判、毒判。水判，即是将嫌疑犯与石块，分别装入相连的两囊中，投入深水，判别真假；假如人沉石浮，便证明此人有罪，人浮石沉，则表明他未隐瞒。火判，乃是烧红铁块，让嫌疑犯蹲在上面，并令用脚踩踏，用手按摸，又用舌舐；无罪者丝毫无损，有罪者则会受伤。懦弱之人承受不了铁块炽热，则可用手捧着未开花蕾，撒在火焰上面；无罪者花朵开放，有罪者花蕾枯焦。称判，则是将人与石块一起称量，以其轻重验证罪案；无罪者人低石高，有罪者石重人轻。毒判，则用一只黑色公羊，割下右腿，按被告所吃那份，将毒药置于羊腿中；有罪者毒发身亡，无罪者毒性消解，从而苏醒。这四种判罪方式，可以防止种种邪恶之事。

致　敬

1.14 致敬之式，其仪九等：一发言慰问，二俯首致敬，三举手高揖，四合掌①平拱，五屈膝，六长跪，七手膝踞地，八五轮俱屈②，九五体投地③。凡斯九等，极惟一拜。跪而赞德，谓之尽敬。远则稽颡④拜手⑤，近则舐足摩踵。凡其致辞受命，褰裳长跪。尊贤受拜，必有慰辞，或摩其顶，或拊其背，善言诲导，以示亲厚。出家沙门⑥，既受礼敬，惟加善愿，不止跪拜⑦。随所宗事，多有旋绕，或唯一周，或复三匝，宿心别请，数则从欲。

【注释】

① 合掌，即合左右掌及十指，以表诚心专一的礼敬方式。《观音义疏》卷上："合掌者，此方以拱手为恭，外国合掌为敬。手本二边，今合为一，表不敢散诞，专致一心。一心相当故，以此表敬也。"又，《法苑珠林》卷二十："律云，当令一心合十指爪掌，供养释师子。或云，叉手白佛者皆是敛容呈恭，制心不令驰散。然心使难防，故制掌合而一心也。今礼佛者多有指合掌不合，或有掌合而指开，良由心慢而情散也。"

② 五轮俱屈，谓以二肘、二膝及额头着地的礼敬方式。《法苑珠林》卷二十："二肘、两膝及顶至为五轮。轮谓圆相，五处皆圆，能令上下回转，生福转多，名为轮也。"

③ 五体，即五轮，五体投地为礼敬之最上者。《行事钞》卷下：《阿含》云，二肘、二膝、顶名轮也，亦云五体投地。先正立已，合掌，右手褰衣，屈二膝已，次屈两手，以手承足，然后顶礼，后起顶头，次肘，次膝，以为次第。"按文献记载，此式与"五轮俱屈"似乎相仿；但是按之今日佛教礼仪，"五体投地"乃是全身伸平，完全俯伏于地的形式。所以玄奘所言，恐怕即是指的这一礼敬方式。

④ 稽颡，即稽首，梵文 vandana 或 vandi 的意译；音译作伴谈、伴题、烦谈等。是为下头至地的礼敬方式。《义林章》："若云伴谈，或云伴题，此云稽首……讹名和南。"《行宗记》卷一："头至地为稽首。"不过我国上古之稽颡和稽首似亦有所区别。《荀子·大略篇》："平衡曰拜，下衡曰稽首，至地曰稽颡。"王先谦注云："平衡谓磬折头与腰，如衡之平。……郝懿行曰：拜者必跪。拜手，头至手也，不至地，故曰平衡。稽首，亦头至手，而手至地，故曰下衡。稽颡，则头触地，故直曰至地矣。"

⑤ 拜手，谓拜时头至手，而不至地。《尚书·太甲中》："王拜手稽颡曰：予小子不明于德……"蔡沈注云："拜手，首至手也；稽首，首至地也。"

⑥ 沙门，释见卷二 1.6 注 ⑨。

⑦ 不止跪拜，意谓"不对（别人的）跪拜多作礼仪上的答谢"。止，在此当作"礼仪"解。《广雅·释言》："止，礼也。"《诗经·小雅·小旻》："国虽靡止，或圣或否。"郑笺云："止，礼。"又，《荀子·大略篇》："《国风》之好色也，《传》曰：盈其欲而不愆其止。"王先谦注云："止，礼也。欲虽盈满而不敢过礼求之。此言好色人所不免，美其不过礼也。"而这里的"止"字则当引申为"以礼答谢"之意。瓦特斯将"不止跪拜"一语译作"跪拜并非礼敬的唯一方式"（见 Watters, *Travels in India*, Vol.I, p.173），乃是误解了"止"义。

【译文】

关于礼敬之仪，共分九等形式：第一，善言问候；第二，低头致敬；第三，举手与头齐平，再行作揖；第四，双掌合于胸前，然后鞠躬；第五，单膝下跪；第六，双膝下跪；第七，双手、双膝着地；第八，双肘、双膝及额头着地；第九，全身俯伏于地。以上九等致敬之礼，只行一遍，毋需重复。跪拜于地，赞颂功德，是谓最高礼敬。若处远方，则以头触地，或低头至手；若在近处，则用舌舔对方的脚，用手抚摸其脚跟。凡是传达旨意或者接受使命，都要撩起衣服，长跪于地。长辈与贤者接受它人礼拜，必须也有抚慰之语，或者按摩头顶，或者轻拍其背，温言教导，以示亲热仁厚。出家僧人受人礼敬之后，只是酬以良好祝愿，而不必回敬答谢之礼。各人视其崇拜对象，用绕行方式表示礼敬，有的只绕一圈，有的重复三圈，如果心有特殊愿求，则可随意增减圈数。

病　死

1.15 凡遭疾病，绝粒七日。期限之中，多有痊愈；必未瘳差，方乃饵药。药之性类，名种不同；医之工伎，占候有异。终没临丧，哀号相泣，裂裳、拔发、拍额、椎胸。服制无闻，丧期无数。送终殡葬，其仪有三：一曰火葬，积薪焚燎。二曰水葬，沉流飘散。三曰野葬，弃林饲兽。国王殂落，先立嗣君，以主丧祭，以定上下。生立德号，死无议谥。丧祸之家，人莫就食；殡葬之后，复常无讳。诸有送死，以为不洁，咸于郭外，浴而后入。至于年耆寿耋①，死期将至，婴累②沉屙，生涯恐极，厌离尘俗，愿弃人间，轻鄙生死，希远世路。于是亲故知友，奏乐饯会，泛舟鼓棹③，济殑伽河④，中流自溺，谓得升天。十有其一，未尽鄙见。出家僧众，制无号哭，父母亡丧，诵念酬恩，追远慎终⑤，实资冥福。

【注释】

① 耆，谓老年；或谓乃六十岁之称，或谓乃七十岁以上之称。《说文》："耆，老也。"段注云："《曲礼》：'六十曰耆。' 许不言者，许以耆为七十已上之通称也。"耄，亦为年老者之称，则有九十、八十、七十岁诸说。《说文》："耄，年九十曰耄。"《礼记·曲礼上》："八十、九十曰耄。"《释名·释长幼》："七十曰耄。头白耄耄然也。"

② 婴累，犹言遭遇罪累。《文选》嵇康《幽愤诗》："咨予不淑，婴累多虞。"李周翰注曰："言我不善，绕此罪累，多不可度也。"

③ 鼓棹，同鼓楫、鼓枻等，释见于志宁序1.3注㊵。

④ 殑伽河，即恒河，释见玄奘序1.3注⑧。

⑤ 追远慎终，亦作慎终追远。《论语·学而》："曾子曰：慎终追远，民德归厚矣。"朱熹注云："慎终者，丧尽其礼；追远者，祭尽其诚。"

【译文】

凡是染上疾病，都要绝食七天。在此绝食期间，往往能够康复；确实不能康复，方始服用药物。药物的种类、名称各不相同；医生的医术、诊断互有差异。人死后举行丧礼，亲友哀哭号叫，撕裂衣裳、自拔头发、拍击额头、椎打胸膛。未曾听说有固定式样的丧服，丧期也没有一定天数。尸身殡葬，有三种形式：第一称为火葬，堆积柴禾，焚烧尸体。第二称为水葬，丢入河中，任其漂走。第三称为野葬，丢弃林中，喂饲野兽。国王死后，先让太子继位，以便主持丧礼，决定座席次序。生前立有歌功颂德的名号，死后则无谥号。丧亲的人家，别人不去吃饭；但是殡葬之后，则恢复正常，不再忌讳。送葬之人被认为不洁，所以都在郊外洗浴以后再行进城。至于年迈之人，死期不远，又染上重病，受罪吃苦，恐已生命垂危，遂厌倦人世生活，自愿离开人间，轻视生死大事，希望远离世路。于是亲朋好友，奏乐聚会，为其离世饯行，将他载在船中，弋游殑伽河上，到了水深之处，便即投水自溺，声称可以升天。十个人中只有一个，未能抛开世俗之见而留恋残生。出家僧人禁止号哭，父母亡故，则诵念佛经，以报亲恩，祭尽其诚，丧尽其礼，为阴世的亡人增添德福。

赋　税

1.16 政教既宽，机务亦简，户不籍书，人无徭课。王田之内，大分为四：一充国用，祭祀粢盛[①]；二以封建辅佐宰臣；三赏聪睿硕学高才；四树福田[②]，给诸异道。所以赋敛轻薄，徭税俭省，各安世业，俱佃口分。假种王田，六税其一。商贾逐利，来往贸迁，津路关防，轻税后过。国家营建，不虚劳役，据其成功，酬之价直。镇戍征行，宫庐宿卫，量事招募，悬赏待人。宰牧、辅臣、庶官、僚佐，各有分地，自食封邑。

【注释】

① 粢盛，谓祭品。黍稷曰粢，在器曰盛。《尚书·泰誓上》："（商）弗事上帝神祇，遗厥先宗庙弗祀，牺牲粢盛，既于凶盗。"蔡沈注云："牺牲粢盛，以为祭祀之备者。"

② 福田，谓福德之田。佛教认为，对于应供养者供养之，就能受诸

福报，犹如农夫播种于田，则有秋收之利，故而谓之福田。《无量寿经》静影疏云：“生世福善，如田生物，故名福田。”《探玄记》卷六：“生我福，故名福田。”当然，这里的“福田”乃是实指农田；但这种农田即是用来供养宗教人士的，其目的也是旨在求“福”。

【译文】

由于政治比较宽松，官方事务也很精简。户籍不用登记，人民不服徭役。王室农田，大致可以分为四个部分：第一部分提供政府费用，以及国家祭典的祭品；第二部分封赐给朝廷重臣；第三部分赏赐给聪明博学的杰出人士；第四部分作为福田，施舍给各个教派。所以赋税很轻，劳役极少，人人从事家传职业，个个耕种口分田地。租用王家农田，则以收获的六分之一充作税金。商人营利，往返运输物品，在渡口、关卡，交纳少量税收便可通行。国家若要营建工程，从不无偿征用劳力，而是按照作业进程，付给报酬。镇守关防，从军征战，王宫值卫，都按需要招募兵士，标明赏金等待应聘。宰相、朝臣、小官、幕僚，全都各有分地，依靠封邑生活。

物　产

1.17 风壤既别，地利亦殊，花草果木，杂种异名。所谓庵没罗果 ①、庵弭罗果 ②、末杜迦果 ③、跋达罗果 ④、劫比他果 ⑤、阿末罗果 ⑥、镇杜迦果 ⑦、乌昙跋罗果 ⑧、茂遮果 ⑨、那利蓟罗果 ⑩、般橠娑果 ⑪，凡厥此类，难以备载，见珍人世者，略举言焉。至于枣、栗、椑、柿，印度无闻；梨、奈、桃、杏、蒲萄等果，迦湿弥罗国 ⑫ 已来，往往间植；石榴、甘桔，诸国皆树。

　　垦田农务，稼穑耕耘，播植随时，各从劳逸。土宜所出，稻、麦尤多。

　　蔬菜则有姜、芥、瓜、瓠、荤陀^⑬菜等；葱、蒜虽少，啖食亦希，家有食者，驱令出郭。

　　至于乳、酪、膏、酥、沙糖、石蜜^⑭、芥子油、诸饼麨，常所膳也。鱼、羊、獐、鹿，时荐肴胾。牛、驴、象、马、豕、犬、狐、狼、师子、猴、猿，凡此毛群，例无味啖，啖者鄙耻，众所秽恶，屏居郭外，希迹人间。

　　若其酒醴之差，滋味流别：蒲萄、甘蔗，刹帝利^⑮饮也；麹蘖醇醪，吠奢^⑯等饮也；沙门^⑰、婆罗门^⑱饮蒲萄、甘蔗浆，非酒醴之谓也。杂姓卑族，无所流别。

　　然其资用之器，功质有殊；什物之具，随时无阙。虽釜镬斯用，而炊甑莫知。多器坯土，少用赤铜。食以一器，众味相调，手指斟酌，略无匕箸，至于病患，乃用铜匙。

　　若其金、银、鍮石^⑲、白玉、火珠^⑳，风土所产，弥复盈积。奇珍杂宝，异类殊名，出自海隅，易以求贸。然其货用，交迁有无，金钱、银钱、贝珠、小珠。

　　印度之境，疆界具举，风壤之差，大略斯在，同条共贯，粗陈梗概，异政殊俗，据国而叙。

【注释】

　　① 庵没罗，亦作庵罗、庵婆罗、阿摩勒等，梵文 āmra 的音译，学名 Mangifera Indica。慧琳《音义》卷二十八："阿摩勒果，正言庵摩罗果，

其叶似小枣,果如胡桃,味酸而且甜,可入药分也。"玄应《音义》卷八:"庵罗,或言庵婆罗,果名也。案,此果花多,而结子甚少……果形似梨……旧译云奈,应误也。正言庵没罗。"这即是现在俗称的芒果,原产东印度,属于常绿乔木,往往高达三四丈;叶阔而厚;花小,呈黄色;果实稍似肾脏形,可代食用,味美。

② 庵弭罗果,梵文 āmla 之音译,学名 Tamarindus Indica,今称罗望子。为原产中非洲的乔木。叶互生,花带黄色,并有红色条纹,果实呈荚状。其果实可以入药,称"答满林度";也可制作清凉饮料。

③ 末杜迦,又作末度迦、摩头,梵文 madhūka 的音译,学名 Bassia Latifolia。其花与果实可以酿酒,亦名"末陀"。《俱舍论》:"醖食成酒,名为窣罗。醖余物所成,名迷丽耶酒。即前二酒,未熟已坏,不能令醉,不名末陀;若令醉时,名末陀酒。"

④ 跋达罗,梵文 badra 之音译,学名 Zizyphus Jujupa,今称滇刺桑。酸枣树之一种,落叶乔木,果实形小。

⑤ 劫比他,又作劫彼陀、劫毕他,梵文 kapittha 的音译,学名 Feronia Elephantum。属芸香科植物,果实似苹果。

⑥ 阿末罗,亦作阿摩落迦、庵摩洛迦、庵摩勒、阿摩勒等,梵文 āmalaka 或波斯语 amola、amala 的音译,学名 Emblika Myrobalan,古称余甘子。玄应《音义》卷二十一:"阿末罗,旧言庵摩罗,亦作阿摩勒。其叶似小枣,花亦白小。果如胡桃,其味酸而且甜,可入药分。经中言如观掌中者也。"《毗奈耶杂事》卷一:"余甘子,出广州,堪沐发。西方名庵摩洛迦果也。"

⑦ 镇杜迦,又作丁土迦、底孕睹娑、镇头迦,梵文 tinduka 的音译,学名 Diospyros Embryopteris。属柿科柿属乔木,果汁性粘,可用作涂料。

⑧ 乌昙跋罗，又作优昙钵罗、优头跋罗、乌暂婆罗、优昙钵等，梵文 udumbara 之音译，学名 Ficus Glomerata。是为无花果类，产于喜马拉雅山麓及德干高原、斯里兰卡等地。干高丈余，叶长四五寸，端尖，雌雄异花，甚细，隐于壶状凹陷的花托中。花托大如拳，或如姆指，十余枚聚生，可食，但味劣。世传此花三千年开一次，故今称不世出之物曰"昙花一现"。《法华文句》卷四："优昙花者，此言灵瑞。三千年一现，现则金轮王出。"

⑨ 茂遮，梵文 moca 的音译，学名 Musa Sapientum，即甘蕉，属巴蕉科植物。茎高二十尺，顶端丛生八至十个大叶，初夏时分，丛生叶之中央开花，花色淡黄；果实芳香而甜，营养丰富，为食用佳品。其皮、肉亦可制药、酿酒、食用；纤维并可织布；尚可作为观赏植物（释见村越《图鉴》，第 2873 条）。所以，《校注》（213 页）谓茂遮乃"辣木科辣木属乔木"，恐非是。

⑩ 那利蓟罗，亦作那罗鸡罗、那罗稽罗等，梵文 nārikela 的音译，学名 Cocus Nucifera，即椰子。热带所产的常绿乔木，树高七八丈，直径一尺多。叶在树顶丛生，羽状复叶；花单生，雌雄同株；果实呈三棱形，长八九寸，直径四五寸。果肉可生食，果浆可饮，并可酿酒。实际上，其天然果浆即有酒味，人称椰酒。苏轼诗谓"美酒生林不待仪"即是指椰子中有天然之酒，而毋需等待仪狄酿造。

⑪ 般橠娑，梵文 panasa 的音译，又称波罗蜜、树波罗、木波罗，学名 Artocarpus Iniegrifolia，属桑科常绿乔木。原产东印度，通常树高三丈余。叶呈倒卵形；花小而多，聚合成椭圆形，花谢后又结椭圆形果实。果肉可食；其心材可制黄色染料，以染僧人法服。《广东新语·木语》描绘其果实道："波罗熟以盛夏。大如斗，重至三四十斤。皮厚有软刺，礌砢如

佛头旋赢。肉含纯瓤,间叠如橘柚囊。气甚芬郁,有干湿苞之分。干苞者,叶不濡腻,味尤甜。每实有核数百枚,大如枣仁如栗黄,燨熟可食,能补中益气,悦颜色。天下果之大而美者,唯此与椰子而已。"

⑫ 迦湿弥罗国,释见卷三 3.1 注 ①。

⑬ 荤陀,亦作军达,梵文 kaṇḍu 的音译,学名 Amorphophallus Campanulatus。是为甜菜的变种,原产西亚各地。

⑭ 石蜜,一作石密,通常认为即白沙糖、冰糖。《本草·石蜜》:"释名:白沙糖。时珍曰:按万震《凉州异物志》云:石蜜非石类,假石之名也,实乃甘蔗汁煎而曝之,则凝如石,而体甚轻,故谓之石蜜也。集解:时珍曰:石蜜即白沙糖也,凝结作饼块,如石者为石蜜,轻白如霜者为糖霜,坚白如冰者为冰糖,皆一物有精粗之异也。"一说石蜜乃岩石间之蜂蜜,《本草·蜂蜜》:"释名:蜂糖,生岩石者为石蜜、石饴、岩蜜。集解:《别录》曰:石蜜生武都山谷、河源山谷及诸山石间,色白如膏者良。弘景曰:石蜜即崖蜜也,在高山岩石间作之,色青,味小酸,食之心烦。"

⑮ 刹帝利,释见卷一 4.4 注 ④。

⑯ 吠奢,释见卷二 1.11 注 ⑤。

⑰ 沙门,释见卷二 1.6 注 ⑨。

⑱ 婆罗门,释见卷一 4.8 注 ⑩。

⑲ 鍮石,释见卷一 4.2 注 ①。

⑳ 火珠,即火齐珠。《本草·水精》:"火珠。时珍曰:《说文》谓之火齐珠;《汉书》谓之玫瑰,音枚回;《唐书》云,东南海中有罗刹国,出火齐珠,大者如鸡卵,状类水精,圆白,照数尺,日中以艾承之,则得火,用灸艾炷,不伤人。今占城国有之,名朝霞大火珠。又,《续汉书》云,哀牢夷出火精琉璃。则火齐乃火精之讹,正与水精对。"

【译文】

印度各地的自然环境既然相异，其地的物产便也各有特色。花草果木，种类繁杂，名称各异。例如，有庵没罗果、庵弭罗果、末杜迦果、跋达罗果、劫比他果、阿末罗果、镇杜迦果、乌昙跋罗果、茂遮果、那利蓟罗果、般橠娑果，如此等等，难以详述；在此只是对于受人珍视的，约略列举数种。至于枣子、栗子、青柿、红柿，则印度人并不知晓；梨、柰、桃、杏、葡萄等水果，从迦湿弥罗国往南，不时可以见到；石榴、甘桔，各国都有种植。

耕田务农，种植收获，犁地除草，按时播种，有人勤勉，有人怠惰。田里出产，稻、麦更多。

蔬菜有姜、芥、瓜、葫芦、荤陀菜等；葱、蒜种植不多，人们难得食用，如果家中有人吃它，就会被驱逐出城。

至于乳、酪、膏、酥、沙糖、石蜜、芥子油，各种饼与麦粉，则是家常食品。鱼、羊、獐、鹿，也是不时进用的肉食。牛、驴、象、马、猪、狗、狐、狼、狮、猴、猿，这些兽类，向来不作为菜肴，食用者则受人鄙视，被认为不洁，从而逐出城外，难得与众人相处。

至于酒和其它饮料，其饮用者则有所区别：葡萄酒、甘蔗酒，是为刹帝利的饮料；品质优劣不等之烈酒，乃是吠奢的饮料；沙门、婆罗门则饮葡萄浆、甘蔗浆，这不算是酒。其它各种低级种姓，则其饮料并无一定。

家用的器具，用途和质量形形色色；各种器物，随时可用，从不匮缺。他们虽然使用锅子，但是不知蒸东西的炊具。家用器具多用粘土制成，很少使用赤铜。只用一件器皿进食，各种调料和在一起；都用手指抓食，却无勺子、筷子，生病以后，才用铜匙。

金、银、鍮石、白玉、火珠，都是当地特产，数量很多；奇珍异宝，种类繁多，名目各异，来自海湾港口，用以交换物品。但在买卖商品时，则使用金钱、银钱、贝珠、小珠。

印度之地，已经谈及其疆域国界；气候土质的各种差异，大致情况便是如此。同类归纳，系统叙述，略陈梗概；至于各国不同的政治和特殊的风俗，则按国别逐一叙述。

滥波国、那揭罗曷国和健驮逻国

【题解】

滥波、那揭罗曷及健驮逻三国是玄奘进入北印度境后的第一大段行程。在这三国中，最大和最著名的一国乃是健驮逻。健驮逻国首都布路沙布逻城的故址在今巴基斯坦白沙瓦，公元2世纪，贵霜王朝鼎盛时期的君主迦腻色迦即是以健驮逻为中心根据地。尽管到玄奘西游之时，健驮逻业已衰落，降格为迦毕试的属国，但是当年迦腻色迦王时代兴盛的佛教遗迹依然存在。所以玄奘对此作了相当详细的描述，为今日的佛教史研究者提供了宝贵的资料。

滥波国

2.1　滥波国[①]，周千余里，北背雪山，三垂黑岭。国大都城周十余里。自数百年，王族绝嗣，豪杰力竞，无大君长，近始附属迦毕试国[②]。宜粳稻，多甘蔗，林树虽多，果实乃少。气序渐温，微霜无雪。国俗丰乐，人尚歌咏，志性怯弱，情怀诡诈，更相欺诮，未有推先[③]。体貌卑小，动止轻躁。多衣白氎，所服鲜饰。伽蓝十余所，僧徒寡少，并多习学大乘^④法教。天祠^⑤数十，异道^⑥甚多。

从此东南行百余里，逾大岭，济大河，至那揭罗曷那国。北印度境。

【注释】

① 滥波国，释见卷一 3.1 注 ⑦。

② 迦毕试国，释见卷一 4.4 注 ①。

③ 推先，犹言尊之为首。《晋书·阮咸传》："太原郭奕高爽有识量，知名于时，少所推先，见咸心醉，不觉叹焉。"这里所言的"未有推先"当是意谓滥波国人互不服气，从不肯尊他人为首。

④ 大乘，释见卷二 1.10 注 ④。

⑤ 天祠，释见卷一 1.3 注 ①。

⑥ 异道，犹言外道。是为佛教徒对一切非本教的宗教、教派之贬称，即所谓"为邪法而在真理之外者"。《资持记》："言外道者，不受佛化，别行邪法。"《维摩经疏》："法外妄计，斯称外道。"外道的种类说法不一，有四外道、六师外道、十三外道、十六外论师、二十种外道、三十种外道、九十五种外道，以及九十六种外道等说法。但是，主要是指释迦牟尼在世时的六师外道和九十六种外道。六师外道是：一，富兰那·迦叶，否认因果报应说，认为万有不生不灭，被称为"无因无缘论"。二，末伽梨·俱舍梨子，否认善恶果报，主张"无有今世，亦无后世，无父无母，无天无化，无众生"，被认为是古印度"邪命外道"的创始人。三，删阇夜·毗罗胝子，对果报说不作正面回答，谓"此事实，此事异，此事非异非不异"，被认为是怀疑论和不可知论者。四，阿耆多·翅舍钦婆罗，也否认因果

报应，但又认为人生有苦乐两方面，"现受苦尽，乐法自生"，被认为是古印度顺世论的先驱者。五，迦罗鸠驮·迦旃延，认为"无因无缘，从生杂着；无因无缘，从生清静。一切众生有命之类，皆悉无力，不得自在"。六，尼乾陀·若提子，认为人所造业，必定得报，被奉为耆那教始祖。所谓九十六种外道，则是从六师外道分出。《萨婆多毗尼毗婆沙》卷五云："六师者，一师十五种教以授弟子，为教各异，弟子受行，各成异见，如是一师出十五种异见；师别有法，与弟子不同，师与弟子通为十六种。如是六师有九十六种。"实际上，"九十六"仅是概数，比喻外道之多而已。

【译文】

滥波国，方圆一千多里，北部依傍雪山，其余三面被黑岭包围。其国的大都城方圆十多里。数百年来，土著王族不再存在，豪门大族激烈争斗，全国并无最高君主，最近方始隶属迦毕试国。宜种粳稻，盛产甘蔗，林木尽管很多，所产水果却少。气候较暖，稍稍降霜，而不下雪。该国物产丰足，百姓安乐，人民爱好歌咏，但是生性怯懦，内心诡诈，相互欺骗讥嘲，从不愿意尊他人为首。居民的体形矮小，容貌卑琐，举止浮躁。衣料多为白色毛布，服装饰物鲜艳漂亮。国内有佛寺十多座，僧人稀少，全都研习大乘佛教。尚有天祠几十所，外道教徒很多。

从本国向东南方行走一百多里，翻越一座大山，渡过一条大河，便抵达那揭罗曷国（在北印度的境内）。

那揭罗曷国

2.2 那揭罗曷[①]国，东西六百余里，南北二百五六十里。山周四境，悬隔危险。国大都城周二十余里。无大君长，至今役属迦毕试国。丰谷稼，多花果，气序温暑，风俗淳质，猛锐骁雄，轻财好学。崇敬佛法，少信异道。伽蓝虽多，僧徒寡少，诸窣堵波荒芜圮坏。天祠五所，异道百余人。

城东二里有窣堵波，高三百余尺，无忧王^②之所建也。编石特起，刻雕奇制，释迦菩萨值然灯佛^③敷鹿皮衣，布发，掩泥，得受记处^④。时经劫坏^⑤，斯迹无泯，或有斋日^⑥，天雨众花^⑦，群黎心竞，式修供养。其西伽蓝，少有僧徒。次南小窣堵波，是昔掩泥之地，无忧王避大路，遂僻建焉。

城内有大窣堵波故基。闻诸土俗曰：昔有佛齿，高广严丽。今既无齿，唯余故基。其侧有窣堵波，高三十余尺。彼俗相传，不知源起，云从空下，峙基于此。既非人工，实为灵瑞。

城西南十余里有窣堵波，是如来自中印度凌虚游化，降迹于此，国人感慕，建此灵基。其东不远有窣堵波，是释迦菩萨昔值然灯佛，于此买花。

【注释】

① 那揭罗曷，又作那竭、那迦罗诃、那伽罗，梵文 Nagarahāra 的音译。即今阿富汗南加哈尔省的首府贾拉拉巴德及其周近地区，位于喀布尔河南岸，西起亚格达拉克山口，东至开伯尔山口，南对沙费德岭。上文谓从滥波国东南行所渡之大河，即是喀布尔河。

② 无忧王，释见卷一 4.10 注 ③。

③ 然灯佛，即燃灯佛，一作定光佛或锭光佛，梵文 Dīpaṃkara-Buddha 的意译；音译作提洹竭、提和竭罗等。《智度论》卷九："如然灯

佛生时，一切身边如灯，故名然灯太子，作佛亦名然灯。（旧名锭光佛。）"
又，《四教集解》卷中："亦名然灯，亦名锭光。有足名锭，无足曰灯。锭
字或作定字，非也。"《瑞应经》卷上记云，锭光佛时，释迦菩萨名儒童，
见王家女曰瞿夷者，持七枝青莲华，以五百金钱买五茎莲，合彼女所寄托
二枝为七茎莲奉佛。又见地泥泞，解皮衣覆地，不足，乃解发布地，使佛
蹈之而过。佛因受记曰："汝自是后九十一劫，劫号为贤，汝当作佛，名
释迦文。"此即"敷鹿皮衣，布发，掩泥，得受记处"一语的由来。

④ 受记，又作受别、受决，佛预告某发善心者将来必然成佛的决定；
这是指释迦牟尼得燃灯佛受记，将来要成佛。《法华经·譬喻品》："见诸
菩萨受记作佛，而我等不预斯事。"

⑤ 劫坏，当是指"大劫"包括的四个时期——成、住、坏、空中的
"坏劫"时期（关于"劫"，释见卷一4.3注①）。是为三千大千世界被
破坏的时期。这一时期共有二十小劫；前十九小劫毁坏有情世间，第
二十小劫毁坏器世间。故"时经劫坏"当意为"经历了大劫中的坏劫
时期"。

⑥ 斋日，释见卷一1.4注④。

⑦ 天花，一作天华，谓天上之妙花；也指人间之好花如天物者。天
上雨花，乃是三世十方诸佛说《法华经》前必定示现的"六瑞"（说法
瑞、入定瑞、雨花瑞、地动瑞、心喜瑞、放光瑞）之一，所以是一种祥瑞。
《法华经·序品》："佛说此经已，结加趺坐，入于无量义处三昧，身心
不动。是时天雨曼陀罗华、摩诃曼陀罗华、曼殊沙华、摩诃曼殊沙华，而
散佛上，及诸大众。"《心地观经》卷一："六欲诸天来供养，天华乱坠遍
虚空。"

【译文】

那揭罗曷国的疆域,东西六百多里,南北二百五六十里。群山环绕四境,山岭高峻,山路险要。该国的大都城方圆二十多里。全国没有最高君主,至今隶属迦毕试国。庄稼茂盛,花果众多。气候温热,民风淳朴,人民勇猛,骁果善战,不贪财物,崇尚学问。敬奉佛教,不大信仰外道。佛寺虽多,僧人很少,许多寺院业已塌毁。境内尚有天祠五所,外道信徒一百多人。

都城之东二里有一佛塔,高三百多尺,由无忧王建造。垒石砌成,雕刻神奇,这是当初释迦牟尼相遇燃灯佛,铺上鹿皮大衣,再铺自己头发,掩盖地上泥泞,从而获得成佛预言的地方。虽然经历了大劫中的坏劫时期,但是这一圣迹,却未泯灭,斋日期间,天上往往散落鲜花,黎民百姓,心怀敬意,竞相供养。佛塔西边有寺,僧人很少。更往南去,有一小型佛塔,乃是当时释迦遮掩泞泥之处,无忧王为了避开大路,遂在这一偏僻之处建造。

都城之内有一座大佛塔的故基。听当地居民说:从前塔内藏有佛牙,又长又大,庄严华丽。如今佛牙已无,唯独剩下塔基。其旁有一佛塔,高达三十多尺。民间转相传说,此塔不知来源,据云从天而降,奠定塔基在此。不是人力建成,实乃天示祥瑞。

都城西南十多里有一佛塔,当初如来从东印度凌空邀游,降趾于此,人们感恩思慕,于是建此灵塔。在此之东不远处有一佛塔,这是当初释迦菩萨相遇燃灯佛,购买莲花之处。

2.3 城西南二十余里至小石岭,有伽蓝,高堂重阁,积石所成。庭宇寂寥,绝无僧侣。中有窣堵波,高二百余尺,无忧王之所建也。

伽蓝西南，深涧峭绝，瀑布飞流，悬崖壁立。东岸石壁有大洞穴，瞿波罗^①龙之所居也。门径狭小，窟穴冥暗，崖石津滴，蹊径余流。昔有佛影，焕若真容，相好^②俱足，俨然如在。近代已来，人不遍睹，纵有所见，仿佛而已。至诚祈请，有冥感者，乃暂明视，尚不能久。昔如来在世之时，此龙为牧牛之士，供王乳酪，进奉失宜；既获谴责，心怀恚恨，即以金钱买花，供养受记窣堵波，愿为恶龙，破国害王。即趣石壁，投身而死；遂居此窟，为大龙王，便欲出穴，成本恶愿。适起此心，如来已鉴，愍此国人为龙所害，运神通力^③，自中印度至龙所。龙见如来，毒心遂止，受不杀戒，愿护正法^④。因请如来："常居此窟，诸圣弟子，恒受我供。"如来告曰："吾将寂灭^⑤，为汝留影，遣五罗汉^⑥常受汝供。正法隐没，其事无替。汝若毒心奋怒，当观吾留影，以慈善故，毒心当止。此贤劫^⑦中，当来世尊，亦悲愍汝，皆留影像。"影窟门外有二方石，其一石上有如来足蹈之迹，轮相^⑧微现，光明时烛。影窟左右多诸石室，皆是如来诸圣弟子入定^⑨之处。影窟西北隅有窣堵波，是如来经行^⑩之处。其侧窣堵波有如来发、爪。邻此不远有窣堵波，是如来显畅真宗^⑪，说蕴界处^⑫之所也。影窟西有大盘石，如来尝于其上濯浣袈裟^⑬，文影微现。

【注释】

① 瞿波罗，一作鸠波罗，梵文 gopāla 的音译，义为"牧牛者"。

② 相好，梵文 lakṣana vyañjana 的意译。佛家谓佛陀的体貌中，可以鉴别的微妙状貌为"相"；细相之可爱乐者为"好"。《大乘义章》卷二十："福状外彰，名之为相，又表内德，亦名为相；姿媚可爱，惬悦人情，说之为好。"又，相、好是互补的，缺一不可。《法界次第》卷下："相、好乃同是色法，皆为庄严显发佛身。但相总而好别，相若无好则不圆满。轮王、释、梵则有相，以无好故，相不微妙。故次相而辨好也。"就丈六之化身而言，相有三十二，好有八十；就报身而言，则有八万四千乃至无量之相与好。这里所说的"相好俱足"，意谓佛影之相、好均十全十美，犹言其庄严佳妙之极。

③ 神通力，即神通，释见卷一 3.4 注 ⑬。

④ 正法，谓真正之道法，盖因理无差曰"正"。这是佛家对于自己教法的称呼。《无量寿经》卷上："弘宣正法。"

⑤ 寂灭，即涅槃，释见卷一 3.4 注 ⑫。

⑥ 罗汉，释见卷一 3.4 注 ⑪。

⑦ 贤劫，是相对于过去"庄严劫"和未来"星宿劫"而言的现在之"劫"（关于劫，释见卷一 4.3 注 ①）。在现在这一住劫的二十增减中，由于有千佛出世，故称"贤劫"，亦名"善劫"。《大悲经》卷三："阿难：'何故名为贤劫？''阿难，此三千大千世界，劫欲成时，尽为一水。时净居天以天眼观此世界唯一大水，见有千枝诸妙莲华，一一莲华各有千叶，金色金光大明普照，香气芬熏，甚可爱乐。彼净居天因见此已，心生欢喜，踊跃无量，而赞叹言：奇哉奇哉，希有希有！如此劫中，当有千佛出兴于世。以是因缘，遂名此劫号之为贤。'"又，《悲华经》卷五："此佛世界当名娑婆。……时有大劫，名曰善贤。何因缘故，劫名善贤？是大劫中……有千世尊，成就大悲，出现于世。"贤劫期为二亿三千六百万

年,至"四佛"出现,才过了一亿五千一百万年。

⑧ 轮相,谓佛足底上犹如千幅轮的掌纹。《观佛三昧海经》:"佛举足时,足下千幅轮相。"此与塔顶之"轮相"(即露盘)同名而异义。

⑨ 入定,释见卷一 4.3 注 ⑯。

⑩ 经行,释见卷二 1.10 注 ⑥。

⑪ 真宗,谓真实之宗旨。佛家称自己的"真如法相实理"的宗教理论为"真宗"。《五会法事赞》:"念佛成佛是真宗。"

⑫ 蕴界处,一作蕴处界,即五蕴、十八界、十二处的略称;又称为"三科"。《俱舍论颂》:"愚根乐三故,说蕴处界三。"五蕴,又作五众、五阴。"蕴"义积聚、类别,是对一切有为法作的分类,共计五类:色蕴、受蕴、想蕴、行蕴、识蕴。广义的五蕴是指物质世界(色蕴)和精神世界(其余四蕴)的总和,也是佛教全部教义分析研究的对象。十八界,即是以人的认识为中心,对世界一切现象所作的分类。其中包括发生认识功能的六根(眼、耳、鼻、舌、身、意)、作为认识对象的六境(色、声、香、味、触、法),以及由此生出的六识(眼识、耳识、鼻识、舌识、身识、意识)。十二处,亦作十二入,指六根和六境的十二法,《俱舍论》卷一:"心、心所法生长门义是处义,训释词者,谓能生长心、心所法,故名为处。"

⑬ 袈裟,释见卷一 4.3 注 ⑰。

【译文】

从都城向西南方行走二十多里,抵达一座小石岭,岭上有一佛寺,殿堂高敞,楼阁重重,系由石块砌成。庙宇静寂,并无僧人居住。寺内有一佛塔,高达二百多尺,乃是无忧王所建造。

佛寺西南,有条深涧,谷壁陡峭,瀑布飞泻而下,悬崖直立如壁。

峡谷东岸的石壁之上，有一巨大洞穴，乃是昔日瞿波罗龙的居住之处。洞口狭小，内窟昏暗，岩石缝中，山水涓滴，流淌石径。从前这里有一佛影，容光焕发，宛如真身，庄严佳妙之极，仿佛真人在场。近代以来，不是人人都能见到，纵然有人看见，也只隐隐约约。如果诚心祈求，足以感动神佛，便能看清佛影，但也时间不长。从前如来在世之时，瞿波罗龙身为牧牛之士，专为国王提供乳酪；奉献之时有失礼仪，因此遭到国王斥责。牧牛之士心怀怨恨，便用金钱购买鲜花，虔诚供养受记佛塔，发愿变成一条恶龙，毁坏国家，谋害国王。旋即奔向陡峭石壁，纵身跳下悬崖而死；从此居住在这一石窟之内，转生为大龙王，并且打算出洞，实现当初所发的恶愿。当它一生此心，如来业已了解，怜悯该国人民，将受龙王之害，于是运起神通，从中印度来到龙王住所。龙王见到如来，恶毒之念遂息，接受不杀生戒，愿意护卫正法。因而恳求如来："请常住石窟之中，各个圣贤弟子，也永远受我供养。"如来告诉它道："我将涅槃，如今为你在石窟留下身影，并派五位罗汉，永远受你供养。即使正法消逝，此事也不更改。如果你的恶毒之念又起，可以观看我的身影，由于慈善威力之故，你的恶念便会消失。在这一贤劫之中，即将降临的世尊，也会怜悯你，从而也都留下影像。"影窟门外有二块方石，一块石上有如来踩踏的足迹，隐约显呈轮相，时常发出光辉。影窟两旁有许多石室，都是如来的圣贤弟子入定之处。影窟的西北角有一佛塔，乃是如来散步之处。旁边的佛塔之中藏有如来的头发、指甲。邻近不远有一佛塔，乃是如来阐扬真如法性，论说五蕴、十八界、十二处的地方。影窟之西有一巨大磐石，如来曾在上面洗涤袈裟，袈裟印痕略有所见。

2.4　城东南三十余里至醯罗城 ①。周四五里，竖峻险固，花

林池沼，光鲜澄镜。城中居人，淳质正信。复有重阁，画栋丹楹。第二阁中有七宝[②]小窣堵波，置如来顶骨。骨周一尺二寸，发孔分明，其色黄白，盛以宝函，置窣堵波中。欲知善恶相者，香末和泥，以印顶骨，随其福感，其文焕然。又有七宝小窣堵波，以贮如来髑髅骨，状若荷叶，色同顶骨，亦以宝函缄络而置。又有七宝小窣堵波，贮如来眼睛，睛大如柰，光明清彻，暾映中外，又以七宝函缄封而置。如来僧伽胝[③]袈裟，细氎所作，其色黄赤，置宝函中，岁月既远，微有损坏。如来锡杖[④]，白铁作环，栴[⑤]檀为笴，宝筒盛之。近有国王闻此诸物并是如来昔亲服用，恃其威力，迫胁而归；既至本国，置所居宫，曾未浃辰[⑥]，求之已失，爰更寻访，已还本处。斯五圣迹，多有灵异，迦毕试王令五净行[⑦]给侍香花。观礼之徒，相继不绝。诸净行等欲从虚寂，以为财用人之所重，权立科条，以止喧杂。其大略曰：诸欲见如来顶骨者，税一金钱；若取印者，税五金钱；自余节级，以次科条。科条虽重，观礼弥众。

　　重阁西北有窣堵波，不甚高大，而多灵异，人以指触，便即摇震，连基倾动，铃铎和鸣。

　　从此东南山谷中行五百余里，至健驮逻国。旧曰乾陀卫，讹也。北印度境。

【注释】

　　① 醯罗城，当即今阿富汗贾拉拉巴德以南约五英里处的 Hiḍḍa；此词源自梵文 Haḍḍa，义"骨"，因传说中佛顶骨而得名。

② 七宝，佛教传说中的七样宝物，说法不一。《法华经》以金、银、琉璃、砗磲、玛瑙、真珠、玫瑰为七宝；《无量寿经》以金、银、琉璃、玻璃、珊瑚、玛瑙、砗磲为七宝；《阿弥陀经》、《智度论》以赤金、银、琉璃、玻璃、砗磲、珠、玛瑙为七宝；《般若经》则以金、银、玻璃、砗磲、玛瑙、琥珀、珊瑚为七宝。

③ 僧伽胝，即佛僧法服之外衣，释见卷一 3.5 注 ⑨。

④ 锡杖，亦作声杖、鸣杖、智杖、德杖，梵文 khakhara；音译作吃弃罗。《寄归传》卷四："言锡杖者，梵云吃弃罗，则是鸣声之义。古人译为锡者，意取锡锡作声，鸣杖、锡杖，任情称说。目验西方所持锡杖，头上唯有一股铁卷，可容三二寸，安其錞管，长四五指。其竿用木，粗细随时，高与肩齐，下安铁纂，可二寸许。其环或圆或扁，屈合中间可容大指，或六或八，穿安股上，铜铁任情。元斯制意，为防乞食时其牛犬，何用辛苦，擎奉劳心。而复通身总铁，头安四股，重滞将持，非常冷涩，非本制也。"又，《锡杖经》云："是锡杖者，名为智杖，亦名德杖。彰显圣智，故名智杖；行功德本，故曰德杖。如是杖者，圣人之表式，贤士之明记，趣道法之正幢。"

⑤ 栴，通"旃"；栴檀或旃檀，均为梵文 candana 的音译，都指檀香。释见卷二 1.7 注 ③。

⑥ 浃辰，即十二天。浃，周匝之义。古时以干支记日，则自子至亥为十二日。《左传·成公九年》："莒恃其陋，而不修城郭。浃辰之间而楚克其三都，无备也夫。"杜注云："浃辰，十二日也。"

⑦ 净行，指外道修行者。释见卷二 1.11 注 ③。

【译文】

自都城向东南行走三十多里，抵达醯罗城。该城方圆四五里；高峻险要，城池坚固，花卉、林树、池塘、湖泊，风景秀丽，水色清澄。城内居民，本性淳朴，坚信佛法。更有楼阁，栋梁绘画，柱子漆红。第二层楼上有七宝小塔，内藏如来顶骨。顶骨圆周一尺二寸，发孔清晰可见，色泽黄白，装在宝盒之内，再藏佛塔之中。如若有人意欲了解吉凶，便可用香末和泥，印于顶骨，根据其人福德大小，印泥纹样便会清楚展示。又有七宝小塔，用来贮藏如来的髑髅骨，髑髅骨的形状宛如荷叶，色泽同于顶骨，也用宝盒封装，放在小塔之中。还有七宝小塔，贮藏如来眼睛，晴球大如奈子，光亮明澄，内外相映，也用宝盒封装，置于小塔之中。如来的僧伽胝袈裟，系用细毛布制成，色泽黄赤，也置宝盒之中，由于岁月久远，已经略有损坏。如来的锡杖，用锡作环，檀香作杆，宝箱装盛。最近有位国王，听说这些物件都是当初如来亲身使用，于是依仗武力，强夺而归；回到本国，放在自己宫中，尚未经过十二天，发现物件丢失，于是再去寻找，已经返还原处。这样五件圣物，颇多灵异之事；迦毕试王吩咐五个外道修行者供奉香花。观光礼拜之人，络绎不绝。外道修行者们意欲保持安宁，认为人人看重财物，所以订立条规，旨在杜绝喧闹。条规大意云：若欲观看如来顶骨，则须交纳一个金币；若欲取得顶骨泥印，则需交纳五个金币；其余各物，依次类推，都有纳钱规定。但是所定税金虽重，观礼之人更多。

楼阁西北有一佛塔，不太高大，但多灵异，若用手指触碰，佛塔便即摇晃，地基一起摆动，塔上铃铛也随之鸣响。

从本国向东南方山谷中行走五百多里，抵达健驮逻国（旧称乾陀卫，误。这里位于北印度境内）。

健驮逻国

2.5　健驮逻国 ^①，东西千余里，南北八百余里。东临信度河 ^②。国大都城号布路沙布逻 ^③，周四十余里。王族绝嗣，役属迦毕试国。邑里空荒，居人稀少，宫城一隅有千余户。谷稼殷盛，花果繁茂，多甘蔗，出石蜜 ^④。气序温暑，略无霜雪。人性恇怯，好习典艺，多敬异道，少信正法。自古已来，印度之境作论诸师，则有那罗延天 ^⑤、无著 ^⑥ 菩萨、世亲 ^⑦ 菩萨、法救 ^⑧、如意 ^⑨、胁尊者 ^⑩ 等本生处也。僧伽蓝千余所，摧残荒废，芜漫萧条，诸窣堵波颇多隤圮。天祠百数，异道杂居。

王城内东北有一故基，昔佛钵之宝台也。如来涅槃之后，钵流此国，经数百年，式遵供养，流转诸国，在波刺斯 ^⑪。

【注释】

①健驮逻国，释见卷一 4.5 注 ①。

②信度河，即印度河，释见玄奘序 1.3 注 ⑨。

③ 布路沙布逻，又作富留沙富逻、弗楼沙、富楼沙等，梵文 Puruṣapuru 的音译，义为"丈夫宫"。故地当在今巴基斯坦喀布尔河南岸白沙瓦市的西北地方。纪元初期，流行于健驮逻地区的"北传佛教"传播到中亚和中国，布路沙布逻则成为佛教东渐的重镇，是当时东西方交通的要冲。

④ 石蜜，释见卷二 1.17 注 ⑭。

⑤ 那罗延天，梵文 Nārāyaṇa-deva 之音义混译（deva 义为"天"），

原为天上力士之名，或梵天王之异名。《法华义疏》卷十二："真谛云：那罗，翻为人，延，云生本；梵王是众生之祖父，故云生本。罗什云：天力士名那罗延，端正猛健也。"在此为论师名；不过，现存的佛教典籍中未见关于他的著述记载。

⑥ 无著，梵文 Asaṅga 的意译；音译作阿僧伽、阿僧佉、阿僧等。玄应《音义》卷二十三："阿僧伽，阿，此云无；僧伽，此云著。短声呼之，若长声呼之，即云众。旧云僧佉，讹也。"无著约为公元 4、5 世纪人，乃古印度大乘佛教瑜伽行派的创始人之一。《西域记》卷五"阿逾陀国"条有专节谈及。

⑦ 世亲，一作天亲，梵文 Vasubandhu 的意译；音译作婆薮般豆、伐苏畔度等。是为无著之弟，亦为古印度大乘佛教瑜伽行派的创始人之一。《西域记》卷五"阿逾陀国"条有专节谈及。

⑧ 法救，梵文 Dharmatrata 的意译；音译作达磨多罗、昙摩多罗等。与世友、妙音、觉天并为健驮逻小乘佛教有部的四大论师之一。

⑨ 如意，梵文 Manaratha 的意译；音译作末奴曷罗他、末奴曷剌他等。为世亲之师。《西域记》卷二 2.7 有较详描述。

⑩ 胁尊者，亦作胁比丘，梵文 Pārśva 的意译；音译作波栗湿缚。是为小乘佛教有部的大师，付法藏的第十祖。《西域记》卷二 2.7 谈及其名号来源。

⑪ 波剌斯，释见卷十一 3.17 注 ①。

【译文】

健驮逻国之疆域，东西一千多里，南北八百多里。东境濒临信度河。该国的大都城名叫布路沙布逻，方圆四十多里。土著王族不再存在，如今隶属迦毕试国。城乡荒芜，居民稀少，只有宫城一角有一千多户人家。谷物庄稼十分茂盛，花卉水果也很丰足，盛产甘蔗，并出石蜜。气候温热，几无霜雪。居民性格怯懦，但是爱好经典技艺，大多崇奉外道，很少信仰佛教。自古以来，印度写论的大师，如那罗延天、无著菩萨、世亲菩萨、法救、如意、胁尊者等人都出生在这里。境内有佛寺一千多座，但是都因毁坏而废弃，荒芜不堪，少有人烟，不少佛塔也已塌毁。境内尚有天祠一百来所，各派外道居住其中。

都城内的东北部有一故基，乃是从前安置如来佛钵的宝台。如来涅槃以后，其钵流落该国，在几百年之内，人们遵循旧俗，虔诚供养，后又辗转流传各国，如今则在波剌斯国。

2.6 城外东南八九里有卑钵罗树①，高百余尺，枝叶扶疏，荫影蒙密。过去四佛②已坐其下，今犹现有四佛坐像。贤劫③之中，九百九十六佛皆当坐焉。冥祇警卫，灵鉴潜被。释迦如来于此树下南面而坐，告阿难④曰："我去世后，当四百年，有王命世，号迦腻色迦⑤，此南不远起窣堵波，吾身所有骨、肉舍利⑥，多集此中。"

卑钵罗树南有窣堵波，迦腻色迦王之所建也。迦腻色迦王以如来涅槃之后第四百年，君临膺运，统赡部洲⑦，不信罪福，轻毁佛法。田游草泽，遇见白兔，王亲奔逐，至此忽灭。见有牧牛小竖，于林树间作小窣堵波，其高三尺。王曰："汝何所为？"牧竖对曰："昔释迦佛圣智悬记：'当有国王于此圣地建窣堵波，吾身舍利多聚其内。'大王圣德宿殖，名符昔记，神功胜福，允属斯辰，故我今者先相警发。"

说此语已，忽然不见。王闻是说，喜庆增怀，自负其名，大圣先记，因发正信，深敬佛法[8]。周小窣堵波，更建石窣堵波，欲以功力[9]弥覆其上。随其数量，恒出三尺，若是增高，逾四百尺，基址所峙，周一里半，层基五级，高一百五十尺，方乃得覆小窣堵波。王用喜庆，复于其上更起二十五层金铜相轮[10]，即以如来舍利一斛而置其中，式修供养。营建才讫，见小窣堵波在大基东南隅下傍出其半。王心不平，便即掷弃，遂住窣堵波第二级下石基中半现，复于本处更出小窣堵波。王乃退而叹曰："嗟夫，人事易迷，神功难掩，灵圣所持，愤怒何及！"惭惧既已，谢咎而归。其二窣堵波今犹现在，有婴疾病欲祈康愈者，涂香散花，至诚归命，多蒙瘳差。

大窣堵波东面石阶南镂作二小窣堵波，一高三尺，一高五尺，规模形状如大窣堵波。又作两躯佛像，一高四尺，一高六尺，拟菩萨树下加趺[11]坐像，日光照烛，金色晃耀，阴影渐移，石文青绀。闻诸耆旧曰：数百年前，石基之隙有金色蚁，大者如指，小者如麦，同类相从，啮其石壁，文若雕镂，厕以金沙，作为此像，今犹现在。

大窣堵波石阶南面有画佛像，高一丈六尺，自胸以上，分现两身，从胸已下，合为一体。闻之耆旧曰：初，有贫士佣力自济，得一金钱，愿造佛像。至窣堵波所，谓画工曰："我今欲图如来妙相，有一金钱，酬工尚少，宿心犹负，迫于贫乏。"时彼画工鉴其至诚，无云价直，许为成功。复有一人，事同前迹，持一金钱，求画佛像。画工是时受二人钱，求妙丹青[12]，共画一像。二人同日俱来礼敬，画工乃同指一像，示彼二人，而谓之曰："此是汝所作之佛像也。"二人相视，若有所怀。画工心知其疑也，谓二人曰："何思虑之久乎？凡所受物，毫厘不亏。斯言不谬，像必神变。"言声未静，像现灵异，分身交影，光相昭著。二人悦服，心信欢喜。

大窣堵波西南百余步，有白石佛像，高一丈八尺，北面而立，多有灵相，数放光明。时有人见像出夜行，旋绕大窣堵波。近有群贼欲入行盗，像出迎贼，贼党怖退，像归本处，住立如故。群盗因此改过自新，游行邑里，具告远近。

大窣堵波左右，小窣堵波鱼鳞百数。佛像庄严，务穷工思，殊香异音，时有闻听，灵仙圣贤，或见旋绕。此窣堵波者，如来悬记，七烧七立，佛法方尽。土俗记曰：成坏已三。初至此国，适遭火灾，当见营构，尚未成功。

【注释】

① 卑钵罗树，即菩提树，释见卷一 3.5 注 ④。

② 过去四佛，即是指"过去七佛"中的后四佛。按佛教传说，释迦牟尼佛之前的佛共有七位：毗婆尸佛、尸弃佛、毗舍浮佛、拘留孙佛、拘那含牟尼佛、迦叶佛、释迦牟尼佛。但是前三者是过去庄严劫中出现的佛；而《西域记》在此所谓的"过去四佛"是指现在贤劫中已经出现的四佛（整个贤劫中将出现千佛），即拘留孙佛、拘那含牟尼佛、迦叶佛和释迦牟尼佛。

③ 贤劫，释见卷二 2.3 注 ⑦。

④ 阿难，释见卷一 4.3 注 ⑨。

⑤ 迦腻色迦，释见卷一 4.5 注 ②。

⑥ 舍利,释见卷一 3.4 注 ⑧。

⑦ 赡部洲,释见序言部分 3.2 注 ⑫。

⑧ 关于迦腻色迦对于佛教的态度,在这里和《西域记》的其它章节中,都将他描绘成起初不信佛法,后来却虔诚之极的人。但是,事实上他可能并非完全热衷于佛教,而是对于各种宗教信仰都兼收并蓄。现代发掘到的迦腻色迦钱币表明,他对于琐罗亚斯德教(祆教)、希腊诸神、太阳崇拜的诸神,以及印度古代诸神都很崇拜。钱币铭文上题有希腊名字的太阳和月亮:Helios(希腊神话中的太阳神)、Salēnē(希腊神话中的月亮神)。此外,尚有希腊神话英雄 Herakles(最高天神宙之子)的名字。伊朗神 Māo 亦曾作为月亮之名。其它还有许多显然是伊朗名字的神:Athro、Miiro、Nāna、Oaninda 等等。印度的双臂湿婆神(婆罗门教主神之一)像曾经出现在贵霜王伽德费塞斯二世(Kadphises Ⅱ,即汉籍中的阎膏珍)以及迦腻色迦王的钱币上。至于迦腻色迦钱币上的佛陀像,有的是站立着的,并且穿着希腊服装。这些神像的奇怪组合,使人们有理由认为,迦腻色迦以一种并不严格的方式信奉了祆教,而对于其它宗教信仰也相当宽容。即使在所谓的"改宗"佛教后,他也仍然没有放弃对其它诸神的祀奉。所以,当我们通过《西域记》来了解迦腻色的宗教信仰时,应该理解到,玄奘作为一个虔诚的佛教徒,在记载中很可能产生偏爱佛教的倾向,因而不宜毫无保留地接受玄奘关于迦腻色迦的全部说法。

⑨ 功力,谓励力而勤善事。《观佛三昧经》卷六:"念佛功力,自然悟解成辟支佛。"《释禅波罗蜜次第法门》卷七:"心慧开发,不加功力。"

⑩ 相轮,即露盘,释见卷一 4.9 注 ⑦。

⑪ 加趺,一作跏趺,乃"结加趺坐"或"结跏趺坐"之略称,是为佛

教修行者的坐禅方法。结，作动词，为屈曲、盘结之义；跏，义为屈足而坐；趺，指足背。故"结跏趺坐"（或"跏趺"）是指两足交叉盘坐，将足背置于另一腿部。慧琳崐《音义》卷二十六解释结加趺坐道："其坐法差别，名目颇多，不可繁说，今且略叙二种坐仪。先以右足趺加左髀上，又以左足趺加右髀上，今两足掌仰于二髀之上，此名降魔坐。二手亦仰掌展五指，以左押右安在怀中。诸禅师多传此坐，是其次也。若依持明藏教灌顶阿阇梨所传授，即以吉祥坐为上，降魔为次。其吉祥坐者，先以左足趺加右髀上，又以右足趺加左髀上，亦令两足掌仰于二髀之上，二手准前展指仰掌，以右押左。此名吉祥坐，于一切坐法之中，此最为上。如来成正觉时，身安吉祥之坐，左手指地，作降魔之印。若修行人能常习此坐，具足百福庄严之相，能与一切三昧相应，名为最胜也。"

⑫ 丹青，即丹沙、青艧，是为古代常用的颜料。《汉书·司马相如传上》所引《子虚赋》之辞云："其土则丹青赭垩，雌黄白坿，锡碧金银，众色炫耀，照烂龙鳞。"注云："张揖曰：'丹，丹沙也。青，青艧也。'……师古曰：'丹沙，今之朱沙也。青艧，今之空青也。……'"所以，这里的"求妙丹青"一语，意谓画工寻觅上佳颜料。

【译文】

都城外东南方八、九里处，有棵卑钵罗树，高一百多尺。枝叶繁茂，浓荫密布。过去四佛曾在树下坐过，至今仍有四佛坐像。在此贤劫之中，还有九百九十六佛将要坐在这里。这里有冥神护卫，神灵暗中洞察一切。释迦如来曾在树下朝南而坐，对阿难说道："我去世四百年后，有一国王出世，名叫迦腻色迦，在距此南面不远之处建造佛塔，我身体所化的骨舍利和肉舍利大多藏在此塔中。"

卑钵罗树之南有一佛塔，是由迦腻色迦王所建造。迦腻色迦王在如来涅槃后的第四百年，应顺天运，当了国君，他不信罪、福之说，轻视、诋毁佛法。有一次，他去野外狩猎，看见一只白兔，国王亲自追逐，但是到了这里，白兔忽然消失。只见一个放牛童子，在林木之间筑造小塔，塔高三尺。国王问道："你这是在干什么？"牧童答道："当初释迦佛曾以其无上智慧作过预言：'将有国王在这一圣地建造佛塔，我身所化的舍利大多聚集塔内。'陛下前世树有圣德，名字符合预言所示，了不起的功业福德，确实正当这一时日，所以我今天先行提醒启发。"此话说完，牧童忽然不见。国王闻听此说，高兴异常，自恃名字，早由圣佛预言，从而产生正法信仰，深深敬奉佛教教法。他便在小塔周围，再造石塔，意欲利用自己的善举之力使石塔盖没小塔；但是随着石塔增高，小塔始终高出三尺，如此增高不已，塔高四百多尺；塔基所占地面，方圆达一里半，塔基共有五级，一百五十尺高，方始覆盖小塔。国王因此大喜，又在上面再造二十五层镀金铜质露盘，并将一斛如来舍利珍藏其中，礼拜供养。营建工程刚刚结束，只见小塔在大石塔基的东南角下伸出一半。国王不耐其烦，便将小塔毁弃，小塔却又在大塔第二级下的石基中伸出一半，并在原处又长出小塔。国王罢手而叹道："唉，人心容易迷惘，神功难以遮盖，既有神圣护持，愤怒又有何用！"他惭愧恐惧之下，向佛谢罪而归。这两座佛塔迄今犹存，患病之人若要祈求康复，便可在塔上涂香撒花，只要诚心皈依佛教，多数病人能够痊愈。

大塔之东的石阶南面，有两塔雕刻而成，一座高三尺，一座高五尺，尺寸模样，宛如大塔。又有两尊佛像，一尊高四尺，一尊高六尺，模仿释迦在菩提树下盘膝打坐的姿态，阳光照射其上，便有金色闪耀，而在阴影之中，石色便呈青绀。听年老长者说：几百年前，石基的缝隙中有金色蚂蚁，大的好象手指，小的犹如麦粒，群蚁聚集一起，纷纷啮咬石壁，啮纹宛若雕刻，嗣后，人们在啮纹中嵌上金沙，便制成了这两尊佛像，至今依然存在。

大塔石阶的南面有一佛陀画像，高达一丈六尺，胸膛以上，显现两个身躯，胸膛以下，便即合成一体。听年老长者说：当初有个穷人，依靠出卖劳力维持生计，赚得一个金币以后，发愿绘造一尊佛像。他来到大塔之处，对画工说道："我想绘画如来妙相，但是只有一个金币，充作酬金尚嫌不够，我担心夙愿无法实现，出于贫困无可奈何。"画工理解他的至诚之心，于是不再谈论价钱，答应一定画成佛像。另外还有一人，情况与他相同，拿来一个金币，要求绘画佛像。画工收下二人工钱，设法觅得上佳颜料，总共画成一尊佛像。两位贫士在同一天内前来礼拜，画工指着同一佛像，告诉两位贫士说道："这就是为你们所画的佛像。"二人相互望望，显得有些迷惑。画工知道他们有所怀疑，于是对二人道："何必那么疑虑重重？我收了你们的金钱，一点不曾私吞，全部用于佛像。如果此话不假，佛像必有神变。"话音尚未消失，佛像显现灵异，身躯分开，身影相连，光辉照耀。二人心悦诚服，正信坚定，满怀喜悦。

大塔西南方一百多步处，有一白石佛像，高一丈八尺，朝北而立，经常显示灵异，屡次放射光明。不时有人看见佛像在夜间出外绕行大塔。最近有伙强盗意欲入塔抢劫，佛像出来面对群盗，盗贼大骇而退，佛像复归原位，站立如初。群盗因此改过自新，并且周游城乡，将此事原委遍告远近地区。

大塔两侧，约有一百座小塔，犹如鱼鳞，紧挨在一起。佛像装饰精妙，构思工巧之极。特异香味、奇妙音乐，经常可以闻到、听到；仙灵圣贤环塔绕行的景象，也往往可以见到。如来曾经预言，这座佛塔在焚烧七次、重建七次之后，佛法方才灭绝。当地居民说：此塔已经三烧三建。我刚到该国之时，恰逢塔遭火灾，如今正在重建，工程尚未结束。

2.7　大窣堵波西有故伽蓝，迦腻色迦王之所建也。重阁累榭，层台洞户，旌召[①]高僧，式昭景福[②]。虽则圮毁，尚曰奇工。僧徒减少，并学小乘。自建伽蓝，异人间出，诸作论师及证圣果[③]，清风尚扇，至德无泯。

第三重阁有波栗湿缚唐言胁尊者[④]室，久已倾顿，尚立旌表。初，尊者之为梵志[⑤]师也，年垂八十，舍家染衣[⑥]。城中少年便诮之曰：“愚夫朽老，一何浅智！夫出家者，有二业焉，一则习定，二乃诵经。而今衰耄，无所进取，滥迹清流，徒知饱食。”时胁尊者闻诸讥议，因谢时人而自誓曰：“我若不通三藏[⑦]理，不断三界[⑧]欲，得六神通[⑨]，具八解脱[⑩]，终不以胁而至于席！”自尔之后，唯日不足，经行宴坐，住立思惟，昼则研习理教[⑪]，夜乃静虑凝神。绵历三岁，学通三藏，断三界欲，得三明[⑫]智，时人敬仰，因号胁尊者焉。

胁尊者室东有故房，世亲菩萨[⑬]于此制《阿毗达磨俱舍论》[⑭]，人而敬之，封以记焉。

世亲室南五十余步，第二重阁，末笯曷剌他[⑮]唐言如意。论师于此制《毗婆沙论》[⑯]。论师以佛涅槃之后一千年中利见[⑰]也。少好学，有才辩，声问遐被，法俗归心。时室罗伐悉底国[⑱]毗讫罗摩阿迭多[⑲]王唐言超日。威风远洽，臣诸印度，日以五亿金钱周给贫窭孤独。主藏臣惧国用之匮也，乃讽谏曰：“大王威被殊俗，泽及昆虫，请增五亿金钱，以赈四方匮乏。府库既空，更税有土，重敛不已，怨声载扬，则君上有周给之恩，臣下被不恭之责。”王曰：“聚有余，给不足，非苟为身侈靡国用。”遂加五亿，惠诸贫乏。其后田游，逐豕失踪，有寻知迹者，赏一亿金钱。如意论师一使人剃发，辄赐一亿金钱，其国史臣依即书记。王耻见高，心常怏怏，欲众辱如意论师。乃招集异学德业高深者百人，而下令曰：“欲收视听，游诸真境⑳，异道纷杂，归心靡措，今考优劣，专精遵奉。”洎乎集论，重下令曰：“外道论师并英俊也，沙门法众宜善宗义，胜则崇敬佛法，负则诛戮僧徒。”于是如意诘诸外道，九十九人已退飞矣。下席一人，视之蔑如也，因而剧谈，语及火烟。王与外道咸喧言曰：“如意论师辞义有失！夫先烟而后及火，此事理之常也。”如意虽欲释难，无听鉴者。耻见众辱，齰断其舌，乃书诫门人世亲曰：“党援之众，无竞大义；群迷之中，无辩正论。”言毕而死。居未久，超日王失国，兴王膺运，表式英贤。世亲菩萨欲雪前耻，来白王曰：“大王以圣德君临，为含识㉑主命。先师如意学穷玄奥，前王宿憾，众挫高名，我承导诱，欲复前怨。”其王知如意哲人也，美世亲雅操焉，乃召诸外道与如意论者。世亲重述先旨，外道谢屈而退。

【注释】

①旄召，本意谓以国王的命令召集。古时君主遣使外出，为示郑重，多赐以旄节，作为凭据。故这里的“旄召”当意为“隆重邀请”。

② 景福，即大福。《诗经·小雅·小明》："神之听之，介尔景福。"

③ 证圣果，谓经过四个修习阶段（即"四果"，释见卷一 3.4 注 ⑩）之后，最终消除一切思虑、烦恼、欲望，处于完全宁静的大悟状态，亦即达到菩提涅槃状态。由于菩提涅槃乃是依圣道所得，故名圣果。

④ 波栗湿缚尊者，即胁尊者，释见卷二 2.5 注 ⑩。

⑤ 梵志，梵文 brahmacārin，所谓"志求梵天之法者"，即婆罗门。参见卷二 1.11 注 ①。

⑥ 染衣，即僧衣，因以木兰色等坏色染之，故名。《翻译名义集》卷七："大论云：释子受禁戒是其性，剃发割截染衣是其相。"

⑦ 三藏，释见卷二 1.10 注 ⑧。

⑧ 三界，释见于志宁序 1.1 注 ⑧。

⑨ 六神通，亦作六通，这是佛家所认为的经过修持禅定而能获得的六种神秘灵力。六神通是：一，神境智证通，又称身如意通、云身通、神足通，能变现不思议境界，游涉往来自在。二，天眼智证通，能见六道众生死此生彼、苦乐境况。三，天耳智证通，能闻六道众生苦乐、忧喜语言和世间种种声音。四，他心智证通，能知六道众生心中所念之事。五，宿命智证通，又称宿住智通、识宿命通，能知自身及六道众生的宿世生涯。六，漏尽智证通，为三乘之极致，得此即断一切烦恼惑业，永远摆脱生死轮回。

⑩ 八解脱，亦称八背舍，犹言违背三界之烦恼而舍离之，解脱其系缚。一，内有色相观外色解脱。二，骨无色相观外色解脱。三，内外诸色解脱。四，空无边处解脱。五，识无边处解脱。六，天所有处解脱。七，非想非非想处解脱。八，灭受想处解脱。

⑪ 理教，释见卷二 1.10 注 ①。

⑫ 三明，即是六神通中的宿命通、天眼通和漏尽通。《智度论》卷二：“宿命、天眼、漏尽，名为三明。问曰：神通、明有何能异？答曰：直知过去宿命事，是名通；知过因缘行业，是名明。直知死此生彼，是名通；知行因缘际会不失，是名明。直尽结使，不知更生不生，是名通；若知漏尽更不复生，是名明。”

⑬ 世亲菩萨，释见卷二 2.5 注 ⑦。

⑭《阿毗达磨俱舍论》，梵文 Abhidharma-kośa-śāstra 的音义合译（śastr 义为“论”）；亦称对法藏、大法、无比藏。共三十卷，合六百颂，是为小乘向大乘过渡之作；大体反映了当时流行于迦湿弥罗的说一切有部关于世界、人生和修行的主要学说；也吸收了经量部的许多观点。由玄奘译成汉文。

⑮ 末笯曷剌他，即如意论师，释见卷二 2.5 注 ⑨。

⑯《毗婆沙论》，亦称《大毗婆沙论》，是为《阿毗达磨大毗婆沙论》的简称，梵文 Abhidharma-māhavībhasa-śāstra，意为“广释大法”。共二百卷，详细地论释，系统地总结说一切有部的理论主张，并对大众部、法藏部、化地部等部派以及数论、胜论等“外道”观点予以批驳。由玄奘翻译。

⑰ 利见，意谓出世、降生。颜延之《三月三日诏宴西池》诗：“河岳曜图，圣时利见。”

⑱ 室罗伐悉底国，释见卷六 1.1 注 ①。

⑲ 毗讫罗摩阿迭多，梵文 Vikramādhitya 的音译；意译作超日王。原为印度传说中的伟大英雄，在此则是指四世纪笈多王朝旃陀罗笈多二世（又名超日王）。他曾远征西北印度，驱逐入侵的塞种人，发展交通贸易，建立阿育王以来最庞大的帝国。

⑳ 真境，犹言真理之境界；修行证果，脱离生死轮回，便谓"真境"。《注维摩经·序品》："冥心真境，既尽环中。"

㉑ 含识，谓含有心识者，即有情者。《行事钞资持记》上："心依色中，名为含识，总收六道有情之众。"

【译文】

大塔之西有座旧佛寺，是由迦腻色迦王建造。寺内楼阁重重，敞廊众多，台榭层叠，屋宇幽深；郑重召请高僧，以显扬迦腻色迦的卓著福德。寺庙虽已塌毁，仍然称得上是神奇工程。寺内僧人很少，研习小乘佛教。自从佛寺建后，经常出现异人，众多写论大师以及证得圣果之人，其清高风格至今犹存，完美操守仍未泯灭。

第三层楼上有波栗湿缚（唐语谓"胁"）尊者的居室，塌毁已久，但仍设有标帜。当初，尊者曾是婆罗门教徒，年近八十，才出家为僧，穿上袈裟。城里的年轻人讥笑他道："愚蠢的老头，浅陋到如此地步！出家之人，有两件要事：一是习定，二是诵经。但是你已衰老，不会有所进展，徒然混在佛门中滥竽充数，只知饱食终日。"胁尊者听到种种讥嘲后，便向众人解释，并且发誓道："我如果不通三藏之理，不断三界之欲，不获得六神通，不具备八解脱，就绝对不让身侧碰到床席！"从此以后，胁尊者只感到时间不够用，走路、静坐、站立，都在不断思考，白天研习精妙佛法，夜间收敛神思，静心修行。经过三年之后，学问贯通三藏，断绝三界之欲，获得三明智，当时的人无不敬仰，因此称他为胁尊者。

胁尊者居室之东有间旧房，是世亲菩萨撰写《阿毗达磨俱舍论》的处所，人们敬仰他，于是将房屋封存注上标记。

世亲室之南五十多步,楼的第二层上,是末笈曷剌他(唐语谓"如意")论师撰写《毗婆沙论》的处所。论师在佛陀涅槃一千年后诞生。从小好学,卓有辩才,声名远扬,出家人和世俗人全都倾心崇拜。当时室罗伐悉底国的毗讫罗摩阿迭多王(唐语谓"超日")声威布及远方,统治印度诸国,每天用五亿金钱周济孤儿孤老。财政大臣担心国库耗空,于是谏道:"陛下声威布及异邦,恩泽惠及昆虫,要求增加五亿金钱,用来救济四方穷人。但是这样一来,国库空虚以后,就将增加税收,不断征敛民众,必将怨声载道,则陛下虽有救济穷人之恩德,臣下却遭不尽职守之责骂。"国王说道:"我聚敛富裕者的余财,弥补贫穷者的不足,并非为我个人浪费国家财富。"于是又增拨五亿金钱,施舍众多贫民。后来,国王在一次狩猎之中,追逐一只野猪,忽然失却影踪,有人探知野猪踪迹,便被赏赐一亿金钱。但是如意论师请人剃发,每次就赏一亿金钱,该国史臣根据事实,把这件事记载下来。国王见他胜过自己,深深引以为耻,常常快快不乐,便欲当众侮辱如意论师。于是召集一百位德高博识的各派学者,下令道:"我现在要整顿宗教诸说,接触各种真理,但是如今部派纷杂,使我不知皈依哪宗;所以准备验证优劣,以便专心尊奉一说。"待到众师聚集,将要辩论之前,国王又下令道:"外道论师都是杰出人士,佛教僧徒应该精通教义,如果沙门辩论胜了,我就崇敬佛法,如果输了,我就杀戮僧人。"于是如意论师向外道辩难,九十九人败退下阵。最后外道剩下一人,如意对他轻视之极;两人随后激烈辩论,话中提及"火烟"一词。国王与外道信徒全都起哄嚷道:"如意论师的措辞有错!应先有烟,然后有火,这是事物正常现象。"如意虽想解释,但是无人肯听。他深以当众被辱为耻,于是自己咬断舌头,写信告诫学生世亲:"日后,在结成盟党的众人之间,不要争论重要理论；在愚昧无知的群氓之中，无法辩论真正学说。"写完之后便即死去。时隔不久，超日王失去王位，继位之君应承天运，表彰贤士。世亲菩萨意欲洗雪前耻，前来禀告国王："陛下依靠圣德登基为王，请为天下生灵作主。我的先师如意，学问博大精深，穷极玄妙之理；已故国王对他怀有宿怨，聚众损坏他的高名，我蒙老师教导，意欲报复前仇。"新君知道如意乃是贤士，又很欣赏世亲的高雅品格，于是召集曾与如意辩论的外道；世亲重新论述先前的观点，外道信徒认输而退。

2.8　迦腻色迦王伽蓝东北行五十余里，渡大河，至布色羯逻伐底^①城，周十四五里。居人殷盛，阎闾洞连。城西门外有一天祠，天像威严，灵异相继。城东有窣堵波，无忧王之所建也，即过去四佛^②说法之处。古先圣贤自中印度降神导物，斯地实多。即伐苏蜜呾罗^③唐言世友。旧曰和须蜜多，讹也。论师于此制《众事分阿毗达磨论》^④。

城北四五里有故伽蓝，庭宇荒凉，僧徒寡少，然皆遵习小乘法教。即达磨呾逻多^⑤唐言法救。旧曰达摩多罗，讹也。论师于此制《杂阿毗达磨论》^⑥。

伽蓝侧有窣堵波，高数百尺，无忧王之所建也。雕木文石，颇异人工。是释迦佛昔为国王，修菩萨行，从众生欲，惠施不倦，丧身若遗，于此国土千生为王，即斯胜地千生舍眼^⑦。

舍眼东不远有二石窣堵波，各高百余尺。右则梵王^⑧所立，左乃天帝^⑨所建，以妙珍宝而莹饰之。如来寂灭，宝变为石；基虽倾陷，尚曰崇高。

梵、释窣堵波西北行五十余里，有窣堵波，是释迦如来于此化鬼子母⑩，令不害人，故此国俗祭以求嗣。

　　化鬼子母北行五十余里，有窣堵波，是商莫迦⑪菩萨旧曰睒摩菩萨，讹也。恭行鞠养，侍盲父母，于此采果，遇王游猎，毒矢误中；至诚感灵，天帝注药，德动明圣，寻即复稣。

【注释】

　　① 布色羯逻伐底，梵文 Puṣkalāvatī 的音译；是为健驮罗国之故都。故址在今巴基斯坦白沙瓦东北的三十公里处，位于瓦斯特河向南流入喀布尔河的交汇口之东岸，今名却尔沙达（Chārsadda）。

　　② 过去四佛，释见卷二 2.6 注 ②。

　　③ 伐苏蜜呾罗，一作筏苏密呾罗，梵文 Vasumitra 的音译；意译作世友、天友。公元 1、2 世纪人，乃是说一切有部的大师。迦腻色迦王召集第四次结集时为"上座"。与法救、妙音、觉天并称为说一切有部的四大论师。

　　④《众事分阿毗达磨论》，或作《众事分阿毗昙论》，梵名 Abhidharma-prakaraṇapāda-śāstra。共十二卷，仅七品，南朝刘宋时求那跋陀罗译；玄奘译本名为《阿毗达磨品类足论》。是为小乘教说一切有部的七部论中之第三部。

　　⑤ 达磨呾逻多，即法救论师，释见卷二 2.5 注 ⑧。

　　⑥《杂阿毗达磨论》，亦作《杂阿毗昙心论》，略称《杂心论》，梵名 Saṃyuktābhidharma-hṛdaya-śāstra。共十一卷，南朝刘宋时僧伽跋摩译。

　　⑦ 千生舍眼，典出《弥勒菩萨所问本愿经》：佛告诉阿难，往世曾为月明王，为救一盲眼穷人，自取双目，施于盲者。佛并说："须弥山尚可称知斤量，我眼布施不可称计。"故"千生"在此犹言"许多生"，并非实指。

⑧ 梵王，即梵天王或大梵天，释见卷二 1.8 注 ①。

⑨ 天帝，亦称天帝释、帝释、帝释天，梵名 Śakra-devānaṃ-Indra；音译作释迦提桓因陀罗，亦称释提桓因。《法华玄赞》卷二："梵云释迦提婆因达罗。释迦，姓也，此翻为能；提婆，天也；因达罗，帝也。正云能天帝。"是为佛教护法神之一，为六欲天的第二天忉利天（即三十三天）之主，统领其它三十二天，居于须弥山顶的善（喜）见城。帝释常与梵天并称。其名号中的"因陀罗"（Indra）原为婆罗门教神名，被尊为"世界大王"；后被佛教借用，遂成天帝。

⑩ 鬼子母，因系五百鬼子之母，故名。梵名 Hāritī，意译欢喜、暴恶等；音译作诃梨帝、诃利帝等。如来化鬼子母，典出《毗奈耶杂事》卷三十一：王舍城中独觉佛出世，有五百人前去礼拜，途遇怀孕的牧女，众人劝其同往。女高兴雀跃，因而堕胎，众人都舍她而去。牧女遂发恶愿，来世要在王舍城中尽食人子。后生为女，婚后并生五百儿，恃其豪强，日日食王舍城男女。佛便隐藏鬼母一子，鬼母哀求。佛遂度化之，为授五戒，成为护法神。后世则多有祭祀鬼母而求子嗣者，《寄归传》卷一："西方诸寺，每于门屋处，或在食厨边，塑画母形，抱一儿子于其膝下，或五或三，以表其像。每日于前盛陈供食。其母即是四天王之众，大丰势力。其有疾病，无儿息者，飨食荐之，咸皆遂愿。"

⑪ 商莫迦，梵文 Śyāmaka 之音译；义为"善"。《西域记》在此所述商莫迦的事迹，亦见《菩萨睒子经》：昔有长者，夫妻并丧两目，入山求道。一切妙见菩萨怜悯之，便降生其家，名睒摩，至孝仁慈。十岁时，与父母入山，被狩猎的迦夷国王射死。父母仰天呼吁，释、梵四天便下凡为他灌药拔箭，于是睒摩复生。父母惊喜，双目皆开。

【译文】

从迦腻色迦王寺向东北行走五十多里，渡过一条大河，抵达布色羯罗伐底城，该城方圆十四五里。城内人口稠密，民宅鳞次栉比。城的西门之外有座天祠，神像威严，灵异不断。城东有座佛塔，乃无忧王所建造，即是过去四佛说法之处。古代佛教圣贤从中印度来到这里，展示神异，引导众人，这类事例很多。伐苏蜜呾罗（唐语谓"世友"。旧名和须蜜多，误）论师便是在此撰写《众事分阿毗达磨论》。

城市以北四五里处有一旧佛寺，庙宇荒芜，僧人很少，但都宗奉小乘佛教。达磨呾逻多（唐语谓"法救"。旧名达摩多罗，误）论师便是在此撰写《杂阿毗达磨论》。

佛寺旁边有一座塔，高几百尺，乃是无忧王所建造。建塔之木多有雕刻，砌塔之石绘有纹饰，与普通人工大为不同。就在这里，当初释迦佛曾为国王，修菩萨行，为满足众生需要，不断布施，把丧失生命视作丢失东西一般，他在该国为王一千世，在这胜地施舍眼睛一千次。

舍眼塔不远处有二座石塔，各高一百多尺。右塔乃是梵王所建，左塔乃是天帝所立，都用上佳珍宝镶嵌装饰。如来涅槃之后，珍宝变为石头；塔基虽已塌陷，塔身仍很高大。

从梵王塔和天帝塔向西北方行走五十多里，有一佛塔，乃是释迦如来度化鬼子母，使之不再害人的地方，所以该国风俗在此祭祀鬼母，求赐子嗣。

从度化鬼子母塔向北行走五十多里，有一佛塔。当初，商莫迦菩萨（旧名睒摩菩萨，误）恭行孝道，供养、侍候盲眼父母；在这里采集果实时，恰值国王狩猎，不幸误中毒箭，他的至诚感应神灵，以至天帝为他灌药，他的德操感动圣者，以至旋即死而复生。

2.9　商莫迦菩萨被害东南行二百余里，至跋虏沙^①城。城北有窣堵波，是苏达拿^②太子<small>唐言善牙</small>。以父王大象施婆罗门，蒙谴被摈，顾谢国人，既出郭门，于此告别。其侧伽蓝，五十余僧，并小乘学也。昔伊湿伐逻^③<small>唐言自在</small>。论师在此制《阿毗达磨明灯论》^④。

跋虏沙城东门外有一伽蓝，僧徒五十余人，并大乘学也。有窣堵波，无忧王之所建立。昔苏达拿太子摈在弹多落迦^⑤山，<small>旧曰檀特山，讹也</small>。婆罗门乞其男女，于此鬻卖。

跋虏沙城东北二十余里，至弹多落迦山。岭上有窣堵波，无忧王所建，苏达拿太子于此栖隐。其侧不远有窣堵波，太子于此以男女施婆罗门，婆罗门捶其男女，流血染地，今诸草木犹带绛色。岩间石室，太子及妃习定之处。谷中林树垂条若帷，并是太子昔所游止。其侧不远有一石庐，即古仙人之所居也。

仙庐西北行百余里，越一小山，至大山，山南有伽蓝，僧徒鲜少，并学大乘。其侧窣堵波，无忧王之所建也，昔独角仙人^⑥所居之处。仙人为淫女诱乱，退失神通，淫女乃驾其肩而还城邑。

跋虏沙城东北五十余里，至崇山。山有青石大自在天^⑦妇像，毗摩^⑧天妇也。闻诸土俗曰：此天像者，自然有也。灵异既多，祈祷亦众。印度诸国，求福请愿，贵贱毕萃，远近咸会；其愿见天神形者，至诚无贰，绝食七日，或有得见，求愿多遂。山下有大自在天祠，涂灰外道^⑨式修祠祀。

【注释】

① 跋虏沙，Palusa 之音译，一作佛沙伏。关于其故址，按沙畹，在今白沙瓦东北偏东六十五公里处的沙巴士·格希（Shahbaz Garhi）（见沙畹《笺注》，第45页）；按康宁翰，则在布色羯罗伐底城之西40英里处，即今巴罗村（见 Cunningham, *Geography*, p.12）。

② 苏达拿，又作须大拿、须达拿等，梵文 Sudāna 的音译。《太子须大拿经》载，如来往昔为叶波国太子，好施，应敌国来求而与以国宝白象。父王怒，放之檀特山。太子携一妃二子至山中，后复施之于婆罗门。

③ 伊湿伐逻，一作伊叶波罗，梵文 Īśvara 的音译。其履历不得而知。

④《阿毗达磨明灯论》，无汉、藏译本。其梵文原本可能是我国民族图书馆收藏的梵文写本第24号 *Abhidharmadīpa*。

⑤ 弹多落迦，又作单多罗迦、檀德、檀陀等，梵文 Daṇḍaloka 之音译；意译作"阴山"。《祖庭事苑》卷三："《普曜经》云，世尊逾城出家，至檀特山，始于阿蓝伽蓝处三年学不用处定。"

⑥ 独角仙人，又作一角仙人。据《智度论》卷十七，在远古之时，此仙于波罗奈山中由鹿腹所生，头有一角，故名。成年后修禅定，得神通力，但因惑于名为扇陀的淫女，失却神通，出山为国之大臣。独角仙即是释迦之前身；扇陀则是释迦为太子时的夫人耶输陀罗之前身。

⑦ 大自在天，梵文 Maheśvara 的意译；音译作摩醯湿伐罗。是为印度教中自在天派的主神，又称湿婆；在色界之顶，为三千界之主，有三目八臂，乘白牛。《俱舍光记》卷七："大自在天总有千名，今现行世唯有六十，鲁达罗即一名也。又解：涂灰外道说自在出过三界有三身。一法身，遍充法界；二受用身，居住色界上自在天宫，即佛法中说摩醯首罗天，三目八臂，身长万六千逾缮那；三化身，随形六道种种教化。"该教派以生

殖器作为祀奉对象。参见卷一1.3注①，以及卷一4.4注⑦、注⑧。

　　⑧ 毗摩，一作媲摩，梵文 Bhīmā 的音译。或以为毗摩乃毗摩罗（Vimalā）之略，最初为"妙胜硕大之女根"义，盖此教派以男、女根作为祀奉对象之故。

　　⑨ 涂灰外道，即大自在天派，释见卷二2.9注⑦。

【译文】

　　从商莫迦菩萨被害塔向东南方行走二百多里，抵达跋虏沙城。城的北面有一佛塔，当初苏达拿太子（唐语谓"善牙"）将其父亲的大象施舍给婆罗门，遭受责罚，被放逐出城，他感谢国人为他送行，出了城门，在这里告别众人。旁边的佛寺中，有五十多名僧人，全都研习小乘佛教。从前伊湿伐逻（唐语谓"自在"）论师在这里撰写《阿毗达磨明灯论》。

　　跋虏沙城的东门之外有一佛寺，僧人五十多名，全都研习大乘佛教。有一佛塔，乃是无忧王所建造。当初苏达拿太子被放逐在弹多落迦山（旧名檀特山，误），有婆罗门向他讨取其子女，并在这里卖掉。

　　从跋虏沙城向东北行走二十多里，抵达弹多落迦山。山上有一佛塔，乃是无忧王所建造，苏达拿太子曾在这里隐居。旁边不远处有一佛塔，太子在此将子女施舍给婆罗门，婆罗门殴打其子女，流下的血染红了地面，致使草木至今仍带红色。山岩之间有一石室，是太子及其妃子坐禅之处。山谷之中，林木枝条飘垂，仿佛帐幕一般，这也是当初太子游览休憩之处。此旁不远，有一石屋，乃是古仙人的居处。

　　从仙庐向西北行走一百多里，越过小山，抵达一座大山，山南有一佛寺，僧人稀少，全都习学大乘佛教。旁有佛塔，乃是无忧王所建造，这是当初独角仙人的居住之处。仙人被淫女诱惑,迷失本性,失去神通,淫女骑在他的肩上回到城里。

从跋虏沙城向东北行走五十多里,抵达崇山。山上有青石镌刻的大自在天妻子的雕像,她即是毗摩天女。听当地居民说:这一神像,乃是天然生成。由于灵异之事很多,所以祈祷之人亦众;印度境内各国的求福许愿者,无论贵贱,都聚集于此,不分远近,皆来相会;如果有人想见天神形貌,只要极端虔诚,专致一心,绝食七天,便有可能看见,所祈求者也多能实现。山下有大自在天祠庙,涂灰外道在那里从事祭祀礼拜。

2.10 毗摩天祠东南行百五十里,至乌铎迦汉荼①城,周二十余里,南临信度河。居人富乐,宝货盈积,诸方珍异,多集于此。

乌铎迦汉荼城西北行二十余里,至娑罗睹逻②邑,是制《声明论》波你尼③仙本生处也。遂古④之初,文字繁广,时经劫坏⑤,世界空虚,长寿诸天⑥,降灵导俗,由是之故,文籍生焉。自时厥后,其源泛滥。梵王、天帝作则随时,异道诸仙各制文字,人相祖述,竞习所传,学者虚功,难用详究。人寿百岁⑦之时,有波你尼仙,生知博物,愍时浇薄,欲削浮伪,删定繁猥,游方问道,遇自在天,遂申述作之志。自在天曰:“盛矣哉!吾当佑汝。”仙人受教而退,于是研精覃思,捃摭⑧群言,作为字书,备有千颂,颂三十二言,究极今古,总括文言。封以进上,王甚珍异,下令国中,普使传习,有诵通利,赏千金钱。所以师资传授,盛行当世。故此邑中诸婆罗门，硕学高才，博物强识。

　　娑罗睹逻邑中有窣堵波，罗汉化波你尼仙后进之处。如来去世，垂五百年，有大阿罗汉⑨自迦湿弥罗国游化至此，乃见梵志⑩捶训稚童。时阿罗汉谓梵志曰："何苦此儿？"梵志曰："令学《声明》，业不时进。"阿罗汉逌尔而笑。老梵者曰："夫沙门者，慈悲为情，愍物伤类。仁今所笑，愿闻其说。"阿罗汉曰："谈不容易，恐致深疑。汝颇尝闻波你尼仙制《声明论》，垂训于世乎？"婆罗门曰："此邑之子，后进仰德，像设犹存。"阿罗汉曰："今汝此子，即是彼仙。由以强识，玩习世典，惟谈异论，不究真理，神智唐捐，流转未息，尚乘余善，为汝爱子。然则世典文字，徒疲功绩；岂若如来圣教，福智冥滋？曩者南海之滨有一枯树，五百蝙蝠于中穴居。有诸商侣止此树下，时属风寒，人皆饥冻，聚积樵苏，蕴火其下，烟焰渐炽，枯树遂然。时商侣中有一贾客，夜分以后，诵《阿毗达磨藏》⑪。彼诸蝙蝠虽为火困，爱好法音，忍而不出，于此命终。随业受生，俱得人身，舍家修学，乘闻法声，聪明利智，并证圣果，为世福田。近迦腻色迦王与胁尊者招集五百贤圣，于迦湿弥罗国作《毗婆沙论》，斯并枯树之中五百蝙蝠也⑫。余虽不肖，是其一数。斯则优劣良异，飞伏⑬悬殊。仁今爱子，可许出家；出家功德，言不能述。"时阿罗汉说此语已，示神通事，因忽不见。婆罗门深生敬信，叹羡久之，具告邻里，遂放其子出家修学，因即回信，崇重三宝，乡人从化，于今弥笃。

　　从乌铎迦汉荼城北逾山涉川，行六百余里，至乌仗那国。唐言苑，昔轮王之苑囿也。旧曰乌场，或曰乌荼，皆讹。北印度境。

【注释】

① 乌铎迦汉荼，当是 Udaka-khaṇda 的音译。古址在今喀布尔河流入印度河处东北的俄欣特（Ohind），与下游的阿托克（Attdock）相距不到 30 公里。是为印度河重要渡口，乃中亚、波斯、迦毕试、健驮逻等地进入印度的必经之地。

② 娑罗睹逻，梵文 Śalātura 的音译。康宁翰将其比定为俄欣特附近的拉霍尔（Lahor）（见 Cunninham，*Geography*，p.66 ）。

③ 波你尼，又作波腻尼、波尼你，梵文 Pāṇini 的音译。公元前 4 世纪末，印度最杰出的梵文文法学家。《声明论》是其著名的梵文文法著作，共八章，故称《八章书》；又称《波你尼经》或《苏呾罗》（“苏呾罗”义为“经”）。《寄归传》卷四：“《苏呾罗》即是一切声明之根本经也，译为《略诠意明》、《略诠要义》，有一千颂，是古博学鸿儒波尼你所造也。”

④ 遂古，谓上古、远古、往古。《楚辞·天问》：“遂古之初，谁传道之。”注云：“遂，往也；初，始也。言往古太始之元，虚廓无形，神物未生，谁传道此事也。”

⑤ 劫坏，意指大劫中的“坏劫”时期，释见卷二 2.2 注 ⑤。

⑥ 长寿天，谓天人之长寿者。色界第四禅无想天的寿命为五百大劫，是色界天中最长寿者。无色界之第四处非想非非想天为八万劫，是三界中的最长寿者。

⑦ 人寿百岁，是指构成“劫”的计时阶段：人寿自十岁开始，每百年增一岁，增至八万四千劫，是为一小劫；又依次递减至十岁，又为一小劫；合一增一减为一中劫。参看卷一 4.3 注 ①。

⑧ 捃摭，犹言搜集。《史记·十二诸侯年表》："荀卿、孟子、公孙固、韩非之徒，各往往捃摭《春秋》之文以著书。"

⑨ 阿罗汉，释见卷一3.4注⑪。

⑩ 梵志，即婆罗门，释见卷二2.7注⑤。

⑪《阿毗达磨藏》，乃一切论部之总称，今称《论藏》，是解释经义的论著总集（参看卷二1.10注⑧）。阿毗达磨，又作阿鼻达磨、阿毗昙；义为大法、无比法、对法。《起信论疏》："今译为对法，谓阿毗是能对智；达磨是所对境法。谓以正智，妙尽法源，简择法相，公明指掌，如对面见，故云对法。"

⑫ 迦腻色迦召集五百圣贤作论之事，《西域记》卷三"迦湿弥罗国"条叙述较详。此即佛教史上所称的"第四次结集"。释迦在世之时，只有口头传诵的"说法"，并无经书。他逝世后，其弟子们举行集会，对口述佛经进行会诵、甄别、审定，系统地确定之，是谓"结集"（梵文 saṇgīti）。学术界普遍认为的较大的结集共有四次：一，释迦逝世的当年，由迦叶主持，在王舍城附近的七叶窟举行，诵出经、律二藏。二，释迦逝世后的第一百年，由长老耶舍主持，在毗舍离城举行，审定律藏，宣布"十事"非法；嗣后佛教分裂成上座部与大众部。三，阿育王时期，由目犍连子帝须主持，在华氏城举行，古佛经最后定型。四，即是这里所说的迦腻色迦王时期，由胁尊者召集的结集。

⑬ 飞伏，释见卷二1.11注⑦。

【译文】

从毗摩天祠向东南方行走一百五十里，抵达乌铎迦汉荼城，该城方圆二十多里，南边濒临信度河。居民富足安乐，蓄藏大量珍宝，各地奇珍异物，大多汇集于此。

　　从乌铎迦汉荼城向西北方行走二十多里，抵达娑罗睹逻城，这是撰写《声明论》的波你尼仙的诞生地。往古太始之初，文字繁多复杂，经过坏劫以后，世界空旷荒芜，诸多长寿天神，降临人世之间，旨在教导凡人，由于这个缘故，产生书写典籍。从此以后，文字源流犹如洪水泛滥，大量增加，梵王、天帝，顺应时机，制订规范；外道众仙，各创文字。人们互相传授，争相学习文字，但是，学者虚耗功夫，仍难详细探究。人寿一百岁时，有一波你尼仙，生而知之，博通物理，怜悯时人的轻浮浅薄，意欲扫除其浮夸虚伪，于是删去繁复琐碎之处，四方云游，请教高明之士，遇到大自在天，遂表白写作的意愿。自在天说："真是大好之事，我将佑助于你。"仙人接受指教之后，返回故地，精细研究，深入思考，搜集各种词语，写成语法专著，共有千颂，每颂三十二字，彻底探索古今，综合文字语言。封缄以后，进呈君王。国王十分重视，立即传令全国，普遍传授学习，若能流利复诵，赏赐一千金钱。所以老师教学之风，一时盛行于世。因此之故，城内诸多婆罗门，全都学富才高，博闻强记。

　　娑罗多逻城内有一佛塔，乃是罗汉度化波你尼仙之处。如来去世以后将近五百年，有一大罗汉从迦湿弥罗国游方到这里，见一梵志捶打教训幼童。罗汉便问他道："为何这样对待孩子？"梵志答道："我叫他学习《声明》，但他进步不快。"罗汉悠然而笑。老梵志说道："所谓沙门，应该慈悲为怀，怜悯万物。你现在笑些什么，我倒愿意听听。"罗汉说道："此话说来并不容易，恐会导致你的疑虑。你曾经听说波你尼仙撰写《声明论》，旨在教示后世的事迹吗？"婆罗门答道："他原来就是本地的人，后人仰慕他的功德，设像纪念，至今犹存。"罗汉说道：

"现在这个小孩,即是波你尼仙。他以极强的记忆力,去研习世俗典籍,只谈荒谬的异说,却不探究真理,徒然精神、智慧荒废。轮回不息,他借助剩余的善德,来当你的爱子。然而学习世俗典籍,只会浪费他的功力;哪里及得上如来圣教,能够暗中滋生福乐、智慧?从前,南海之滨有一枯树,五百蝙蝠居住树洞之中。一群商人歇息树下,当时风紧天寒,众人又饿又冷,于是聚集柴草,在树下点燃火堆,火焰越来越旺,枯树也被引着。其中一位商人,在午夜以后,诵念《阿毗达磨藏》。众多蝙蝠虽然被火所困,但是由于爱好诵经之声,忍耐不出,终被烧死。按其善行,获得转生,都投人身,他们全都出家研习佛学,因为前世曾闻诵经之声,所以如今聪明睿智,全部证得圣果,成为世间福田。最近迦腻色迦王与胁尊者召集五百贤圣之士,在迦湿弥罗国撰写《毗婆沙论》,这五百贤士就是枯树中的五百蝙蝠。我虽然并不优秀,但也是其中之一。从这里可以看出优、劣差异很大,犹如未来与既往那样迥然不同。你的爱子,可以让他出家,出家的功德无量,不是言语所能表达。"罗汉说完此话,显示神通,忽然不见。婆罗门非常敬仰、相信,久久赞叹羡慕,便将此事详细告诉邻里,听任儿子出家修习佛学,并且立即改变信仰,崇奉佛法;同乡之人也多被感化,至今更加虔诚。

　　从乌铎迦汉荼城向北翻山渡河,行走六百多里,抵达乌仗那国(唐语谓"苑",是以前轮王的苑囿。旧称乌场或乌荼,均误。此国在北印度境内)。

卷第三

乌仗那国与钵露罗国

【题解】

　　本卷所述的八国与第二卷的三国（滥波、那揭罗曷、健驮逻）均属北印度境。但据本卷末之说，这十三国都不是印度的本土，而只是一些边境地区；则乌仗那与钵露罗当是印度北部边境的两个小国。按《慈恩传》卷二，玄奘对于乌仗那国的旧都达丽罗川，仅得之于传闻；故玄奘更不可能再从达丽罗川东行五百余里至钵露罗国。因此，本节所记的钵露罗国似乎也不是玄奘亲履之地。

乌仗那国

1.1　乌仗那①国，周五千余里，山谷相属，川泽连原。谷稼虽播，地利不滋。多蒲萄，少甘蔗，地产金、铁，宜郁金香，林树蓊郁，花果茂盛。寒暑和畅，风雨顺序。人性怯懦，俗情谲诡。好学而不功，禁咒②为艺业。多衣白氎，少有余服。语言虽异，大同印度。文字礼仪，颇相参预。崇重佛法，敬信大乘。夹苏婆伐窣堵③河，旧有一千四百伽蓝，多已荒芜。昔僧徒一万八千，今渐减少，并学大乘，寂定④为业，喜诵其文, 未究深义, 戒行清洁, 特闲禁咒。律仪传训, 有五部焉: 一法密部⑤, 二化地部⑥, 三饮光部⑦, 四说一切有部⑧, 五大众部⑨。天祠十有余所, 异道杂居。坚城四五, 其王多治瞢揭厘⑩城。城周十六七里, 居人殷盛。

　　瞢揭厘城东四五里有大窣堵波, 极多灵瑞, 是佛在昔作忍辱仙⑪, 于此为羯利⑫王唐言斗净。旧云哥利, 讹也。割截肢体。

【注释】

　　① 乌仗那, 又作乌苌、乌缠、乌场、邬茶、越底延、乌填囊等, 梵文 Udyāna 的音译; 义为 "花园"。其疆域在今印度河上游及斯瓦特河地区。

　　② 禁咒, 又称咒陀罗尼, 四种陀罗尼之一。陀罗尼, 梵文 dhāraṇi, 意谓总持, 所谓持善法而不使恶法起。依禅定而发的具有不测神验的秘密语, 称咒陀罗尼。《秘藏记》: "佛法未来汉地前, 有世间禁咒法, 能发神验除灾患。今持此陀罗尼人, 能发神通除灾患, 与咒禁法相似, 是故曰咒。"

　　③ 苏婆伐窣堵, 又作苏婆萨都、苏婆窣堵等, 梵文 Śubhavastu 的音译, 即今天的斯瓦特河 (Swat), 在巴基斯坦西北边境, 约长 560 公里; 发源于斯瓦特地区北部, 在白沙瓦东北方注入喀布尔河。

　　④ 寂定, 即禅定, 释见卷一 4.3 注 ⑯。

　　⑤ 法密部, 亦作法藏部、法护部, 梵文 Dharmaguptaka 的意译; 音译作昙无德部、昙无屈多迦部。从化地部分出, 认为佛虽在僧中, 但对佛布施的功德大于施僧。

　　⑥ 化地部, 亦作正地部、教地部、大不可弃部等, 梵文 Mahīśāsaka 的意译; 音译作沙弥塞部。从一切有部分出, 认为过去、未来是无, 现在

无为是有；僧中有佛，故对僧布施即获大果。

⑦ 饮光部，梵文 Kāśyapūya 的意译；音译作迦叶遗部、迦叶维部等。从一切有部分出，认为烦恼未断或业果未熟，即是过去有体；若烦恼已断或业果已熟，过去其体即无。

⑧ 说一切有部，释见卷一 1.1 注 ⑧。

⑨ 大众部，梵文 Mahāsaṃghika 之意译；音译作摩诃僧祇。从原始佛教分裂出，具有大乘佛教因素，其主张与上座部，尤其与上座部的说一切有部直接对立。

⑩ 瞢揭厘，当是 Mangkil 的音译。故址在今斯瓦特河中游东岸 Mangalaor 西南偏西约 8 公里的 Mingora，位于杜西里山的西支脉上。

⑪ 忍辱仙，释迦的前身之一，时为忍辱行的修持者。据说，暴恶骄慢的羯利王为憎恨宫女舍王而听佛说法，遂下令逐一截去其耳、鼻、手，但佛依然相好圆满，并且天雨沙石。国王怖畏，便悔悟而皈依佛法。《永嘉证道歌》云："我师得见然灯佛，多劫曾为忍辱仙。"

⑫ 羯利，一作迦利、迦黎，梵文 Kali 的音译；意为斗争、恶生。

【译文】

乌仗那国，方圆五千多里，山峰、谷地紧密相接，河流、湖泊水源相通。虽然也种谷物庄稼，但是土地并不肥沃。盛产葡萄，少出甘蔗，矿产则有金、铁，适于种郁金香，森林树木浓郁，花草果木茂盛。气候温和，风调雨顺。居民生性怯懦，风气崇尚诡诈。爱好学业，但不专致，禁咒之法，作为专业。多穿白色毛布，其它衣料很少。语言虽异印度，但是大体相同。文字礼仪，互有关系。崇奉佛教，信仰大乘。苏婆伐窣堵河两岸，原有佛寺一千四百座，多数已经荒废。以前曾有僧人一万八千，如今逐渐减少。全都研学大乘，专门修习禅定，喜欢诵读经文，但不深究含义，谨守戒规律条，特别擅长禁咒。世传戒律共有五部：第一，法密部；第二，化地部；第三，饮光部；第四，说一切有部；第五，大众部。境内尚有天祠十多所，外道教徒混杂相居。坚固要塞四五所，国王经常驻跸薝揭厘城。该城方圆十六七里，居民众多，生活富裕。

薝揭厘城之东四、五里处有一大塔，极有灵验，当初佛陀为忍辱仙时，在此被羯利王（唐语谓"斗诤"。旧名哥利，误）割截肢体。

1.2 薝揭厘城东北行二百五六十里，入大山，至阿波逻罗[①]龙泉，即苏婆伐窣堵河之源也。

派流西南，春夏含冻，晨夕飞雪，雪霏五彩，光流四照。此龙者，迦叶波佛[②]时生在人趣[③]，名曰殑祇[④]，深闲咒术，禁御恶龙，不令暴雨，国人赖之，以稔[⑤]余粮。居人众庶感恩怀德，家税斗谷以馈遗焉。既积岁时，或有逋课。殑祇含怒，愿为毒龙，暴行风雨，损伤苗稼。命终之后，为此地龙，泉流白水，损伤地利。释迦如来大悲御世，愍此国人独遭斯难，降神至此，欲化暴龙。执金刚神[⑥]杵击山崖，龙王震惧，乃出归依，闻佛说法，心净信悟，如来遂制勿损农稼。龙曰："凡有所食，赖收人田，今蒙圣教，恐难济给，愿十二岁一收粮储。"如来含覆[⑦]，愍而许焉。故今十二年一遭白水之灾[⑧]。

阿波逻罗龙泉西南三十余里，水北岸大磐石上，有如来足所履迹，随人福力，量有短长，是如来伏此龙已，留迹而去。后人于上积石为室，遐迩相趋，花香供养。顺流而下三十余里，至如来濯衣石，袈裟之文焕焉如镂。

【注释】

① 阿波逻罗，一作阿波罗囉，梵文 Apalāla，义为"无稻草、无苗"。

② 迦叶波佛，释见卷一 3.5 注 ⑫。

③ 人趣，六趣（地狱、饿鬼、畜生、阿修罗、人、天，释见卷十 3.3 注 ⑳）之一，犹言有人类业因者之所趣向，即人类之生所，梵文 manuṣya-gati 的意译。《涅槃经》卷二十五："以不能知心因缘故，轮回六趣，具受生死。"

④ 殑祇，恐是恒河女神名"殑耆"的异译，梵文 Gaṇgi 。在此则用为龙名。

⑤ 稸，同蓄，也是积聚、积蓄之义。

⑥ 执金刚神，又称执金刚夜叉、金刚手、金刚力士，梵文 Vadjrapāṇi Vajradhara 的意译；音译作跋阇罗波腻、和夷罗洹阅叉等。是为手执金刚杖而护帝释天宫门之夜叉神，遇佛出世，即降于阎浮提，护卫世尊，防守道场。《俱舍论》卷十一有颂曰："妙高顶八万，三十三天居。四角有四峰，金刚手所住。"接着"论曰"云："山顶四角各有一峰，其高广量各有五百，有药叉神名金刚手，于中止住，守护诸天。"《五分律》卷一："诸佛常法：有五百金刚神侍卫左右。"

⑦ 含覆，谓含容包覆。《后汉书·袁绍传》："加意含覆，翼可弥缝。"

⑧ 白水之灾，10—11 世纪的阿拉伯史家比鲁尼也有记载："在斯瓦特地区，对着基里地方有一河谷，五十三条水流相会于此；在婆达罗钵陀月（即夏季第三个月——引者）在二十六日和二十七日，河谷之水便为白色，如人们相信的那样，这是湿婆在河内洗涤的结果。"（见 Al-Biruni, *India*, Vol. Ⅱ , p.182）不过，事实上这应是每年雨季上游白色沙土随水流冲下而酿成的洪灾。

【译文】

从瞢揭厘城向东北行走二百五六十里，进入一座大山，抵达阿波逻逻龙泉，即是苏婆伐窣堵河的发源处。河水流向西面，春夏都很寒冷，波涛终日飞腾，犹如雪花四贱，亦似五色彩虹，光辉映照四方。这里的龙，在迦叶波佛时代投生为人，名叫殑祇，深通咒术，能够禁制恶龙，使之不下暴雨，居民赖以积蓄余粮。民众感念他的恩德，每户交纳一斗谷物赠送给他。时间一长，就有人逃税。殑祇因此怨怒，发愿变为毒龙，誓用狂风暴雨，损害农田庄稼。他死了以后，成为这里的龙，使得河、泉流出白水，伤害田里作物。释迦如来以大慈大悲治理世界，怜悯该国人民独受此灾，于是降临此地，意欲度化暴龙。执金刚用杵敲击山崖，龙王震惊恐惧，出来归依佛门，聆听佛陀说法，于是心地明净，领悟佛法，如来制止龙王，使之勿再损坏庄稼。龙王说道："我的饮食，都靠收纳田中谷粮；如今承蒙教诲，但恐日后难以生活，所以希望每十二年收一次粮食。"如来宽宏大量，怜悯龙王，从而许诺。因此，嗣后每隔十二年便有一次白水之灾。

阿波逻逻龙泉西南方三十多里处，河流北岸的大磐石上，有如来足踩的痕迹，随着各人福力的不同，所丈量的尺寸有短有长，这是如来降伏此龙之后，离去之前留下的足迹。后世之人在上面垒石筑室，远近居民都来瞻仰，献花奉香，以资供养。顺河而下三十多里，抵达如来洗衣石，石上的袈裟纹样十分清楚，犹如雕刻一般。

1.3 瞢揭厘城南四百余里，至醯罗 ① 山，谷水西派。逆流东上，杂花异果，被涧缘崖，峰岩危险，溪谷盘纡，或闻喧语之声，或闻音乐之响。方石如榻，宛若工成，连延相属，接布

崖谷。是如来在昔为闻半颂^②旧曰偈，梵文略也。或曰偈陀，梵音讹也。今从正音，宜云伽陀。伽陀者，唐言颂，颂三十二言。之法，于此舍身命也。

　　瞢揭厘城南二百余里，大山侧，至摩诃伐那^③唐言大林。伽蓝。是如来昔修菩萨行，号萨缚达多^④王，唐言一切施。避敌弃国，潜行至此，遇贫婆罗门，方来乞匄。既失国位，无以为施，遂令羁缚，擒往敌王，冀以赏财，回为惠施。

　　摩诃伐那伽蓝西北，下山三四十里，至摩愉^⑤唐言豆。伽蓝。有窣堵波，高百余尺。其侧大方石上，有如来足蹈之迹。是佛昔蹈此石，放拘胝^⑥光明，照摩诃伐那伽蓝，为诸人、天说本生事。其窣堵波基下有石，色带黄白，常有津腻。是如来在昔修菩萨行，为闻正法，于此析骨书写经典。

　　摩愉伽蓝西六七十里，有窣堵波，无忧王之所建也。是如来昔修菩萨行，号尸毗迦^⑦王，唐言与。旧曰尸毗王，略也。为求佛果，于此割身，从鹰代鸽。

【注释】

　　① 醯罗，当是 Hiḍḍa 或 Heḍḍa 的音译，源于梵文 Haḍḍa，义为"骨"。

　　② 颂，梵文 Gāthā 的意译；音译作伽陀、伽他。《法华玄赞》卷二："梵云伽陀，此翻为颂。颂者，美也，歌也。颂中文句极美丽故，歌颂之故。讹略云偈。"据《涅槃经》卷十四，释迦如来往昔修菩萨行时，从罗刹闻得"诸行无常，是生灭法，生灭灭已，寂灭为乐"一颂之前半颂，亟欲求闻后半颂。但罗刹不从，至释迦约以舍身与他后，才得闻后半颂。是为"雪山半偈"之出典。

③ 摩诃伐那，梵文 mahāvana 的音译；义为 "大森林"。

④ 萨缚达多，梵文 sarvadatta 的音译；义为 "一切施"。

⑤ 摩愉，梵文 Mayū 的音译；义为 "豆"，或以为乃梵文 mayūkha 的音译，义为 "光明、光线"。

⑥ 拘胝，一作拘利、俱利、俱致等，梵文 Kōṭi 的音译；义为 "百万、千万、亿" 等。

⑦ 尸毗迦，一作尸毗、湿鞞等，义为 "安稳"。《智度论》卷三十五记云，释尊为尸毗迦王时，行为奇特，人皆言其不久当作佛。帝释和毗首羯磨天遂分别化作鹰、鸽考验之，"鸽投王，王自割身肉，乃至举身上称以代鸽命。地为震动，是时释提桓因等心大喜欢，散众天华，叹未曾有，如是决定大心，成佛不久"。

【译文】

从瞢揭厘城向南行走四百多里，抵达醯罗山，山谷间的河水向西流去。逆流而东行，只见种种花果，覆盖山涧，攀满山崖；山岩高峻险要，山谷曲折迂回，有时听到喧嚷话声，有时听到音乐之声。方石像卧榻一般，仿佛人工制成，连绵相继，布满山谷。这是如来当初为了闻听半颂（旧称偈，梵文之略。或称偈陀，梵文音译之误。现在根据正确发音，应该称作伽陀。所谓伽陀，唐语谓 "颂"，每颂有三十二字）的法言，而施舍生命之处。

瞢揭厘城之南二百多里，在大山旁边，乃是摩诃伐那（唐语谓 "大林"）佛寺。当初如来修菩萨行，名为萨缚达多王（唐语谓 "一切施"），为躲避敌人，放弃政权，悄悄来到这里，遇见一个贫穷婆罗门，前来乞讨。国王既已失掉王位，无物可以布施，于是让婆罗门将他绑缚，送往敌国君王那里，以便索取赏金，转而作为布施。

从摩诃伐那寺向西北方，下山行走三四十里，抵达摩愉（唐语谓"豆"）佛寺。寺内有塔，高一百多尺。旁边的巨大方石之上，有如来足踩的痕迹。当初如来脚踏此石，放射亿万光明，照亮摩诃伐那寺，为人、神讲其前生事迹。这座塔基下面有一石块，色呈黄白，常有粘液。这是当初如来修菩萨行，为闻听正法而用其碎骨书写佛经之处。

摩愉寺西方六七十里处，有一佛塔，乃是无忧王所建造。当初如来修菩萨行，名为尸毗迦王（唐语谓"与"。旧名尸毗王，略称），为了求得佛果，在此自割身体，从鹰那里赎回鸽子。

1.4 代鸽西北二百余里，入珊尼罗阇①川，至萨褒杀地②唐言蛇药。僧伽蓝。

有窣堵波，高八十余尺。是如来昔为帝释，时遭饥岁，疾疫流行，医疗无功，道殣相属。帝释悲愍，思所救济，乃变其形为大蟒身，僵尸山谷，空中遍告；闻者感庆，相率奔赴，随割随生，疗饥疗疾。其侧不远，有苏摩③大窣堵波。是如来昔为帝释，时世疾疫，愍诸含识，自变其身为苏摩蛇，凡有啖食，莫不康豫。珊尼罗阇川北石崖边，有窣堵波。病者至求，多蒙治瘥。如来在昔为孔雀王，与其群而至此，热渴所逼，求水不获，孔雀王以觜啄崖，涌泉流注。今遂为池，饮沐愈疾。石上犹有孔雀趾迹。

瞢揭厘城西南行六七十里，大河东有窣堵波，高六十余尺，上军④王之所建也。昔如来之将寂灭，告诸大众："我涅槃后，乌仗那国上军王宜与舍利之分。"及诸王将欲均量，上军王后来，遂有轻鄙之议。是时天人大众重宣如来顾命之言，乃预同分，持归本国，式遵崇建。窣堵波侧大河滨，有大石，状如象。昔上军王以大白象负舍利归，至于此地，象忽踬仆，因而自毙，遂变为石，即于其侧起窣堵波。

蓇揭厘城西五十余里，渡大河，至卢醯呾迦 ⑤ 唐言赤。窣堵波，高五十余尺，无忧王之所建也。昔如来修菩萨行，为大国王，号曰慈力 ⑥，于此刺身血以饲五药叉。旧曰夜叉，讹也。

蓇揭厘城东北三十余里，至遏部多 ⑦ 唐言奇特。石窣堵波，高四十余尺。在昔如来为诸人、天说法开导，如来去后，从地踊出，黎庶崇敬，香花不替。

石窣堵波西渡大河三四十里，至一精舍 ⑧，中有阿嚩卢枳低湿伐罗 ⑨ 菩萨像。唐言观自在。合字连声，梵语如上；分文散音，即"阿嚩卢枳多"，译曰"观"，"伊湿伐罗"，译曰"自在"。旧译为光世音，或观世音，或观世自在，皆讹谬也。威灵潜被，神迹昭明，法俗相趋，供养无替。

【注释】

① 珊尼罗阇，梵文 Sanirāja 的音译；sani 义为"礼物、酬报"，rāja 义为"王"。

② 萨褒杀地，梵文 Sarpauṣadhi 的音译；sarpa 义为"蛇"，oṣadhi 义为"药草、药"。

③ 苏摩，梵文 Sūma 的音译；义为"水蛇"。

④ 上军，梵文 Uttarasena 的意译；音译为温呾罗犀那。

⑤ 卢醯呾迦，梵文 Rohitaka 的音译；义为"赤"。

⑥慈力，梵文 Maitrībala 的意译。慈力王即释迦牟尼佛的前身之一。据《贤愚经》卷二，当初慈力王行十善，因为人人持戒，故鬼神无食。当时有五夜叉来见王，王便以自身血液布施，让其饱食，并对它们说：“后成佛时，当以法身戒定慧血，除汝三毒诸欲饥渴，安置涅槃安隐之处。”此五夜叉即是后来佛陀最先度的五比丘——五俱伦。

⑦遏部多，梵文 Adbhuta 的音译，义为“奇特、不可思议”。

⑧精舍，即精庐，释见卷一 3.4 注 ⑨。

⑨阿嚩卢枳低湿伐罗菩萨，即观自在菩萨，释见卷一 4.5 注 ⑦。

【译文】

从赎鸽塔向西北行走二百多里进入珊尼罗阇河谷，抵达萨裒杀地（唐语谓“蛇药”）寺。寺内有一佛塔，高八十多尺。当初如来为帝释时，遭逢荒年，流行瘟疫，医药无效，路旁饿殍相继。帝释怜悯他们，考虑解救之法，于是变成一条大蟒，僵死在河谷之中，并在空中发声，遍告这一消息；听者都感庆幸，竞相奔赴河谷，蟒肉随割随生，可以充饥治病。旁边不远之处，有一苏摩大塔。当初如来为帝释，遭逢瘟疫肆行，他为怜悯生灵，将自身变为苏摩蛇，食其肉者，无不康复。珊尼罗阇川之北的石崖边，有一佛塔。病人来求，大多痊愈。当初如来为孔雀王，与诸多孔雀一起来到这里，又热又渴，却找不到水，孔雀王便用嘴啄岩石，泉水涌流而出。今日变成水池，饮水、沐浴，都能祛病。至今石上还有孔雀爪痕。

从曹揭厘城向西南行走六七十里，大河之东有一佛塔，高六十多尺，乃是上军王所建造。当初如来将要涅槃之时，告诉众人道：“我涅槃以后，乌仗那国的上军王应该参与舍利的分配。”待到诸王要平分舍利时，上军王来得较晚，众人便有轻视他边鄙小国的议论。当时天界神人再次宣布如来临终遗言，上军王才参与舍利的分配，携归本国，建造佛塔，珍藏舍利。塔旁的大河旁，有一巨石，形状似象。以前上军王用大白象载运舍利归来，抵达这里，大象忽然跌倒，自行死去，从而变成巨石，上军王即在其旁建造佛塔。

从曹揭厘城向西行走五十多里，渡过一条大河，抵达卢醯呾迦（唐语谓"赤"）寺，高五十多尺，乃是无忧王所建造。当初如来修菩萨行，身为大国国君，名叫慈力，曾在这里自刺身躯，用血喂食五个药叉（旧称夜叉，误）。

从曹揭厘城向东北行走三十多里，抵达遏部多（唐语谓"奇特"）石塔，高四十多尺。当初如来为众多人、神说法引导，如来走后，石塔从地下冒出，百姓崇拜敬仰，不断献花奉香。从石塔向西，渡过大河三四十里，抵达一处精舍，内有阿嚩卢枳低湿伐罗菩萨像（唐语谓"观自在"。合起音节，连声诵念，所成的梵语如上；断开音节，分别诵念，就是"阿嚩卢枳多"译作"观"，"伊湿伐罗"译作"自在"。旧译"光世音"或"观世音"，或"观世自在"，均误）。其威力灵验暗暗作用，神异奇迹昭然分明，僧人、俗人竞相前来，礼拜供养，从不间断。

1.5 观自在菩萨像西北百四五十里，至蓝勃卢^①山。山岭有龙池，周三十余里，渌波浩汗，清流皎镜。昔毗卢择迦^②王前伐诸释，四人拒军者，宗亲摈逐，各自分飞。其一释种^③，既出国都，跋涉疲弊，中路而止。时有一雁，飞趣其前，既从驯狎，因即乘焉。其雁飞翔，下此池侧。释种虚游，远适异国，迷不知路，假寐树荫。池龙少女，游览水滨，

忽见释种，恐不得当也，变为人形，即而摩拊。释种惊寤，因即谢曰："羁旅羸人，何见亲附？"遂款殷勤，凌逼野合。女曰："父母有训，祗奉无违。虽蒙惠顾，未承高命。"释种曰："山谷杳冥，尔家安在？"曰："我此池之龙女也。敬闻圣族流离逃难，幸因游览，敢慰劳弊。命有燕私，未闻来旨。况乎积祸，受此龙身，人畜殊途，非所闻也。"释种曰："一言见允，宿心斯毕。"龙女曰："敬闻命矣，唯所去就。"释种乃誓心曰："凡我所有福德之力，令此龙女举体成人。"福力所感，龙遂改形，既得人身，深自庆悦。乃谢释种曰："我积殃运，流转恶趣④。幸蒙垂顾，福力所加，旷劫弊身，一旦改变。欲报此德，糜躯未谢。心愿陪游，事拘物议。愿白父母，然后备礼。"龙女还池，白父母曰："今者游览，忽逢释种，福力所感，变我为人，情存好合，敢陈事实。"龙王心欣人趣，情重圣族，遂从女请。乃出池而谢释种曰："不遗非类，降尊就卑，愿临我室，敢供洒扫。"释种受龙王之请，遂即其居。于是龙宫之中，亲迎备礼，燕尔乐会，肆极欢娱。释种睹龙之形，心常畏恶，乃欲辞出。龙王止曰："幸无远舍，邻此宅居，当令居疆土，称大号，众有臣庶，祚延长世。"释种谢曰："此言未冀。"龙王以宝剑置箧中，妙好白氍，而覆其上。谓释种曰："幸持此氍以献国王，王必亲受远人之贡，可于此时害其王也。因据其国，不亦善乎？"释种受龙指诲，便往行献。乌仗那王躬举其氍，释种执其袄而刺之。侍臣、卫兵喧乱阶陛，释种麾剑告曰："我所仗剑，神龙见授，以诛后伏，以斩不臣。"咸惧神武，推尊大位。于是沿弊立政，表贤恤患。已而动大众，备法驾，即龙宫而报命，迎龙女以还都。龙女宿业^⑤未尽，余报^⑥犹在，每至燕私，首出九龙之头。释种畏恶，莫知图计，伺其寐也，利刃断之。龙女惊寤曰："斯非后嗣之利，非徒我命有少损伤，而汝子孙当苦头痛。"故此国族常有斯患，虽不连绵，时一发动。释种既没，其子嗣位，是为嗢呾罗犀那王^⑦。唐言上军。

上军王嗣位之后，其母丧明。如来伏阿波逻罗龙^⑧还也，从空下其宫中。上军王适从游猎，如来因为其母略说法要。遇圣闻法，遂得复明。如来问曰："汝子，我之族也，今何所在？"母曰："且出畋游，今将返驾。"如来与诸大众^⑨寻欲发引。王母曰："我唯福遇，生育圣族，如来悲悯，又亲降临，我子方还，愿少留待。"世尊曰："斯人者，我之族也，可闻教而信悟，非亲诲以发心。我其行矣。还语之曰：'如来从此往拘尸城^⑩娑罗^⑪树间，当入涅槃，宜取舍利，自为供养。'"如来与诸大众凌虚而去。上军王方游猎，远见宫中光明赫奕^⑫，疑有火灾，罢猎而返。乃见其母复明，庆而问曰："我去几何，有斯祥感，能令慈母复明如昔？"母曰："汝出之后，如来至此，闻佛说法，遂得复明。如来从此至拘尸城娑罗树间，当入涅槃，召汝速来分取舍利。"时王闻已，悲号顿躄，久而醒悟，命驾驰赴。至双树间，佛已涅槃。时诸国王轻其边鄙，宝重舍利，不欲分与。是时天、人大众重宣佛意，诸王闻已，遂先均授。

【注释】

① 蓝勃卢，其对音有 Lamboura、Lanpolu、Rabōra 诸说，未能遽定。

② 毗卢择迦，亦作毗卢释迦、鼻溜茶迦、毗卢宅迦、毗楼勒迦等，是为梵文 Virūḍhaka 的音译；又名琉璃王、流离王，盖因生时与琉璃宝在一起，故名。舍卫国（即《西域记》卷六载室罗伐悉底国）波斯匿王（即胜军王）之子，末利夫人所生，弑父王而嗣位，又以旧怨灭迦毗罗城之释种。

③ 释种，即释迦族或释迦族人。"释迦（Śākya）"是姓，乃刹帝利种姓之一族。慧苑《音义》下："释迦，能也，种族望称也。"它自古以来为印度贵族，备受尊重，后因佛教创始人释迦牟尼也出自该族，所以更加名闻遐迩，并且从此也称佛门弟子为"释种"。《异部宗轮论述记》云："释种者，标是佛之种。佛，刹帝利姓，即是释迦，此翻为能。古仙姓能，能导世故，能具德能故。"

④ 恶趣，谓众生以恶业之因而趣之所。《俱舍论·世间品》："趣谓所往。"即地狱、畜生等（参看卷三 1.2 注 ③）。有"三恶趣"（地狱、饿鬼、畜生）、"四恶趣"（三恶趣外加修罗）与"五恶趣"（三恶趣外加人天、修罗）等说法。

⑤ 宿业，释见卷一 1.6 注 ⑤。

⑥ 余报，犹言依然存在的报果。酬报善恶业因之苦乐结果称为"报果"，亦称"异熟果"。《释门归敬仪》："形缠桎梏，报果不可顿销。"

⑦ 嗢咀罗犀那王，释见卷三 1.4 注 ③。

⑧ 阿波逻罗龙，释见卷三 1.2 注 ①。

⑨ 大众，梵文 mahāsaṃgha 的意译；音译作摩诃僧伽。通常指称追随佛陀的众贤圣。

⑩ 拘尸城，梵文 Kuśinagara 的音义混译，nagara 义为"城"；又，音

译作拘尸那、俱尸那、拘夷那竭、拘尸那揭罗、究施等；意译作角城、茅城等。是为释迦入灭之处。《西域记》卷六有专节谈及拘尸那揭罗国。

⑪ 娑罗，梵文 śola 的音译。属龙脑香科，原产东印度，学名 Shorea robusta。树高一百尺左右，叶呈椭圆形，花呈五瓣，色黄。

⑫ 赫奕，光明异常之意。《文选》何晏《景福殿赋》："镐镐铄铄，赫奕章灼，若日月之丽天也。"李善注云："镐镐铄铄，赫奕章灼，皆谓光显昭明也。"

【译文】

从观自在菩萨像向西北行走一百四五十里，抵达蓝勃卢山。山上有一龙池，方圆三十多里，清波浩浩茫茫，水流明洁如镜。从前，毗卢择迦王讨伐释种，有四人抗拒来军，以致亲族均遭驱逐，被迫四散逃亡。其中一人逃出首都，长途跋涉，疲惫不堪，在中途停下歇息。这时一只大雁飞到他的面前，释种见其驯服可亲，便即乘坐其上。大雁载人飞翔，降落龙池之旁。释种遨游空中，远至异国它乡，以致迷失路径，和衣睡在树下。池内龙王的幼女，正在岸边游览，忽然看见释种，恐怕龙形丑陋，不宜给他看到，于是变作人形，上前轻抚释种。释种被她惊醒，谢其亲近之意："我乃在外旅行而疲弊不堪之人，你为何对我如此亲热？"于是大献殷勤，强求少女交合。少女说道："父母的训诲指示，我要绝对遵奉。如今虽然蒙你垂青，但是尚未征得父母同意。"释种问道："山谷幽静荒寂，你的家在哪里？"少女答道："我即此池龙女。听说你们释种逃避兵灾，我却正好上岸游玩，冒昧慰问你的劳顿。你令我与你私合，却不知父母意见。况且由于往世所积恶业，今生变为龙身，人、畜之道相异，从未听说可以结为夫妻。"释种说道："你只要能够允诺,便能实现宿愿。"龙女说道:"我将听从你的意愿,按照你所说的去做。"释种于是发誓道:"我愿以我全部福德之力,促成龙女变为人形。"鉴于他的福力感应,龙女改变形貌,获得人身,深深庆幸欢乐。于是感谢释种道:"我往世积下厄运,转生非人恶趣。幸而蒙你眷顾,福力施加于我,使我历经多世的丑恶身形,一朝之间完全改变。我要报答这一恩德,粉身碎骨在所不辞。心中很愿陪你远游,但是事关众人议论。所以希望先行禀告父母,然后举行婚礼。"龙女返回池中,告诉父母说道:"今天出外游览,忽然遇到释种,他的福力感应,使我变为人身,我想与他结为夫妻,特将此事禀告双亲。"龙王喜欢人趣,重视、仰慕释种,因此应允女儿之求。龙王出池向释种致谢:"若不嫌弃我们非人种类,而愿委屈尊驾迁就卑下,则请光临我家,我的女儿将终身侍候。"释种接受龙王邀请,前往其家。遂在龙宫之中,举行隆重婚礼,享受新婚之乐,极尽喜庆欢快。释种看见龙的形貌,内心总觉畏惧厌恶,于是打算辞别而去。但是龙王劝止道:"你最好不要远离此间,可在附近置宅安居,我能使你拥有领土,建号称尊,统辖百官黎民,王统永远延续。"释种辞谢道:"我不敢有此奢望。"龙王便将宝剑放在盒中,并用上佳白毛布覆盖其上。对释种说道:"你可拿此毛布献给国王,国王必定亲自接受远客贡品,可在这时刺杀国王,从而占据其国。这岂不是绝妙之事吗?"释种接受龙王指导,于是前赴王宫进献。乌仗那王亲自收纳毛布,释种抓住他的衣袖行刺。侍臣、卫兵当堂乱作一团,释种挥剑喊道:"我手中之剑,乃是神龙赐予,用以诛杀迟缓降伏和不肯臣服的人。"众人慑于他的神勇威武,遂推戴释种入居王位。释种于是革除弊端,树立新政,表彰贤士,抚恤病弱。然后率领大队人马,置备王室车辇,前往龙宫复命,迎接龙女回城。龙女由于往世的业果未尽,剩余的报果尚在，所以每当交欢之时，就会长出九个龙头。释种畏惧厌恶，不知如何处置。结果，趁妻熟睡之际，用刀割断龙头。龙女惊醒后道："这对子孙不利，不但我的生命稍有损伤，你的后代也将遭受头痛的折磨。"所以，该国王族常有这种病患，虽不长期持续，却也时时发作。释种死后，儿子继位，即是嗢呾罗犀那王（唐语谓"上军"）。

上军王继位之后，其母双目失明。如来降伏阿波逻罗龙后返回的途中，从虚空降临王宫之中。上军王正好外出狩猎，如来便为其母概略地解说佛法精要。龙女得遇圣佛，又听说法，双目复明。如来问道："你的儿子乃是我的族人，如今他在什么地方？"母亲答道："他早上出去打猎，现在即将回来。"如来与众贤圣将要动身。王母说道："我因有福德际遇，生育圣族子孙，如来悲天悯人，亲自降临我家，吾儿即将回来，还望稍待片刻。"世尊答道："这个国王，是我族人，可以听到法教而信悟大道，毋需我当面教诲以启发其修道之心。我要走了，待他回来，告诉他说：'如来从这里前往拘尸城娑罗树林，将入涅槃，你应当去取舍利，自己供养。'"如来说完，便与诸圣贤腾空而去。上军王正在打猎，遥见宫中大发光明，疑心发生火灾，结束狩猎而归。看见母亲复明，喜而问道："我离开并不长久，怎么会有如此吉祥感应，能使母亲双目复明如初？"母亲答道："自你出去以后，如来降临此间，我闻听佛祖说法，因此得以复明。如来离此前往拘尸城娑罗林间，将入涅槃，要你速去分取舍利。"国王听后，哀哭踯足，昏厥好久方才苏醒，立即下令驾车奔赴双林。但是抵达之时，佛陀已经涅槃。各国国王轻视他来自边鄙之邦，并且珍视舍利，不想分配给他。这时天界神、人和诸多贤圣再次宣布佛陀旨意，诸王听后，遂均分舍利，给他一份。

1.6　瞢揭厘城东北逾山越谷，逆上信度河，途路危险，山谷杳冥，或履絙索，或牵铁锁，栈道虚凌，飞梁危构，椽杙蹑隥[①]。行千余里，至达丽罗[②]川，即乌仗那国旧都也。多出黄金及郁金香。达丽罗川中大伽蓝侧，有刻木慈氏[③]菩萨像，金色晃煜，灵鉴潜通，高百余尺，末田底迦[④]旧曰末田地，讹略也。阿罗汉之所造也。罗汉以神通力，携引匠人升睹史多[⑤]天，旧曰兜率陀，又曰兜术陀，讹也。亲观妙相，三返之后，功乃毕焉。自有此像，法流东派。

　　从此东行，逾岭越谷，逆上信度河，飞梁栈道，履危涉险，经五百余里，至钵露罗国。北印度境。

【注释】

　　① 椽杙蹑隥，犹言小心翼翼地在（栈桥的）木条上行走。椽，原指屋顶承瓦的木条；杙，原指小木棒或小尖木条。但在此则是指铺着木板、木条的栈道。蹑，小心翼翼地走；隥，原指险坡或登山的石路，在此则同"登"。

　　② 达丽罗，一作陀历，梵文 Darada 的音译，原义为"山"。今名 Darel，乃是印度河西岸河谷。达丽罗川是古代度葱岭后进入印度的险峻要道。《法显传·北天竺、西天竺记游》："度岭已，到北天竺。始入其境，有一小国名陀历。……于此顺岭西南行十五日。其道艰岨，崖岸崄绝，其山唯石，壁立千仞，临之目眩，欲进则投足无所。下有水，名新头河。昔人有凿石通路施傍梯者，凡度七百，度梯已，蹑悬絙过河。河两岸相去减八十步。九译所绝，汉之张骞、甘英皆不至。"

　　③ 慈氏，梵文 Maitreya 的意译；音译作弥勒、弥帝隶、梅低梨、梅怛

丽、梅怛丽药等。据《弥勒上生经》等载，弥勒原生于印度波罗奈国的婆罗门家，后来成为佛陀的弟子。他先于佛入灭，上生于兜率天内院（居此院内者无限寿，无火、风、水三灾，常处平静安稳），经四千岁（当人间五十六亿七千万年）后再下生人间，在华林园内的龙华树下成佛，广布佛法，普渡众生。

④ 末田底迦，又作末田底、摩弹提、末阐提、末田地那、末田释迦等，梵文 Madhyān–tika 的音译；意译作日中、水中、金地、河中等。是为阿难（释见卷一 4.3 注 ⑨）的弟子。

⑤ 睹史多，又作兜率陀、兜术、斗瑟哆等，梵文 Tuṣita 的音译；意译作上足、妙足、知足、喜足等，谓于五欲境知止足故。是为欲界之天处，在夜摩天与乐变化天中间，由下起当第四重天。分成内院、外院；内院为弥勒菩萨之净土，外院为天众之欲乐处。

【译文】

从瞢揭厘城东北方翻过山岭，跨越山谷，沿信度河逆流而上，道路险峻，山谷幽深。有时要走索桥，有时要攀铁链，栈道悬空架设，飞桥高高构筑，小心翼翼，行走在木条铺设的桥上。行走一千多里后，抵达达丽罗川，即乌仗那国的旧都。该地盛产黄金与郁金香。达丽罗川的大佛寺旁，有一木雕的慈氏菩萨像，金光闪耀，与菩萨神灵暗暗相通，高一百多尺，乃是末田底迦（旧称末田地，误）罗汉所建造。罗汉运用神通，携带艺匠升至睹史多天（旧名兜率陀，又名兜术陀，均误）亲眼观看菩萨妙相，往返三次，方始完成这一雕像。自从有了此像，佛法更向东传。

从这里向东行走，翻过山岭，跨越山谷，沿信度河逆流而上，走过飞桥栈道,经历种种险阻,行走五百多里,抵达钵露罗国(在北印度境内)。

钵露罗国

1.7　钵露罗[①]国,周四千余里,在大雪山间,东西长,南北狭。多麦、豆,出金、银,资金之利,国用富饶。时唯寒烈,人性犷暴,薄于仁义,无闻礼节。形貌粗弊,衣服毛褐。文字大同印度,言语异于诸国,伽蓝数百所,僧徒数千人,学无专习,戒行多滥。

　　从此复还乌铎迦汉荼[②]城,南渡信度河,河广三四里,西南流,澄清皎镜,汩淴漂流。毒龙、恶兽窟穴其中,若持贵宝、奇花果种及佛舍利渡者,船多飘没。渡河至呾叉始罗国。北印度境。

【注释】

　　① 钵露罗,亦作钵卢勒、波路、钵露、勃律等,当是 Balura 的音译。故地相当于今达地斯坦以东和以北的巴尔帖斯坦(Baltistan)。

　　② 乌铎迦汉荼城,释见卷二 2.10 注 ①。

【译文】

　　钵露罗国,方圆四千多里,位于大雪山之间,东西较长,南北狭窄。盛产麦、豆,并出金、银,由于出产贵金属,所以国家很富饶。气候寒冷,居民性格粗犷暴烈,仁义观念淡薄,缺乏礼节教化。相貌粗鲁鄙陋,衣裳以毛布为料。书面文字与印度大抵相同,口头语言异于其它各国。境内有佛寺几百座,僧侣数千人,并不专门研习某种佛家学说,对于戒律条规也不严格遵守。

从该国再返回乌铎迦汉荼城,向南渡过信度河。河面宽达三四里,流向西南,水面清澈如镜,水流漂疾湍急。毒龙、恶兽在河中筑巢穴居,如若有人携带珍宝、异花奇果以及佛舍利渡河,舟船大多沉没。渡河以后,抵达呾叉始罗国(在北印度境内)。

呾叉始罗国、僧诃补罗国和乌剌尸国

【题解】

　　玄奘西行之时,这三个国家都役属于迦湿弥罗国。据《慈恩传》记述,玄奘在去程中并未亲履僧诃补罗(当今沙尔脱山脉北麓的开脱斯及其附近一带),因为文中使用了"闻有僧诃补罗国"一语。而在归程中则显然是亲至其地的,云:"乌地王遣人引送,西行二十余日,至僧诃补罗国。"

呾叉始罗国

2.1　呾叉始罗^①国,周二千余里。国大都城周十余里。酋豪力竞,王族绝嗣,往者役属迦毕试国^②,近又附庸迦湿弥罗国^③。地称沃壤,稼穑殷盛,泉流多,花果茂。气序和畅,风俗轻勇,崇敬三宝。伽蓝虽多,荒芜已甚,僧徒寡少,并学大乘。

【注释】

　　① 呾叉始罗,亦作竺刹尸罗、卓叉始罗、德叉尸罗、奢叉尸罗等,是为梵文 Takṣaśilā 的音译。呾叉始罗国都历史悠久,曾是健驮逻国的首

都；其故址当在今巴基斯坦共和国伊斯兰堡西部拉瓦尔品第附近一带，包括今拉瓦尔品第西北 25 公里的 Shahi-dheri 及其西北 10 多公里的 Hassan-Abdal。

②迦毕试国，释见卷一 4.4 注①。

③迦湿弥逻国，释见卷三 3.1 注①。

【译文】

呾叉始罗国，方圆二千多里。该国的大都城方圆十多里。酋帅豪族争权夺利，王室统治不复存在。从前隶属迦毕试国，近来又属迦湿弥逻国。地土肥沃，庄稼繁荣，水流众多，花果茂盛。气候温和，民风轻视勇悍好斗者，崇奉佛教。境内佛寺虽多，但已十分荒芜，僧人数量很少，全都研习大乘。

2.2　大城西北七十余里有医罗钵呾逻①龙王池，周百余步。其水澄清，杂色莲花同荣异彩。此龙者，即昔迦叶波佛②时坏医罗钵呾逻树苾刍③也。故今彼土请雨祈晴，必与沙门共至池所，弹指④慰问，随愿必果。

龙池东南行三十余里，入两山间，有窣堵波，无忧王之所建也，高百余尺。是释迦如来悬记，当来慈氏世尊⑤出兴之时，自然有四大宝藏⑥，即斯胜地，当其一所。闻诸土俗曰：或时地震，诸山皆动，周藏百步，无所倾摇。诸有愚夫，妄加发掘，地为震动，人皆跌踬仆。傍有伽蓝，圮损已甚，久绝僧徒。

城北十二三里有窣堵波，无忧王建也。或至斋日，时放光明，神花天乐，颇有见闻。闻诸土俗曰：近有妇人，身婴恶癞，窃至窣堵波，责躬礼忏，见其庭宇有诸粪秽，掬除洒扫，涂香散花，更采青莲，重布其地。恶疾除愈，形貌增妍，身出名香，青莲同馥。斯胜地也，是如来在昔修菩萨行，为大国王，号战达罗钵剌婆⑦，唐言月光。志求菩提⑧，断头惠施。若此之舍，凡历千生。

　　舍头窣堵波侧有僧伽蓝，庭宇荒凉，僧徒减少。昔经部拘摩罗逻多⑨唐言童受。论师于此制述诸论。

【注释】

　　① 医罗钵咀逻，亦作医罗钵罗或医罗钵，梵文 Elāpattra 的音译；"医罗"为带有臭气的一种树名，故义为"臭气"。钵咀逻，或谓"树叶"之义，或谓"极端"之义，盖因龙王曾损坏此树叶，而致头上生此臭极之树。据《福盖正行所集经》卷十一，过去迦叶波佛时，有一比丘犯摘毁医罗钵树、午后乞食二过，被罚永为龙身，有七头，头上生医罗钵树，常流脓血。时佛在缚罗拿城，教化此龙，说弥勒出世时当可免龙身。

　　② 迦叶波佛，释见卷一 3.5 注 ⑫。

　　③ 苾刍，又作比丘、备刍、比呼等，梵文 bhikṣu 的音译；意译为乞士、乞士男、薰士等。是为出家后受过具足戒的男性佛教徒。《智度论》卷三："云何名比丘？比丘名乞士，清净活命故，名为乞士。……复次，'比'名'破'，'丘'名'烦恼'；能破烦恼，故名比丘。……复次，'比'名'怖'，'丘'名'能'；能怖魔王及魔人民，当出家、剃头、着染衣、受戒，是时魔怖。何以故，怖魔王？言是人必得入涅槃。"女子出家以后受过具足戒的人，称为比丘尼或苾刍尼。

　　④ 弹指，有三种含义：许诺、欢喜、警告。在此当为许诺之意。《行

事钞》卷下："《增一》云，如来许请，或默然，或俨头，或弹指。"

⑤ 慈氏世尊，即弥勒，释见卷三 1.6 注 ③。

⑥ 四大宝藏，据《增一阿含经》卷四十九，是为乾陀卫国伊罗钵龙王宝藏、蜜谛罗国斑稠龙王宝藏、须赖吒国宾伽罗龙王宝藏，以及婆罗捺国蠰佉龙王宝藏。

⑦ 战达罗钵剌婆，一作旃陀婆罗鞞，梵文 Candraprabha 的音译；义为"月光"。此王亦即释迦的前身之一。据《月光菩萨经》，战达罗钵剌婆王普施一切，二大臣恐恶人来求施王头，乃预作七宝王头以代之。但是求施王头的恶眼婆罗门偏偏不要七宝之头，而只要王头。国王得知后道："父母所生不净身，汝求我头欢喜舍；满尔本愿称心归，令我速成菩提果。"即自截其头施舍之。

⑧ 菩提，梵文 bodhi 的音译；意译作道、觉、智等。指对佛教真理的觉悟。广义地说，凡断绝世间之烦恼而成就涅槃的"智慧"，即称菩提。

⑨ 拘摩罗逻多，又作鸠摩逻多、鸠摩罗陀等，梵文 Kumāralata 的音译；意译作童受、童首、豪童、童子。《唯识述记》卷二："佛去世后一百年中，北天竺呾叉翅罗国有鸠摩逻多，此言童首，造九百论。……经部以此所说为宗。当时犹未有经部，经部四百年中方出世故。"

【译文】

都城西北方七十多里处，有医罗钵呾逻龙王池，方圆一百多步。池水明澄清澈，各色莲花竞放，不同色彩争艳。池中之龙，即是从前迦叶波佛时代，损坏医罗钵呾逻树的比丘。所以如今这里祈雨、求晴，都要与佛僧一起到龙池之畔，弹指以示慰问，请求必能实现。

从龙池向东南方行走三十多里，进入两山之间，有一佛塔，乃是无忧王所建造，高一百多尺。当初释迦如来预言，将来慈氏世尊出世之时，天然产生四大宝藏，这一胜地，便是其中之一。听当地人说：有时地震，各山都动，唯独宝藏周围百步以内，丝毫没有摇晃震颤。有些愚昧俗人，妄图发掘宝藏，大地立即震动，人都跌倒在地。其傍有一佛寺，塌毁十分厉害，已经久无僧人。

都城之北十二三里处，有一佛塔，乃是无忧王所建造。斋日期间，往往放射光明，神仙所撒之花以及天上所奏之乐，也时时得以看见或听到。听当地居民说：最近有个妇女，患有严重疥疮，偷偷来到塔前，虔诚礼拜，忏悔所造之罪，看见庭院、屋宇之中，有些粪便、垃圾，于是双手捧去，加以清除，并且涂上香料，撒布鲜花，采来青莲，铺在地上。她的重病因此痊愈，相貌更加漂亮，身上散发名贵香气，犹如青莲之香一般。正是在这胜地，当初如来修菩萨行，为大国国王，名叫战达罗钵剌婆（唐语谓"月光"），一心追求菩提之果，从而自断其头施舍给人。这样的施舍已历一千世。

舍头塔旁有一佛寺，庭院堂宇荒凉不堪，僧人极少。当年经部的拘摩罗逻多（唐语谓"童受"）论师曾在这里撰写各种论著。

2.3　城外东南，南山之阴有窣堵波，高百余尺，是无忧王太子拘浪拿^①为继母^②所诬抉目之处，无忧王所建也。盲人祈请，多有复明。此太子正后^③生也，仪貌妍雅，慈仁夙著。正后终没，继室憍淫，纵其昏愚，私逼太子，太子沥泣引责，退身谢罪。继母见违，弥增忿怒，候王闲隙，从容言曰："夫呾叉始罗，国之要领，非亲弟子，其可寄乎？今者，太子仁孝著闻，亲贤之故，物议斯在。"王惑闻说，雅悦奸谋，即命太子，而诫之曰："吾承余绪，垂统继业，唯恐失坠，忝负先王。呾叉始罗国之襟带，吾今命尔作镇彼国。国事殷重，人情诡杂，无妄去就，有亏基绪。凡有诏命，验吾齿印。印在吾口，其有谬乎？"于是太子衔命来镇。岁月虽淹，继室弥怒，诈发制书，紫泥封记，候王眠睡，窃齿为印，驰使而往，赐以责书。辅臣跪读，相顾失图。太子问曰："何所悲乎？"曰："大王有命，书责太子，抉去两目，逐弃山谷，任其夫妻，随时生死。虽有此命，尚未可依。今宜重请，面缚待罪。"太子曰："父而赐死，其敢辞乎？齿印为封，诚无谬矣。"命旃荼罗^④抉去其眼。眼既失明，乞贷自济，流离展转，至父都城。其妻告曰："此是王城。嗟乎，饥寒良苦！昔为王子，今作乞人！愿得闻知，重伸先责。"于是谋计，入王内厩，于夜后分，泣对清风，长啸悲吟，箜篌^⑤鼓和。王在高楼，闻其雅唱，辞甚怨悲，怪而问曰："箜篌歌声，似是吾子，今以何故而来此乎？"即问内厩，谁为歌啸？遂将盲人，而来对旨。王见太子，衔悲问曰："谁害汝身，遭此祸衅？爱子丧明，犹不觉知，凡百黎元，如何究察？天乎，天乎，何德之衰！"太子悲泣，谢而对曰："诚以不孝，负责于天，某年月日，忽奉慈旨，无由致辞，不敢逃责。"其王心知继室为不轨也，无所究察，便加刑辟。时菩提树伽蓝有瞿沙^⑥唐言妙音。大阿罗汉者，四辩^⑦无碍，三明^⑧具足。王将盲子，陈告其事，惟愿慈悲，令得复明。时彼罗汉受王请已，即于是日宣令国人："吾于后日，欲说妙理，人持一器，来此听法，以承泣泪也。"于是远近相趋，士女云集。是时阿罗汉说十二因缘⑨，凡厥闻法，莫不悲耿，以所持器，承其沥泪。说法既已，总收众泪，置之金盘，而自誓曰："凡吾所说，诸佛至理。理若不真，说有纰缪⑩，斯则已矣；如其不尔，愿以众泪，洗彼盲眼，眼得复明，明视如昔。"发是语讫，持泪洗眼，眼遂复明。王乃责彼辅臣，诘诸僚佐，或黜或放，或迁或死，诸豪世禄移居雪山东北沙碛之中。

从此东南越诸山谷，行七百余里，至僧诃补罗国。北印度境。

【注释】

① 拘浪拿，当正作拘拿浪，又作拘那罗、鸠那罗，梵文 Kuṇāla 的音译。原为一鸟名，被用为阿育王（无忧王）之太子法益的别号。

② 继母，即阿育王之妃帝舍罗叉，梵文 Tiṣyarakṣitā，义为"光护"。

③ 正后，即阿育王之后钵摩婆底，梵文 Padmanati，义为"莲华色"。

④ 旃荼罗，又作旃陀罗，梵文 Caṇḍāla 的音译；意译作屠者、严帜、执暴恶人等，是为印度种姓（释见卷二 1.11 注 ①）四大等级之外的下等阶层，多以屠杀为业；故在此谓太子命旃荼罗抉去自己双目。《玄赞》卷九："旃陀罗，云屠者，不律仪也。正言旃荼罗，此云严帜。恶业自严；行持标帜，摇铃持竹为自标故。"

⑤ 箜篌，一作空侯、坎侯，均当为西域乐器的译名。自汉以后，箜篌成为中国的主要乐器之一。其结构与弹奏法都与现代的竖琴大致相似。《通典·乐四》："竖箜篌，胡乐也。汉灵帝好之。体曲而长，二十二弦，竖抱于怀中，用两手齐奏，俗谓之擘箜篌。"

⑥ 瞿沙，梵文 Ghoṣa 的音译；意译作妙音、美音。

⑦ 四辩无碍，又作四无碍辩、四无碍智、四无碍解。是为诸菩萨说法之智辩：约于意业而谓为解，谓为智；约于口业而谓为辩。一，法无碍，名句文能诠之教法并于教法无滞；二，义无碍，知教法所诠之义理而无滞；三，辞无碍，又称词无碍，于诸方言辞通达自在；四，乐说无碍，又称辩说无碍，以前三种之智，为众生乐说自在。

⑧ 三明，释见卷二 2.7 注 ⑫。

⑨ 十二因缘，亦称十二缘起，乃是佛教"三世轮回"的基本理论，包括无明、行、识、名色、六处、触、受、爱、取、有、生、老死十二个部分，称为"十二支"。这十二支组成因果循环链条，每支之间依次成为一对因果关系，再配合过去、现在、未来三世，又概括成为两重因果。

⑩ 纰缪，犹言错误。《礼记·大传》："圣人南面而听天下，所且先者五，民不与焉：一曰治亲，二曰报功，三曰举贤，四曰使能，五曰存爱。五者一得于天下，民无不足无不赡者。五者一物纰缪，民莫得其死。"陈澔注云："纰缪，舛戾也。"

【译文】

都城外的东南方，南山之北麓有一佛塔，高一百多尺，是无忧王之太子拘浪拿遭继母诬陷而被挖去双目的地方，由无忧王建造。盲人来此祈求，往往得以复明。这位太子乃是正宫王后所生，仪表文雅，形貌丰美，慈悲仁爱，久已闻名。王后去世以后，继室骄慢淫荡，放纵昏愚之心，暗逼太子私通，太子流泪自责，退而避之，请恕不从之罪。继母遭到拒绝，更增怨怒之气，等待国王空闲之时，神色坦然地说道："呾叉始罗，乃是国家要害地区，若非王室血亲子弟，怎能委以治理重任？如今，太子仁孝著称于世，由于是否亲近贤者是件大事，公众对此都会议论。”国王惑于这一说法，欣然接受她的奸谋，立即召来太子，告诫他道：“我继承祖先遗业，把它再传下去，担心失去政权，愧对历代先王。呾叉始罗地势险固，乃是我国边防要地，我今命你镇守该地。国家大事异常重要，人际关系诡谲复杂，不要轻易作出决定，以致有负根本大业。凡是我的诏书命令，都应验证我的齿印。印章既在我的口中，难道还会出现舛讹？”于是太子奉命前去镇守。虽然时光流逝，继室却更忿怒，伪造一份诏书，并用紫泥封缄，等待国王入睡，偷用其齿盖印，派遣一名使者，赶赴呾叉始罗，颁发谴责之书。大臣拜读，相顾失色，不知所措。太子问道：“为何如此悲伤？”大臣答道：“大王下达命令，发书谴责太子，挖去你的双目，驱逐山谷之中，听任你们夫妻，随时随地死去。大王虽有此令，未必马上执行。如今应该重新恳求，自缚面君，等候处分。”太子说道：“父亲赐死，怎敢违抗？既有齿印封记，肯定不会有错。”于是命令旃荼罗挖去自己双目。眼睛既已失明，只能乞讨为生，流浪辗转四方，来到父王都城。妻子告诉他道：“这是大王都城。唉，我们饥寒交迫，备受种种苦难！从前贵为王子，如今降为乞丐！但愿大王垂听下情，让我们再次申述当初责罚的情形。”于是两人设法，进入王宫马舍，待到半夜以后，面对清风哭泣，长声吁叹，悲戚吟咏，并用箜篌伴奏。王在高楼之上，听到感人歌声，歌辞悲戚怨愤，觉得十分奇怪，于是问道：“箜篌所伴歌声，好象是我儿子，今日为了何事，居然来到这里？”立即询问看管马舍之人：“谁在那里歌吟？”臣下带来盲人，答复国王之问。国王见到太子，满含悲痛问道：“是谁害你，受此惨祸？自己爱子失明，我尚不知不觉，对待黎民百姓，则更难察下情。天啊，天啊，我的德行怎么衰败到如此地步！”太子悲哀哭泣，向父王谢罪道：“实在是我不孝，受到上天责罚，某年某月某日，忽然接奉圣旨，无法向您申述，不敢逃避罪责。"国王知道是其继室暗中搞的非法勾当，便不再审问查实，就将她处以极刑。当时菩提树寺，有位瞿沙（唐语谓"妙音"）大阿罗汉，四辩均无滞碍，三明完全具备。国王偕其盲子，前往说明此事，希望大发慈悲，使得太子复明。罗汉接受国王的请求以后，当天宣谕国民："我在稍后，将要讲解精妙佛理，你们应该每人带一器皿，来到这里听法，用器承接泪水。"于是远近各地，竞相前来，男女云集。这时罗汉讲说十二因缘，凡是聆听说法之人，无不悲伤梗咽，并用所带器皿，盛装流下之泪。罗汉说法完毕，收集众人泪水，放在金盘之内，自己发誓道："我所说的一切，乃是最高真理。倘若此理不真，我的解说有误，那么一切作罢；如果并非如此，则希望用众人的泪水，洗太子的瞎眼，瞎眼便能复明，明察事物一如当初。"罗汉说完此话，便用泪水洗眼，盲眼遂得复明。国王责备太子的大臣，诘问众多的官员，或者罢黜，或者流放，或者降职，或者处死，很多豪门世族，迁居雪山东北的沙碛之中。

从本国向东南方越过诸多山谷，行走七百多里，抵达僧诃补罗国（在北印度境内）。

僧诃补罗国

2.4　僧诃补罗①国，周三千五六百里，西临信度河。国大都城周十四五里，依山据岭，坚峻险固。农务少功，地利多获。气序寒，人性猛，俗尚骁勇，又多谲诈。国无君长主位，役属迦湿弥罗国。

城南不远有窣堵波，无忧王之所建也。庄饰有亏，灵异相继。傍有伽蓝，空无僧侣。

城东南四五十里至石窣堵波，无忧王建也，高二百余尺。池沼十数，映带左右，雕石为岸，殊形异类。激水清流，汩㴸漂注，龙鱼水族，窟穴潜泳，四色莲花，弥漫清潭。百果具繁，同荣异色，林沼交映，诚可游玩。傍有伽蓝，久绝僧侣。窣堵波侧不远，有白衣外道本师②悟所求理初说法处，今有封记，傍建天祠。其徒苦行，昼夜精勤，不遑宁息。本师所说之法，多窃佛经之义，随类设法，拟则轨仪。大者为苾刍③，小者称沙弥④。威仪律行，颇同僧法。唯留少发，加之露形，或有所服，白色为异，据斯流别，稍用区分。其天师像，窃类如来，衣服为差，相好⑤无异。

【注释】

① 僧诃补罗，梵文 Siṃhapura 的音译。其国故地当在今萨尔特山脉（Salt Range）北麓之凯特斯（Ketas）及其附近一带。

② 白衣外道本师，系指耆那教的创立者大雄（梵文 Mahāvīra）；盖因"白衣外道"是耆那教中的一个支派。"大雄"乃是其教徒对他的尊称；佛教徒则称之为尼乾陀·若提子（Niganṭha Nāṭaputta），意为"离系亲子"。相传为公元前6—前5世纪时人，出身于刹帝利家庭。三十岁出家修行，四十二岁成道，传教三十多年，活动在中印度一带；七十二岁时死于白婆（Pāvā）。其教义与佛教有近似之处，例如也讲轮回转生、因果业报、五戒等等。

③ 苾刍，释见卷三 2.2 注 ③。

④ 沙弥，释见卷一 4.8 注 ⑤。

⑤ 相好，释见卷二 2.3 注 ②。

【译文】

僧诃补罗国，方圆三千五六百里，西境濒临信度河。该国的大都城方圆十四五里，依傍山岭，坚固险峻。农务方面不必花费精力，便可收获许多庄稼。气候寒冷，人性躁烈，民风崇尚骁勇，同时又很诡诈。国内并无君王统辖，全部役属迦湿弥罗国。

都城之南不远处，有一佛塔，乃是无忧王所建造。外表装饰已经破损，神灵奇迹却还存在。旁边有一佛寺，已无僧人居住。

都城东南方四五十里处，有一石塔，乃是无忧王所建造，高达二百多尺。十几个池塘，分布在石塔左右，池岸用石雕砌成，刻成各种花纹。池水清澈，波涛汹激，水流漂疾，龙、鱼之类水族穴居池底，潜游水中，四色莲花，布满清潭。种种果木繁茂，百花盛开，色彩各异，树林水池，交相映辉，确是游乐佳境。旁边有一佛寺，早已不住僧侣。石塔旁边不远，乃是白衣外道的创教大师领悟本教至理，从而最初说法之处，迄今仍有封记，其旁建有天祠。该派教徒，都修苦行，日夜专心勤学，没有空闲休息。创教大师所说之法，大多剽窃佛教经义，根据不同对象，制定本教教义，仿效佛教法度，遵循佛教戒规。年长者名为苾刍，年少者称作沙弥。祭仪行为，很像佛教。只留少量头发，并且赤身露体，即使穿有衣服，也以白色为识，唯有这些方面，稍稍异于佛教。其创教大师之像，同样模仿如来，衣服有所区别，貌相则无不同。

2.5　从此复还呾叉始罗国北界，渡信度河，东南行二百余里，度大石门，昔摩诃萨埵[1]王子于此投身饲饿乌麤[2]。音徒。其南百四五十步有石窣堵波，摩诃萨埵愍饿兽之无力也，

行至此地，干竹自刺，以血啗之，于是乎兽乃噉焉。其中地
土，泊诸草木，微带绛色，犹血染也。人履其地，若负芒刺，
无云疑信，莫不悲怆。舍身北有石窣堵波，高二百余尺，无
忧王之所建也。雕刻奇制，时烛神光。小窣堵波及诸石龛^③
动以百数，周此茔域^④，其有疾病，旋绕多愈。石窣堵波东
有伽蓝，僧徒百余人，并学大乘教。

　　从此东行五十余里，至孤山，中有伽蓝，僧徒二百余
人，并学大乘法教。花果繁茂，泉池澄镜。傍有窣堵波，高
二百余尺，是如来在昔于此化恶药叉^⑤，令不食肉。

　　从此东南山行五百余里，至乌剌尸国。北印度境。

【注释】

　　① 摩诃萨埵，梵文 Mahāsattva 的音译；意译作大心、大众生、大有
情等，意谓有作佛大心之众生。《智度论》卷五："摩诃者，大；萨埵名，
众生，或名勇心。此人心能为大事，不退不还，大勇心故，名为摩诃萨
埵。"在此为王子名，释迦前身之一。

　　② 乌䖘，即虎。《方言》卷八："虎，陈、魏、宋、楚之间，或谓之李父；
江淮、南楚之间谓之李耳，或谓之於䖘；自关东、西或谓之伯都。"郭璞注
云："於，音乌。今江南山夷呼虎为䖘，音狗窦。"

　　③ 石龛，谓石造之塔，或者塔下的石窟；如今通常指安置佛像的石函。

　　④ 茔域，即墓地。《后汉书·栾巴传》记梁太后诏书云："大行皇帝
晏驾有日，卜择陵园，务从省约，茔域所及，裁二十顷，而巴虚言主者坏
人冢墓。"

　　⑤ 药叉，释见卷一 4.5 注 ⑥。

【译文】

从这里再回到呾叉始罗国的北界，渡过信度河，向东南行走二百多里，经过大石门，从前摩诃萨埵太子便在这里献身喂饲饿虎。在此之南一百四五十步，有一石塔，摩诃萨埵怜悯饥兽饿得无力，走到这里，便用干竹刺伤自己，用血喂之，此后饿虎又将他吃掉。这里的泥土以及草木，都略带红色，犹如血染一般。人们踏在地上，仿佛芒刺在背，不论疑者、信者，无不悲哀凄惨。舍身塔之北有一石塔，高二百多尺，是无忧王所建造。雕刻相当奇特，时常耀照神光。小塔以及石龛多达一百左右，环绕这一墓地；患有疾病之人，只要绕它行走，大多可以痊愈。石塔之东有一佛寺，僧侣一百多人，都学大乘佛教。

从这里向东行走五十多里，抵达一座孤山，山中有一佛寺，僧徒二百多人，研学大乘法教。当地花果繁茂，泉流池水，澄明如镜。旁边有一佛塔，高达二百多尺，乃是如来当初度化恶药叉，令其不再吃肉的地方。

从本国向东南方的山中行走五百多里，抵达乌剌尸国（在北印度境内）。

乌剌尸国

2.6　乌剌尸①国，周二千余里，山阜连接，田畴隘狭。国大都城周七八里。无大君长，役属迦湿弥罗国。宜稼穑，少花果。气序温和，微有霜雪。俗无礼义，人性刚猛，多行诡诈，不信佛法。

大城西南四五里有窣堵波，高二百余尺，无忧王所建也。傍有伽蓝，僧徒寡少，并皆习学大乘法教。

　　从此东南，登山履险，度铁桥，行千余里，至迦湿弥罗国。旧曰罽宾，讹也。北印度境。

【注释】

　　① 乌剌尸，一作乌剌叉，梵文 Urasā 的音译。其地当在今克什米尔的哈查拉地方（Hazara），都城则在今哈里浦尔（Haripura）。

【译文】

　　乌剌尸国，方圆二千多里，山岭连绵不断，农田面积很小。该国的大都城方圆六七里。国内并无总的君主，全都隶属迦湿弥罗。宜于种植庄稼，只有少量花、果。气候温和，略有霜、雪。民俗不讲礼义，人性刚烈勇猛，大多诡谲奸诈，并不信仰佛教。

　　都城之外西南方四五里处，有一佛塔，高二百多尺，乃是无忧王所建造。傍边有一佛寺，僧人很少，全都研习大乘佛教。

　　从本国向东南方，翻过高山，跨越险阻，度过铁桥，行走一千多里，抵达迦湿弥罗国（旧称罽宾，误。在北印度境内）。

迦湿弥罗国、半笯蹉国和曷罗阇补罗国

【题解】

　　这是印度北部边境地区诸国中的最后一段行程。其中以迦湿弥罗国为主要描述对象。该国辖境大致上相当于今克什米尔地区。那里自古盛行佛教，阿育王（即无忧王）和迦腻色迦王都在该地留下了不少赞助佛教的传说与遗迹，玄奘作了详细的描绘。到了唐朝初期，迦湿弥罗国仍然伽蓝林立，佛僧众多。所以玄奘在此滞留了一年之久（约贞观二年末至三年末），以学习佛教的经论。

迦湿弥罗国

3.1　迦湿弥罗[①]国，周七千余里。四境负山，山极峭峻，虽有门径，而复隘狭，自古邻敌无能攻伐。国大都城西临大河，南北十二三里，东西四五里。宜稼穑，多花果，出龙种马及郁金香、火珠[②]、药草。气序寒劲，多雪少风。服毛褐，衣白氎。土俗轻僄，人性怯懦。国为龙护，遂雄邻境。容貌妍美，情性诡诈。好学多闻，邪正兼信。伽蓝百余所，僧徒五千余人。有四窣堵波，并无忧王建也，各有如来舍利升余。

【注释】

　　① 迦湿弥罗，又作羯湿弥罗、伽叶弥罗、迦湿密罗、乞石迷西、克什迷儿等，梵文 Kāsmīra 的音译；即今克什米尔。该地全境多山，大部分地区在海拔 4000 米以上，北有喀喇昆仑山脉，平均海拔 6000 米以上。印度河上游及其支流杰赫勒姆河流贯境内，交通运输多通过山口进行。那里是大乘佛教的发源地。

　　② 火珠，释见卷二 1.17 注 ⑳。

【译文】

　　迦湿弥罗国，方圆七千多里。全境四面环山，山岭极为峻峭，虽然有路可通，但是十分狭窄，自古以来，邻近敌国无法攻占其地。该国大都城的西侧濒临大河，都城南北十二三里，东西四五里。适宜种植庄稼，多见花卉水果，出产龙种马以及郁金香、火珠、药草。气候寒冷，多雪少风。衣服穿用白色毛布与棉布。民风轻暴，人性怯懦。有龙护卫国家，故能称雄邻邦。居民形貌漂亮，性格诡谲诈伪。爱好学问，见闻亦广，外道、正教，全都信奉。境内有佛寺一百多座，僧侣五千多人。四座佛塔，都是无忧王所建造，每座塔内藏有如来舍利一升多。

3.2 《国志》曰：国地本龙池也。昔佛世尊自乌仗那国①降恶神已，欲还中国②，乘空当此国上，告阿难曰："我涅槃之后，有末田底迦阿罗汉③，当于此国建国安人，弘扬佛法。"如来寂灭之后第五十年，阿难弟子末田底迦罗汉者，得六神通④，具八解脱⑤，闻佛悬记，心自庆悦，便来至此，于大山岭，宴坐林中，现大神变⑥。龙见深信，请资所欲。阿罗汉曰："愿于池内，惠以容膝。"龙王于是缩水奉施。罗汉神通广身，龙王纵力缩水，池空水尽，龙翻请地。阿罗汉于此西北为留一池，周百余里；自余枝属，别居小池。龙王曰："池地总施，愿恒受供。"末田底迦曰："我今不久无余涅槃⑦，虽欲受请，其可得乎？"龙王重请："五百罗汉常受我供，乃至法尽，法尽之后，还取此国以为居池。"末田底迦从其所请。时阿罗汉既得其地，运大神通力，立五百伽蓝。于诸异国买鬻贱人，以充役使，以供僧众。末田底迦入寂灭后，彼诸贱人自立君长，邻境诸国鄙其贱种，莫与交亲，谓之讫利多⑧。唐言买得。今时泉水已多流滥。

【注释】

① 乌仗那国，释见卷三 1.1 注 ①。

② 中国，即是指中印度。

③ 末田底迦阿罗汉，释见卷三 1.6 注 ④。

④ 六神通，见卷二 2.7 注 ⑨。

⑤ 八解脱，见卷二 2.7 注 ⑩。

⑥ 神变，释见卷一 3.4 注 ⑭。

⑦ 无余涅槃，亦称无余依涅槃，梵文 Anupadhiśeṣa-nivāṇa 的意译。谓非但灭尽作为生死之因的惑业，并更灭依身之苦果；亦即身智皆灰灭之涅槃。《智度论》卷三十一："涅槃是第一宝，无上法。是有二种：一者，有余涅槃；二，无余涅槃。爱等诸烦恼断，是名有余涅槃；圣人今世所受五众尽，更不复受，是名无余涅槃。"

⑧ 讫利多，梵文 Krīta 的音译；义为"被买的"、"买来的"。 是为迦湿弥罗的一个种族名，本卷下文将谈及该族所建政权的兴亡情况。

【译文】

《国志》载云：迦湿弥罗国本来是一龙池。从前佛世尊在乌仗那国降服恶神之后，将回中印度，腾空经过该国，告诉阿难说："我涅槃以后，有末田底迦阿罗汉，将在这里建立国家，安抚人民，弘扬佛法。"如来涅槃以后的第五十年，阿难弟子末田底迦罗汉，获得六神通，具备八解脱，得知佛陀预言，心中暗自高兴，于是来到此地，在一大山岭上，静坐树林之中，示现巨大神通。池龙见后深信佛法，敬请罗汉提出要求。罗汉说道："希望在你池内，让我置放双膝。"龙王于是缩减部分池水，腾出干地施舍罗汉；罗汉施展神通增大身躯，龙王尽力缩减池水，以致龙池干涸,水流尽失,龙王反而请求罗汉赐予栖身之地。罗汉便在西北留下一池,方圆一百多里;龙王的其余支族,另外居住小池。龙王说道:"龙池已经全部施舍给你,希望你能永远受我供养。"末田底迦说道:"我在不久之后,将入无余涅槃,即使想受供养,也不可能如愿。"龙王再次请求:"五百罗汉经常受我供养,直至大法灭尽,希望法尽之后,我再占据此国,作为居住之池。"末田底迦答应了这一请求。罗汉取得这片土地以后,运用巨大神力,建立五百佛寺。在其它各国买来贱民,充作仆役,侍候僧众。末田底迦涅槃以后,这些贱民自立君王;邻近各国鄙视他们出身卑贱,都不与之交往通婚,称呼他们为讫利多(唐语谓"买得")。如今泉流、池水,已经颇多泛滥。

3.3　摩揭陀国^①无忧王,以如来涅槃后第一百年命世君临,威被殊俗。深信三宝^②,爱育四生^③。时有五百罗汉僧、五百凡夫僧^④,王所敬仰,供养无差。有凡夫僧摩诃提婆^⑤,唐言大天。阔达多智,幽求名实,潭思作论,理违圣教,凡有闻知,群从异议。无忧王不识凡圣,因情所好,党援所亲,召集僧徒赴殑伽河,欲沉深流,总从诛戮。时诸罗汉既逼命难,咸运神通,凌虚履空,来至此国,山栖谷隐。时无忧王闻而悔惧,躬来谢过,请还本国。彼诸罗汉确不从命。无忧王为罗汉建五百僧伽蓝,总以此国持施众僧。

【注释】

　　① 摩揭陀国,释见卷八 1.1 注 ①。

　　② 三宝,释见卷一 1.6 注 ③。

③ 四生，梵文 caturyoni 的意译，谓六道众生所分生的四种形态：一，胎生，如人类在母胎成体而后出生者；二，卵生，如鸟在卵壳成体而后出生者；三，湿生，如虫依湿而受形者；四，化生，无所依托，唯依业力而起者，如诸天与地狱及劫初众生皆是。在此所言的"四生"当是泛指一切生灵。

④ 凡夫僧，即凡僧，相对于"圣僧"而言。小乘教将已证初果以上，大乘教将已证初地以上者称为圣僧，其下尚未断惑者则为凡僧。《高僧传》卷三："（智严）步归，至罽宾，无疾而化，时年七十八。彼国法，凡圣烧身各处。严虽戒操高明，而实行未办。始移尸向凡僧墓地，而尸重不起。改向圣墓，则飘然自轻。"

⑤ 摩诃提婆，梵文 Mahādeva 的音译；义为"大天"。其真实人物可能是佛灭两百年后弃邪归正的外道大天，亦即所谓的"贼住大天"。

【译文】

摩揭陀国的无忧王在如来涅槃后的第一百年，应运君临天下，声威远播异邦。国王深信佛教，爱育一切生灵。当时有五百罗汉僧、五百凡夫僧，均受国王敬仰，一视同仁供养。有个凡夫僧摩诃提婆（唐语谓"大天"），豁达大度，富于智慧，深入探索名实问题，仔细思考撰成论文，道理有违正教之说，凡是与他相熟之人，也都追随这种异说。无忧王不能识别凡圣，凭着感情偏爱，袒护所亲凡僧，召集罗汉僧徒，前赴殑伽河畔，意欲弃沉河中，全部加以杀害。当时众罗汉僧迫于生命垂危，全都施展神通，飞腾行走虚空，来到这一国度，隐居山谷之中。无忧王得知以后，悔恨恐惧交加，亲自前来陪罪，请求还归本国。众罗汉僧拒不从命。无忧王遂为罗汉建造五百座寺，并将该国施舍众僧。

3.4 健驮逻国迦腻色迦王，以如来涅槃^①之后第四百年应期抚运，王风远被，殊俗内附。机务余暇，每习佛经，日请一僧入宫说法，而诸异议，部执不同。王用深疑，无以去惑。时胁尊者曰：“如来去世，岁月逾邈，弟子部执，师资异论，各据闻见，共为矛楯。”时王闻已，甚用感伤，悲叹良久。谓尊者曰：“猥以余福，韦遵前绪，去圣虽远，犹为有幸，敢忘庸鄙，绍隆法教，随其部执，具释三藏。”胁尊者曰：“大王宿殖善本，多资福佑，留情佛法，是所愿也。”王乃宣令远近，召集圣哲。于是四方辐凑，万里星驰，英贤毕萃，睿圣咸集。七日之中，四事供养^②。既欲法议，恐其喧杂。王乃具怀白诸僧曰：“证圣果^③者住，具结缚^④者还。”如是尚众。又重宣令：“无学^⑤人住，有学人还。”犹复繁多。又更下令：“具三明^⑥、备六通^⑦者住，自余各还。”然尚繁多。又更下令：“其有内穷三藏^⑧、外达五明^⑨者住，自余各还。”于是得四百九十九人。王欲于本国，苦其暑湿。又欲就王舍城^⑩大迦叶波^⑪结集石室。胁尊者等议曰：“不可。彼多外道，异论纠纷，酬对不暇，何功作论？众会之心，属意此国。此国四周山固，药叉守卫，土地膏腴，物产丰盛，贤圣之所集往，灵仙之所游止。”众议斯在，金曰：“允谐。”其王是时与诸罗汉自彼而至，建立伽蓝，结集三藏，欲作《毗婆沙论》^⑫。是时尊者世友^⑬，户外纳衣^⑭。诸阿罗汉谓世友曰：“结使^⑮未除，净议乖谬，尔宜远迹，勿居此也。”世友曰：“诸贤于法无疑，代佛施化，方集大义，欲制正论。我虽不敏，粗达微言，三藏玄文、五明至理，颇亦沉研，得其趣矣。"诸罗汉曰:"言不可以若是。汝宜屏居,疾证无学,已而来此,未为晚也。"世友曰:"我顾无学,其犹洟唾,志求佛果,不趋小径。掷此缕丸,未坠于地,必当证得无学圣果。"时诸罗汉重诃之曰:"增上慢[16]人,斯之谓也。无学果者,诸佛所赞,宜可速证,以决众疑。"于是世友即掷缕丸,空中诸天接缕丸而请曰:"方证佛果,次补慈氏,三界特尊,四生攸赖,如何于此欲证小果?"时诸罗汉见是事已,谢咎推德,请为上座[17],凡有疑议,咸取决焉。是五百圣贤,先造十万颂《邬波第铄[18]论》,旧曰《优波提舍论》,讹也。释《素咀缆藏》[19]。旧曰《修多罗藏》,讹也。次造十万颂《毗奈耶毗婆沙论》,释《毗奈耶藏》[20]。旧曰《毗那耶藏》,讹也。后造十万颂《阿毗达磨毗婆沙论》,释《阿毗达磨藏》[21]。或曰《阿毗昙藏》,略也。凡三十万颂,九百六十万言,备释三藏,悬诸千古,莫不穷其枝叶,究其浅深,大义重明,微言再显,广宣流布,后进赖焉。迦腻色迦王遂以赤铜为鍱,镂写论文,石函缄封,建窣堵波,藏于其中。命药叉神周卫其国,不令异学持此论出,欲求习学,就中受业。于是功既成毕,还军本都。出此国西门之外,东面而跪,复以此国总施僧徒。

【注释】

① 如来涅槃,即是指释迦牟尼之卒。关于其卒年,说法很多,有公元前 1000 年、前 900 年、前 700 年、前 600 年,以及前 300 年等说。但如今多据《历代三宝记》卷十一之推算法:"师资相传云,佛涅槃后优波离既结集律藏讫,即于其年七月十五日受自恣竟,以香华供养律藏,便

下一点置律藏前，年年如是。……（僧伽跋陀罗）以永明七年庚午岁七月半夜受自恣竟，如前师法，以香华供养律藏讫，即下一点，当其年计得九百七十五点，点是一年。"南齐武帝永明七年即是公元 498 年，故按 975–489=486 推算，则知释迦之卒年为公元前 486 年。这一年份也是其它许多重要历史事件及历史人物编年的推算基准。

② 四事供养，释见卷一 1.6 注 ②。

③ 圣果，释见卷二 2.7 注 ③。

④ 结缚，即"烦恼"，谓系缚心身，不使解脱出离之意。故"具结缚者"乃是指尚具有"烦恼"（一切世俗欲求、情绪及思想之总称）的人，即凡夫俗子。

⑤ 无学，指已达最高觉悟，毋需再修学的人；反之，则称"有学"。小乘以罗汉果位为无学，余者为有学；大乘则以佛果为无学。当然，《西域记》在此所谓的"无学"，只是泛指比"证圣果者"更高级的修行者，并无特指证罗汉果或佛果者的意思。

⑥ 三明，释见卷二 2.7 注 ⑫。

⑦ 六通，释见卷二 2.7 注 ⑨。

⑧ 三藏，释见卷二 1.10 注 ⑧。

⑨ 五明，释见卷二 1.9 注 ②、③、④、⑤、⑥、⑦。

⑩ 王舍城，梵文 Rājagṛha 的意译，摩揭陀国的都城，有新旧之分。旧城故址约在今印度东北部比哈尔城南约 23 公里的腊季吉尔；新城则在旧城北数公里处。《西域记》卷九较详地谈及。在此所言的"王舍城"当是指新城。

⑪ 大迦叶波，亦作摩诃迦叶、大迦叶，梵文 Mahākāśyapa 的音译；又称大龟、金色尊者等。原为王舍城外摩诃波陀村的长者尼拘卢陀羯波

之子,感有情之困苦而出家。后在竹林精舍访佛,成为佛的弟子,称少欲知足头陀第一。

⑫《毗婆沙论》,释见卷二 2.7 注 ⑯。

⑬ 世友,释见卷二 2.8 注 ③。

⑭ 纳衣,一作衲衣、百衲衣、粪扫衣等。佛教戒律规定,僧、尼之衣必须用被人遗弃的,与粪扫同类的破碎衣片缝衲制成,故有此名。至于其原因,则如《大乘义章》卷十五所言:"若求好衣,生恼致罪,费功废道,为是不着。"

⑮ 结使,亦即"烦恼"。系缚心身,结成苦果,故云结;随逐众生,又驱使众生,故云使。

⑯ 增上慢,谓自认为已得增上之法,而起骄慢之心(但实际并未证得)。是为"七慢"(慢、过慢、慢过慢、我慢、增上慢、卑慢、邪慢)之一。《法华经·方便品》:"此辈罪根深重,及增上慢,未得谓得,未证谓证,有如此失,是以不住。"

⑰ 上座,通常有三种含义,在此当为有德僧人的尊称。释见卷八 1.5注 ④。

⑱ 邬波第铄,又作优婆提舍、邬婆提舍,梵文 Upadeśa 的音译;义为论议。

⑲《素呾缆藏》,即经藏,释见卷二 1.10 注 ⑧。

⑳《毗奈耶藏》,即律藏,释见卷二 1.10 注 ⑧。

㉑《阿毗达磨藏》,即论藏,释见卷二 1.10 注 ⑧、卷二 2.10 注 ⑪。

【译文】

健驮罗国的迦腻色迦王,在如来涅槃以后的第四百年,应承天运为君，王道之风远布，异国均来内附。处理国务之余，常常研习佛经，每天请一僧人，进宫说法讲经，但是不同部派，各有相异学说。国王十分不解，无法去除疑惑。当时胁尊者说："如来去世以来，时间已经久远，弟子各分部派，论师观点相异，各按自己见闻，相互产生矛盾。"国王听后，非常悲伤，叹息许久。他对尊者说道："我有幸仰仗余福，继承前辈事业，距离圣者虽远，但是尚属幸运；我冒昧地不顾平庸、鄙陋，发扬光大佛教，根据不同部执，解释三藏佛经。"胁尊者说："陛下前世种下善根，积累许多福德，又能关心佛法，正是我的愿望。"国王于是传令远近各地，召集有道高僧。人们来自四面八方，赶奔万里路程，英杰贤士聚集，睿智高僧相会。七天之内，均受四事供养。既欲研讨佛法，恐怕鱼龙混杂。国王便将想法全部告诉众僧："证得圣果者留下，烦恼未尽者请还。"即使这样，留下的人还是太多。国王又下令道："学透真谛者留下，尚须修学者请还。"但是留者还是太多。于是再次下令："具备三明、六通者留下，其余的请还。"留下的人数依然过多。又再下令道："彻底理解三藏，完全通达五明者留下，其余各自请还。"于是得到四百九十九人。国王想在本国集会，但是苦于又热又湿。又想前往王舍城大迦叶波结集的石室。胁尊者等议论道："不可以去。那里外道很多，异说纷扰，应答辩论尚且忙不过来，哪里还有精力撰写论文？聚会众僧之意，还是喜欢此国。这里四周山岭坚固，并有药叉守卫，田地肥沃，物产丰饶，乃是贤士圣人奔趋之地，神灵仙人活动之所。"众人意见均是如此，异口同声道："确很合适。"国王当时与众罗汉来到这里，建立佛寺，集体讨论佛经，打算写作《毗婆沙论》。这时世友尊者，穿着衲衣站在门外。众罗汉对世友说道："你烦恼尚未除去，议论荒诞不经，应该远远避开，不要留在此地。"世友说道："各位贤士对于佛法，没有疑惑不解之处，代替佛陀施行教化，正在讨论重要教义，将要撰写正确经论。我虽然并不聪明，但也略知佛法的精微要言，三藏的深奥文字，五明的最高真理，我也曾深入研究，得知其中要旨。"众罗汉说："讲话不可如此狂妄。你应退而静处，赶快证得无学，然后再来这里，为时尚不算晚。"世友说道："我视无学之果，犹如鼻涕、唾沫，我志在求得佛果，不走偏僻小道；将此线团抛起，在它着地之前，我必证得圣果。"众罗汉又斥责道："狂妄自大的人，就是这种样子。无学果乃是众佛所赞美的事物，你应赶快证得，以释众人之疑。"于是世友抛出线团，空中众天神接住线团说道："你应该证得佛果，然后继任弥勒之位，三界之中最为尊贵，一切生灵因而依赖，怎么在此要证小果？"众罗汉看见这种情况，俱各向他谢罪，推崇他的道德，尊奉他为上座，凡是有所疑义，都请他来裁决。这五百圣贤，首先撰写十万颂《邬波第铄论》（旧称《优婆提舍论》，误），解释《素咀缆藏》（旧称《修多罗藏》，误）其次撰写十万颂《毗奈耶毗婆沙论》，解释《毗奈耶藏》（旧称《毗那耶藏》，误）。最后撰写十万颂《阿毗达磨毗婆沙论》，解释《阿毗达磨藏》（或名《阿毗昙藏》，略称）。一共三十万颂，九百六十万字，详备解释三藏，永存千秋万代；主体、枝节，无不彻底研究，深奥、浅显，全都详细探讨；重大旨意重新指明，精微言辞再次显示，广为晓喻，流布各地，后学之人，仰仗于它。迦腻色迦王便用赤铜锻成薄金属片，上面镂刻论文，并用石盒封装，建造佛塔，藏在其中。命令药叉护卫该国，不让外道带走论文，如果有人想要学习，就在塔内接受教诲。迦腻色迦待到大功告成，便即率军返还首都。走到该国西门之外，面向东方跪下致敬，并将该国全部施舍给佛教僧徒。

3.5　　迦腻色迦王既死之后，讫利多种^①复自称王，斥逐僧徒，毁坏佛法。睹货逻国呬摩呾罗^②王，唐言雪山下。其先释种也，以如来涅槃之后第六百年光有疆土，嗣膺王业，树心佛地^③，流情法海^④。闻讫利多毁灭佛法，招集国中敢勇之士，得三千人，诈为商旅，多赍宝货，挟隐军器，来入此国，此国之君，特加礼宾。商旅之中，又更选募，得五百人，猛烈多谋，各袖利刃，俱持重宝，躬赍所奉，持以献上。时雪山下王去其帽，即其座，讫利多王惊慑无措，遂斩其首，令群下曰："我是睹货逻国雪山下王也。怒此贱种公行虐政，故于今者诛其有罪。凡百众庶，非尔之辜。"然其国辅宰臣，迁于异域。既平此国，召集僧徒，式建伽蓝，安堵如故。复于此国西门之外，东面而跪，持施众僧。其讫利多种屡以僧徒覆宗灭祀，世积其怨，嫉恶佛法。岁月既远，复自称王。故今此国不甚崇信，外道天祠，特留意焉。

【注释】

①讫利多种，释见卷三 3.2 注⑦。

②呬摩呾罗，当是梵文 Himatala 的音译；义为"雪山下"。其国位于兴都库什山之北，靠近阿姆河的主要源头。《西域记》卷十二有专条谈及。

③佛地，指修行过程中的最后（即第十）阶位。通教认为，佛地是菩萨之最后身；至此，断余残习气，于七宝树下以天衣为座，成就乃至入寂之位。

④法海，喻指佛法，意谓佛法广大难测，犹如海洋一般。《维摩经·佛国品》："当礼法海德无边。"又，《无量寿经》上："深谛善念，诸

佛法海。"

【译文】

迦腻色迦王逝世以后，讫利多种再度自称为王，驱逐佛僧，毁坏佛法。睹货逻国的呬摩呾罗王（唐语谓"雪山下"），其祖先乃是释迦族，在如来涅槃以后的第六百年拥有领土，继承王业，一心修行佛果，属意广大佛法。听说讫利多人毁灭佛法，于是召集国内勇士三千，扮成经商贾客，携带大量珍宝，暗中夹藏兵器，来到这一国家。该国国王特别客气，把他们当作贵宾接待。雪山下王在伪装的商人之中，再行精选五百人，都很勇猛机智，袖内各藏利刃，带着贵重珠宝；雪山下王亲自把宝物献给讫利多王。当时，雪山下王脱掉帽子，奔趋宝座，讫利多王惊慌失措，遂被斩首。雪山下王通令臣民道："我是睹货逻国的雪山下王。恼怒这些贱民公然施行暴政，所以今天来诛杀有罪之人。但是你们平民百姓，并无罪过。"然而该国的辅佐大臣，都被迁往国外。平定此国以后，雪山下王召集佛教僧侣，恭敬建造佛寺，众人安居乐业，犹如以往一般。又在该国西门之外，朝东跪下礼敬，将国施舍众僧。讫利多种由于佛教僧人的缘故而被屡次毁灭宗祀，所以世代积累仇恨，妒忌、憎恶佛法。许多年月之后，重又自称为王。因此如今该国，不太信仰佛教，对于外道、天祠，倒是特别重视。

3.6　新城东南十余里，故城北，大山阳，有僧伽蓝，僧徒三百余人。其窣堵波中有佛牙，长可寸半，其色黄白，或至斋日，时放光明。昔讫利多种之灭佛法也，僧徒解散，各随利居。有一沙门，游诸印度，观礼圣迹，伸其至诚。后闻本

国平定，即事归途，遇诸群象，横行草泽，奔驰震吼。沙门
见已，升树以避。是时群象相趋奔赴，竞吸池水，浸渍树根，
互共排掘，树遂蹎仆。既得沙门，负载而行，至大森林中，
有病象瘴痛而卧，引此僧手至所苦处，乃枯竹所刺也。沙门
于是拔竹傅药，裂其裳，裹其足。别有大象，持金函授与病
象，象既得已，转授沙门，沙门末函，乃佛牙也。诸象围绕，
僧出无由。明日斋时^①，各持异果，以为中馔^②。食已，载
僧出林，数百里外，方乃下之，各跪拜而去。沙门至国西界，
渡一驶河^③，济乎中流，船将覆没。同舟之人互相谓曰："今
此船覆，祸是沙门，沙门必有如来舍利，诸龙利之。"船主检
验，果得佛牙。时沙门举佛牙俯谓龙曰："吾今寄汝，不久
来取。"遂不渡河，回船而去，顾河叹曰："吾无禁术^④，龙
畜所欺！"重往印度学禁龙法。三岁之后，复还本国，至河
之滨，方设坛场，其龙于是捧佛牙函以授沙门。沙门持归，
于此伽蓝，而修供养。

　　伽蓝南十四五里，有小伽蓝，中有观自在菩萨^⑤立像。
其有断食誓死为期愿见菩萨者，即从像中出妙色身^⑥。

　　小伽蓝东南三十余里，至大山，有故伽蓝，形制宏壮，
芜漫良甚，今惟一隅起小重阁。僧徒三十余人，并学大乘法
教。昔僧伽跋陀罗^⑦唐言众贤。论师于此制《顺正理论》^⑧。
伽蓝左右诸窣堵波，大阿罗汉舍利并在。野兽、山猿采花供
养，岁时无替，如承指命。然此山中多诸灵迹，或石壁横分，
峰留马迹。凡厥此类，其状谲诡，皆是罗汉、沙弥群从游戏，
手指摩画，乘马往来。足迹若斯，难以详述。

【注释】

① 斋时，吃斋食的时间，是从天空始呈白色之时（即所谓"明相现"）直到正午之间。《释氏要览》："明相出，始得食粥，余皆非时。"又，《翻译名义集》第七引《僧祇律》云："午时日影过一发一瞬，即是非时。"

② 中馔，即中食，释见卷一 4.8 注 ③。

③ 驶河，犹言流急之河。《法苑珠林》卷一："《观佛三昧经》云，天地始终，谓之一劫。劫尽坏时，火灾将起；一切人民，皆背正向邪，竞行十恶；天久不雨，所种不生，依水泉源乃至四大驶河皆悉枯竭。"

④ 禁术，即禁咒术或禁咒，释见卷三 1.1 注 ②。

⑤ 观自在菩萨，即观世音，释见卷一 4.5 注 ⑦。

⑥ 妙色身，释见卷一 4.5 注 ⑧。

⑦ 僧伽跋陀罗，梵文 Saṅghabhadra 的音译，义为"众贤、僧贤"。

⑧《顺正理论》，乃是《阿毗达磨顺正理论》的略称，共八十卷，玄奘译。此书宣扬有部教义，驳斥世亲的《阿毗达磨俱舍论》释见卷二 2.7 注 ⑭）。《西域记》卷四"秣底补罗国"条详述其事。

【译文】

新城东南十多里处，在旧城之北，大山之南，有一佛寺，僧人三百多。寺内佛塔中藏有佛牙，长约一寸半，色泽黄白，斋日期间，往往放射光芒。当初讫利多族毁灭佛法时，寺僧四方流散，各寻居留之处。其中有一沙门，游览印度诸国，瞻仰礼拜佛迹，表示至诚之心。后来听说本国已经平定，于是打点回国，中途遇见群象，冲突草泽之间，奔跑号叫不已。沙门见此情形，爬上树顶躲避。这时群象奔至树下，纷纷汲取湖水，浸湿大树之根，共同推拔、挖掘，以至大树倾倒。众象获得沙门，驮在背上而行，来到大树林中。有一患病大象，痛苦卧伏于地，众象牵住僧手，使其触摸患处，乃是枯竹刺伤。沙门于是拔出枯竹，并在患处涂药，撕裂自己衣裳，裹包病象之脚。另外有只大象，拿来一只金盒，递给生病之象。病象既得金盒，转而送给沙门；沙门打开盒子，原来是枚佛牙。众象环绕沙门，沙门无法脱身。明日斋食之时，众象携来果品，作为他的中食。等他吃好之后，又再驮出树林，载至几百里外，方才把他放下，各自跪拜而去。沙门抵达本国西界，渡越湍急之河，渡船将至中流，忽有倾覆之虞。同船旅客纷纷说道："如今渡船将翻，祸患来自沙门，沙门必定拥有如来舍利，因而招致众龙贪图觊觎。"船主检查沙门，果然获得佛牙。当时沙门举起佛牙，俯身对龙说道："现在暂寄你处，不久必将取回。"于是不再过河，让船载还原地，对着大河叹道："我因为不懂禁术，致受龙这畜生欺侮！"重新前赴印度，学习禁龙之法。三年过后，再回本国，来到大河岸边，正要搭设坛场，龙已捧出佛牙金盒，交给沙门。沙门持盒而归，藏此佛寺之中，谨为供养礼拜。

此寺之南十四五里有一小寺，内有观自在菩萨的站立之像。如果有人绝食，誓死要见菩萨，像中便会展现美妙身形。

从小寺向东南行走三十多里，抵达一座大山，山上有一旧寺，规模宏伟壮丽，荒芜塌毁不堪，如今只有一角，筑有一座小楼。僧徒三十多人，研习大乘佛教。从前僧伽跋陀罗（唐语谓"众贤"）论师在此撰写《顺正理论》。佛寺两旁塔内，藏有大阿罗汉舍利。野兽、山猿采集香花，供养舍利，年年相继，犹如受人指挥一般。然而这座山中，尚有许多灵异圣迹，或者石壁横向分裂，或者山峰留有马的足迹。所有这类情形，都很诡谲怪异；这是罗汉、沙弥一起在此游戏，手指划写石面，骑马往来奔逐，从而留下痕迹。诸如此类遗迹，难以一一详述。

3.7　佛牙伽蓝东十余里,北山崖间,有小伽蓝,是昔索建地罗①大论师于此作《众事分毗婆沙论》②。小伽蓝中有石窣堵波,高五十余尺,是阿罗汉遗身舍利也。先有罗汉,形量伟大,凡所饮食,与象同等。时人讥曰:"徒知饱食,安识是非?"罗汉将入寂灭也,告诸人曰:"吾今不久当取无余③,欲说自身所证妙法。"众人闻知,更相讥笑,咸来集会,共观得失。时阿罗汉告诸人曰:"吾今为汝说本因缘④。此身之前,报受象身,在东印度,居王内厩。是时此国有一沙门,远游印度,寻访圣教诸经典论。时王持我,施与沙门,载负佛经,而至于此。是后不久,寻即命终。乘其载经福力所致,遂得为人,复钟余庆,早服染衣⑤,勤求出离,不遑宁居,得六神通⑥,断三界⑦欲。然其所食,余习尚然,每自节身,三分食一。"虽有此说,人犹未信。即升虚空,入火光定⑧,身出烟焰,而入寂灭,余骸坠下,起窣堵波。

王城西北行二百余里,至商林伽蓝,布刺拿⑨唐言圆满。论师于此作《释毗婆沙论》⑩。

城西行百四五十里,大河北,接山南,至大众部伽蓝,僧徒百余人。昔佛地罗⑪唐言觉取。论师在此作大众部《集真论》⑫。

从此西南,逾山涉险,行七百余里,至半笯奴故反。蹉国。北印度境。

【注释】

①　索建地罗,梵文 Skandhila 的音译;意译作悟入。是为说一切有

部的学者，众贤（见本卷 3.6）之师。

②《众事分毗婆沙论》，梵文 Vibhāṣāprakaraṇapadaśāstra；但现存经录中不见其名。

③无余，即无余涅槃，释见卷三 3.2 注⑥。

④因缘，梵文 hetupratyaya 的意译。指形成事物、导致认识和造就业报等依赖的原因和条件。"因"、"缘"有所区别，即：起主要直接作用的条件为"因"，起间接辅助作用的条件为"缘"。佛教认为万物均由因缘和合而生。《楞严经疏》卷一："统论佛教，因缘为宗。以佛圣教，自浅至深，说一切法，不出因缘二字。"

⑤染衣，即僧衣，释见卷二 2.7 注⑥。

⑥六神通，释见卷二 2.7 注⑨。

⑦三界，释见于志宁序 1.1 注⑧。

⑧火光定，即第四禅定，亦即入定后自焚。

⑨布剌拿，梵文 Purna 的音译；意译作圆满。

⑩《释毗婆沙论》，可能并非书名，而是指书的性质，即该书旨在解释《毗婆沙论》。

⑪佛地罗，梵文 Bodhila 之音译；意译为觉取。

⑫《集真论》，当是梵文 Tattvasaṃcaya-śāstra 的意译；此书不见于现存经录。

【译文】

佛牙寺以东十多里处，北山崖之间，有一小佛寺，从前索建地罗大论师在这里撰写《众事分毗婆沙论》。小佛寺中有一石塔，高五十多尺，是收藏罗汉遗身舍利之处。早先有一罗汉，身形魁梧长大，饮食数量极大，竟与大象一般。人们讥笑他道："只会拼命吃饭,怎知明辨是非?"罗汉涅槃之前,告诉众人说道："我不久以后将入无余涅槃,现在讲讲本身如何证得妙法。"众人听了,对他更加嘲笑,全都前来聚会,以观结果如何。当时罗汉对众人说道："如今为你们说我自己的因缘。我此生之前,曾是象身,在东印度,居住王宫马舍之内。当时该国有一沙门,出门远游来到印度,寻访佛教众多经典。国王将我施给沙门,我便载这佛经,抵达这里。过后不久,我便去世。凭借载运佛经的福力,得以投生为人,又因积有余德,早已穿上僧服;我努力追求脱离轮回,以致没有空闲安逸居住,最后终于获得六种神通,断绝三界欲望。但是我的饭量,仍与往世一般,自己常常抑制,只吃三分之一。"罗汉虽作如此解释,人们仍未完全相信。于是罗汉升至空中,入火光定,身上冒出火焰,从而归于涅槃,剩余尸骸舍利坠落地下,人们便为之建立佛塔。

从都城向西北方行走二百多里,抵达商林佛寺,布刺拿(唐语谓"圆满")论师曾在这里撰写《释毗婆沙论》。

从都城向西行走一百四五十里,在大河之北,连接大山之南处,有座大众部佛寺,僧徒一百多人。从前佛地罗(唐语谓"觉取")论师曾在这里撰写大众部《集真论》。

从本国向西南,越过山岭,经历险阻,行走七百多里,抵达半笯蹉国(在北印度境内)。

半笯蹉国

3.8　半笯蹉[①]国,周二千余里。山川多,畴陇狭,谷稼时播,花果繁茂,多甘蔗,无蒲萄,庵没罗果、乌谈跋罗、茂遮等果[②],家植成林,珍其味也。气序温暑,风俗勇烈。裳服所制,多衣氎布。人性质直，淳信三宝。伽蓝五所，并多荒圮。无大君长，役属迦湿弥罗国。城北伽蓝少有僧徒。伽蓝北有石窣堵波，实多灵异。

从此东南行四百余里，至曷逻阇补罗国。北印度境。

【注释】

① 半奴蹉，梵文 Parṇotsa 的音译。其故地当在今斯利那加西南的朋奇（Punch）附近一带。

② 庵没罗果（即阿末罗果）、乌谈跋罗果（即乌昙跋罗果）、茂遮果，释见卷二 1.17 注 ①、⑧、⑨。

【译文】

半笯蹉国，方圆二千多里。山峰、山谷较多，农耕田地较少，种植五谷庄稼，花卉、水果丰茂，盛产甘蔗，不出葡萄，庵没罗果、乌谈跋罗果、茂遮等果，家家种植成林，因为人们酷爱这些果实的美味。气候温热，民风勇猛刚烈。衣服料子，大多使用毛布。人们本性朴质，深深信仰佛教。境内有佛寺五座，全部荒芜倾塌。没有总的君主，隶属于迦湿弥罗国。都城之北的佛寺中僧人不多。寺北有一石塔，多有灵验奇迹。

从本国向东南行走四百多里，抵达曷逻阇补罗国（在北印度境内）。

曷逻阇补罗国

3.9　曷逻阇补罗^①国，周四千余里。国大都城周十余里。极险固，多山阜，川原隘狭，地利不丰。土宜气序，同半笯蹉国。风俗猛烈，人性骁勇。国无君长，役属迦湿弥罗国。

伽蓝十所，僧徒寡少。天祠一所，外道甚多。

自滥波国^②至于此土，形貌粗弊，情性犷暴，语言庸鄙，礼义轻薄，非印度之正境，乃边裔之曲俗。

从此东南，下山，渡水，行七百余里，至磔迦国。北印度境。

【注释】

① 曷逻阇补罗，梵文 Rājapura 的音译。其故地约相当于今克什米尔南部的拉加奥利（Rajaori）一带。

② 滥波国，释见卷一 3.1 注 ⑦。

【译文】

曷逻阇补罗国，方圆四千多里。其国的大都城方圆十多里。境内地形极为险要，山岭甚多，平原狭小，物产不丰。田地、气候状况，同于半笯蹉国。民风刚烈，人民骁勇。国内不设君主，隶属于迦湿弥罗国。国内有佛寺十座，僧人很少。尚有天祠一所，外道信徒很多。

从滥波国直到这里，居民的形貌粗鲁丑陋，性格粗犷暴烈，语言平庸低劣，轻视礼节仁义，不是印度本土，乃是边鄙人居住之地。

从本国向东南，下山渡河，行走七百多里，抵达磔迦国（在北印度境内）。

卷第四

从磲迦到设多图卢等五国

【题解】

　　按玄奘的划分，这五国都属北印度境。他抵达磲迦国时，大约是贞观四年（630年）的岁初。据《慈恩传》，玄奘在该国东境的一个大城中停留了一月，向一位年老的婆罗门学习经论；又在至那仆底国停留了十四个月（或谓四个月），从大德毗腻多钵腊婆学习佛教经论；此后则在阇烂达那国停留了四个月，学习《众事分毗婆沙》。所以，玄奘在北印度五国中用于学习经论的时间约达一年或一年半。

磲迦国

1.1　磲迦 ① 国，周万余里，东据毗播奢 ② 河，西临信度河。国大都城周二十余里。宜粳稻，多宿麦，出金、银、鍮石、铜、铁。时候暑热，土多风飙。风俗暴恶，言辞鄙亵。衣服鲜白，所谓憍奢耶衣 ③、朝霞衣 ④ 等。少事佛法，多事天神。伽蓝十所，天祠数百。此国以往，多有福舍 ⑤，以赡贫匮，或施药，或施食，口腹之资，行旅无累。

【注释】

① 磔迦，梵文 Ṭakka 的音译。其地大致相当于今巴基斯坦的旁遮普一带，甚为宽广。

② 毗播舍，梵文 Vipāśā 的音译。即今旁遮普的比阿斯河（Bias）。

③ 憍奢耶衣，即野蚕丝衣，释见卷二 1.6 注 ⑤。

④ 朝霞衣，以极薄质料所制之衣，因其薄如朝霞，故名；形制类似袈裟。《通典·乐六》："天竺乐，乐工皂丝布幞头巾、白练襦，紫绫裤，绯帔；舞二人，辫发，朝霞袈裟，若今之僧衣也。"

⑤ 福舍，梵文 Puṇyaśala 的意译；音译作奔穰舍罗。《西域记》卷十二 "朅盘陀国" 条有专节描述。又称达摩舍罗，见《慈恩传》卷二。

【译文】

磔迦国，方圆一万多里，东境依旁毗播舍河，西境濒临信度河。其国的大都城方圆二十多里。适宜种植粳稻，宿麦产量很高，出产金、银、鍮石、铜、铁。气候炎热，风暴甚多。民风暴戾凶恶，语言庸鄙低级。衣服色尚洁白，即如所谓的憍奢耶衣、朝霞衣等。很少居民信仰佛教，大多祠奉外道天神。境内有佛寺十座，天祠几百。从该国开始，此后的诸国均设有许多福舍，用以救济贫苦居民，或者施舍药物，或者施舍食品，并为旅行者提供饮食，解决他们的旅途麻烦。

1.2 大城西南十四五里，至奢羯罗 ① 故城。垣堵虽坏，基址尚固，周二十余里。其中更筑小城，周六七里，居人富饶；即此国之故都也。数百年前，有王号摩醯逻矩罗 ②，唐言大族。都治此城，王诸印度。有才智，性勇烈，邻境诸国，莫不臣伏。机务余闲，欲习佛法，令于僧中推一俊德。时诸僧徒莫敢应命：少欲无为，不求闻达；博学高明，有惧威严。是时王家旧僮，染衣已久，辞论清雅，言谈赡敏③，众共推举，而以应命。王曰："我敬佛法，远访名僧，众推此隶与我谈论。常谓僧中贤明肩比，以今知之，夫何敬哉？"于是宣令五印度国，继是佛法并皆毁灭，僧徒斥逐，无复孑遗。

　　摩揭陀国婆罗阿迭多王④唐言幼日。崇敬佛法，爱育黎元，以大族王淫刑虐政，自守疆埸，不供职贡。时大族王治兵将讨。幼日王知其声问，告诸臣曰："今闻寇至，不忍斗其兵也。幸诸僚庶赦而不罪，赐此微躯潜行草泽。"言毕出宫，依缘山野。国中感恩慕从者数万余人，栖窜海岛。大族王以兵付弟，浮海往伐。幼日王守其厄险，轻骑诱战，金鼓一震，奇兵四起，生擒大族，反接引见。大族王自愧失道，以衣蒙面。幼日王踞师子床，群官周卫，乃命使臣告大族曰："汝露其面，吾欲有辞。"大族对曰："臣主易位，怨敌相视，既非交好，何用面谈？"再三告示，终不从命。于是宣令数其罪曰："三宝⑤福田⑥，四生⑦攸赖。苟任豺狼，倾毁胜业。福不佑汝，见擒于我。罪无可赦，宜从刑辟。"时幼日王母博闻强识，善达占相。闻杀大族也，疾告幼日王曰："我尝闻大族奇恣多智，欲一见之。"幼日王命引大族至母宫中。幼日母曰："呜呼，大族幸勿耻也！世闻无常⑧，荣辱更事，吾犹汝母，汝若吾子，宜去蒙衣，一言面对。"大族曰："昔为敌国之君，今为俘囚之虏，隳废王业，亡灭宗祀，上愧先灵，下惭黎庶，诚耻面目。俯仰天地，不能自丧，故此蒙衣。”王母曰：“兴废随时，存亡有运。以心齐物，则得丧俱忘；以物齐心，则毁誉更起。宜信业报 ⑨，与时推移，去蒙对语，或存躯命。”大族谢曰：“苟以不才，嗣膺王业，刑政失道，国祚亡灭，虽在缧绁 ⑩ 之中，尚贪旦夕之命。敢承大造 ⑪，面谢厚恩。”于是去蒙衣，出其面。王母曰：“子其自爱，当终尔寿。”已而告幼日王曰：“先典有训，宥过好生。今大族王积恶虽久，余福未尽，若杀此人，十二年中，菜色相视。然有中兴之气，终非大国之王，当据北方，有小国土。”幼日王承慈母之命，愍失国之君，娉以稚女，待以殊礼，总其遗兵，更加卫从，来出海岛。

【注释】

① 奢羯罗，又作奢揭罗、沙柯罗、沙竭等，梵文 Śākala 的音译。其故址可能在今巴基斯坦东北部的锡亚尔科特（Sialkot）。

② 摩醯逻矩罗，梵文 Mahirakula 的音译；义为“日族”，而非“大族”，玄奘当是将 mahira 误认为 maha 了。不少学者认为，这里的“摩醯逻矩罗”乃是 5、6 世纪大举入侵印度的嚈哒族（即西史中的“白匈奴”）君主之一，即是于 6 世纪 10 年代继位的摩醯逻矩罗。但是据余太山研究，玄奘所说的摩醯逻矩罗与 6 世纪的嚈哒王根本无关，而确实是距玄奘时代已有数百年的一位君主（说见余太山《嚈哒》，第 96—99 页）。

③ 赡敏，谓语言充畅敏捷。《新唐书·封敖传》：“（封）敖属辞赡敏，不为奇涩，语切而理胜。”

④ 婆罗阿迭多，梵文 Bālāditya 的音译；义为“幼日”。或以为这即是约于公元 6 世纪初继位的笈多朝国王那罗僧诃笈多。但是，既然如注

② 所言,玄奘提及的摩醯逻矩罗并非 6 世纪的嚈哒王,那么这里的"幼日王"也就不可能是那罗僧诃笈多;而应是公元前 1 世纪铄迦阿迭多之曾孙幼日王。余太山考证道:"慧立《大慈恩寺三藏法师传》明载,那烂陀僧伽蓝之建始于铄迦罗阿迭多,'建立以来七百余载'。可知该王的年代当为前一世纪。'幼日王'既为铄迦罗阿迭多之曾孙,其在位年代无疑远在笈多王朝建立之前。他应为一前笈多王,和玄奘所载摩醯逻矩罗为同时代人。"(见《嚈哒》,第 98 页)

⑤ 三宝,释见卷一 1.6 注 ③。

⑥ 福田,释见卷二 1.16 注 ②。

⑦ 四生,释见卷三 3.3 注 ③。

⑧ 无常,梵文 anitya 之意译,谓世间一切之法,生灭迁流,刹那不住,故名。《涅槃经》卷一:"是身无常,念念不住,犹如电光、暴水、幻炎。"

⑨ 业报,谓应于善恶业因之苦乐果报。《宝积经》九十六:"阎罗常告彼罪人,无有少罪我能加,汝自作罪今日来,业报自招无代者。"

⑩ 缧绁,原指用以拘缚罪人的黑索,后则泛指牢狱。《史记·晏子传》:"越石父贤,在缧绁中。"

⑪ 大造,谓成就大功。《后汉书·袁绍传》:"是则幕府无德于兖土,而有大造于操也。"这里的"大造"则是喻指再次赐予生命的大功德。

【译文】

从大都城向西南方行走十四五里,抵达奢羯罗旧城。城墙虽已毁坏,墙基还算牢固,方圆二十多里。城内又筑小城,方圆六七里,居民富足,这即是该国的故都。几百年前,有个国王名叫摩醯逻矩罗(唐语谓"大族"),以此城为首都,统治印度各国。他富有才能智慧,性格勇悍刚烈，相邻各个国家，无不拜伏称臣。他在国务之暇，意欲学习佛法，下令在佛僧中推选一位才德出众之人。但是众僧都不听命应聘：有人没有欲望，不想有所作为，不求声望显达；博学高明之辈，却又畏惧国王威严。这时，王府有一老仆，出家为僧已久，言论清高风雅，谈吐充畅敏捷，众僧共同推举，由他去应王命。国王说道："我因为敬慕佛法，所以远访名僧，你们竟然推举这种奴才，前来与我论谈。人们常说，佛僧中贤明之士比比皆是，但从今日之事得知，僧人有何可敬之处？"于是下令五印度国，从今以后，佛教都要摧毁，僧徒应予驱逐，不准再有残留。

　　摩揭陀国的婆罗阿迭多王（唐语谓"幼日"），崇拜、信仰佛教，爱护、抚育百姓，鉴于大族王刑罚滥施，政治暴虐，因此自守国土，不再纳贡称臣。于是大族王召集军队，将行讨伐。幼日王得知消息，告诉大臣们道："如今听说敌寇将至，我不忍与其兵士相斗。敬希百官、庶民赦我之罪，留我一命，让我躲藏到荒野之中。"说完以后，出宫而去，居留山岭野地之间。国内因为感其恩德、慕其名望而追随他同去的有好几万人，一起逃避到一座海岛上。大族王把军队交给兄弟，渡海前往讨伐。幼日王扼守险要之处，利用轻骑诱战，锣鼓骤然震响，暗伏奇兵四起，活捉大族国王；他被反缚双手，押到幼日王前。大日王自愧于往日的统治失却王道，遂用衣服蒙住面孔。幼日王坐在狮子座上，百官四周护卫，他令侍臣告诉大族王道："你将面孔露出，我有话跟你说。"大族答道："臣主地位已经互易，如今正是仇敌相对，既然不是友好交往，何必再要露面交谈？"幼日王再三告诫指示，大族王始终拒不从命。于是宣布诏令，列数其罪道："佛教三宝的福德之田，一切众生均赖以生存。你却任凭恶人破坏，摧毁佛门妙善之业。上天不保佑你，被我生擒

活捉。其罪不可饶赦，应该处以死刑。"幼日王的母亲见闻广博，记忆
力强，精通占卜，擅长相面。听说要杀大族，急忙对幼日王说道："我曾
听说大族外貌出众，智慧丰富，我想见见他。"幼日王遂命臣下带领大
族前去母亲宫中。幼日王母亲说道："唉，大族呀，请你不要羞惭不已！
世间万物变幻无常，尊荣、屈辱交相出现，我今犹如你的母亲，你也好
像我的儿子，你应去掉蒙面之衣，跟我当面谈上一谈。"大族说道："我
以前身为敌国君主，如今降为阶下之囚，我已毁坏王家大业，并使家
国惨遭灭亡，对上愧见祖宗英灵，对下有负黎民百姓，确实再无脸面见
人。仰对苍天，俯视大地，均感无颜以对；既然不能自绝谢罪，因此只
能用衣蒙面。"幼日王母亲说道："国家兴衰，随时而异，存在、灭亡，各
有运数。若将荣辱等闲视之，得失之事全会忘却；若被荣辱左右你心，
毁誉之事相继而来。你应相信业报，将随时间变化，去掉蒙衣对话，或
者可保活命。"大族谢道："我这无才之人，继承帝王大业，政治失却王
道，以致国家灭亡；虽在牢狱之中，总还贪图话命。承蒙再生功德，我
当面谢大恩。"于是去掉蒙衣，露出真实面容。王母说道："你应自重自
爱，我会使你善终。"然后告诉幼日王道："祖先法典早有训示，宽恕罪
过，爱育生灵。如今大族虽然长期作恶，但其福分尚未完全失尽，今天
如果杀了此人，十二年内人民将会饿得面有菜色。不过，大族虽有中兴
气数，终究不是大国之主，应该据守北方，拥有小块领土。"幼日王禀承
母亲旨意，怜悯亡国之君，将幼女许配给他，待以特殊礼节，归还遗留
残兵，加上护卫随从，让他离开海岛。

1.3　大族王弟还国自立，大族失位，藏窜山野，北投迦湿弥
　　　罗国。迦湿弥罗王深加礼命，愍以失国，封以土邑。岁月既

淹,率其邑人,矫杀^①迦湿弥罗王而自尊立。乘其战胜之威,西讨健陀逻国,潜兵伏甲,遂杀其王,国族大臣,诛锄殄灭。毁宰堵波,废僧伽蓝,凡一千六百所。兵杀之外,余有九亿^②人,皆欲诛戮,无遗噍类^③。时诸辅佐咸进谏曰:"大王威慑强敌,兵不交锋,诛其首恶。黎庶何咎?愿以微躬,代所应死。"王曰:"汝信佛法,重崇冥福,拟成佛果,广说本生,欲传我恶于未来世乎?汝宜复位,勿有再辞。"于是以三亿上族,临信度河岸杀之;三亿中族,下沉信度河流杀之;三亿下族,分赐兵士,于是持其亡国之货,振旅而归。曾未改岁,寻即殂落。殂落之时,云雾冥晦,大地震动,暴风奋发。时证果人^④愍而叹曰:"妄杀无辜,毁灭佛法,堕无间狱^⑤,流转未已。"

【注释】

①矫杀,谓伪托王命而杀之。擅称君命曰"矫"。《汉书·高帝纪上》记汉王刘邦责项羽之罪道:"羽矫杀卿子冠军,自尊,罪二也。"颜师古注云:"矫,托也,托怀王命而杀之也。"《西域记》此言可能是指大族王擅称上天之命而杀迦湿弥罗王。

②亿,在佛经中用以指称四种不同的数量。《瑜伽略纂》卷二:"西方有四种亿。一,十万为亿;二,百万为亿;三,千万为亿;四,万万为亿。今《瑜伽》、《显扬》,数百万为亿……《华严》,千万为亿……《智度论》,十万为亿。"这里的"九亿"显然并非实指,而只是形容数量之巨。

③噍类,即活人,释见卷一1.3注⑤。

④证果人,谓证得各级果位之人。小乘教以证得佛果、缘觉果及声

闻之四果为证果；大乘则以证得初地，乃至等觉十一地菩萨之分果、佛之满果为证果。

⑤ 无间狱，亦称无间地狱，梵文 Avici 的意译；音译作阿鼻旨、阿鼻、阿毗等。是为八热地狱之一，造五逆罪之一者，即堕于此，在一劫之内，受苦无间，故名。《俱舍论颂释疏》卷十一："此赡部洲下，过二万，有阿鼻旨大捺落迦，深广同前，谓各二万，故彼底去此四万逾缮那。以于其中受苦无间，非如余七捺落迦受苦非恒，故名无间。"

【译文】

大族王的兄弟回国以后自立为王，大族王便失去王位，躲避逃窜于山野之间，后则投奔迦湿弥罗国。迦湿弥罗国王对他优礼相待，怜悯他丢失政权，封赐他土地城邑。过了不少年头，大族王率领其封邑臣民，擅称天命，戮杀迦湿弥罗国王，自已称尊为王。并乘着胜利余威，西征健陀逻国；暗中埋伏甲士，杀害该国国王，王族以及朝臣都被诛戮消灭。摧毁佛塔，捣坏佛寺，共计一千六百所。除了战争中杀死的人以外，还剩九亿人民，都要予以屠戮，不留一个活口。当时各个佐命朝臣都劝谏道："陛下威风慑服强敌，不用与之交战，就已杀其首领。但是平民有何罪责？我们愿以微贱之躯，代替他们受死。"大族王说道："你们相信佛法，重视冥福，意欲成就佛果，故而宣说释迦本生故事，是想彰我罪恶于未来之世吗？你们速速退回原位，不要再来说三道四。"于是他把三亿贵族成员，杀死在信度河畔；三亿中等族人，沉死在信度河中；三亿下等族人，分别赐给兵士，掠夺了已经亡国的健陀逻的钱财，凯旋而归。就在同一年内，大族王便即死去。死亡之时，云雾昏暗，大地震动，狂风大作。当时业已证得果位的人惋惜地叹道："他滥杀无辜之人，毁灭佛教大法，所以堕落无间地狱，不断遭受苦难。"

1.4　奢羯罗故城中有一伽蓝，僧徒百余人，并学小乘法。世亲^①菩萨昔于此中制《胜义谛论》^②。其侧窣堵波，高二百余尺，过去四佛^③于此说法。又有四佛经行遗迹之所。伽蓝西北五六里，有窣堵波，高二百余尺，无忧王之所建也，是过去四佛说法之处。

新都城东北十余里，至石窣堵波，高二百余尺，无忧王之所建也，是如来往北方行化^④中路止处。《印度记》曰：窣堵波中有多舍利，或有斋日，时放光明。

从此东行五百余里，至至那仆底国。北印度境。

【注释】

①世亲，释见卷二 2.5 注 ⑦。

②《胜义谛论》，当是梵文 Paramārthasatya-śāstra 的意译。此书不见于汉译藏经。

③过去四佛，即拘留孙佛、拘那含牟尼佛、迦叶佛和释迦牟尼佛。释见卷二 2.6 注 ②。

④行化，意谓施行教化。

【译文】

奢羯罗故城内有一佛寺，僧人一百多，全部研习小乘佛教。当初世亲菩萨曾在这里撰写《胜义谛论》。旁边有一佛塔，高达二百多尺，过去四佛曾在这里讲经说法。此外尚有四佛散步遗迹。佛寺西北方五六里处，有一佛塔，高二百多尺，乃是无忧王所建造，是过去四佛的说法之处。

从新都城向东北方行走十多里，抵达一座石塔，高达二百多尺，乃是无忧王所建造，是如来前往北方施行教化的途中歇息之处。《印度记》载云：塔内有许多舍利子，每逢斋日期间，往往放射光明。

从本国向东方行走五百多里，抵达至那仆底国（在北印度境内）。

至那仆底国

1.5　至那仆底[①]国，周二千余里。国大都城周十四五里。稼穑滋茂，果木稀疏。编户安业，国用丰赡。气序温暑，风俗怯弱。学综真俗[②]，信兼邪正。伽蓝十所，天祠八所。

昔迦腻色迦王之御宇也，声振邻国，威被殊俗，河西蕃维，畏威送质[③]。迦腻色迦王既得质子，赏遇隆厚，三时[④]易馆，四兵[⑤]警卫。此国则质子冬所居也，故曰至那仆底。唐言汉封。质子所居，因为国号。此境以往，洎诸印度，土无梨、桃，质子所植，因谓桃曰至那你[⑥]，唐言汉持来。梨曰至那罗阇弗呾逻。唐言汉王子。故此国人深敬东土，更相指语："是我先王本国人也。"

大城东南行五百余里，至荅秣苏伐那[⑦]僧伽蓝。唐言暗林。僧徒三百余人，学说一切有部，众仪肃穆，德行清高，小乘之学特为博究。贤劫千佛皆于此地集天人众，说深妙法。释迦如来涅槃之后第三百年中，有迦多衍那[⑧]旧曰迦旃延，讹也。论师者，于此制《发智论》焉。暗林伽蓝中有窣堵波，高二百余尺，无忧王之所建也。其侧则有过去四佛座及经行遗迹之处。小窣堵波、诸大石室，鳞次相望，不详其数，并是劫初已来证果圣人于此寂灭，差难备举，齿骨犹在。绕山伽蓝周二十里，佛舍利窣堵波数百千所，连隅接影。

从此东北行百四五十里，至阇烂达罗国。北印度境。

【注释】

① 至那仆底，当为梵文 Cīnabhukti 的音译；义为"中国领地"。其故地可能在今印度旁遮普邦费罗兹普尔（Firozpur）附近一带。

② 真俗，即事理的异名。因缘所生之事理曰俗；不生不灭之理性曰真。

③ 关于迦腻色迦王时期的东方质子，释见卷一 4.5 注 ④。

④ 三时，指佛教将一年分成的三个阶段——热时、雨时、寒时。见卷二 1.4 。

⑤ 四兵，谓象兵、马兵、车兵、步兵，是为古印度军队构组的四大成分。详见卷二 1.12 。

⑥ 至那你，梵文 Cīnanī 的音译；义为"中国传来的"。至那罗阇弗呾逻，梵文 Cīnarājaputra 的音译；义为"中国王子"。劳费尔认为，关于印度这些水果是由中国传入的说法是有根据的。说见 Laufer, *Sino-Iranica*, pp.540—541。

⑦ 苔秣苏伐那，梵文 Tamasāvana 的音译；tamasā 义为"暗"；vana 义为"林园"。

⑧ 迦多衍那，亦作迦底耶夜那、迦旃延、迦毡延等，梵文 Kātyāyana 的音译。是为萨婆多部的鼻祖。《婆薮般豆传》云："佛灭度后五百年中，有阿罗汉，名迦旃延子，母姓迦旃延，从母为名。先于萨婆多部出家。本是天竺人，后往罽宾国。罽宾在天竺西北。与五百阿罗汉及五百菩萨，共撰集萨婆多部阿毗达磨，制为八伽蓝他，即此间云八犍度。……亦称

此文为《发慧论》（即《发智论》——引者）。"

【译文】

至那仆底国，方圆二千多里。其国的大都城方圆十四五里。谷物庄稼茂盛，水果树木稀少。入籍居民安居乐业，国家财用丰裕富足。气候温热，民风怯弱。真、俗二谛俱各研学，佛教、外道全都信仰。境内有佛寺十座、天祠八所。

从前，迦腻色迦王统治天下之时，声望震慑邻国，威名扬布异邦，河西地区的羁縻之国，畏惧他的声威而送去质子。迦腻色迦王得到质子以后，赏赐优厚，礼遇隆重，一年三季，更换馆邸，象、马、车、步，四兵护卫。本国即是质子的冬季居地，所以称为至那仆底（唐语谓"汉封"）。中国质子在此居住，故而使用这一国号。这里直到印度各国，并不出产梨、桃，质子来后方始种植，因此称桃为至那你（唐语谓"汉持来"），称梨为至那罗阇弗呾逻（唐语谓"汉王子"）。所以该国之人十分敬重我东方大国，指着我说："这是我们先王的同国之人。"

从大都城向东南方行走五百多里，抵达苔秣苏伐那佛寺（唐语谓"暗林"）。僧人三百多，研习说一切有部，僧众礼仪严肃，德操高尚，对于小乘佛学，特别博通精研。贤劫中的千佛都在这里召集上天之神，演讲深奥绝妙佛法。释迦如来涅槃之后的第三百年期间，有个迦多衍那（旧称迦旃延，误）论师，在此撰写《发智论》。暗林寺内有一佛塔，高二百多尺，是无忧王所建造。旁边则有过去四佛座位以及他们的散步遗迹。小佛塔、各大石室，犹如鱼鳞般的密密排列，不计其数，都是劫初以来证果圣人涅槃地点的纪念物，如今难以一一详举，他们的齿骨依然存在。环绕山上佛寺，方圆二十里内，佛舍利塔有成百上千座，院墙相连,塔影相接。

从这里向东北行走一百四五十里,抵达阇烂达罗国(在北印度境内)。

阇烂达罗国

1.6 阇烂达罗①国,东西千余里,南北八百余里。国大都城周十二三里。宜谷稼,多粳稻,林树扶疏,花果茂盛。气序温暑,风俗刚烈,容貌鄙陋,家室富饶。伽蓝五十余所,僧徒二千余人,大小二乘,专门习学。天祠三所,外道五百余人,并涂灰之侣②也。此国先王崇敬外道,其后遇罗汉,闻法信悟。故中印度王体其淳信,五印度国三宝之事,一以总监。混彼此,忘爱恶,督察僧徒,妙穷淑慝③。故道德著闻者,竭诚敬仰;戒行亏犯者,深加责罚。圣迹之所,并皆旌建,或窣堵波,或僧伽蓝,印度境内,无不周遍。

从此东北,逾峻岭,越洞谷,经危途,涉险路,行七百余里,至屈居勿反。露多国。北印度境。

【注释】

① 阇烂达罗,一作阇烂达那、阇兰达等,梵文 Jālaṃdhara 的音译。其地当即今印度旁遮普邦贾朗达尔(Jullundur)。

② 涂灰之侣,即涂灰外道之教徒。释见卷一 4.4 注 ⑧。

③ 淑慝,即善恶,释见卷二 1.10 注 ⑮。

【译文】

阇烂达罗国的疆域,东西一千多里,南北八百多里。其国的大都城方圆十二三里。土地适宜种植谷物，盛产粳稻，树木浓密，花果茂盛。气候温而趋热，民风刚猛暴烈，容貌粗鄙丑陋，人民富裕丰足。境内有佛寺五十多座，僧徒二千多人，专门研习大、小二乘佛教。尚有天祠三所，外道信徒五百多人，都是涂灰外道教徒。该国的先王信奉外道，后来遇见一位罗汉，听他讲说佛法，从此信佛悟道。中印度王体察他的信仰真诚，便将五印度国的三宝佛事，全部委托他监督管理。他不分亲疏彼此，捐弃个人爱憎，监督纠察僧徒，细致辨清善恶。所以，道德高尚、名声卓著者，备受礼敬推崇；违犯戒律、品行不端者，深遭谴责惩罚。凡是圣人留有遗迹之处，全都兴建供人礼拜之物，或建佛塔，或建佛寺，遍及整个印度境内。

从本国向东北，翻越高山峻岭，跨过岩窟峡谷，经历危途，跋涉险路，行走七百多里，抵达屈露多国（在北印度境内）。

屈露多国

1.7　屈露多^①国，周三千余里，山周四境。国大都城周十四五里。土地沃壤，谷稼时播，花果茂盛，卉木滋荣。既邻雪山，遂多珍药，出金、银、赤铜及火珠、鍮石。气序渐寒，霜雪微降。人貌粗弊，既瘿^②且尰^③，性刚猛，尚气勇。伽蓝二十余所，僧徒千余人，多学大乘，少习诸部。天祠十五，异道杂居。依岩据岭，石室相距，或罗汉所居，或仙人所止。国中有窣堵波，无忧王之所建也。在昔如来曾至此国，说法度人，遗迹斯记。

从此北路千八九百里，道路危险，逾山越谷，至洛护罗^④国。

此北二千余里，经途艰险，寒风飞雪，至秣罗娑^⑤国。
亦谓三波诃国。

自屈露多国南行七百余里，越大山，济大河，至设多图
卢国。北印度境。

【注释】

① 屈露多，梵文 Kulūta 的音译。其地当在今比阿斯河（Bias）上游
西拉姆西北的固卢（Kulu）地区，亦即今印度旁遮普邦的 Kaithal 地区。

② 瘿，即颈部的瘤，由于体内缺乏碘而导致的病症，俗称"粗脖子病"。

③ 尰，通瘇，俗亦作瘇，通常指脚肿病，但手臂患此也可称尰。《说
文》："瘇，胫气足肿。从疒，童声。"据云，巴蜀之地极多此疾。《博物志》
卷二："（瘇）由践土之无卤者，今江外诸山县偏多此病也。"

④ 洛护罗，当是 Lāhul 的音译。该地区在今克什米尔东南部。玄
奘并未亲履该国。

⑤ 秣罗娑，当为藏文 Mar-sa 的音译，义为"低地"；乃是拉达克
（Ladakh）的古今通名。对于此国，玄奘也仅得之于传闻。

【译文】

屈露多国，方圆三千多里，群山环绕四境。其国的大都城方圆
十四五里。土地肥沃，庄稼按时播种，花果茂盛，树木繁荣。由于邻近
雪山，故多珍贵药材，出产金、银、赤铜，以及火珠、鍮石。气候渐趋寒
冷，稍有霜冻和雪。居民形貌粗弊，兼患粗脖、肿足，性格刚烈凶猛，崇
尚武力、骁勇。境内有佛寺二十多所，僧徒一千多人，大多研习大乘佛
教，很少学习其它部派。境内还有天祠十五所，各派外道混杂相居。依
旁岩崖，背靠山岭，众多石窟，相距不远，或为罗汉居所，或为仙人息

处。国内有一佛塔，乃是无忧王所建造。以前如来曾来此国，讲经说法，超度世人，遗迹均有记载。

从本国向北行走一千八九百里，途经险阻，翻山越谷，抵达洛护罗国。

又从这里向北行走二千多里，经过艰难险阻，寒风大雪，抵达秣罗娑国（也称三波诃国）。

从屈露多国向南行走七百多里，越过大山，渡过大河，抵达设多图卢国（在北印度）。

设多图卢国

1.8　设多图卢[①]国，周二千余里，西临大河。国大都城周十七八里。谷稼殷盛，果实繁茂，多金、银，出珍珠。服用鲜素，裳衣绮靡。气序暑热，风俗淳和，人性善顺，上下有序。敦信佛法，诚心质敬。王城内外，伽蓝十所，庭宇荒凉，僧徒尠少。城东南三四里，有窣堵波，高二百余尺，无忧王之所建也。傍有过去四佛座及经行遗迹之所。

复从此西南行八百余里，至波理夜呾逻国。中印度境。

【注释】

① 设多图卢，当是梵文 Śatadru 的音译；义为"百川汇流"。其地在今印度旁遮普邦莎特累季河（Sutlej）流域。该国似是以河流命名。

【译文】

设多图卢国，方圆二千多里，西境濒临大河。其国的大都城方圆十七八里。谷物庄稼丰盛，水果品种繁多，多产金、银，也出珍珠。气候十分炎热，民风淳朴敦和，人性善良温顺，上下等级井然。笃信佛教，虔诚礼敬。都城内外，有佛寺十座，庭院殿宇已经荒芜，僧人很少。都城外东南方三四里处，有一佛塔，高二百多尺，乃是无忧王所建造。旁边有过去四佛的坐处以及散步场所的遗迹。

再从本国向西南方行走八百多里，抵达波理夜呾逻国（在中印度境内）。

从波理夜呾罗到劫比他等十国

【题解】

这里所记的十国均属中印度境。按《慈恩传》，玄奘曾在窣禄勤那国停住了一冬半春，听大德阇耶毱多讲解《经部毗婆沙》。此后，又在秣底补罗国留居半春一夏，学习萨婆多部《辩真论》、《随发智论》等。至于秣底补罗国以北三百余里的婆罗吸摩补罗国及其更北的苏伐剌拿瞿呾罗国，恐怕都不是玄奘亲履之地，而只是得之于传闻。

波理夜呾罗国

2.1　波理夜呾罗①国，周三千余里。国大都城周十四五里。宜谷稼，丰宿麦，有异稻，种六十日而收获焉。多牛羊，少花果。气序暑热，风俗刚猛。不尚学艺，信奉外道。王，吠奢②种也，性勇烈，多武略。伽蓝八所，倾毁已甚，僧徒寡少，习学小乘。天祠十余所，异道千余人。

从此东行五百余里，至秣兔罗国。中印度境。

【注释】

① 波理夜呾罗，梵文 Pāriyātra 的音译。其都城故址在今印度拉贾斯坦邦斋普尔（Jaipur）以北的贝拉特（Bairāṭ）。

② 吠奢，古印度四大种姓中的第三等级，释见卷二 1.11 注 ⑤。在此谓国王属吠奢种姓，足见在玄奘时代，各种姓的世袭职业区分界限已有所突破。

【译文】

波理夜呾罗国，方圆三千多里。其国的大都城方圆十四五里。土地适宜种植谷物，盛产冬小麦，有种特殊的水稻，播种六十天后即能收获。多产牛羊，很少花卉、水果。气候炎热，民风刚烈勇猛。并不重视学术、技艺，却很信仰、崇奉外道。国王属于吠奢种姓，性格勇敢躁烈，颇具军事才能。境内有佛寺八座，塌毁程度严重，寺内僧徒极少，研习小乘佛教。尚有天祠十多所，外道教徒一千多。

从本国向东方行走五百多里，抵达秣兔罗国（在中印度境内）。

秣兔罗国

2.2　秣兔罗 ① 国，周五千余里。国大都城周二十余里。土地膏腴，稼穑是务。庵没罗果 ② 家植成林，虽同一名，而有两种：小者生青熟黄，大者始终青色。出细班氍及黄金。气序暑热，风俗善顺，好修冥福，崇德尚学。伽蓝二十余所，僧徒二千余人，大小二乘，兼功习学。天祠五所，异道杂居。有三窣堵波，并无忧王所建也。过去四佛遗迹甚多。释迦如来诸圣弟子遗身窣堵波，谓舍利子 ③、旧曰舍梨子，又曰舍利弗，讹略也。**没特伽罗子**^④、旧曰目乾连，讹略也。**布剌拿梅呾丽衍尼弗呾罗**^⑤、唐言满慈子。旧曰弥多罗尼子，讹略也。**优波厘**^⑥、**阿难陀**^⑦、**罗怙罗**^⑧、旧曰罗睺罗，又曰罗云，皆讹略也。**曼殊室利**^⑨唐言妙吉祥。旧曰濡首，又曰文殊师利，或言曼殊尸利，译曰妙德，讹也。**诸菩萨窣堵波等**。每岁三长^⑩及月六斋^⑪，僧徒相竞，率其同好，赍持供具，多营奇玩，随其所宗，而致像设。阿毗达磨^⑫众供养舍利子；习定之众供养没特伽罗子；诵持经者供养满慈子；学毗奈耶^⑬众供养优波厘；诸苾刍尼^⑭供养阿难；未受具戒^⑮者供养罗怙罗；其学大乘者供养诸菩萨。是日也，诸窣堵波竞修供养，珠幡布列，宝盖骈罗，香烟若云，花散如雨，蔽亏日月，震荡溪谷。国王大臣，修善为务。

城东行五六里，至一山伽蓝，疏崖为室，因谷为门，尊者邬波毱多^⑯唐言近护。之所建也。其中则有如来指爪窣堵波。伽蓝北岩间，有石室，高二十余尺，广三十余尺，四寸细筹填积其内。尊者近护说法化导，夫妻俱证罗汉果者，乃下一筹，异室别族，虽证不记。

石室东南二十四五里，至大涸池，傍有窣堵波。在昔如来行经此处，时有弥猴，持蜜奉佛，佛令水和，普遍大众。弥猴喜跃，堕坑而死，乘兹福力，得生人中。池北不远，大林中有过去四佛经行遗迹。其侧有舍利子、没特伽罗子等千二百五十大罗汉习定之处，并建窣堵波，以记遗迹。如来在世，屡游此国，说法之所，并有封树^⑰。

从此东北行五百余里，至萨他泥湿伐罗国。中印度境。

【注释】

① 秣兔罗，亦作摩偷罗、摩头罗、摩度罗等，梵文 Mathurā 的音译；意译作蜜善、美蜜、孔雀等。其境在今印度北方邦恒河支流朱姆那河（Jumna）流域。都城故址在今朱姆那河西岸，马土腊（Mattra）西南 8 公里处的马霍里（Maholi）。

② 庵没罗果，释见卷二 1.17 注 ①。

③ 舍利子，梵文 Śari–putra 的音义混译（putra 义“子”）；音译作舍利弗多、舍利弗罗、舍利弗多罗、舍利补怛罗等。又意译作鹙鹭、鸲鹆、百舌鸟等，盖因其母舍利之眼似这类鸟；或谓因其母之才辩犹如鹙鹭，故以为名。他是佛陀十大弟子中最得重用者之一，号称“智慧第一”。参看于志宁序 1.3 注 ㉙。

④ 没特伽罗子，又作没刀伽罗子，梵文 Maudgala–putra 的音义混译；意译作取绿豆、大胡豆、大采菽等。据说上古有仙人取绿豆而食，其后代便以此为姓。没特伽罗子承母亲此姓，故名。又称目犍连。《法华玄赞》卷一：“梵云摩诃没特伽罗，言大目乾连者，讹也。此云大采菽氏。上古有仙，居山寂处，常采菉豆而食，因以为姓。尊者之母是彼之族，取母氏姓而为其名。得大神通，简余此姓，故云大采菽氏。”是为佛陀的十大弟子之一，号称“神通第一”。

⑤ 布剌拿梅呾丽衍尼弗呾罗，又作富罗拿梅底黎夜富多罗、富罗拿迷底黎夜尼弗多罗等，梵文 Pūrṇamaitrāyani–putra 的音译；音义混译作富楼那弥多罗尼子、富楼那弥窒那尼子等；意译则作满慈子、满愿子、满祝子、满见子等。亦从母姓。《法华玄赞》卷一：“补剌拏梅呾利曳尼弗呾罗，此云满慈子。……满是其名，慈是母姓，母性其‘慈’，今取母姓。此满尊者是慈女之子，或‘满’及‘慈’俱是母号，名满慈子。”也为释迦

十大弟子之一，号称"说法第一"。

⑥ 优波厘，又作优波离、优婆离、邬波离、忧波利等，梵文 Upāli 的音译；意译作近取、近执等，因为他原为释迦太子的近侍。《弥勒上生经疏》卷下："优波离，此云近执。佛为太子，彼为大臣，亲近太子，执事之臣。古人云佛之家人，非也。"后为佛陀的十大弟子之一，号称"持律第一"。

⑦ 阿难陀，亦称阿难，释见卷一 4.3 注 ⑨。

⑧ 罗怙罗，一作罗睺罗、罗吼罗、曷罗怙罗、罗云等，梵文 Rahūla 的音译。据说为释迦之嫡子，在胎六年，生于释迦成道之夜，十五岁出家。舍利弗为和上，他为沙弥，遂成阿罗汉果。在释迦的十大弟子中，他号称"密行第一"。

⑨ 曼殊室利，又作文殊师利、满殊尸利、文殊等，梵文 Mañjuśri 的音译；意译作妙德、妙首、普首、敬首、妙吉祥等。他与普贤为一对，常侍如来之左，司智慧（普贤菩萨在右，司理）。《放钵经》云："今我得佛……皆是文殊师利之恩……前过去无央数诸佛，皆是文殊师利弟子；当来者亦是其威神力所致。譬如世间小儿有父母，文殊者，佛道中父母也。"

⑩ 三长，即三长斋月，又称三长月或三斋月。乃是每年的正月、五月、九月，整月之内不间断地持斋。《行事钞资持记》卷下："正、五、九月，冥界业镜，轮照南洲，若有善恶，镜中悉现。（或云，天王巡狩四天下，此三月对南洲；又云，此三月，恶鬼得势之时，故令修持。）"

⑪ 六斋，即每月的六斋日（八、十四、十五、二十三、二十九、三十日），释见卷一 3.4 注 ⑥。

⑫ 阿毗达磨，即阿毗达磨藏，亦即论藏，释见卷二 2.10 注 ⑪。

⑬ 毗奈耶，即毗奈耶藏，亦即律藏，释见卷二 1.10 注 ⑧。

⑭ 苾刍尼，即受过具足戒的女性佛教徒，释见卷三 2.2 注 ③。

⑮ 具戒，释见卷一 4.3 注 ⑭。

⑯ 邬波毱多，亦作优波毱多、优波笈多、优婆毱多、乌波毱多、优波屈等，梵文 Upagupta 的音译；意译作大护、近藏、近护、近密等。约公元前 3 世纪左右的人，秣兔罗商人之子。为商那和修的门徒，承付法教，受无忧王之聘，赴华氏城参拜释迦遗迹。《阿育王经》卷二记他曾为无忧王作偈道："三宝值遇难，王应常供养，世尊付法藏，于王及我等，当守护佛法，为摄受众生。"示意在佛教圣地蓝毗尼、菩提伽耶、鹿野苑、拘尸那迦等地建塔供养佛与弟子的舍利。他被认为是付法藏的第四或第五祖，称为无相好佛或无相佛，因其身虽不具三十二相、八十种好，但功德与佛齐，故名。

⑰ 封树，即聚起土堆，种上树木。古代，士以上阶级的葬礼当聚土为坟，标墓以树。《三国志·魏书·文帝纪》："山林封树之制，非上古也。"本文"封树"，犹言建立纪念物。

【译文】

秣兔罗国，方圆五千多里。其国的大都城方圆二十多里。土地肥沃，人民从事农业。家家种植庵没罗果，茂盛浓密，形成树林，虽然果名相同，品种却有两个：小果生时青色，熟后黄色，大果则始终呈现青色。该国出产细花布和黄金。气候炎热，民风善良温顺，喜欢修持冥福，崇敬高尚道德注重研习佛学。境内有佛寺二十多座，僧徒二千多人，大、小二乘佛教，一起研究学习。还有天祠五所，外道教徒杂居。共有三座佛塔，都是无忧王所建造。过去四佛的遗迹很多。释迦如来的许多贤圣弟子的遗身佛塔是：舍利子（旧称舍梨子，又称舍利弗，乃是错误或者简略之称）塔、没特伽罗子（旧称目乾连，乃是错误或者简略之称）塔、布刺拿梅呾丽衍尼弗呾罗（唐语谓"满慈子"。旧称弥多罗尼子，乃是错误或者简略之称）塔、优波厘塔、阿难陀塔、罗怙罗（旧称罗睺罗，又称罗云，都是错误或者简略之称）塔、曼殊室利（唐语谓"妙吉祥"。旧称濡首，又称文殊师利，或称曼殊尸利，译为"妙德"，误）塔，等等。每年的三长斋月以及每月的六斋日，佛门僧徒争相约请志同道合者，携带供具，收罗奇珍异物，按照各自的崇拜对象，设像供养。信奉论藏者供养舍利子；修习禅定者供养没特伽罗子；修持经藏者供养满慈子；学习律藏者供养优波厘；众多尼姑供养阿难；尚未受戒者供养罗怙罗；研学大乘者供养众菩萨。在此期间，各座佛塔都被人们竞相供养，缀有珠饰的旗幡，一行一行地悬挂，镶有珠宝的伞盖，一对一对地排列，名香烟雾，缭绕如云，鲜花撒布，散落似雨，遮蔽太阳、月亮，声震溪泉、山谷。国王、大臣，全都一心行善。

从都城外向东方行走五六里，抵达一座山寺，居室凿在山崖之上，大门即以峡谷形成，这是邬波毱多（唐语谓"近护"）尊者建造的。寺内有如来的指甲塔。山寺北边的岩石之间，有一石室，高二十多尺，宽三十多尺，四寸长的竹制细签堆积其中。近护尊者论说佛法，度化众生时，若夫妻都能证得罗汉果位，就投下一签；至于若非夫妻的单身男女，则即使证得罗汉果位，也不投签予以记录。

从石室向东南方行走二十四五里，抵达一个干涸大池，旁边有一佛塔。从前如来经过这里时，有一弥猴，捧蜜前来献佛，佛陀要它用水拌和，分别赐给大家，弥猴欢喜雀跃，跌入坑中而死，借着这一福力，得以转生为人。离涸池不远的大树林中，有过去四佛散步的遗迹。旁边有舍利子、没特伽罗子等一千二百五十位大罗汉修习禅定的地方，全部建有佛塔，以此标记遗迹。如来在世之时，多次游历该国，凡是说法之处，都有标志，以为纪念。

从本国向东北方行走五百多里，抵达萨他泥湿伐罗国（在中印度境内）。

萨他泥湿伐罗国

2.3　萨他泥湿伐罗[①]国，周七千余里。国大都城周二十余里。土地沃壤，稼穑滋盛。气序温暑，风俗浇薄，家室富饶，竞为奢侈。深闲幻术，高尚异能。多逐利，少务农，诸方奇货多聚其国。伽蓝三所，僧徒七百余人，并皆习学小乘法教。天祠百余所，异道甚多。

大城四周二百里内，彼土之人谓为福地。闻诸耆旧曰：昔五印度国二王分治，境壤相侵，干戈不息。两主合谋，欲决兵战，以定雌雄，以宁氓俗[②]。黎庶胥怨[③]，莫从君命。王以为众庶者，难与虑始也，神可动物，权可立功。时有梵志[④]，素知高才，密赍束帛[⑤]，命入后庭，造作法书，藏诸岩穴。岁月既久，树皆合拱。王于朝坐，告诸臣曰："吾以不德，忝居大位，天普垂照，蒙赐灵书，今在某山，藏于某岭。"于是下令营求，得书山岭之下。群官称庆，众庶悦豫，宣示远近，咸使闻知。其大略曰："夫生死无涯，流转无极，含灵沦溺，莫由自济。我以奇谋，令离诸苦。今此王城周二百里，古先帝世福利之地。岁月极远，铭记湮灭，生灵不悟，遂沉苦海。溺而不救，夫何谓欤？汝诸含识，临敌兵死，得生人中，多杀无辜，受天福乐，顺孙孝子，扶侍亲老，经由此地，获福无穷。功少福多，如何失利？一丧人身，三途^⑥冥漠。是故含生，各务修业！"于是人习兵战，视死如归。王遂下令，招募勇烈，两国合战，积尸如莽^⑦。迄于今时，遗骸遍野，时既古昔，人骸伟大。国俗相传，谓之福地。

城西北四五里，有窣堵波，高二百余尺，无忧王之所建也。砖皆黄赤色，甚光净，中有如来舍利一升，光明时照，神迹多端。

城南行百余里，至俱昏_{去声}荼^⑧僧伽蓝。重阁连甍，层台间峙。僧徒清肃，威仪闲雅。

从此东北行四百余里，至窣禄勤那国。_{中印度境。}

【注释】

① 萨他泥湿伐罗，梵文 Sthāneśvara 的音译；义为"自在之国"。其都城故址可能在今印度旁遮普邦的塔内沙尔（Thānesar）。

② 氓俗，意同"氓"，即是指人民。韩愈《谢自然诗》："驱车领官吏，氓俗争相先。"

③ 胥怨，谓相与怨恨。胥，通"相"，《尔雅·释诂》："胥，相也。"故这里的"胥怨"犹言"相怨"。《后汉书·杨彪传》记杨彪谏迁都之辞云："移都改制，天下大事，故盘庚五迁，殷民胥怨。"注云："胥，相也。迁都于亳，殷人相与怨恨。"

④ 梵志，即婆罗门教徒，释见卷二 2.7 注 ⑤。

⑤ 束帛，原为中国古代聘问的礼物。《礼记·檀弓上》："伯高之丧，孔氏之使者未至。冉子摄束帛乘马而将之，孔子曰：'异哉，徒使我不诚于伯高。'"陈澔注云："十个为束，每束五两。盖以四十尺帛，从两头各

卷至中,则每卷二丈为一个。束帛是十个二丈,今之五匹也。……伯高不知何人,意必与孔子厚者。冉子知以财而行礼,不知圣人之心,则于其诚,不于其物也。"不过,在此的"束帛"似非实指,当是泛指一切类型的聘礼。

⑥ 三途,犹言三恶道或三恶趣。依恶业可往来之处有三所:一,地狱道,作上品十恶业者趣之;二,饿鬼道,作中品十恶业者趣之;三,畜生道,作下品十恶业者趣之。《法华经·方便品》:"以诸欲因缘,坠堕三恶道。"

⑦ 莽,谓树丛。《周易·同人》:"伏戎于莽,升其高陵,三岁不兴。"

⑧ 俱昏荼,其梵文语原可能为 Gominda、Gokaṇṭha 或 Govinda;含义不详。

【译文】

萨他泥湿伐罗国,方圆七千多里。其国的大都城方圆二十多里。田地肥沃,庄稼茂盛。气候温热,人情轻薄,民家均甚富裕,争以奢侈为胜。十分精通幻术,崇尚特异技能。多数逐利经商,少数种田务农,各地奇货珍宝,大多汇聚其国。境内有佛寺三座,僧人七百多名,全都研习小乘佛教。尚有天祠一百多所,外道教徒很多。

都城四周二百里内,当地居民称为福地。听年老长者们说:以前五印度国由两个国王分别统治,互相侵犯边界,战争长年不断。两王达成一致意见,通过一次交战,分出优劣胜败,从而安抚人民。但是平民相与怨限,不愿听从王命。国王认为,对于平民百姓而言,难以与之商讨创业大计,而只有神异之事才能打动其心,只有最高权威才能产生影响。当时有个婆罗门教徒,久以才能出众著称,国王命人悄悄送去聘礼,召他进入内宫，编造天神书谕，藏在岩洞之中。许多时日之后，小树已经粗壮。国王升朝就座，告诉众多朝臣："我的德行不足，愧于国君大位，承蒙天帝垂顾，梦中赐我神书，今藏某山某岭。"于是下令搜索，得书山林之中。群臣一齐庆贺，百姓也很欢乐，此事远近宣传，致使人人皆知。神书大致说道："生死苦海，无边无际，不断轮回，永无休止，一切众生，沉溺苦海，毫无办法，自渡彼岸。我有奇妙计谋，救助你们脱离苦海。这一都城周围二百里内，乃是古代诸帝世代相传的福德之地。由于年代十分久远，铭刻记载都已湮没，因此众生未能觉悟，从而沉溺苦海之中。沉溺苦海，不获救助，如之奈何？聪明之人，就应参与战争，死在战场，可以转生为人，多杀无辜，将获天赐福乐；孝子贤孙，服侍亲人长辈，经过这里，即得无穷幸福。这个办法，出力很少，得福却多，怎能错过机会？一旦丧失人身，便在三恶道中流转不休。所以你们众人，应该尽力去完成这一功业！"于是人人都学打仗，个个视死如归。国王便即下令，招募勇猛之士，两国交战过后，尸体纵横堆积，犹如茂密树丛。直到这一时代，仍然白骨遍地；由于这是古代之人，所以尸身十分长大。民间相沿成俗，仍称它为福地。

都城西北方四五里处，有一佛塔，高二百多尺，乃是无忧王所建造。塔砖均呈黄赤色，十分光洁，塔内有一升如来舍利，经常放射光明，灵异奇迹很多。

从都城向南行走一百多里，抵达俱昏荼寺。寺内楼阁连成一片，多层亭台间或峙立。僧人严守清规，礼仪周到高雅。

从本国向东北方行走四百多里，抵达窣禄勤那国（在中印度境内）。

窣禄勤那国

2.4　窣禄勤那[①]国,周六千余里,东临殑伽河[②],北背大山,阎牟那河[③]中境而流。国大都城周二十余里,东临阎牟那河,荒芜虽甚,基址尚固。土地所产,风气所宜,同萨他泥湿伐罗国。人性淳质,宗信外道。贵艺学,尚福慧[④]。伽蓝五所,僧徒千余人,多学小乘,少习余部。商榷微言,清论玄奥,异方俊彦,寻论稽疑。天祠百数,外道甚多。

大城东南阎牟那河西,大伽蓝东门外,有窣堵波,无忧王之所建也。如来在昔,曾于此说法度人。其侧又一窣堵波,中有如来发、爪也。舍利子、没特伽罗诸阿罗汉[⑤]发、爪窣堵波,周其左右,数十余所。如来寂灭之后,此国为诸外道所诖误焉,信受邪法,捐废正见。今有五伽蓝者,乃异国论师与诸外道及婆罗门论议胜处,因此建焉。

阎牟那河东行八百余里,至殑伽河河源,广三四里,东南流入海处广十余里。水色沧浪,波涛浩汗,灵怪虽多,不为物害,其味甘美,细沙随流。彼俗书记,谓之福水,罪咎虽积,沐浴便除;轻命自沉,升天受福;死而投骸,不堕恶趣[⑥];扬波激流,亡魂获济。时执师子国[⑦]提婆[⑧]菩萨深达实相[⑨],得诸法性,愍诸愚夫,来此导诱。当是时也,士女咸会,少长毕萃,于河之滨,扬波激流。提婆菩萨和光[⑩]汲引,俯首反激[⑪],状异众人。有外道曰:"吾子何其异乎?"提婆菩萨曰:"吾父母亲宗在执师子国,恐苦饥渴,冀斯远济。"诸外道曰:"吾子谬矣! 曾不再思,妄行此事。

家国绵邈，山川辽夐^⑫，激扬此水，给济彼饥，其犹却行以求前及，非所闻也。"提婆菩萨曰："幽途罪累，尚蒙此水；山川虽阻，如何不济？"时诸外道知难谢屈，舍邪见，受正法，改过自新，愿奉教诲。

渡河东岸至秣底补罗国。中印度境。

【注释】

① 窣禄勤那，当为梵文 Srughna 的音译；其故地约相当于今印度北方邦西北部之台拉登（Dehra Dun）及喜马偕尔区南部的西木耳（Sirmor）一带。

② 殑伽河，即恒河，释见玄奘序 1.3 注 ⑧。

③ 阎牟那，又作耶蒲那、阎摩那、焰牟等，梵文 Yamunā 的音译，即今朱木那河（Jumna）。是为恒河最长的支流，约达 1380 公里，源于印度西北部的班达蓬奇峰，是旁遮普平原与恒河平原的界河。两岸的圣迹很多。

④ 福慧，谓福德与智慧两种庄严。《法华经·方便品》："见六道众生，贫穷无福慧。"《止观》卷六："菩萨者，福慧深利，道观双流。"

⑤ 舍利子、没特伽罗子诸罗汉，释见卷四 2.2 注 ③、④。

⑥ 恶趣，即恶道，释见卷一 4.8 注 ⑱。

⑦ 执师子国，即僧伽罗国，《西域记》卷十一有专节叙述。释见卷十一 1.1 注 ①。

⑧ 提婆，一作提波，梵文 Deva 的音译；义为"天"或"神"。据传，他因曾以一目施神，故名迦那提婆（Kāṇadeva；āṇna 义为"独目"）。约于公元 3 世纪生于执师子国，为龙树的弟子，付法藏的第十四祖。《提婆

菩萨传》云："提婆菩萨者，南天竺人……婆罗门种也。博识渊揽，才辩绝伦，擅名天竺……以人不信用其言为忧。"

⑨ 实相，"诸法实相"的简称。实者，非虚妄；相者，无相。"实相"与"法性"、"真如"等同为指称"万有本体"之语。就其为万法体性之义而言，则称"法性"；就其体真实常住之义而言，则称"真如"；就此真实常住为万法实相之义而言，则称"实相"。其它如真谛、真性、实谛、实际、法位、涅槃等也都是"实相"的异名。

⑩ 和光，谓包藏才智而不显露，与尘相合而不自立异。《古乐府·君子行》："劳谦得其柄，和光甚独难。"

⑪ 反激，犹言使水逆流。

⑫ 辽夐，即辽迥（夐、迥相通），犹言辽远。王禹偁《月波楼咏怀》诗："吹箫事辽迥，仙迹难寻求。"

【译文】

窣禄勤那国，方圆六千多里，东境濒临殑伽河，北境背靠大山，阎牟那河在其国中部流过。大都城方圆二十多里，东侧面临阎牟那河，虽已十分荒芜，城基还很牢固。当地物产、居民风俗，与萨他泥湿伐罗国相同。人性淳厚质朴，但是信奉外道。重视技艺、学术，推崇福德、智慧。境内有佛寺五座，僧人一千多名，多数研学小乘佛教，少数习学其它部派。探讨精微言辞，评论深奥妙理，域外的杰出人士，都来寻求释疑的理论。尚有天祠一百来所，外道教徒十分众多。

都城东南方阎牟那河的西岸，大寺的东门之外，有一佛塔，乃是无忧王所建造。当初如来曾在这里演讲佛法，度化世人。旁边又有一塔，内藏如来的头发、指甲。舍利子、没特伽罗等罗汉的头发、指甲纪念塔，环绕它的周围，一共有几十所。如来涅槃以后，该国被外道贻误，相信异端邪说，放弃正确信仰。如今有五座佛寺，乃是为纪念外国论师与诸多外道及婆罗门辩论取得胜利而建造的。

从阎牟那河向东行走八百多里，抵达殑伽河河源，那里宽达三四里，水向东南流，入海处宽达十多里。水呈青色，波浪滔滔，河内灵怪虽多，却不兴妖为害，河水味道甜美，细沙随水漂流。当地民间记载，称呼它为"福水"，即使积有许多罪恶，沐浴以后也会除净；至若轻视生命自沉河中，则能升入天界享受幸福；死了以后投尸河中，便能不再堕入恶道；用力拍击水流波浪，能使亡魂获得超度。当时执师子国的提婆菩萨深通"实相"之说，精研"法性"之学，怜悯愚昧众人，前来开导劝诱。这个时候，男女都来聚会，老少全部集合，汇合殑伽河畔，拍击水流波涛。提婆菩萨也参与拍水，但却低头逆水而击，方式异于别人。有一外道问道："先生，你为何与众不同？"提婆菩萨答道："我的父母、亲戚，都在执师子国，我恐怕他们饥渴难当，故而希望水流能够远远地接济他们。"众外道说道："先生错了！你怎么不多考虑一下，就贸然干出这种事情！你的家乡山水离此遥远之极，你想拍击此水，救济他们的饥渴，犹如倒退走路而想赶上前方行人一般，从未听说过呀。"提婆菩萨说道："阴间的累累罪恶，尚且可以依赖此水洗除；我与家乡隔着山川，怎么反而无法拯济？"这时众多外道信徒方始知道难以辩胜，于是承认错误，放弃异端邪说，接受正确佛法，改过自新，愿意听从菩萨的教诲。

渡过阎牟那河而至东岸，抵达秣底补罗国（在中印度境内）。

秣底补罗国

2.5　秣底补罗^①国，周六千余里。国大都城周二十余里。宜谷、麦，多花果。气序和畅，风俗淳质。崇尚学艺，深闲咒术^②。信邪正者，其徒相半。王，戍陀罗^③种也，不信佛法，敬事天神。伽蓝十余所，僧徒八百余人，多学小乘教说一切有部。天祠五十余所，异道杂居。

【注释】

① 秣底补罗，当是梵文 Matipura 的音译。其都城故址可能在今印度北方邦西北部比杰诺尔（Bijnor）之北约 13 公里的曼达瓦尔（Mandāwar）。

② 咒术，释见卷三 1.1 注 ②。

③ 戍陀罗，印度种姓四大等级中的第四阶层。释见卷二 1.11 注 ⑥。这里谓该国国王为戍陀罗种姓，则又一次证明，至玄奘时代，四大种姓的世袭职业界限已经有所突破。

【译文】

秣底补罗国，方圆六千多里。其国的大都城方圆二十多里。土地宜于种植谷、麦，颇多花卉、水果。气候温和舒适，民风淳厚朴质。注重学术、技艺，精通禁咒法术。信仰异教和佛教的人各占一半。国王出身于戍陀罗种姓，不信佛教，事奉天神。境内有佛寺十多座，僧人八百多，大多研学小乘教的说一切有部。尚有天祠五十多所，各派外道混杂相居。

2.6　大城南四五里，至小伽蓝，僧徒五十余人。昔瞿拿钵刺婆①唐言德光。论师于此作《辩真》②等论，凡百余部。论师少而英杰，长而弘敏，博物强识，硕学多闻。本习大乘，未穷玄奥，因览《毗婆沙论》，退业而学小乘，作数十部论，破大乘纲纪，成小乘执著。又制俗书数十余部，非斥先进所作典论。潭思佛经，十数不决，研精虽久，疑情未除。时有提婆犀那③唐言天军。罗汉，往来睹史多天④。德光愿见慈氏⑤，决疑请益，天军以神通力，接上天宫。既见慈氏，长揖不礼。天军谓曰："慈氏菩萨次绍佛位，何乃自高，敢不致敬？方欲受业，如何不屈？"德光对曰："尊者此言，诚为指诲。然我具戒⑥苾刍⑦，出家弟子，慈氏菩萨受天福乐，非出家之侣，而欲作礼，恐非所宜。"菩萨知其我慢⑧心固，非闻法器⑨，往来三返，不得决疑。更请天军，重欲觐礼。天军恶其我慢，蔑而不对。德光既不遂心，便起恚恨，即趣山林，修发通定⑩，我慢未除，不证道果。

【注释】

①　瞿拿钵刺婆，一作瞿拿钵赖婆，梵文 Guṇaprabha 的音译；意译作德光。公元 6 世纪的北印度钵伐多国人，深通律学。

②《辩真论》，梵文 Tattvasatya-śāstra 之意译；《慈恩传》卷二音译作《怛埵三弟铄论》。是为说一切有部的论著，共二万五千颂。

③　提婆犀那，梵文 Devasena 的音译；意译作天军。

④　睹史多天，即兜率天，释见卷三 1.6 注⑤。

⑤　慈氏，即弥勒菩萨，释见卷三 1.6 注③。

⑥ 具戒,即具足戒,释见卷一 4.3 注 ⑭。

⑦ 苾刍,释见卷三 2.2 注 ③。

⑧ 我慢,谓自视过高,傲慢他人。梵文 asmināna 之意译。《唯识论》卷四:"我慢者,谓倨傲恃所执我,令心高举,故名我慢。"

⑨ 法器,谓堪行佛道者。《法华经·提婆品》:"女人垢秽,非是法器。"这里的"闻法器"犹言"闻法之器",亦即指具备听取或接受佛法之资质的人。

⑩ 修发通定,当是指修习获得通力的禅定。据《华经大疏》卷三,通(即神通、通力,释见卷二 2.7 注 ⑨)有三种:第一,报得通力,是为诸天,乃至鬼神依果报而自然感得的神通;第二,修得通力,是为三乘圣者修三学而得之六通以及外道仙人修禅定而得之五通;第三,变化通力,三乘圣者以神通力变现的种种。所以在此谓德光所修的发通定,当是外道仙人通过修禅定而获通力的这一方式。

【译文】

都城之南四五里,有一小寺,僧人五十多名。当年瞿拿钵刺婆(唐语谓"德光")论师曾在这里撰写《辩真论》等著作,共有一百多部。论师少年时代就才华出众,长大以后更聪慧敏捷,学识渊博,记性极强,学问既厚,见识亦广。本来研习大乘佛学,未能尽悟深奥妙理,于是阅读《毗婆沙论》,放弃大乘改学小乘,撰写论著几十部,驳斥大乘主要理论,顽固坚持小乘学说。并又撰写世俗著述几十部,非难前辈所写的经典论著。默默思索佛经要义,十几遍后仍不领悟,虽然长期深入研究,疑难之处仍未尽除。当时有位提婆犀那(唐语谓"天军")罗汉,经常往来睹史多天。德光希望拜见慈氏菩萨,解决疑难,请求教益,天军罗汉便用神通力将他接上天宫。德光见到慈氏菩萨之后，只作长揖而不跪拜。天军说道："慈氏菩萨即将继承佛位，你怎么如此高傲，竟敢不恭敬致礼？你既然想要求教于他，却为什么不俯首屈从？"德光答道："尊者这番话语，确是指点教诲。然而我是受戒比丘，是个出家弟子，而慈氏菩萨享受天堂福乐，并非出家僧侣，要我向他致敬，恐怕并不适宜。"菩萨知道德光傲慢成性，不是能够接受佛法的质料；所以德光往返天上三次，仍未解决疑难。德光再次恳请天军，要求重新觐见致敬。天军厌恶他的傲慢，轻蔑对待，不予理睬。德光未达目的，便生怨恨之心，前赴山林之间，修习发通禅定，但因傲慢未除，没能证得道果。

2.7　德光伽蓝北三四里，有大伽蓝，僧徒二百余人，并学小乘法教，是众贤论师①寿终之处。论师，迦湿弥罗国②人也，聪明博达，幼传雅誉，特深研究说一切有部③《毗婆沙论》④。时有世亲⑤菩萨，一心玄道，求解言外，破毗婆沙师所执，作《阿毗达磨俱舍论》⑥，辞义善巧，理致精高。众贤循览，遂有心焉。于是沉研钻极，十有二岁，作《俱舍雹论》⑦，二万五千颂，凡八十万言矣。所谓言深致远，穷幽洞微。告门人曰："以我逸才，持我正论，逐斥世亲，挫其锋锐，无令老叟独擅先名。"于是学徒四三俊彦，持所作论，推访世亲。世亲是时在磔迦国⑧奢羯罗城⑨，远传声问，众贤当至。世亲闻已，即治行装。门人怀疑，前进谏曰："大师德高先哲，名传当时，远迩学徒莫不推谢。今闻众贤，一何惶遽？必有所下，我曹厚颜⑩。"世亲曰："吾今远游，非避此子。顾此国中，无复鉴达⑪。众贤后进也，诡辩若流，我衰耄矣，莫能持论。欲以一言颏其异执，引至中印度，对诸耄彦，察乎真伪，详乎得失。"寻即命侣，负笈远游。众贤论师当后一日至此伽蓝，忽觉气衰，于是裁书谢世亲曰："如来寂灭，弟子部执，传其宗学，各擅专门，党同道，疾异部。愚以寡昧，猥承传习，览所制《阿毗达磨俱舍论》，破毗婆沙师大义，辄不量力，沉究弥年，作为此论，扶正宗学。智小谋大，死其将至。菩萨宣畅微言，抑扬至理，不毁所执，得存遗文，斯为幸矣，死何悔哉？"于是历选门人有辞辩者而告之曰："吾诚后学，轻凌先达，命也如何？当从斯没！汝持是书及所制论，谢彼菩萨，代我悔过。"授辞适毕，奄尔云亡。门人奉书至世亲所而致辞曰："我师众贤已舍寿命。遗言致书，责躬谢咎。不坠其名，非所敢望。"世亲菩萨览书阅论，沉吟久之，谓门人曰："众贤论师聪明后进，理虽不足，辞乃有余。我今欲破众贤之论，若指诸掌。顾以垂终之托，重其知难之辞，苟缘大义，存其宿志，况何此论发明我宗？"遂为改题为《顺正理论》。门人谏曰："众贤未没，大师远迹，既得其论，又为改题，凡厥学徒，何颜受愧？"世亲菩萨欲除众疑，而说颂曰："如师子王 [12]，避豕远逝，二力胜负，智者应知。"众贤死已，焚尸收骨，于伽蓝西北二百余步庵没罗 [13] 林中，起窣堵波，今犹现在。

　　庵没罗林侧有窣堵波，毗末罗蜜多罗 [14] 唐言无垢友。论师之遗身。论师，迦湿弥罗国人也，于说一切有部而出家焉。博综众经，研究异论，游五印度国，学三藏玄文，名立业就，将归本国。途次众贤论师窣堵波也，抚而叹曰："惟论师雅量清高，抑扬大义，方欲挫异部，立本宗业也，如何降年不永 ⑮ ！我无垢友猥承末学，异时慕义，旷代怀德。世亲虽没，宗学尚传，我尽所知，当制诸论，令赡部洲诸学人等绝大乘称，灭世亲名，斯为不朽，用尽宿心。"说是语已，心发狂乱，五舌 ⑯ 重出，热血流涌。知命必终，裁书悔曰："夫大乘教者，佛法之中究竟说也，名味泯绝，理致幽玄。轻以愚昧，驳斥先进，业报皎然，灭身宜矣。敢告学人，厥鉴斯在，各慎尔志，无得怀疑。"大地为震，命遂终焉。当其死处，地陷为坑。同侣焚尸，收骸旌建。时有罗汉见而叹曰："惜哉！苦哉！今此论师，任情执见，毁恶大乘，堕无间狱 ⑰ 。"

【注释】

① 众贤论师，即僧伽跋陀罗论师，释见卷三 3.6 注 ⑦。

② 迦湿弥罗国，释见卷三 3.1 注 ①。

③ 说一切有部，释见卷一 1.1 注 ⑧。

④《毗婆沙论》，释见卷二 2.7 注 ⑯。

⑤ 世亲，释见卷二 2.5 注 ⑦。

⑥《阿毗达磨俱舍论》，释见卷二 2.7 注 ⑭。

⑦《俱舍雹论》，其语原为 Kośaśila-śāstra 或 Kośakaraka-śāstra。瓦特斯认为，众贤之所以题此书名，是因为"雹"字由"冰雹"而引申出暴力破坏、摧毁之义；而"俱舍"则含苞待放的蓓蕾之意，象征着将要发展的佛法。故《俱舍雹论》意谓摧毁世亲《阿毗达磨俱舍论》的一切允诺和希望（Watters, *Travels in India*, Vol.I, p.326）。

⑧ 磔迦国，释见卷四 1.1 注 ①。

⑨ 奢羯罗城，释见卷四 1.2 注 ①。

⑩ 厚颜，犹言颜厚，意谓愧色。《书经·五子之歌》："郁陶乎予心，颜厚有忸怩。"蔡沈注云："颜厚，愧之见于色也；忸怩，愧之发于心也。"所以这里的"我曹厚颜"当是意为"我们也都脸上无光"。

⑪ 鉴达，犹言洞察、通达事理。《颜氏家训·涉务》："国之用材，大较不过六事：一则朝廷之臣，取其鉴达治体，经纶博雅。"

⑫ 师子王，喻指佛菩萨无一切畏者。《无量寿经》卷下："如师子王，无所畏故。"

⑬ 庵没罗，释见卷二 1.17 注 ①。

⑭ 毗末罗蜜多罗，梵文 Vimalamitra 的音译；意译无垢友。《慈恩传》卷二作"无垢称"，误。

⑮ 降年不永，犹言寿命不长。降年，谓天授以年。《三国志·魏书·吕布（张邈）臧洪传》"评曰"："陈登、臧洪并有雄气壮节，登降年夙陨，功业未遂，洪以兵弱敌强，烈志不立，惜哉！"

⑯ 五舌，按《大乘法教》卷三十三，是为佛、法、慧、天、肉。但是这里的"五舌重出"，当是指无垢友死前的痛苦之状，故疑原文笔误，"五舌"可能系"五苦"之讹。而"五苦"中的第五苦则为"五阴盛苦"，这种"苦"是谓人具有的"五阴"（色、受、想、行、识，即是指身之总体）饱受众苦。《中论疏》卷七："有斯五阴，众苦炽盛，名五盛阴苦；又此五阴，盛贮众苦，名五阴盛苦。"显然，在此只有作"五苦重作"，方始与上下文的含义衔接。瓦特斯按字面直译作"从他嘴里生出五条舌头"（Watters, *Travels in India*, Vol.I, p.328），误。

⑰ 无间狱，释见卷四 1.3 注 ⑤。

【译文】

德光寺之北三四里处，有一大佛寺，僧人二百多，全部研习小乘佛教，乃是众贤论师去世之处。论师是迦湿弥罗国人，聪明渊博，自幼美名四布，尤其精于研究说一切有部《毗婆沙论》。当时有位世亲菩萨，专心研究佛教的玄奥道理，探求字面以外的深刻涵义，否定了毗婆沙论师的观点，写成《阿毗达磨俱舍论》，辞藻美丽工巧，说理精确高妙。众贤仔细阅读之后，决心与之辩难。于是下尽功夫，认真钻研十二年，写成《俱舍雹论》，二万五千颂，共计八十万字。真所谓语言深刻，思想宏远，穷尽幽深佛理，洞察精微辞句。众贤论师告诉弟子道："以我超群之才，凭我正确理论，可以驳斥世亲，挫败他的锋芒，不让这个老头独占最美声誉。"于是吩咐三四个杰出学生，携带自己的论著，前去拜访世亲。当时世亲在磔迦国奢羯罗城，得自远方消息，众贤将要抵达。世亲听说以后，立即整理行装。弟子疑惑不解，便上前劝谏道："大师的道德超过先贤，美名传播当代，远近各地学者，无不推崇备至，自愧不如。如今听说众贤要来，为何惶恐慌张到这般地步？你若定要甘拜下风，我们也觉脸上无光。"世亲答道："我今出门远游，并非躲避众贤。只是鉴于该国之中，再无通达事理之士。众贤只是后生学者，善于诡辩，对答如流，而我却已年老体衰，再也不能激烈辩论。我想只用一语就挫败异说，故而引诱他去中印度国，面对众多英杰之士，让他们来洞察真假，评论得失。"旋即命人陪伴，携带书箱远游。众贤论师在翌日抵达此寺，忽然觉得气血衰竭，于是写信向世亲谢罪道："如来涅槃之后，门人各立宗派，世传部派学说，各自专擅一门，同道结成党援，异派即遭忌恨。在下寡闻愚昧，勉强继承先业，拜读大作《阿毗达磨俱舍论》后，见你否定毗婆沙师要旨，于是不自量力，多年深入研究，撰成这部论著，以期确立本宗学说。我的智慧太低，野心却大，以致现在死期将临。你世亲菩萨宣释精微言辞，评论重大真理，望勿毁灭我的论著，使之得以留存，则我甚感幸运，死了也无遗憾。"于是挑选学生中善于辞令的人，对他们说道："我确是学业后辈，轻慢凌辱先贤，命运究竟如何？现在就将死去！你们拿着此信，以及我的论著，去向菩萨谢罪，代替我作悔过。"此话刚刚说完，旋即溘然长逝。学生带了书信，抵达世亲之处，恭恭敬敬说道："我们的老师众贤已经去世。临终写信给您，反省自责，向您谢罪。至于不坏名声，已是不存奢望。"世亲菩萨看过书信，读完论著以后，沉吟良久，对众贤学生说道："众贤论师是个聪明后辈，他说理虽然不够，言辞却很丰富。如今，我若要驳斥他的理论，是件轻而易举的事，犹如手指触及手掌。但是念及众贤临终之托，重视他的辩难言辞，我姑且为了大义，成全他的夙愿；再说这部论著，也有助于阐发大乘教义。"于是改其题为《顺正理论》。世亲的门徒劝道："众贤未死之时，你去远方游学，如今得其论著，又为他改题目，凡是你的学生，都感无颜见人。"世亲菩萨为了解除众人疑虑，说颂道："犹如师子王，避猪而远遁，二者比胜负，智者应自知。"众贤死后，学生焚其尸身，收藏骨殖，在佛寺西北方二百多步的庵没罗林之中，建造一塔，至今依然存在。

庵没罗林旁边有一佛塔，乃是毗末罗蜜多罗（唐语谓"无垢友"）论师的遗骸塔。论师是迦湿弥罗国人，属于说一切有部的僧徒。他博通各种经论，研究各派理论，游学五印度国，学习三藏深奥经文；声名既立，学业亦毕，将要返回本国。途中经过众贤论师塔，抚摸佛塔而叹道："只有你这位论师的气度大、德操高，阐扬本宗要义，正要挫败异部，建立本派大业，怎么竟会寿命不长！我无垢友有幸学得肤浅知识，在另一时代仰慕高义，在长久之后怀念大德。世亲虽已去世，其学说还在流传,我将尽我所知,撰写许多论文,让赡部洲的所有学者,灭绝‘大乘’称呼,消除‘世亲’名字;这是不朽事业,我要尽力而为,完成这一宿愿。”此话刚刚说完,心智立即发狂,浑身痛苦万分,热血流窜不息。自知寿命必终,写信忏悔道:“大乘佛教,乃是佛教之中最为高深的学说,对于世俗名利之趣消灭净尽,思想理论深奥玄妙。我轻率地以愚昧之见,否定先贤理论,报应十分清楚,应该剥夺生命。谨告众位学者,我这榜样还在,各宜坚定志向,不要再生怀疑。”此后,大地为之震动,他即寿命告终。在他死的地方,大地陷成一坑。同伴焚烧其尸,收取骸骨,建塔纪念。当时有一罗汉,见此情形叹道:“可惜呀! 可恼呀! 如今这位论师,顽固坚持异见,诋毁大乘佛教,遂堕无间地狱。”

2.8　国西北境殑伽河东岸有摩裕罗 [①] 城,周二十余里。居人殷盛,清流交带,出鍮石、水精、宝器。去城不远,临殑伽河,有大天祠,甚多灵异。其中有池,编石为岸,引殑伽水为浦 [②],五印度人谓之殑伽河门 [③],生福灭罪之所。常有远方数千人,集此澡濯。乐善诸王建立福舍 [④],备珍馐,储医药,惠施鳏寡,周给孤独。

　　从此北行三百余里,至婆罗吸摩补罗国。北印度境。

【注释】

　　① 摩裕罗,梵文 Mayūra 的音译;义为“孔雀”。该城故址可能在今恒河运河头的摩耶补罗(Māyūpura)。

　　② 浦,通大河的水道。《风土记》:“大水有小口别通曰浦。”

　　③ 殑伽河门,梵文 Gaṅgādvāra;又称 Haridvār,意即“诃利(遍入

天）之门"，因为传说恒河从遍入天脚下流出。其地在今印度北方邦哈尔德瓦（Hardwar）。

　　④ 福舍，释见卷四1.1注④。

【译文】

　　秣底补罗国的西北部，殑伽河的东岸，有座摩裕罗城，方圆二十多里。居民人丁兴旺，清澈水流交织，出产鍮石、水精、宝物。离城不远，殑伽河畔，有座大天祠，灵验奇迹很多。寺内有一水池，石块砌成驳岸，开凿水渠引来殑伽河水，五印度人称之为殑伽河门，乃是增生福德、消弭罪过的地方。经常有来自远方的成百上千人众，聚集在此洗澡。乐善好施的各位国王则设立福舍，预备美食，储藏食品，施舍给鳏夫、寡妇，周济孤儿、独身。

　　从本城向北行走三百多里，抵达婆罗吸摩补罗国（在北印度境内）。

婆罗吸摩补罗等二国

2.9　婆罗吸摩补罗[①]国，周四千余里，山周四境。国大都城周四十余里。居人殷盛，家室富饶。土地沃壤，稼穑时播，出鍮石、水精。气序微寒，风俗刚猛。少学艺，多逐利。人性犷烈，邪正杂信。伽蓝五所，僧徒寡少。天祠十余所，异道杂居。

　　此国境北大雪山中，有苏伐剌拿瞿呾罗[②]国，唐言金氏。出上黄金，故以名焉。东西长，南北狭，即东女国也[③]。世以女为王，因以女称国。夫亦为王，不知政事，丈夫唯征伐、田种而已。土宜宿麦，多畜羊、马。气候寒烈，人性躁暴。东接土蕃^④国，并接于阗国^⑤，西接三波诃国^⑥。

从秣底补罗国东南行四百余里，至瞿毗霜那国。中印度境。

【注释】

① 婆罗吸摩补罗，梵文 Brahmapura 的音译。该国故地约相当于今印度北方邦西北部之迦尔瓦尔（Gaṛhwāl）地区，包括今阿罗迦兰陀与迦尔纳里河之间的全部山岳地带。

② 苏伐剌拿瞿呾罗，梵文 Suvarṇa-gotra 的音译；该组合词之前半部分义为"黄金"，后半部分义为"氏族"。

③ 东女国，我国不少古籍中都有记述。《新唐书·西域上》记载尤详："以女为君……凡号令，女官自内传，男官受而行。王侍女数百，五日一听政。王死，国人以金钱数万纳王族，求淑女二立之，次为小王，王死，因以为嗣，或姑死妇继，无篡夺。"但是，盛唐以后，"乃以男子为王"。足见该国以女为君的政体也在逐渐演变。通常认为，东女国乃是古代西藏西部的一个小国，地处今喜马拉雅山以北，于阗以南，拉达克以东，当初处在母系氏族制度时期。

④ 土蕃，即吐蕃，乃是唐代中原人对 7—9 世纪建于青藏高原上的藏族政权的称呼。亦可作为地理名称，指今我国西藏地区。

⑤ 于阗国，即《西域记》卷十二的瞿萨旦那国。释见卷十二 3.7 注 ①。

⑥ 三波诃国，即秣罗娑国。释见卷四 1.7 注 ④。

【译文】

婆罗吸摩补罗国，方圆四千多里，群山环绕四境。其国的大都城方圆四十多里。居民人丁兴旺，家家富裕丰足。土地十分肥沃，庄稼及时种植，出产鍮石、水精。气候略为寒冷，民风刚烈勇猛。从小学习技艺，大多经营商业。居民粗犷暴烈，兼信外道、佛教。境内有佛寺五座，僧人很少。尚有天祠十多所，各派外道混杂相居。

该国之北的大雪山中，有个苏伐剌拿瞿呾罗国（唐语谓"金氏"），出产优质黄金，所以用为国名。其国疆域东西很长，南北狭窄，即是东女国。世代以女子为王，因此称为女国。女王之夫也当国王，但是并不过问政事，男人只管打仗、种田。土地适宜种植冬小麦，畜养大量羊、马。气候严寒，人性暴躁。东境邻接土蕃国，北境邻接于阗国，西境邻接三波诃国。

从秣底补罗国向东南方行走四百多里，抵达瞿毗霜那国（在中印度境内）。

瞿毗霜那国

2.10　瞿毗霜那[①]国，周二千余里。国大都城周十四五里，崇峻险固，居人殷盛，花林池沼，往往相间。气序土宜同秣底补罗国。风俗淳质，勤学好福。多信外道，求现在乐[②]。伽蓝二所，僧众百余人，并皆习学小乘法教。天祠三十余所，异道杂居。

大城侧故伽蓝中，有窣堵波，无忧王之所建也，高二百余尺。如来在昔，于此一月说诸法要，傍有过去四佛座及经行遗迹之处。其侧则有如来发、爪二窣堵波，各高一丈余。

自此东南行四百余里，至垩醯掣呾罗国。中印度境。

【注释】

　　① 瞿毗霜那,梵文 Govisanna 的音译。其国境当包括今印度卡昔浦尔、拉姆浦尔、比利毕特三个地区,即东起拉姆恒伽河,西至加格拉,南抵巴雷利。都城故址在今印度北方邦卡昔浦尔之东约 2 公里处。

　　② 现在乐,犹言现在世乐,佛教所谓"三世"中的第二种,是依果报之三世,即是以一期之生老病死为现在世,以过去无数之生老病死为过去世,以将来无数之生老病死为未来世。所以,"现在乐"意谓现在世的享乐。

【译文】

　　瞿毗霜那国,方圆二千多里。其国的大都城方圆十四五里,城址地势很高,险要坚固,居民人丁兴旺。花草、树林、湖泊、水池,到处可见。气候、物产状况,同于秣底补罗国。民风淳厚质朴,人民勤于学业,乐于积福。大多信奉外道,追求现世享乐。境内有佛寺二座,僧人一百多名,全都研习小乘佛教。尚有天祠二十多所,各派外道混杂相居。

　　都城旁的旧佛寺内,有一佛塔,乃是无忧王所建造,高达二百多尺。从前,如来曾在这里讲说佛法要旨,历时一月,塔旁有过去四佛之坐处以及散步场所的遗迹。旁边则有如来的头发、指甲二塔,各高一丈多。

　　从本国向东南方行走四百多里,抵达垩醯掣呾罗国(在中印度境内)。

垩醯掣呾罗国

2.11 垩醯掣呾罗 ① 国,周三千余里。国大都城周十七八里,依据险固。宜谷、麦,多林泉。气序和畅,风俗淳质。玩道笃学，多才博积。伽蓝十余所，僧徒千余人，习学小乘正量部法^②。天祠九所，异道三百余人，事自在天^③，涂灰^④之侣也。

城外龙池侧有窣堵波，无忧王之所建也。是如来在昔为龙王，七日于此说法。其侧有四小窣堵波，是过去四佛座及经行遗迹之所。

自此南行二百六七十里，渡殑伽河，西南至毗罗删拿国。中印度境。

【注释】

① 垩醢掔咀罗，亦作阿喜掔多罗、醢掔怛罗等，梵文 Ahicchattra 的音译；意译作蛇盖。其国辖境当在今印度北方邦罗稀尔甘特东部的阿希查特拉地区，都城即今巴雷利的拉姆那加尔（Rāmnagar）。

② 正量部，一作正量弟子部、一切所贵部，梵文 Sammatīya 的意译；音译作三弥底耶、三摩提、沙摩帝等。释迦逝世三百年后从上座部的犊子部分出。自称其说正确无误，故名。

③ 自在天，即大自在天，释见卷二 2.9 注 ⑦。

④ 涂灰，即涂灰外道，释见卷一 4.4 注 ⑧。

【译文】

垩醢掔咀罗国，方圆三千多里。其国的大都城方圆十七八里，依据险要山势而筑，十分坚固。土地宜于种植谷、麦，树林、泉流很多。气候温和舒适，民风淳厚朴质。研习佛法，勤于学业，多才多艺，学识渊博。境内有佛寺十多座，僧人一千多，研学小乘教的正量部。尚有天祠九所，外道教徒三百多，事奉大自在天，都属涂灰宗派。

　　都城外龙池之旁有一佛塔，乃是无忧王所建造。当初如来生为龙王时，曾在这里说法七天。旁边有四座小塔，乃是过去四佛的坐处以及散步场所。

　　从本国向南行走二百六七十里，渡过殑伽河，再往西南，便抵达毗罗删拿国（在中印度境内）。

毗罗删拿国

2.12　毗罗删拿①国，周二千余里。国大都城周十余里。气序土宜，同垩醷挈呾罗国。风俗猛暴，人知学艺。崇信外道，少信佛法。伽蓝二所，僧徒三百人，并皆习学大乘法教。天祠五所，异道杂居。

　　大城内故伽蓝内，有窣堵波，基虽倾圮，尚百余尺，无忧王之所建也，如来在昔于此七日说《蕴界处经》②之所。其侧则有过去四佛座及经行遗迹斯在。

　　从此东南行二百余里，至劫比他国。旧谓僧伽舍国。中印度境。

【注释】

　　① 毗罗删拿，可能是 Vilaśāṇa 的音译。其国都城故址在今印度北方邦西北的伊塔区（Etah）的别尔沙尔（Bilsar）。

　　②《蕴界处经》，今未见于任何藏经著录，可能并非正式经名；《方志》卷上《遗迹篇》谈及毗罗删拿国时，谓"佛曾于此七日说蕴界法"，即是一证。蕴界处，乃是五蕴、十八界、十二处的略称，释见卷二2.3注⑫。

【译文】

　　毗罗删拿国，方圆二千多里。其国的大都城方圆十多里。气候、物产状况，同于垩醯掣呾罗国。民风勇猛暴烈，人民懂得学术、技艺。信奉外道教派，不太敬崇佛法。境内有佛寺二座，僧人三百名，全部研学大乘佛教。尚有天祠五所，各派外道混杂相居。

都城里的旧佛寺内，有一佛塔，塔基虽有塌毁，仍高一百多尺，乃是无忧王所建造，这是当初如来历时七天讲说《蕴界处经》的地点。旁边则有过去四佛的坐处以及散步场所的遗迹。

从本国向东南方行走二百多里，抵达劫比他国（旧称僧伽舍国，在中印度境内）。

劫比他国

2.13　劫比他 [①] 国，周二千余里。国大都城周二十余里。气序土宜，同毗罗删拿国。风俗淳和，人多学艺。伽蓝四所，僧徒千余人，并学小乘正量部 [②] 法。天祠十所，异道杂居，同共遵事大自在天。

城东二十余里有大伽蓝，经制轮奂 [③]，工穷剞劂 [④]，圣形尊像，务极庄严。僧徒数百人，学正量部法。数万净人 [⑤]，宅居其侧。

伽蓝大垣内有三宝阶，南北列，东面下，是如来自三十三天 [⑥] 降还也。昔如来起自胜林 [⑦]，上升天宫，居善法堂 [⑧]，为母说法，过三月已，将欲下降。天帝释 [⑨] 乃纵神力，建立宝阶，中阶黄金，左水精，右白银。如来起善法堂，从诸天众，履中阶而下；大梵王 [⑩] 执白拂，履银阶而右侍；天帝释持宝盖，蹑水精阶而左侍；天众凌虚，散花赞德。数百年前，犹有阶级，逮至今时，陷没已尽。诸国君王悲慨不遇，垒以砖石，饰以珍宝，于其故基，拟昔宝阶，其高七十余尺，上起精舍。精舍中有石佛像，而左右之阶有释、梵之像，形拟厥初，犹为下势。傍有石柱，高七十余尺，无忧王所建也。色绀光润，质坚密理，上作师子，蹲踞向阶，雕镂奇形，周其方面，随人罪福，影现柱中。

宝阶侧不远有窣堵波，是过去四佛座及经行遗迹之所。其侧窣堵波，如来在昔于此澡浴。其侧精舍，是如来入定之处。精舍侧有大石，基长五十余步，高七尺，是如来经行之处。足所履迹皆有莲花之文。基左右各有小窣堵波，帝释、梵王之所建也。

释、梵窣堵波前，是莲花色苾刍尼[11] 欲先见佛，化作转轮王处。如来自天宫还赡部洲也，时苏部底[12] 唐言善现。旧曰须扶提，或曰须菩提，译曰善吉也，皆讹也。宴坐石室，窃自思曰："今佛还降，人、天导从，如我今者，何所宜行？尝闻佛说，知诸法空[13]，体诸法性[14]，是则以慧眼[15] 观法身[16] 也。"时莲色苾刍尼欲初见佛，化为转轮王，七宝[17] 导从，四兵[18] 警卫，至世尊所，复苾刍尼。如来告曰："汝非初见。夫善见者，观诸法空，是见法身。"

圣迹垣内，灵异相继。其大窣堵波东南有一池，龙恒护圣迹。既有冥卫，难以轻犯，岁久自坏，人莫能毁。

从此东南行，减二百里，至羯若鞠阇国。唐言曲女城国。中印度境也。

【注释】

① 劫比他，梵文 Kapitha 的音译。其国都城故址在今印度北方邦朱木拿河与恒河之间法鲁迦巴德城西约 40 公里处的桑基萨村（Sankīsa）。上节原注谓此国旧称僧伽舍，则是梵文 Samkāsya 的音译；义为"天下处"，盖因传说梵天、帝释与佛陀天降趾于此，故名。

② 正量部，释见卷四 2.11 注 ②。

③ 轮奂，犹言高大华美，形容建筑物之壮丽。《礼记·檀弓下》："晋献文子成室，晋大夫发焉。张老曰：'美哉轮焉，美哉奂焉'。"陈澔注云："轮，轮囷高大也。奂，奂烂众多也。"

④ 剞劂，刻镂用的曲刀、曲凿。《文选》傅毅《琴赋》："命离娄使布绳，施公输之剞劂。"这里的"剞劂"则引申为"雕刻"。

⑤ 净人，释见卷二 1.10 注 ⑪。

⑥ 三十三天，梵文 Trayastriṃśa 的意译；音译作忉利天。是为欲界之第二天，在须弥山顶。四方各有八天，故合成三十三天。《佛地经论》卷五："三十三天，谓此山顶四面各有八大天王，帝释居中，故有此数。"

⑦ 胜林，梵文 Jetavana 的意译；音译或音义混译作祇洹、祇树、祇陀林、逝多林等。是为逝多太子之林园。《中阿含经》卷四十三："佛游舍卫国，在胜林给孤独园。"

⑧ 善法堂，帝释天的讲堂名，在须弥山顶喜见城外之西南角，于此论人中之善恶。《俱舍论》卷十一："外西南角有善法堂，三十三天时集于彼，详论如法、不如法事。"

⑨ 天帝释，释见卷二 2.8 注 ⑨。

⑩ 大梵王，释见卷二 1.8 注 ①。

⑪ 莲花色苾刍尼，又称莲花色尼、青莲花尼、莲花女、莲花淫女等，

都因姿色美丽而得名。佛经中有不少莲花女，故事各不相同。在此所述乃是其中之一。

⑫ 苏部底，又作须菩提、须浮提、苏补底等，梵文 Subhūti 的音译；意译作善现、善吉，又称空生。佛陀的十大弟子之一，号称"解空第一"。佛使他说般若之空理。《止观》卷六："须菩提，空智偏明，能于石室见佛法身，故大品中被加说空。"

⑬ 法空，谓色心之诸法都是因缘和合而幻生，并无实体，故名。

⑭ 法性，又名真如、实相。分别参见敬播序 1.1 注 ⑯，以及卷四 2.4 注 ⑨。真如为万法之体，在染，在净，在有情数，在非情数，其性不改不变，故曰法性。

⑮ 慧眼，五眼（肉、天、慧、法、佛眼）之一，慧能观照，故名眼。《大乘义章》卷二十："言慧眼者，观达名慧，慧能照嘱，故名慧眼。""法眼了见一切法相，慧眼了见破相空理及见真空。"

⑯ 法身，指佛之真身。《维摩经》慧远疏云："以佛一切功德法成，故名法身。"

⑰ 七宝，释见卷二 2.4 注 ②。

⑱ 四兵，释见卷四 1.5 注 ⑤。

【译文】

　　劫比他国，方圆二千多里。其国的大都城方圆二十多里。气候、物产，与毗罗删拿国相同。民风淳厚温和，大多学习技艺。境内有佛寺四座，僧人一千多名，全都研学小乘教的正量部派。尚有天祠十所，各派外道混杂相居，共同信奉大自在天。

　　都城之东二十多里处有一大寺，建筑高大华美，雕刻极尽工巧，菩萨、佛陀塑像,装饰极其华贵。僧徒几百人,研学正量部法。还有几万净人,居住佛寺之旁。

佛寺大墙之内,建有三宝台阶,自南至北排列,面向东方下降,乃是如来从三十三天降还人间之处。当年如来离开胜林,升上天空,居留善法堂内,为母亲讲经说法,过了三月之后,准备返还人间。天帝释于是施展神通,建立宝阶,中阶用黄金制成,左阶用水精制成,右阶用白银制成。如来离开善法堂,由天神大众随从,踏中阶而下;大梵天手执白拂,踏银阶而侍候右侧;天普释手持宝盖,踏水晶阶而侍候左侧;天神大众腾身虚空,洒散香花,赞颂如来功德。距今几百年前,尚有台阶存在,但是到了现在,则已全部陷没。各国君主悲叹未能亲眼瞻仰宝阶,于是垒砌砖石,装饰珍宝,在原有基址之上,模拟故物,建造宝阶,高达七十多尺,上面再筑精舍。精舍之中有石刻佛像,左右宝阶则有帝释、梵王之像,形态酷似当初,尚作下走之势。旁边有一石柱,高达七十多尺,无忧王所建造。色泽红青,光洁滑润,质地坚硬,纹理紧密,柱顶雕一狮子,向着宝阶蹲伏,各种奇异雕刻,环绕石柱表面,随着各人罪福不同,柱中显现相应影子。

宝阶旁边不远处有一佛塔,乃是过去四佛的坐处,以及散步遗迹的场所。旁边一塔,乃是当初如来洗濯沐浴之所。塔旁精舍,则是如来入定之处。精舍旁边有块大石,长五十步,高七尺,即是如来散步之处。踏出的脚印上,都有莲花纹样。石基两旁各有一座小塔,乃是帝释、梵王所建造。

帝释、梵王塔之前,乃是莲花色比丘尼为了首先见佛而幻化成转轮王的地点。如来从天宫返回赡部洲时,苏部底(唐语谓“善现”。旧称须扶提,或称须菩提,译为“善吉”,均误。)静坐石室之中,暗自思量道："如今佛陀返降人间，天神大众伴从，像我现在这样，应该干些什么？我曾听佛说过，若要懂得诸法皆空，体会种种法性，就应该用慧眼观看佛的真身。"这时莲花色比丘尼意欲首先见佛，于是幻化成转轮王，七种宝物伴随，四个兵种护卫，来到世尊之处，方始恢复原貌。如来对她说道："你不是首先见我之人。而善现此人，观察到诸物皆空，这才是见到我的真身。"

圣佛遗迹墙内，奇迹相继出现。大塔东南有一水池，池内之龙始终护卫圣迹。由于有神暗中保护，所以难以轻易冒犯，唯当年岁久远之后，圣迹才会自行损坏，但是人力不能摧毁。

从这里向东南方行走，不到二百里，抵达羯若鞠阇国（唐语谓"曲女城国"，在中印度境内）。

卷第五

羯若鞠阇国

【题解】

　　《西域记》使用了大量篇幅来描述羯若鞠阇国，除了叙述佛教遗迹外，还记载了玄奘与戒日王会面晤谈以及戒日王举办曲女城法会的情况。但是据《慈恩传》，玄奘在去程中虽在该国停留了三个月（时当贞观五年，即 631 年），却仅是学习经论，并未会见戒日王；会见戒日王及曲女城法会则是归途中的事情（时在贞观十六年，即 642 年）。所以，本节所记系由不同时间的两部分混合而成：一部分为去程中对于该国地理、民俗、政治、佛教遗迹的见闻；另一部分则为归程中与戒日王晤面及举办法会的记述。玄奘西行之时，也正是戒日王称雄印度，大力提倡佛教之日，所以本节文字具有很高的史料价值。

羯若鞠阇国

1.1　羯若鞠阇^①国，周四千余里。国大都城西临殑伽河，其长二十余里，广四五里。城隍^②坚峻，台阁相望，花林池沼，光鲜澄镜。异方奇货，多聚于此。居人丰乐，家室富饶。花果具繁，稼穑时播。气序和洽，风俗淳质。容貌妍雅，服饰鲜绮。笃学游艺,谈论清远。邪正二道,信者相半。伽蓝百余所,僧徒万余人,大小二乘,兼功习学。天祠二百余所,异道数千余人。

【注释】

① 羯若鞠阇,又作羯饶夷、葛那及、健拿究拨阇、葛那鸠阇等,梵文 Kanyākubja 的音译;意译作曲女。该国都城便称曲女城,故址在今印度北方邦西部法鲁卡巴德地区的卡瑙季(Kanauj),位于恒河与卡里河的合流处。

② 城隍,原指城墙及护城渠。《梁书·陆襄传》:“修城隍,为备御。”《文选》班固《两都赋序》:“浚城隍而起苑囿。”后一例引申为整座城池。

【译文】

羯若鞠阇国,方圆四千多里。其国的大都城西面濒临殑伽河,长二十多里,宽四五里。城池坚固险峻,亭台楼阁密布,花草、树林、水池,色调光亮鲜艳,水流明澄似镜。域外奇珍异宝,大多汇聚于此。居民丰足安乐,家家财多物饶。花卉水果茂盛,庄稼耕种适时。气候风调雨顺,民风淳朴质直。容貌俊美文雅,服饰鲜艳华丽。勤于学业,专心习艺,谈吐、见解,清高深刻。外道、佛教,各有一半信徒。境内有佛寺一百多座,僧人一万多名,大乘、小乘佛教,全都潜心研学。尚有天祠二百多所,外道教徒好几千人。

1.2　羯若鞠阇国人长寿时①,其旧王城号拘苏磨补罗②,唐言花宫。王号梵授,福智宿资,文武允备,威慑赡部③,声震邻国。具足千子,智勇弘毅,复有百女,仪貌妍雅。时有仙人居殑伽河侧，栖神入定，经数万岁，形如枯木，游禽栖集，遗尼拘律^④果于仙人肩上，暑往寒来，垂荫合拱。多历年所，从定而起，欲去其树，恐覆鸟巢，时人美其德，号大树仙人。仙人寓目河滨，游观林薄^⑤，见王诸女相从嬉戏，欲界爱^⑥起，染着心生，便诣花宫，欲事礼请。王闻仙至，躬迎慰曰："大仙栖情物外，何能轻举？"仙人曰："我栖林薮^⑦，弥积岁时，出定游览，见王诸女，染爱^⑧心生，自远来请。"王闻其辞，计无所出，谓仙人曰："今还所止，请俟嘉辰。"仙人闻命，遂还林薮。王乃历问诸女，无肯应娉。王惧仙威，忧愁毁悴。其幼稚女候王事隙，从容问曰："父王千子具足，万国慕化，何故忧愁，如有所惧？"王曰："大树仙人幸顾求婚，而汝曹辈莫肯从命。仙有威力，能作灾祥，倘不遂心，必起瞋怒，毁国灭祀，辱及先王。深惟此祸，诚有所惧。"稚女谢曰："遗此深忧，我曹罪也。愿以微躯，得延国祚。"王闻喜悦，命驾送归。既至仙庐，谢仙人曰："大仙俯方外之情，垂世间之顾，敢奉稚女，以供洒扫。"仙人见而不悦，乃谓王曰："轻吾老叟，配此不妍。"王曰："历问诸女，无肯从命。唯此幼稚，愿充给使。"仙人怀怒，便恶咒曰："九十九女，一时腰曲，形既毁弊，毕世无婚。"王使往验，果已背伛。从是以后，更名曲女城焉。

【注释】

①长寿时，谓人寿命很长的那段时期。人寿自十岁开始，每百年增一岁，增至八万四千岁，是为一小劫；又依次递减至十岁，又为一小劫。

故"长寿时"是指每一小劫中必然经历的一段时期。

②拘苏磨补罗,梵文 Kusumapura 的音译;意译华城或花宫。

③赡部,即南赡部洲,释见玄奘序 1.2 注 ⑫。

④尼拘律,又作尼拘陀、尼瞿陀、尼拘卢陀等,梵文 Nyagrodha 的音译,有"生长于下之树"的意思。属于类榕树的桑科植物。玄应《音义》卷三:"尼拘陀,应云尼拘卢陀。此译云无节,亦云纵广树。"

⑤林薄,谓草木丛生之处。《文选》王巾《头陀寺碑文》:"膴膴亭皋,幽幽林薄。"李善注云:"郑玄《周礼》注云:'竹木曰林。'高诱《淮南子》注曰:'深草曰薄也。'"李周翰注曰:"草木丛生曰薄也。"

⑥爱,贪物、染着之义。佛教视之为世俗生活得以发生而不得解脱的最重要原因。《大乘义章》卷五:"贪染名爱。"《圆觉经》:"轮回爱为根本。"

⑦林薮,原为草木茂密之所;丛木曰林,泽无水曰薮。在此则引申为"山野"。《后汉书·儒林传上·序》:"先是四方学士多怀协图书,遁逃林薮。"

⑧染爱,谓于情欲之境浸染爱着,贪欲之烦恼。《智度论》卷十七:"世尊以偈答曰:'我得涅槃味,不乐处染爱。……'"

【译文】

在人类长寿的时代,羯若鞠阇国的旧都城名为拘苏磨补罗(唐语谓"花宫"),国王叫梵授,福德智慧,来自前世行善,文武才能真正具备,威名慑服南赡部洲,声望扬布邻国异邦。他拥有一千个儿子,个个智略弘远,勇敢果毅,又有一百个女儿,容貌美丽,仪态高雅。当时有一仙人,住在殑伽河畔,修心养性,坐禅入定,已历好几万年,外形犹如枯树一般,飞鸟聚集其上歇息,在他肩上留下尼拘律树果实,随着岁月流逝,树荫垂挂浓密,树干也极粗壮。经过许多年后,仙人脱离禅定,意欲移去此树,又怕摧毁鸟巢。人们赞美他的德操,尊称他为大树仙人。仙人遥望河滨,观看树丛草地,看见国王的女儿们正在追逐嬉戏,顿时产生欲界爱念,充斥内心,无法摆脱;于是前赴花宫,意欲聘娶王女。国王听说仙人到来,亲自迎接而问候道:"大仙超脱于尘俗之外,为何竟能光降舍间?"仙人答道:"我栖息山野之中,业已许多岁月,出定以后游玩,看见你的女儿,欲爱之心顿生,所以远道而来求婚。"国王听了此话,不知如何应付,便对仙人说道:"先请返回居处,等候吉日良辰。"仙人得此答复,遂回山野之中。国王于是一一询问各个女儿,但是无人愿意许婚。国王惧怕仙人的威力,忧愁万分,面容憔悴。他的最小女儿趁国王空暇之际,从容问道:"父亲拥有一千个儿子,天下各国都仰慕归化,为何如此忧愁,好象有所畏惧?"国王答道:"大树仙人光顾求婚,但是你们无人答应,仙人神通广大,能够降灾招福,倘若不称他心,必定恼怒异常,摧毁国家,绝灭宗祀,致使前代诸王蒙受耻辱。我深怕这一灾祸,确实十分恐惧。"小女儿抱歉地说:"招来父亲深重忧虑,都是我们女儿之罪。我愿献出卑微身躯,以使国家继续存在。"国王听后十分高兴,下令备车送女出嫁。抵达仙人居所以后,便向仙人致以歉意:"大仙以超出尘世之情,垂顾世间之人,谨送我的幼女,前来侍候大仙。"仙人见后十分不快,对国王说道:"你们轻侮我这老人,许配这一不美女童。"国王说道:"我曾遍问各个女儿,没有一人同意嫁你。只有这个幼女,愿意供你使唤。"仙人怀有怒气,于是恶毒诅咒:"九十九个女儿,全部弯腰曲背,形貌毁坏丑陋,终生无法嫁人。"国王派人验看,果然全已驼背。从此以后,该城改名为曲女城。

1.3 今王，本吠奢^①种也，字曷利沙伐弹那^②，_{唐言喜增。}君临有土，二世三王。父字波罗羯罗伐弹那^③，_{唐言作光增。}兄字曷逻阇伐弹那^④。_{唐言王增。}王增以长嗣位，以德治政。时东印度羯罗拿苏伐剌那^⑤ _{唐言金耳。}国设赏迦^⑥ 王_{唐言月。}每谓臣曰："邻有贤主，国之祸也。"于是诱请，会而害之。人既失君，国亦荒乱。时大臣婆尼^⑦ _{唐言辩了。}职望隆重，谓僚庶曰："国之大计，定于今日。先王之子，亡君之弟，仁慈天性，孝敬因心，亲贤允属，欲以袭位。于事何如？各言尔志。"众咸仰德，尝无异谋。于是辅臣执事咸劝进曰："王子垂听，先王积功累德，光有国祚。嗣及王增，谓终寿考；辅佐无良，弃身髌手，为国大耻，下臣罪也。物议时谣，允归明德。光临土宇，克复亲髌，雪国之耻，光父之业，功孰大焉？幸无辞矣！"王子曰："国事之重，今古为难，君人之位，兴立宜审。我诚寡德，父兄遐弃，推袭大位，其能济乎？物议为宜，敢忘虚薄？今者殑伽河^⑧岸，有观自在菩萨^⑨像，既多灵鉴，愿往请辞。"即至菩萨像前，断食祈请。菩萨感其诚心，现形问曰："尔何所求，若此勤恳？"王子曰："我惟积祸，慈父云亡；重兹酷罚，仁兄见害。自顾寡德，国人推尊，令袭大位，光父之业。愚昧无知，敢稀圣旨！"菩萨告曰："汝于先身，在此林中为练若苾刍^⑩，而精勤不懈。承兹福力，为此王子。金耳国王既毁佛法，尔绍王位，宜重兴隆，慈悲为志，伤愍居怀，不久当王五印度境。欲延国祚，当从我诲，冥加景福，邻无强敌。勿升师子之座^⑪，勿称大王之号。"于是受教而退，即袭王位，自称曰王子，号尸罗阿

迭多 ⑫。唐言戒日。于是命诸臣曰："兄雠未报，邻国不宾，终无右手进食 ⑬ 之期。凡尔庶僚，同心戮力。"遂总率国兵，讲习战士。象军五千，马军二万，步军五万，自西徂东，征伐不臣。象不解鞍，人不释甲，于六年中，臣五印度。既广其地，更增甲兵，象军六万，马军十万。垂三十年，兵戈不起，政教和平，务修节俭，营福树善，忘寝与食 ⑭。令五印度不得噉肉，若断生命，有诛无赦。于殑伽河侧建立数千窣堵波，各高百余尺。于五印度城邑乡聚、达巷交衢，建立精庐，储饮食，止医药，施诸羁贫，周给不殆。圣迹之所，并建伽蓝。五年一设无遮大会 ⑮，倾竭府库惠施群有，惟留兵器不充檀舍 ⑯。岁一集会诸国沙门，于三七日中，以四事供养，庄严法座 ⑰，广设义筵 ⑱，令相推论，校其优劣，褒贬淑慝，黜陟幽明。若戒行贞固，道德纯邃，推升师子之座，王并受法；戒虽清净，学无稽古，但加敬礼，示有崇尊；律仪无纪，秽德已彰，驱出国境，不愿闻见。邻国小王、辅佐大臣，殖福无怠，求善忘劳，即携手同座，谓之善友；其异于此，面不对辞，事有闻议，通使往复。而巡方省俗，不常其居，随所至止，结庐而舍。唯雨三月，多雨不行，每于行宫日修珍馔，饭诸异学，僧众一千，婆罗门五百。每以一日分作三时，一时理务治政，二时营福修善，孜孜不倦，竭日不足矣。

【注释】

① 吠奢，古印度四大种姓中的第三等级，释见卷二 1.11 注 ⑤。

② 曷利沙伐弹那，梵文 Harṣa-vardhana 的音译；意译作喜增。即

下文之尸罗阿迭多（亦作尸罗迭多，梵文 Śilāditya 之音译；意译作戒日王）。其祖先 Pushabhūkti 曾建都于北方的萨他泥湿伐罗（见本书卷四 2.3 注①）；至戒日王扩张后，才移都曲女城。他于公元 606 年继位，时年十七岁。后重新统一了笈多王朝崩溃后分裂的北印度。约卒于 647 或 648 年。嗣后，印度也陷入了分裂、战乱之中。

③ 波罗羯罗伐弹那，梵文 Prabhākara-vardhana 的音译；意译作光增。是为普西亚布蒂王朝的第一个重要统治者，约于 580 年左右登基。曾与瞿折罗人打过仗，将势力伸展至马尔瓦和古查拉特。他是后期笈多国王马哈森那·笈多的同盟者；在位末年，曾与穆里克国王联姻，将女儿罗阇室利嫁给穆里克的一个王子哥罗诃伐剌曼。罗阇室利是个聪明能干的女子，并对佛教很感兴趣。这事也许对日后戒日王比较倾向于佛教有一定影响。波罗羯罗伐弹那卒于 605 年。

④ 曷逻阇伐弹那，梵文 Rājya-vardhana 的音译；rājya 义为王国，而不是如玄奘所言的义为"（国）王"（后者的梵文语源为 raja）。据《曷利沙传》，高达国王设赏迦与摩腊婆国王提婆笈多联合进攻羯若鞠阇国，杀国王哥罗诃伐剌曼，囚禁其妻罗阇室利。曷逻阇伐弹那率军驰援，但因轻信设赏迦王而赴宴，结果被背信弃义地杀害。

⑤ 羯罗拿苏伐剌那，梵文 Karṇasuvarṇa 的音译；意译作金耳。都城故址在今西孟加拉邦中部，麦希达巴德（Murshidabad）之南约 20 公里的拉脱麻铁卡。《西域记》卷十有专条叙述。

⑥ 设赏迦，梵文 Śaśānka 的音译；意译作月。是为 6 世纪末至 7 世纪前期的高达国王。关于其世系并不清楚，可能受封于后期笈多王朝，并在马哈森那·笈多的势力衰落以后宣告独立。不管怎样，后期笈多王朝与羯若鞠阇的穆里克人之间的对峙，使得设赏迦获得了向西扩张的好

机会。他与摩腊婆王提婆笈多结成同盟,对付羯若鞠阇国(即穆里克王国)。设赏迦死于 619 至 637 年之间,肯定避过了戒日王的报复,并脱离了其控制。设赏迦曾将领土扩张至东海岸的甘杰姆。《西域记》卷六和卷八谓设赏迦对于佛教极端仇视,完全有这种可能。因为在现代发掘到的设赏迦钱币上,有其名字、月亮图案以及湿婆像,则他迫害作为“异端”的佛教,也就不足为奇了。

⑦ 婆尼,当是梵文 Bhaṇḍi 的音译。此人见于《曷利沙传》,乃是波罗羯罗伐弹那的内侄和养子。

⑧ 殑伽河,即今恒河,释见玄奘序 1.3 注 ⑧。

⑨ 观自在菩萨,即观音菩萨,释见卷一 4.5 注 ⑦。

⑩ 练若苾刍,梵文 araṇya-bhikṣu 的音译;是为一个复合词,义为“居住在山林中的比丘”。练若是 araṇya 或 araṇyaka 的略译,全译则作阿兰若、阿练若或阿兰若迦。其原义为森林,可意译作寂静处、空闲处、无净声、远离处、空家等。原为比丘(苾刍,释见卷三 2.2 注 ③)习静修行之处,后来则泛指佛寺。

⑪ 师子座,即师子床,释见卷二 1.5 注 ⑮。在此则指国王宝座。所谓“勿升师子之座”意即“名义上不要称尊”。

⑫《西域记》在此所述的戒日王承袭王位一事,有些模糊不清。从字面上看,戒日王从其兄手中继承的当是萨他泥湿伐罗国;但实际上继承的可能是哥罗诃伐刺曼的羯若鞠阇国。理由是:甲、哥罗诃伐刺曼死后,羯若鞠阇国经历了极度的混乱,同时有好几个人争夺统治权。而本节关于戒日王寻求观音“神谕”的记载,正好暗示了他努力谋求用“君权神授”的合法借口来尽量减少反对意见的事实。如果他继承的是萨他泥湿伐罗国王位,则顺理成章,根本不必如此做作。乙、《释迦方志》卷上

《遗迹篇》谈及羯若鞠阇国时说道："……统五印度之都王也,号尸罗逸多,吠奢姓。初欲登位,殑伽岸有观自在像,乃请之。……乃与寡妹共知国事。"这里的"寡妹"便是羯若鞠阇国的前王后罗阇室利。戒日王之所以与之"共知国事",无非是因为该国原属她的丈夫,共同执政可以掩饰戒日王统治该国的非法性。《西域记》在此的叙述,可能是混用了戒日王先后两次承袭王位的记载。

⑬ 右手进食,是古印度的习俗。《寄归传》卷二记云:"西方食法,唯用右手。"彼俗以右手为尊,《寄归传》卷三:"故时人名右手为特崎拏手,意是从其右边为尊为便。"又,慧琳《音义》卷六十:"特敔拏伽他……梵语也。此云将施物供养三宝之义。"不过在此所谓的"右手进食",乃是喻指正常、安定的生活。

⑭ 通常认为,《西域记》"于六年中,臣五印度……垂三十年,兵戈不起"一语是指:戒日王于606年继位,随后进行大规模扩张征服活动,持续六年,即自606至612年;此后便是"兵戈不起,政教和平"的三十年,即自612至642年。但是印度学者查托帕德耶耶则认为,戒日王的征服始于618年;至于所谓"垂三十年",实际上只有二十三年。自618至624年,是其征服时期;自624至647年则是其在位时的和平时期。他说,戒日王继位后之所以不立即开始大规模征战,原因之一是其父、兄死后的相当一段时期内,政局混乱,不具备对外进行大规模征战的必要条件(见 Chattopadhyaya, *North India*, pp.243–251)。

⑮ 无遮大会,释见卷一1.5注①。

⑯ 檀舍,布施、舍施之意。"檀"为梵文 dāna 的音译;"檀施"或"檀舍"则为音义混译的术语。有时用以特指佛教信徒(所谓"檀家")的布施。或作音译名"檀那",如《翻译名义集》:"檀那,《法界次第》云:

秦言布施。若内有信心，外有福田，有财产，三事和合，心生舍法，能破悭贪，是为檀那。"

⑰ 法座，亦称须弥座，即佛教禅院中演讲佛法之座。《法华经·序品》："即于法座上，加趺坐三昧。"

⑱ 义筵，当是指有道之人的座席。众所尊戴者曰"义"，《容斋随笔·人物以义为名》："众所尊戴者曰义，义帝是也。"筵，原义竹席，《说文》："筵，竹席也，从竹，延声。"《西域记》在此作"座席"解，而不能释作现代意义上的"筵席"。

【译文】

现在的国王，本属吠舍种姓，名叫曷利沙伐弹那（唐语谓"喜增"），统治这里，已历二世，共有三王。其父名叫波罗羯罗伐弹那（唐语谓"光增"），其兄名叫曷逻阇伐弹那（唐语谓"王增"）。王增身为长子，因而继承王位，以恩德治理国家。当时东印度的羯罗拿苏伐剌那（唐语谓"金耳"）国的设赏迦王（唐语谓"月"）常对臣下说道："邻国有位明君，乃是我国之祸。"于是诱请王增赴会，加以杀害。该国人民失去君主，国家陷入混乱之中。当时的大臣婆尼（唐语谓"辩了"）职位甚高，声望亦隆，他对同僚们说："国家兴亡大事，须在今日决定。已故前王之子，近亡新君之弟，本性仁厚慈悲，真心孝敬亲长，亲近贤明之士，诚恳对待属下，我想推他继位。此事究竟如何，希望各抒己见。"众人十分仰慕喜增的德操，全都没有异议，于是群臣共劝喜增继位："敬请王子听臣一言：先王积累功德，显扬国家声威。传位王增之后，本当长寿善终；但是辅臣不好，使他捐躯敌手，国家奇耻大辱，都是我们之罪。如今社会舆论，全都归心于德操高尚的您。您应领导全国，报这杀亲之仇，洗雪国家耻辱，光大父兄功业，功德如此之大，万望不要推辞！"王子答道："继位之事，十分重大，自古迄今，均难处理，推立嗣君，应该审慎。我确实德行不够，父兄又已辞世，推戴我继大位，怎么能够胜任？大家认为我很合适，我却不敢忘记自己才虚德薄。如今在殑伽河畔，有一尊观自在菩萨像，十分灵验，我要前往向他请教。"于是来到菩萨像前，戒断饮食，虔诚祈请。菩萨受其诚心感动，现出本相问道："你有什么要求，如此勤勉恳求？"王子答道："我的罪孽深重，慈爱父亲去世；残酷惩罚再降，仁厚兄长被害。自知德操不足，但被国人推戴，要我继承王位，光复父兄大业。我实愚昧不知所措，斗胆求请菩萨意旨！"菩萨告诉他道："你的前身，就在这片山林之中为比丘，精心勤学，持久不懈。依仗这一福力，转世身为王子。金耳国王既然毁灭佛法，你继承王位之后，应该重新使之兴盛，立志大慈大悲，常怀怜悯之心，不久以后便可统治五印度境。若欲延长国祚，应该听我教诲，我会暗中赐你洪福，使你邻国没有强敌。你切勿登踞国王宝座，也勿采用'大王'称号。"喜增受此教示而退，回去继承王位，仅仅称为"王子"，号为尸罗阿迭多（唐语谓"戒日"）。于是宣令群臣道："兄长之仇未报，邻国尚未宾服，我们总无正常、安定的生活。希望各位大臣，同心协力对敌。"于是亲自统率全军，教授、训练士兵。共有象军五千、马军二万、步军五万，自西向东，征讨不肯臣服之国。战象不解鞍座，军士不解甲胄，短短六年之中，征服五印度国。疆土大为扩展，军队数量也有增加，此时共有象军六万、马军十万。几乎三十年内，不再发生战争，政治稳定和顺，王子厉行节俭，一意积福植善，以至废寝忘食。下令五印度国，禁止食用荤腥，如果杀死生命，一律处以死刑。戒日王并在殑伽河畔建造了几千座佛塔，各高一百多尺。在五印度境内的各个城乡聚落、街巷道口,设立精舍,储藏饮食,配备药品,施舍给旅行者和贫穷者,普遍布施,毫不怠慢。佛陀遗迹之处,全都建造寺院,每隔五年举办一次无遮大会,倾尽国库所有施舍一切众生,只是留下兵器不用它来布施。每年一次聚会,召集各国沙门,逢三逢七之日,供应衣食住行,装饰讲法之座,广设德者座席,互相商榷辩论,评论诸说优劣,赞扬善者,贬斥恶者,提拔正道,斥逐邪行。如果恪守戒律,信仰坚定,见解精深,德操高尚,则推举他登升演讲佛法的狮子座,戒日王亲自恭听受教;如果遵守戒律,但是学识不深,则也以礼相待,表示尊重之意;如果不遵戒规,道德明显败坏,便被驱逐出境,不再予以理睬。如果邻近小国君主、辅佐大臣,勤勉造福,忘我求善,戒日王则与之携手并坐,称为"好友";对于行为异于此者,则不愿与之当面交谈,即使有事商议,也通过使者办理。戒日王经常巡视各地,察访民间情形,居处并不固定,随着抵达之地,搭建茅屋居住。只有三个月的雨季,由于多雨而无法出行,于是往往在行宫中每天准备佳肴,宴请各派人士,佛僧一千人,婆罗门五百人。戒日王常将一天分成三个部分:第一部分处理国家政务,第二部分造福行善,孜孜不倦,从早忙到深夜,尚嫌时间不够。

1.4　初,受拘摩罗[①]王请,自摩揭陀国[②]往迦摩缕波国[③]。时戒日王巡方在羯朱嗢祇逻国[④],命拘摩罗王曰:"宜与那烂陀远客沙门[⑤]速来赴会。"于是遂与拘摩罗王往会见焉。戒日王劳苦已曰:"自何国来,将何所欲?"对曰:"从大唐国来,请求佛法。"王曰:"大唐国在何方?经途所亘,去斯远近?"对曰:"当此东北数万余里,印度所谓摩诃至那[⑥]国是也。"王曰:"尝闻摩诃至那国有秦王天子[⑦],少而灵鉴，长而神武。昔先代丧乱，率土分崩，兵戈竞起，群生荼毒，而秦王天子早怀远略，兴大慈悲，拯济含识[8]，平定海内，风教遐被，德泽远洽，殊方异域，慕化称臣。氓庶荷其亭育，咸歌《秦王破阵乐》[9]。闻其雅颂，于兹久矣。盛德之誉，诚有之乎？大唐国者，岂此是耶？"对曰："然。至那者，前王之国号；大唐者，我君之国称。昔未袭位，谓之秦王；今已承统，称曰天子。前代运终，群生无主，兵戈乱起，残害生灵。秦王天纵含弘，心发慈愍，威风鼓扇，群凶殄灭，八方静谧，万国朝贡。爱育四生[10]，敬崇三宝[11]，薄赋敛，省刑罚，而国用有余，氓俗无宄，风猷大化，难以备举。"戒日王曰："盛矣哉！彼土群生，福感圣主。"

【注释】

① 拘摩罗，一作鸠摩罗，梵文 Kumāra 的音译；意译作童男、少年、青年。又名婆塞羯罗伐摩，梵文 Bhāskaravarman 的音译；义为"日胄"。《曷利沙传》载云，戒日王获悉兄长被害后，立即率军攻击设赏迦；但在途中遇到了来自迦摩缕波国国王婆塞羯罗伐摩的使臣，遂结成正式联盟。查托帕德耶耶认为，这一联盟迫使高达国王设赏迦占领曲女城的图谋未能实现：他只得赶快撤兵回国，以免遭受来自东方迦摩缕波国的攻击。戒日王之所以能在其兄死后不与设赏迦立即交战，显然是因为当时设赏迦已经主动撤退（见 Chattpadhyaya, *North India*, pp.241–242）。

② 摩揭陀国，释见卷八 1.1 注 ①。

③ 迦摩缕波国，释见卷十 2.1 注 ①。

④ 羯朱嗢祇逻国，释见卷十 1.5 注 ①。

⑤ 那烂陀远客沙门，指玄奘，因他曾在那烂陀寺留学五年（631—635 年）。那烂陀，又作那难大、那难，梵文 Nālandā 的音译；意译作施无厌。《西域记》卷九有专节谈及。是为摩揭陀国王舍城外的著名佛寺，也是当时印度最有名的佛寺。其故址在今印度比哈尔邦巴特那县境内腊季吉尔（Rājgir）西北 12 公里处的巴尔贡村 (Bargoan)。那烂陀寺的历史十分悠久，可以追溯到公元前 5、6 世纪，即佛陀与大雄的时代。耆那教经典《仪轨经》等均曾提及那烂陀，称它是王舍城西北的一个富庶郊区，有许多美丽的房舍园林；耆那教教主大雄在这里至少度过十四个雨期。佛典如《大涅槃经》等也提到那烂陀，附近的庵没罗园是释迦牟尼经常涉足的地方。从公元 5 世纪的笈多朝帝日王以降，笈多朝的历代君主多在这里兴建伽蓝，直至戒日王。那烂陀寺因此规模宏大，成为古印度佛教的最高学府。那烂陀寺兴盛之时，主、客僧众常达万人，学习大乘、小乘、因明、声明、医方等。一些大乘有宗著名论师，如护法、月护、德慧、坚慧、光友、胜友、智月、戒贤等人均曾在这里讲学，有些人还担任过该寺的主持。我国高僧除玄奘外，尚有玄照、义净、慧轮、智弘、无行、道希、道生、大乘灯等都曾在那烂陀寺留学。13 世纪时，该寺毁于穆斯林的兵燹。

⑥ 摩诃至那，梵文 Mahācina 的音译。māha 义"大"，Cina 则为古印度人对中国的称呼。衍生自此词的名称极多，西文有 China、Cinas、Sin、Chin、Sinoe 等；日文有シナ、チナ等；汉文有支那、至那、斯那、脂那、脂难旃丹、莫诃至那、摩诃支那、震旦、振旦、真丹等等。关于古代域外对中国称呼的起源，说法很多。较为流行的说法是：秦始皇统一海内，威震四邻，故域外便以"秦"字指称中国，Cina 即是"秦"的转讹。或以为此"秦"乃是强盛于公元前 7 世纪的秦穆公时代的"秦"。其它的

说法则有：甲、日南说。日南（古音 Jih-nan）郡与海外交通频繁，遂成为中国的代称，转讹而成 Cina。乙、滇国说。古滇国领土广大，在纪元前垄断中国经西南方与域外的贸易，于是"滇"（古音 Tsen 或 Chen）字转讹成为 Cina。丙、荆说。古代楚国势力强盛，历时甚久，名传域外，遂使"荆"字代表中国。丁、羌说。"秦"、"羌"本是一字，且"羌"字古亦通"荆"，通"滇"。汉初羌族居地甚广，故 Cina 当是源自"羌"。究竟哪一说更为接近事实，则迄今尚无定论。

⑦ 秦王天子，即是指唐太宗李世民。李渊登基后，李世民被封为秦王。《通鉴·高祖武德元年》："（六月）庚辰，立世子建成为皇太子，赵公世民为秦王。"戒日王称唐太宗为秦王，乃是因袭旧称。

⑧ 含识，指一切有情者。释见卷二 2.7 注 ㉑。

⑨《秦王破阵乐》，据说是唐太宗为秦王时所创的一种武舞。《旧唐书·音乐志》："《破阵乐》，太宗所造也。太宗为秦王之时，征伐四方，人间歌谣《秦王破阵乐》之曲。及即位，使吕才协音律，李百药、虞世南、褚亮、魏徵等制歌辞。百二十八人披甲执戟，甲以银饰之。发扬蹈厉，声韵慷慨，享宴奏之，天子避位，坐宴者皆兴。"但是，此曲似非太宗首创，而在这之前，当已流行于军中。《隋唐嘉话》云："太宗之平刘武周（时在武德三年，即 620 年——引者），河东士庶歌舞于道，军人相与为《秦王破阵乐》之曲，后编乐府云。"这种武舞可能从西域传入。杨宪益认为，古希腊武舞 Pyrrhichius 也模拟战阵，用戟击刺。故"破阵"恐怕是 Pyrrhichius 音译之转；甚至"秦王"也可能是指"大秦（罗马帝国）之王"，而非秦王李世民（说见杨宪益《偶拾》，第 55—60 页）。这一观点可备一说。

⑩ 四生，释见卷三 3.3 注 ③。

⑪ 三宝,释见卷一 1.6 注 ③。

【译文】

当初,我接受拘摩罗王的邀请,从摩揭陀国前往迦摩缕波国。这时戒日王正在羯朱嗢祇逻国巡视,命令拘摩罗王道:"你应与那烂陀寺远道而来的沙门迅速前来参加大会。"于是我和拘摩罗王前去会见他。戒日王慰问之后问道:"你从哪一国来,准备干些什么?"我答道:"我从大唐国来,来此求教佛法。"国王问道:"大唐国在何处?一路走来,离此多少距离?"我答道:"大唐国在此东北方几万里处,即是印度所谓的摩诃至那国。"国王问道:"我曾听说摩诃至那国有位秦王天子,幼年时代聪明颖悟,成年以后神勇威武。前朝丧败纷乱,疆土四分五裂,各地战祸频生,人民遭受蹂躏;但是秦王天子早就深谋远虑,大发慈悲之心,拯救一切众生,平定天下,风俗教化,传布远方,仁德恩泽惠施域外;外国异邦,仰慕仁德政治而称臣归化,平民百姓,蒙受他的抚育而歌舞《秦王破阵乐》。我们听到人们对他的赞颂,已经很久了。大家对他如此优秀德操的称誉,是否确有其事?所谓的大唐国,就是这样吗?"我答道:"是的。所谓至那,是以前王朝的国号;所谓大唐,则是当今皇上的国号。当初未曾继位时,称为秦王;如今登基之后,则称天子。前朝国运已尽,民众失去君主,于是战乱频起,残杀伤害生灵。秦王天生博大胸怀,内心大发慈悲,威风震动四方,消灭凶恶敌人,从此天下太平,万国俱来朝贡。天子爱护一切众生,崇敬佛教三宝,减少税收劳役,减轻徒刑处罚,以致国库富足,几无犯法之人,风俗道德受佛教化,难以一一详细例举。"戒日王说道:"真是兴盛之世啊!那里的众生,得感谢这位贤明君主带来了幸福。"

1.5 时戒日王将还曲女^①城设法会^②也，从数十万众，在殑伽河南岸。拘摩罗王从数万之众，居北岸。分河中流，水陆并进。二王导引，四兵严卫，或泛舟，或乘象，击鼓鸣螺，拊弦奏管。经九十日，至曲女城，在殑伽河西大花林中。是时诸国二十余王，先奉告命，各与其国髦俊沙门及婆罗门、群官、兵士，来集大会。王先于河西建大伽蓝；伽蓝东起宝台，高百余尺，中有金佛像，量等王身；台南起宝坛，为浴佛像之处；从此东北十四五里，别筑行宫。是时，仲春月也。从初一日，以珍味馔诸沙门、婆罗门，至二十一日。自行宫属伽蓝，夹道为阁，穷诸莹饰，乐人不移，雅声递奏。王于行宫出一金像，虚中隐起，高余三尺，载以大象，张以宝幰。戒日王为帝释^③之服，执宝盖以左侍，拘摩罗王作梵王^④之仪，执白拂而右侍。各五百象军，被铠周卫，佛像前后各百大象，乐人以乘，鼓奏音乐。戒日王以真珠杂宝及金银诸花随步四散，供养三宝。先就宝坛，香水浴像，王躬负荷，送上西台，以诸珍宝、憍奢耶衣^⑤数十百千而为供养。是时唯有沙门二十余人预从，诸国王为侍卫。馔食已讫，集诸异学，商榷微言，抑扬至理。日将曛暮，回驾行宫。如是日送金像，导从如初，以至散日。其大台忽然火起，伽蓝门楼烟焰方炽。王曰："罄舍国珍，奉为先王，建此伽蓝，式昭胜业，寡德无佑，有斯灾异，咎征若此，何用生为！"乃焚香礼请而自誓曰："幸以宿善，王诸印度，愿我福力，禳灭火灾，若无所感，从此丧命！"寻即奋身，跳履门阃，若有扑灭，火尽烟消。诸王睹异，重增祗惧^⑥。已而颜色不动，辞语如故，问诸王曰："忽此灾变，焚烬成功，心之所怀，意将何谓？"诸王俯伏悲泣，对曰："成功胜迹，冀传来叶，一旦灰烬，何可为怀？况诸外道，快心相贺！"王曰："以此观之，如来所说诚也。外道异学守执常见，惟我大师无常[7]是悔。然我檀舍已周，心愿谐遂，属斯变灭，重知如来诚谛[8]之说，斯为大善，无可深悲。"于是从诸王东上大窣堵波，登临观览。方下阶陛，忽有异人持刃逆王，王时窘迫，却行进级，俯执此人，以付群官。是时群官惶遽，不知进救。诸王咸请诛戮此人，戒日王殊无忿色，止令不杀。王亲问曰："我何负汝，为此暴恶？"对曰："大王德泽无私，中外荷福。然我狂愚，不谋大计，受诸外道一言之惑，辄为刺客，首图逆害。"王曰："外道何故兴此恶心？"对曰："大王集诸国，倾府库，供养沙门，熔铸佛像，而诸外道自远召集，不蒙省问，心诚愧耻。乃令狂愚，敢行凶诈。"于是究问外道徒属。有五百婆罗门，并诸高才，应命召集，嫉诸沙门蒙王礼重，乃射火箭，焚烧宝台，冀因救火，众人溃乱，欲以此时杀害大王，既无缘隙，遂雇此人，趋隘行刺。是时诸王、大臣请诛外道，王乃罚其首恶，余党不罪，迁五百婆罗门出印度之境。于是乃还都也。

【注释】

　　① 曲女，即羯若鞠阇，释见卷五 1.1 注 ①。

　　② 法会，为说法，以及供佛、施僧而举行的仪式和集会。《法华经·随喜功德品》："若人于法会，得闻是经典。"在此所言的"法会"，乃

是指无遮大会。

　　③ 帝释，释见卷二2.8注⑨。

　　④ 梵王，释见卷二1.8注①。

　　⑤ 憍奢耶衣，释见卷二1.6注⑤。

　　⑥ 祇惧，恭敬怖惧之意。《书经·无逸》："昔在殷王中宗，严恭寅畏，天命自度；治民祇惧，不敢荒宁。"蔡沈注云："至于治民之际，亦祇敬恐惧，而不敢怠荒安宁。"

　　⑦ 无常，释见卷四1.2注⑧。

　　⑧ 诚谛，犹言"谛"，真实不虚之义。《大日经疏》卷八："谛者，即是如来真实句。"《义林章》卷二："事如实事，理如实理，事理不谬，名之为谛。"

【译文】

　　当时戒日王即将返回曲女城举行法会，跟随的人众达几十万，待在殑伽河南岸；拘摩罗王的追随者则有几万，待在殑伽河北岸。两帮人马以河中心为界，水陆二路，齐头并进。两位国王在前引导，四个兵种严加护卫，有的坐船，有的乘象，敲击鼓乐，吹奏海螺，弹拨琴瑟，鸣奏箫笙。经过九十天，抵达曲女城，居留在殑伽河西岸的大花林中。当时各国的二十多位国王，事先已经接到通告，各自率领本国杰出的沙门和婆罗门、官员、兵士，前来参加大会。戒日王先在河西建一大佛寺；寺东筑一宝台，高达一百多尺，居中供有金质佛像，尺寸与戒日王的真人相同；台南筑一宝坛，是为佛像沐浴之处；在此东北方十四、五里处，另外筑一行宫。这时正是春天二月。从初一开始，用佳肴宴请各位沙门、婆罗门，直到二十一日。从行宫到佛寺，道路两旁，遍建楼阁，宝石装饰，极为华美，乐工站立，井然有序，高雅乐声，彼落此起。戒日王从行宫请出一尊金佛像，高置空中，高三尺多，用大象驮载，并以宝石帐幔罩盖。戒日王穿着帝释服装，手执宝盖侍立左侧；拘摩罗王扮作梵王状貌，手执白拂侍立右侧。两旁各有五百象军，身穿甲胄护卫四周，佛像前后各有一百大象，供乐工乘坐，演奏音乐。戒日王将珍珠宝物以及金花银花随走随撒，供养三宝。他们首先来到宝坛，用香水沐浴佛像，戒日王亲自捧执佛像，送上西台，用各种珍宝、成百上千的㤭奢耶衣作为供养。这时只有三十多名沙门随从，各国国王充任侍卫。进餐结束之后，召集各派学者，探讨精妙言辞，评论深奥真理。行将傍晚之时，乘车返回行宫。就像这样，每天护送金像，导从一如开初，直到大会结束。忽然之间大台火起，佛寺门楼火焰炽烈。戒日王说道："我倾尽全部珍宝，供奉前代国王，建造这一佛寺，显扬佛家伟业，但我德行不够，以致未获保佑，造成这一灾祸，凶兆一至于此，何必继续活着！"于是焚香礼敬，对着佛像发誓："我侥幸借助往世善业，今生统治五印度国，但愿以我福德之力，救灭这场无妄火灾，如果不能感动神、佛，我愿从此结束生命！"旋即奋力一扑，跳在门坎之上，仿佛有人救火，火、烟顷刻消散。各国国王目睹这一奇事，更加恭敬畏惧。而戒日王则面色不变，谈吐如初，问国王们道："假如这场突发火灾，真将一切化为灰烬，你们心中有何感想？"诸王俯伏于地悲哀哭泣，答道："建此著名圣迹，意在永传后世，一旦化为灰烬，何物可资怀念？况且各派外道，一定幸灾乐祸，相互拍手庆贺！"戒日王说道："由此观之，如来所说的道理确实对极。外道异端固守陈见，只有我佛大师教诲'无常'之说。我今施舍已很周全，所求心愿也都实现，遭逢灾变旋又弭灭，使我格外理解如来学说的真实不虚，这是绝大好事，不必深感悲哀。"于是与各国国王一起赴东侧大佛塔，登塔观赏游览。戒日王刚从塔阶走下，忽有一个陌生人持刀迎面刺来，戒日王处境危急，只得倒退上阶，俯身抓住此人，将他交付臣下。群臣惊慌失措，一时竟忘救驾。诸王都请求将刺客处死，戒日王却并无怒色，下令不要杀他。戒日王亲自问道："我什么地方对不起你，你要对我施此暴行？"刺客答道："陛下德泽遍施，大公无私，国内域外，均蒙赐福。我则狂妄愚昧，不顾大局，只因受了外道一语煽惑，就来充当刺客，企图杀害陛下。"戒日王问道："外道为何生此恶毒之心？"刺客答道："陛下召集各国人士，耗尽国库，供养佛僧，铸造佛像，而各派外道奉召远道赶来，未获关怀问候，内心深感羞愧。于是指使我这狂妄愚昧之徒，斗胆前来行凶。"戒日王于是查问外道党徒。原来，有五百名婆罗门，以及卓有才学之士，应戒日王之命前来聚会，但是妒忌佛僧受到礼敬尊重，于是发射火箭，焚烧宝台，企图乘人们救火之机，众人混乱之时，杀害戒日王；但是后来未能获得机会，便即雇佣此人，来到险要地方行刺。当时各国国王及大臣都请诛杀外道，然而戒日王则仅惩罚了为首之人，其余党徒不再问罪；将五百婆罗门逐出印度国境。此后，戒日王便返回都城。

1.6　城西北窣堵波，无忧王之所建也。如来在昔，于此七日说诸妙法。其侧则有过去四佛座及经行遗迹之所。复有如来发、爪小窣堵波。

　　说法窣堵波南，临殑伽河，有三伽蓝，同垣异门，佛像严丽，僧徒肃穆，役使净人①数千余户。精室宝函中有佛牙，长余寸半，殊光异色，朝变夕改。远近相趋，士庶咸集，式修瞻仰，日百千众。监守者繁其喧杂，权立重税，宣告远近：

欲见佛牙，输大金钱。然而瞻礼之徒，实繁其侣，金钱之税，悦以心竞。每于斋日，出置高座，数百千众，烧香散花，花虽盈积，牙函不没。

伽蓝前左、右各有精舍，高百余尺，石基砖室，其中佛像，众宝装饰，或铸金、银，或镕鍮石。二精舍前各有小伽蓝。

伽蓝东南不远，有大精舍，石基砖室，高二百余尺，中作如来立像，高三十余尺，铸以鍮石，饰诸妙宝。精舍四周石壁之上，雕画如来修菩萨行所经事迹，备尽镌镂。

石精舍南不远，有日天^②祠。祠南不远，有大自在天^③祠。并莹青石，俱穷雕刻，规模度量，同佛精舍。各有千户充其洒扫，鼓乐弦歌不舍昼夜。

大城东南六七里，殑伽河南，有窣堵波，高二百余尺，无忧王之所建也。在昔如来于此六月说身无常^④、苦^⑤、空^⑥、不净^⑦。其侧则有过去四佛座及经行遗迹之所。又有如来发、爪小窣堵波，人有染疾，至诚旋绕，必得痊愈，蒙其福利。

【注释】

① 净人，释见卷二 1.10 注 ⑪。

② 日天，亦称日天子、宝光天子、宝意天子，即是太阳神。梵文 Sūrya 的意译；音译作苏利耶、素利、修利、修野等。佛教谓此乃观音菩萨之变化身，位于太阳之中，太阳即是其宫殿。《法华义疏》卷一："宝光天子者，谓日天子也。……有经云，观世音名宝意，作日天子。"《秘藏记》："日天赤肉色，左右手持莲华，并乘四马车轮。"

③ 大自在天，释见卷二 2.9 注 ⑦。

④ 无常，释见卷四 1.2 注 ⑧。

⑤ 苦，梵文 Duḥkha 的意译；音译作豆佉。逼恼身心之意。《佛地经》卷五：“逼恼身心名苦。”

⑥ 空，释见敬播序 1.2 注 ⑪。

⑦ 不净，即污秽、鄙陋、丑恶、罪过。

【译文】

都城的西北方有一佛塔，乃是无忧王所建造。当初如来曾在这里演讲精妙佛法，历时七日。塔旁有过去四佛的坐处以及散步遗迹的场所。还有收藏如来头发、指甲的小塔。

说法佛塔之南，面临殑伽河岸，有三座佛寺，共用一堵围墙，门户各自开设；佛像装饰华丽，僧徒严肃庄重，雇佣净人几千户。精舍的宝匣中藏有佛牙，长一寸半多点，光彩、色泽特异，朝晚各不相同。远近都来瞻仰，官吏、平民云集，参拜礼敬人众，每天成百上千。佛牙守护者厌烦人们的喧闹繁杂，权且设立重税规定，宣告远近各地：若欲一睹佛牙，必须纳一金币。然而礼拜之人，仍然成群结队，争相交纳金钱，乐于暗中竞赛。每逢斋戒之日，佛牙置于高座，来客成百上千，个个烧香献花，鲜花虽然堆积，不能盖没牙匣。

佛寺之前的两旁各有一座精舍，高达一百多尺，基址使用石块，宇室则以砖砌，其中置放佛像，各种珍宝装饰，有的佛像用金、银制成，有的则用鍮石浇铸。两座精舍之前，各有一座小寺。

佛寺东南方不远之处，有一巨大精舍，石作地基，砖砌宇室，高达二百多尺，屋内设有如来立像，高达三十多尺，系用鍮石铸成，装饰种种珍宝。精舍四周的石壁之上，雕刻着如来修菩萨行时的经历事迹，刻画详尽。

　　石精舍南边不远之处，有座曰天祠。祠南不远之处，则有一座大自在天祠。二祠都有晶莹青石，上面雕刻精美异常，规模同于如来精舍。各有一千户净人为其清扫，鼓乐丝竹，昼夜不断。

　　都城东南方六七里处，殑伽河的南岸，有座佛塔，高二百多尺，乃是无忧王所建造。当初如来曾在这里演讲无常、苦、空、不净等佛法，历时六个月。塔旁则有过去四佛的坐处以及散步场所的遗迹。又有收藏如来头发、指甲的小塔；人们如若患病，只要诚心绕塔祈求，必定可以康复，受其福惠恩泽。

1.7　大城东南行百余里，至纳缚提婆矩罗^①城，据殑伽河东岸，周二十余里。花林清池，互相影照。

　　纳缚提婆矩罗城西北，殑伽河东，有一天祠，重阁层台，奇工异制。

　　城东五里有三伽蓝，同垣异门，僧徒五百余人，并学小乘说一切有部。伽蓝前二百余步，有窣堵波，无忧王之所建也，基虽倾陷，尚高百余尺，是如来昔于此处七日说法。中有舍利，时放光明。其侧则有过去四佛座及经行遗迹之所。

　　伽蓝北三四里，临殑伽河岸，有窣堵波，高二百余尺，无忧王之所建也。昔如来在此七日说法，时有五百饿鬼^②来至佛所，闻法解悟，舍鬼生天。说法窣堵波侧有过去四佛座及经行遗迹之所。其侧复有如来发、爪窣堵波。

　　自此东南行六百余里，渡殑伽河，南至阿逾陀国。中印度境。

【注释】

　　① 纳缚提婆矩罗，一作纳缚提缚，梵文 Navadevakula 的音译；意即新天寺。该城遗址当在今卡瑙季东南 35 公里的般葛尔冒（Bangarment）以北的奈瓦尔（Nawal）。

　　② 饿鬼，佛家所谓轮回转生的六趣（地狱、饿鬼、畜生、人、天、阿修罗）之一。梵文 Preta 的意译；音译作薜荔哆。饿鬼趣常受饥饿，由于其所受果报不同而有胜有劣。有福德者为山林冢庙之神；下者则居不净处，不得饮食，常受刀杖之苦。《大乘义章》卷八："言饿鬼者，如《杂心》释，以从他求，故名饿鬼。又常饥虚，故名为饿；恐怯多畏，故名为鬼。"

【译文】

　　从都城向东南方行走一百多里，抵达纳缚提婆矩罗城，位于殑伽河的东岸，方圆二十多里。花卉、树林，清泉、湖池，互相映照。

　　纳缚提婆矩罗城的西北方，殑伽河东，有一天祠，楼阁重重，高台层层，工程奇特，形制各异。

　　城东五里之处，有三座佛寺，合用一堵围墙，门户各自开设，僧人五百多名，全都研学小乘教说一切有部。佛寺之前二百多步处，有一佛塔，乃是无忧王所建造；塔基虽已塌毁，仍高一百多尺，当初如来在此说法七日。塔内有如来舍利，经常放射光明。塔旁则有过去四佛的坐处以及散步场所的遗迹。

　　佛寺以北三四里处，临近殑伽河岸，有一佛塔，高达二百多尺，乃是无忧王所建造。当初如来在此说法七天期间，有五百个饿鬼来到佛处，闻听佛法之后，领悟真理，从而脱离鬼道，转生天界。说法塔旁边有过去四佛的坐处以及散步场所的遗迹。在这旁边又有收藏如来头发、指甲的佛塔。

从本国向东南方行走六百多里，渡过殑伽河，南下抵达阿逾陀国（在中印度境内）。

从阿逾陀到鞞索迦等五国

【题解】

这里所述的五国均属中印度境，并且都是玄奘的亲履之地。那里有较多的佛教遗迹。尤其是阿逾陀国，在印度大乘佛教史上占有比较重要的地位，因为大乘瑜伽行派（即有宗）的两位大师无著和世亲曾在这里从事宗教活动。

阿逾陀国

2.1 阿逾陀[①]国，周五千余里。国大都城周二十余里。谷稼丰盛，花果繁茂。气序和畅，风俗善顺，好营福，勤学艺。伽蓝百有余所，僧徒三千余人，大乘、小乘，兼功习学。天祠十所，异道寡少。

大城中有故伽蓝，是伐苏畔度菩萨[②]唐言世亲。旧曰婆薮盘豆，译曰天亲。讹谬也。数十年中于此制作大小乘诸异论。其侧故基，是世亲菩萨为诸国王、四方俊彦、沙门、婆罗门等讲义说法堂也。

城北四五里，临殑伽河岸，大伽蓝中，有窣堵波，高二百余尺，无忧王之所建也，是如来为天、人众于此三月说诸妙法。其侧窣堵波，过去四佛座及经行遗迹之所。

伽蓝西四五里，有如来发、爪窣堵波。发、爪窣堵波北，伽蓝余址，昔经部室利逻多 ③ 唐言胜受。论师于此制造经部《毗婆沙论》。

【注释】

① 阿逾陀，亦作阿逾阇、阿逾遮，梵文 Ayudhā 的音译；意译作难胜、不可胜等。为印度佛教的著名胜地之一。都城地故址当在今印度北方邦西部恒河南岸的法特普尔（Fatepur）东南约 50 公里处的阿普依（Aphui）。

② 伐苏畔度菩萨，即世亲菩萨，释见卷二 2.5 注 ⑦。

③ 室利逻多，一作室利罗多，梵文 Śrīrāta 的音译；意译作胜受、吉祥受得。经部理论的代表学者，是古印度佛教的五大论师（马鸣、提婆、鸠摩罗逻多、龙树、室利逻多）之一。

【译文】

阿逾陀国，方圆五千多里。其国的大都城方圆二十多里。庄稼茂盛，花果繁荣。气候温和舒畅，民风善良驯顺，喜爱积善植福，勤于学术、技艺。境内有佛寺一百多座，僧人三千多名，大乘、小乘教派，一起钻研学习。尚有天祠十所，外道信徒很少。

大都城内有一旧寺，乃是伐苏畔度菩萨（唐语谓"世亲"。旧称婆薮盘豆，译作"天亲"，误）几十年前撰写大、小乘各种论著之处。寺旁的旧基址，则是世亲菩萨为各国国王、各地杰出人士、沙门、婆罗门等讲解佛学精义和佛法的堂舍。

都城之北四五里处，殑伽河岸边的大寺中，有一佛塔，高二百多尺，乃是无忧王所建造；如来在这里为天神大众演说各种妙法，历时三月。旁边的佛塔，则是过去四佛的坐处以及散步场所的遗迹。

佛寺之西四五里处，有收藏如来头发、指甲的佛塔。发、爪塔之北，则有佛寺遗址，当初经部室利逻多（唐语谓"胜受"）论师曾在这里撰写经部《毗婆沙论》。

2.2　城西南五六里大庵没罗①林中，有故伽蓝，是阿僧伽②唐言无著。菩萨请益导凡之处。

无著菩萨夜升天空，于慈氏菩萨所受《瑜伽师地论》③、《庄严大乘经论》④、《中边分别论》⑤等，昼为大众讲宣妙理。庵没罗林西北百余步，有如来发、爪窣堵波。其侧故基，是世亲菩萨从睹史多天⑥下见无著菩萨处。无著菩萨，健驮逻国人也，佛去世后一千年中，诞灵利见，承风悟道，从弥沙塞部⑦出家修学，顷之回信大乘。其弟世亲菩萨于说一切有部出家受业，博闻强识，达学研机。无著弟子佛陀僧诃⑧唐言师子觉。者，密行⑨莫测，高才有闻。二三贤哲每相谓曰："凡修行业，愿觐慈氏，若先舍寿⑩，得遂宿心，当相报语，以知所至。"其后师子觉先舍寿命，三年不报。世亲菩萨寻亦舍寿，时经六月，亦无报命。时诸异学咸皆讥诮，以为世亲菩萨及师子觉流转恶趣⑪，遂无灵鉴。其后无著菩萨于夜初分，方为门人教授定法，灯光忽翳，室中大明，有一天仙乘虚下降，即进阶庭敬礼无著。无著曰："尔来何暮？今至何谓？"对曰："从此舍寿命，往睹史多天慈氏内众莲花中生，莲花才开，慈氏赞曰：'善来⑫广慧⑬，善来广慧。'旋绕才周，即来报命。"无著菩萨曰："师子觉者，今何所在？"曰："我旋绕时，见师子觉在外众中，耽着欲乐，无暇相顾，讵能来报？"无著菩萨曰："斯事已矣。慈氏何相？演说何法？"曰："慈氏相好，言莫能宣。演说妙法，义不异此，然菩萨妙音，清畅和雅，闻者忘倦，受者无厌。"

无著讲堂故基西北四十余里，至故伽蓝，北临殑伽河，中有砖窣堵波，高百余尺，世亲菩萨初发大乘心处。世亲菩萨自北印度至于此也，时无著菩萨命其门人，令往迎候，至此伽蓝，遇而会见。无著弟子止户牖外，夜分之后，诵《十地经》[14]，世亲闻已，感悟追悔："甚深妙法，昔所未闻，诽谤之愆，源发于舌，舌这罪本，今宜除断。"即执铦刀，将自断舌。乃见无著住立告曰："夫大乘教者，至真之理也，诸佛所赞，众圣攸宗。吾欲诲汝，尔今自悟。悟其时矣，何善如之？诸佛圣教，断舌非悔。昔以舌毁大乘，补过自新，犹为善矣，杜口绝言，其利安在？"作是语已，忽不复见。世亲承命，遂不断舌。且诣无著，谘受大乘。于是研精覃思，制大乘论，凡百余部，并盛宣行。

从此东行三百余里，渡殑伽河，北至阿耶穆佉国。中印度境。

【注释】

① 庵没罗，释见卷二 1.17 注 ①。

② 阿僧伽，即无著，释见卷二 2.5 注 ⑥。

③《瑜伽师地论》，亦名《十七地论》。大乘佛教瑜伽行派和法相宗

所依据的根本论书，传说由古印度弥勒口述，无著记录。玄奘将其译成汉文，共计一百卷。

④《庄严大乘经论》，即《大乘庄严经论》。是为法相宗所依据的论书之一，由无著撰写，唐代波罗颇蜜多罗译成汉文，共十三卷。

⑤《中边分别论》，陈真谛汉译本的书名，共二卷；但是题为天亲（即世亲）撰。玄奘之译本名为《辩中边论》，共三卷，亦题为世亲撰。上述二书均为解释弥勒所讲的《辩中边论颂》。

⑥ 睹史多天，即兜率天，释见卷三 1.6 注 ⑤。

⑦ 弥沙塞部，即化地部，释见卷三 1.1 注 ⑥。

⑧ 佛陀僧诃，梵文 Buddhasiṃha 的音译；意译作狮子觉。曾注释无著的《阿毗达磨集论》。

⑨ 密行，谓持戒密行。三千威仪，八万细行，大众不知，唯我知之能行，故云"密"。《净心诫观》卷中："圣贤密行，内智外愚。"《发真钞》卷中："密行，谓蕴己善行，不欲彰外也。"

⑩ 舍寿，当是指阿罗汉二寿行之一的"舍多寿行"；指阿罗汉灭寿命而增长富福之法。阿罗汉布施众僧，并发愿后，即入第四禅定。从定起后，心念口言："凡我招寿果之业，愿皆转招富果。"于是便会遂愿。

⑪ 恶趣，即恶道，释见卷一 4.8 注 ⑱。

⑫ 善来，梵文 Susvāgata 的意译；音译作莎揭哆。是为印度比丘欢迎来人之辞。《寄归传》卷三："西方寺众多为制法，凡见新来，无论客旧及弟子门人，旧人即须迎前唱'莎揭哆'，译曰善来。"

⑬ 广慧，当是"具广慧力者"的简称。如来具有深广之智慧力，即具有广泛摄化众生的光明力。不过此词也可用以泛称具有相当修行成果的人；这里的"广慧"即取此义。

⑭《十地经》，共九卷。唐代尸罗达摩译。

【译文】

　　都城西南方五六里处的大庵没罗林中，有一座古寺，乃是阿僧伽（唐语谓"无著"）菩萨请教贤者和教导俗人之处。无著菩萨夜间升上天空，从慈氏菩萨处受教《瑜伽师地论》、《庄严大乘经论》、《中边分别论》等，白昼再为凡人们讲解精妙佛理。庵没罗林西北方一百多步处，有收藏如来头发、指甲的佛塔。塔旁的旧基，乃是世亲菩萨从睹史多天下凡会见无著菩萨之处。无著菩萨，乃是健驮逻国人，他在佛陀去世后的一千年中诞生，接受佛教感化而悟道，在弥沙塞部出家研学，不久转信大乘佛教。他的兄弟世亲菩萨在说一切有部出家修行，见闻广博，记忆极好，悟透所学，抓住要点。无著的学生佛陀僧诃（唐语谓"狮子觉"），持戒密行，莫测高深，卓有才学，远近闻名。这两三位贤能哲智之士常常相约道："所有的修行佛学者，都想觐见慈氏菩萨，我们之中，哪个先行舍寿，实现宿愿之后，就当告知别人，了解他的行踪。"此后，狮子觉最先舍寿，但是三年未见通报。不久世亲菩萨也舍寿命，时隔六个月后，同样未见通报。这时各派信徒，全都讥笑他们，认为世亲菩萨以及狮子觉业已转生恶道，故而没有灵验。后来无著菩萨在刚刚入夜之时，正为学生讲授入定之法，灯光忽然暗淡，空中大放光明，一位天仙自空而降，踏阶进庭，向无著致礼。无著问道："你怎么来得这样晚？现在来又要说什么？"天仙答道："我在这里舍寿以后，前往睹史多天慈氏菩萨处的众多莲花中投生；莲花刚刚开时，慈氏就赞美道：'你好，广慧，你好，广慧。'我绕慈氏座席才转了一圈，就来向你通报了。"无著菩萨问道："那么狮子觉现在何处？"天仙答道："我旋绕慈氏座席之时，看见狮子觉与世俗大众一起，沉缅于爱欲欢乐之中，甚至顾不上看我一眼，怎么能前来通报？"无著菩萨说道："这事已经过去，不必再说。那么慈氏菩萨什么模样？演讲的是哪宗佛法？"天仙答道："慈氏相貌之好，简直无法言传。所讲精妙佛法，义理与你相仿，然而菩萨的声音清晰流畅，柔和高雅，聆听者忘却疲劳，受教者绝不厌烦。"

无著讲堂故址的西北方四十多里之处，有一旧寺，北侧面临殑伽河，寺内有一砖砌佛塔，高一百多尺，乃是世亲菩萨最初发愿研学大乘佛教之处。世亲菩萨从北印度抵达这里时，无著菩萨命其学生前往迎接，接到这一寺中，两人相见会面。无著的学生侍立窗外，午夜以后，诵读《十地经》，世亲听后，感而觉悟，追悔往昔所为："如此深奥佛法，以前从未听过，曾犯诽谤之罪，源于我的舌头，舌为犯罪根源，如今应当割断。"于是手执利刃，意欲自断舌头。忽见无著站在面前，对他说道："所谓大乘佛教，乃是最高真理，诸佛全都赞美，众圣俱各尊奉。我想教诲于你，你却已经觉悟。觉悟十分及时，实是最好之事。对于诸佛及神圣佛教来说，割断舌头不算悔悟。你以前用舌毁谤大乘，如今能够改过自新，就是好事；闭口不言，有何益处？"说完此话，忽然不见。世亲听从他的教诲，不再割断自己舌头。明日谒见无著菩萨，请教、接受大乘教义。于是精心研学，深刻思考，撰写有关大乘的论著，共有一百多部，全都广泛流传。

从本国向东行走三百多里，渡过殑伽河，向北抵达阿耶穆佉国（在中印度境内）。

阿耶穆佉国

2.3　阿耶穆佉①国，周二千四五百里。国大都城临殑伽河，周二十余里。其气序土宜，同阿逾陀国。人淳俗质，勤学好福。伽蓝五所，僧徒千余人，习学小乘正量部^②法。天祠十余所，异道杂居。

城东南不远，临殑伽河岸，有窣堵波，无忧王之所建也，高二百余尺，是如来昔于此处三月说法。其侧则有过去四佛座及经行遗迹之所。复有如来发、爪青石窣堵波。其侧伽蓝，僧徒二百余人，佛像庄饰，威严如在。台阁宏丽，奇制郁起，是昔佛陀驮娑^③唐言觉使。论师于此制说一切有部《大毗婆沙论》^④。

从此东南行七百余里，渡殑伽河南、阎牟那河北，至钵逻耶伽国。中印度境。

【注释】

① 阿耶穆佉，当是梵文 Ayomukha 的音译。其国故地当在今北方邦中部恒河东北岸的贝拉（Bela，即 Partābgaṛh）及赖巴雷利（Rāi Barēli）两地区一带。

② 正量部，释见卷四 2.11 注 ②。

③ 佛陀驮娑，梵文 Buddhadāsa 的音译；意译作佛使或觉使。

④《大毗婆沙论》，即《毗婆沙论》，释见卷二 2.7 注 ⑯。

【译文】

阿穆耶佉国，方圆二千四五百里。其国的大都城濒临殑伽河，方圆二十多里。那里的气候、物产，与阿逾陀国相同。人民淳厚，风俗质朴，勤习佛学，爱好积福。境内有佛寺五座，僧人一千多名，研学小乘教正量部法。尚有天祠十多所，各派外道混杂相居。

都城东南方不远之处，靠近殑伽河岸，有一佛塔，乃是无忧王所建造，高达二百余尺，当初如来在这里说法三个月。塔旁则有过去四佛的坐处以及散步场所的遗迹。还有收藏如来头发、指甲的青石佛塔。在这旁边的佛寺，有僧人二百多名，佛像精美装饰，威仪庄严，犹如真身一般。亭台楼阁，宏伟华丽，形制奇特，数量甚多，当初佛陀驮娑（唐语谓"觉使"）论师在这里撰写说一切有部的《大毗婆沙论》。

从本国向东南方行走七百多里，渡至殑伽河南、阎牟那河北，抵达钵逻耶迦国（在中印度境内）。

钵逻耶迦国

2.4　钵逻耶迦[①]国，周五千余里。国大都城据两河交，周二十余里。稼穑滋盛，果木扶疏。气序和畅，风俗善顺。好学艺，信外道。伽蓝两所，僧徒寡少，并皆习学小乘法教。天祠数百，异道实多。

大城西南瞻博迦[②]花林中，有窣堵波，无忧王之所建也。基虽倾陷，尚百余尺，在昔如来于此处降伏外道。其侧则有发、爪窣堵波、经行遗迹。

发、爪窣堵波侧，有故伽蓝，是提婆[③]唐言天。菩萨作《广百论》[④]挫小乘，伏外道处。初，提婆菩萨自南印度至此伽蓝，城中有外道婆罗门，高论有闻，辩才无碍，循名责实，反质穷辞。雅知提婆博究玄奥，欲挫其锋，乃循名问曰："汝为何名？"提婆曰："名天。"外道曰："天是谁？"提婆曰："我。"外道曰："我是谁？"提婆曰："狗。"外道曰："狗是谁？"提婆曰："汝。"外道曰："汝是谁？"提婆曰：“天。”外道曰：“天是谁？”提婆曰：“我。”外道曰：
“我是谁？”提婆曰：“狗。”外道曰：“狗是谁？”提婆曰：
“汝。”外道曰：“汝是谁？”提婆曰：“天。”如是循环，外
道方悟。自时厥后，深敬风猷⑤。

【注释】

① 钵逻耶迦，梵文 Prayāga 的音译。该国的都城遗址在今北方邦南部的阿拉哈巴德（Allahabad），位于恒河、朱木拿河汇合处。

② 瞻博迦，又作占婆、瞻波、瞻婆、瞻蔔、瞻博、旃波迦等，梵文 campaka 的音译；意译作金色花。是为一种开香花的树。玄应《音义》卷二十一："瞻博花，旧言旃簸迦，或作詹波花，亦作瞻蔔，又作占婆花，皆方夏之差耳。此云金色花，《大论》云黄花树也。树形高大，花亦甚香，其气逐风弥远也。"

③ 提婆菩萨，释见卷四 2.4 注 ⑧。

④《广百论》，一称《广百论本》，由玄奘译成汉文，一卷。后护法又撰《广百论释论》，用以解释《广百论》，亦由玄奘译成汉文，计十卷。

⑤ 风猷，犹言风教道德或道德情操，释见于志宁序 1.3 注 ㉚。

【译文】

钵逻耶伽国，方圆五千多里。其国的大都城座落在两河交汇处，方圆二十多里。庄稼茂盛，果树浓郁。气候温和舒畅，民风善良驯顺。爱好学术、技艺，信奉异端外道。境内有佛寺两座，僧人很少，全部研学小乘佛教。尚有天祠好几百所，外道信徒十分众多。

都城西南方的瞻博迦花树林中，有座佛塔，乃是无忧王所建造。塔基虽已塌陷，塔身尚高一百多尺，当初如来曾在这里降伏外道。塔旁则

有如来的头发、指甲塔，以及散步遗迹。

　　头发、指甲塔旁，有一旧寺，乃是提婆（唐语谓"天"）菩萨撰写《广百论》而挫败小乘教，折服外道之处。当初，提婆菩萨从南印度来到该寺，城内有个外道婆罗门，善于谈论，极有名声，辩论技巧，运用自如，从"名"着手，反复推问，探求实意，不断质疑，直至对手无言可答。他素知提婆学识博大精深，洞悉深奥妙理，遂欲挫其锋芒，于是从名称开始发问："你叫什么名字？"提婆答道："我名为天。"外道问道："天是何人？"提婆答道："是我。"外道问道："我是谁？"提婆答道："是狗。"外道问道："狗是谁？"提婆答道："是你。"外道问道："你是谁？"提婆答道："是天。"外道问道："天是谁？"提婆答道："是我。"外道问道："我是谁？"提婆答道："是狗。"外道问道："狗是谁？"提婆答道："是你。"外道问道："你是谁？"提婆答道："是天。"如此循环不休，外道方始觉悟。从此以后深深敬佩提婆的道德情操。

2.5　城中有天祠，莹饰轮焕[①]，灵异多端。依其典籍，此处是众生植福之胜地也，能于此祠捐舍一钱，功逾他所惠施千金。复能轻生，祠中断命，受天福乐，悠永无穷。天福堂前有一大树，树叶扶疏，阴影蒙密，有食人鬼依而栖宅，故其左右多有遗骸。若人至此祠中，无不轻舍身命，既怵邪说，又为神诱，自故迄今，习谬无替。近有婆罗门，族姓子[②]也，阔达多智，明敏高才，来至祠中，谓众人曰："夫曲俗鄙志，难以导诱，吾方同事，然后摄化。"亦既登临，俯谓友曰："吾有死矣。昔谓诡妄，今验真实，天仙伎乐依空接引，当从胜境捐此鄙形。"寻欲投身，自取殒绝，亲友谏谕，其志

不移。遂布衣服,遍周树下,及其自投,得全躯命。久而醒曰:
"惟见空中诸天召命,斯乃邪神所引,非得天乐也。"

【注释】

①　轮焕,高大华美,释见卷四 2.13 注③。

②　族姓子,又称族姓男,梵文 Kula-putra 的意译;音译作矩罗补
罗。原指如来家族中人,因为佛教徒认为,如来家族在诸种姓中最为优
胜,故名。《大日经疏》卷四:"梵云矩罗,是族义、部义;补怛罗,是男子
义。若世谛释于四姓中生,皆名大族,今得生如来家,于诸族中最为殊胜,
故名族姓子。"但是"族姓子"也可泛指出身于高贵家族的人,这里便用
此义。

【译文】

都城之内有一天祠,精巧装饰,高大华美,颇多灵异之事。按其典
籍记载,这里是众生积善修福的最佳处所,在此施舍一个金币,所建的
功德胜过在其它地方施舍千金。如果能够放弃生命,在祠内自绝,还能
在天堂享受福乐,永无穷尽。天祠堂前有棵大树,枝叶浓密,荫天蔽日,
有食人鬼栖居树上,所以周围留有很多尸骨。人们一入天祠,无不轻生
捐躯,既受邪说煽惑,又被神灵引诱;从故至今,对此荒唐做法习以为
常,持续不断。近来有个婆罗门,乃是贵族子弟,豁达机智,聪明博学,
来到祠中,对众人说道:"乡曲陋俗,庸鄙识见,难以开导,我只有首先
像他们一样行事,然后才能引导教化他们。"但是当他攀上大树以后,
却俯身对朋友们说道:"我要死了。以前认为虚妄之事,如今证明十分
真实,天仙鸣奏鼓乐,已在空中接我,我当从入佳境,弃此鄙俗肉身。"
旋即准备跳下,自己断绝生命,亲戚朋友规劝,他仍不改初意。于是众

人将衣服铺满大树底下，以至他跳下树后，得以保全性命。隔了许久，他苏醒过来，说道："我只见空中众天神在向我召唤，其实乃是邪神引诱所致，而并非真的获得天界快乐。"

2.6　大城东，两河交，广十余里，土地爽垲^①，细沙弥漫。自故至今，诸王、豪族，凡有施舍，莫不至此，周给不计，号大施场。今戒日王者，聿修前绪，笃述惠施，五年积财，一旦倾舍，于其施场，多聚珍货。初第一日，置大佛像，众宝庄严，即持上妙奇珍，而以奉施；次常住僧^②；次现前众^③；次高才硕学、博物多能；次外道学徒、隐沦肥遁^④；次鳏寡孤独、贫穷乞人。备极珍玩，穷诸上馔，如是节级，莫不周施。府库既倾，服玩都尽，髻中明珠，身诸璎珞，次第施与，初无所悔。既舍施已，称曰："乐哉！凡吾所有，已入金刚坚固藏矣。"从此之后，诸国君王各献珍服。尚不逾旬，府库充仞。

大施场东合流口，日数百人自溺而死。彼俗以为愿求升天，当于此处绝粒自沉，沐浴中流，罪垢消灭。是以异国远方，相趋萃止，七日断食，然后绝命。至于山猨、野鹿，群游水滨，或濯流而返，或绝食而死。当戒日王之大施也，有一弥猴，居河之滨，独在树下屏迹绝食，经数日后自饿而死。故诸外道修苦行者，于河中立高柱，日将旦也，便即升之，一手一足执柱端，蹋傍杙，一手一足虚悬外伸，临空不屈，延颈张目，视日右转，逮乎曛暮，方乃下焉。若此者，其徒数十，冀斯勤苦，出离生死，或数十年未尚懈息。

从此西南入大林中，恶兽、野象，群暴行旅，非多徒党，难以经涉。行五百余里，至憍赏弥国。旧曰拘睒弥国，讹也。中印度境。

【注释】

① 爽垲，谓高明或高爽之地；爽义"明"，垲义"燥"。《左传·昭公三年》："初，景公欲更晏子之宅，曰：'子之宅近市，湫隘嚣尘，不可以居，请更诸爽垲者。'"《风俗通义·山泽·丘》："禹决江疏河，民乃下丘，营度爽垲之场而邑落之。"

② 常住僧，谓已经证果的僧人。无生无灭，不变不迁，谓之常住；诸佛证得的清净究竟之果，即称常住果。在此则似指得道高僧。

③ 现前众，似指当前居于寺院中的一般僧众。

④ 肥遁，谓乐于隐居者，释见卷二 1.9 注 ⑫。

【译文】

大都城东，两河交汇之处，有块宽达十多里的地区，地势高爽，土质干燥，布满细沙。从古到今，各个国王、豪门大族都要进行布施，无不来到这里，周济财物不计其数，因此这里称为大施场。如今在位的戒日王，继承先王遗业，忠实遵循传统，在此广为布施，五年所积财产，一年施舍干净，在这施舍场上，聚集许多珍宝。开始的第一天，供奉巨大佛像，并用珠宝装饰，又将最好珍宝，献给佛陀神像；其次布施有道高僧；接着布施一般僧众；再次布施饱学杰出之士、渊博多能之人；继之布施外道信徒、隐世高人；最后布施鳏寡孤独、穷人乞丐。珍奇玩物，无不具备，美食佳肴，应有尽有，按照这一顺序，无不施舍周到。国库用空，珍玩倾尽之后，便以头上所饰明珠、身上所佩璎珞，逐一施与众人，毫不惋惜懊悔。一切施舍光后，便说道："真是快乐啊！我的一切财物，都已藏入金刚一般坚固的府库中了。"在这以后，各国君主又纷纷贡献奇珍异宝。不过十天时间，国库重新充实。

　　大施场之东两河的汇合处，每天有几百人自沉河中而死。他们的风俗认为，若要求得升天，就得在此绝食投河，经过河水洗刷，便会消除罪孽。所以，异国它乡之人，竞相前来会集，绝食七天以后，然后投水自杀。以致山中猴猿、野鹿，也成群结队来到岸边，有的洗濯后返回巢穴，有的则在那里绝食而死。在戒日王大施舍期间，有只弥猴，住在河畔，独自躲藏树下绝食，经过七天之后饿死。所以各派外道中修苦行的人，在河中树立一根高高木柱，天快亮的时候，爬上木柱，一手抓住柱子顶端，一脚踩在横出的小杈上，另外的一手一脚则悬空伸出，挺直不曲，伸长脖子，张大眼睛，看着太阳向右转动，待到黄昏时分，方才降落地下。这类苦行者，约有几十个，企图通过这种勤苦修练的方式，脱离生死轮回之苦，有人几十年内不曾稍停。

　　从本国向西南方行走，进入大森林中，有凶猛的野兽、野象成群地攻击过往旅客，如果不是许多人结伴同行，就很难通过这片森林。行走五百多里以后，抵达憍赏弥国（旧称拘睒弥国，误。在中印度境内）。

憍赏弥国

2.7　憍赏弥[①]国，周六千余里。国大都城周三十余里。地称沃壤，土利丰植，粳稻多，甘蔗茂。气序暑热，风俗刚猛。好学典艺，崇树福善。伽蓝十余所，倾顿[②]荒芜，僧徒三百余人，学小乘教。天祠五十余所，外道实多。

　　城内故宫中有大精舍，高六十余尺，有刻檀佛像，上悬石盖，邬陀衍那[③]王唐言出爱。旧云优填王，讹也。之所作也。灵相间起，神光时照。诸国君王恃力欲举，虽多人众，莫能转移，遂图供养，俱言得真，语其源迹，即此像也。初，如来成正觉已，上升天宫，为母说法，三月不还，其王思慕，愿图形像。乃请尊者没特伽罗子④，以神通力，接工人上天宫，亲观妙相，雕刻旃檀。如来自天宫还也，刻檀之像起迎世尊，世尊慰曰："教化劳耶？开导末世⑤，实此为冀。"精舍东百余步，有过去四佛座及经行遗迹之所。其侧不远，有如来井及浴室，井犹充汲，室已颓毁。

城内东南隅，有故宅余址，是具史罗⑥旧云瞿师罗，讹也。长者故宅也。中有佛精舍及发、爪窣堵波。复有故基，如来浴室也。

城东南不远，有故伽蓝，具史罗长者旧园也。中有窣堵波，无忧王之所建立，高二百余尺，如来于此数年说法。其侧则有过去四佛座及经行遗迹之所。复有如来发、爪窣堵波。伽蓝东南重阁上有故砖室，世亲菩萨尝在此中作《惟识论》⑦，破斥小乘，难诸外道。伽蓝东庵没罗林中有故基，是无著菩萨于此作《显扬圣教论》⑧。

城西南八九里，毒龙石窟。昔者如来伏此毒龙，于中留影，虽则传记，今无所见。其侧有窣堵波，无忧王之所建也，高二百余尺，傍有如来经行遗迹及发、爪窣堵波，病苦之徒，求愿多愈。

释迦法尽，此国最后，故上自君王，下及众庶，入此国境，自然感伤，莫不饮泣，悲叹而归。

【注释】

① 憍赏弥，又作俱舍弥、拘尸弥、憍闪毗、俱参毗、拘睒鞞等，梵文 Kouśāmbī 的音译。是为印度古代十六大国之一。其都城故址在今北方邦阿拉哈巴德西南约 50 公里处的柯散（Kosam）。

② 倾顿，倾倒委顿之意。《文选》赵景真《与嵇茂齐书》："兰茝倾顿，桂林移植。"

③ 邬陀衍那，亦作优填、于阗、优陀延等，梵文 Udayana 的音译；意译作出爱、出光等。《瑜伽略纂》卷十六："出爱王者，即旧言优填王也。正本音言嗢陀演那（此云出）伐蹉（此云爱）揭剌阇（此云王）。优填，讹也。"是为憍赏弥国国王。

④ 没特伽罗子，佛陀之弟子，释见卷四 2.2 注 ④。

⑤ 末世，谓浇末之世代。按佛教之说，释迦入灭后五百年为正法时，次一千年为像法时，后万年为末法时。"末世"，即末法时代。

⑥ 具史罗，一作瞿师罗，梵文 Ghoṣila 的音译；原为好声鸟之名。按《中本起经》卷六，长者好声似此鸟，故名。他长仅三尺，后证初果。

⑦ 惟，同"唯"。《唯识论》，亦称《唯识三十颂》、《唯识三十论颂》、《唯识三十论》等。由玄奘译成汉文，一卷。今通称《唯识论》，乃是《成唯识论》之略，是为护法等十大论师对世亲之《唯识三十颂》所作的注释，也是法相宗所依据的重要论书之一。

⑧《显扬圣教论》，乃是阐述大乘瑜伽行派《瑜伽师地论》理论的著作，为法相宗所依据的论书之一。由玄奘译为汉文，共二十卷。

【译文】

憍赏弥国，方圆六千多里。其国的大都城方圆三十多里。田地肥沃，宜于种植，粳稻很多，甘蔗茂盛。天气炎热，民风刚烈。人民爱好学习经典、技艺，注重积树福德善根。境内有佛寺十多座，多已倾塌荒芜，僧人三百多名，研究小乘佛教。尚有天祠五十多所，外道信徒很多。

都城内旧王宫中有座大精舍，高达六十多尺，内有一尊檀木雕刻佛像，上方悬挂一只石质顶盖，这是邬陀衍那王（唐语谓"出爱"，旧称优填王，误）所制作。常有灵异产生，神光不时照耀。各国君王都曾试图倚仗大力抬起佛像，虽然人多势众，不能移动分毫，于是只能绘制图形供养，大家都称获得真容，但是谈及它的原型，原来即是这一佛像。当初，如来成佛以后，上升天宫，为母亲讲经说法，历时三月不返。国王思念佛陀，希望绘制佛相，于是请求没特伽罗子尊者，运用神通之力，把工匠接上天宫，亲眼瞻仰美妙相貌，然后雕刻檀木佛像。当如来从天宫返回之时，檀木佛像起立迎接世尊，世尊慰劳道："教化世人，很辛苦吧？开导末法之世，正是我所希望。"精舍以东一百多步之地，有过去四佛的坐处以及散步场所的遗迹。此旁不远之处，有如来用过的水井与浴室，水井仍很充足，浴室则已塌毁。

都城内的东南角上，有座旧屋遗址，乃是具史罗（旧称瞿师罗，误）长者的故宅。宅内有佛的精舍以及头发、指甲塔。还有一处旧基，乃是如来浴室。

都城东南方不远之处，有一旧寺，乃是具史罗长者的旧园。内有佛塔，是无忧王所建造，高达二百余尺，如来曾在这里说法数年。旁边则是过去四佛的坐处以及散步场所的遗迹。还有如来的头发、指甲塔。佛寺东南方的楼阁之上，有一砖砌旧室，世亲菩萨曾在室内撰写《唯识论》，驳斥小乘佛教，责难各派外道。佛寺之东的庵没罗林中有一房屋旧基，乃是无著菩萨撰写《显扬圣教论》之处。

都城西南方八九里处,乃是毒龙居住的石窟。当初如来降伏毒龙,在窟内留下影像,此事虽有记载,如今却无所见。窟旁有一佛塔,乃是无忧王所建造,高达二百多尺,旁边则有如来的散步遗迹及其头发、指甲塔;身患疾病之人,来此祈请之后,大多恢复康健。

佛法逐步灭尽,该国轮在最后,所以上自君王,下至平民百姓,凡是入此国境,不由感伤万分,无不流泪哭泣,悲哀慨叹而归。

2.8 龙窟东北大林中,行七百余里,渡殑伽河,北至迦奢布罗 ① 城,周十余里,居人富乐。城傍有故伽蓝,惟余基址,是昔护法 ② 菩萨伏外道处。此国先王怀于邪说,欲毁佛法,崇敬外道。外道众中召一论师,聪敏高才明达幽微者,作伪邪书千颂,凡三万二千言,非毁佛法,扶正本宗。于是召集僧众,令相摧论。外道有胜,当毁佛法;众僧无负,断舌以谢。是时僧徒惧有退负,集而议曰:"慧日 ③ 已沉,法桥 ④ 将毁,王党外道,其可敌乎?事势若斯,计将安出?"众咸默然,无竖议者。护法菩萨年在幼稚,辩慧多闻,风范弘远,在大众中扬言赞曰:"愚虽不敏,请陈其略。诚宜以我疾应王命。高论得胜,斯灵佑也;征议堕负,乃稚齿也。然则进退有辞,法僧无咎。"佥曰:"允谐。"如其筹策。寻应王命,即升论席。外道乃提顿纲网,抑扬辞义,诵其所执,待彼异论。护法菩萨纳其言而笑曰:"吾得胜矣!将覆逆而诵耶?为乱辞而诵耶?"外道忱然而谓曰:"子无自高也。能领语尽,此则为胜,顺受其文,后释其义。"护法乃随其声调,述其文义,辞理不谬,气韵无差。于是外道闻已,欲自断舌。

护法曰："断舌非谢，改轨是悔。"即为说法，心信意悟。王舍邪道，遵崇正法。

护法伏外道侧，有窣堵波，无忧王之所建也，基虽倾陷，尚高二百余尺，是如来昔于此处六月说法。傍有经行之迹及发、爪窣堵波。

自此北行百七八十里，至鞞索山格反。迦国。中印度境。

【注释】

① 迦奢布罗，梵文 Kāśapura 的音译。其故地可能在北方邦中部古姆提河（Gumti）南岸的苏丹浦尔（Sultānpur）。

② 护法，梵文 Dharmapāla 的意译；音译作达磨波罗。约公元 6 世纪中叶之人，大乘佛教瑜伽行派论师。曾主持那烂陀寺，弟子甚多，戒贤（玄奘之师）、最胜子、智月等全都出于他的门下。著有《广百论释》《观所缘论释》、《成唯识宝生论》等。

③ 慧日，比喻佛或佛的智慧，释见敬播序 1.1 注 ⑫。

④ 法桥，喻指佛法。谓佛法能使人渡生死之大河，如桥一般。《长阿含经》卷二："佛为海船师，法桥渡河津。大乘道之辇，一切渡天人。"

【译文】

在龙窟东北方的大森林中，行走七百多里，渡过殑伽河，向北抵达迦奢布罗城；该城方圆十多里，居民富裕安乐。城旁有一旧寺，如今只剩地基，这是当初护法菩萨折伏外道之处。该国先王受邪说诱惑，企图毁灭佛法，崇奉外道教派。遂从外道信徒之中召来一位论师，此人聪慧机敏，富有才学，通晓深奥精微理论。他撰写了一本邪派经书，共有一千颂，三万二千字，诋毁非难佛法，将本派立为正宗。国王于是召集诸多佛僧，令与外道辩论。如果外道取胜，便即毁灭佛法；假使佛僧不输，外道割舌谢罪。此时僧徒惧怕失败，聚集起来商量道："日光般的佛陀智慧业已消逝，济渡众生的佛法之桥将要毁坏，国王偏袒外道，我们怎能对抗？形势至此地步，计策从何而出？"众人全都沉默不语，无人提出有益建议。当时护法菩萨年纪尚小，但是能言善辩，聪慧博学，风仪不凡，气派宏大，他对大众公开宣称："我虽然并不聪敏，但请允许我谈谈想法。你们确实应该让我去应接国王之命。我若辩论获胜，则是神灵保佑；如果答辩失败，那我只是幼童。这样便能胜败都有理由，佛法、僧众不遭非难。"众人都说"好极"，按其筹划进行。旋即回复王命，当下升坐论席。外道于是抓住要领，层次分明，褒贬语辞含义，陈述他的主张，等待对方异议。护法听了以后笑道："我已获得胜利。你要我倒着背诵呢？还是打乱顺序复述？"外道怅然若失地说："请你不要自视过高。你若理解全部语意，已经算你获得胜利，先按顺序讲述文句，然后解释它的含义。"护法于是学着外道声调，复述论文含义，辞句、说理都无错误，文气韵味亦然相同。外道听后，便欲断舌谢罪。护法说道："自割舌头，不算谢罪，改变信仰，才是悔悟。"当即为他演说佛法，使之坚信、觉悟。国王也就舍弃邪说，崇奉佛法。

护法菩萨伏外道寺的旁边，有一佛塔，乃是无忧王所建造，塔基虽然已经塌陷，塔身仍高二百多尺，当初如来曾在这里说法六个月。塔旁有如来的散步遗迹及其头发、指甲塔。

从本国向北行走一百七八十里，抵达鞞索迦国（在中印度境内）。

鞞索迦国

2.9　鞞索迦[①]国，周四千余里。国大都城周十六里。谷稼殷盛，花果具繁。气序和畅，风俗淳质。好学不倦，求福不回。伽蓝二十余所，僧徒三千余人，并学小乘正量部法。天祠五十余所，外道甚多。

城南道左，有大伽蓝。昔提婆设摩③阿罗汉于此造《识身论》③，说无我人④；瞿波⑤阿罗汉作《圣教要实论》，说有我人⑥。因此法执⑦，遂深净论。又是护法菩萨于此七日中摧伏小乘一百论师。伽蓝侧有窣堵波，高二百余尺，无忧王所建也，如来昔日，六年于此说法导化。说法侧有奇树，高六七尺，春秋递代，常无增减。是如来昔尝净齿，弃其遗枝，因植根柢，繁茂至今。诸邪见⑧人及外道众竞来残伐，寻生如故。其侧不远，有过去四佛座及经行遗迹之所。复有如来发、爪窣堵波。灵基连隅，林沼交映。

从此东北行五百余里，至室罗伐悉底国。旧曰舍卫国，讹也。中印度境。

【注释】

① 鞞索迦，当是梵文 Viṣaka 的音译。该国都城可能在今北方邦中部法扎巴德（Fyzabad）之东约 10 公里处的阿约低（Ajodhyā）。

② 提婆设摩，梵文 Devakṣema 的音译；意译作贤寂、天寂。《俱舍光记》卷一："佛涅槃后一百年中，提婆设摩造《识身足论》七千颂。（此云贤寂。）"

③《识身论》，亦作《识身足论》，是为说一切有部的"六足论"之一。玄奘译为《阿毗达磨识身足论》，计十六卷。

④ 无我人，亦称无我、非我、非身，梵文 anātman 的意译。佛教大、

小乘都认为，世上虽然有人，但是并无常恒自在的主体，而由五蕴和合而成。大乘则更认为即使"五蕴"也非永恒实在。

⑤ 瞿波，梵文 Gopa 的音译；意译作守护地、牛护等。

⑥ 有我人，乃是小乘的思想。它一方面承认"我"由五蕴结合而成，并非实在的自体；另一方面则又承认五蕴的实在性。

⑦ 法执，即谓固执于法有实性，而不明五蕴等法由因缘而生，如幻如化；因此一切所知障从这法执而生，也就阻碍了对于佛教"真理"的理解。

⑧ 邪见，"五见"之一。这种认识否定因果的道理，以为世上没有可招致结果的原因，也无由原因而产生的结果；因此恶不足惧，善不足好。这种谬见乃是邪之最邪者，故名。

【译文】

鞞索迦国，方圆四千多里。其国的大都城方圆十六里。谷物庄稼丰盛，花树果木繁荣。气候温和舒畅，民风淳厚朴质。爱好佛学，孜孜不倦，修福积德，信念坚定。境内有佛寺二十多座，僧人三千多名，全部研习小乘教正量部。尚有天祠五十多所，外道信徒很多。

都城之南的道路左侧，有一大寺。当初提婆设摩罗汉曾在这里撰写《识身论》，论述"无我"学说；瞿波罗汉则在这里撰写《圣教要实论》，论说"有我"学说。由于各自执着于对佛法的不同观点，两派争论十分激烈。又有护法菩萨，曾在这里于七天之内，挫败小乘教的一百位论师。佛寺之旁有一佛塔，高达二百多尺，乃是无忧王所建造，当初如来在这里说法六年，开导教化众人。说法塔旁有棵奇妙的树，高六七尺，年复一年，不长不缩。当初如来刷净牙齿，齿木用后丢弃地上，结果生根发芽，至今仍极繁荣。众多具有邪见之人以及外道信徒，竞相伤残砍伐此树，但它旋即复生如初。树旁不远之处，有过去四佛的坐处以及散步场所的遗迹。还有收藏如来头发、指甲的佛塔。圣迹基址彼此相连，树林湖池交相映照。

从本国向东北方行走五百多里，抵达室罗伐悉底国（旧称舍卫国，误。在中印度境内）。

中国古典名著译注丛书

大唐西域记译注

下

〔唐〕玄奘　撰著

〔唐〕辩机　编次

芮传明　译注

中华书局

卷第六

从室罗伐悉底到拘尸那揭罗等四国

【题解】

本卷记述的这四国都在中印度境内；它们与佛教及其创始者释迦牟尼的关系十分密切：一，室罗伐悉底国乃是释迦牟尼居住了二十五年的地方；二，劫比罗伐窣堵国乃是释迦牟尼的诞生地及其童年时代的居住地；三，蓝摩国乃是释迦牟尼早期修行的地方；四，拘尸那揭罗国则是释迦牟尼寂灭焚身的地方。所以，迄于玄奘西行之时，这四国境内仍然保存了大量佛教遗迹。

室罗伐悉底国

1.1　室罗伐悉底①国，周六千余里。都城荒颓，疆场②无纪。宫城故基周二十余里，虽多荒圮，尚有居人。谷稼丰，气序和。风俗淳质，笃学好福。伽蓝数百，圮坏良多，僧徒寡少，学正量部。天祠百数，外道甚多。此则如来在世之时，钵逻犀那恃多③王唐言胜军。旧曰波匿斯，讹略也。所治国都也。故宫城内有故基，胜军王殿余址也。

次东不远，有一故基，上建小窣堵波，昔胜军王为如来所建大法堂也。法堂侧不远，故基上有窣堵波，是佛姨母钵

逻阇钵底 ^④ <small>唐言生主。旧云波阇波提，讹也。</small>苾刍尼精舍，胜军王之所建立。次东窣堵波，是苏达多 ^⑤ <small>唐言善施。旧曰须达，讹也。</small>故宅也。

　　善施长者宅侧有大窣堵波，是鸯窭利摩罗 ^⑥ <small>唐言指鬘。旧曰央掘摩罗，讹也。</small>舍邪之处。鸯窭利摩罗者，室罗伐悉底之凶人也。作害生灵，为暴城国，杀人取指，冠首为鬘。将欲害母，以充指数。世尊悲愍，方行导化。遥见世尊，窃自喜曰："我今升天必矣。先师有教，遗言在兹，害佛杀母，当生梵天。"谓其母曰："老今且止，先当害彼大沙门。"寻即仗剑往逆世尊。如来于是徐行而退，凶人指鬘疾驱不逮。世尊谓曰："何守鄙志，舍善本，激恶源？"时指鬘闻诲，悟所行非，因即归命，求入法中，精勤不怠，证罗汉果 ^⑦。

【注释】

　　① 室罗伐悉底，亦作舍卫、室罗筏、舍婆提等，梵文 Śrāvastī 的音译。它以首都为国名，故址在今北方邦北部巴尔兰普尔（Balrāmpur）西北方约 20 公里处的沙赫特和马赫特二村（Sahet-mahet）。国境在北方邦弋格拉（Gogra）与甘达克（Gandak）两河之间。是为古印度的十六大国之一。

　　② 疆場，谓边界。《左传·桓公十七年》："疆場之事，慎守其一，而备其不虞。"孔颖达疏："疆場，谓界畔也。"《后汉书·班固传》引班固《两都赋》之辞云："下有郑、白之沃，衣食之源，隄封五万，疆場绮分，沟塍刻镂，原隰龙鳞。"注云："《广雅》曰：'場，界也。'"

　　③ 钵逻犀那恃多，又作钵罗犀那折多、卑先匿、波斯匿等，梵文

Prasenajit 的音译；意译作和悦、月光、胜军、胜光等。梵授王之子，与佛同日生，后为憍萨罗国国王。《胜鬘宝窟》卷上："波匿斯王者，此翻为和悦。……又以德接民，能令万姓和悦。又翻为月光。如《仁王经》云月光王。……有人云，波斯匿王与佛同日生，佛号日光；国人言，佛既号日光，当号大王为月光也。因国人称为月光。若依父母所立名者，字为胜军，以其斗战无敌不胜，故云胜军。"

④ 钵罗阇钵底，又作波阇波提、波阇钵提、摩诃钵剌阇钵底、摩诃波阇波提等，梵文 Prajāapatī 或 Mahāprajāpatī 的音译；意译作（大）爱道、（大）生主。《法华玄赞》卷一："摩诃钵剌阇钵底，此云大胜生主。佛母有三，此为小母。大术生佛七日命终，此尼养佛，大术姊妹之类，故号为姨母。大胜生主本梵王名，一切众生皆彼子故，从彼乞得，因以为名。"

⑤ 苏达多，又作须达多、须达，梵文 Sudatta 的音译；意译作善与、善给、善授、善施等。是为室罗伐悉底国给孤独长老之本名，祇园精舍之施主。《华严疏钞》卷六十："须达多，正言赈济无依，义云给孤独也，即长者之称。"

⑥ 鸯窭利摩罗，又作鸯崛利摩罗、央掘摩罗、央仇魔罗等，梵文 Aṅgulimālya 的音译；意译作指鬘或指髻。他听信其师命其杀千人后始能获授涅槃之法的邪说，出城杀害九百九十九人，截取每人一指，戴于头上为鬘。第一千人则欲杀害亲生母亲；佛陀怜悯之，为说正法，遂改过忏悔而入佛门，后证得罗汉果。

⑦ 罗汉果，释见卷一 3.4 注 ⑪。

【译文】

室罗伐悉底国，方圆六千多里。都城荒芜倾塌，边界不予修缮。宫墙的旧基方圆二十多里，虽然大多荒废，但是仍有居民。庄稼丰盛，气候和温。民风淳朴，勤修佛学，喜好积福。境内有佛寺几百座，毁坏很多，僧徒极少，研学正量部派。尚有天祠一百左右，外道信徒为数众多。这即是如来在世之时，钵逻犀那恃多王（唐语谓“胜军”。旧称波斯匿，误）统治下的都城。旧宫城内有一故基，乃是胜军王宫殿的遗址。

殿东不远处，有一旧基址，上建小佛塔，这是当初胜军王为如来建造的大法堂。法堂旁边不远处，旧基之上有一佛塔，乃是佛陀的姨母钵逻阇钵底（唐语谓“生主”。旧称波阇波提，误）比丘尼之精舍遗址，胜军王所建造。再往东去的佛塔，乃是苏达多（唐语谓“善施”。旧称须达，误）的旧宅。

善施长者宅的旁边有一大佛塔，这是鸯窭利摩罗（唐语谓“指鬘”。旧称央掘摩罗，误）舍弃邪见之处。鸯窭利摩罗，乃是室罗伐悉底国的恶人，残害众多生命，行暴全国各地，杀人以后，截取手指，制成冠饰，戴在头上。那天正要杀害母亲，以便凑足所杀人数。世尊深怀悲悯之心，于是前去度化此人。指鬘远见世尊，心中暗自高兴：“我如今定能升天。已故老师曾有遗言教诲：害佛杀母以后，可以转生梵天。”便对母亲说道：“暂且不杀你老，先去杀这沙门。”立即持剑奔趋世尊。如来于是缓缓退走，恶人指鬘快步追赶，但是始终无法赶上。世尊说道：“你为何执着于这种庸鄙想法，放弃行善的根本，激发作恶的动机？”指鬘听了教诲以后，认识到自己的错误，于是立即归依佛门，请求研究佛法，精心勤勉，不敢懈怠，最终证得罗汉果位。

1.2　城南五六里，有逝多林 [①]，唐言胜林。旧曰祇陀，讹也。是给孤独园。胜军王大臣善施为佛建精舍，昔为伽蓝，今已荒废。东门左右各建石柱，高七十余尺，左柱镂轮相②于其端，右柱刻牛形于其上，并无忧王之所建也。室宇倾圮，唯余故基，独一砖室岿然独存，中有佛像。昔者如来升三十三天③，为母说法之后，胜军王闻出爱王刻檀像佛，乃造此像。善施长者仁而聪敏，积而能散，拯乏济贫，哀孤恤老，时美其德，号给孤独焉。闻佛功德，深生尊敬，愿建精舍，请佛降临。世尊命舍利子④随瞻揆焉，唯太子逝多园地爽垲。寻诣太子，具以情告。太子戏言："金遍乃卖。"善施闻之，心豁如也，即出藏金，随言布地。有少未满，太子请留，曰："佛诚良田，宜植善种。"即于空地，建立精舍。世尊即之，告阿难⑤曰："园地善施所买，林树逝多所施，二人同心，式崇功业。自今已去，应谓此地为逝多林给孤独园。"

给孤独园东北有窣堵波，是如来洗病苾刍处。昔如来在世也，有病苾刍，含苦独处。世尊见而问曰："汝何所苦？汝何独居？"曰："我性疏懒，不耐看病，故今婴疾，无人瞻视。"如来是时愍而告曰："善男子，我今看汝。"以手拊摩，病苦皆愈。扶出户外，更易敷蓐，亲为盥洗，改着新衣。佛语苾刍："当自勤励。"闻诲感恩，心悦身豫。

给孤独园西北有小窣堵波，是没特伽罗子⑥运神通力举舍利子衣带不动之处。昔佛在无热恼池⑦，人、天咸集，唯舍利子不时从会。佛命没特伽罗往召来集。没特伽罗承命而往，舍利子方补护法衣。没特伽罗曰："世尊今在无热恼池，命我召尔。"舍利子曰："且止，须我补竟，与子偕行。"没特伽罗曰："若不速行，欲运神力，举尔石室至大会所。"舍利子乃解衣带置地，曰："若举此带，我身或动。"时没特伽罗运大神通，举带不动，地为之震。因以神足还诣佛所，见舍利子已在会坐。没特伽罗俛而叹曰："乃今以知神通之力不如智慧之力矣。"

举带窣堵波侧不远，有井。如来在世，汲充佛用。其侧有窣堵波，无忧王之所建也，中有如来舍利。经行之迹、说法之处，并树旌表，建窣堵波。冥祇警卫，灵瑞间起，或鼓天乐，或闻神香，景福之祥，难以备叙。

【注释】

① 逝多林，又作祇陀林、祇垣林、祇洹、祇园等，梵文 Jetavana 的音译；意译作胜林。参见敬播序 1.2 注 ②。

② 轮相，释见卷一 4.9 注 ⑦。

③ 三十三天，释见卷四 2.13 注 ⑥。

④ 舍利子，佛之弟子，释见卷四 2.2 注 ③。

⑤ 阿难，释见卷一 4.3 注 ⑨。

⑥ 没特伽罗子，佛之弟子，释见卷四 2.2 注 ④。

⑦ 无热恼池，即阿那婆答多池，释见玄奘序 1.3 注 ①。

【译文】

城南五六里处，有片逝多林（唐语谓"胜林"。旧称祇陀，误），即是给孤独园。这是胜军王的大臣善施为佛陀建造的精舍，当初是座佛寺，如今业已荒废。东门两旁各树一根石柱，高达七十多尺，左边石柱顶端刻有轮相，右边石柱上面雕有牛形，都是无忧王所建造。房屋庭宇已经倒塌，现在只剩破旧宅基；唯独一间砖室，依然完好留存，室内供有佛像。当初如来升上三十三天，为母亲演说佛法以后，胜军王听说出爱王雕刻了檀木佛像，于是建造了这尊佛像。善施长者仁厚聪明，善于积财，又肯散发，拯救穷困，接济贫弱，哀怜孤儿，抚恤老人；当时的人赞美其德行，称之为给孤独。他听说佛陀的伟大功德，深为敬佩，愿意建造一座精舍，恭请佛陀降临。世尊便命舍利子前往观看测量，只有太子逝多的园地明朗高爽。善施旋即拜会太子，详告实情。太子开玩笑道："要把金钱铺满地上才肯出卖。"善施听了毫不介意，立即拿出所藏金币，按太子之言铺于园地。尚有一小块地未能布满，太子请他住手，说道："佛陀确如肥沃良田，我应布下善行种子。"于是在空地上建起精舍。世尊降临之后，对阿难说道："园地是善施购买，树林是逝多施舍，二人同一心愿，敬建这一功业。从此以后，应该称这里为逝多林给孤独园。"

给孤独园的东北方有座佛塔，乃是如来为生病比丘净身之处。当初如来在世之时，有一患病比丘，痛苦独自居住。世尊见后问道："你有什么痛苦？为何独自居住？"比丘答道："我的性格懒散，不耐烦去看病，如今患了疾病，无人前来探望。"如来深为怜悯，因此对他说道："好先生，现在我来看护你。"于是用手拊摩病人，比丘病痛全都消失。如来扶他走到门外，为他更换所铺草褥，亲自替他刷洗沐浴，并且为他换上新衣。佛陀遂对比丘说道："你应自己勤奋努力。"比丘听此教诲，感恩戴德，心情舒畅，身体康复。

给孤独园的西北方有一小塔，乃是没特伽罗子意欲运用神通力，举起舍利子之衣带而未成功的地方。当初佛陀在无热恼池，天神大众全都聚集，只有舍利子没有准时出席。佛陀遂命没特伽罗召他前来与会。没特伽罗奉命前去，舍利子正在缝补法衣，没特伽罗说道："世尊现在无热恼池,命我前来召唤你。"舍利子说道:"请你稍等一会,待我补好法衣,再与你一起前往。"没特伽罗说道:"你若不赶快动身,我将运用神力,举起你的石室,搬至开会场所。"舍利子却解下衣带放在地上,说道:"你如举起此带,我就可以动身。"但是,没特伽罗子运起大神通,仍然未能将带举起,大地却已为之震动。他只得运用神足,返回佛陀之处,只见舍利子已在聚会场所。没特伽罗子俯首叹道:"现在方知神通之力不及智慧之力。"

举带塔旁不远之处,有一口井。如来在世之时,汲取井水使用。井旁有一佛塔,乃是无忧王所建造,塔内藏有如来舍利。如来的散步遗迹、说法场所,全都设置标志,并且建造佛塔。神灵暗中警卫,常有灵异瑞祥,有时鼓奏天乐,有时闻到神香,鸿福吉祥之兆,难以一一详述。

1.3 伽蓝后不远,是外道梵志[①]杀淫女以谤佛处。如来十力[②]无畏[③],一切种智[④],人、天宗仰,圣贤遵奉。时诸外道共相议曰:"宜行诡诈,众中谤辱。"乃诱雇淫女,诈为听法,众所知已,密而杀之,埋尸树侧,称怨告王。王命求访,于逝多园得其尸焉。是时外道高声唱言:"乔答摩大沙门常称戒忍,今私此女,杀而灭口。既淫既杀,何戒何忍?"诸天空中随声唱道:"外道凶人为此谤耳。"

伽蓝东百余步,有大深坑,是提婆达多[⑤]欲以毒药害佛,生身陷入地狱处。提婆达多,_{唐言天授}。斛饭[⑥]王之子也。精勤十二年,已诵持八万法藏。后为利故,求学神通,亲近恶友,共相议曰:"我相三十[⑦],减佛未几;大众围绕,何异如来?"思惟是已,即事破僧。舍利子、没特伽罗子奉佛指告，承佛威神，说法诲喻，僧复和合。提婆达多恶心不舍，以恶毒药置指爪中，欲因作礼，以伤害佛。方行此谋，自远而来，至于此也，地遂坼焉，生陷地狱。其南复有大坑，瞿伽梨[8]苾刍毁谤如来，生身陷入地狱。瞿伽梨陷坑南八百余步，有大深坑，是战遮[9]婆罗门女毁谤如来，生身陷入地狱之处。佛为人、天说诸法要，有外道弟子，遥见世尊，大众恭敬，便自念曰："要于今日辱乔答摩，败其善誉，当令我师独擅芳声。"乃怀系木盂，至给孤独园，于大众中扬声唱曰："此说法人与我私通，腹中之子乃释种也。"邪见者莫不信然，贞固者知为讪谤。时天帝释欲除疑故，化为白鼠，啮断盂系，系断之声震动大众，凡诸见闻增深喜悦。众中一人起持木盂，示彼女曰："是汝儿耶？"是时也，地自开坼，全身坠陷，入无间狱[10]，具受其殃。凡此三坑，洞无涯底，秋夏霖雨，沟池泛溢，而此深坑，尝无水止。

伽蓝东六七十步，有一精舍，高六十余尺，中有佛像，东面而坐。如来在昔，于此与诸外道论议。次东有天祠，量等精舍。日旦流光，天祠之影不蔽精舍；日将落照，精舍之影遂覆天祠。

影覆精舍东三四里，有窣堵波，是尊者舍利子与外道论议处。初，善施长者买逝多太子园，欲为如来建立精舍，时尊者舍利子随长者而瞻揆，外道六师[11]求角神力，舍利子随事摄化，应物降伏。

其侧精舍前建窣堵波，如来于此摧诸外道，又受毗舍佉母[12]请。

【注释】

① 梵志，即婆罗门，释见卷二 2.7 注 ⑤。

② 十力，谓佛陀所具有的十种智力，梵文 daśabala 的意译。它们是知觉处非处智力、知三世业报智力、知诸禅解脱三昧智力、知众生上下根智力、知种种解智力、知种种界智力、知一切至所道智力、知天眼无碍智力、知宿命无漏智力、知永断习气智力。

③ 无畏，梵文 vaiśāradya 的意译，亦称四无畏或四无所畏，指传教说法时充满自信，无所畏惧。佛的四无畏是正等觉无畏、漏永尽无畏、说障法无畏、说出道无畏。

④ 一切种智，三智（一切智、道种智、一切种智）之一，由于能以一种之智，知一切诸佛之道法，又能知一切众生之因种，故名。《智度论》卷二十七："一切智是声闻、辟支佛事；道智是菩萨事；一切种智是佛事。"

⑤ 提婆达多，又作提婆达兜、地婆达多、调婆达多等，梵文 Devadatta 之音译；意译作天热、天授。是为斛饭王之子，阿难之兄，佛陀之从弟。《法华义疏》卷九："提婆达多，是斛饭王子。提婆，此翻为天；达多言热，以其先时诸天心热，故名天热。所以然者，诸天知其造三逆罪破坏佛法，见其初生心生热恼故，因以为名。"

⑥ 斛饭，又作谷净，梵文 Droṇodana 的意译；音译作途卢檀那。师子颊王之子，净饭王之弟，释迦牟尼的叔父。

⑦ 我相三十，犹言"我"具有三十种福状内德（关于"相"，释见卷二 2.3 注 ②）。佛有三十二相，则提婆达多的三十相与之相距不远，故声称"我相三十，减佛未几"。

⑧ 瞿伽梨，又作瞿伽离、仇伽离、俱迦利、高迦离伽等，梵文 Kokālika 的音译；意译作恶时者、牛守。是为提婆达多的弟子。据《智

度论》卷十三，他因毁谤舍利弗、目犍连而堕入大莲花地狱：舍利弗、目
犍连遭逢大雨，遂宿陶家的盛陶器舍，但是不知此前已有一女借宿其中。
此女夜梦，遗泄不净，清晨澡浴。瞿伽离见后，便谓二人与女私通，到处
宣扬，并面佛告状。佛为之辩白三次，瞿伽离拒不接受。回家后便全身
生疮，是夜即死，堕大莲花地狱。

⑨　战遮，又作旃遮、旃阇，梵文 Ciñcā 的音译。此婆罗门女系木盂
作腹谤佛，乃是佛陀现身所受的九种灾难（即"九恼"）之一。详见《智
度论》卷九《释现普身》。

⑩　无间狱，即阿鼻狱，释见卷四 1.3 注⑤。

⑪　外道六师，即六师外道，是为中印度境内较占优势的六个学派，
分别以下列论师为首：富兰那·迦叶、末伽梨·俱舍梨子、删阇夜·毗罗
尼子、阿耆多·翅舍钦婆罗、迦罗鸠驮·迦旃延、尼乾陀·若提子。

⑫　毗沙佉母，又称毗沙佉优婆夷、毗沙佉鹿母、鹿子母或鹿母等，
梵文 Biśakhā upāsikā。《俱舍光记》卷八："鹿母者，是毗舍佉夫人。毗
舍佉，是二月星名，从星为名。此云长养，即功德生长也。是弥伽罗长子
儿妇，有子名鹿，故云鹿母，从子为名。生三十二卵，卵出一儿。故《婆
沙》一百二十四云'毗舍佉，鹿子母'。"

【译文】

佛寺后面不远处，乃是外道婆罗门杀女而诽谤佛陀之处。如来具
有十种智力、四无所畏、一切种智，世人、天神全都敬仰，众多圣贤也都
崇拜。当时外道信徒一起商量："应该采取诈骗手段，公开说坏、折辱
如来。"于是诱骗一女受雇，假装聆听如来说法，待到众人知晓以后，便
把女子秘密杀死，暗将尸体埋在树旁，再向国王喊冤告状。国王命人侦

查,在逝多园中找到尸体。这时外道高声宣称:"乔答摩大和尚经常自称遵守戒规,忍受清苦,如今却私通此女,并且杀人灭口。又淫又杀,还称什么戒和忍?"诸天神在空中接着喊道:"这是外道恶人,故意诽谤如来。"

佛寺东方一百步处,有一巨大深坑,乃是提婆达多企图用毒药谋害佛陀,从而活活陷入地狱之处。提婆达多(唐语谓"天授"),乃是斛饭王之子。勤奋研学十二年,已能背诵八万法藏。后来急功好利,设法学成神通,亲近邪恶小人,一起议论道:"我具有三十福相,与佛陀相差无几;也得众人拥戴,并不异于如来。"有了这类思想,便即分裂僧团。舍利子、没特伽罗子遵奉佛陀旨意,借助佛陀权威,演说佛法,教诲、晓喻,僧团又复团结。提婆达多恶念不除,又将毒药藏在指甲之内,企图趁着行礼之机,用来伤害佛陀。当他实施这一计谋,从远处走来,到达这里时,大地忽然裂开,他便活活陷入地狱。此坑之南还有一个大坑,乃是瞿伽梨诽谤如来,活活陷入地狱之处。瞿伽梨陷坑之南八百多步处,有一巨大深坑,乃是战遮婆罗门女诽谤如来,活活陷入地狱之处。佛陀为天人大众说法之时,有一外道信徒,远远望见世尊,备受众人恭敬,于是心中想道:"我要在今天折辱乔答摩,败坏他的良好名声,以使我的老师独自享有美名。"她在怀中系着木盂,来到给孤独园,对着众人高声说道:"这个说法之人,曾经与我私通,我腹中所怀胎儿,即是释迦之种。"带有偏见者无不相信,坚信佛法者则知道这是造谣诽谤。天帝为了解除众人疑虑,立即变成一只白鼠,咬断系住木盂之带;带子断绝,木盂坠地,声音震动大家,耳闻目睹之人,全都高兴万分。其中一人拿起木盂,对这女子说道:"这是你的胎儿吗?"就在此时,大地自行裂开,女子整个陷入,跌至无间地狱,受到应有惩罚。这样三个土坑,深邃不见洞底，秋夏大雨之季，水渠、湖泊泛滥，只有这些深坑，并无滴水存积。

佛寺之东六七十步处，有一精舍，高达六十多尺，其中供有佛像，朝向东面而坐。当初如来曾在这里和各派外道辩论。再往东去有一天祠，规模同于精舍。白天日光照射之时，天祠的阴影不会遮蔽精舍；但是太阳将要落山之时，精舍的阴影却能覆盖天祠。

阴影精舍之东三四里处，乃是尊者舍利子与外道辩论之处。当初，善施长者购买逝多太子园，要为如来建造精舍，尊者舍利子随同长者前来视察、测量，外道六师要求与他较量神力，舍利子按照事实的不同特点，采取不同措施化导，使之归顺降伏。

旁边的精舍之前，建有一座佛塔，如来曾在这里挫败外道，并受到毗沙伐母的邀请。

1.4　受请

窣堵波南，是毗卢择迦王 [①] 旧曰毗流离王，讹也。兴甲兵诛释种，至此见佛归兵之处。毗卢择迦王嗣位之后，追怨前辱，兴甲兵，动大众，部署已毕，申命方行。时有苾刍闻以白佛，世尊于是坐枯树下。毗卢择迦王遥见世尊，下乘礼敬，退而言曰："茂树扶疏，何故不坐？枯株朽蘗，而乃游止？"世尊告曰："宗族者，枝叶也。枝叶将危，庇荫何在？"王曰："世尊为宗亲耳，可以回驾。"于是睹圣感怀，还军返国。

还军之侧，有窣堵波，是释女被戮处。毗卢择迦王诛释克胜，简五百女，充实宫闱。释女愤恚，怨言不逊，詈其王"家人之子 [②] 也"。王闻发怒，命令诛戮。执法者奉王教，刖其手足，投诸坑穿。时诸释女含苦称佛，世尊圣鉴，照其苦毒，告命苾刍，摄衣而往，为诸释女说微妙法，所谓羁缠五欲③，流转三途④，恩爱别离，生死长远。时诸释女闻佛指诲，远尘离垢，得法眼净⑤，同时命终，俱生天上。时天帝释化作婆罗门，收骸火葬，后人记焉。

诛释窣堵波侧不远，有大涸池，是毗卢择迦王陷身入地狱处。世尊观释女已，还给孤独园，告诸苾刍，今毗卢择迦王却后七日，为火所烧。王闻佛记，甚怀惶惧。至第七日，安乐无危。王用欢庆，命诸宫女往至池侧，娱游乐饮。犹惧火起，鼓棹清流，随波泛滥。炽焰飙发，焚轻舟，坠王身，入无间狱，备受诸苦。

伽蓝西北三四里，至得眼林。有如来经行之迹，诸圣习定之所，并树封记，建窣堵波。昔此国群盗五百，横行邑里，跋扈城国。胜军王⑥捕获已，抉去其眼，弃于深林。群盗苦逼，求哀称佛。是时如来在逝多精舍，闻悲声，起慈心，清风和畅，吹雪山药，满其眼已，寻得复明。而见世尊在其前住，发菩提心⑦，欢喜顶礼，投杖而去，因植根焉。

【注释】

①毗卢择迦王，释见卷三1.5注②。

②家人之子，意谓毗卢择迦王乃是家奴所生；盖因其父曾受释种愚弄，娶释种的家奴为妻，后来生下毗卢择迦王。事见卷六1.11。

③五欲，指色、声、香、味、触这样五境，这能引起人之欲心，故名。而欲是污真理者，故又名尘。《止观》卷四："五尘非欲，而其中有味，能

生行人须欲之心,故言五欲。"《智度论》卷十七:"哀哉众生,常为五欲所恼,而犹求之不已。此五欲者,得之转剧,如火炙疥。……世人愚惑,贪着五欲,至死不舍,为之后世受无量苦。"又,《华严大疏钞》卷二十七则以财、色、饮食、名、睡眠为五欲。

④　三途,即三恶道或三恶趣,释见卷四2.3注⑥。

⑤　法眼净,谓能清楚洞察事物,认识真理的智慧。吉藏《维摩经疏》卷四:"云法眼净者,小乘亦法眼,大乘亦法眼。小乘法眼即初果见四谛法,名法眼。大乘法眼初地得真无生法,故云法眼。"

⑥　胜军王,即钵罗犀那恃多王,释见卷六1.1注③。

⑦　菩提心,谓追求真道之心。《智度论》卷四十一:"菩萨初发心,缘无上道,我当作佛,是名菩提心。"

【译文】

受请塔之南,乃是毗卢择迦王(旧称毗流离王,误)发兵攻杀释种,到达这里遇见佛陀而收兵归师之处。毗卢择迦王继位以后,怨恨先前所受侮辱,于是调集军队,动员民众,部署完毕之后,下令军马进发。这时有一比丘,将这情况告诉佛陀,世尊便坐在枯树之下等候。毗卢择迦王远远望见世尊,便下坐骑致敬,退立路边问道:"大树浓荫密布,你却为何不坐?树枝业已枯朽,反倒停留其下。"世尊告诉他道:"同一宗族之人,犹如同树枝叶;枝叶将遭砍伐,哪里还有荫蔽?"国王说道:"世尊既为宗亲着想,我们则当班师回朝。"目睹圣贤,甚受感化,于是收兵,返回国内。

还军遗址旁边,有一佛塔,乃是释种女子被杀之处。当毗卢释迦王诛杀释种获得胜利以后,挑选五百女子,充当嫔妃、宫女。释女愤怒怨怨恨，出言不逊，辱骂国王乃是"家奴之子"。国王听后发怒，下令诛戮她们。执法之人按照国王旨意，砍去她们手脚，扔入坑井之中。这时释女们忍着痛苦，齐声念佛。世尊圣明之眼，看到她们受苦之状，于是告诉比丘，迅速前往，为释女们演说精微佛法：若受五欲羁绊，就只能在三恶道中转辗投生，饱受悲欢离合之苦，生死轮回永无休止。释女们聆听佛陀教诲之后，远远避离尘俗之地，终于获得"法眼净"智慧；她们同时结束生命，一起转生天界。这时天帝释变化成婆罗门，收集她们的骸骨，予以火葬。后人便将此事记载下来。

诛释塔旁不远，有一汩淴大池，乃是毗卢择迦王陷入地狱之处。世尊见过释女之后，回到给孤独园，告诉比丘们道，毗卢择迦王在今日之后的第七日，将会被火烧死。国王听到佛的预言，心中十分恐惧。但是第七天上，他却安然无恙，国王欢快庆幸，命宫女们来到池边，游玩戏嬉，饮酒作乐。他仍旧害怕起火，便在池中泛舟，随着水波游荡。不料炽热火焰突发，烧毁他的小船，国王身落池中，堕入无间地狱，受尽种种折磨。

佛寺西北方三四里处，是得眼林。那里有如来散步的遗迹、圣人们修习禅定的场所，全都立有标记，建有佛塔。当初该国有五百个强盗，在市区之内横行不法，在城乡各地飞扬跋扈。胜军王将他们抓获以后，挖去眼睛，丢弃在丛林深处。群盗苦痛难熬，念佛哀求。如来在逝多精舍，听到悲号之声，顿生慈悲之心，借助柔和清风，将雪山灵药吹入他们眼中，使之立即复明。群盗看见世尊站在面前，遂发菩提心愿，欢天喜地，顶礼膜拜，丢弃拐杖而去。这些拐杖便着地生根，长成树林。

1.5　大城西北六十余里，有故城，是贤劫中人寿二万岁时，

迦叶波佛本生城也①。城南有窣堵波，成正觉已初见父处②。城北有窣堵波，有迦叶波佛全身舍利。并无忧王所建也。

　　从此东南行五百余里，至劫比罗伐窣堵国。旧曰迦毗罗卫国，讹也。中印度境。

【注释】

　　① 贤劫，释见卷二 2.3 注 ⑦。

　　② 迦叶波佛，释见卷一 3.5 注 ⑫。

　　③ 正觉，梵文 sambodhi 的意译；音译作三菩提。一切诸法之真正觉智，即如来之实智，谓正觉；故成佛即称成正觉。

【译文】

　　大城西北方六十多里处，有一旧城，乃是贤劫期间人寿二万岁时，迦叶波佛的诞生之地。城南有一佛塔，这是他成正觉后初次会见父亲的地点。城北有一佛塔，藏有迦叶波佛的全身舍利。二塔都是无忧王所建造。

　　从本国向东南方行走五百多里，抵达劫比罗伐窣堵国（旧称迦毗罗卫国，误。在中印度境内）。

劫比罗伐窣堵国

1.6 劫比罗伐窣堵①国，周四千余里。空城十数，荒芜已甚。王城颓圮，周量不详。其内宫城周十四五里，垒砖而成，基址峻固。空荒久远，人里稀旷。无大君长，城各立主。土地良沃，稼穑时播。气序无愆②，风俗和畅。伽蓝故基千有余所，而宫城之侧有一伽蓝，僧徒三十余人，习学小乘

正量部 ^③ 教。天祠两所，异道杂居。

【注释】

　　① 劫比罗伐窣堵，又作迦毗罗婆苏都、迦毗罗皤窣都、迦毗罗卫、迦维罗阅、迦毗罗、迦维等，梵文 Kapilavastu 的音译；意译作黄色、赤泽等。是为释迦牟尼的故乡。慧琳《音义》卷六："劫比罗伐窣堵国……旧名迦毗罗卫国，或曰迦罗，皆梵语讹略也。即是释迦如来降生之地，净梵王所治之境。"同书卷二十三："迦毗罗城，具云迦比罗皤窣都。言迦比罗者，此云黄色也；皤窣都者，所依处也。谓上古有黄头仙人，依此处修道，故因名也。"又，《百论疏》卷一："迦夷罗者，云赤泽国也。"该国位于喜马拉雅山南麓的尼泊尔境内，今巴达利亚地区。

　　② 愆，犹言愆序，即时序失调。《南史·宋文帝纪》："五年春正月乙亥，诏以阴阳愆序，求谠言。"故这里的"无愆"意即并无时序失调之事。

　　③ 正量部，释见卷四 2.11 注 ②。

【译文】

　　劫比罗伐窣堵国，方圆四千多里。国内有空城十来座，已经十分荒芜。都城倾塌，大小不详。内宫城方圆十四五里，用砖砌成，墙基高峻坚固。该国长久荒弃，人烟稀少。没有最高君主，各城自立首长。土地肥沃，庄稼适时播种。气候风调雨顺，民风温和善良。境内有佛寺旧基一千多处，宫城旁的一座佛寺中，有僧人三十多名，研学小乘教正量部派。尚有天祠两所，各派外道杂居。

1.7　宫城内有故基，净饭 ^① 王正殿也。上建精舍，中作佛像。其侧不远有故基，摩诃摩耶 ^② 唐言大术。夫人寝殿也。上建精舍，中作夫人之像。其侧精舍，是释迦菩萨降神母胎处，中作菩萨降神之像。上座部菩萨以嗢呾罗頞沙荼^③月三十夜降神母胎，当此五月十五日；诸部则以此月二十三日夜降神母胎，当此五月八日。

菩萨降神东北，有窣堵波，阿私多^④仙相太子处。菩萨诞灵之日，嘉祥辐凑。时净饭王召诸相师而告之曰："此子生也，善恶何若？宜悉乃心，明言以对。"曰："依先圣之记，考吉祥之应，在家作转轮圣王^⑤，舍家当成等正觉^⑥。"是时阿私多仙自远而至，叩门请见。王甚庆悦，躬迎礼敬，请就宝座，曰："不意大仙今日降顾。"仙曰："我在天宫安居宴坐，忽见诸天群从蹈舞，我时问言：'何悦豫之甚也？'曰：'大仙当知，赡部洲中释种净饭王第一夫人今产太子，当证三菩提^⑦，圆明一切智。'我闻是语，故来瞻仰。所悲朽耄，不遭圣化。"

城南门有窣堵波，是太子与诸释角力掷象之处。太子伎艺多能，独拔伦匹。净饭大王怀庆将返，仆夫驭象，方欲出城，提婆达多素负强力，自外而入，问驭者曰："严驾此象，其谁欲乘？"曰："太子将还，故往奉驭。"提婆达多发愤引象，批其颡，蹴其臆，僵仆塞路，杜绝行途，无能转移，人众填塞。难陀后至，而问之曰："谁死此象？"曰："提婆达多。"即曳之僻路。太子至，又问曰："谁为不善，害此象耶？"曰："提婆达多害以杜门，难陀引之开径。"太子乃举象高掷，越度城堑，其象堕地，为大深坑，土俗相传为象堕坑也。其侧精舍中作太子像。其侧又有精舍，太子妃寝宫也，中作耶输陀罗^⑧，并有罗怙罗^⑨像。宫侧精舍作受业之像，太子学堂故基也。

【注释】

① 净饭，又称白净，梵文 Śuddhodana 的意译；音译作首图驮那。净饭王乃是劫比罗伐窣堵国国王，亦即释迦牟尼的父亲。

② 摩诃摩耶，梵文 Maha-maya 的音译；意译作大术、大幻；亦称摩耶夫人。是为中印度天臂城释种善见长者的长女，净饭王的夫人。生下太子（释迦牟尼）七日之后便即去世，转生忉利天。

③ 嗢呾罗頞沙荼，梵文 Uttarāṣāḍha 的音译。嗢呾罗，义为"上"；頞沙荼，乃是印度佛历的夏天第一个月，相当于我国农历四月十六日至五月十五日，参见卷二 1.4 注 ⑪。由于頞沙荼月是夏天三月之初，故曰"上"。

④ 阿私多，亦作阿私陀、阿斯陀、阿私、阿夷等，梵文 Asita 的音译；意译作无比、端正。《翻译名义集》卷二："阿斯陀，或云阿夷，此翻无比，又翻端正。"《因果经》卷一载阿私多仙相释迦之言曰："若在家者，年二十九为转轮圣主；若出家者，成一切种智，广济天人。"

⑤ 转轮王，即轮王，释见玄奘序 1.2 注 ⑮。

⑥ 等正觉，亦称正等觉、正遍知、正遍知道、正真道等，梵文 Samyaksaṃbodhi 的意译；音译作三藐三菩提。知，是觉；觉知契于理，是正；三世诸佛之觉知平等，故曰等。《大经》净影疏云："等正觉者，其彰解圆，余经中亦名正遍知也。正者是理，于理穷照，故名遍知。今言等者，是彼遍也，称理名等。正者，还是余经正也。言其觉者，是彼知也。"

⑦ 三菩提，即正觉，释见卷六 1.5 注 ②。

⑧ 耶输陀罗，又作耶输多罗、耶戍达罗等，梵文 Yasodhara 的音译；

意译作持称、持誉、具称等。《法华玄赞》卷一："耶戍达罗，此云持誉。耶输陀罗，讹也。形容美丽，近远闻知。生育罗怙，天人赞咏，故名持誉。誉，美称也。"耶输陀罗是释迦牟尼为太子时的夫人，罗怙罗的生母，后随摩诃波阇婆提出家。

⑨ 罗怙罗，释迦之嫡子，释见卷四 2.2 注 ⑧。

【译文】

宫城之内有一旧基，乃是净饭王的正殿。上面建有精舍，其中绘有国王图像。旁边不远处有一旧基，乃是摩诃摩耶（唐语谓"大术"）夫人的寝殿。上面建有精舍，其中绘有夫人图像。在这旁边的精舍，则是释迦菩萨降生投胎之处，其中绘有菩萨降生图像。上座部认为释迦菩萨在嗢呾罗頞沙荼月三十日的夜间降生投胎，相当于我国的五月十五日；其它各部则认为是在该月二十三日的夜间降生投胎，相当于我国的五月八日。

菩萨降生处的东北方，有座佛塔，乃是阿私多仙人为太子看相的地点。释迦菩萨诞生之日，出现种种祥瑞。净饭王便召集相士们，说道："我这儿子生后，前途凶吉如何？都请用心推究，坦诚明白相告。"相士答道："按照先圣记载，根据应验吉兆，他若在家作为俗人，将当转轮圣王；如果出家修行，则能成等正觉。"这时阿私多仙从远方赶来，叩门求见。国王十分高兴，亲自迎接致敬，请他升坐宝座，说道："想不到大仙今日光顾。"仙人说道："我在天堂静坐，忽见众多天神群起舞蹈，我便问道：'你们为何这般喜悦？'他们答道：'大仙应该知道，在南赡部洲，释种净饭王的第一夫人，如今生下太子，将会证得三菩提，圆满通晓一切种智。'我听了此话之后，所以前来瞻仰。可悲的是我已老朽，无法见到他的成圣。"

城的南面有一佛塔，乃是太子与释种们比斗力气而扔掷大象之处。太子多才多能，出类拔萃。净饭王怀着喜悦，将要回来，仆人驾驭大象，正要出城迎接；提婆达多素来自负力大，从郊外进城，问驭象者道："庄严驾驭此象，是谁要来乘坐？"驭者答道："太子将要回来，所以驾象去接。"提婆达多奋力把象牵过，用掌打它头部，又踢它的胸膛，大象跌仆在地，阻断往来道路，无人能够移动，人群堵塞交通。难陀随后到来，问道："是谁杀死此象？"人们答道："提婆达多。"难陀于是把象拖至偏僻之处。太子来后又问："是谁干的恶事，害死这只大象？"人们答道："提婆达多害死大象，使之堵塞城门；难陀移开象尸，疏通道路。"太子于是高举大象扔出，越过护城壕沟，大象堕落地上，陷成巨大深坑。这即是当地居民相传的象堕坑。旁边的精舍之中有一太子画像。旁边又有精舍，乃是太子妃子的寝宫，宫内设有耶输陀罗及罗怙罗的画像。宫旁精舍中有太子学习的画像，那是太子学堂的旧址。

1.8　城东南隅有一精舍，中作太子乘白马凌虚之像，是逾城①处也。

城四门外各有精舍，中作老、病、死人、沙门之像，是太子游观，睹相增怀，深厌尘俗，于此感悟，命仆回驾。

【注释】

①逾城，指释迦为出家而在夜间乘马出城一事。不过，按通常记载，释迦并非翻越城墙而出，而是在诸神帮助下，穿过城门而出；并且方向在北，不在东南。《法苑珠林》卷十："于是诸天捧马四足，并接车匿。释

提桓因执盖随从。天即便令王北门自然而开，不使有声。车匿重悲：门闭下钥，谁当开者？时诸鬼神、阿须伦等自然开门，太子于是从门而出。虚空诸天歌赞随从。"

【译文】

城东南角有座精舍，精舍内绘有悉达多太子乘坐白马腾空飞行的画像，那里便是太子出家时越城而出之处。

城的四门之外各有精舍，精舍绘有老人、病人、死人、沙门的画像，乃是太子四处游览，目睹人生悲苦，从而深为悲叹，厌倦人世，顿时觉悟，即命仆人驾车回宫之处。

1.9　城南行五十余里，至故城，有窣堵波，是贤劫中人寿六万岁时，迦罗迦村驮①佛本生城也。城南不远有窣堵波，成正觉已见父之处。城东南窣堵波，有彼如来遗身舍利，前建石柱，高三十余尺，上刻师子之像，傍记寂灭之事，无忧王建焉。

迦罗迦村驮佛城东北行三十余里，至故大城，中有窣堵波，是贤劫中人寿四万岁时，迦诺迦牟尼②佛本生城也。东北不远有窣堵波，成正觉已度父之处。次北窣堵波，有彼如来遗身舍利，前建石柱，高二十余尺，上刻师子之像，傍记寂灭之事，无忧王之所建也。

【注释】

①迦罗迦村驮，又作迦罗鸠忖驮、迦罗鸠村大、羯罗迦寸地、俱留孙、拘留秦、拘留孙等，梵文 Krakucchanda 的音译；意译作所应断已断、

灭累、成就美妙等。是为过去七佛中的第四佛,是现在贤劫一千佛中的第一佛,于贤劫中第九减劫人寿六万岁时出世。

② 迦诺迦牟尼,又作拘那含牟尼、拘那牟尼等,梵文 Kanakamuni 的音译;意译作金寂、金仙人等。是为过去七佛中的第五佛,于人寿四万岁时生于清净城。

【译文】

从城向南行走五十多里,抵达一座旧城,有一佛塔,是贤劫时代人寿六万岁时,迦罗迦村驮佛的本生城。城南不远处,有一佛塔,乃是释迦成正觉后会见父亲之处。城的东南有一佛塔,其中有如来的遗身舍利,塔前立一石柱,高达三十多尺,上面刻有狮子雕像,旁边记载释迦涅槃的事迹,乃是无忧王所建造。

从迦罗迦村驮佛城向东北方行走三十多里,抵达一座旧大城,城内有一佛塔,乃是贤劫时代人寿四万岁时,迦诺迦牟尼佛的本生城。在这东北方不远处,有一佛塔,乃是释迦成正觉后超度父亲的地点。再往北去有一佛塔,其中藏有如来的遗身舍利,塔前立一石柱,高达二十多尺,上面刻有狮子雕像,旁边记载释迦涅槃的事迹,乃是无忧王所建造。

1.10 城东北四十余里,有窣堵波,是太子坐树阴,观耕田,于此习定,而得离欲①。净饭王见太子坐树阴,入寂定②,日光回照,树影不移,心知灵圣,更深珍敬。

【注释】

① 太子坐树观田一事,见于不少佛家典籍中。《法苑珠林》卷十:"如

《佛本生经》云，其净饭王共多释种并将太子出外野游，观看田种。时彼地内所有作人，赤体辛勤而事耕垦，飞鸟共相残害。即复唱言：'呜呼呜呼，世间众生，极受诸苦，所谓生、老、病、死，兼复受于种种苦恼，展转其中，不能得离云。何不求舍是诸苦？'"

② 寂定，谓脱离妄心、妄想。《无量寿经》卷上："广普寂定，深入菩萨法藏。"净影疏："一切法中，不起妄想，名广寂定。"

【译文】

城东北方四十多里处，有一佛塔，乃是悉达多太子坐在树荫下，观看农夫耕田，从而入定，脱离世俗欲念之地。净饭王看见太子坐在树荫下，进入寂定，虽然日光逐步转动，但是树荫却不稍移，心知太子乃是圣灵，更加深深爱护尊敬。

1.11 大城西北，有数百千窣堵波，释种诛死处也。毗卢择迦王①既克诸释，虏其族类，得九千九百九十万人，并从杀戮，积尸如莽，流血成池。天警人心，收骸瘞葬。

诛释西南，有四小窣堵波，四释种拒军处。初，胜军王②嗣位也，求婚释种。释种鄙其非类，谬以家人之女，重礼媵焉。胜军王立为正后，其产子男，是为毗卢择迦王。毗卢择迦王欲就舅氏请益受业，至此城南，见新讲堂，即中憩驾。诸释闻之，逐而骂曰："卑贱婢子，敢居此室！此室诸释建也，拟佛居焉。"毗卢择迦嗣位之后，追复前辱，便兴甲兵，至此屯军。释种四人躬耕畎亩，便即抗拒，兵寇退散，已而入城。族人以为承轮王③之祚胤，为法王④之宗子，敢行凶暴，安忍杀害，污辱宗门，绝亲远放。四人被逐，北趣雪山，一为乌仗那国⑤王，一为梵衍那国⑥王，一为呬摩呾罗国⑦王，一为商弥国⑧王，奕世传业，苗裔不绝。

【注释】

①毗卢择迦王，释见卷三 1.5 注②。

②胜军王，即钵罗犀那恃多王，释见卷六 1.1 注③。

③轮王，即转轮王，释见序言部分 3.2 注⑮。这里所言的"轮王"则是指释迦牟尼。

④法王，亦指释迦牟尼，因佛于法自在，故名。《法华经·药草喻品》："如来是诸法之王。"《维摩诘经·佛国品》："已于诸法得自在，是故稽首此法王。"

⑤乌仗那国，释见卷三 1.1 注①。

⑥梵衍那国，释见卷一 4.1 注①。

⑦呬摩呾罗国，释见卷三 3.5 注②。

⑧商弥国，释见卷十二 2.7 注⑤。

【译文】

在都城的西北方，有成千上万座佛塔，乃是释种成员被杀死之处。当初，毗卢择迦王战胜释种以后，掳掠释种人民，获得九千九百九十万人，全部加以屠杀，尸体堆积，犹如密林，血流遍地，聚集成湖。上天为了警诫人心，运用神力收葬尸骨。

诛释佛塔西南方，有四座小塔，乃是四名释种人抗拒敌军之处。当初，胜军王继位以后，向释种求婚。释种鄙视他出身低微，并非自己同类，便用仆人之女蒙骗他，使之以重礼娉娶。胜军王把她立为正后，所生的儿子，即是毗卢择迦王。毗卢择迦王想到母舅家来请教求学，走到城南，看见一座新建讲堂，于是入内休息。释人得知消息，一面驱赶，一面骂道："你是卑贱奴婢之子，竟敢居留这所屋内！这是释人所建，准备供奉佛陀。"毗卢择迦王继位之后，为了报复早先所受侮辱，于是大兴甲兵，到达这里，屯驻军队。时有四名释人，正在田里耕种，当下奋起抗敌，敌兵旋即退却，释种于是入城。同族之人认为，释种乃是轮王后裔、法王子孙，居然使用暴力，忍心杀伤生灵，从而沾污宗族，故应与之断绝亲族关系，流放异乡客地。四人遂被驱逐，北上雪山地区。一人成为乌仗那国国王，一人成为梵衍那国国王，一人成为呬摩呾罗国国王，一人成为商弥国国王；王业世代相传，后裔绵绵不绝。

1.12 城南三四里尼拘律树^①林，有窣堵波，无忧王建也。释迦如来成正觉已，还国见父王，为说法处。净饭王知如来降魔军已，游行化导，情怀渴仰，思得礼敬。乃命使请如来曰："昔期成佛，当还本生。斯言在耳，时来降趾。"使至佛所，具宣王意。如来告曰："却后七日，当还本生。"使臣还以白王，净饭王乃告命臣庶，扫洒衢路，储积香花，与诸群臣四十里外仁驾奉迎。是时如来与大众俱，八金刚^②周卫，四天王^③前导，帝释^④与欲界^⑤天侍左，梵王^⑥与色界^⑦天侍右，诸苾刍僧列在其后。唯佛在众，如月映星，威神动三界，光明逾七曜^⑧，步虚空，至本生国。王与从臣礼敬已毕，俱共还国，止尼拘卢陀^⑨僧伽蓝。其侧不远有窣堵波，是如来于大树下，东面而坐，受姨母金镂袈裟。次此窣堵波，是如来于此度八王子^⑩及五百释种处。

城东门内路左，有窣堵波，昔一切义成⑪太子于此习诸伎艺。门外有自在天祠，祠中有石天像，危然起势，是太子在襁褓中所入祠也。净饭王自腊伐尼⑫园迎太子还也，途次天祠。王曰："此天祠多灵鉴，诸释童稚求佑必效，宜将太子至彼修敬。"是时傅母抱而入祠，其石天像起迎太子，太子已出，天像复坐。

城南门外路左，有窣堵波，是太子与诸释角艺，射铁鼓。从此东南三十余里，有小窣堵波，其侧有泉，泉流澄镜，是太子与诸释引强校能，弦矢既分，穿鼓过表，至地没羽，因涌清流，时俗相传，谓之箭泉。人有疾病，饮沐多愈。远方之人持泥以归，渍以涂额，灵神冥卫，多蒙痊愈。

【注释】

① 尼拘律树，榕树类的桑科植物，释见卷五1.2注④。

② 八金刚，又称八大金刚、八大明王，都是"八大金刚明王"之略。按《大妙金刚经》，八大菩萨现八大明王：一，金刚手菩萨现作降三世明王；二，妙吉祥菩萨现作两臂六头六足的大威德金刚明王；三，虚空藏菩萨现作大笑金刚明王；四，慈氏菩萨现作大轮金刚明王；五，观自在菩萨现作马头金刚明王；六，地藏菩萨现作无能胜明王；七，除盖障菩萨现作不动尊金刚明王；八，普贤菩萨现作步掷金刚明王。

③ 四天王，又称护世四天王，乃是帝释之外将，居须弥山半腰之由犍陀维山，各护一天下。是为东持国天、南增长天、西广目天、北多闻天。《大智度论》卷五十四："四天王天者，东方名提多罗吒，主乾闼婆及毗舍阇；南方名毗流离，主拘槃茶及薜荔多；西方名毗流波叉，主诸龙王及

富多那；北方名鞞沙门，主夜叉及罗刹。”

④ 帝释，即天帝，释见卷二 2.8 注 ⑨。

⑤ 欲界，三界之一，释见于志宁序 1.1 注 ⑧。

⑥ 梵王，释见卷二 1.8 注 ①。

⑦ 色界，三界之一，释见于志宁序 1.1 注 ⑧。

⑧ 七曜，谓日、月及火、水、木、金、土五星。《宿曜经》卷上：“夫七曜，日、月、五星也。其精上曜于天，其神下直于人，所以司善恶而主理吉凶也。其行一日一易，七日一周，周而复始。”

⑨ 尼拘卢陀，即尼拘陀、尼拘律，释见卷五 1.2 注 ④。

⑩ 八王子，均为释迦族人。《法华经·序品》：“其最后佛，未出家时有八王子。”他们是阿那律、跋提、难提、金毗罗、难陀、跋难陀、阿难陀、提婆达。

⑪ 一切义成，又作一切义成就，梵文 Sarvārthasiddha 的意译；音译作萨婆曷剌他悉陀，又简译作悉达多。这是释迦牟尼幼年时的名号。《华严经》卷十二：“如来于此四天下中，或名一切义成……或名释迦牟尼。”

⑫ 腊伐尼，亦作岚毗尼、蓝毗尼、留毗尼、流弥尼、林微尼、楼毗等，梵文 Lambini 的音译；意译作可爱、盐等。是为花园名，在迦毗罗城东，摩耶夫人生佛之处。《智度论》卷二十六：“佛世世常爱远离行。若菩萨在母胎，母亦乐远离行，去城四十里岚鞞尼林中生。”

【译文】

城南三四里的尼拘律树林中，有一佛塔，乃是无忧王所建造。这是当初释迦如来成正觉后，回到国内会见父王，为他演说佛法之处。净饭王得知如来降伏魔军，游方各处，开导度化世人，于是十分思念仰慕，希望他得到自己的礼敬。便命使者邀请如来道："当初你曾说过，待到成佛之后，要回出生之地。此言犹在耳边，敬请及时降临。"使者抵达佛所，传达国王意思。如来告诉他道："自今七日之后，将回诞生之地。"使臣回去后禀报国王，净饭王于是下令臣民，清扫道路，积聚香、花，与大臣们一起到四十里外等候恭迎。这时如来与天神大众一起，八大金刚四周护卫，四大天王在前开路，帝释与欲界天主侍立左侧，梵王与色界天主侍立右侧，众多比丘则排列在后。佛陀在众神之中，犹如月亮映照群星，威仪惊动三界，光明超过七曜，步行虚空之中，抵达出生之地。净饭王及随从大臣礼敬过后，便与如来一起回国，止息于尼拘卢陀寺中。寺旁不远处，有一佛塔，乃是如来在大树下，朝东而坐，接受姨母金镂袈裟的地点。再过去的一座佛塔，则是如来度化八名王子以及五百释种之处。

　　都城东门内的路左，有座佛塔，当初一切义成太子曾在这里学习各种技艺。城门外有座自在天祠，祠内有石雕神像，呈现欠身欲起的姿态。这是太子尚在襁褓之时所进入的神庙。净饭王从腊伐尼园迎接太子回城之时，途经这座天祠。国王说道："这座天祠相当灵验，释种孩童来祈求佑助，总是很有效应，应该带太子去那里行礼致敬。"于是保姆抱着太子进入祠内，石雕神像便站立起来迎接太子；太子出去以，神像方始坐下。

　　都城南门外的大路左侧，有一佛塔，乃是太子与其它释种较量技艺，射穿铁鼓之处。距此东南方三十多里处，有座小塔，旁边有股泉水，水流清澄似镜。当时太子与释种们开拉强弓，比较技能，箭矢射出，穿破铁鼓，在此连羽没入地中，因此涌出清水；人们相互传颂，称呼它为箭泉。人们一旦患病，饮用、沐浴之后，大多恢复康健。远方旅客将泥土带回去后，不论何处病痛，只要把泥浸湿，涂在额头之上，神灵便会暗助，多能霍然而愈。

1.13　箭泉东北行八九十里，至腊伐尼林[①]，有释种浴池，澄清皎镜，杂花弥漫。其北二十四五步，有无忧[②]花树，今已枯悴，菩萨诞灵之处。菩萨以吠舍佉月[③]后半八日，当此三月八日；上座部则曰以吠舍佉月后半十五日，当此三月十五日。次东窣堵波，无忧王所建，二龙浴太子处也。菩萨生已，不扶而行，于四方各七步，而自言曰："天上天下，唯吾独尊。今兹而往，生分已尽。"随足所蹈，出大莲花。二龙踊出，往虚空中，而各吐水，一冷一暖，以浴太子。浴太子窣堵波东，有二清泉，傍建二窣堵波，是二龙从地踊出之处。菩萨生已，支属宗亲莫不奔驰，求水盥浴。夫人之前，二泉涌出，一冷一暖，遂以浴洗。其南窣堵波，是天帝释捧接菩萨处。菩萨初出胎也，天帝释以妙天衣[④]，跪接菩萨。次有四窣堵波，是四天王抱持菩萨处也。菩萨从右胁生已，四天王以金色氍衣，捧菩萨，置金几上。至母前曰："夫人诞斯福子，诚可欢庆。诸天尚喜，况世人乎？"

　　四天王捧太子窣堵波侧不远，有大石柱，上作马像，无忧王之所建也。后为恶龙霹雳，其柱中折仆地。傍有小河，东南流，土俗号曰油河。是摩耶夫人产孕已，天化此池，光润澄净，欲令夫人取以沐浴，除去风尘。今变为水，其流尚腻。

从此东行旷野荒林中二百余里，至蓝摩国。中印度境。

【注释】

① 腊伐尼林，释见卷六 1.12 注 ⑫。

② 无忧，梵文 Aśoka 的意译；音译作阿输伽、阿叔迦、阿舒伽、阿输柯等。悉达多太子诞生处的无忧花树，又特别称为毕利叉（梵文 Vṛkṣa）。

③ 吠舍佉月，佛历春季三月中的第二月，释见卷二 1.4 注 ⑨。

④ 天衣，谓天人之衣，其份量极轻。《智度论》卷三十四："佛于深林树下成佛。……时诸龙神天各以妙衣为座。四天王衣重二两；忉利天衣重一两；夜摩天衣重十八铢；兜率陀天衣重十二铢；化乐天衣重六铢；他化自在天衣重三铢。色界天衣无重相；欲界天衣从树边生，无缕无织，譬如薄冰，光曜明净，有种种色；无色界天衣纯金色光明，不可称知。如是等宝衣敷座，菩萨坐上。"

【译文】

自箭泉向东北方行走八九十里，抵达腊伐尼林，那里有释人的浴池，池水清澄，皎明似镜，各色鲜花，遍地开放。在此北面二十四五步处，有棵无忧花树，如今业已枯萎，乃是释迦菩萨诞生之地。菩萨生日在吠舍佉月下半的八日，相当于我国的三月八日；上座部认为在吠舍佉月下半的十五日，相当二我国的三月十五日。再往东去的一座佛塔，乃是无忧王所建造，是二龙为太子洗浴之处。当时菩萨生下来后，不必旁人搀扶，便能自己行走；他向四个方向各走七步，自言自语道："天上天下，唯我独尊。从今以后，不再转生。"随着其足所踏之处，长出一朵巨大莲花。地中跃出二龙，腾身虚空之中，各自吐出水来，恰好一冷一暖，用来洗浴太子。浴太子塔的东侧，有两股清泉，旁边建有二塔，即是二龙从地中跃出之处。菩萨降生以后，众多亲戚纷纷赶来，将要找水为他沐浴。摩耶夫人面前，忽然涌出二泉，正好一冷一暖，于是得以澡洗。在这南面的佛塔，乃是天帝释捧接菩萨之处。菩萨刚离娘胎之时，天帝释奉上精美天衣，跪接菩萨。再过去的四座佛塔，乃是四天王抱持菩萨之处。菩萨从母亲的右胁生出后，四天王用金色氎衣，捧接菩萨，放在金质桌上，来到其母面前说道："夫人生下这一有福之子，确实值得欢乐庆幸。各位天神尚且高兴，遑论人间凡夫俗子。"

　　四天王捧太子塔旁边不远处，有一高大石柱，上面刻有马像，是无忧王所建造。后来被恶龙霹雳击中，石柱从中折断，倒仆于地。旁边有条小河，向东南方流去。当地人称之为油河。当初摩耶夫人生育之后，天神化成此池，池中液体光亮润滑，明澄清净，以便夫人用来洗浴，除去风沙尘垢。如今池液已变为水，但是仍然有些腻滑。

　　从本国向东，在旷野荒林中行走二百多里，抵达蓝摩国（在中印度境内）。

蓝摩国

1.14　蓝摩 [①] 国，空荒岁久，疆场无纪，城邑丘墟，居人稀旷。故城东南有砖窣堵波，高减百尺。昔者如来入寂灭已，此国先王分得舍利，持归本国，式遵崇建，灵异间起，神光时烛。

　　窣堵波侧有一清池，龙每出游，变形蛇服，右旋宛转，绕窣堵波，野象群行，采花以散，冥力警察，初无间替。昔无忧王之分建窣堵波也，七国所建，咸已开发，至于此国方欲兴工，而此池龙恐见陵夺，乃变作婆罗门，前叩象曰："大王情流佛法，广树福田，敢请纡驾，降临我室。"王曰："尔家安在，为近远乎？"婆罗门曰："我，此池之龙王也。承大王欲建胜福，敢来请谒。"王受其请，遂入龙宫。坐久之，龙进曰："我惟恶业，受此龙身，供养舍利，冀消罪咎，愿王躬往，观而礼敬。"无忧王见已，霍然谓曰："凡诸供养之具，非人间所有也。"龙曰："若然者，愿无废毁。"无忧王自度力非其俦，遂不开发。出池之所，今有封记。

窣堵波侧不远，有一伽蓝，僧众尠矣，清肃皎然，而以沙弥②总任众务。远方僧至，礼遇弥隆，必留三日，供养四事③。闻诸耆旧曰：昔有苾刍，同志相召，自远而至，礼窣堵波。见诸群象，相趋往来，或以牙芟草，或以鼻洒水，各持异花，共为供养。时众见已，悲叹感怀。有一苾刍，便舍具戒④，愿留供养，与众辞曰："我惟多福，滥迹僧中，岁月亟淹，行业无纪。此窣堵波有佛舍利，圣德冥通，群象践洒。遗身此地，甘与同群，得毕余龄，诚为幸矣。"众告之曰："斯盛事也。吾等垢重，智不谋此。随时自爱，无亏胜业。"亦既离群，重申诚愿，欢然独居，有终焉之志。于是葺茅为宇，引流成池，采掇时花，洒扫莹饰。绵历岁序，心事无怠。邻国诸王闻而雅尚，竞舍财宝，共建伽蓝，因而劝请，屈知僧务。自尔相踵，不泯元功，而以沙弥总知僧事。

【注释】

① 蓝摩，一作蓝莫，梵文 Rāma 的音译。其故址可能在今尼泊尔南部的达马里（Dharmaulī）。

②沙弥，释见卷一4.8注⑤。

③供养四事，释见卷一1.6注②。

④具戒，即具足戒，释见卷一4.3注⑭。

【译文】

蓝摩国，业已荒废多年，边界也不修治，城池多成废墟，居民十分稀少。旧城东南有座砖塔，高近一百尺。当初如来寂灭之后，该国国王分得如来舍利，带回本国，隆重建造此塔，往往出现灵异，神光不时照耀。

砖塔之旁有一清池，池中龙王经常出游，化作蛇的形状，环塔向右旋绕；野象成群而行，采集鲜花散布；神力暗中警戒，从来不会间断。昔日无忧王建造佛塔，分别供养舍利。其它七个国家，业已动工建造，该国正要开工，池中龙王惧怕住宅被占，于是化身一个婆罗门，到国王的象驾前说道："陛下深爱佛法，广泛建造福田，冒昧请您屈驾，光降我的家中。"国王问道："你的家在何处？距此远近如何？"婆罗门答道："我即此池龙王。承蒙陛下要树建伟大福德，我斗胆前来拜谒。"国王接受邀请，从而进入龙宫。坐了一些时候，龙王说道："我因往世干了恶事，所以今生转为龙身，现在供养如来舍利，以期消除过去罪孽，希望大王亲自前往，观看瞻仰，礼拜致敬。"无忧王见到以后，立即赞道："一切供养之物，均非人间所有。"龙王说道："既然如此，望你不要毁掉它们。"无忧王自思不是龙的对手，于是不再动工建塔。国王走出水池之处，至今仍旧留有标识。

塔旁不远之处，有座佛寺，僧徒很少，清静肃穆，寺规严格，由沙弥担任诸事总管，远方客僧若来，礼敬款待隆重，必定留宿三天，供养衣食住行。听年老长者说道：当初有不少比丘，志同道合，结伴而行，从远方来到此地，礼拜佛塔。看见一群大象，纷纷来到这里，有的用牙除草，有的用鼻洒水，各自带来鲜花，一起供养佛塔。众僧见此情形，深深感慨悲叹。其中有一比丘，便即放弃受具戒的机会，愿意留在这里供养佛塔。他与大众辞别道："我因为相当有福，才能在僧徒中滥竽充数，时间迅速流逝，我却一事无成。此塔之中有佛舍利，由于圣德暗中感召，故而群象前来洒扫。我要留在这里，甘心与象为伍，如此度过余生，实是我的幸运。"众人对他说道："这是大好之事。我们尘心太重，未能思及这点。望你永远自爱，切莫辜负伟业。"这位比丘离群独处以后，重申虔诚心愿，高高兴兴独自居住，立下终老此地之志。于是编织茅草盖建房屋，引来河水筑成水池，采集四季鲜花，洒扫装饰佛塔。经历漫长岁月，心愿总不懈怠。邻近各国君王得知以后，十分敬佩他的高尚情操，于是竞相施舍财宝，共同建成这一佛寺；大家都来劝说邀请，要他委屈主持僧务。从此以后，代代相沿成俗，为了不没这位僧人的创业之功，该寺始终由沙弥主持僧务。

1.15 沙弥伽蓝东，大林中行百余里，至大窣堵波，无忧王之所建也。是太子逾城至此，解宝衣，去璎珞，命仆还处。太子夜半逾城，迟明至此，既允宿心，乃形言曰："是我出笼樊，去羁锁，最后释驾之处也。"于天冠①中解末尼②宝，命仆夫曰："汝持此宝，还白父王，今兹远遁，非苟违离，欲断无常③，绝诸有漏④。"阐铎迦⑤旧曰车匿，讹也。曰："讵⑥有何心，空驾而返？"太子善言慰谕，感悟而还。

回驾窣堵波东，有赡部⑦树，株叶虽凋，枯株尚在。其傍复有小窣堵波，太子以余宝衣易鹿皮衣处。太子既断发易裳，虽去璎珞，尚有天衣[8]。曰："斯服太侈，如何改易？"时净居天[9]化作猎人，服鹿皮衣，持弓负羽。太子举其衣而谓曰："欲相贸易，愿见允从。"猎人曰："善。"太子解其上服，授于猎人。猎人得已，还复天身，持所得衣，凌虚而去。

太子易衣侧不远，有窣堵波，无忧王之所建也，是太子剃发处。太子从阐铎迦取刀，自断其发，天帝释接上天宫，以为供养。时净居天子化作剃发人，执持铦刀，徐步而至。太子谓曰："能剃发乎？幸为我净之。"化人受命，遂为剃发。

逾城出家时亦不定，或云菩萨年十九，或曰二十九，以吠舍佉月[10]后半八日逾城出家，当此三月八日，或云以吠舍佉月后半十五日，当此三月十五日。

太子剃发窣堵波东南，旷野中行百八九十里，至尼拘卢陀林[11]，有窣堵波，高三十余尺。昔如来寂灭，舍利已分，诸婆罗门无所得获，于涅叠般那[12]唐言焚烧。旧云阇维，讹也。地收余灰炭，持至本国，建此灵基，而修供养。自兹已降，奇迹相仍，疾病之人，祈请多愈。灰炭窣堵波侧，故伽蓝中，有过去四佛座及经行遗迹之所。故伽蓝左右，数百窣堵波。其一大者，无忧王所建也，崇基虽陷，高余百尺。

自此东北，大林中行，其路艰险，经途危阻，山牛、野象、群盗、猎师，伺求行旅，为害不绝。出此林已，至拘尸那揭罗国。中印度境。

【注释】

① 天冠,原指天子饰玉之冠,《南齐书·林邑国传》:"(林邑国)王服天冠如佛冠,身被香璎珞。"但这里的"天冠"则泛指贵人所戴的宝冠。

② 末尼,又作摩尼,梵文 maṇi 的音译;意译作珠、宝、离垢、如意。是为珠的总名。玄应《音义》卷二十三:"摩尼者,讹也。正言末尼。谓珠之总名者也。"慧苑《音义》卷上:"摩尼,正云末尼。末谓末罗,此云垢也;尼谓云也。言此宝光净,不为垢秽所染也。又云摩尼,此曰增长,谓有此宝处必增其威德。旧翻为如意、随意等,逐义译也。"

③ 无常,释见卷四 1.2 注 ⑧。

④ 有漏,谓含有烦恼,导致流转生死的一切法。梵文 bhavāsrava 的意译。据《毗婆沙论》,有者,若业,能令后生续生,是名有义;漏者,是留住义,谓令有情留住欲界、色界、无色界。

⑤ 阐铎迦,又作车匿、阐陀、阐那、阐怒,梵文 Chaṇḍaka 或巴利文 Channa 的音译;意译作乐欲。是为悉达多太子逾城出家时的驭者,后亦出家为比丘。但恶口之性不改,故谓之恶口车匿或恶性车匿。释迦涅槃前,令阿难用默摈之法治之,后遂证果。

⑥ 讵,犹"岂",大致相当于现代汉语的"怎么"。《汉书·高帝纪》:"沛公不先破关中,公巨能入乎?"颜师古注:"巨读曰讵,讵犹岂也。"所以,这里的"讵有何心,空驾而返?"一语当意为"我怎么还有心思,驾着空车回去呢?"

⑦ 赡部,又作阎浮、剡浮,梵文 jambū 的音译;意译作秽。这是产于印度的一种乔木。《瑜伽论记》卷二十三下:"西国多有赡部之树,阴厚。比丘多住彼树影中坐。"

⑧ 天衣，释见卷六 1.13 注 ④。

⑨ 净居天，梵文 Sūddhāvāsa 的意译。即是色界第四禅，证不还果之圣者所居之处；也指居住在那里的天神。净居天共有五处，故亦称五净居天；这五处是无烦天（无一切烦杂之处）、无热天（无一切热恼之处）、善现天（能现胜法之处）、善见天（能见胜法之处）、色究竟天（色天最胜之处）。

⑩ 吠舍佉月，释见卷二 1.4 注 ⑨。

⑪ 尼拘卢陀林，释见卷五 1.2 注 ④。

⑫ 涅叠般那，梵文 nichṭapana 的音译；意译为焚烧，犹言火葬。阇维，梵文 jhāpita 的音译；也义为"焚烧"。玄应《音义》卷四："耶维，或言阇毗，或言阇维，皆讹也。正言阇鼻多。义是焚烧也。"

【译文】

在沙弥寺东的大森林中行走一百多里，抵达一座大佛塔，乃是无忧王所建造。这是悉达多太子越城以后来到这里，脱下宝衣，除去璎珞，命仆人回去的地点。太子在夜半越城，天明时刻来到这里，既已实现宿愿，喜悦形诸言表，说道："这是我脱出牢笼，去掉枷锁，最终摆脱太子地位的地方。"便在天冠上解下末尼宝，交给仆人道："你拿这件宝物，回去告诉父王，我今逃往远方，并非轻率离开，而是为断无常，根除一切烦恼。"阐铎迦（旧名车匿，误）说道："我怎么还有心思，驾着空车回去呢？"太子好言安慰晓谕，驭者感动觉悟而还。

回驾塔之东，有棵赡部树，枝叶虽已凋谢，枯枝都还存在。树旁又有一座小塔，乃是太子用剩余宝衣交换鹿皮衣之处。太子剪去头发、更换衣裳之后，虽然除去璎珞，但还有件天衣。他说道："这衣过于奢侈，怎样才能换掉？"这时净居天神变作猎人模样，穿着鹿皮衣裳，手持弓，背负箭。太子举起天衣对他说道："我想和你换衣，望你能够答应。"猎人说道："好的。"于是太子脱去上衣，递给猎人。猎人接到天衣，恢复天神本相，带着所得天衣，腾入空中而去。

太子换衣地点的旁边不远处，有一佛塔，乃是无忧王所建造，这是太子剃发之处。太子从阐铎迦那里取得小刀，自己割断头发，天帝释把头发拿上天宫，供养起来。这时净居天变作剃发人，手持利刀，缓缓走来。太子问道："会剃发吗？请替我剃光头发。"变化之人接受请求，随即为他剃去头发。

太子越城出家的时间不能肯定。有人说，菩萨当时十九岁，有人说二十九岁，在吠舍佉月后半的八日越城出家，相当于我国的三月八日；有人则说在吠舍佉月后半的十五日，相当于这里的三月十五日。

在太子剃发塔东南方的旷野中行走一百八九十里，抵达一片尼拘卢陀树林，林中有座佛塔，高达三十多尺。当初如来涅槃之后，舍利分配完毕，众婆罗门并未分得，便在涅叠般那（唐语谓"焚烧"。旧称阇维，误）地收集剩余灰炭，带回本国，建造这个胜迹，礼敬供养。从此以后，奇迹接连发生，患有疾病之人，祈祷以后大多康复。灰炭塔旁的旧寺中，有过去四佛的坐处以及散步场所的遗迹。旧寺周近，有几百座塔。其中一座大塔，乃是无忧王所建造，高大的地基虽已塌陷，但是塔身仍高一百多尺。

从本国向东北方，在大树林中行走，道路十分艰险，中途经过危难险阻，山牛、野象、强盗、猎人，都在窥伺旅客，图谋财物，祸害接连不断。走出森林以后，抵达拘尸那揭罗国（在中印度境内）。

拘尸那揭罗国

1.16 拘尸那揭罗^① 国，城郭颓毁，邑里萧条。故城砖基，周十余里。居人稀旷，闾巷荒芜。城内东北隅，有窣堵波，无忧王所建，准陀^②旧曰纯陀，讹也。之故宅也。宅中有井，将营献供，方乃凿焉。岁月虽淹，水犹清美。

【注释】

　　① 拘尸那揭罗，又作拘尸那伽罗、拘夷那竭、拘尸那、俱尸那、鸠尸那等，梵文 Kuśinagara 的音译；意译作上茅城、香茅城等。其国都城当位于今小拉普提河和干达克河的合流处略东南。参看卷三 1.5 注 ⑩。

　　② 准陀，又作纯陀、淳陀、周那等，梵文 Cunda 的音译；意译作妙义。是拘尸那揭罗城工巧师的儿子；佛陀在他那里受最后供养。《涅槃经疏》卷四："若见佛自行乞食，到纯陀舍食旃檀耳羹，中夜入灭。舆向双林以火焚身。此小缘劣见。若见纯陀悲感，但献八斛四斗不思议供，充饱一切。……大缘见胜。"

【译文】

　　拘尸那揭罗国，城墙业已塌毁，街市十分萧条。旧城砖砌墙基，方圆十多里。居民稀少，里巷荒凉。城内东北角上，有一佛塔，无忧王所建造。乃是准陀（旧称纯陀，误）旧宅的所在地。宅内有一口井，是准备供养佛陀之前，临时开凿的。如今年深月久，水质却仍清美。

1.17 城西北三四里，渡阿恃多伐底^① 河，唐言无胜，此世共称耳。旧云阿利罗跋提河，讹也。典言谓之尸赖拿伐底河，译曰有金河。西岸不远，至娑罗[2]林。其树类槲，而皮青白，叶甚光润。四树特高，如来寂灭之所也。其大砖精舍中作如来涅槃之像，北首而卧。傍有窣堵波，无忧王所建，基虽倾陷，尚高二百余尺。前建石柱，以记如来寂灭之事，虽有文记，不书日月。闻诸先记曰：佛以生年八十，吠舍佉月[3]后半十五日入般涅槃[4]，当此三月十五日也。说一切有部则佛以迦剌底迦月[5]后半八日入般涅槃，当此九月八日也。自佛涅槃，诸部异议，或云千二百余年，或云千三百余年，或云千五百余年，或云已过九百，未满千年。

精舍侧不远，有窣堵波，是如来修菩萨行[6]时，为群雉王救火之处。昔于此地有大茂林，毛群羽族巢居穴处。惊风四起，猛焰飙逸。时有一雉，有怀伤愍，鼓濯清流，飞空奋洒。时天帝释俯而告曰："汝何守愚，唐劳羽翮？大火方起，焚燎林野，岂汝微躯所能扑灭？"雉曰："说者为谁？"曰："我天帝释耳。"雉曰："今天帝释有大福力，无欲不遂，救灾拯难，若指诸掌，反诘无功，其咎[7]安在？猛火方炽，无得多言！"寻复奋飞，往趣流水。天帝遂以掬水泛洒其林，火灭烟消，生类全命，故今谓之救火窣堵波也。

雉救火侧不远，有窣堵波，是如来修菩萨行时，为鹿救生之处。乃往古昔，此有大林，火炎中野，飞走穷窘，前有驶流之阸，后困猛火之难，莫不沉溺，丧弃身命。其鹿恻隐，身居横流，穿皮断骨，自强拯溺。塞兔后至，忍疲苦而济之。筋力既竭，溺水而死。诸天收骸，起窣堵波。

【注释】

① 阿恃多伐底，又作阿利罗跋提、阿尔多嚩底、阿脂罗婆提，梵文Ajitavatī 的音译；又名尸赖拿伐底、尸罗拿伐底、希连禅、熙连禅等，梵文Hiraṇyavatī 的音译，意译作有金河、金河。实际上，阿恃多伐底河与尸赖拿伐底河恐怕不是同一条河：前者可能是今小拉普提河（Little Rāptī），后者可能是今干达克河（Gundak）。

② 娑罗，梵文 śāla 的音译；义为"坚固"，或谓高远之意。这是属龙脑香科的一种大乔木。由于此树的四方各有二枝双生，犹如牛角一般，所以又称牛角娑罗林。《涅槃经疏》卷一："娑罗双树者，此翻坚固，一方二株，四方八株，悉高五丈。四枯四荣。下根相连，上枝相合。"参看卷三 1.5 注 ⑪。

③ 吠舍佉月，释见卷二 1.4 注 ⑨。

④ 般涅槃，即涅槃，释见卷一 3.4 注 ⑫。

⑤ 迦剌底迦月，佛历秋季的第二月，释见卷二 1.4 注 ⑮。

⑥ 修菩萨行，即是菩萨的修行；其教法以达到佛果为目的，即修持大乘六度（布施、持戒、忍辱、精进、禅定、智慧），求无上菩提（觉悟），利益众生，于未来成就佛果。

⑦ 咎，错误、罪过、罪责之义，故这里的"其咎安在"一语当意为"到底错在何方？"或者"我有什么不对？"

【译文】

城外西北方三四里处，渡过阿恃多伐底河（唐语谓"无胜"，这是世人的通称。旧名阿利罗跋提河，误。典籍称之为尸赖拿伐底河，译作有金河），在西岸不远处，有片娑罗树林。这树类似槲树，皮色呈现青白，叶子十分光滑。其中有四棵树特别高大，乃是如来涅槃之处。这里有座砖砌的大精舍，屋内绘有如来涅槃之像，头朝北方而卧。旁边有一佛塔，无忧王所建造，塔基虽已塌陷，仍高二百多尺。塔前立有石柱，记述如来寂灭之事，虽然刻有文字，但是未记日期。根据古书记载：佛陀享年八十，在吠舍佉月后半的十五日涅槃，相当于我国的三月十五日。说一切有部则认为，佛陀在迦剌底迦月后半的八日涅槃，相当于我国的九月八日。自从佛陀涅槃至今，各个部派众说纷纭，有的说他已经涅槃一千二百多年，有的说是一千三百多年，有的认为一千五百多年，有的则说刚过九百，不到一千年。

精舍旁边不远之处，有座佛塔，乃是如来修菩萨行时，化成野鸡王救火之处。从前这里有片茂密的大树林，兽群鸟类在此筑建巢穴而居。忽然狂风大作，烈焰迅速漫延。这时有只野鸡，深怀怜悯之情，在溪流之中浸湿双翅，飞到空中奋力洒水。这时天帝释俯身对它说道："你为何如此顽固愚蠢，徒然劳损自己羽翼？大火势头正旺，烧遍树林田野，你这小小身躯，怎么扑灭烈焰？"野鸡问道："说话的人是谁？"天帝答道："我是天帝释。"野鸡说道："天帝释拥有巨大福力，无事不能办到，消弭灾难，犹如手指触掌，容易之极；但你反而责备我徒劳无功，究竟是谁错呢？大火正很猛烈，不要再多说了！"旋又奋力飞去，取水灭火。于是天帝用手捧水，遍洒树林，遂使火灭烟消，生灵得以活命；所以如今称之为救火塔。

野鸡救火塔不远之处，有一佛塔，乃是如来修菩萨行时，化身为鹿，拯救生灵之处。很早之时，这里有片大森林，遭逢大火焚烧原野，飞禽走兽走投无路，前方有条急流阻挡，后方猛火漫延过来，它们无不沉溺河中，丧失生命。鹿起恻隐之心，置身激流之中，即使皮破骨折，也仍勉力拯救溺者。一只瘸腿兔子最后到来，鹿强忍疲劳痛楚，帮助兔子渡河，以致精力衰竭，自己溺水而死。天神收其骸骨，建造这座佛塔。

1.18 鹿拯溺西不远，有窣堵波，是苏跋陀罗①唐言善贤。旧曰须跋陀罗，讹也。入寂灭之处。善贤者，本梵志师②也。年百二十，耆旧多智。闻佛寂灭，至双树间，问阿难③曰："佛世尊将寂灭，我怀疑滞，愿欲请问。"阿难曰："佛将涅槃，幸无扰也。"曰："吾闻佛世难遇，正法难闻，我有深疑，恐无所请。"善贤遂入，先问佛言："有诸别众，自称为师，各有异法，垂训导俗，乔答摩④旧曰瞿昙，讹略也。能尽知耶？"佛言："吾悉深究。"乃为演说。善贤闻已，心净信解，求入法中，受具足戒⑤。如来告曰："汝岂能耶？外道异学修梵行者，当试四岁，观其行，察其性，威仪寂静，辞语诚实，则可于我法中净修梵行⑥。在人行耳，斯何难哉！"善贤曰："世尊悲愍，含济无私，四岁试学，三业⑦方顺。"佛言："我先已说，在人行耳！"于是善贤出家，即受具戒，勤励修习，身心勇猛。已而于法无疑，自身作证。夜分未久，果证罗汉，诸漏⑧已尽，梵行已立。不忍见佛入大涅槃，即于众中入火界定⑨，现神通事，而先寂灭。是为如来最后弟子，乃先灭度⑩，即昔后渡骞兔是也。

　　善贤寂灭侧，有窣堵波，是执金刚⑪躃地之处。大悲世尊随机利见，化功已毕，入寂灭乐，于双树间北首而卧。执金刚神密迹力士⑫见佛灭度，悲恸唱言："如来舍我入大涅槃，无归依，无覆护，毒箭深入，愁火炽盛！"舍金刚杵，闷绝躄地。久而又起，悲哀恋慕，互相谓曰："生死大海，谁作舟楫？无明长夜，谁为灯炬？"

金刚躄地侧，有窣堵波，是如来寂灭已七日供养之处。如来之将寂灭也，光明普照，人、天毕会，莫不悲感，更相谓曰："大觉世尊今将寂灭，众生福尽，世间无依。"如来右胁卧师子床，告诸大众："勿谓如来毕竟寂灭，法身⑬常住，离诸变易，当弃懈怠，早求解脱。"诸苾刍等嘘唏悲恸。时阿泥捹卢骨反。陀⑭旧曰阿那律，讹也。告诸苾刍："止，止，勿悲！诸天讥怪。"时末罗⑮众供养已讫，欲举金棺，诣涅叠般那⑯所。时阿泥兼陀告言："且止！诸天欲留七日供养。"于是天众持妙天花，游虚空，赞圣德，各竭诚心，共兴供养。

停棺侧有窣堵波，是摩诃摩耶夫人⑰哭佛之处。如来寂灭，棺殓已毕，时阿泥兼陀上升天宫，告摩耶夫人曰："大圣法王今已寂灭。"摩耶闻已，悲哽闷绝，与众天众至双树间，见僧伽胝⑱、钵及锡杖，拊之号恸，绝而复声曰："人、天福尽，世间眼灭！今此诸物，空无有主。"如来圣力，金棺自开，放光明，合掌坐，慰问慈母："远来下降！诸行法尔，愿勿深悲。"阿难衔哀而请佛曰："后世问我，将何以对？"曰："佛已涅槃，慈母摩耶自天宫降，至双树间，如来为诸不孝众生，从金棺起，合掌说法。"

【注释】

①　苏跋陀罗，亦作须跋陀罗、须跋陀等，梵文 Subhadra 的音译；意译作善贤。是为佛陀的最后弟子。慧琳《音义》卷十八："苏跋陀罗，梵语，

阿罗汉名也。唐云善贤。是佛在世时最后得度圣弟子也。即《涅槃经》中须跋陀罗是也。"善贤通四《吠陀经》，聪明多智，得五神通，得非想非非想定。闻佛将涅槃，即往佛所，闻八圣道，遂成罗汉。

② 梵志师，即婆罗门教徒，释见卷二 2.7 注 ⑤。

③ 阿难，释见卷一 4.3 注 ⑨。

④ 乔答摩，亦作瞿昙、俱谭、具谭等，梵文 Gautama 的音译。是为释迦牟尼的姓氏。

⑤ 具足戒，即具戒，释见卷一 4.3 注 ⑭。

⑥ 梵行，谓梵天之行法；即，修此行后能生梵天，是为清净和断淫欲之法。《维摩经·方便品》："示有妻子，常修梵行。"僧肇注云："梵行，清净无欲行也。"

⑦ 三业，即身业、口业、意业。身业，作于身者；口业，说于口者；意业，思于意者。

⑧ 漏，梵文 āsrava 的意译，原义为"泄漏"，乃"烦恼"之异名。意谓由于烦恼业因，众生不断从六疮门（眼、耳、鼻、舌、身、意）流出不净，造成新的业因，如此流转生死。《俱舍论》卷二十："从有顶天至无间狱，由彼相续于六疮门，泄过无穷，故名为漏。……若善释者，应作是言：诸境界中，流注相续，泄过不绝，故名为漏。"参看卷六 1.15 注 ④。

⑨ 火界定，即火光定，释见卷三 3.7 注 ⑧。

⑩ 灭度，即寂灭、涅槃，释见卷一 3.4 注 ⑫。

⑪ 执金刚，即金刚力士，释见卷三 1.2 注 ⑥。

⑫ 密迹力士，又称秘密主，梵文 Guhyapāda 的意译。是为手持金刚武器，警卫佛陀的夜叉神。或谓因其经常亲近佛陀，闻得佛陀秘密事迹之本誓，故名密迹；一说因夜叉身、口、意隐秘，故名。《大日经疏》卷一：

"西方谓夜叉为秘密,以其身、口、意速疾隐秘,难可了知故。旧翻或云密迹,若浅略明义,秘密主即是夜叉王也。"

⑬ 法身,即佛之真身,释见卷四 2.13 注 ⑯。

⑭ 阿泥捹陀,又作阿泥卢豆、阿那律陀、阿那律等,梵文 Aniruddha 的音译;意译作无灭、如意等。是为甘露饭王之子,即佛陀的堂弟,后来成为佛陀的十大弟子之一,号称"天眼第一"。

⑮ 末罗,梵文 Malla 的音译;意译作力士。拘尸那城的人种名。《游行经》云:"尔时,世尊在拘尸那竭城本所生处婆罗园中双树间,临将灭度,告阿难曰:'汝入拘尸那竭城,告诸末罗……。'"

⑯ 涅叠般那,即火葬,释见卷六 1.15 注 ⑫。

⑰ 摩诃摩耶夫人,释迦之生母,释见卷六 1.7 注 ②。

⑱ 僧伽胝,即佛僧外衣,释见卷一 3.5 注 ⑨。

【译文】

鹿拯溺塔西边不远处,有一佛塔,乃是苏跋陀罗(唐语谓"善贤"。旧称须跋陀罗,误)涅槃的地点。善贤,本是婆罗门教徒。年已一百二十,是知识渊博的年老长者。听说佛陀将要涅槃,赶紧前赴娑罗林间,对阿难说道:"世尊将要涅槃,我仍有些疑问,要想请教于他。"阿难答道:"佛陀即将入灭,请勿前去打扰。"善贤说道:"我听说佛降人世的机会难逢,真正的佛法也难听到,我有很大的疑问,担心日后无处请教。"善贤于是进入林中,先问佛陀道:"许多学派,自立门户,各有不同方法,教诲开导俗人,乔答摩能全部知道吗?"佛陀答道:"我全都深入研究。"于是为他讲解、论说。善贤听后,心地明净,贞信悟解,要求进入佛门,受具足戒。如来告诉他道:"你怎么能行?外道异派修梵行的人，都要考验四年，观其行为，察其品性，要举止宁静，说话诚实，才能在我法门之中修习梵行。但是事在人为，这有什么难呢？"善贤说道："世尊悲天悯人，普度世人，而无褊袒；我将接受四年考验，使三业合于修行要求。"佛陀说道："我先前已经说过，事在人为嘛！"于是善贤出家，受具足戒，勤勉修行，身心两方面都提高极快。继而对于佛法坚信无疑，努力证成正果。半夜过后不久，果然证得罗汉果位，诸漏已经除尽，梵行业已确立。他不忍亲眼看见佛陀入大涅槃，所以当着众人之面，入火光定，示现神通之事，早于佛陀涅槃。他是如来的最后一名弟子，先行涅槃，即是当初最后渡过河去的瘸腿兔子。

善贤涅槃地点旁边，有一佛塔，乃是执金刚跌仆于地之处。大悲世尊利用各种机会，显示修行益处，在双树之间，以头朝北而卧。执金刚密迹力士们看见佛已涅槃，悲痛地喊道："如来舍弃我们而入涅槃，我们再无归依之处，也再无人保护。犹如毒箭深入体内，愁烦之火猛烈燃烧！"于是丢下金刚杵，闷然跌仆于地。过了许久方始苏醒，心情悲哀，思念佛陀，互相说道："从此以后，在生死的大海之中，谁再充作渡船？在黑暗的长夜之中，谁再充当火炬？"

金刚仆地处旁，有一佛塔，乃是如来涅槃之后，享受供养七天的地点。当初如来将要涅槃之时，光芒普照四方，天神大众全都会集，无不悲戚感慨，互相说道："大觉世尊如今将要涅槃，众生福分已尽，尘世再无依靠。"如来右侧卧在狮子床上，告诉大家道："不要认为如来真的死了，我的法身永远存在，只是脱离诸种变异罢了；你们应当绝不懈怠，尽早求得肉身解脱。"比丘等人悲叹哀泣。这时阿泥兼陀对众比丘道："别哭，别哭，切勿悲伤！以免天神讥笑责怪。"此时末罗族的人们供养完毕，正要抬起金质棺材，前赴火葬场所。阿泥兼陀对他们说道："暂请停下！天神们要把他留在这里供养七天。"于是天神大众手持美妙鲜花，游行虚空之中，赞颂佛陀圣德，各自竭尽诚心，共同供养佛陀。

停棺处旁有一佛塔，乃是摩诃摩耶夫人哭佛之处。如来涅槃之后，更衣下棺已毕，阿泥兼陀上登天宫，告诉摩耶夫人道："大圣法王如今已经涅槃。"摩耶夫人听后，悲哀哭泣，以致昏厥。旋与天神大众，来到双树林间，看见僧伽胝、钵和锡杖，抚摸遗物号啕痛哭，闷绝过后醒来说道："人、天福分都尽，世间再无洞察一切的眼睛！如今这些物件，再也没有主人。"如来运用神力，金棺自行打开，四下大放光明，佛陀合掌而坐，慰问慈母说道："您远来降临人间。事物规律就是如此，望您不要过于悲伤。"阿难含着悲痛请教佛陀道："如果后世有人问起此事，我将如何对答？"佛陀说道："你就讲：佛陀涅槃之后，慈母摩耶从天而降，来到双树林间；如来为了教示众多的不孝世人，从金棺中坐起，合掌说法。"

1.19 城北渡河三百余步，有窣堵波，是如来焚身之处。地今黄黑，土杂灰炭，至诚求请，或得舍利。如来寂灭，人、天悲感，七宝①为棺，千氎缠身，设香花，建幡盖，末罗②之众奉舆发引，前后导从，北渡金河③，盛满香油，积多香木，纵火以焚，二氎不烧，一极衬身，一最覆外。为诸众生分散舍利，惟有发、爪俨然无损。

焚身侧有窣堵波，如来为大迦叶波④现双足处。如来金棺已下，香木已积，火烧不燃，众咸惊骇，阿泥兼陀⑤言："待迦叶波耳。"时大迦波与五百弟子自山林来，至拘尸城⑥，问阿难⑦曰："世尊之身，可得见耶？"阿难曰："千氎缠络，重棺周殓，香木已积，即事焚烧。"是时佛于棺内为出双足，轮相[8]之上，见有异色。问阿难曰："何以有此？"曰："佛初涅槃，人、天悲恸，众泪迸染，致斯异色。"迦叶波作礼，旋绕兴赞，香木自然，大火炽盛。故如来寂灭，三从棺出：初出臂，问阿难治路；次起坐，为母说法；后现双足，示大迦叶波。

现足侧有窣堵波，无忧王所建也，是八王分舍利处。前建石柱，刻记其事。佛入涅槃后，涅叠般那[9]已，诸八国王备四兵至，遣直性婆罗门[10]谓拘尸力士[11]曰："天、人导师，此国寂灭，故自远来，请分舍利。"力士曰："如来降尊，即斯下土，灭世间明导，丧众生慈父。如来舍利，自当供养，徒疲道路，终无得获。"时诸大王逊辞以求，既不相允，重谓之曰："礼请不从，兵威非远。"直性婆罗门扬言曰："念哉！大悲世尊忍修福善，弥历旷劫，想所具闻，今欲相凌，此非宜也。今舍利在此，当均八分，各得供养，何至兴兵？"诸力士依其言，即时均量，欲作八分。帝释谓诸王曰："天当有分，勿持力竞。"阿那婆答多龙王[12]、文邻[13]龙王、医那钵咀罗龙王[14]复作是议："无遗我曹。若以力者，众非敌矣。"直性婆罗门曰："勿喧诤也，宜共分之。"即作三分，一诸天，二龙众，三留人间，八国重分。天、龙、人王，莫不悲感。

【注释】

① 七宝，释见卷二 2.4 注 ②。

② 末罗，释见卷六 1.18 注 ⑮。

③ 金河，即尸赖拿伐底河，释见卷六 1.17 注 ①。

④ 大迦叶波，释见卷三 3.4 注 ⑪。

⑤ 阿泥兼陀，释见卷六 1.18 注 ⑭。

⑥ 拘尸城，即拘尸那揭罗国的都城，释见卷六 1.16 注 ①。

⑦ 阿难，释见卷一 4.3 注 ⑨。

⑧ 轮相，释见卷二 2.3 注 ⑧。

⑨ 涅叠般那，即火葬，释见卷六 1.15 注 ⑫。

⑩ 直性婆罗门，又作香姓婆罗门、姓烟婆罗门。其梵文语原为 Droṇa，但此词义"斛"。当初为何作此汉译，不得而知。

⑪ 拘尸力士，即是指拘尸城的末罗族人。

⑫ 阿那婆答多龙王，释见玄奘序 1.3 注 ① 以及该节正文。

⑬ 文邻，又作目支邻陀、目脂邻陀、目真邻陀、文真邻陀、目邻等，梵文 Muchilinda 的音译；意译作解脱，因为此龙闻法而脱离龙身之苦。居于金刚座侧的池中以及目真邻陀山的目真邻陀窟内。《西域记》卷八 3.6 谈及。

⑭ 医那钵呾罗龙王，释见卷三 2.2 注 ①。

【译文】

城北过河之后三百多步处，有一佛塔，乃是如来焚化的地点。地土至今黄黑色，土中杂有灰炭，只要诚心祈求，可能获得舍利。如来涅槃以后，世人、天神悲伤，用七宝装饰棺材，千层氍布裹身，供设香、花，树起幡盖，末罗族人抬着棺材前面开路，前后有人随从，向北渡过金河；灌足香油，堆满香木，点火焚烧，其中二层氍布没有烧掉，一是贴身氍布，一是外罩氍布。众人分发佛陀舍利，只有头发、指甲毫无损毁。

　　焚身塔旁又有一塔，乃是如来为大迦叶波示现双足之处。当初如来的金棺置于地上，香木已经堆积，但却点不着火，大家十分惊讶。阿泥兼陀说道："这是为了等候大迦叶波。"大迦叶波与五百弟子从山林中来，到达拘尸城，问阿难道："世尊的遗体，还能见见吗？"阿难答道："遗体已用千层氎布缠裹，两重棺木殓装，香木已经堆积，马上就要火葬。"这时佛陀在棺材中伸出双脚，足底轮相之上，现出奇异颜色。大迦叶波问阿难道："为何有此颜色？"阿难答道："佛陀刚刚涅槃，人、天俱各悲痛，众人眼泪沾染，导致这种异色。"迦叶波行过礼后，绕着棺木行走，唱着赞美之歌，香木自动燃烧，大火炽烈万分。所以如来涅槃之后，曾经三度露出棺外：第一次是伸出手臂，询问阿难出殡路线；第二次是从中坐起，为母亲演说精妙佛法；最后一次是伸出双脚，示现给大迦叶波看。

　　现足塔旁有一佛塔，乃是无忧王所建造，这是八位国王分配舍利之处。塔前立有石柱，刻写这件事情。佛陀涅槃以后，火葬完毕，八个国王各自率领大军到来，派遣直性婆罗门对拘尸城的末罗人说："天界俗世的导师，如今已在此国涅槃，所以我们从远方赶来，要求分取舍利。"末罗族人说道："如来屈尊，降临我国。现在世界的圣明导师逝去，众生的慈爱父亲失却，因此如来的舍利，应由我们供养。你们徒然长途跋涉，最终不会有所收获。"各国国王见低声下气的恳求未能获得同意，于是重又说道："以礼请求既然不肯，武力相迫则在目前。"直性婆罗门高声说道："大家想一想吧！大悲世尊忍辱负重，修福积善，经历了漫长岁月，想必你们都已知道，今天你们要以武力侵凌，实在很不应该。现在把这舍利，平均分成八份，各自拿去供养，何必兴师动众？"末罗族人听从他的意见，当即平均称量，准备分作八份。但是帝释对国王们说道："天神也应分得一份，请勿依仗武力争夺。"阿那婆答多龙王、文邻龙王、医那钵咀罗龙王又提出如下意见："不要遗漏了我们。如果使用武力争抢，你们都非我们对手。"直性婆罗门说道："大家不必喧闹争论，应该一起平分舍利。"于是将舍利分作三份：一份归诸天神，一份给众龙王，一份留在人间，再由八国平分。天神、龙王、国王，无不悲伤感慨。

1.20 分舍利窣堵波西南行二百余里，至大邑聚。有婆罗门，豪右巨富，确乎不杂，学究五明^①，崇敬三宝^②。接其居侧，建立僧坊，穷诸资用，备尽珍饰，或有众僧往来中路，殷勤请留，罄心供养，或止一宿，乃至七日。其后设赏迦王^③毁坏佛法，众僧绝侣，岁月骤淹，而婆罗门每怀恳恻。经行之次，见一沙门，厖眉皓发^④，杖锡而来。婆罗门驰往迎逆，问所从至，请入僧坊，备诸供养，且以淳乳，煮粥进焉。沙门受已，才一呀齿，便即置钵，沉吟长息。婆罗门侍食，跪而问曰："大德惠利随缘，幸见临顾，为夕不安耶？为粥不味乎？"沙门憨然告曰："吾悲众生福佑渐薄，斯言且置，食已方说。"沙门食已，摄衣即去。婆罗门曰："向许有说，今何无言？"沙门告曰："吾非忘也。谈不容易，事或致疑。必欲得闻，今当略说。吾向所叹，非薄汝粥。自数百年，不尝此味。昔如来在世，我时预从，在王舍城^⑤竹林精舍，俯清流而涤器，或以澡嗽，或以盥沐。嗟乎！今之纯乳，不及古之淡水，此乃人、天福减使之然也。"婆罗门曰："然则大德乃亲见佛耶？"沙门曰："然。汝岂不闻佛子罗怙罗^⑥者，我身是也。为护正法，未入寂灭。"说是语已，忽然不见。婆罗门遂以所宿之房，涂香洒扫，像设肃然，其敬如在。

　　复大林中行五百余里，至婆罗疤女黠反。斯国。旧曰波罗柰国，讹也。中印度境。

【注释】

　　① 五明，释见卷二 1.9 注 ②、③、④、⑤、⑥、⑦。

　　② 三宝，释见卷一 1.6 注 ③。

　　③ 设赏迦王，释见卷五 1.3 注 ⑥。

　　④ 厐眉皓发，谓眉毛杂白黑，而头发已全白，犹言老人。"厐"乃"尨"的借字，《后汉书·刘宠传》："山阴县有五六老叟，尨眉皓发，自若邪山谷间出，人赍百钱以送宠。"注云："尨，杂也。老者眉杂白黑也。"

　　⑤ 王舍城，释见卷三 3.4 注 ⑩。

　　⑥ 罗怙罗，佛陀的嫡子及弟子，释见卷四 2.2 注 ⑧。

【译文】

　　从分舍利塔向西南方行走二百多里，抵达一个大集镇。镇上有个婆罗门，出身豪族，家室巨富，信仰坚定，不杂异念，深通五明，敬仰三宝。在其住宅旁边，建立一座僧坊，各种设施齐全，大量珍宝装饰。遇有途经僧人，殷勤邀请留住，竭尽心意供养，有的只住一宿，有的多至七天。后来设赏迦王毁坏佛法，途经僧人绝迹；岁月迅速流逝，婆罗门常怀深切同情。有一次，他在散步之时，看见一位沙门，眉毛花白，头发雪白，拄着拐杖而来。婆罗门奔上前去迎接，问他何从何去，邀他来入僧坊，配备各种供养，早晨用精纯牛乳，煮粥进奉。沙门接过，稍尝一口，便即搁钵，喟然长叹。婆罗门在旁侍候进食，见此情形，跪下问道：“您这位有道高僧，使我得结善缘，蒙您光临舍间，如今是夜寐不宁呢？还是粥味不佳呢？”沙门伤感地说：“我是为众生的福泽渐薄感到悲伤。此话且不说它，吃好以后再谈。”沙门吃完以后，整理一下衣服，旋即便要离去。婆罗门问道：“刚才您答应有话要讲，现在怎么默不作声？”沙门对他说道：“我并非已经忘却，实是因为此话说来并不容易，甚至可能引起猜疑。你若一定要想知道，我就为你简单谈谈。刚才所以叹气，不是嫌你粥劣。我这几百年来，不曾尝过此味。当年如来在世，我经常追随于他，在王舍城的竹林精舍之中，俯身清澈河水，洗涤器皿，有时洗手，有时沐浴。唉，如今精纯的牛乳，也不及古代的淡水，这是俗人、天神之福衰而导致的。”婆罗门问道：“那么您是亲眼见过佛了？”沙门答道：“是啊。你没有听说过佛陀的嫡子罗怙罗吗？我就是呀！为了护卫正法，我还没有涅槃。”此话说完之后，忽然失去影踪。婆罗门便将沙门住过的房间，收拾清扫，涂上香料，恭敬供奉沙门图像，就像沙门还在一样。

又在大森林里行走五百多里之后，抵达婆罗疿斯国（旧称波罗奈国，误。在中印度境内）。

卷第七

婆罗疤斯国、战主国和吠舍厘国

【题解】

　　这三国均在恒河的中游流域,并且是该地区的著名大国和交通中心。释迦牟尼生前曾经游历过这些地方,留下了不少遗迹和动人的传说。由于玄奘亲自到过那里,所以本节记述得较为翔实。

婆罗疤斯国

1.1　婆罗疤斯^①国,周四千余里。国大都城西临殑伽河,长十八九里,广五六里。闾阎栉比,居人殷盛,家积巨万,室盈奇货。人性温恭,俗重强学,多信外道,少敬佛法。气序和,谷稼盛,果木扶疏,茂草靃靡^②。伽蓝三十余所,僧徒三千余人,并学小乘正量部^③法。天祠百余所,外道万余人,并多宗事大自在天^④,或断发,或椎髻,露形无服,涂身以灰,精勤苦行,求出生死。

　　大城中天祠二十所,层台祠宇,雕石文木,茂林相荫,清流交带,鍮石^⑤天像量减百尺,威严肃然,懔懔如在。

　　大城东北婆罗疤河西有窣堵波,无忧王之所建也,高

百余尺。前建石柱，碧鲜若镜，光润凝流，其中常现如来
影像。

【注释】

　　① 婆罗疤斯，又作波罗奈斯、婆罗那、波罗捺、波罗拿斯、缚邻捺
等，梵文 Vārāṇasī 的音译。该国又称迦尸（梵文 Kāśi）；后逐渐以"婆罗
疤斯"作都城名，"迦尸"作国名。其都城故址在今印度北方邦东南部
的贝拿勒斯（Benares）。

　　② 霏靡，亦可作霍靡，乃草苗软弱而随风扬拂之状貌。《梁书·武
陵王纪传》："其最异者，内寝柏殿柱绕节生花，其茎四十有六，霏靡可爱，
状似荷花。"

　　③ 正量部，释见卷四 2.11 注 ②。

　　④ 大自在天，释见卷二 2.9 注 ⑦。

　　⑤ 鍮石，释见卷一 4.2 注 ①。

【译文】

　　婆罗疤斯国，方圆四千多里。其国的大都城西侧濒临殑伽河，市区
长十八九里，宽五六里。街道房屋，鳞次栉比，居民富足，家藏巨财，珍
宝满室。人民性格温良恭谦，习俗重视努力学习，大多信奉外道，很少
崇敬佛教。气候温和，庄稼兴盛，林树果木浓郁，茂草随风扬拂。境内
有佛寺三十多座，僧人三千多名，全都研学小乘正量部法。尚有天祠
一百多所，外道信徒一万多人，大多崇奉大自在天。有的剪短头发，有
的梳成椎髻，赤身露体，不穿衣服，混身涂灰，认真勤奋，修炼苦行，以
求脱离生死轮回。

　　大都城中有天祠二十多所，屋宇建成层台形式，雕凿石壁，纹饰木

柱,茂密森林,相互荫遮,清澈溪流,纵横交错,鍮石神像,高近百尺,仪容严肃,威风懔然,犹如真身一般。

都城东北的婆罗疱河西岸有座佛塔,乃是无忧王所建造,高达一百多尺。塔前立有石柱,碧绿光滑,仿佛明镜,润滑细腻,柱中经常显现如来影像。

1.2　婆罗疱河东北行十余里,至鹿野伽蓝^①,区界八分,连垣周堵,层轩重阁,丽穷规矩。僧徒一千五百人,并学小乘正量部法。大垣中有精舍,高二百余尺,上以黄金隐起作庵没罗果^②,石为基陛,砖作层龛,龛匝四周,节级百数,皆有隐起黄金佛像。精舍之中有鍮石佛像,量等如来身,作转法轮^③势。

精舍西南有石窣堵波,无忧王建也。基虽倾陷,尚余百尺。前建石柱,高七十余尺。石含玉润,鉴照映彻,殷勤祈请,影见众像,善恶之相,时有见者。是如来成正觉已初转法轮处也。其侧不远窣堵波,是阿若憍陈如^④等见菩萨舍苦行,遂不侍卫,来至于此,而自习定。其傍窣堵波,是五百独觉^⑤同入涅槃处。又三窣堵波,过去三佛^⑥座及经行遗迹之所。

三佛经行侧有窣堵波,是梅呾丽耶^⑦唐言慈,即姓也。旧曰弥勒,讹略也。菩萨受成佛记处。昔者如来在王舍城^⑧鹫峰山^⑨告诸苾刍:“当来之世,此赡部洲土地平正,人寿八万岁,有婆罗门子慈氏者,身真金色,光明照朗,当舍家成正觉,广为众生三会说法。其济度者,皆我遗法植福众生也。

其于三宝深敬一心，在家、出家，持戒、犯戒，皆蒙化导，证果解脱。三会说法之中，度我遗法之徒，然后乃化同缘善友。"是时慈氏菩萨闻佛此说，从座起，白佛言："愿我作彼慈氏世尊。"如来告曰："如汝所言，当证此果。如上所说，皆汝教化之仪⑩也。"

慈氏菩萨受记西有窣堵波，是释迦菩萨受记之处。贤劫⑪中人寿二万岁，迦叶波佛⑫出现于世，转妙法轮，开化含识⑬，授护明⑭菩萨曰："是菩萨于当来世众生寿命百岁之时，当得成佛，号释迦牟尼。"

释迦菩萨受记南不远，有过去四佛经行遗迹，长五十余步，高可七尺，以青石积成，上作如来经行之像，像形杰异，威严肃然，肉髻之上特出髻发⑮，灵相无隐，神鉴有征。

于其垣内，圣迹实多，诸精舍、窣堵波数百余所，略举二三，难用详述。

【注释】

① 鹿野伽蓝，在鹿野苑。关于后者，参看敬播序 1.2 注 ③。

② 庵没罗果，释见卷二 1.17 注 ①。

③ 转法轮，谓演说佛教教法。转轮圣王之轮宝，能辗摧山岳岩石，而佛法能摧破众生之恶，故喻之为法轮；又，佛之说法不停滞于一人一处，辗转传人，犹如车轮，故演说佛法即名为转法轮。《智度论》卷二十五："佛转法轮，如转轮圣王转宝轮。……转轮圣王手持宝轮，空中无碍；佛转法轮，一切世间天及人中无碍无遮。其见宝轮者，众毒皆灭；遇佛法轮，一切烦恼毒皆灭。见宝轮者，诸灾恶害皆灭；遇佛法轮，一切

邪见、疑悔、灾害皆悉消灭。王以是轮治四天下；佛以法轮治一切世间天及人，令得法自在。"

④ 阿若憍陈如，又作阿若居邻、阿若拘邻、阿若多憍陈那等，梵文 Ājñātakauṇḍinya 的音译。阿若为名，意译已知、无知、了本际；憍陈如为姓，意译火器。是为最初受佛陀济度的五比丘中的上首；五人原为净饭王派遣护卫释迦的侍从。

⑤ 独觉，即辟支佛，释见卷一 4.3 注 ②。

⑥ 过去三佛，即是指"过去四佛"（释见卷二 2.6 注 ②）中的前三佛；也就是说，释迦牟尼佛不计在内。

⑦ 梅呾丽耶菩萨，即慈氏菩萨，释见卷三 1.6 注 ③。

⑧ 王舍城，释见卷三 3.4 注 ⑩。

⑨ 鹫峰山，释见序言部分 1.1 注 ⑬。

⑩ 仪，在此当解作度、法、则。《管子·禁藏》："法者，天下之仪也，所以决疑而明是非也。"注云："仪，谓表也。"《国语·周语下》记太子晋谏灵王壅谷水之语云："帅象禹之功，度之于仪轨，莫非嘉绩，克厌帝心。"韦昭注云："仪，法也。"又云："唯不帅天地之度，不顺四时之序，不度民神之义，不仪生物之则，以殄灭天胤，至于今不祀。"注云："仪，准也。"故《西域记》"如上所说，皆汝教化之仪也"一语当意为：上面所说的那些度化规定，都是你在教化时所应遵守的仪轨。

⑪ 贤劫，释见卷二 2.3 注 ⑦。

⑫ 迦叶波佛，释见卷一 3.5 注 ⑫。

⑬ 含识，即一切有情者，释见卷二 2.7 注 ㉑。

⑭ 护明，梵文 Prabhāpāla 的意译。护明菩萨乃是释迦牟尼的前身之一，亦即是迦叶波佛的弟子。

⑮ 髳发，即髳，谓发之尾梢。《集韵》："髳，发末。"《汉书·司马相如传上》引司马相如《子虚赋》之辞云："衯衯裶裶，扬袘戍削，蜚襳垂髳。"注引张揖语："髳，髻后垂也。"

【译文】

从婆罗疷斯河向东北行走十多里，抵达鹿野寺。寺内划为八个分区，并用围墙连成一体，台轩层层，楼阁重重，造型、格局，壮丽之极。寺内有僧人一千五百名，全都研学小乘教正量部派。大墙之内有一精舍，高达二百多尺，顶上用黄金制成庵没罗果，台基均为石质，层龛则用砖砌，佛龛围绕四周，共有一百来级，每级都有黄金佛像。精舍里面则有鍮石佛像，规格相当于如来真身，呈现转动法轮的姿势。

精舍西南方有一石塔，乃是无忧王所建造。塔基虽然已经塌陷，塔身仍高一百多尺。塔前立有石柱，高达七十多尺，石质晶莹滑润，可以清晰映照，如果热忱祈求，能现众生影像，人生善恶之相，时常有所显示。这是如来成正觉后最初宣讲佛法之处。旁边不远有一佛塔，当初阿若憍陈如等人看见菩萨放弃苦行，于是不再侍卫，来到这一地点，自己修习禅定。旁边的佛塔，则是五百名辟支佛一同涅槃之处。又有三座佛塔，乃是过去三佛的坐处以及散步场所的遗迹。

三佛散步处旁有座佛塔，乃是梅呾丽耶（唐语谓"慈"，即是其姓。旧称弥勒，误）菩萨聆听成佛预言之处。当初如来在王舍城鹫峰山告诉众比丘道："将来之世，当这一赡部洲天下太平，人寿八万岁时，有位婆罗门之子，号为慈氏，身呈真金颜色，光芒照射四方，将会舍弃俗世，修成正觉，并为众生普遍说法三次。他所度化的人，都是遗下的佛法所培育之向善众生。此人对于三宝深为崇敬，专心不二，无论在家、出家，还是持戒、犯戒，众人全都受他教化训导，从而证得佛果，得以解脱。他在三次说法之中，首先度化我遗法所培育的人，然后度化与佛门有缘的未受戒善人。"慈氏菩萨听到佛陀这一番话，便从座上站起，对佛说道："我要当这慈氏世尊。"如来答道："如你所求，将来证得佛果。上面所说规定，都是你在度化世人时所应遵守的仪轨。"

慈氏菩萨接受预言处的西侧有座佛塔，乃是释迦菩萨接受预言之处。当贤劫中人寿二万岁时，迦叶波佛出现于人世，演说绝妙佛法，化导世上众人，对护明菩萨说道："你将在日后世人寿命一百岁，成为佛陀，号为释迦牟尼。"

释加菩萨接受预言处向南不远的地方，有过去四佛散步的遗迹，长五十多步，高约七尺，用青石堆砌而成，上面刻有如来散步之像，形貌与众不同，威严肃穆，肉髻上面耸出发梢，妙相历历在目，神韵卓然可见。

鹿野寺墙之内，圣迹确实极多，各种精舍、佛塔，足有好几百座，在此例举少数，难以一一详述。

1.3　伽蓝垣西有一清池，周二百余步，如来尝中盥浴。次西大池，周一百八十步，如来尝中涤器。次北有池，周百五十步，如来尝中浣衣。凡此三池，并有龙止。其水既深，其味又甘，澄净皎洁，常无增减。有人慢心，濯此池者，金毗罗①兽多为之害；若深恭敬，汲用无惧。浣衣池侧大方石上，有如来袈裟之迹，其文明彻，焕如雕镂，诸净信者每来供养。外道凶人轻蹈此石，池中龙王便兴风雨。

池侧不远有窣堵波，是如来修菩萨行时，为六牙象王，猎人利其牙也，诈服袈裟，弯弧伺捕，象王为敬袈裟，遂搅牙而授焉。

　　掞牙侧不远有窣堵波，是如来修菩萨行时，愍世无礼，示为鸟身，与彼弥猴、白象，于此相问，谁先见是尼拘律树②，各言事迹，遂编长幼，化渐远近，人知上下，导俗归依。

　　其侧不远，大林中有窣堵波，是如来昔与提婆达多③俱为鹿王断事之处。昔于此处大林之中，有两群鹿，各五百余。时此中王畋游原泽，菩萨鹿王前请王曰：“大王校猎中原，纵撩飞矢，凡我徒属，命尽兹晨，不日腐臭，无所充膳。愿欲次差，日输一鹿。王有割鲜之膳，我延旦夕之命。”王善其言，回驾而返。两群之鹿，更次输命。提婆群中有怀孕鹿，次当就死，白其王曰：“身虽应死，子未次也。”鹿王怒曰：“谁不宝命！”雌鹿叹曰：“吾王不仁，死无日矣。”乃告急菩萨鹿王。鹿王曰：“悲哉慈母之心，恩及未形之子！吾今代汝。”遂至王门。道路之人传声唱曰：“彼大鹿王今来入邑。”都人士庶莫不驰观。王之闻也，以为不诚，门者白至，王乃信然。曰：“鹿王何遽来耶？”鹿曰：“有雌当死，胎子未产，心不能忍，敢以身代。”王闻叹曰：“我人身，鹿也。尔鹿身，人也。”于是悉放诸鹿，不复输命，即以其林为诸鹿薮，因而谓之施鹿林焉。鹿野之号，自此而兴。

【注释】

　　① 金毗罗，又作俱毗罗、宫毗罗、俱吠罗等，梵文 Kumbīra 的音译；意译作蛟龙、鳄鱼等。玄应《音义》卷五：“蛟龙，梵云宫毗罗，音交；有鳞曰蛟龙。”

② 尼拘律树，释见卷五 1.2 注 ④。

③ 提婆达多，释迦之从弟，释见卷六 1.3 注 ⑤。

【译文】

鹿野寺围墙之西有一清池，方圆二百多里，如来曾在其中沐浴。再往西去的一个大水池，方圆一百八十步，如来曾在其中洗涤器物。再往北去有一水池，方圆一百五十步，如来曾在其中洗衣。这三个水池中都有龙居住。池水很深，水味又甜，洁净清澈，永不增减。如果有人怀着骄慢之心，在这池中洗涤，则往往遭受金毗罗兽之害；如果深怀恭敬，则可任意取水使用，不必惧怕。洗衣池旁的大方石上，有如来袈裟的印迹，纹理清晰明了，犹如雕刻一般，许多坚信佛法者常来这里供养。外道恶人如果轻率走上此石，池中龙王便会兴风作浪。

池旁不远处有一佛塔，当初如来在此修菩萨行时，身为六牙象王，猎人贪图象牙，假意穿上袈裟，偷偷拉紧弓弦，伺机捕杀大象，象王为了尊敬袈裟，扭断象牙送给猎人。

扭牙塔旁不远处有座佛塔，当初如来在此修菩萨行时，悲叹世人不知礼仪，遂化为飞鸟，与弥猴、白象一起相约，谁先看见尼拘律树，便先讲述自己事迹，于是分出长幼次序，教化逐渐普及各地，人人都知尊卑之礼，引导人们归依佛法。

在这旁边不远处，大树林内有座佛塔，乃是如来当初与提婆达多都为鹿王，用不同方式处理事务之处。当时这片大树林中，有两群鹿，各有五百只。该国国王正在野外狩猎，菩萨鹿王上前请求道："陛下狩猎原野，任意发射箭矢，我的所有臣属，都将死于一旦，不久就会腐臭，无法供您食用。我愿依次遣送，每天给您一鹿。陛下既有鲜美肉食，我辈也能延长寿命。"国王同意他的意见,于是罢猎返回王宫。两个鹿群便轮流向国王送鹿。提婆鹿群中有只怀孕雌鹿,依次轮到她死,她对鹿王说道:"我本身虽然该死,但胎儿尚未轮到。"鹿王怒道:"谁不珍惜自己生命?"雌鹿悲叹道:"我们的王没有仁慈之心,我们之死便很快了。"于是急求菩萨鹿王。鹿王说道:"可怜啊,慈母之心,恩惠施于尚未成形的胎儿!现在我来替你去死。"于是来到王城门口。路上群众高声传言:"大鹿王现在进城来了。"城内官员百姓,无不奔来观看。国王听到之后,以为这是谣传,但当门卫报称鹿王已到,国王方才相信。他问道:"鹿王为何匆匆跑来?"鹿王答道:"有只雌鹿轮到今日被杀,但是胎儿尚未产下,我的心里实在不忍,所以冒昧以身自代。"国王听后慨叹万分:"我是人的身体,鹿的心肠。你是鹿的身体,人的心肠。"于是赦免所有的鹿,不再要它们每天输送一鹿,并将这片树林作为鹿群栖居之地,所以称之为施鹿林。鹿野一名,从此而得。

1.4　伽蓝西南二三里,有窣堵波,高三百余尺,基址广峙,莹饰奇珍,既无层龛,便置覆钵,虽建表柱,而无轮铎^①。其侧有小窣堵波,是阿若憍陈如等五人弃制迎佛处也。初,萨婆曷剌他悉陀^②唐言一切义成。旧言悉达多,讹略也。太子逾城之后,栖山隐谷,忘身殉法。净饭王乃命家族三人、舅氏二人曰:"我子一切义成舍家修学,孤游山泽,独处林薮,故命尔曹随知所止。内则叔父、伯舅,外则既君且臣,凡厥动静,宜知进止。"五人衔命,相望营卫,因即勤求,欲期出离。每相谓曰:"夫修道者,苦证耶?乐证耶?"二人曰:"安乐为道。"三人曰:"勤苦为道。"二三交争,未有以明。于是太子思惟至理,为伏苦行外道,节麻米以支身。彼二人者见而言曰:"太子所行非真实法。夫道也者,乐以证之,今乃勤苦,非吾徒也。"舍而远遁,思惟果证。太子六年苦行,未证菩提,欲验苦行非真,受乳糜而证果。斯三人者闻而叹曰:"功垂成矣,今其退矣。六年苦行,一旦捐功!"于是相从求访二人,既相见已,匡坐高谈,更相议曰:"昔见太子一切义成,出王宫,就荒谷,去珍服,披鹿皮,精勤厉志,贞节苦心,求深妙法,期无上果③。今乃受牧女乳糜,败道亏志,吾知之矣,无能为也。"彼二人曰:"君何见之晚欤?此猖厥人耳。夫处乎深宫,安乎尊胜,不能静志,远迹山林,弃转轮王位,为鄙贱人行,何可念哉?言增忉怛④耳!"菩萨浴尼连河,坐菩提树,成等正觉,号天人师,寂然宴默,惟察应度,曰:"彼郁头蓝子⑤者,证非想定⑥,堪受妙法。"空中诸天寻声报曰:"郁头蓝子命终已来,经今七日。"如来叹惜:"斯何不遇?垂闻妙法,遽从变化!"重更观察,营求世界,有阿蓝迦蓝⑦,得无所有处定⑧,可授至理。诸天又曰:"终已五日。"如来再叹,愍其薄佑。又更谛观,谁应受教,唯施鹿林中有五人者,可先诱导。如来尔时起菩提树,趣鹿野园,威仪寂静,神光晃耀,毫含玉彩,身真金色,安详前进,导彼五人。斯五人遥见如来,互相谓曰:"一切义成,彼来者是。岁月遽淹,圣果不证,心期已退,故寻吾徒。宜各默然,勿起迎礼。"如来渐近,威神动物,五人忘制,拜迎问讯,侍从如仪。如来渐诱,示之妙理,雨安居⑨毕,方获果证。

【注释】

① 轮铎，谓轮相（即露盘，释见卷一4.9注⑦）和铃铎。

② 萨婆曷剌他悉陀，即一切义成太子，释见卷六1.12注⑪。

③ 无上果，即无上觉、无上正觉、无上等正觉；音译作阿耨多罗三藐三菩提。是为佛陀觉悟一切法之真智。参看卷六1.5注③和1.7注⑥。

④ 忉怛，悲伤之意。《文选》李陵《答苏武书》："只令人悲，增忉怛耳。"李善注云："《尔雅》曰：忉，忧也。《方言》曰：怛，痛也。"张铣曰："忉怛，内悲也。"

⑤ 郁头蓝子，亦称郁头蓝弗、郁头蓝、优陀罗罗摩子等，梵文Udraka Ramāputra的音义混译（putra义为"子"）或音译；意译作猛喜、极喜等。慧琳《音义》卷二十六："郁头蓝弗，此云獭戏子，坐得非想定，获五神通，飞入王宫，遂失通定，徒步归山。"

⑥ 非想定，即非想非非想处定，是为"四空定"或"四无色定"之一，也是四者中的最高境界。四空定是空无边处定、识无边处定、无所有处定、非想非非想处定。证此定者，既舍弃识处的有想，又舍弃无所有处的无想，行者于此如痴如醉，泯然寂绝，清静无为。

⑦ 阿蓝迦蓝，又作阿罗逻、阿蓝，梵文Ārāḍakālāma的音译；意译作懈怠。慧琳《音义》卷二十六："阿罗罗，此云懈怠，亦获通定者也。"是为释迦出家之初就学的外道仙人。

⑧ 无所有处定，"四空定"之一，是为生无所有处的禅定。行此定者，更厌其识，而观心识无所有，心与无所有相应，故名。

⑨ 雨安居，即夏安居或安居，释见卷一3.1注⑧。

【译文】

佛寺西南方二三里处，有座佛塔，高达三百多尺，塔基高大宽广，镶饰奇珍异宝，塔身没有层龛，只有覆钵部分，虽然立有表柱，却无轮相铃铎。旁边有一小塔，乃是阿若憍陈如等五人放弃自我制约，迎接佛陀之处。当初，萨婆曷剌他悉陀（唐语谓"一切义成"。旧称悉达多，误）太子越城以后，隐居山谷之中，打算舍身殉法。净饭王于是吩咐本家族中三人、太子舅家中二人道："我的儿子一切义成弃家修行，孤身一人游走山泽，独自居于丛林之中，所以要你们跟随他去，探知他的行踪。你们在族内是叔父、伯舅，在外面则是君臣关系，发生一切情况，都应处理得体。"五人领命以后，跟随太子警卫，遂也勤奋探求，希望脱离轮回。他们经常相互议论道："关于修道之事，是以苦行证果，还是在安乐之中证果？"其中二人说道："当在安乐之中修道。"另外三人则说："应以勤苦修道。"五人交相争辩，没有明确结论。太子思考修行的至理，为了实行苦行外道的修行方式，尽量减少穿着、饮食，只是勉强维持生命。那二人见了说道："太子奉行的并非真正修道之法。所谓道，应在安乐之中证得，如今这么勤苦，不能与之为伍。"于是远远离开太子，思考其它证果办法。太子修了六年苦行，仍未证得菩提之果，便想检验苦行是否为真正的修行之法，于是吃了乳糜，居然证得正果。另外三人得知后叹息道："太子即将成功，如今却已倒退。六年苦苦修行，大功毁于一旦！"于是结伴寻访早先二人，见面之后，坐下谈论，相互议道："当初见一切义成太子逃离王宫，奔赴荒谷，脱去华服，披上鹿皮，精心勤修，矢志不渝，信念坚定，苦心孤诣，探求深奥妙法，期望无上之果。如今却接受牧女乳糜，损坏道行，辜负初志，我们现在知道，他已没有作为了。"其它二人说道："你们怎么觉悟得如此之晚？这是个疯狂的人。他居于深宫之中，养尊处优，不能宁静立志，远处山林之间，放弃王位，行同低贱之人，还有什么可挂念的呢？说来更加令人悲伤。"菩萨在尼连河洗浴以后，坐在菩提树下，成等正觉，号为天人师，寂然默思，思考可以度化之人，他说道："那个名叫郁头蓝子的，已经证得非想定，可以接受我的妙法。"这时空中诸天神应声答道："郁头蓝子去世至今，已经七天。"如来叹息道："怎么如此不幸？刚刚可以闻听我的妙法，不料突然去世！"于是重新观察，在世间寻求，有一位阿蓝迦蓝，已得无所有处定，可以授与至高真理。诸天神又说道："他已死去五天。"如来再次叹息，惋惜他的福薄。又复仔细观察，何人可以受教，只有施鹿林中的五人，可以先行诱导。如来便从菩提树下站起，前赴鹿野园，仪表威严肃穆，神光闪烁耀照，毫毛呈现玉色，身上金光灿灿，安然迈步前行，准备化导五人。五人远远望见如来，相互约道："过来的是一切义成太子。岁月迅速流逝，圣果未能证得，修行心愿已经消失，所以前来寻找我们。大家应该默不作声，切勿起来施礼迎接。"如来渐渐走近，神威感动万物，五人忘了制约，起身拜迎问候，按照仪轨侍立。如来逐渐诱导，展示精妙真理，安居结束之后，五人才获果证。

1.5　施鹿林东行二三里，至窣堵波，傍有涸池，周八十余步，一名救命，又谓烈士。闻诸土俗曰：数百年前，有一隐士，于此池侧结庐屏迹，博习伎术，究极神理，能使瓦砾为宝，人畜易形，但未能驭风云，陪仙驾。阅图考古，更求仙术。其方曰："夫神仙者，长生之术也。将欲求学，先定其志，筑建坛场，周一丈余。命一烈士，信勇昭著，执长刀，立坛隅，屏息绝言，自昏达旦；求仙者中坛而坐，手按长刀，口诵神咒，收视反听，迟明登仙。所执铦刀变为宝剑，凌虚履空，王诸仙侣，执剑指麾，所欲皆从，无衰无老，不病不死。"是人既得仙方，行访烈士，营求旷岁，未谐心愿。后于城中遇见一人，悲号逐路。隐士睹其相，心甚庆悦，即而慰问："何至怨伤？"曰："我以贫窭，佣力自济。其主见知，特深信用，期满五岁，当酬重赏。于是忍勤苦，忘艰辛。五年将周，一旦违失，既蒙笞辱，又无所得。以此为心，悲悼谁恤？"隐士命与同游，来至草庐，以术力故，化具肴馔，已而令入池浴，服以新衣，又以五百金钱遗之，曰："尽当来求，幸无外也。"自时厥后，数加重赂，潜行阴德，感激其心。烈士屡求效命，以报知已。隐士曰："我求烈士，弥历岁时，幸而会遇，奇貌应图，非有他故，愿一夕不声耳。"烈士曰："死尚不辞，岂徒屏息？"于是设坛场，受仙法，依方行事，坐待日曛。曛暮之后，各司其务，隐士诵神咒，烈士按铦刀。殆将晓矣，忽发声叫。是时空中火下，烟焰云蒸，隐士疾引此人，入池避难。已而问曰："诫子无声，何以惊叫？"烈士曰："受命后，至夜分，昏然若梦，变异更起。见昔事主躬来慰谢，感荷厚恩，曾不报语；彼人震怒，遂见杀害。受中阴身①，顾尸叹惜，犹愿历世不言，以报厚德。遂见托生南印度大婆罗门家，乃至受胎出胎，备经苦厄，荷恩荷德，尝不出声。洎乎受业、冠、婚、丧亲、生子，每念前恩，忍而不语，宗亲戚属咸见怪异。年过六十有五，我妻谓曰：'汝可言矣！若不语者，当杀汝子。'我时惟念，已隔生世，自顾衰老，唯此稚子，因止其妻，令无杀害，遂发此声耳。"

隐士曰："我之过也！此魔娆^②耳。"烈士感恩，悲事不成，愤恚而死。免火灾难，故曰救命；感恩而死，又谓烈士池。

【注释】

① 受中阴身，谓处于死后及再转生前的一个阶段。中阴，释见卷一4.3 注 ⑫。

② 魔娆，犹言魔障的扰乱蛊惑。魔，系魔罗之略，梵文 māra 的音译；意译作能夺命、障碍、扰乱、破坏。是为修道之障碍。《婆娑论》卷二十九："问曰：何名为魔？答曰：断慧命，故名魔；复次，常行放逸害自身，故名魔。"娆，当是娆固之略；娆固通扰蛊，即扰乱蛊惑之意。《维摩经·菩萨品》："时维摩诘来谓我言：'非帝释也，是为魔来娆固汝耳。'"

【译文】

从施鹿林向东行走二三里，抵达一座佛塔，旁边有一干涸之池，方圆八十多步，称为救命池，又名烈士池。听当地人说：几百年前，有位隐士，在这个池旁搭建茅庐隐居，他的知识广博，掌握各种方伎、法术，精通神变之理，能使瓦片石块变成珍宝，人类、畜生改变形貌，但是还不能够腾云驾雾，与仙人为伍。于是他查阅古代图书典籍，考察古人成仙之道，进一步探索登仙之术。成仙之法这样记道："神仙是长生不老之术。若要研学，先得矢志不渝，建造一个坛场，方圆一丈开外。吩咐一位烈士，此人必须信用、勇气都很杰出，手执长刀，立在坛角，抑制呼吸，默不出声，从黄昏直至黎明；求仙之人坐在坛场中央，手里拿着长刀，口中诵念神咒，不看不闻，天亮之前便可成仙。手中利刀变为宝剑，可在虚空行走，称王众仙之中，仗剑指挥，一切愿求都能实现，不会体衰，也不年老，不会生病，也不死亡。"此人得了仙方，便去寻访烈士，枉费许多时日，未能实现愿望。后在城内遇见一人，走在路上悲哀号哭。隐士看到他的相貌，心中暗自庆幸喜悦，从而上前安慰他道："何事令你如此悲伤？"那人答道："我因家境贫困，便当雇工为生。东家对我了解，特别信任重用，答应干满五年，给我重大酬劳。我便勤奋耐劳，忘却艰难辛苦。五年将满之时，忽然犯一过错，既被笞打受辱，而且一无所获。所以异常悲哀，但是有谁同情？"隐士请他与自己同行，回到草庐，使用法术，变出饭菜，供他食用，又让他在池中洗浴，给他穿上新衣，赠送五百金币，说道："钱若用光，再可来拿，切勿见外。"在这以后，隐士屡次赠送大量金钱，暗中对他行善，激发他的感恩之心。烈士几次请求为他尽力效劳，以便报答知遇之恩。隐士说道："我之访求烈士，已有许多岁月，有幸与你相遇，你的相貌与古图吻合，我没有其它要求，只要你一个晚上静默不语。"烈士答道："即使去死我也不怕，何况只要不出声息。"隐士于是设立坛场，根据成仙之法，一一照章办事，静待太阳落山。等到黄昏以后，两人各司其职，隐士念诵神咒，烈士手按利刀。将近天亮之时，烈士忽然高叫。这时空中大火降下，烈焰翻滚，隐士赶紧拉着此人，逃入水池避难。过后问道："我叫你不要出声，为何忽然惊叫？"烈士答道："我接受任务以后，就在半夜时分，觉得昏昏沉沉，犹如做梦一般，各种变幻迭起。首先看见以前东家，亲自前来慰问道歉，想到你的大恩大德，我强忍住不予理睬；那人极其愤怒，于是将我杀死。我变成中阴之身，望着尸体叹惜，但是仍愿世世都不说话，以便报答你的恩德。于是转生投胎于南印度一户婆罗门大族中，以致形成胎儿，诞生出来，经历种种苦难，鉴于你的恩德，我都不曾发声。此后又经读书、成年、结婚、丧亲、生子，我一想及你的恩情，就强忍住不发一语，亲戚朋友都感奇怪。当我年过六十五岁后，妻子对我说道：'现在你可以说话了。如果再不开口，我就杀死儿子。'我这时想道，事已相隔一世，自己年已衰老，只有这个幼子，因此制止我妻，叫她不要杀子，从而发出呼声。"隐士说道："这是我的过失！你所说的梦境，不过是魔障的扰乱蛊惑。"烈士感激隐士之恩，悲叹事情没有成功，惭愧愤恨而死。水池由于消除了天火之灾，所以称为救命池；又因烈士为感隐士之恩而死，所以也称烈士池。

1.6 烈士池西有三兽窣堵波，是如来修菩萨行①时烧身之处。劫初时，于此林野，有狐、兔、猿，异类相悦。时天帝释欲验修菩萨行者，降灵应化②为一老夫，谓三兽曰："二三子善安隐乎？无惊惧耶？"曰："涉丰草，游茂林，异类同欢，既安且乐。"老夫曰："闻二三子情厚意密，忘其老弊，故此远寻。今正饥乏，何以馈食？"曰："幸少留此，我躬驰访。"于是同心虚己③，分路营求。狐沿水滨，衔一鲜鲤，猿于林树，采异花果，俱来至止，同进老夫。惟兔空还，游跃左右。老夫谓曰："以吾观之，尔曹未和。猿狐同志，各能役心，惟兔空还，独无相馈。以此言之，诚可知也。"兔闻讥议，谓狐、猿曰："多积樵苏，方有所作。"狐、猿竞驰，衔草曳木，既已蕴崇，猛焰将炽。兔曰："仁者，我身卑劣，所求难遂，敢以微躬，充此一餐。"辞毕入火，寻即致死。是时老夫复帝释身，除烬收骸，伤叹良久，谓狐、猿曰："一何至此！吾感其心，不泯其迹，寄之月轮，传乎后世。"故彼咸言，月中之兔，自斯而有。后人于此建窣堵波。

从此顺殑伽河流，东行三百余里，至战主国。中印度境。

【注释】

① 菩萨行，释见卷六 1.17 注 ⑥。

② 应化，佛、菩萨、天神等应众生之机缘而现身变化，谓之应化，亦即应真佛缘而变化种种。其义与"变化"相近。

③ 同心虚己，意谓同心协力，诚恳待人。同心，谓心志相同，《左传·成公十三年》："昔逮我献公及穆公相好，戮力同心，申之以盟誓，重之以昏姻。"虚己，谓自视若虚，十分愿意接受他人的意见，《汉书·霍光传》："（霍）光每朝见，上虚己敛容，礼下之已甚。"

【译文】

烈士池的西侧有座三兽塔，乃是如来修菩萨行时的焚身之处。劫初时期，这片林野之中，居住着一狐、一兔、一猿，虽然种类不同，但是和睦相处。这时天帝释意欲考验其中修菩萨行的一兽，于是自天降临，幻化成一位老人，对三只动物说道："你们这几位都生活得很平安吗？没有什么惊恐之事吧？"三兽答道："我们奔驰于丰盛的草丛里，游玩于茂密的树林中，不同种类，一同欢聚，既很平安，又很快乐。"老人说道："听说你们情意甚笃，所以我也不顾年老体弱，远远赶来拜访。如今又饿又累，你们有些什么食品款待？"三兽答道："请你在此稍等一会，我们立即出去采办。"它们同心协力，坦诚相待，各自分头觅食。狐狸沿着河边，衔来一条新鲜鲤鱼，猴猿在树林中，采集异花奇果，相偕回到这里，一同进奉老人。只有兔子空手而归，犹自蹦蹦跳跳，好不自在。老人说道："以我看来，你们并不融洽和睦，猿、狐志同道合，都能认真办事，只有兔子空手而归，没有食品相赠与我。从这一情况看来，可知我的看法不错。"兔子听得老人讥刺，遂对狐猿说道："你们去收集些柴草来，我要办一件事。"狐猿竞相奔忙，衔来干草，拖来木柴，柴草堆得很高，烈火猛烈燃烧。兔子说道："仁厚的长者啊，我自己卑微低下，难以完成你的要求，如今冒昧用我本身，充当你的一顿餐食。"说完以后，纵入火中，旋即烧死。这时老人恢复帝释形貌，去除灰烬，收取遗骸，伤心悲叹许久，对狐、猿说道："兔子何至于弄到这般地步！我被其心意感动，不欲埋没伟迹，将它放入月宫，以便流传后世。"所以人们都说，月亮中的兔子，是从那时候开始有的。后世之人便在这里建造了一座佛塔。

从本国顺殑伽河，向东行走三百多里，抵达战主国（在中印度境内）。

战主国

1.7　战主^①国，周二千余里。都城临殑伽河，周十余里。居人丰乐，邑里相邻。土地膏腴，稼穑时播。气序和畅，风俗淳质，人性犷烈，邪正兼信。伽蓝十余所，僧徒减千人，并皆遵习小乘教法。天祠二十，异道杂居。

　　大城西北伽蓝中窣堵波，无忧王之所建也。《印度记》曰：此中有如来舍利一升。昔者世尊尝于此处，七日之中，为天、人众显说妙法。其侧则有过去三佛^②座及经行遗迹之处。邻此复有慈氏菩萨^③像，形量虽小，威神嶷然，灵鉴潜通，奇迹间起。

【注释】

　　① 战主，梵文 Garjapatipura 的意译。该国都城故址在今印度北方

邦东南部的加济普尔（Ghazipur），是为恒河中游的交通要冲地区。

②过去三佛，即过去四佛（释见卷二 2.6 注②）中的前三佛。

③慈氏菩萨，即弥勒，释见卷三 1.6 注③。

【译文】

战主国方圆二千多里。都城面临殑伽河，方圆十多里。居民富裕安乐，街坊延绵连接。田土相当肥沃，庄稼适时播种。气候温和舒畅，民风淳厚朴质，性格粗犷刚烈，外道、佛教都信。境内有佛寺十多所，僧人不到一千名，全都研学小乘教。尚有天祠二十所，各派外道混杂相居。

都城西北的佛寺之内有座佛塔，乃是无忧王所建造。《印度记》载道：塔内藏有一升如来舍利。当年如来曾在这里为天人大众演说妙法，历时七天。塔旁则有过去三佛的坐处以及散步场所的遗迹。再过去还有慈氏菩萨肖像，尺寸虽然较小，但是神情威严，气度不同凡俗，神灵暗与像通，奇迹时有发生。

1.8　大城东行二百余里，至阿避陀羯剌拿^①僧伽蓝。唐言不穿耳。周垣不广，雕饰甚工，花池交影，台阁连甍，僧徒肃穆，众仪庠序^②。闻诸耆旧曰：昔大雪山^③北睹货逻国^④有乐学^⑤沙门，二三同志礼诵余闲，每相谓曰："妙理幽玄，非言谈所究；圣迹昭著，可足趾相寻。宜询莫逆，亲观圣迹。"于是二三交友，杖锡同游。既至印度，寓诸伽蓝，轻其边鄙，莫之见舍。外迫风露，内累口腹，颜色憔悴，形容枯槁。时此国王出游近郊，见诸客僧，怪而问曰："何方乞士？何因而来？耳既不穿^⑥，衣又垢弊。"沙门对曰："我，睹货逻国人也。恭承遗教，高蹈俗尘，率其同好，观礼圣迹。慨以薄福，众所同弃，印度沙门，昔顾羁旅。欲还本土，巡礼未周，虽迫勤苦，心遂后已。"王闻其说，用增悲感，即斯胜地，建立伽蓝，白氎题书，为之制曰："我惟尊居世上，贵极人中，斯皆三宝之灵佑也。既为人王，受佛付嘱，凡厥染衣⑦，吾当惠济。建此伽蓝，式招羁旅。自今已来，诸穿耳僧，我此伽蓝不得止舍。"因其事迹，故以名焉。

【注释】

① 阿避陀羯剌拿，梵文 Aviddhakarṇa 的音译；意译作不穿耳。其遗址可能在今加济普尔以东约 53 公里处的 Baliya 附近，今 Bikapur。

② 庠序，原谓详礼义，序长幼之所，即是指学校。《白虎通·辟雍》："庠者，详礼义；序者，序长幼也。"《孟子·梁惠王上》："谨庠序之教，申之以孝悌之度，颁白者不负戴于道路矣。"赵歧注云："庠序者，教化之宫也。殷曰序，周曰庠。谨修教化，申重孝悌之义。"所以，这里"僧徒肃穆，众仪庠序"一语的意思当是：僧徒庄严肃穆，恪守戒规，僧众的仪轨犹如学宫中那样，讲究礼义，尊卑有序。

③ 大雪山，释见敬播序 1.1 注 ㉒ 。

④ 睹货逻国，释见卷一 3.1 注 1。

⑤ 乐学，在此当作"爱好研学（佛法）"解；即"乐"字作为动词，释作"爱好"，如《论语·雍也》"知者乐水，仁者乐山"。

⑥ 穿耳与否，当是古印度人与某些域外人在外貌方面的主要区别之一，以致人们以"穿耳僧"一名专指印度僧人；梁代来华的印度高僧菩提达磨就被称作"穿耳客"。又，《青琐高议》后集卷一："（丞相陈执

中）徐徐闲步，遇胡僧，卷鼻耳耸，金环贯耳。"这里的"胡僧"即是印度僧人。所以在此"耳既不穿"的睹货逻国人便被印度人视为域外来客。

⑦ 染衣，即僧衣，亦指佛僧。释见卷二 2.7 注 ⑥。

【译文】

从都城向东行走二百多里，抵达阿避陀羯刺拿寺（唐语谓"不穿耳"）。寺周围墙占地不广，但是雕琢装饰十分精巧，花卉水池交相映照，亭台楼阁连成一片，僧徒庄严肃穆，讲究礼义，尊卑有序。听年老长者说：当初大雪山北面的睹货逻国内有些爱好研习佛学的沙门，几个志同道合者在礼诵佛经之余，常相说道："佛法真理深奥玄妙，不是言谈所能彻底探究；如今圣人遗迹，仍然清楚留存，我们可以前去拜访。应该邀约知心朋友，亲眼瞻仰圣人遗迹。"于是几人结成一伙，手执锡杖同去游览。到达印度之后，意欲借宿佛寺，寺僧轻视他们是边远落后地区来客，便不肯予以留宿。这些沙门外遭风吹露湿，内苦口渴腹饥，面色十分憔悴，容貌干枯无光。当时正逢该国国王游玩近郊，看见这些外来僧人，颇感奇怪，于是问道："你们是何处来的乞丐？为了何事而来？耳上并未穿环，衣又肮脏破烂。"沙门答道："我们乃是睹货逻国人。继承如来遗教，远离尘俗修行，相约同好之人，瞻仰圣人遗迹。可叹自己福薄，被印度僧众嫌弃，这些印度沙门，不肯照顾旅行在外之人，我们原想返回本国，然而尚未遍观佛迹，虽然十分艰苦，但要心愿实现之后方始罢休。"国王听了此语，心中非常伤感，当即在这胜地，建造一座佛寺，并用白布题字，写下如下规定："我能称尊世间，人中最为高贵，全仗佛法佑助。既然作为国王，就应听佛嘱咐，对于一切僧徒，都该施惠接济。如今建此佛寺，敬招外乡僧侣。自从今天开始，所有穿耳僧人，不准宿我此寺。"由于这段事迹，故名不穿耳寺。

1.9 阿避陀羯剌拿伽蓝东南行百余里，南渡殑伽河，至摩诃婆罗^①邑，并婆罗门种，不遵佛法。忽见沙门，先访学业，知其强识，方深礼敬。

殑伽河北，有那罗延天^②祠。重阁层台，奂其丽饰。诸天之像，镌石而成，工极人谋，灵应难究。

那罗延天祠东行三十余里，有窣堵波，无忧王之所建也，大半陷地。前建石柱，高余二丈，上作师子之像，刻记伏鬼之事。昔于此处有旷野鬼^③，恃大威力，啖人血肉，作害生灵，肆极妖祟。如来愍诸众生不得其死，以神通力诱化诸鬼，导以归依之敬，齐以不杀之戒。诸鬼承教，奉以周旋。于是举石请佛安坐，愿闻正法，克念护持。自兹厥后，无信之徒竞共推移鬼之石座，动以万数，莫之能转。茂林清池，周其左右，人至其侧，无不心惧。

伏鬼侧不远，有数伽蓝，虽多倾毁，尚有僧徒，并皆遵习大乘教法。

从此东南行百余里，至一窣堵波，基已倾陷，余高数丈。昔者如来寂灭之后，八国大王分舍利也，量舍利婆罗门蜜涂瓶内，分授诸王，而婆罗门持瓶以归，既得所粘舍利，遂建窣堵波，并瓶置内，因以名焉。后无忧王开取舍利瓶，改建大窣堵波，或至斋日^④，时烛光明。

从此东北渡殑伽河，行百四五十里，至吠舍厘国。旧曰毗舍离国，讹也。中印度境。

【注释】

① 摩诃娑罗，梵文 Mahāśāla 的音译；意为大宅主、大居家者。该邑故址可能在今巴特那以西的阿拉赫之西约 10 公里处，今名马莎尔村（Masār）。

② 那罗延天，那梵天之异名，释见卷二 2.5 注 ⑤。

③ 旷野鬼，梵文 Āṭavaka 的意译；音译作阿吒婆拘、遏吒薄、阿吒薄俱等。是为十六大夜叉将之一。慧琳《音义》卷十二："阿吒嚩迦……梵语也，旷野鬼神大将名也。或名遏吒薄俱，语声转，皆一也。俗名元帅大将，非也。十六大药叉将之一将也。"

④ 斋日，释见卷一 1.4 注 ④。

【译文】

从阿避陀羯剌拿寺向东南方行走一百多里，向南渡过殑伽河，抵达摩诃娑罗邑，居民全是婆罗门种姓，都不信奉佛法。突然见到我这沙门前来，首先探询我的学识深浅，一旦得知我学博识广，便即深加礼敬。

殑伽河的北岸，有座那罗延天祠。楼阁重重，台轩层层，装饰华丽。众多天神之像，都用石块雕成，工艺精巧之极，灵验神异难测。

从那罗延天祠向东行走三十多里，有座佛塔，乃是无忧王建造，部分已经陷入地下。塔前立有石柱，高二丈多，上面刻有狮子之像，并且记载伏鬼之事。当初，这里有旷野鬼，依仗巨大威力，饮食人类血肉，残害广大生灵，肆无忌惮作祟。如来怜悯众生不得善终，于是运用神力，诱导度化众鬼，用归依佛法的崇敬心开导之，用不得杀生的戒律整治之。众鬼接受教诲，侍奉佛陀左右。于是搬来石头请佛安坐，希望闻听正法，竭力维护扶持。在此以后，不信佛法之徒，曾想推开众鬼所放石座，动辄万人之数，也不能移动分毫。茂密树林，清澈水池，分布在其周围，人们来到这里，无不敬畏异常。

伏鬼塔旁不远之处，有几座佛寺，虽然损坏严重，但是仍有僧徒，全都研学大乘教法。

从这里向东南方行走一百多里，抵达一座佛塔，塔基已经塌陷，剩者仅高几丈。当初如来涅槃以后，八国国王分取舍利之时，负责称量舍利的婆罗门用蜜涂在瓶内，再用它来计量舍利，分给诸王，婆罗门则将瓶带回，取得粘在瓶内的舍利，于是建造佛塔，连瓶藏在塔内，所以名为瓶塔。后来无忧王开塔取出舍利瓶，改建一座大塔，待到斋日期间，时常放射光明。

从本国向东北方渡过殑伽河，行走一百四五十里，抵达吠舍厘国（旧称毗舍离国，误。在中印度境内）。

吠舍厘国

1.10 吠舍厘①国，周五千余里。土地沃壤，花果茂盛，庵没罗果、茂遮果既多且贵②。气序和畅，风俗淳质，好福重学，邪正兼信。伽蓝数百，多已圮坏，存者三五，僧徒稀少。天祠数十，异道杂居，露形之徒③，实繁其党。吠舍厘城已甚倾颓，其故基址周六七十里，宫城周四五里，少有居人。

宫城西北五六里，至一伽蓝，僧徒寡少，习学小乘正量部④法。傍有窣堵波，是昔如来说《毗摩罗诘经》⑤，长者子宝积⑥等献宝盖处。其东有窣堵波，舍利子⑦等于此证无学之果⑧。

舍利子证果东南有窣堵波，是吠舍厘王之所建也。佛涅槃后，此国先王分得舍利，式修崇建。《印度记》曰：此中旧有如来舍利一斛，无忧王开取九斗，惟留一斗。后有国王复欲开取，方事兴工，寻即地震，遂不敢开。其西北有窣堵波，无忧王之所建也。傍有石柱，高五六十尺，上作师子之像。石柱南有池，是群狝猴为佛穿也，在昔如来曾住于此。池西不远有窣堵波，诸狝猴持如来钵上树取蜜之处；池南不远有窣堵波，是诸狝猴奉佛蜜处；池西北隅犹有狝猴形像。

　　伽蓝东北三四里有窣堵波，是毗摩罗诘[9]唐言无垢称。旧曰净名，然净则无垢，名则是称，义虽取同，名乃有异。旧曰维摩诘，讹略也。故宅基址，多有灵异。去此不远有一神舍，其状叠砖，传云积石，即无垢称长者现疾说法之处[10]。去此不远有窣堵波，长者子宝积故宅也。去此不远有窣堵波，是庵没罗女[11]故宅，佛姨母等诸苾刍尼于此证入涅槃。

【注释】

　　① 吠舍厘，又作维邪离、毗舍离、毗舍利、毗娑罗等，梵文 Vaiśālī 的音译；意译作广博、庄严、广严等。其国都城故址在今比哈尔邦北部木札法普尔（Muzaffarpur）地区的比沙尔（Besāṛh），位于甘达克河的东岸。

　　② 庵没罗果、茂遮果，释见卷二 1.17 注 ① 和注 ⑨。

　　③ 露形之徒，即耆那教天衣派信徒，释见卷一 4.4 注 ⑦。

　　④ 正量部，释见卷四 2.11 注 ②。

　　⑤《毗摩罗诘经》，亦称《维摩诘所说经》、《维摩诘经》、《维摩经》，梵文 Vimalakīrtinirde-śastra 的音义混译。又名《不可思议解脱经》。据

说乃是释迦牟尼所说之经,是大乘教兴起时所根据的重要经典。自东汉严佛调以迄唐代玄奘,此经凡有七译,今存三种经本:三国吴支谦译《维摩诘经》二卷;后秦鸠摩罗什译《维摩诘所说经》三卷;唐玄奘译《说无垢称经》六卷。其中以鸠摩罗什译本流传最广。

⑥ 宝积,又作宝性、宝事、宝台等,梵文 Ratnākara 的意译;音译作刺那伽罗、罗邻那竭、曷剌怛那揭婆等。是为毗摩罗诘长者之子。

⑦ 舍利子,佛陀的弟子,释见卷四 2.2 注 ③。

⑧ 无学果,指达到最高觉悟的果位。释见卷三 3.4 注 ⑤。

⑨ 毗摩罗诘,又作维摩罗诘、维摩诘,略称维摩,梵文 Vimalakīrt 的音译;意译作净名、无垢称。是为吠舍厘城的居士,从妙喜国化生于此,委身在俗,以辅佐释迦之教化。《维摩诘经·见阿閦佛品》:"是时佛告舍利弗:有国名妙喜,佛号无动,是维摩诘于彼国没,而来生此。"

⑩ 关于无垢称长者现疾说法之事,《维摩诘经》多处提及。《方便品》云:"以其疾故,国王、大臣、长者、居士、婆罗门等及诸王子,并余官属,无数千人,皆往问疾。维摩诘因以身疾广为说法。"《文殊师利问疾品》云:"尔时佛告文殊师利:'汝行诣维摩诘问疾。'文殊师利白佛言:'世尊,彼上人者,难为酬对。……'于是众中诸菩萨大弟子、释、梵、四天王等咸作是念:'今二大士文殊师利、维摩诘共谈,必说妙法。'即时八千菩萨、五百声闻、百千天人,皆欲随从。于是文殊师利与诸菩萨大弟子及诸天人,恭敬围绕,入毗耶离大城。"

⑪ 庵没罗女,亦作庵罗卫女、庵婆女、庵罗婆树女等,梵文 Amrapālī 的音义混译;音译作庵婆罗婆利、庵婆婆利、阿梵和利等;意译作奈女。据说乃摩揭陀国频婆娑罗王的妃子,生耆婆。后来奉园与佛,佛受之以为住所。慧琳《音义》卷二十六:"庵罗女,亦云庵树女。此依传云,依

树花中而生。"又云："庵罗树女……《温室经》云,奈女者即其人也,依花以孕质,故号湿生。即频婆娑罗王之贵妃,良医耆婆之母也。"

【译文】

吠舍厘国,方圆五千多里。土地十分肥沃,花卉果树茂盛,庵没罗果、茂遮果不但繁多,而且珍贵。气候温和舒畅,民风淳厚朴质,居民爱好行善积福注重学业修习,外道、佛教,都有信徒。境内有佛寺几百座,大多已经塌毁,所剩只有三到五所,僧徒十分稀少。尚有天祠几十所,各派外道混杂相居,露形派的信徒,最为繁多。吠舍厘城已经严重塌毁,城墙旧基方圆六七十里,宫城方圆四五里,居民很少。

宫城西北方五六里处,有座佛寺,僧人极少,研学小乘教的正量部法。旁边有一佛塔,乃是当年如来演说《毗摩罗诘经》,长者之子宝积等奉献宝盖之处。在此东侧有一佛塔,舍利子等曾在这里证无学之果。

舍利子证果塔的东南有一佛塔,乃是吠舍厘王所建。佛陀涅槃以后,该国国王分得舍利,恭敬建造此塔。《印度记》载道:塔内原有一斛如来舍利,无忧王开塔后取走九斗,只留下一斗。后来有位国王又想开塔取走舍利,刚要动手施工,立即发生地震,于是不敢开塔。在此西北方的一塔,乃是无忧王所建造。旁边立一石柱,高达五六十尺,上面刻有狮子之像。石柱之南有一水池,是一群猕猴为佛挖掘,当初如来曾在这里住过。池西不远之处有一佛塔,这是众猴用如来食钵上树采集蜂蜜之处;池南不远也有一塔,是猕猴向佛奉献蜂蜜处;池的西北角上尚有猕猴雕像。

佛寺东北方三、四里处有一佛塔,这是毗摩罗诘(唐语谓"无垢称"。旧称净名,但"净"即"无垢","名"即是"称",含义虽然一样,名号却是不同。旧称维摩诘,是为误称或略称）旧宅的基址,往往显现灵异。离此不远之处有一神舍,看上去象是砖砌,但是相传用石垒成,即是无垢称长者称病说法之处。离此不远有座佛塔,乃是长者之子宝积的旧宅所在地。距此不远还有一塔,乃是庵没罗女旧宅的地点。佛陀的姨母等比丘尼在此涅槃。

1.11 伽蓝北三四里有窣堵波,是如来将往拘尸那国 [①] 入般涅槃,人与非人随从世尊,在此伫立。次西北不远有窣堵波,是佛于此最后观吠舍厘城。其南不远有精舍,前建窣堵波,是庵没罗女园,持以施佛。

　　庵没罗园侧有窣堵波,是如来告涅槃处。佛昔在此告阿难曰:"其得四神足 [②] 者,能住寿一劫。如来今者,当寿几何？"如是再三,阿难不对,天魔 [③] 迷惑故也。阿难从座而起,林中宴默。时魔来请佛曰:"如来在世教化已久,蒙济流转,数如尘沙,寂灭之乐今其时矣。"世尊以少土置爪上,而告魔曰:"地土多耶？爪土多耶？"对曰:"地土多也。"佛言:"所度者如爪上土,未度者如大地土。却后三月,吾当涅槃。"魔闻,欢喜而退。阿难林中忽感异梦,来白佛言:"我在林间,梦见大树,枝叶茂盛,荫影蒙密,惊风忽起,摧散无余。将非世尊欲入寂灭？我心怀惧,故来请问。"佛告阿难:"吾先告汝,汝为魔蔽,不时请留。魔王劝我早入涅槃,已许之期,斯梦是也。"

　　告涅槃期侧不远有窣堵波,千子见父母处也。昔有仙人,隐居岩谷,仲春之月,鼓濯清流,麀鹿随饮,感生女子,姿貌过人，惟脚似鹿，仙人见已，收而养焉。其后命令求火，至余仙庐，足所履地，迹有莲花。彼仙见已，深以奇之，令其绕庐，方乃得火。鹿女依命，得火而还。时梵豫王④畋游见花，寻迹以求，悦其奇怪，同载而返。相师占言，当生千子。余妇闻之，莫不图计。日月既满，生一莲花，花有千叶，叶坐一子。余妇诬罔，咸称不祥，投殑伽河，随波泛滥。乌耆延王⑤下流游观，见黄云盖⑥乘波而来，取以开视，乃有千子，乳养成立，有大力焉。恃有千子，拓境四方，兵威乘胜，将次此国。时梵豫王闻之，甚为震惧，兵力不敌，计无所出。是时鹿女心知其子，乃谓王曰："今寇戎临境，上下离心，贱妾愚衷，能败强敌。"王未之信也，忧惧良深。鹿女乃升城楼，以待寇至。千子将兵，围城已匝，鹿女告曰："莫为逆事！我是汝母，汝是我子。"千子谓曰："何言之谬？"鹿女手按两乳，流注千歧，天性所感，咸入其口。于是解甲归宗，释兵返族，两国交欢，百姓安乐。

　　千子归宗侧不远有窣堵波，是如来经行旧迹，指告众曰："昔吾于此归宗见亲。欲知千子，即贤劫中千佛是也。"

　　述本生东有故基，上建窣堵波，光明时烛，祈请或遂，是如来说《普门陀罗尼》⑦等经重阁讲堂余址也。讲堂侧不远有窣堵波，中有阿难半身舍利。去此不远有数百窣堵波，欲定其数，未有克知，是千独觉⑧入寂灭处。

　　吠舍厘城内外周隍，圣迹繁多，难以具举。形胜故墟，鱼鳞间峙，岁月骤改，炎凉亟移，林既摧残，池亦枯涸，朽株余迹，其详验焉。

　　大城西北行五六十里，至大窣堵波，栗呫昌叶反。婆子 ⑨ 旧曰离车子，讹也。别如来处。如来自吠舍厘城趣拘尸那国，诸栗呫婆子闻佛将入寂灭，相从号送。世尊既见哀慕，非言可谕，即以神力化作大河，崖岸深绝，波流迅急，诸栗呫婆悲恸以止，如来留钵，作为追念。

【注释】

　　① 拘尸那国，即拘尸那揭罗国，释见卷六 1.16 注 ①。

　　② 四神足，亦称四如意足，梵文 ṛddhipāda 的意译。谓获得神通的四种禅定。据《俱舍光记》卷二十五，此四者依加行而立名。一，欲神足，欲于加行位起此定，依欲之力，故定引发而起。二，勤神足，于加行位勤修此定，依勤之力，故定引发而起。三，心神足，于加行位，一心专住依心之力，故定引发而起。四，观神足，于加行位观察理，依观之力，故定引发而起。加行位中虽有多法，而此四法资益最胜，故从此四者而名。

　　③ 天魔，亦称天子魔，自在天魔、他化自在天子魔，四魔（烦恼魔、阴魔、死魔、天魔）之一，即欲界第六天（他化自在天）之魔王。名为波旬、波旬逾、波卑面等，有无数眷属，能害人善事，常障碍佛道。天魔为魔之本法，其它三魔皆类从者。玄应《音义》卷二十三："梵言魔罗，此译云障，能为修道作障碍也。亦名煞者……常行放逸而自害身……。即第六天主也。名曰波旬，此云恶爱，即释迦佛出世魔王名也。谓佛出世，魔各不同，如迦叶佛时魔名头师，此云恶瞋等也。"

　　④ 梵豫王，又可作梵授，当是梵文 Brahmadatta 的意译。是为常见的古印度人名。

　　⑤ 乌耆延王，似即《杂宝藏经》卷一本生故事中提及的乌提延王。

二者都以仙人与鹿所生女儿之子为主题,只是一为千子,一为五百子;最后以母乳分流入诸子之口而消弭战祸的情节也大同小异。不过,在《杂宝藏经》中,乌提延王扮演了本文中梵豫王的角色。

⑥ 黄云盖,犹谓结成车盖状的黄色云团。古代以黄色云作为祥瑞之云。《宋书·符瑞志》:"帝尧之母曰庆都,生子斗维之野,常有黄云覆护其上。"在此所说的"千子"其后成佛,故有祥云罩护其婴儿之体。

⑦《普门陀罗尼》,今汉译经中无此书;或以为这即是《法华经》中的一品,但决不是佛陀所演说。

⑧ 独觉,释见卷一4.3注②。

⑨ 栗呫婆子,又作离车、利车、离奢、栗唱、梨车毗等,梵文 Licchavi 之音译;意译作薄皮,其先祖从一胞肉中生,故有此名。这是毗舍离城的刹帝利种姓之名,慧琳《音义》卷六:"栗呫毗王……彼国豪族之类。《涅槃经》及《维摩》等经旧名离车毗童子。是刹帝利种系也。

【译文】

寺北三四里处有一佛塔,当初如来将去拘尸那国涅槃之时,人和非人跟随世尊,曾在这里伫立。再往西北去不远处有一佛塔,乃是佛陀最后观看吠舍厘城之处。在这南方不远处有一精舍,前面建有佛塔,乃是庵没罗女将园施舍给佛的地点。

庵没罗园旁边有一佛塔,是如来涅槃之处。当初佛陀在这里问阿难道:"获得四神足的人,可以享寿一劫。现在的如来,可以享寿多少?"这样问了三遍,阿难始终不答,这是被天魔蛊惑的缘故。阿难站了起来,进入林中静坐。这时魔王来问佛道:"如来在这世上,教化世人已久,蒙你超度之人,数量多如尘沙,你享受涅槃之乐,如今已是时机。"世尊将一撮尘土放在指甲之上，问魔王道："是大地上的土多，还是指甲上的土多？"魔王答道："大地上的土多。"佛陀说道："我所超度的人犹如指甲上的土，而未超度的人犹如大地上的土。三个月后，我将涅槃。"魔王听后，高兴而退。阿难在树林中忽然做了个怪梦，于是来禀告佛陀道："我在树林之中，梦见一棵大树，枝叶十分茂盛，树荫浓郁密布，忽然狂风大作，大树摧毁殆尽。是否世尊将要涅槃？我心中甚怀疑惧，所以特来询问。"佛陀告诉阿难道："我早先已经对你说过，但是你被天魔障蔽，没有及时挽留我继续待在人间。而魔王劝我早些涅槃，我已答应涅槃日期，这便是你所做的梦。"

离宣告涅槃期处不远的地方，有座佛塔，乃是一千儿子会见父母之处。从前有个仙人，隐居山谷之内，春天二月期间，沐浴溪流之中，雌鹿也在饮水，因而感应怀孕，生下一个女儿，容貌美丽超群，唯独脚掌似鹿，仙人看见以后，将她收养下来。后来仙人要她去其它仙庐借个火种，她脚掌踩在地上，留下莲花印迹。另一位仙人见了，感到十分稀奇，叫她绕屋一圈，方始给她火种。鹿女听从吩咐，取得火种而归。这时梵豫王正在郊野游猎，看见莲花足印，循迹前往求访，喜爱她的奇相，同车带回王宫。看相之人预言，她将生育千子。国王的其它妻妾听了，无不图谋对策。怀胎日期满后，生下一朵莲花，花长千瓣叶子，每叶坐着一子。其它女人谎言诬蔑，都说这是不祥之物，莲花遂被扔入殑伽河中，顺着水流漂去。乌耆延王正在下游游览，只见黄色云盖乘风破浪而来，截住云盖察看，中有一千男孩，于是哺育喂养；长大成人以后，都有非凡勇力。乌耆延王依仗一千儿子，向四方扩张领土，乘着胜军之威，将要攻击该国。梵豫王得此消息，十分震惊恐惧，兵力非其对手，顿时一筹莫展。鹿女知道这是自己儿子，于是对国王说道："如今敌军兵临城下，君臣百姓心神不宁，我有一个办法，可以击退强敌。"国王不敢相信，仍然忧心忡忡。鹿女登上城楼，等待敌人到来。千子带领军队，已经包围王城，鹿女对他们说道："不要干大逆不道之事！我是你们的母亲，你们是我的儿子。"千子说道："怎么说话如此荒唐？"鹿女用手按挤两乳，乳流分成一千股，由于母子天性的感应，乳汁注入千子口中。千子于是解除武装，重认宗亲，撤兵班师，两国遂相交好，百姓安居乐业。

千子归宗塔不远处有座佛塔，是如来散步场所的故址。如来在这里告诉众人："当初我在此归宗见亲。要知所谓千子，即是贤劫中的千佛。"

述本生塔的东侧有一故基，上面建有一塔，常有光芒照耀，祈求者或可如愿，这是如来演讲《普门陀罗尼》等经的楼阁讲堂遗址。讲堂旁边不远处有座佛塔，其中藏有阿难的半身舍利。离此不远有几百座塔，具体数字，不能确定，这是一千独觉佛涅槃之处。

吠舍厘城的内外四周，圣迹极多，难以一一列举。名胜古址，犹如鱼鳞，密集分布；时光流逝，寒暑交替，树林毁坏摧残，水池也已干涸，只剩枯树遗迹，作为历史见证。

从都城向西北方行走五六十里，抵达一座大塔，乃是栗呫婆子（旧称车离子，误）送别如来之处。如来从吠舍厘城前赴拘尸那国，众多栗呫婆子听说佛陀将要涅槃，便跟随于后，哭着送行。世尊见其悲哀仰慕，知道不是言语可以晓谕，于是运起神力，化作一条大河，河岸陡峭高深，水流奔腾湍急，众多栗呫婆子只得悲痛地停止前进，如来留下食钵，以供他们纪念。

1.12 吠舍厘城西北减二百里，有故城，荒芜岁久，居人旷

少。中有窣堵波，是佛在昔为诸菩萨、人、天大众引说本生，修菩萨行，曾于此城为转轮王，号曰摩诃提婆[①]。唐言大天。有七宝应[②]，王四天下，睹衰变之相，体无常之理，置怀高蹈，忘情大位，舍国出家，染衣修学。

城东南行十四五里，至大窣堵波，是七百贤圣重结集处。佛涅槃后百一十年，吠舍厘城有诸苾刍，远离佛法，谬行戒律。时长老耶舍陀[③]住憍萨罗国[④]，长老三菩伽[⑤]住秣兔罗国[⑥]，长老厘波多[⑦]住韩若国[⑧]，长老沙罗[⑨]住吠舍厘国[⑩]，长老富阇苏弥罗[⑪]住婆罗梨弗国[⑫]。诸大罗汉心得自在，持三藏[⑬]，得三明[⑭]，有大名称，众所知识，皆是尊者阿难弟子。时耶舍陀遣使告诸贤圣，皆可集吠舍厘城。犹少一人，未满七百。是时富阇苏弥罗以天眼见诸大贤圣集议法事，运神足至法会。时三菩伽于大众中右袒长跪，扬言曰："众无哗！钦哉，念哉！昔大圣法王善权寂灭，岁月虽淹，言教尚在。吠舍厘城懈怠苾刍谬于戒律，有十事[⑮]出，违十力[⑯]教。今诸贤者深明持犯，俱承大德阿难指诲，念报佛恩，重宣圣旨。"时彼大圣莫不悲感，即召集诸苾刍，依毗奈耶[⑰]，诃责制止，削除谬法，宣明圣教。

【注释】

① 摩诃提婆，梵文 Mahādeva 的音译。此与卷三 3.3 之凡夫僧摩诃提婆乃是同名异人。

② 七宝应，犹谓七宝之应报。此与金、银、琉璃等"七宝"（释见卷二 2.4 注②）不同，乃是转轮王之七宝。按《长阿含经》卷六《转轮圣王

修行经》，七宝为金轮宝、白象宝、绀马宝、神珠宝、玉女宝、居士宝、主兵宝；但是《涅槃经》卷十二以及《俱舍论》卷十二均以第六宝为"主藏臣宝"，《杂譬喻经》作"典财宝"，其义相仿。

③ 耶陀舍，一作耶舍那、耶舍，梵文 Yaśoda 或 Yasas 的音译；意译作名闻、名称、名誉。佛灭后一百年，为摩揭陀国华氏城鸡园寺的上座，劝阿育王建八万四千佛塔，后在跋耆国毗舍离城集七百贤圣作第二次结集。

④ 憍萨罗国，释见卷十 3.2 注 ①。

⑤ 三菩伽，梵文 Sambhaga 的音译，即商诺迦缚娑，释见卷一 4.3 注 ④。

⑥ 秣兔罗国，释见卷四 2.2 注 ①。

⑦ 厘波多，又作离婆多、梨婆多、离越等，梵文 Ravata 的音译；意译作室星。

⑧ 韩若国，亦作萨塞若国。瓦特斯以为将它比定为羯若鞠阇国的说法（见 Watters, *Travals in India*, Vol.II, p.73, note 4）似无根据。

⑨ 沙罗，又作沙留、沙兰等，梵文 Sāḷhr 的音译。

⑩ 吠舍厘国，释见卷七 1.10 注 ①。

⑪ 富阇苏弥罗，又作级阇苏弥罗、不阇苏摩等，梵文 Kubjaśobhita 的音译；意译作曲安。生于华氏城，出身婆罗门，后改奉佛教。

⑫ 波罗梨弗，即波吒厘子城，释见卷八 1.2 注 ②。

⑬ 三藏，释见卷二 1.10 注 ⑧。

⑭ 三明，释见卷二 2.7 注 ⑫。

⑮ 十事，亦称十事非法。佛灭后一百年，吠舍厘之比丘所认为的违反佛教戒律的十件事，大致是：附和雷同法、迎合煽动事法、习惯非违法、持盐随情而食、不远行而受众食、不作余食法而更受众食、称为治病而饮酒、饮稀释之浆酪、任意使用坐具、接受金银宝物之布施。

⑯ 十力，即佛陀的十种智力，释见卷六 1.3 注 ②。

⑰ 毗奈耶，亦作鼻那夜、毗那耶、毗尼等，梵文 Vinaya 的音译；意译作灭、律、调伏等。是为三藏之一，即佛教戒律。《探玄记》卷一："毗奈耶，此云调伏。调者和御；伏者制灭。调和控御身语等业，制伏除灭诸恶行故。"慧琳《音义》卷二十八："毗奈耶，旧言毗那耶，亦云毗尼耶，皆讹略也。此云离行，行亦道也，谓此行能离恶道也。亦翻为灭分得也，言调伏、化度者，义译也。此有三义：一，引载义，如十利等功德为此法所引载也；二，调直义，能令身、口二业调伏正直也；三，上胜地义，从戒上定，乃至上四沙门果地也。"参看卷二 1.10 注 ⑧。

【译文】

吠舍厘城西北方不到二百里处，有座旧城，荒芜多年，居民稀少。城内有座佛塔，当年佛陀为菩萨、天、人大众引说自己修菩萨行时之事，曾在该城当转轮王，名叫摩诃提婆（唐语谓"大天"）。有七宝应报，君临四方天下，目睹衰变现象，体会无常真理，念念不忘跳出尘俗，毫不在乎帝王宝位，放弃政权而出家，穿上僧衣修佛学。

从吠舍厘城向东南方行走十四五里，抵达一座大塔，这是七百贤圣重新结集之处。佛陀涅槃之后一百十年时，吠舍厘城的不少比丘远远背离佛法，施行荒唐戒律。这时长老耶舍陀居住在憍萨罗国，长老三菩伽居住在秣兔罗国，长老厘波多居住在韩若国，长老沙罗居住在吠舍厘国，长老富阇苏弥罗居住在婆罗梨弗国。这些大罗汉的思想已经处于自在境地，通晓三藏经文，获得三明智慧，享有崇高声望，并被世人所知，都是阿难尊者的弟子。耶舍陀派遣使者通知各位贤圣，都到吠舍厘城集会。只是还缺一人，不满七百整数。这时富阇苏弥罗运用天眼，看见各大贤圣集会,商议佛教事务,于是运起神通,前来参加法会。三菩伽在大众中袒露右臂,跪拜于地,高声说道:"诸位安静! 请虔敬地思考一下。当年大圣法王顺应时机涅槃以来,时间虽然久远,教谕依然存在。吠舍厘城懒散的比丘,实施错误戒律,有十事违反佛法,背离佛的教诲。如今各位贤圣,深知这是犯戒,我们承蒙高僧阿难的指教,为了报答佛恩,重新宣布佛的旨意。"这时各大贤圣,无不悲戚感动,立即召集比丘们,按照戒律,斥责制止其违法行为,废除荒唐的戒律,宣扬阐明了佛陀的真正教谕。

1.13 七百贤圣结集南行八九十里,至湿吠多补罗 ① 僧伽蓝,层台轮奂,重阁翚飞 ②,僧众清肃,并学大乘。其傍则有过去四佛座及经行遗迹之处。其侧窣堵波,无忧王之所建也。如来在昔南趣摩揭陀国,北顾吠舍厘城 ③,中途止息遗迹之处。

　　湿吠多补罗伽蓝东南行三十余里,殑伽河南北岸各有一窣堵波,是尊者阿难陀分身与二国处。阿难陀者,如来之从父弟也,多闻总持,博物强识,佛去世后继大迦叶任持正法,导进学人。在摩揭陀国中,于林中经行,见一沙弥讽诵佛经,章句错谬,文字纷乱。阿难闻已,感慕增怀,徐诣其所,提撕 ④ 指授。沙弥笑曰:"大德耄矣,所言谬矣! 我师高明,春秋鼎盛,亲承示诲,诚无所误。"阿难默然,退而叹曰:"我年虽迈,为诸众生,欲久住世,任持正法。然众生垢 ⑤ 重,难以诲语,久留无利,可速灭度。"于是去摩揭陀国,趣吠舍厘城,渡殑伽河,泛舟中流。时摩揭陀王闻阿难去,情

深恋德，即严戎驾，疾驰追请，数百千众营军南岸。吠舍厘
王闻阿难来，悲喜盈心，亦治军旅，奔驰迎候，数百千众屯
集北岸。两军相对，旌旗翳日。阿难恐斗其兵，更相杀害，
从舟中起，上升虚空，示现神变，即入寂灭，化火焚骸，骸又
中析，一堕南岸，一堕北岸。于是二王各得一分，举军号恸，
俱还本国，起窣堵波，而修供养。

从此东北行五百余里，至弗栗恃国。北人谓三伐恃国。北印
度境。

【注释】

①湿吠多补罗，一作吠多补罗，梵文 Śvetapura 的音译；意译作白城。

②翚飞，以翚之奋飞状比喻宫殿的华丽。翚，即是五色雉。《说文》：
"伊洛而南，雉五采皆备，曰翚。"《文选》王巾《头陀寺碑铭》："丹刻翚
飞，轮奂离立。"

③北顾吠舍厘城，当是意谓如来在南下摩揭陀国时，回首向北眺望
吠舍厘城。

④提撕，通常为教导弟子，使之警悟之意。释见卷二 1.9 注 ⑩。

⑤垢，即漏（释见卷六 1.18 注 ⑧），烦恼的异名。《俱舍论》卷二：
"垢之与漏，名异体同。"《大乘义章》卷五："流注不绝，其犹疮漏，故
名为漏。染污净心，说以为垢，能惑所缘，故称为垢。"

【译文】

从七百贤圣结集处向南行走八九十里，抵达湿吠多补罗寺，层层台
轩高大华美，重重楼阁极度壮丽，僧人恪守清规，研学大乘佛教。寺旁
有过去四佛的坐处以及散步场所的遗迹。旁边的佛塔，是无忧王所建

造。这是当初如来南赴摩揭陀国,回首北望吠舍厘城时,中途休息的遗迹地点。

　　从湿吠多补罗寺向东南方行走三十多里,在殑伽河的南北两岸各有一座佛塔,那里是阿难陀尊者将本身遗骸分给两国的地点。阿难陀,是如来的堂弟,多听佛法,严格奉行,知识渊博,理解深刻,佛陀去世以后,继承大迦叶维护佛法,引导后学之人。他在摩揭陀国的一片树林中散步,看见一个沙弥念诵佛经,语句错误,文字混乱。阿难听后,感慨万分,更生对于佛陀的思念之情,于是缓缓走向沙弥,点拨指教,以使警悟。沙弥笑道:"您这位高僧啊,年纪大了,讲说错了。我的老师十分高明,正在年富力强时期,承他亲自对我教诲,肯定不会出现错误。"阿难默然不语,抽身而退,叹息道:"我确实已经年迈,为了世上众生,想在人间久留,维护佛教正法。但是众生烦恼重重,难以教诲,我久留世上无益,应当赶快涅槃。"于是离开摩揭陀国,前赴吠舍厘城,渡过殑伽河,乘船已达河的中央。当时摩揭陀王听说阿难离去,深深眷恋他的德操,立即备起车驾,迅速追赶,旨在邀请阿难留下,成千上万兵众,驻扎大河南岸。而吠舍厘王听说阿难要来,心中又悲又喜,同样率领军队,赶奔前来迎接,成千上万兵众,屯集大河北岸。两军隔岸对峙,军旗遮天蔽日。阿难担心两国因此交战,不免互相杀害,于是从船中腾身而起,升入虚空之中,显示神通变化,立即进入涅槃,化出神火,焚烧骸骨,骸骨又一分为二,一半落在南岸,一半落在北岸。于是二王各得一份,全军号啕痛哭,各自撤军回国,建造佛塔,供养舍利。

　　从本国向东北方行走五百多里,抵达弗栗恃国(北方人称为三伐恃国。在北印度境内)。

弗栗恃国和尼波罗国

【题解】

　　《西域记》谓弗栗恃国属北印度境，尼波罗国属中印度境。但是按其方位，则尼波罗国更在弗栗恃国西北方一千四五百里（尼波罗即今尼泊尔），故当以《方志》卷上所述为确：尼波罗属北印度境。又，《慈恩传》对此二国未见记载，《西域记》中对此二国的描述也十分简单，故可知玄奘并未亲履其地，而只是得之于传闻。

弗栗恃国

2.1　弗栗恃①国，周四千余里，东西长，南北狭。土地膏腴，花果茂盛。气序微寒，人性躁急。多敬外道，少信佛教。伽蓝十余所，僧徒减千人，大小二乘，兼功通学。天祠数十，外道寔众。国大都城号占戍拏②，多已颓毁。故宫城中尚有三千余家，若村若邑也。大河东北有伽蓝，僧徒寡少，学业清高。

　　从此西行，依河之滨，有窣堵波，高余三丈，南带长流，大悲世尊度渔人处也。越在③佛世，五百渔人结侣附党，渔捕水族，于此河流得一大鱼，有十八头，头各两眼。诸渔人方欲害之，如来在吠舍厘国，天眼见，兴悲心，乘其时而化导，因其机而启悟，告诸大众："弗栗恃国有大鱼，我欲导之，以悟诸渔人，尔宜知时。"于是大众围绕，神足凌虚，至于河滨，如常敷座。遂告诸渔人："尔勿杀鱼。"以神通力，开方便门^④，威被大鱼，令知宿命，能作人语，贯解人情。尔时如来知而故问："汝在前身，曾作何罪，流转恶趣，受此弊身？"鱼曰："昔承福庆，生自豪族，大婆罗门劫比他^⑤者，我身是也。恃其族姓，凌蔑人伦^⑥，恃其博物，鄙贱经法；以轻慢心毁讟诸佛，以丑恶语詈辱众僧，引类形比，谓若驼、驴、象、马，诸丑形对。由此恶业，受此弊身。尚资宿善，身遭佛世，目睹圣化，亲承圣教。"因而忏谢，悔先作业。如来随机摄化，如应开导。鱼既闻法，于是命终。承兹福力，上升天宫。于是自观其身，何缘生此，既知宿命，念报佛恩，与诸天众，肩随庆止^⑦，前礼既毕，右绕退立，以天宝香花，持用供养。世尊指告渔人，为说妙法，俱即感悟，输诚礼忏，裂网焚舟，归真受法。既服染衣，又闻至教，皆出尘垢，俱证圣果。

　　度渔人东北行百余里，故城西有窣堵波，无忧王所建，高百余尺，是佛在昔于此六月说法度诸天、人。此北百四五十步有小窣堵波，如来昔于此处为诸苾刍制戒。次西不远有如来发、爪窣堵波。如来昔于此处，近远邑人，相趋辐凑，焚香散花，灯炬不绝。

　　从此西北千四五百里，逾山入谷，至尼波罗国。<small>中印度境。</small>

【注释】

　　① 弗栗恃，又作毗离祇、佛栗氏、跋耆等，梵文 Vṛji 的音译。该国是由八个部落所组成的联邦中最强国之一，故又可以联邦名（三伐恃，梵文 Samvṛji，义为"弗栗恃联邦"）称呼之。其故地当在今印度比哈尔

邦的达尔班加（Darbhanga）地区及以北一带。

　　② 占戍拿，当是梵文 Cansuna 的音译。该城故址可能在今马都巴尼（Madhubani）之北约 26 公里处的巴里迦尔（Bāligarh）。

　　③ 越在，意即远在。《左传·昭公三年》："亡人不佞，失守社稷，越在草莽。"

　　④ 方便门，谓宣传佛教信仰、把握"真如"的法门。《法华文句》卷三："方便者，门也；门名能通，通于所通，方便权略，皆是呀引，为真实作门。真实得显，功由方便从能显得名，故以门释方便，如经：开方便门，示真实相。"方便，梵文 Upāya 的意译，一作善权、变谋。音译作沤和。《大集经》卷十一："能调众生，悉令趣向阿耨多罗三藐三菩提，是名方便。"

　　⑤ 劫比他，梵文 Kapitha 的音译。是为婆罗门的族姓。

　　⑥ 人伦，谓人类之常道、常理。《孟子·滕文公上》："人伦明于上，小民亲于下。"朱熹注云："伦，序也。父子有亲，君臣有义，夫妇有别，长幼有序，朋友有信，此人之大伦也。"

　　⑦ 肩随戾止，犹言追随（某人）来到。肩随，对年长者之礼：同行时，与之并行而稍退一点。《礼记·曲礼上》："年长以倍，则父事之；十年以长，则兄事之；五年以长，则肩随之。"陈澔注云："肩随，并行而差退也。此泛言长少之序，非谓亲也。"戾止，同莅止，犹云来临。《诗经·鲁颂·泮水》："鲁侯戾止，言观其旗。"

【译文】

　　弗栗恃国，方圆四千多里，其领土东西较长，南北狭窄。土壤十分肥沃，花草果木茂盛。气候比较寒冷，居民性格急躁。大多崇奉外道，少数信仰佛教。境内有佛寺十多座，僧人不到一千名，对于大乘、小乘，全都研学探讨。尚有天祠几十所，外道信徒很多。其国的首都名叫占成拿，大部分已经塌毁。旧宫城内还居住着三千多家，犹如村镇一般。大河的东北有座佛寺，僧人相当稀少，颇有学识道德。

从这里向西行走，沿着河滨，有座佛塔，高三丈多，南侧依临一条长河，这是大悲世尊度化渔民之处。远在佛陀在世之时，有五百渔民结成伴党，捕捞水产，在此河中捕得一条大鱼，共有十八个头，每颗头上长有两只眼睛。众渔民刚要杀死这鱼，如来在吠舍厘用天眼看见此事，顿生慈悲之心，于是及时地教化训导，利用机会启发渔民，使之觉悟。如来对周围众人说道："弗栗恃国有条大鱼，我要度化引导它，用以促使众渔民理解佛法，你们应该懂得这点。"于是大众拥簇如来，运用神足腾空飞行，来到大河岸边，象往常一样铺陈座位。如来对渔民们说道："你们不要杀鱼。"接着运起神通，打开方便之门，威力施于大鱼身上，使之知道往世因果，能用人类语言说话，并且理解人类情感。如来明知故问："你在前世，作了什么罪业，以致转生恶道之中，变成这种低劣身形？"大鱼答道："当初我托前世的福德，生在贵族之家，大婆罗门劫比他就是我。我凭仗出身高贵，肆意违反道德，仗着知识渊博，鄙视佛经、佛法；狂妄自傲，诽谤诸佛，用恶毒语言，辱骂众僧，用畜牲类比僧人，说他们状貌丑陋，犹如驼、驴、象、马。由于这些恶事，我便转生为这种低劣形身。总算借光于往世的善根，生在佛陀之世，得以亲眼看到圣人教化，亲自受到圣人诲训。"于是大鱼忏悔谢罪，悔过前世所作的恶业。如来不失时机地引导度化，立即予以指点开导。大鱼听完如来说法，便即结束生命。依靠这股福力，上升天宫之中。自己观察思考，为何转生这里；得知往世因缘，一心报答佛恩，便追随天、人大众，前来向佛致礼，礼敬完毕以后，向右旋绕一圈，然后退下侍立，用天宝、香花供养如来。世尊诲示渔民,演说绝妙佛法,渔民都被感化而觉悟,虔诚礼拜忏悔,撕裂渔网,焚烧渔船,归依佛教,接受佛法。穿上僧衣之后,聆听最高真理,全都脱离尘俗,共同证得圣果。

从度渔民处向东北方行走一百多里,在旧城之西有一佛塔,乃是无忧王所建造,高达一百多尺,当初佛陀在此说法六个月,度化天、人大众。在此之北一百四五十步处,有一小塔,当年如来曾在这里为众比丘制定戒律。又往西去不远处,有如来的头发、指甲塔。当初如来在这里时,远近居民纷纷从四面八方赶来,焚香散花,灯火不绝。

从本国向西北方行走一千四、五百里,翻过山岭进入山谷,抵达尼波罗国（在中印度境内）。

尼波罗国

2.2 尼波罗①国,周四千余里,在雪山中。国大都城周二十余里。山川连属,宜谷稼,多花果,出赤铜、犛牛、命命鸟②。货用赤铜钱。气序寒冽,风俗险诐③,人性刚犷,信义轻薄。无学艺,有工巧。形貌丑弊,邪正兼信。伽蓝、天祠接堵连隅。僧徒二千余人,大小二乘,兼功综习。外道异学,其数不详。王,刹帝利④栗呫婆⑤种也,志学清高,淳信佛法。近代有王,号鸯输伐摩⑥,唐言光胄。硕学聪睿,自制《声明论》⑦,重学敬德,遐迩著闻。都城东南有小水池,以人火投之,水即焰起,更投余物,亦变为火。

从此复还吠舍厘国,南渡殑伽河,至摩揭陀国。旧曰摩伽陀,又曰摩竭提,皆讹也。中印度境。

【注释】

① 尼波罗，一作尼婆罗、你波罗、尼八剌等，梵文 Napāla 的音译。其地即今之尼泊尔。

② 命命鸟，又名生生鸟、共命鸟等，梵文 Jivajivaka 的意译；音译作耆婆耆婆迦、耆婆耆婆。或称耆婆鸟。这是鹧鸪之类，因其鸣声而得名。据说为一身二头，或谓二身二头。

③ 险诐，亦作险陂，义与"诐险"同，即佞诐险恶之意。《后汉书·第五伦传》："诐险趣埶之徒，诚不可亲近。"注云："《苍颉篇》曰：诐，佞诐也。"

④ 刹帝利，古印度四大种姓中的第二等级，释见卷一 4.4 注 ④。

⑤ 栗呫婆，部族名，释见卷七 1.11 注 ⑨。

⑥ 鸯输伐摩，梵文 Aṃśuvarmā 的音译；义为"光胄"。他创建了尼泊尔的塔库里王朝。

⑦《声明论》，参见卷二 2.10 注 ③。但是这里所言鸯输伐摩撰写的《声明论》只是与波你尼仙的《声明论》同名异书而已。

【译文】

尼波罗国，方圆四千多里，位于雪山之中。该国的大都城方圆二十多里。山谷延绵不绝，适宜种植谷物，花草果木繁多，出产赤铜、犛牛、命命鸟。货币使用赤铜钱。气候十分寒冷，民风佞诐险恶，性格刚烈粗犷，不重信用义气。并不钻研学问，但是擅长技工。容貌丑陋粗俗，兼信外道、佛教。佛寺、天祠互相毗邻。佛教僧人二千多名，大乘、小乘，全都研学探讨。外道信徒，数目不详。其国国王出自刹帝利种姓中的栗呫婆部族。学识渊博，德操高尚，坚信佛法。近代有位国王，名叫鸯输伐摩（唐语谓"光胄"），博学聪明，撰写《声明论》，尊重佛学，崇敬德操，远近闻名。都城东南方有个小水池，投入火种，水中便有火焰腾起，若将其它东西投入，也会起火燃烧。

　　从本国再回到吠舍厘国，南渡殑伽河，抵达摩揭陀国（旧称摩伽陀，又称摩竭提，均误。在中印度境内）。

卷第八

波吒厘子城

【题解】

摩揭陀是古印度恒河中游地区最著名的大国，并是释迦牟尼"悟道成佛"以及在世时的主要活动地区之一。所以，《西域记》对于该国的记载最为详尽（占第八、第九两卷的篇幅）。波吒厘子城是玄奘进入摩揭陀国后首先游览的名胜地。热情赞助佛教的孔雀王朝（公元前324—前187年）强大君主阿育王（即无忧王）及其父、祖均曾建都此城，因此那里颇多遗迹。玄奘在波吒厘子城停留了七天，巡礼各种圣迹。

1.1　摩揭陀[①]国，周五千余里。城少居人，邑多编户。地沃壤，滋稼穑，有异稻种，其粒粗大，香味殊越，光色特甚，彼俗谓之供大人米。土地垫湿[②]，邑居高原，孟夏之后，仲秋之前，平居流水，可以泛舟。风俗淳质，气序温暑。崇重志学，尊敬佛法。伽蓝五十余所，僧徒万有余人，并多宗习大乘法教。天祠数十，异道实多。

【注释】

①　摩揭陀，亦作摩竭提、摩伽陀、莫伽陀、摩竭、摩揭、摩诃陀、墨竭

陀、墨竭提等，梵文 Magadha 的音译；意译作无害、无恼害、不恶处、致甘露处、善胜、聪惠、天罗等。该国疆域大致相当于今印度比哈尔邦的巴特那和加雅地区；是为古印度的十六个大国之一。摩揭陀国兴起于公元前 7—前 6 世纪，最初以王舍城为首都，后来迁至华氏城。公元前 4—前 2 世纪孔雀王朝统治时期，摩揭陀国势强盛，领有除次大陆南端以外的印度全境，并成为早期佛教的中心。公元 4 世纪以后的笈多王朝时期，摩揭陀仍然是北印度的强国。5 世纪，遭到来自中亚的嚈哒人的入侵，国土分裂，势力衰落。摩揭陀国与唐政权的关系甚好。除玄奘外，唐还曾派遣梁怀敬、李义表、王玄策、蒋师仁等出使该国；印度方面则也数有使者报聘。据说制作蔗糖的方法，即是在这一时期内从印度传入中国。《新唐书·西域传》云："摩揭它，一曰摩伽陀，本中天竺属国。……贞观二十一年，始遣使者自通于天子，献波罗树，树类白杨。太宗遣使取熬糖法，即诏扬州上诸蔗，拃沈如其剂，色味逾西域远甚。"

　　② 垫湿，低下潮湿之意。《说文》："垫，下也。"段注云："谓地之下也。"

【译文】

　　摩揭陀国，方圆五千多里。城内居民很少，村镇却多住户。土壤十分肥沃，庄稼生长繁盛，有一奇异稻种，颗粒粗大壮实，香气、味道特好，光泽、颜色殊佳，当地人称之为供大人米。地势低下潮湿，居地设在高处，初夏之后，中秋之前，平地遍布水流，可以航行船舶。民风淳厚朴质，气候温和趋热。崇尚学问，尊敬佛法。境内有佛寺五十多座，僧人一万多名，大多宗奉和研学大乘佛教。尚有天祠几十所，外道信徒很多。

1.2　殑伽河南有故城，周七十余里，荒芜虽久，基址尚在。昔者，人寿无量岁时，号拘苏摩补罗^①城，_{唐言香花宫城。}王宫多花，故以名焉。逮乎人寿数千岁，更名波吒厘子^②城。_{旧曰巴连弗邑，讹也。}初，有婆罗门，高才博学，门人数千，传以授业。诸学徒相从游观，有一书生徘徊怅望。同俦谓曰："夫何忧乎？"曰："盛色方刚，羁游履影，岁月已久，艺业无成。顾此为言，忧心弥剧。"于是学徒戏言之曰："今将为子求娉婚亲。"乃假立二人为男父母，二人为女父母，遂坐波吒厘树，谓"女，婿树也"^③。采时果，酌清流，陈婚姻之绪，请好合之期。时假女父攀花枝以授书生曰："斯佳偶也，幸无辞焉。"书生之心欣然自得，日暮言归，怀恋而止。学徒曰："前言戏耳！幸可同归。林中猛兽恐相残害。"书生遂留，往来树侧。景夕之后，异光烛野，管弦清雅，帷帐陈列。俄见老翁策杖来慰，复有一姁携引少女，并宾从盈路，祛服^④奏乐。翁乃指少妇曰："此君之弱室也。"酬歌乐宴，经七日焉。学徒疑为兽害，往而求之，乃见独坐树阴，若对上客，告与同归，辞不从命。后自入城，拜谒亲故，说其始末。闻者惊骇，与诸友人同往林中，咸见花树是一大第，童仆役使驰驱往来，而彼老翁从客接对，陈馔奏乐，宾主礼备。诸友还城，具告远近。期岁之后，生一子男。谓其妻曰："吾今欲归，未忍离阻；适复留止，栖寄飘露。"其妻既闻，具以白父。翁谓书生曰："人生行乐，讵必故乡？今将筑室，宜无异志。"于是役使灵徒，功成不日。香花旧城，迁都此邑。由彼子故，神为筑城，自尔之后，因名波吒厘子城焉。

【注释】

① 拘苏摩补罗城，即拘苏磨补罗城，释见卷五 1.2 注 ②。

② 波吒厘子，又作波罗利弗多罗、波罗利弗拓路、波罗利弗、巴邻、巴连弗等，梵文 Pāṭaliputra 的音义混译（putra 义"子"）或音译；意译作华氏城。波吒厘原为树名，慧琳《音义》卷二十五："波吒罗……此翻为重叶树也。"慧苑《音义》卷下："波吒罗树，其树正似此方楸树也。然甚有香气，其花紫色也。"该城故址在今比哈尔邦首府巴特拿。塞琉古帝国的使节，希腊人梅伽塞纳（Megasthenes）描述这个名之为 Palibothra 的城市道：它位于恒河与宋河的汇合处，呈长方形，长 80 stadium（约 15公里。是为古代希腊、罗马的长度单位，每个 stadium 合 607 英尺），宽15 stadium（约 2.8 公里），周围设置木防寨，外面再环以约深 18 米，宽183 米的壕沟。沿防寨建有 570 座望楼和 64 处城门。城内房屋多用木料搭建。王宫之宏伟壮丽可与作者国内的苏萨和埃克巴塔纳（两城均在今伊朗境内）媲美。

③ 对于"谓女婿树也"一语，颇有不同的解释。瓦特斯与堀谦德均从《高丽新藏本》，作"谓女声树也"。他们认为，由于"波吒厘"的梵文原名为阴性名字，故而学生们将此树假指为新娘（分别见堀谦德《解说》第 558、560 页，以及 Watters, *Travels in India*, Vol.II, pp.87-88）。但是章巽校点《西域记》以及季羡林等《校注》均以"谓女婿树也"为正。我赞同以"婿"字为正，并且认为姚世珍对此句的解释更为近是：第一，解作"谓：'女，婿树也'"。女与汝通，故此句意为："说道：'你就是树的女婿啦！'"第二，按丁福保《佛学大辞典》"波吒厘子城缘起"条间接引文"谓女婚者，树也"的意思，则当为"你的老丈人，就是这棵树啊"。（妻子之父称"婚"）（见姚世珍《注释》，第 279 页）不过，由于"婚"

字未见于任何《西域记》古本，故也不宜遽定；尽管此字与"壻"字形近，在传抄时很可能互易。

④ 袨服，即玄黄之服，指盛服。《文选》邹阳《上吴王书》："夫全赵之时，武力鼎士袨服丛台之下者，一旦成市，不能止幽王之湛患。"李善注引服虔云："袨服，大盛玄黄服也。"

【译文】

殑伽河南岸有座旧城，方圆七十多里，虽然久已荒芜，基址依旧存在。从前，当人寿无限的时期，它称为拘苏摩补罗城（唐语谓"香花宫城"），由于宫内多花，所以取此名称。到了人寿几千岁的时期，改名为波吒厘子城（旧称巴连弗邑，误）。当初，有个婆罗门，才能杰出，学识渊博，收有几千学生，教授学业。学生们结伴游玩，有个书生四处徘徊，若有心事地东张西望。同伴们问他道："你有什么忧虑吗？"书生答道："我正当青壮年纪，精力也正旺盛，但却游学在外，独自影形相吊，已经历时多年，学业尚未成功。一旦想到此事，更加增添愁思。"同学们便戏弄他道："我们现在将为你求婚娶妻。"于是假设二人为男方父母，二人为女方父母，坐在波吒厘树下，对书生说道："你，就是树的女婿。"大家采集新鲜水果，品饮清澈河水，陈述结姻的情思，相约婚礼的日期。扮演女方父亲的人摘了一根花枝，递给书生说道："这是你的娇妻，望你不要嫌弃。"书生心中快乐舒畅，待到傍晚回家之时，他仍恋恋不舍，不愿动身。学生们对他说道："刚才所说的只是开开玩笑罢了！请你和我们一起回去，否则恐怕会遭到林中猛兽的伤害。"但是书生还是留了下来，在树旁来回走动。天黑之后，奇异光芒照耀荒野，丝竹之声清越高雅，一排排营帐呈现在面前。不一会儿，只见一位老翁拄着拐杖前来问候书生，又有一位老妪领来一名少女，宾客随从挤满路上，全都穿着礼服，乐声不时鸣奏。老翁指着少女说道："这就是你的年轻妻子。"然后盛设酒宴歌乐，持续七日之久。其它学生怀疑书生已被野兽所伤，于是前往林中寻找，只见他独自坐在树荫底下，仿佛陪伴贵宾一般，大家叫他一同回去，书生坚决推辞不从。后来自己回到城内，拜访亲戚朋友，叙说事情始末。听者惊讶万分，他与朋友们一起前往树林之中，众人看到花树乃是一座大宅，仆人差役来回奔忙，那位老翁从容接待客人，摆设酒食，吹奏音乐，宾主礼节周到。朋友们回城以后，把这事传扬到四面八方。一年以后，书生有了一个儿子。他对妻子说道："我现在想要回家，却又不忍与你分手；但是如果留在这里，则又产生栖居客地，飘泊流落的感觉。"妻子听后，便将此事禀告父亲。老翁遂对书生说道："人生享受快乐，何必一定要在故乡？我将为你建造邸宅，你不必再有其它想法。"于是差遣神灵，化费不多几天，便已完成工程。香花旧都便迁移到这里。由于这位书生，神灵才筑此新城，从此以后，它便称为波吒厘子城。

1.3　王故宫北有石柱，高数十尺，是无忧王作地狱处。释迦如来涅槃后第一百年，有阿输迦唐言无忧。旧曰阿育，讹也。王[①]者，频毗娑罗[②]唐言影坚。旧曰频婆娑罗，讹也。王之曾孙也，自王舍城迁都波吒厘，重筑外郭，周于故城。年代浸远，唯余故基。伽蓝、天祠及窣堵波，余址数百，存者二三。唯故宫北，临殑伽河，小城中有千余家。初，无忧王嗣位之后，举措苛暴，乃立地狱，作害生灵。周垣峻峙，隅楼特起，猛焰洪炉，铦锋利刃，备诸苦具，拟像幽途，招募凶人，立为狱主。初以国中犯法罪人，不校轻重，总入涂炭。后以行经狱次，擒以诛戮，至者皆死，遂灭口焉。时有沙门，初入法众，巡里乞食，遇至狱门，狱吏凶人擒欲残害。沙门惶怖，请得礼忏。俄见一人，缚来入狱，斩截手足，磔裂形骸，俯仰之间，肢体糜散。沙门见已，深增悲悼，成无常观③，证无学果④。狱卒曰："可以死矣。"沙门既证圣果，心夷生死，虽入镬汤，若在清池，有大莲花而为之座。狱主惊骇，驰使白王，王遂躬观，深赞灵佑。狱主曰："大王当死。"王曰："云何？"对曰："王先垂命，令监刑狱，凡至狱垣皆从杀害，不云王入而独免死。"王曰："法已一定，理无再变。我先垂令，岂除汝身？汝久滥生，我之咎也。"即命狱卒，投之洪炉。狱主既死，王乃得出，于是颓墙堙堑，废狱宽刑。

　　地狱南不远有窣堵波，基址倾陷，惟余覆钵之势，宝为厕饰，石作栏槛，即八万四千之一也。无忧王以人功建于宫中，中有如来舍利一升，灵鉴间起，神光时烛。无忧王废狱之后，遇近护大阿罗汉⑤，方便善诱，随机导化。王谓罗汉曰："幸以宿福，位居人尊，慨兹障累，不遭佛化。今者如来遗身舍利，欲重修建诸窣堵波。"罗汉曰："大王以福德力，役使百灵，以弘誓心匡护三宝，是所愿也，今其时矣。"因为广说献土之因，如来悬记兴建之功。无忧王闻已庆悦，召集鬼神而令之曰："法王导利，含灵有庆，我资宿善，尊极人中。如来遗身重修供养，今尔鬼神戮力同心！境极赡部⑥，户满拘胝⑦，以佛舍利起窣堵波。心发于我，功成于汝。胜福之利，非欲独有。宜各营构，待后告命。"鬼神受旨，在所兴功,功既成已,咸来请命。无忧王既开八国所建诸窣堵波,分其舍利,付鬼神已,谓罗汉曰:"我心所欲,诸处同时藏下舍利。心虽此冀,事未从欲。"罗汉白王:"命鬼神至所期日,日有隐蔽,其状如手,此时也,宜下舍利。"王承此旨,宣告鬼神。逮乎期日,无忧王观候光景,日正中时,罗汉以神通力,伸手蔽日,营建之所咸皆瞻仰,同于此时功绩咸毕。

　　窣堵波侧不远,精舍中有大石,如来所履,双迹犹存,其长尺有八寸,广余六寸矣。两迹俱有轮相[8],十指皆带花文,鱼形映起,光明时照。昔者如来将取寂灭,北趣拘尸那城,南顾摩揭陀国,蹋此石上,告阿难曰:"吾今最后留此足迹,将入寂灭,顾摩揭陀也。百岁之后,有无忧王命世君临,建都此地,匡护三宝,役使百神。"及无忧王之嗣位也,迁都筑邑,掩固迹石,既近宫城,恒亲供养。后诸国王竞欲举归,石虽不大,众莫能转。近者设赏迦王[9]毁坏佛法,遂即石所,欲灭圣迹,凿已还平,文彩如故,于是捐弃殑伽河流,寻复本处。其侧窣堵波,即过去四佛座及经行遗迹之所。

【注释】

　　① 阿输迦王,即无忧王,释见卷一 4.10 注 ③。

　　② 频毗娑罗,一作瓶沙、萍沙,梵文 Bimbisāra 的音译;意译作影坚、影胜。是为释迦牟尼的同时代人,中印度摩揭陀国国王。关于摩揭陀国的正规记载始于约公元前 7 世纪中叶所建的 Śaisunāga 王朝;而该朝第一个有可靠史料记载的君主便是频毗娑罗。他又名 Śrēnika,是第五任

国王,被后世奉为摩揭陀国的中兴之主。还在当太子之时,他就借父王之兵杀安伽国国王,夺取首都查姆巴,征服孟古尔地区,从而扩大了自己的世袭领地。据佛典称,频毗娑罗王信奉佛教,成了优塞婆(佛教中在家男信徒的称呼),保护其教团。但耆那教文献则说他信奉耆那教,并将他与此后孔雀王朝阿育王之孙萨普罗提一起视作耆那教的两大赞助者。汉译佛典多谓频毗娑罗王与佛陀同日诞生。但是巴利文《大史》则声称他比佛陀小五岁。十五岁即位,十六岁归依佛教,在位 52 年。或以为其在位期从公元前 582—前 554 年。《西域记》在此说无忧王是其曾孙,当是误记,因为二人分属两个王朝。可能是因为无忧王之父"宾头娑罗"与"频毗娑罗"音近,故有此误。

③ 无常观,释见卷四 1.2 注 ⑧。

④ 无学果,释见卷三 3.4 注 ⑤。

⑤ 近护大阿罗汉,即邬波毱多尊者,释见卷四 2.2 注 ⑯。

⑥ 赡部,即南赡部洲,释见玄奘序 1.2 注 ⑫。

⑦ 拘胝,形容数量之巨,释见卷三 1.3 注 ⑥。

⑧ 轮相,即佛足纹,释见卷二 2.3 注 ⑧。《义楚六帖》卷一描述佛足石道:"《西域记》云,佛在摩揭陀国波吒离城石上印留迹记。奘法师亲礼圣迹,自印将来,今在坊州玉华山,镌碑记之。……其佛足下五足指端有卐字文,相次各有如眼,又指间各有网鞲。中心上下有通身文,大指下有宝剑,又第二指下有双鱼王文,次指下有宝花瓶文,次旁有螺王文。脚心下有千辐轮文,下有象牙文,上有月王文,跟有梵王顶相文。"

⑨ 设赏迦王,释见卷五 1.3 注 ⑥。

【译文】

旧王宫的北面有一石柱，高几十尺，是无忧王设置地狱之处。释迦如来涅槃以后第一百年，有位阿输迦（唐语谓"无忧"。旧称阿育，误）王，是频毗娑罗（唐语谓"影坚"。旧称频婆娑罗，误）王的曾孙，将首都从王舍城迁到波吒厘，重新筑造外城，围在旧城之外。由于年代久远，如今只剩废基。佛寺、天祠和佛塔，旧址约有好几百，保存下来的却只有二三处。在故宫之北，濒临殑伽河的小城内，有一千多户住家。当初，无忧王继位之后，政治苛刻暴虐，设立地狱，残害生灵。地狱四周的围墙高峻，墙上望楼耸起，火炉烈焰翻腾，刀剑锋利无比，备有种种刑具，模仿阴司，招募恶人，封为地狱主宰。开始把国内的犯法之人，不管罪行轻重，全部投入地狱施以酷刑。后来则将路过地狱的人也抓来屠戮，凡是进入地狱的人，都被折磨至死，所以地狱的情况从未外泄。当时有个沙门，进入佛门不久，沿途乞讨食物，恰好经过地狱，狱卒抓住他后，即欲加以残害。沙门十分害怕，请求拜佛忏悔。过了一会，只见一个人被绑来地狱，手、脚全被砍去，身体也被撕裂，片刻之间，肢体已经四分五裂。沙门见后，深感悲哀同情，于是悟得无常真理，证得无学圣果。狱卒说道："现在你可以死了。"沙门由于已证圣果，故对生死无动于衷，虽然浸入沸水之内，却如进入清凉水池，有大莲花升出作为座位。狱主对此惊讶万分，赶紧派人报告国王，国王于是亲来观看，深深赞美神灵佑助。狱主却对国王说道："陛下现在应该被杀。"国王问道："这是什么原因？"狱主答道："陛下早先曾经下令，要我监守这一地狱，凡是进入狱墙的人，一律杀害不加赦免；但是你却没有说过，国王来后可以免死。"国王说道："法律制订以后，按理不应再变。我先前所下命令，难道把你除外？你长久以来滥杀生灵，这些倒是我的过错。"

于是立即命令狱卒,将狱主投入火炉之中。狱主死了以后,国王始能脱身,于是捣毁狱墙,填平濠堑,废除地狱,放宽刑罚。

地狱之南不远处有一佛塔,塔基已经塌陷,只剩覆钵状部分,珠宝装饰塔身,石头砌成栏杆,这即是无忧王所造的八万四千座佛塔中的一座。无忧王用人工建在宫中,塔内有如来舍利一升,常有灵异出现,神光不时照耀。无忧王废除地狱之后,遇到近护大罗汉,罗汉因势利导,循循善诱,把握时机,开导度化。国王对罗汉说道:"我依赖往世福德,今生贵为帝王,可叹我因罪业,未能受佛教化。如今要为如来的遗身舍利,重新建造佛塔。"罗汉说道:"陛下以福德之力,差遣众多神灵,实现这个誓愿,维护佛教三宝,这是我的愿望,现在时机到了。"于是为无忧王详说献土的因果,以及如来预言的建塔工程。无忧王听后十分高兴,召集鬼神下令道:"法王倡导积德,是为众生之福,我依仗前世福善,贵为人中之主。欲为如来遗身,重建佛塔供养,你们众位鬼神,务请协力同心! 在整个赡部洲内,在亿万人民居处,都要为如来舍利建造佛塔。心愿由我所发,成功则靠你们。积善带来的利益,我不想独自占有。你们各自建造,完成之后再来听命。"鬼神接奉圣旨,各地动工建塔,佛塔建成之后,都来等候下一步的指示。无忧王打开八国所建的佛塔,平分所有舍利,交付这些鬼神,又对罗汉说道:"我的心愿是,各地同时存放舍利。虽然有此想法,未必能够如愿。"罗汉对国王说道:"您告诉各位鬼神,待到约定之日,看见太阳被状如手掌的阴影遮蔽时,便可藏入舍利。"国王听从指示,通知众多鬼神。等到约定日期,无忧王观察太阳光照,正当中午之时,罗汉运用神力,伸手遮蔽太阳,建造佛塔的各个地点,全都看到这一现象,便在同时完成工程。

佛塔旁边不远处的精舍中有一巨石,如来曾在上面踩过,一对足迹依然存在，长达一尺八寸，宽则六寸出头。两个足迹上都有轮相，十根脚趾都带花纹，鱼形纹清晰映照，时有光明照耀。当初如来准备涅槃之时，北赴拘尸那城，向南回首眺望摩揭陀国，踩在这块石上，对阿难说道：“我现在最后留下这一足迹，将要涅槃，回头看看摩揭陀国。一百年之后，有位无忧王将会君临天下，并在这里建都，维护佛教三宝，役使众多鬼神。”待到无忧王继位之后，迁移首都，筑建城邑，妥善保管如来足迹之石，由于迹石靠近王宫，所以无忧王经常亲自前来供养。后来其它各国国王争相把迹石带回去，石块虽然不大，但却无法移动。近来设赏迦王毁坏佛法，来到足迹石处，企图毁灭圣人遗迹，但是凿过以后，石面还是平滑如初，纹样色彩依然如故，他又将迹石扔入殑伽河中，但它旋即还归本处。迹石旁的佛塔，即是过去四佛的坐处以及散步场所的遗迹。

1.4　佛迹精舍侧不远，有大石柱，高三十余尺，书记残缺，其大略曰：“无忧王信根①贞固，三以赡部洲施佛、法、僧，三以诸珍宝重自酬赎。”其辞云云，大略斯在。

　　故宫北有大石室，外若崇山，内广数丈，是无忧王为出家弟役使神鬼之所建也。初，无忧王有同母弟，名摩醯因陀罗②，唐言大帝。生自贵族，服僭王制，奢侈纵暴，众庶怀怨。国辅老臣进谏王曰：“骄弟作威，亦已太甚。夫政平则国治，人和则主安，古之明训，由来久矣。愿存国典，收付执法。”无忧王泣谓弟曰：“吾承基绪，覆焘③生灵，况尔同胞，岂忘惠爱？不先匡导，已陷刑法。上惧先灵，下迫众议。”摩醯因陀罗稽首谢曰：“不自谨行，敢干国宪，愿赐再生，更宽七日。"于是置诸幽室，严加守卫，珍羞上馔，进贡无亏。守者唱曰："已过一日，余有六日。"至第六日已，既深忧惧，更励身心，便获果证，升虚空，示神迹，寻出尘俗，远栖岩谷。无忧王躬往谓曰："昔拘国制，欲致严刑，岂意清升，取证圣果。既无滞累，可以回国。"弟曰："昔羁爱网[④]，心驰声色，今出危城，志悦山谷。愿弃人间，长从丘壑。"王曰："欲静心虑，岂必幽岩？吾从尔志，当为崇树。"遂召命鬼神而告之曰："吾于后日广备珍羞，尔曹相率来集我会，各持大石，自为床坐。"诸神受命，至期毕萃。众会既已，王告神曰："石座纵横，宜自积聚。因功不劳，垒为虚室。"诸神受命，不日而成。无忧王躬往迎请，止此山庐。

故宫北，地狱南，有大石槽，是无忧王匠役神功，作为此器，饭僧之时，以储食也。

故宫西南有小石山，周岩谷间，数十石室，无忧王为近护[⑤]等阿罗汉役使鬼神之所建立。傍有故台，余基积石；池沼涟漪，清澜澄鉴，邻国远人谓之圣水，若有饮濯，罪垢消灭。

山西南有五窣堵波，崇基已陷，余址尚高，远而望之，郁若山阜，面各数百步，后人于上重更修建小窣堵波。《印度记》曰：昔无忧王建八万四千窣堵波已，尚余五升舍利，故别崇建五窣堵波，制奇诸处，灵异间起，以表如来五分法身[⑥]。薄信之徒窃相评议，云是昔者难陀王[⑦]建此五藏，以储七宝[⑧]。其后有王，不甚淳信，闻先疑议，肆其贪求，兴动军师，躬临发掘，地震山倾，雪昏日翳，窣堵波中大声雷震，士卒僵仆，象马惊奔。自兹已降，无敢觊觎。或曰：众议虽多，未为确论；循古所记，信得其实。

【注释】

① 信根，指对于佛教三宝四谛的坚定信仰，这种信仰是生出其它一切善法的根本，故名。是为五根（信根、精进根、念根、定根、慧根）之一。《俱舍论》卷三："于清净法中，信等五根有增上用。所以者何？由此势力伏诸烦恼引圣道故。"

② 摩醯因陀罗，又作摩呬陀、摩哂陀、摩呻提等，梵文 Mahēndra 的音译；意译作大帝。《西域记》卷十一"僧伽罗国"条中将他说成是今斯里兰卡的佛教创始者。据南传佛教称，摩醯因陀罗是无忧王的长子，约于公元前 279 年生于古印度西北的乌阇衍那。母亲提鞞乃是毗底沙的富商之女。他二十岁受具足戒，在无忧寺从目犍连子帝须学经、律藏，证得五罗汉果。第三次结集后，被无忧王遣派到僧伽罗（今斯里兰卡）传播佛教；在密兴多列圣山向国王提婆南毗耶帝沙（约公元前 250—前 210 在位）宣讲《象迹譬喻小品经》，使国王归依了佛教。他在摩诃弥伽王家公园建立中心大寺，并从印度迎请其妹僧伽密多至此给比丘尼受戒。后来，他在睹波罗糜塔召集比丘大会，正式创建以僧伽罗族比丘阿利多长者为领袖的佛教僧团。

③ 覆焘，犹言护育，释见卷一 4.8 注 ⑰。

④ 爱网，指被"爱"（即世俗欲望，释见卷五 1.2 注 ⑥）所束缚。《出曜经》云："其有众生堕于爱网者，必败正道，不至究竟。"

⑤ 近护，即邬波毱多，释见卷四 2.2 注 ⑯。

⑥ 五分法身，指成为佛身的五种功德法。即：一，戒身，谓如来已

脱离身、口、意三业，离一切过非的境地。二，定身，谓如来真心寂静，离一切妄念的境地。三，慧身，谓如来真智圆明，达观法性的境地，即根本智。四，解脱身，谓如来的心身解脱一切系缚的境地，即涅槃之德。五，解脱知见，谓如来以其真知而解脱，即后得智。这五者依次由戒而定，由定而生慧，由慧而生解脱，由解脱而生解脱知见，即指从抑制肉体的、精神的欲望逐步进至所谓"解脱"的境地。《行宗记》卷一："五分者，戒、定、慧从因受名；解脱，解脱知见从果彰号。由慧断惑，惑无之处名解脱；出缠破障，反照观心，名解脱知见。"

⑦　难陀王，当是指前生曾经为王的比丘难陀（Nanda），亦即善欢喜或牧牛难陀。他因问佛牧牛十一事，从而知佛具有一切智，遂出家而获阿罗汉果。《四分律名义标释》卷十三："《萨婆多论》云：往昔惟卫佛出现于世，为众生说法。彼佛灭后，有王起牛头旃檀墖，种种庄严。此王有五百夫人，供养此墖。各发愿言：'愿我等将来从此王边而得解脱。'尔时王者，今难陀是；尔时五百夫人者，今五百比丘是。以是本愿因缘，故应从难陀而得解脱。"

⑧　七宝，释见卷二2.4注②。

【译文】

佛陀足迹精舍之旁，有一大石柱，高三十多尺，上面所刻文字，已经残缺不全，大概意思则道："无忧王坚信佛法，三度将赡部洲施舍给佛、法、僧，又三度用各种珍宝赎取。"这类话语，大意如此。

故宫之北有间大石室，外貌犹如一座高山，内部宽广几丈，这是无忧王差遣鬼神为其出家的弟弟而建造的。当初，无忧王有个同母兄弟，名叫摩醯因陀罗（唐语谓"大帝"），出身自贵族之家，狂妄地穿起君王制服，奢侈腐化，放纵暴虐，民众深怀怨恨。朝廷大臣向无忧王进谏道："您的弟弟骄横跋扈，作威作福，已太过分。只有政令平和，才能天下大治，人民宁静无怨，君主才能安隐，故人贤明训示，由来业已久远。盼望陛下按照国法，把他拘捕法办。"无忧王哭着对弟弟说道："我继承先王大业，护育广大生灵，况且你我兄弟，岂能忘却爱护？我未能及时对你训导教育，以致使你触犯刑法。如今，我对上惧怕先祖神灵，对下迫于民众谴责。"摩醯因陀罗作礼谢罪道："我自己未能谨慎行事，竟然触犯国家法律，希望给我再生机会，请将刑期宽限七天。"于是无忧王将他关在一间幽暗的屋子里，严加守卫；但是上等的菜肴，则照常尽量供应。看守喊道："已过一天，还有六天。"这样到第六天结束，摩醯因陀罗深怀忧虑恐惧，更加精心修炼，终于获得果证，升入虚空之中，显示神异现象；随后脱离尘俗，远居山谷之中。无忧王亲自前往，对他说道："当初限于国家法制，准备将你施以严刑，不料你竟得道高升，证得圣果。如今既已无牵无挂，便可回国居住了。"弟弟答道："我以前被爱网系缚，向往世俗享受，如今脱离险境，心中喜欢山谷。只愿弃离人间，常住山野之间。"无忧王说道："你要宁静心思，不一定在幽深山野。不过我遵从你的意愿，将在这里为你建造居所。"于是召集鬼神们宣告道："我在后天将供应大量佳肴，你们都来参加宴会，每人带来一块大石，作为座位使用。"众多鬼神听命，届时全来聚会。聚会结束之后，无忧王对他们说道："石座参差杂乱，应该堆聚一处。利用这现成的石块，替我砌间空屋。"鬼神听命，一天不到，就已完工。无忧王便亲自前去迎请弟弟，居住在这石室之中。

　　故宫之北，地狱之南，有个大石槽，是无忧王驱使鬼神劳作建成这一容器，在施舍佛僧之时，用以储放饮食。

故宫的西南方有座小石山，散布山谷之间，有几十个石室，这是无忧王差遣鬼神为近护等罗汉而建。旁边有一旧台，遗址上只剩石基；湖池水波微动，水色清澈如镜，异国远乡之人，都称它为圣水，如果饮用、澡浴，罪业就会消除。

山的西南方有五座佛塔，塔基已经塌陷，但是所剩遗址仍很高大，远远望去，犹如山丘一般，每面都宽几百步，后世之人在上面另外建造了小塔。《印度记》载云：当初无忧王建造八万四千座塔后，还剩下五升舍利，所以另外建造五座佛塔，形制异于其它各塔，时时出现灵应奇迹，这些佛塔用来象征如来的五分法身。不信佛法者私下议论，说这是当年难陀王建造的五座库藏，用以储藏七宝。后来有个国王，不太相信佛法，听到此前的议论，便生贪欲之心，调动军队人马，亲自前来发掘，不料地动山摇，骤然大雪弥漫，遮得天昏地暗，塔中雷声大作，士兵跌仆于地，象、马惊恐乱窜。从此以后，无人再敢贪求塔内宝藏。有人说，尽管议论纷纷，但都不能确定；我则按照古代记载，相信这是真实之事。

1.5　故城东南有屈居勿反。屈吒阿滥摩^①唐言鸡园。僧伽蓝，无忧王之所建也。无忧王初信佛法也，式遵崇建，修植善种，召集千僧，凡、圣两众，四事供养，什物周给。颓毁已久，基址尚存。

　　伽蓝侧有大窣堵波，名阿摩落迦^②。阿摩落迦者，印度药果之名也。无忧王遘疾弥留，知命不济，欲舍珍宝，崇树福田。权臣执政，诫勿从欲。其后因食，留阿摩落果，玩之半烂，握果长息，问诸臣曰："赡部洲主今是何人？"诸臣对曰："惟独大王。"王曰："不然。我今非主。惟此半果，而得自在。嗟乎！世间富贵，危甚风烛。位据区宇，名高称谓，临终匮乏，见逼强臣，天下非己，半果斯在！"乃命侍臣而告之曰："持此半果，诣彼鸡园，施诸众僧，作如是说："昔一赡部洲主，今半阿摩落迦王，稽首大德③僧前，愿受最后之施。凡诸所有，皆已丧失，惟斯半果，得少自在。哀愍贫乏，增长福种。'"僧中上座④作如是言："无忧大王宿期弘济，疟疾在躬，奸臣擅命，积宝非己，半果为施。承王来命，普施众僧。"即召典事⑤，羹中总煮。收其果核，起窣堵波。既荷厚恩，遂旌顾命。

【注释】

①　屈屈吒阿滥摩，梵文 Kukkuṭārāma 的音译；意译或音义混译作鸡园、鸡雀寺、鸡头末寺、鸡寺、鸡林精舍等。参见于志宁序 1.5 注 ⑮。

②　阿摩落迦，即阿末罗，释见卷二 1.17 注 ⑥。

③　大德，梵文 bhadanta 的意译；音译作婆檀陀。原来用以称佛，后来在律中则称比丘，意谓"有大德行者"。《毗奈耶杂事》卷十九："年少苾刍应唤老者为大德，老唤少年为具寿。若不尔者，得越法罪。"而在后世，"大德"的指称范围更泛，《僧史略》卷下云："德号之兴，其来远矣。魏秦之世，翻译律本羯磨文中皆曰大德僧。……诸传纪私呼僧中贤彦多云大德，非国朝所补也。……大历六年辛亥岁四月五日，敕京城僧尼临坛大德各置十人，以为常式，有阙即填。此带临坛而有大德二字，乃官补德号之始也。宪宗朝端甫为引驾大德，此带引驾为目。宣宗大中四年六月降诞日，内殿禅大德辩、肇二人，此带禅学得名。"

④ 上座，梵文 sthavira 的意译；音译作悉提那。此名可指称三种人：一，对出家多年的僧人的尊称，《四分律删繁补阙行事钞》卷下："从无夏（夏，指夏安居，在此用为出家年数的计算单位——引者）至九夏是下座，十夏至十九夏名中座，二十夏至四十九夏名上座。"二，对有德僧人的尊称，《十诵律》卷五十："有十法名上座。"则做到十种守戒善行的僧人才称上座。三，佛寺三纲之一，即全寺之长，《僧史略》卷中："道宣敕为西明寺上座，列寺主、维那之上。"在此所谓的"上座"系指第三种僧人。

⑤ 典事，即典座，犹如世俗的司厨。佛寺各僧，例分东、西两序；执后勤事务者属东序。东序设六职，典座乃是其中之一。《僧堂清规》卷五："此职主大众斋食，故时时改变食物，大众受用安乐为妙。齐料已下，菜蔬盐酱类，一切保护蓄积，可受用长久。造食时，应自身考熟未熟，饤羹盐梅亦应自身试。粥饭时，向僧堂九拜发食，祖训也。"

【译文】

旧城的东南方有座屈屈吒阿蓝摩（唐语谓"鸡园"）寺，乃是无忧王所建造。当初无忧王信奉佛教之时，恭敬建造此寺，修福积善，召集一千僧徒，包括凡僧、圣僧，供养衣食住行，惠施日常用品。此寺塌毁已久，但是基址还在。

寺旁有座大塔，名叫阿摩落迦。所谓阿摩落迦，乃是印度的药果名称。当无忧王身患重病，行将去世之时，知道自己无法再活，意欲施舍珍宝，蓄积来世之福。但是弄权之臣执政，并不听从他的意愿。后来无忧王在饮食之后，留下一只阿摩落果，摸抚得快要烂时，握着果实长叹，问众大臣道："赡部洲的主人，现在应该是谁？"众臣答道："只有陛下您啊！"无忧王说道："不对。我现在已非君主。只剩半只药果，可以自己支配。唉，人间的富贵比风中之烛更难维持。我据有偌大天下，名声显赫之极，但是临终一无所有，遭受权臣逼迫，天下已非我有，只有半果还在！"于是吩咐侍臣，告诉他道："拿这半只药果，前赴鸡园佛寺，施舍给众僧人，对他们这样说：'当年赡部洲的主人，现在是半个阿摩落果之王，谨向大德僧跪拜，请受我最后的施舍。我所拥有的一切，都已全部丧失，只有这半只药果，尚可自己作主。可怜我已贫乏，但愿以此增添福善。'"寺院之长这样说道："无忧大王，以往一直期望广泛周济众生，如今身患重病，奸臣擅自号令，宝藏已非自己所有，只能用半只药果作为施舍。我将按照大王之命，将它普施全体僧众。"于是召来典事，命将药果熬汤。然后收集果核，建造一座佛塔。由于受了无忧王的大恩，所以用这座塔来纪念他的遗嘱。

1.6　阿摩落伽窣堵波西北，故伽蓝中有窣堵波，谓建犍椎[①]声。初，此城内伽蓝百数，僧徒肃穆，学业清高，外道学人销声缄口。其后僧徒相次殂落，而诸后进莫继前修。外道师资传训成艺，于是命俦召侣，千计万数，来集僧坊，扬言唱曰："大击犍椎，招集学人！"群愚同止，谬有扣击。遂以白王，请校优劣。外道诸师高才达学，僧徒虽众，辞论庸浅。外道曰："我论胜。自今以后，诸僧伽蓝不得击犍椎以集众也。"王允其请，依先论制。僧徒受耻，忍诟而退，十二年间不击犍椎。时南印度那伽阏剌树那[②]菩萨唐言龙猛。旧译曰龙树，非也。幼传雅誉，长擅高名，舍离欲爱，出家修学，深究妙理，位登初地[③]。有大弟子提婆[④]者，智慧明敏，机神警悟，白其师曰："波吒厘城诸学人等辞屈外道，不击犍椎，十二年矣。敢欲摧邪见山⑤，然正法炬。"龙猛曰："波吒厘城外道博学，尔非其俦，吾今行矣。"提婆曰："欲摧腐草，讵必倾山⑥？敢承指诲，黜诸异学。大师立外道义，而我随文破析，详其优劣，然后图行。"龙猛乃扶立外义，提婆随破其理，七日之后，龙猛失宗，已而叹曰："谬辞易失，邪义难扶，尔其行矣，摧彼必矣！"提婆菩萨夙擅高名，波吒厘城外道闻之也，即相召集，驰白王曰："大王昔纡听览，制诸沙门不击犍椎。愿垂告命，令诸门候，邻境异僧勿使入城，恐相党援，轻改先制。"王允其言，严加伺候。提婆既至，不得入城。闻其制令，便易衣服，叠僧伽胝⑦，置草束中，褰裳疾驱，负载而入。既至城中，弃草披衣，至此伽蓝，欲求止息。知人既寡，莫有相舍，遂宿犍椎台上。于晨朝时，便大振击。众闻伺察，乃昨客游苾刍。诸僧伽蓝传声响应，王闻究问，莫得其先。至此伽蓝，咸推提婆。提婆曰："夫犍椎者，击以集众。有而不用，悬之何为？"王人报曰："先时僧众论议堕负，制之不击，已十二年。"提婆曰："有是乎？吾于今日，重申法鼓⑧。"使报王曰："有异沙门欲雪前耻。"王乃召集学人，而定制曰："论失本宗，杀身以谢。"于是外道竞陈旗鼓，喧谈异议，各曜辞锋。提婆菩萨既升论座，听其先说，随义析破，曾不浃辰⑨，摧诸异道。国王大臣莫不庆悦，建此灵基，以旌至德。

【注释】

① 犍椎,指钟、磬之类,释见卷一4.8注⑳。但是这里所说的犍椎,似是指钟;因为下文谓提婆清晨击犍椎,诸寺纷纷传声响应,恐怕只有钟声才能传得如此遥远。

② 那伽阏剌树那,又作那伽阿周陀那、那伽夷离淳那、那伽曷树那等,梵文 Nāgārjuna 的音译;意译常作龙树、龙胜,玄奘在此作龙猛,未必妥帖。龙树为南印度人,属婆罗门种姓。关于其生卒时间有多说:佛灭后第七百年、第五百年、第四百年等。《佛祖历代通载》卷五说他是付法藏第十三祖或第十四祖,卒于公元前212年。据《龙树菩萨传》、《付法藏因缘传》等记载,龙树自幼就熟读四吠陀经典,深刻领会其含义,青年时代成为著名的婆罗门学者。后来归依佛教,精通三藏。曾入雪山佛塔,遇一老僧授以大乘经典。后周游诸国,更求它经。与外道辩论,都获胜利。传说南天竺王信奉婆罗门教,攻击佛法,龙树便前往教化,使之改奉佛教。此后大力布教,使大乘般若性空学说风靡全印度。龙树在今天的西藏喇嘛教中仍然享有盛誉。其著述很多,有“千部论主”之称,主要著作有《中论》、《十二门论》、《大智度论》、《十住毗婆沙论》、《七十空性论》、《菩萨资粮论》、《宝行王正论》等。

③ 初地,是十地(即十住)的第一地。佛教徒必须修持十信,然后才能进住于佛地之位,故称十住或十地。通常有两说:一,“三乘十地”说,也称共地,是声闻、缘觉、菩萨共修的阶位:干位地、性地、八人地、见地、薄地、离欲地、已作地、辟支佛地、菩萨地、佛地。二,“大乘菩萨十地”说:欢喜地、离垢地、发光地、焰胜地、难胜地、观前地、远行地、不动地、善慧地、法云地。

④ 提婆,释见卷四2.4注⑧。

　　⑤ 邪见山，亦称邪山，形容邪见（五见之一，释见卷五 2.9 注 ⑧）之厉害和顽固，如山一般难以动摇。《止观》卷五："倾邪山，竭爱海，皆观之力。"在此所谓的"邪见山"，当是泛指外道的一切不符合佛教教义的谬见。

　　⑥ "欲摧腐草，讵必倾山"，其意当是：要想清除腐烂之草，何必您老亲自出马？"山"字，在此当为"山斗"之略；而"山斗"则谓泰山、北斗，喻指被世人所敬仰的伟人。《新唐书·韩愈传·赞》："自愈没，其言大行，学者仰之如泰山、北斗云。"这里的"倾"字则有俯身（割草）之意。故"倾山"当义为"您老亲自动手"。

　　⑦ 僧伽胝，比丘的"三衣"之一，释见卷一 3.5 注 ⑨。

　　⑧ 法鼓，谓佛法之诫众进善犹如扣鼓诫兵进众。《大集经》卷五十六："法幢当摧折，法鼓声亦绝。"《无量寿经》慧远疏云："严鼓诫兵，说教诫人。"嘉祥疏云："扣鼓诫兵，合佛说法以集众，欲进趣于善。"

　　⑨ 浃辰，即十二天，释见卷二 2.4 注 ⑥。

【译文】

　　阿摩落伽塔的西北方，旧寺内有一佛塔，名为建犍椎声。当初，这座城内有佛寺一百来所，僧人严守戒规，学识十分渊博，各派外道学者，只能保持沉默，不敢与之争辩。此后，前辈僧人相继去世，年轻学者未能继承先人的学业。而外道的导师却教成了有作为的弟子，于是互相召集同伴，竟至成千上万，共同聚集僧坊，高声喊道："奋力敲击犍椎，招集你辈学者！"无知的佛僧全来，胡乱敲击犍椎，众人禀明国王，要求比较优劣。外道的各位大师，博学多才，佛僧人数虽多，论说却平庸浅显。外道说道："我们辩论胜了。从今以后，各佛寺不得敲击犍椎召集僧众。"国王按照先前的辩论规则,同意了这一请求。佛僧蒙受耻辱,只得忍辱而退,长达十二年间,始终未击犍椎。当时南印度有位那伽阙剌树那菩萨(唐语谓"龙猛"。旧称龙树,误),从小就有美好声誉,长大以后又有盛名,舍弃欲念,脱离爱网,出家研习佛学,深入探讨佛理,达到初地阶位。他的大弟子提婆,聪慧机敏,理解力强,对其老师说道:"波吒厘城的佛教学者,在辩论中输给外道,被禁止敲击犍椎;岁月飞快流逝,至今十二年了。我意欲摧毁邪见高山,点燃正法火炬。"龙猛说道:"波吒厘城的外道学识渊博,你不是他们的对手,我将亲自前往。"提婆说道:"要想清除腐烂之草,何必您老亲自出马?我想禀承您的指点,前去驳倒外道学者。导师您提外道论点,我则随之批驳分析,详细了解二者优劣,然后准备前去辩论。"于是龙猛主张外道论点,提婆随时驳斥其理,持续七天之后,龙猛无法再坚持外道教义,感慨地说道:"谬论易被驳倒,邪派教义难以维持,你已可以前去,肯定能够驳倒外道!"提婆菩萨向来享有盛誉,波吒厘城的外道听说他要前来,立即互相聚集,急忙禀告国王:"陛下当初曾经屈尊出席辩论大会,规定沙门不得再击犍椎。现在敬请发布命令,吩咐各城门的守卫者,不准外国佛僧进入城内,以免内外勾结,轻易更改您先前的规定。"国王答应了这一请求,严密监察守候。提婆抵达之后,无法进入城内。当他获悉国王的命令之后,便更换服装,将僧伽胝叠好,藏在草束之中,然后撩起衣裳,飞快奔走,背着草束,进入城内。到了城里,丢掉草束,穿上僧衣,来到佛寺,要求借宿。寺内有识之士既少,遂无人肯留宿提婆,提婆只得在犍椎台上过夜。待到清晨,他便猛击犍椎。众僧闻声前往观看,见是昨夜的外乡比丘。各寺跟着敲钟呼应,国王得知后追究责任,却不知是谁首先敲击。查到这座佛寺,大家都说是提婆。提婆说道:"所谓犍椎，本来就是用以敲击召集僧众的。有了犍椎而不用，还挂在那里干什么？"国王的使者答道："早先僧人辩论失败，所以规定不准再击犍椎，至今已经十二年了。"提婆说道："真有这种事吗？那么我在今天就要重新敲响法鼓。"使者报告国王道："有外国沙门想要洗雪以前的耻辱。"国王于是召集各派学者，制定规则："如果辩论失败，必须自杀谢罪。"于是外道学者竞相上阵，论述种种观点，各自施展辩才。提婆菩萨登上论坛，让外道学者先说，然后一一驳斥，不到十二天，驳倒所有外道。国王、大臣无不庆幸欢愉，于是建造这座佛塔，表彰他的高超德行。

1.7　建击犍椎窣堵波北有故基，昔鬼辩婆罗门 ① 所居处也。初，此城中有婆罗门，葺宇荒薮，不交世路，祠鬼求福，魑魅 ② 相依，高谈剧论，雅辞响应。人或激难，垂帷以对，旧学高才，无出其右，士庶翕然，仰之犹神。有阿湿缚窭沙 ③ 唐言马鸣。菩萨者，智周万物，道播三乘 ④，每谓人曰："此婆罗门学不师受，艺无稽古，屏居幽寂，独擅高名，将非神鬼相依，妖魅所附，何能若是者乎？夫辩资鬼授，言不对人，辞说一闻，莫能再述，吾今往彼，观其举措。"遂即其庐，而谓之曰："仰钦盛德，为日已久。幸愿褰帷，敢伸宿志。"而婆罗门居然简傲，垂帷以对，终不面谈。马鸣心知鬼魅，情甚自负，辞毕而退，谓诸人曰："吾已知之，摧彼必矣。"寻往白王："唯愿垂许，与彼居士 ⑤ 较论剧谈。"王闻骇曰："斯何人哉！若不证三明 ⑥，具六通 ⑦，何能与彼论乎？"命驾躬临，详鉴辩论。是时马鸣论三藏 ⑧ 微言，述五明 ⑨ 大义，妙辩纵横，高论清远，而婆罗门既述辞已，马鸣重曰："失吾旨矣，宜重述之。"时婆罗门默然杜口，马鸣叱曰："何不释难？何事鬼魅宜速授辞！"疾褰其帷，视占其怪。婆罗门惶遽而曰："止！止！"马鸣退而言曰："此子今晨声闻失坠，虚名非久，斯之谓也。"王曰："非夫盛德，谁鉴左道？知人之哲，绝后光前，国有常典，宜旌茂实。"

【注释】

① 鬼辩婆罗门，当是因婆罗门的辩论能力为鬼魅所授，故而得此蔑称。

② 魍魉，泛指山水间害人的鬼怪。《玉篇》："魍魉，水神，如三岁小儿，赤黑色。"《搜神记》："昔，颛顼氏有三子，死而为疫鬼。一居江水，为疟鬼；一居若水，为魍魉鬼；一居人宫室，善惊人小儿，为小鬼。"

③ 阿湿缚窶沙，梵文 Aśvaghoṣa 的音译；意译作马鸣或功胜。佛典中有马鸣比丘、马鸣大士、马鸣菩萨诸称。通常认为马鸣为迦腻色迦王的同时代人，即公元 1、2 世纪的人。他出身于中印度婆罗门家庭，初习婆罗门教典，长于哲学思辩，后被胁尊者驳倒，遂降为其弟子。此后，他博学佛教经典，宣教于北印度和中印度，为世人所敬重，也颇受国王的优遇，影响很大。《马鸣菩萨传》中的一段文字，体现了他在当时的声望之大，大意是说："北天竺小月氏国伐于中（天竺）国，围之。中天竺王遣使问所欲。答曰：'汝意降伏者，送三亿金，当相赦耳。'王言：'此国无一亿金，如何可得三亿耶？'答曰：'汝国内有二大宝，一佛钵，二辩才比丘，以此与我，足当二亿金也。'比丘请王应其求，王听其言，与之。月氏王回本国，诸臣曰：'王奉佛钵固宜，比丘则天下皆是，当一亿金，毋乃太过？'王审知比丘高明胜达，其辩才说法，乃感非类。

七匹饿马请比丘说法,诸听者无不开语。王系此马于众会前,以草与之,马垂泪听法,无念食想。于是天下知比丘非寻常。以马解其音故,遂号为马鸣菩萨。"马鸣是古印度大乘佛教的著名论师,也是著名的佛教诗人和佛教哲学理论家。其代表作《佛所行赞》是梵文文学名著。叙事长诗《美难陀传》和《犍椎梵赞》也是其卓越诗篇。佛教剧本《舍利弗传》今只剩下残卷。他还撰有《大庄严论经》和其它佛经。

④ 三乘,谓乘人而使之到达果位的三种教法。关于"三乘"有四种说法,在此当是指大乘教派的"三乘":一,声闻乘,又称小乘。快则三生,慢则六十劫间修空法,终于现世闻如来之声教而悟四谛之宣,证阿罗汉果。二,缘觉乘,又称中乘、辟支佛乘。快则四生,慢则百劫间修空法,最后之生不依如来之声教,感飞花落叶之外缘,而自觉十二因缘之理,证辟支佛果。三,菩萨乘,又称大乘。三无数劫间修六度之行,更于百劫间植三十二相福因,证无上菩提果。或以羊、鹿、牛三车比喻三乘,或以象、马、兔三兽比喻三乘。《西域记》在此谓马鸣"道播三乘",当是说他业已精通了佛法的意思。

⑤ 居士,梵文 kulapati 的意译;音译作迦罗越。原指古印度吠舍种姓工商界中的富人,由于其中的佛教信徒较多,所以此名便被用来称呼受过三归(皈依佛、法、僧)和五戒(戒杀生、偷盗、邪淫、妄语、饮酒)的在家佛教徒。慧远《维摩义记》卷一:"居士有二:一,广积资财,居财之士,名为居士。二,在家修道,居家道士,名为居士。"

⑥ 三明,释见卷二 2.7 注 ⑫。

⑦ 六通,释见卷二 2.7 注 ⑨。

⑧ 三藏,释见卷二 1.10 注 ⑧。

⑨ 五明,释见卷二 1.9 注 ②、③、④、⑤、⑥、⑦。

【译文】

建击犍椎塔之北有一旧基，乃是以前鬼辩婆罗门的居住之处。当初，这座城内有个婆罗门，盖屋于荒野之中，不与世人交往，祭祠鬼神，祈求福德，依附于山野鬼魅，谈吐高深，辩论热烈，精妙辞句，接一连二。如若有人责难，放下幕帘回答，学界名宿，杰出才子，无人超出于他，无论学者、平民，全都敬之若神。有位阿湿缚窭沙（唐语谓"马鸣"）菩萨，知识渊博，遍及万物，道行高深，精通佛法，常常对人说道："这个婆罗门，没有导师传授学业，才艺也无古训可循，独自居住荒野之中，竟然博得最高声望，假如没有神鬼相助，妖魅附身，怎能达到这一地步？如果辩论才能来自鬼神传授，则说话时不敢当面对人，话一出口，便无法复述。我现在前往那里，观察他的举动。"马鸣于是去他草庐，对婆罗门说道："我仰慕钦佩你的高尚道德，已经历时很久。希望你能撩起幕帘，以便我畅谈平素的想法。"但是婆罗门简慢骄傲，仍旧垂帘对答，始终不肯面谈。马鸣知道必有鬼魅在内，所以神情十分自负，结束谈话，出来以后，他对众人说道："我已明白内情，定能将他驳倒。"旋即去对国王说道："恳请您能答允，让我与那位居士热烈辩论。"国王听后惊奇地说道："你是什么人啊！要是没有证得三明，具备六种神通，怎能与他辩论呢？"于是吩咐备车，亲自前往草庐，详细观看辩论。这时，马鸣论说三藏的精妙言辞，阐述五明的伟大义理，佳妙的辩辞不断涌现，卓越的理论滔滔不绝，当婆罗门讲完自己的论点之后，马鸣又说："你背离我的要义了，应该再说一遍。"但是婆罗门却闭口不说，马鸣斥责道："为什么不答辩？你所事奉的鬼魅赶快教呀！"并且立即撩开幕帘，察看其中怪异。婆罗门惊恐地急叫道："别动，别动！"马鸣退下来后说道："此人今晨名誉扫地，虚伪的名气是不长久的，他就是一个例子。"国王说道："要不是你有这么高超的德行，谁能鉴别出左道旁门？你识别人的智慧，真是空前绝后，我国历来都有规定，要表彰这样的真才实学者。"

鞮罗释迦、德慧、戒贤等三伽蓝

【题解】

这是玄奘从波吒厘子城前往伽耶城途中所瞻仰的三个著名伽蓝。《慈恩传》只提及了低罗磔迦（即鞮罗释迦）伽蓝，谓此寺数十僧人都曾出迎玄奘法师；然而对于其它二寺，则未曾谈及。

鞮罗释迦伽蓝

2.1　城西南隅二百余里，有伽蓝遗址。其傍有窣堵波，神光时烛，灵瑞间发，近远众庶莫不祈请，是过去四佛座及经行遗迹之所。

故伽蓝西南行百余里，至鞮罗释迦 ① 伽蓝。庭宇四院，观阁三层，崇台累仞 ②，重门洞启，频毗娑罗王 ③ 末孙之所建也。旌召高才，广延俊德，异域学人，远方髦彦，同类相趋，肩随戾止。僧徒千人，并学大乘。中门当塗，有三精舍，上置轮相，铃铎虚悬，下建层基，轩槛周列，户牖栋梁，墉垣阶陛，金铜隐起，厕间庄严。中精舍佛立像高三丈，左多罗 ④ 菩萨像，右观自在菩萨 ⑤ 像。凡斯三像，鍮石铸成，威神肃然，冥鉴远矣。精舍中各有舍利一升，灵光或照，奇瑞间起。

　　鞮罗释迦伽蓝西南九十余里，至大山，云石幽蔚，灵仙攸舍，毒蛇、暴龙窟穴其薮，猛兽、挚鸟栖伏其林。山顶有大磐石，上建窣堵波，其高十余尺，是佛入定处也。昔者如来降神止此，坐斯磐石，入灭尽定^⑥，时经宿焉。诸天灵圣供养如来，鼓天乐，雨天花。如来出定，诸天感慕，以宝金银起窣堵波。去圣逾邈，宝变为石。自古迄今，人未有至。遥望高山，乃见异类，长蛇、猛兽群从右旋，天仙灵圣肩随赞礼。

　　山东岗有窣堵波，在昔如来仞观摩揭陀国所履之处也。

【注释】

　　① 鞮罗释迦，亦作羝罗荼、低罗择迦、低罗磔迦等，梵文 Telāḍhaka 的音译。或谓该寺在那烂陀寺西约34公里处。

　　② 仞，古代长度单位。通常以周尺八尺为仞。但是其它还有七尺、五尺六寸、四尺等说法。

　　③ 频毗娑罗王，释见卷八1.3注②。

　　④ 多罗，又作呾囉，梵文 Tārā 的音译；意译作眼、眼瞳。《苏婆呼经》卷下："多罗，此云妙目精。"多罗菩萨由于从观音眼中生出，故有此名；又称眼观音或多罗观音。是为观音院中的一尊，莲花部的部母。观音有定、慧二德，毗俱胝主慧德，多罗主定德，呈女相。《大日经》卷一："彼右大名称，圣者多罗尊。青白色相杂，中年女人状。合掌持青莲，圆光靡不遍。晖发犹净金，微笑鲜白衣。"《大日经疏》卷五："此是观自在三昧，故作女人像。多罗是眼义；青莲花是净无垢义。以如是普眼摄收

群生,既不先时,亦不后时,故作中年女人像,不太老不太少也。……其像合掌,掌中持此青莲,手面皆向观音,如微笑形。通身圆光如净金色,被服白衣。首有发髻作天髻形,不同大日髻冠也。"

⑤ 观自在菩萨,释见卷一 4.5 注 ⑦。

⑥ 灭尽定,又称灭受想定或灭尽三昧,梵文 Nirodhasamāpatti 的意译,指用以克制思想,使之停止活动的禅定,乃是二无心定之一。证得不还果以上的圣者,为假入涅槃之想而入于此定。极长者为七日,属于非想天。《大乘义章》卷二:"灭尽定者,谓诸圣人患心劳虑,暂灭心识,得一有为非色心法,领补心处,名灭尽定。"

【译文】

城的西南方二百多里处,有个佛寺遗迹。旁边有座佛塔,神奇光芒时常照耀,灵异瑞祥经常发生,远近民众,无不前来祈祷,这是过去四佛的坐处以及散步场所的遗迹。

从旧寺向西南方行走一百多里,抵达鞮罗释迦寺。寺内四座庭院,楼阁建成三层,台轩好几仞高,门户重重叠叠,这是频毗娑罗王的末代孙子所建造。礼聘杰出人才,广招有德人士,外国学者,远方贤士,纷至沓来,相率驾临。寺内僧徒约有千人,全部研学大乘法教。正对中门,朝着路口,有三所精舍,屋顶设置轮相,铃铎悬空而挂,下面建有层台,周围栏杆排列,门窗栋梁、矮墙台阶,上面都有金铜浮饰,镶嵌得十分华丽。中间精舍的佛陀立像高达三丈,左边是多罗菩萨像,右边是观自在菩萨像。这三座像,都用鍮石铸成,威严肃穆,暗中监察人间善恶,丝毫不爽。每座精舍中都有一升舍利,常有灵光照耀,时有奇异瑞祥。

从靸罗释迦寺向西南方行走九十多里，抵达一座大山，云气浓郁，岩石昏暗，是神灵、仙人所居之处。毒蛇、恶龙在荒泽中筑穴，猛兽、凶禽在山林中栖身。山顶有块大磐石，上面建有一座佛塔，高十多尺，是佛陀的入定之处。当初如来降临这里，坐在磐石之上，入灭尽定，历时一夜。天界神灵供养如来，奏起天乐，洒布天花。如来出定之后，众天神感慨敬慕，便用珍宝、金银建起一座佛塔。如今离圣人时代已极遥远，珍宝都已变成石头。自古至今，无人抵达那里。远望这座高山，可以看见非人生物，巨蛇、猛兽，成群结队地绕着佛塔向右旋行，天仙、圣灵，相互跟随着赞颂礼敬。

大山的东岗上有座佛塔，这是当年如来停下脚步，观望摩揭陀国时所踏的地方。

德慧伽蓝

2.2　山西北三十余里，山阿有伽蓝，负岭崇基，疏崖峙阁。僧徒五十余人，并习大乘法教。瞿那末底[①]唐言德慧。菩萨伏外道之处。初，此山中有外道摩沓婆[②]者，祖僧佉[③]之法而习道焉。学穷内外[④]，言极空有[⑤]，名高前烈，德重当时，君王珍敬，谓之国宝，臣庶宗仰，咸曰家师。邻国学人承风仰德，俦之先进，诚博达也。食邑二城，环居封建。时南印度德慧菩萨幼而敏达，早擅清徽[⑥]，学通三藏[⑦]，理穷四谛[⑧]。闻摩沓婆论极幽微，有怀挫锐，命一门人裁书谓曰："敬问摩沓婆善安乐也。宜忘劳弊，精习旧学，三年之后，摧汝嘉声。"如是第二、第三年中，每发使报。及将发迹，重裁书曰："年期已极，学业何如？吾今至矣，汝宜知之。"摩沓婆甚怀惶惧，戒诸门人及邑户："自今之后，不得居止沙门异道，递相宣告，勿有犯违。"时德慧菩萨杖锡而来，至摩沓婆邑，邑人守约，莫有相舍，诸婆罗门更詈之曰："断发殊服，何异人乎？宜时速去，勿此止也！"德慧菩萨欲摧异道，冀宿其邑，因以慈心，卑辞谢曰："尔曹世谛⑨之净行⑩，我又胜义谛⑪之净行，净行既同，何为见拒？"婆罗门因不与言，但事驱逐。逐出邑外，入大林中。林中猛兽群行为暴，有净信⑫者恐为兽害，乃束蕴持杖，谓菩萨曰："南印度有德慧菩萨者，远传声闻，欲来论义，故此邑主惧坠嘉声，重垂严制，勿止沙门。恐为物害，故来相援。行矣自安，勿有他虑。"德慧曰："良告净信：德慧者，我是也。"净信闻已，更深恭敬，谓德慧曰："诚如所告，宜可速行。"即出深林，止息空泽。净信纵火持弓，周旋左右，夜分已尽，谓德慧曰："可以行矣，恐人知闻，来相图害。"德慧谢曰："不敢忘德。"于是遂行。至王宫，谓门者曰："今有沙门，自远而至，愿王垂许，与摩沓婆论。"王闻惊曰："此妄人耳。"即命使人往摩沓婆所，宣王旨曰："有异沙门来求谈论，今已莹洒论场，宣告远近，伫望来仪，愿垂降趾。"摩沓婆问王使曰："岂非南印度德慧论师乎？"曰："然。"摩沓婆闻，心甚不悦，事难辞免，遂至论场。国王、大臣、士庶、豪族，咸皆集会，欲听高谈。德慧先立宗义，洎乎景落，摩沓婆辞以年衰，智昏捷对，请归静思，方酬来难。每事言归，及旦升座，竟无异论。至第六日，呕血而死。其将终也，顾命妻曰："尔有高才，无忘所耻！"摩沓婆死，匿不发丧，更服鲜绮，来至论会。众咸喧哗，更相谓曰：“摩沓婆自负才高，耻对德慧，故遣妇来，优劣明矣。”德慧菩萨谓其妻曰：“能制汝者，我已制之。”摩沓婆妻知难而退。王曰：“何言之密，彼便默然？”德慧曰：“惜哉，摩沓婆死矣！其妻欲来与我论耳。”王曰：“何以知之？愿垂指告。”德慧曰：“其妻之来也，面有死丧之色，言含哀怨之声，以故知之，摩沓婆死矣。能制汝者，谓其夫也。”王命使往观，果如所议。王乃谢曰：“佛法玄妙，英贤继轨，无为[13]守道，含识[14]沾化，依先国典，褒德有常。”德慧曰：“苟以愚昧，体道居贞，存止足[15]，论齐物[16]，将弘汲引，先摧傲慢，方便摄化，今其时矣。唯愿大王以摩沓婆邑户子孙千代常充僧伽蓝人，则垂诫来叶，流美无穷。唯彼净信见匡护者福延于世，食用同僧，以劝清信，以褒厚德。”于是建此伽蓝，式旌胜迹。初，摩沓婆论败之后，十数净行逃难邻国，告诸外道耻辱之事，招募英俊，来雪前耻。王既珍敬德慧，躬往请曰：“今诸外道不自量力，结党连群，敢声论鼓，惟愿大师摧诸异道。”德慧曰：“宜集论者。”于是外道学人欣然相慰：“我曹今日，胜其必矣。”时诸外道阐扬义理，德慧菩萨曰：“今诸外道逃难远游，如王先制，皆是贱人，我今如何与彼对论？”德慧有负座竖，素闻余论，颇闲微言，侍立于侧，听诸高谈。德慧拊其座而言曰：“床[17]，汝可论。”众咸惊骇，异其所命。时负座竖便即发难，深义泉涌，清辩响应。三复之后，外道失宗，重挫其锐，再折其翮。自伏论已来，为伽蓝邑户。

【注释】

① 瞿那末底，又作娑拿末底、求那摩底等，梵文 Guṇamati 的音译；意译作德慧。约 5—6 世纪的南印度人。瑜伽行宗的著名学者，唯识十大论师之一。

② 摩沓婆，梵文 Mādhava 的音译。慧琳《音义》卷八十二：“摩沓婆，或云摩纳婆。此曰儒童，幼而聪俊博识辩犍者也。”

③ 僧佉，一作僧企野，梵文 saṃkhya 的音译；意译作数。是为外道的论名。玄应《音义》卷十：“僧佉，此言讹也，应云僧企耶。此云数也，其论以二十五根为宗，旧云二十五谛。”《唯识述记》卷一：“梵云僧佉，此翻为数，即智惠数。数度诸法根本立名，以数起论，名为数论。论能生数，亦名数论。”

④ 内外，犹言内外道或内外教。佛教自称本教为内教，其它教为外教。《佛祖统纪》卷三十九：“沙门道安作《二教论》，以儒道九流为外教，释氏为内教。”

⑤ 空有，释见敬播序 1.2 注 ⑪。

⑥ 清徽，谓清高的气节。《晋书·宗室传·论》：“（安平献王）故能位班上列，享年眉寿，清徽至范，为晋宗英，子孙遵业，世笃其庆。”

⑦ 三藏，释见卷二 1.10 注 ⑧。

⑧ 四谛，又称四圣谛、四真谛，梵文 catvāni āryasatyāni 的意译。即是圣者所见之真理。一，苦谛，乃三界六趣之果报，是为迷之果。二，集谛，乃贪瞋等烦恼及善恶之诸业。三，灭谛，即涅槃，涅槃灭惑业而离生死之苦，真空寂灭，故名灭，是为悟之果。四，道谛，乃八正道，此能通于涅槃，故名道，是为悟之因。《涅槃经》卷十五：“我昔与汝等，不见四真谛，是故又流转，生死大苦海。若能见四谛，则得断生死。”

⑨ 世谛，又称俗谛、世俗谛、覆俗谛，谓世俗人所知的道理。《涅槃经》卷十三："如出世人之所知者，名第一义谛；世间人知者，名为世谛。"

⑩ 净行，通常指外道修行者，即梵志（释见卷二 1.11 注 ③）。但是这里的"净行"当是指对于"梵"（清净无欲，即涅槃）的修行。故德慧有"净行既同"之说。

⑪ 胜义谛，又称真谛、第一义谛，谓圣智者所见之真实理性。此与世谛相对。

⑫ 净信，系指信仰佛教之人，盖因佛教以清净为特色，故名。

⑬ 无为，梵文 asaṃskrta 的意译，无造作之义。无因缘造作，称无为；无生、住、异、灭四相之造作，称无为。即是真理、涅槃、法性、实相、真如、法界等等的异名。这与道家的"无为"思想并不一样。故这里的"无为守道"当是"以真理维护佛法"之意。

⑭ 含识，即一切有情者，释见卷二 2.7 注 ㉑。

⑮ 止足，谓安分守己，并不奢求。《文选》张协《咏史诗》："达人知止足，遗荣忽如无。"又，《文选》沈约《游沈道士馆诗》："曰余知止足，是愿不须丰。"

⑯ 齐物，谓以平等之见地观察万物。《汉书·律历志上》："中吕，言微阴始起于未成，著于其中旅助姑洗宣气齐物也。"

⑰ 床，在此当是胡床或绳床的简称；而"胡床"、"绳床"等则是古代汉人对于从域外引进的轻便座椅的称呼，其特点是座椅的支足交叉接合，交接处有活动枢纽，可以折叠，因此携带方便。宋代欧阳修《诗话》介绍此物道："今之交床，本自外国来，始名胡床，隋以谶改名交床，唐穆宗时又名绳床。"用绳绦制成椅面的即称"绳床"；似乎印度的佛教僧徒多用此物，从而对它在中土的广泛使用有着相当的促进作用。《西域记》

在此谓德慧命"床"来辩论，显然只是略带调侃意味地指称专门负责保管和运载其座椅"绳床"的童仆。

【译文】

　　距大山西北方三十多里，山曲处有座佛寺，背靠山岭，筑起高大石基，依傍山崖，耸立高高楼阁。寺内有僧徒五十多人，全都研学大乘法教。这是瞿那末底（唐语谓"德慧"）折服外道之处。早先，这座山中有个外道信徒名叫摩沓婆，宗奉数论派学说而修道。他精通佛教和外道学派，深刻理解空、有的义理，声望高过前辈，道德冠绝当代，国王重视尊敬，把他称为"国宝"，众官、百姓也都崇拜，尊称他为"导师"。邻国学者仰慕他的风采盛德，将他视为前辈；他确实是位博学通达之士。国王给他两座城市作为食邑，并将其居地周围地区分封给他。当时南印度有位德慧菩萨，从小聪明懂事，早就具有清高气节，学业贯通佛教三藏，彻底理解四谛真义。听说摩沓婆的论述极为深奥精微，便想前去驳斥、论辩。吩咐一名弟子写封信道："谨向摩沓婆请安，你应不顾疲劳，认真研习所学，我在三年之后，将来摧毁你的美名。"就这样，在第二、第三年中，德慧一直发信预报。待到将要启程之时，他又写信道："所约时间已到，你的学业如何？我今即将前来，你应清楚知道。"摩沓婆相当恐惧，告诫各个弟子以及食邑中的住户："从现在开始，不准留宿沙门异教徒，众人互相转告，不得有违。"这时德慧菩萨挂着锡杖前来，抵达摩沓婆的食邑后，邑民遵奉禁令，无人接纳德慧，婆罗门更是辱骂他道："你剪去头发，服饰奇特，这是什么怪物！赶快离开，不准待在这里！"德慧菩萨为了击败外道，想在城内过夜，于是怀着慈悲之心，谦和地说道："你们按世谛修持梵行，我则按胜义谛修持梵行，既然大家都修梵行，为什么拒我于门外？"婆罗门便不再理他，只是一味驱赶。德慧被逐出城邑之外，走入大森林中。林内有凶猛野兽，成群结伴地残害人命，有个信佛者恐怕德慧被野兽伤害，于是点着火把，拿着棍子，对菩萨说道："南印度有位德慧菩萨，盛名传布远方，将要来此辩论，城邑主人害怕丧失美名，所以下达严厉命令，不准留宿沙门。我怕你遭受野兽伤害，故而前来相助。你安心地走吧，不必有其它顾虑。"德慧说道："实话告诉你吧，我就是德慧啊！"信佛者听了，态度更加恭敬，他对德慧说道："确如你所说的，那么赶快走吧！"于是他们旋即走出茂密树林，在空旷的草泽休息。信佛者点着火，拿着弓，巡视周围。当黑夜快要结束时，他对德慧说道："你可以走了，我担心有人闻讯以后，会来这里害你。"德慧向他致谢道："我不会忘记你的恩德。"于是离开了那里。德慧来到王宫，对守门者说道："如今有个沙门，从远方来到这里，希望国王允准，让我与摩沓婆辩论。"国王听后惊奇地说："这真是个狂妄之徒。"于是差遣使者前往摩沓婆的住所，宣布国王的旨意："有个外国沙门，前来要求辩论，现在已经清扫论场，通知各地，我们在此恭候大驾，希望您能光降。"摩沓婆问使者道："那人是不是南印度的德慧论师？"使者答道："是的。"摩沓婆听后，心中十分不快，但是此事无法推辞，于是只得前赴论场。国王、大臣、学者、百姓、豪门大族全来聚会，都想听听他们的精彩辩论。德慧首先提出论点，到了日落之时，摩沓婆借口说年老体衰，脑力迟钝，不能立即答辩，要求回去静静思索，才能答复责难。每当德慧提出责难，摩沓婆都说要回去静思，待到翌日清晨登上论座以后，却又没有新的见解。到了第六日上，摩沓婆呕血而死。他在临终之前，对妻子留下遗言："你有杰出辩才，切勿忘记所受耻辱！"摩沓婆死后，其妻秘不发丧，有意换上鲜艳服装,来到辩论会场。众人全都起哄,纷纷说道:"摩沓婆自恃才能卓越,不屑答复德慧,所以派遣妻子前来,则谁优谁劣已经很明显了。"德慧菩萨对摩沓婆之妻说道:"能够制服你的人,已经被我制服了。"摩沓婆妻知难而退。国王问道:"你说了什么神秘的话,居然使她默不作声?"德慧说道:"遗憾啊,摩沓婆已经死了!他的妻子是想替他前来与我辩论。"国王问道:"你怎么知道此事?请你不吝赐教。"德慧说道:"他的妻子来到这里,面上带着丧亲的神色,言语中包含着哀怨的声调,我因此得知摩沓婆死了。我所说的'能够制服你的人',是指她的丈夫。"国王命令使者前往察看,事实果如德慧所说。于是国王抱有歉意地说道:"佛法深奥精妙,杰出人物和圣贤不断涌现,用真理维护佛法,所有世人都蒙教化,依据国家历来的法典,褒奖有德之士有着明确的规定。"德慧说道:"我虽愚昧,但是尊奉佛法,信心贞固,安分守己,决不奢求,以平等之见观察万物,打算弘扬佛法,开导世人,首先消除对方的傲慢态度,再随机应变地度化他们,现在时机已经成熟。但愿陛下让摩沓婆食邑中住户的子孙,世世代代充任佛寺的邑户,以使后代留下教训,并让好事永远流传。那个帮助过我的信佛者,应该让他世代享福,吃用都与僧人一样,以便勉励信佛之士,褒奖德操高尚之人。"于是国王建造这座佛寺,表彰伟大的业绩。当初,摩沓婆辩论失败之后,有十几个婆罗门逃难到邻国,将蒙受耻辱之事告诉其它外道信徒,并且招募杰出学者,回来洗雪前耻。国王尊敬德慧,亲自前往邀请:"如今那些外道不自量力,结成朋党,竟来挑起论战,望您大师折服异道。"德慧说道:"请召集辩论之人。"于是外道学者高兴地宽慰道:"我们今天是胜利在握了。"外道们阐述了论点,德慧菩萨说道:"这些外道信徒逃难在外,远游它乡,按照国家旧制,他们都是贱民,我怎么能与他们辩论?"德慧有个背座椅的童仆，一直听他演说，因此也很懂得佛法要义。这时正侍立在德慧的旁边，听着精彩的辩论。德慧拍拍座椅说道："绳床，你可以来辩论。"众人都很惊奇，不理解这命令的意思。这时背座椅的童仆立即向外道提出责难，深奥的义理犹如泉涌，清楚的驳辞应对敏捷。三个回合之后，外道全被驳倒，锐气再度受挫，羽翼又被折断。他们自从辩论失败之后，一直充当佛寺的邑户。

戒贤伽蓝

2.3　德慧伽蓝西南二十余里，至孤山，有伽蓝，尸罗跋陀罗[①]唐言戒贤。论义得胜，舍邑建焉。竦一危峰，如窣堵波，置佛舍利。论师，三摩呾吒国[②]之王族，婆罗门之种也。少好学，有风操，游诸印度，询求明哲。至此国那烂陀[③]僧伽蓝，遇护法菩萨[④]，闻法信悟，请服染衣，谘以究竟之致，问以解脱之路。既穷至理，亦究微言，名擅当时，声高异域。南印度有外道，探赜索隐[⑤]，穷幽洞微，闻护法高名，起我慢[⑥]深嫉，不阻山川，击鼓求论，曰："我，南印度人也。承王国内有大论师，我虽不敏，愿与详议。"王曰："有之，诚如议也。"乃命使臣请护法曰："南印度有外道，不远千里，来求较论，惟愿降迹，赴集论场。"护法闻已，摄衣将往。门人戒贤者，后进之翘楚[⑦]也，前进请曰："何遽行乎？"护法曰："自慧日[⑧]潜晖，传灯[⑨]寂照，外道蚁聚，异学蜂飞，故我今者，将摧彼论。"戒贤曰："恭闻余论，敢摧异道。"护法知其俊也，因而允焉。是时戒贤年甫三十，众轻其少，恐难独任。护法知众心之不平，乃解之曰："有贵高明，无云齿岁，以今观之，破彼必矣。"逮乎集论之日，远近相趋，少长咸萃。外道弘阐大猷，尽其幽致；戒贤循理责实，深极幽玄。外道辞穷，蒙耻而退。王用酬德，封此邑城。论师辞曰："染衣之士，事资知足，清静自守，何以邑为？"王曰："法王^⑩晦迹，智舟^⑪沦湑，不有旌别，无励后学。为弘正法，愿垂哀纳。"论师辞不获已，受此邑焉，便建伽蓝，穷诸规矩，舍其邑户，式修供养。

【注释】

①尸罗跋陀罗，一作尸罗跋陀，梵文 Śilabhadra 的音译；意译作戒贤。是为大乘瑜伽行派的论师，公元6—7世纪时人，曾长期主持那烂陀寺。《续高僧传》卷四载云："（戒贤论师）年百六岁，众所仰重，故号正法藏。博闻强识，内外大小一切经书无不通达。即昔室商伕王所坑之者，为贼擎出，潜沦草莽，后兴法显，道俗所推。戒日增邑十城，科税以入，贤以税物，成立寺庙。"

②三摩呾吒国，释见卷十2.2注①。

③那烂陀寺，释见卷五1.4注⑤。

④护法菩萨，即达磨波罗论师，释见卷五2.8注②。

⑤探赜索隐，谓探讨深奥难见的理义。《周易·系辞上》："圣人探赜索隐，钩深致远，以定天下之吉凶，成天下之亹亹者，莫大乎蓍龟。"疏云："探，谓窥探求取；赜，谓幽深难见。卜筮则能窥探幽昧之理，故云探赜也。索，谓求索；隐，谓隐藏。卜筮能求索隐藏之处，故云索隐也。"

⑥我慢，犹言傲慢，释见卷四2.6注⑧。

⑦翘楚，原指荆木中独自高出者，后则引申为人才之高出平辈者。

《正字通》："楚木中独高起者曰翘楚；人之出类者亦曰翘楚。"

　　⑧ 慧日，喻指佛陀或佛法，释见于志宁序 1.1 注 ⑫。

　　⑨ 传灯，也比喻佛法。佛法能破暗，故以灯喻之；传法与它人，故曰传灯。《智度论》卷一百："所以嘱累者，为不令法灭故。汝能教化弟子，弟子复教余人，展转相教，譬如一灯复然余灯，其明转多。"

　　⑩ 法王，指佛陀，释见卷六 1.11 注 ④。

　　⑪ 智舟，一作智楫，指佛法。佛法以智慧渡生死之海，故以舟楫喻之。《万善同归集》卷五："迷暗室中之明炬，生死海中之智楫。"

【译文】

　　从德慧寺向西南方行走二十多里，抵达一座孤山，山上有座佛寺，这是尸罗跋陀罗（唐语谓"戒贤"）论师辩论获胜以后，施舍受封食邑而建造的。山上有一高耸陡峭之峰，状似佛塔，其中收藏佛陀舍利。论师出自三摩呾吒国的王族，属于婆罗门种姓。幼年时就爱好学业，甚有风度操守，游学诸印度国，访求贤明之士，抵达该国的那烂陀寺，遇见护法菩萨，听他说法之后，于是坚信佛教，觉悟妙理，从而要求出家为僧，探讨获得真理之法，询问解脱苦海之路。既精通深奥佛理，又理解微妙言辞，名声冠绝当代，美誉传布异国。南印度有个外道信徒，深入研究深奥难解之理，彻底理解玄妙精微之言，得知护法名望极高，于是产生了傲慢和妒忌之心，他不顾山川阻隔，前来击鼓，要求辩论，他对国王说道："我是南印度人。听说陛下国内有位大论师，我虽然并不聪明，但是希望与他进行辩论。"国王说道："是有一位论师，确实如你所说。"于是命令使臣去邀请护法："南印度国有个外道信徒，不远千里，前来要求辩论，望您大驾光临，前赴辩论会场。"护法听后，整理行装,将要出发。他的弟子戒贤,是后辈中的佼佼者,上前请求道:"何必匆匆就去?"护法说道:"自从慧日光辉消失,传灯不再照耀,外道信徒犹如群蚁聚集,异端学派仿佛群蜂纷飞,所以我今天将去驳斥他们的理论。"戒贤说道:"我曾经认真地听过您的一些演说,故而斗胆地请求前去挫败外道。"护法知道他才学出众,便答应了他的请求。当时戒贤年仅三十,所以其它僧众相当轻视,恐怕他难以独自担此重任。护法知道众人内心并不佩服戒贤,于是解释道:"重要的是才学高超,而不在乎年龄大小。按照现在的情况看来,戒贤必能折服外道。"待到辩论大会之日,远近人士竞相前来,青年、老人全都聚集。外道信徒阐述他们的学说,极为深入细致;戒贤根据理论,证以事实,讲得十分深刻。外道理屈辞穷,蒙受耻辱而退出会场。国王为了酬谢戒贤的功德,把这座城市封赐给他。论师推辞道:"我是穿僧衣的出家之人,凡事都应知足,清心寡欲,洁身自好,要这食邑有何用处?"国王说道:"如来法王已经隐去踪迹,智慧之舟也已沉没,我现在若不表彰、突出有道之士,就会无法勉励后世学者。为了弘扬佛教正法,请您理解我的一片诚意,收下这座食邑。"论师推辞不掉,只得接受采邑,用来建造一座佛寺,极为壮观华丽;他将邑户交纳的税赋施舍给佛寺,虔敬地供养佛、僧。

伽耶山、前正觉山和菩提树垣

【题解】

　　这三处胜迹位于尼连禅河(今比哈尔邦的帕尔古河)的两岸地区。释迦牟尼证正觉成佛时,即在尼连禅河东侧的前正觉山和西侧的菩提树垣：初至前正觉山，受山神和天神的警告后，再至西岸的菩提树垣成道。

伽耶城

3.1　戒贤伽蓝西南行四五十里，渡尼连禅[①]河，至伽耶[②]城。甚险固，少居人，唯婆罗门有千余家，大仙人之祚胤也，王所不臣，众咸宗敬。

城北三十余里，有清泉，印度相传谓之圣水，凡有饮濯，罪垢消除。

城西南五六里至伽耶山[③]。溪谷沓冥，峰岩危险，印度国俗称曰灵山，自昔君王驭宇承统，化洽远人，德隆前代，莫不登封而告成功。山顶上有石窣堵波，高百余尺，无忧王之所建也，灵鉴潜被，神光时烛，昔如来于此演说《宝云》[④]等经。

伽耶山东南有窣堵波，迦叶波本生邑也。其南有二窣堵波，则迦耶迦叶波[⑤]、捺地迦叶波[⑥]旧曰那提迦叶，讹也。泪诸迦叶，例无波字，略也。事火之处。

【注释】

①　尼连禅，亦作泥莲、尼连，梵文 Nairañjanā 的音译。是为流经佛陀伽耶城的一条小河，今名 Lilanj。悉达多王子出家后经六年苦行，方始悟出苦行无益，行至尼连禅河，洗去六年积垢，旋即在菩提树下悟道成佛。故尼连禅河在佛教传说中很有名气。此河与熙连河、希连河、熙连禅河并非同一：前者为佛陀成道处，后者为佛陀涅

槃处。

②伽耶,梵文 Gayā;城外东南 3 里处则为佛陀成道处,称为佛陀伽耶(Buddhagayā)。但是有时城与道场都称伽耶。《法华经·涌出品》:"如来为太子时,出于释宫,去伽耶城不远,坐于道场,得成阿耨多罗三藐三菩提。"

③伽耶山,亦称伽种山、羯阇尸利沙山,梵文 Gajaśirśa;意译作象头山。有二处:一在灵鹫山附近,一在佛成道处附近。

④《宝云经》,乃是《大乘宝云经》之略称,萧梁沙门曼陀罗仙译,共七卷。此经也称作《宝雨经》(即《佛说宝雨经》),唐达摩流支译,计十卷,又名《显授不退转菩萨记》。《经》谓佛陀于伽耶山顶大放光明,遍照十方,摄入面门,授记于月光太子,当于支那国作女王。东方莲花眼佛世界止一切盖菩萨来问一百一事,佛以十法答之。

⑤伽耶迦叶波,又作竭夷迦叶、伽耶迦叶、伽耶迦叶簸等,梵文 Gayākāśyapa 的音译;意译作象城。三迦叶(三兄弟,均为佛之弟子,即优楼频螺迦叶、伽耶迦叶、那提迦叶)之一。光宅《法华疏》卷一:"伽耶迦叶者,昔日亦是外道。其人事火,领五百徒众,住在伽耶城中。如来往化,即舍邪从正,得罗汉道,仍以本所住城为名也。"

⑥捺地迦叶波,亦作那提迦叶、捺提迦叶簸等,梵文 Nadikāśyapa 的音译;意译作江、河。三迦叶中的最幼者。光宅《法华疏》卷一:"迦叶,犹是姓也;那提者,河名也。昔是外道,其人事外神,领五百徒众,住在那提河边,值佛受道,得罗汉道,犹以昔河为名也。"

【译文】

从戒贤寺向西南方行走四、五十里,渡过尼连禅河,抵达伽耶城。

该城十分险要坚固，居民稀少，只有一千多家婆罗门，都是大仙人的子孙后代，国王不把他们视为臣仆，百姓对之相当崇敬。

城北三十多里处，有股清泉，印度相传为圣水，饮用此水或在其中沐浴，就会消除罪业。

城西南方五六里处有座伽耶山。山中溪泉繁多，峡谷幽深，峰崖陡峭，印度民间称之为灵山。自古以来，君王相继在位，统治天下，教化遍及远方居民，德泽隆盛超过祖先，他们全都登山祭天，宣告所建功业。山顶上有一石塔，高一百多尺，乃是无忧王所建造。佛陀、菩萨暗中鉴察人间，神异光辉时常照耀，当初如来曾在这里演说《宝云》等经。

伽耶山的东南有座佛塔，这是迦叶波的故乡所在地。南面有两座佛塔，则是伽耶迦叶波、捺地迦叶波（旧称那提迦叶，误。至于其它"迦叶"，都无"波"字，乃是略称）事火的地点。

前正觉山

3.2　伽耶迦叶波事火东，渡大河，至钵罗笈菩提^①山。唐言前正觉山。如来将证正觉，先登此山，故云前正觉也。如来勤求六岁，未成正觉，后舍苦行，示受乳糜，行自东北，游目此山，有怀幽寂，欲证正觉。自东北岗登以至顶，地既震动，山又倾摇。山神惶惧，告菩萨曰："此山者，非成正觉之福地也。若止于此，入金刚定^②，地当震陷，山亦倾覆。"菩萨下自西南，止半崖中，背岩面涧，有大石室，菩萨即之，加趺坐^③焉，地又震动，山复倾摇。时净居天^④空中唱曰："此非如来成正觉处。自此西南十四五里，去苦行处不远，有毕钵罗树^⑤，

下有金刚座 ⑥，去来诸佛咸于此座而成正觉，愿当就彼。"
菩萨方起，室中龙曰："斯室清胜，可以证圣，唯愿慈悲，勿
有遗弃。"菩萨既知非取证所，为遂龙意，留影而去。影在昔
日，贤愚咸睹；泊于今时，或有得见也。诸天前导，往菩提树。逮乎无
忧王之兴也，菩萨登山上下之迹，皆树旌表，建窣堵波，度
量虽殊，灵应莫异，或花雨空中，或光照幽谷。每岁罢安居
日，异言法俗，登彼供养，信宿 ⑦ 乃还。

【注释】

① 钵罗笈菩提，梵文 Prāgbhodi 的音译；意译作前正觉。或以为此
山即今之莫拉山，在今加雅之南约 11 公里处。

② 金刚定，亦称金刚喻定、金刚三昧。指菩萨在最后位断最极细微
烦恼之禅定。其智用坚利，譬如金刚。《仁王经》青龙疏卷三："金刚定者，
谓诸菩萨至此位中，所依胜定，犹如金刚，悉能断除微细障故。"

③ 加跌坐，即结跏趺坐，释见卷二 2.6 注 ⑪。

④ 净居天，释见卷六 1.15 注 ⑨。

⑤ 毕钵罗树，即菩提树，释见卷一 3.5 注 ④。

⑥ 金刚座，即因佛在此入金刚地而得名；又，因此处能坚硬而不陷，
故名。《智度论》卷三十四："尔时菩萨入诸法实相中，无有地能举是菩
萨。所以者何？地皆是众生虚诳业因缘报故，有是故，不能举菩萨欲成
佛时实相智慧身。是时坐处变为金刚。有人言，土在金轮上，金轮在金
刚上，从金刚际出如莲花台，直上持菩萨坐处，令不陷没。以是故，此道
场坐处名为金刚。"

⑦ 信宿，即再宿，也就是过了两夜。《左传·庄公三年》："凡师，一

宿为舍，再宿为信，过信为次。"故这里的"信宿乃还"当是"住了两夜再回去"之意。

【译文】

伽耶迦波事火处之东，渡过一条大河，抵达钵罗笈波提山（唐语谓"前正觉山"。如来将证正觉之前，先登上此山，所以称为前正觉山）。如来勤苦修行六年，仍然未成正觉，后来放弃苦行，接受了牧女奉献的奶粥，从东北方走来，观看此山风景，喜欢这里的幽静环境，意欲在此证成正觉。他从东北坡登上山顶，大地震动，山也摇晃。山神惶恐不安，告诉菩萨道："这座山，不是成正觉的福地。如果您留在这里，入金刚定，大地会震得陷裂，山也将会倒塌。"菩萨从西南坡下山，停在半山腰处，背靠山岩，面对深涧，有一个大石室；菩萨进入室内，结跏趺坐，大地再次震动，山也再次摇晃。这时净居天在空中高声说道："这里不是如来成正觉之处。从这里向西南方行走十四五里，距修苦行处不远的地方，有棵毕钵罗树，下面有个金刚座，过去和将来的诸佛都在这个座上成正觉，希望您到那里去。"菩萨刚刚站起，石室中的龙便说道："这个石室清静优美，可以证成圣果；望您大发慈悲，不要弃我而去。"菩萨既已知道这里不是证果之处，但是又为满足龙的愿望，于是留下影像而去（起初，不论贤者、愚人，都能目睹佛像；到了今天，只是有人看见）。天上众神在前引导，前往菩提树去。待到无忧王兴起后，将菩萨上山下山的遗迹，都树立标志，建造佛塔，塔的形制虽然不一，灵异应验无不相同，有时天花撒布空中，有时光辉照耀幽谷。每年安居结束之日，各地的出家人和在家人，全都上山供养佛迹，留住两夜再行回去。

菩提树垣内

3.3　前正觉山西南行十四五里，至菩提树。周垣垒砖，崇峻险固。东西长，南北狭，周五百余步。奇树名花，连阴接影；细莎异草，弥漫缘被。正门东辟，对尼连禅河，南门接大花池，西陀险固，北门通大伽蓝。墉垣内地，圣迹相邻，或窣堵波，或复精舍，并赡部洲①诸国君王、大臣、豪族钦承遗教，建以记焉。

菩提树垣正中，有金刚座。昔贤劫②初成，与大地俱起，据三千大千世界③之中，下极金轮④，上侵地际，金刚所成，周百余步，贤劫千佛⑤坐之而入金刚定，故曰金刚座焉。证圣道所，亦曰道场。大地震动，独无倾摇。是故如来将证正觉也，历此四隅，地皆倾动，后至此处，安静不倾。自入末劫，正法浸微，沙土弥覆，无复得见。佛涅槃后，诸国君王传闻佛说金刚座量，遂以两躯观自在菩萨像南北标界，东面而坐。闻诸耆旧曰："此菩萨像身没不见，佛法当尽。"今南隅菩萨没过胸臆矣。

金刚座上菩提树者，即毕钵罗之树也。昔佛在世，高数百尺，屡经残伐，犹高四五丈。佛坐其下成等正觉⑥，因而谓之菩提树焉。茎干黄白，枝叶青翠，冬夏不凋，光鲜无变。每至如来涅槃之日，叶皆凋落，顷之复故。是日也，诸国君王，异方法俗，数千万众，不召而集，香水香乳，以溉以洗，于是奏音乐，列香花，灯炬继日，竞修供养。如来寂灭之后，无忧王之初嗣位也，信受邪道，毁佛遗迹，兴发兵徒，躬临翦伐。根茎枝叶，分寸斩截，次西数十步而积聚焉，令事火婆罗门烧以祠天，烟焰未静，忽生两树，猛火之中，茂叶含翠，因而谓之灰菩提树。无忧王睹异悔过，以香乳溉余根，洎乎将旦，树生如本。王见灵怪，重生欣庆，躬修供养，乐以忘归。王妃素信外道，密遣使人，夜分之后，重伐其树。无忧王旦将礼敬，惟见蘖枝，深增悲慨，至诚祈请，香乳溉灌，不日还生。王深敬异，叠石周垣，其高十余尺，今犹见在。近设赏迦王^⑦者，信受外道，毁嫉佛法，坏僧伽蓝，伐菩提树，掘至泉水，不尽根柢，乃纵火焚烧，以甘蔗汁沃之，欲其焦烂，绝灭遗萌。数月后，摩揭陀国补刺拿伐摩^⑧王，唐言满胄。无忧王之末孙也，闻而叹曰："慧日已隐，惟余佛树，今复摧残，生灵何睹！"举身投地，哀感动物。以数千牛构乳而溉，经夜树生，其高丈余。恐后翦伐，周峙石垣，高二丈四尺。故今菩提树隐于石壁，上出二丈余。

【注释】

① 赡部洲，释见玄奘序 1.2 注 ⑫。

② 贤劫，释见卷二 2.3 注 ⑦。

③ 三千大千世界，即大千世界，释见于志宁序 1.1 注 ④。

④ 金轮，支撑世界的载体之一，释见玄奘序 1.2 注 ⑦。

⑤ 贤劫千佛，即现在住劫中出世的一千位佛。过去、现在、未来三住劫中均有一千佛出世。《佛祖统纪》卷三十勘考诸经论，依其所记，则住劫有二十增减，其前八增减中，为佛之出世；于第九减劫，始有佛，为拘留孙佛，是为千佛之第一，次为拘那含牟尼佛，次为迦叶佛，次即今之

释迦牟尼佛；自此至第十增减之减劫，有弥勒出世；次于第十增减之减劫中，有师子佛等九百九十九佛；次于第二增减之增劫，有楼至佛出世，合行共为一千佛。据《西域记》卷七 1.11 记述，贤劫千佛之前身，便是吠舍利国鹿女之千子。

⑥ 等正觉，释见卷六 1.7 注 ⑥。

⑦ 设赏迦王，释见卷五 1.3 注 ⑥。

⑧ 补剌拿伐摩，当是梵文 Pūrṇavarma 的音译；意译作满胄。满胄王的在位时间当在设赏迦王之死和戒日王兼并摩揭陀国之间，约在公元 7 世纪初。

【译文】

从前正觉山向西南方行走十四五里，抵达菩提树处。菩提树的周围环以砖墙，高峻坚固。东西较长，南北狭窄，方圆五百多步。奇异树木，名贵花卉，浓密荫影相接；细茎莎草，各色野草，漫山遍野散布。正门向东开辟，朝向尼连禅河，南门与大花池相接，西面背依天险，十分坚固，北门通往大寺。围墙之内，圣贤遗迹鳞次栉比，有佛塔，有精舍，都是虔诚崇奉佛陀的各国君王、大臣、豪门大族，为了纪念佛迹而建造的。

菩提树围墙内的正中，有一金刚座。当初贤劫刚刚开始之时，它与天地一起生成，位于三千大千世界之中，下面抵达金轮，上方抵达地面，系由金刚构成，所以称金刚座。由于它是证得圣道的场所，故又称为道场。在大地震动之时，只有金刚座毫不动摇。所以如来将证正觉之时，走遍四方，地面全都晃动，后来到达这里，居然安稳不动。自从进入末劫以后，佛法逐渐衰落，沙土覆盖座处，再也无法看见。佛陀涅槃以后，各国国王辗转得知佛陀所说的金刚座的大小，便用两尊观自在菩萨像标出南北界限，菩萨朝东而坐。听年老长者说："当这菩萨像的身躯埋没不见，佛法就会消失。"如今南边的菩萨，已经没过胸口了。

金刚座上的菩提树，就是毕钵罗树。当年佛陀在世之时，树高几百尺，屡次遭受砍伐，仍然高四五丈。佛陀曾经坐在树下证成等正觉，因此称之为菩提树。树的茎杆呈黄白色，树叶青翠，无论冬夏，都不凋谢，光洁鲜嫩，常年不变。每到如来涅槃之日，树叶便都凋落，片刻又复原状。在这一天，各国君王、四面八方的出家僧人和在家俗人，人数成千上万，未经召集而自动聚集在此，用香水、香乳，浇灌洗涤，于是鸣奏音乐，盛布香花，点燃灯火，日以继夜，竞相供养。如来涅槃以后，无忧王继位之初，信奉邪道，毁坏佛陀遗迹，率领兵众，亲自前来砍伐菩提树。将树的根干枝叶一一截断，堆在树西几十步处，命令事火婆罗门焚烧祭天，火焰尚在燃烧之时，烈火中忽然生出两棵菩提树，叶子茂盛，苍翠碧绿，所以后来称此树为灰菩提树。无忧王见此奇迹，诚心悔过，用香乳浇灌残留的树根，将及天亮之时，新树复生如初。国王见此灵异，深深欣慰庆幸，亲自礼敬供养，快乐流连忘返。王妃向来信奉外道，偷偷差遣臣仆，待到半夜过后，又将此树砍去。清晨，无忧王正要礼敬，只见又剩残枝，十分悲哀感慨，于是诚心诚意祈祷，并用香乳灌浇，不到一天时间，枝叶重新长出。无忧王深怀崇敬之意，遂在树周用石块砌成围墙，高达十多尺，如今仍然存在。最近有个设赏迦王，信奉外道，毁坏、妒忌佛法，破坏佛寺，砍伐菩提树，掘到泉水之处，依旧未见树根，于是放火焚烧，用甘蔗汁浇灌，企图使之焦伤糜烂，彻底毁灭遗留生机。几个月以后，摩揭陀国的补剌拿伐摩王（唐语谓"满胄"），即无忧王的末代孙子,听说此事以后叹息道:"智慧之日已经隐没,仅仅留下这棵佛树,今天又遭如此摧残,众生还能看见什么?"他全身仆在地上,哀戚感动万物。他又用几千头牛的乳汁浇灌,一夜过后,树又新生,高一丈多。他怕日后有人再来砍伐,便在树周砌以石墙,高达二丈四尺。所以如今菩提树高出石壁二丈多。

3.4　菩提树东有精舍,高百六七十尺,下基面广二十余步,叠以青砖,涂以石灰,层龛皆有金像,四壁镂作奇制,或连珠形,或天仙像,上置金铜阿摩落迦果[①]。亦谓宝瓶,又称宝壶。东面接为重阁,檐宇特起三层,榱[②]柱栋梁,户扉[③]寮[④]牖[⑤],金银雕镂以饰之,珠玉厕错以填之,奥室邃宇,洞户三重。外门左右各有龛室,左则观自在菩萨[⑥]像,右则慈氏菩萨[⑦]像,白银铸成,高十余尺。精舍故地,无忧王先建小精舍,后有婆罗门更广建焉。初,有婆罗门,不信佛法,事大自在天[⑧],传闻天神在雪山中,遂与其弟往求愿焉。天曰:"凡诸愿求,有福方果。非汝所求,非我能遂。"婆罗门曰:"修何福可以遂心?"天曰:"欲植善种[⑨],求胜福田[⑩],菩提树者,证佛果处也。宜时速返,往菩提树,建大精舍,穿大水池,兴诸供养,所愿当遂。"婆罗门受天命,发大信心,相率而返,兄建精舍,弟凿水池,于是广修供养,勤求心愿,后皆果遂,为王大臣,凡得禄赏,皆入檀舍[⑪]。精舍既成,招募工人,欲图如来初成佛像。旷以岁月,无人应召。久之,有婆罗门来告人曰:"我善图写如来妙相。"众曰:"今将造像,夫何所须?"曰:"香泥耳。宜置精舍之中,并一灯照我，入已，坚闭其户，六月后乃可开门。"时诸僧众皆如其命。尚余四日，未满六月，众咸骇异，开以观之。见精舍内佛像俨然，结加趺坐，右足居上，左手敛，右手垂，东面而坐，肃然如在。座高四尺二寸，广丈二尺五寸，像高丈一尺五寸，两膝相去八尺八寸，两肩六尺二寸，相好⑫具足，慈颜若真，惟右乳上涂莹未周。既不见人，方验神鉴，众咸悲叹，殷勤请知。有一沙门，宿心淳质，乃感梦见往婆罗门而告曰："我是慈氏菩萨，恐工人之思不测圣容，故我躬来图写佛像。垂右手者，昔如来之将证佛果，天魔⑬来娆，地神⑭告至，其一先出，助佛降魔，如来告曰：'汝勿忧怖，吾以忍力⑮，降彼必矣。'魔王曰：'谁为明证？'如来乃垂手指地，言：'此有证。'是时第二地神踊出作证，故今像手仿昔下垂。"众知灵鉴，莫不悲感。于是乳上未周，填厕众宝，珠璎宝冠，奇珍交饰。设赏迦王伐菩提树已，欲毁此像，既睹慈颜，心不安忍，回驾将返，命宰臣曰："宜除此佛像，置大自在天形。"宰臣受旨，惧而叹曰："毁佛像则历劫招殃，违王命乃丧身灭族，进退若此，何所宜行！"乃召信心⑯以为役使，遂于像前横垒砖壁，心惭冥暗，又置明灯，砖壁之前画自在天。功成报命，王闻心惧，举身生疱，肌肤攫裂，居未久之，便丧没矣。宰臣驰返，毁除障壁，时经多日，灯犹不灭。像今尚在，神功不亏。既处奥室，灯炬相继，欲睹慈颜，莫由审察，必于晨朝持大明镜，引光内照，乃睹灵相。夫有见者，自增悲感。

【注释】

① 阿摩落迦果，即阿末罗果，释见卷二 1.17 注 ⑥。《西域记》说它亦称宝瓶、宝壶，乃是特指精舍上的金铜质阿摩落迦果，而非泛指所有的阿摩落迦果。这种果实状呈椭圆而似梨，与瓶、壶之形相近，而在此又以金铜制成，故得此名。宝瓶，原来用以尊称佛具法具的瓶器，《无量寿经》："有一宝瓶，盛诸光明。"

② 榱，即屋椽，释见卷二 1.5 注 ⑫。

③ 扉，即门。《说文》："扉，户扇也。"段注云："《释宫》曰：阖，谓之扉门；阖，门扇也。然则门、户一也。"

④ 寮，谓小窗。《正字通》："寮，小窗也。杨慎曰：古人谓同官为寮，亦指斋署同窗为义。"

⑤ 牖，即交窗。《说文》："牖，穿壁以木为交窗也。"段注云："交窗者，以木横直为之，即今之窗也。在墙曰牖，在屋曰窗。"

⑥ 观自在菩萨，即观音，释见卷一 4.5 注 ⑦。

⑦ 慈氏菩萨，即弥勒，释见卷三 1.6 注 ③。

⑧ 大自在天，释见卷二 2.9 注 ⑦。

⑨ 植善种，犹言植善苗、种善根。身、口、意三业之善，固不可拔，谓之根；又善能生妙果，故谓之根。《维摩经·菩萨品》："不惜躯命，种诸善根。"注云："什曰：谓坚固善心坚不可拔，乃命根也。"

⑩ 胜福田，犹言胜妙之福田。福田，释见卷二 1.16 注 ②。

⑪ 檀舍，又称檀、檀那，布施之意。释见卷五 1.3 注 ⑯。

⑫ 相好，释见卷二 2.3 注 ②。

⑬ 天魔，释见卷七 1.11 注 ③。

⑭ 地神，即地下之神。名曰坚牢，或称坚牢地神、坚牢地天等，以

地之坚牢及神之不坏，故名。是为大地神女，状现肉色女形，左手持钵，钵中盛鲜花；其后形像，则右手掬而当心，左手掬而当股，民间为求资财、珍宝、伏藏、神通、长寿、妙药，以及祛除疾病、降伏怨敌、制诸异论，均祈请地神，多有灵应。《地藏本愿经·地神护法品》云："佛告坚牢地神：汝大神力，诸神莫及。何以故？阎浮土地，悉蒙汝护。……若未来世中……依《地藏本愿经》一事修行者，汝以本神力而拥护之，勿令一切灾害及不如意事辄闻于耳。"

⑮ 忍力，即忍耐、忍辱之力。忍耐违逆之境而不起瞋心，安住于道理而不动心，称为忍。《法华经·序品》："又见佛子，住忍辱力，增上慢人，恶骂捶打，皆悉能忍，以求佛道。"

⑯ 信心，在此指具有"信心"之人。信心，谓信受所闻所解之佛法而无疑心。《大乘义章》卷二："于三宝等净心不疑名信。"《华严经》卷六："信为道元功德母，增长一切诸善法，除灭一切诸疑惑，示现开发无上道。"

【译文】

菩提树的东面有一精舍，高一百六七十尺，下面的基座每边宽二十多步，用青砖砌成，涂上石灰，每层龛中都有金像，四而壁上雕刻奇特，有的呈连珠形，有的作天仙像，精舍顶上安有一只镀金铜质的阿摩落迦果（也称为宝瓶、宝壶）。东面连接楼阁，屋檐挑起三层，椽、柱、栋、梁，所有门、窗，上面都有雕刻，并用金、银装饰，又用珠、玉镶嵌，堂屋居室十分幽深，有三重洞门将其贯通。外门的两侧各有佛像小室，左面为观自在菩萨像，右面为慈氏菩萨像，都用白银铸成，高十多尺。在精舍的旧址，无忧王先建造了一座小精舍，后来有个婆罗门再加以扩建。

早先，有个婆罗门，不信佛法，崇奉大自在天，听说天神在雪山之中，便与弟弟前往祈求，旨在实现愿望。天神说道："一切愿求，须有福德才能实现。不是你们一求就会如愿，我也没有能力使之兑现。"婆罗门问道："要修什么福德，才能实现心愿？"天神答道："你们若要种植善根，求得胜妙福田，则菩提树那里，证佛果处是个好地方。你们应该赶快回去，前往菩提树处，建立一座大精舍，挖掘一个大水池，敬修各种供养，所求的心愿便能实现。"婆罗门听从神命，树立起对佛的坚定信仰，弟兄一同归去；哥哥建造精舍，弟弟开凿水池，于是备加供养，勤苦求遂心愿，后都如愿以偿，成为国王的大臣，凡是得到的薪金、赏赐，全都用于施舍。精舍完工以后，招募艺匠，意欲绘制如来刚成佛时的形像。历时许久，无人应聘。过了很长时间，有个婆罗门来告诉僧众道："我善于绘画如来的精妙图像。"众人问道："你来绘制佛像，需要什么物品？"婆罗门答道："我只需要香泥，安放精舍之中，并用一灯照明；待我进去之后，必须牢闭门户，等到六个月后，方始可以打开。"当时僧众全都他的吩咐。到离六个月期限还有四天之时，僧众们都感到十分奇怪，于是开门察看。只见精舍之内佛像威严，盘腿打坐，右足叠在上面，左手提起，右手下垂，朝东而坐，神态逼真，宛若真身降临。基座高四尺二寸，宽一丈二尺五寸，佛像高一丈一尺五寸，两膝相距八尺八寸，两肩宽度六尺二寸，庄严佳妙之极，面容和蔼慈祥，犹如真身一般，只是右侧乳上绘画和磨砻未遍。由于不见那位艺匠，才知这是神人显灵；僧人全都悲哀感叹，虔敬礼拜，请求佛像告知事实真相。其中有位沙门，天性淳厚朴质，结果在梦中看见当初绘画的婆罗门对他说道："我是慈氏菩萨，恐怕工匠想象不出佛陀的真容，所以亲自前来绘制佛像。佛像之所以垂下右手，是因为当初如来将证佛果之时，天魔前来骚扰，地神先向如来报告天魔将到，如来对她说道：'你不必担心恐惧，我以我的忍力，定能降伏天魔。'魔王问道：'谁作证人？'如来于是垂手指地，说道：'这里有证人。'这时第二个地神跳出来作证，所以如今佛像的手仿照当初情形而下垂。"僧众既知神人显灵，无不悲伤感慨。于是将佛像乳上绘涂未遍的部分，用各种珍宝镶嵌，并佩上珠璎宝冠，奇珍异宝交相装饰。设赏迦王砍伐菩提树后，本欲毁去这尊佛像，但是见到慈祥容貌之后，当场居然不忍下手，便在回驾归去之前，吩咐宰相道："应该除去这尊佛像，安置大自在天图形。"宰相接受圣旨以后，忧心忡忡地叹息道："我若毁去佛像，就会经历劫难，遭受祸殃，但若违抗王命，又将本身被杀，家族灭尽；如此进退唯谷，叫我怎么办呢！"于是召来一名佛教信徒充当差役，在佛像之前砌起砖墙，不好意思让佛像处于黑暗之中，便又点上一盏明灯，然后再在砖墙上面绘制自在天的图形。完工以后禀告国王，设设迦王内心恐惧，浑身生出脓疱，皮肉全都绽裂，过了不多时日，便即一命呜呼。宰相立即赶回来，拆毁障覆的砖墙，经过许多日子，明灯尚未熄灭。佛像如今还在，卓越的手艺未被损坏。由于处于幽深的室内，所以灯火相继不断，若要一睹佛陀慈容，仍然不能仔细观察；一定要在清晨，拿面巨大镜子，利用阳光反射，照耀幽室之内，方能清楚见到佛陀神相。凡是看见的人，都会悲伤感慨。

3.5　如来以印度吠舍佉月[①]后半八日成等正觉，当此三月八日也。上座部则吠舍佉月后半十五日成等正觉[②]，当此三月十五日也。是时如来年三十矣。或曰年三十五矣。

　　菩提树北有佛经行[③]之处。如来成等正觉已，不起于座，七日寂定。其起也，至菩提树北，七日经行，东西往来，行十余步，异花随迹，十有八文。后人于此垒砖为基，高余三尺。闻之土俗曰：此圣迹基表人命之修短也，先发诚愿，后乃度量，随寿修短，数有增减。

经行基北，道左磐石上大精舍中有佛像，举目上望。昔者，如来于此七日观菩提树，目不暂舍。为报树恩，故此瞻望。

菩提树西不远，大精舍中，有鍮石佛像，饰以奇珍，东面而立。前有青石，奇文异彩，是昔如来初成正觉，梵王④起七宝堂，帝释⑤建七宝座，佛于其上七日思惟，放异光明，照菩提树。去圣悠远，宝变为石。

菩提树南不远，有窣堵波，高百余尺，无忧王之所建也。菩萨既濯尼连河，将趣菩提树，窃自惟念何以为座，寻自发明当须净草⑥。天帝释化其身为刈草人，荷而逐路。菩萨谓曰："所荷之草颇能惠耶？"化人闻命，恭以草奉，菩萨受已，执而前进。

受草东北不远，有窣堵波，是菩萨将证佛果，青雀、群鹿呈祥之处。印度休征，斯为嘉应，故净居天⑦随顺世间，群众飞绕，效灵显圣。

菩提树东，大路左右，各一窣堵波，是魔王娆菩萨处也。菩萨将证佛果，魔王劝受轮王，策说不行，殷忧而返。魔王之女请往诱焉，菩萨威神衰变冶容，扶羸策杖，相携而退。

菩萨树西北精舍中，有迦叶波佛像，既称灵圣，时放光明。闻诸先记曰：若人至诚，旋绕七周，在所生处，得宿命智⑧。

迦叶波佛精舍西北二砖室，各有地神之像。昔者如来将成正觉，一报魔至，一为佛证。后人念功，图形旌德。

菩提树垣西北不远，有窣堵波，谓郁金香⑨，高四十余尺，漕矩吒国⑩商主之所建也。昔漕矩吒国有大商主，宗事天神，祠求福利，轻蔑佛法，不信因果。其后将诸商侣，贸迁有无，泛舟南海，遭风失路，波涛飘浪，时经三岁，资粮罄竭，糊口不充。同舟之人，朝不谋夕，戮力同志，念所事天，心虑已劳，冥功不济。俄见大山，崇崖峻岭，两日联晖，重明照朗。时诸商侣更相谓曰："我曹有福，遇此大山，宜于中止，得自安乐。"商主曰："非山也，乃摩竭⑪鱼耳。崇崖峻岭，须鬣也；两日联晖，眼光也。"声言未静，舟帆飘凑。于是商主告诸侣曰："我闻观自在菩萨于诸危厄能施安乐，宜各志诚，称其名字。"遂即同声，归命称念。崇山既隐，两日亦没。俄见沙门，威仪庠序⑫，杖锡凌虚，而来拯溺，不逾时而至本国矣。因即信心贞固，求福不回，建窣堵波，式修供养，以郁金香泥而周涂上下。既发信心，率其同志，躬礼圣迹，观菩提树。未暇言归，已淹晦朔。商侣同游，更相谓曰："山川悠间，乡国辽远，昔所建立窣堵波者，我曹在此，谁其洒扫？"言讫，旋绕至此，忽见有窣堵波，骇其由致，即前瞻察，乃本国所建窣堵波也。故今印度因以郁金为名。

菩提树垣东南隅尼拘律树⑬侧窣堵波，傍有精舍，中作佛坐像。昔如来初证佛果，大梵天王于此劝请转妙法轮⑭。

菩提树垣内，四隅皆有一大窣堵波。在昔如来受吉祥草已，趣菩提树，先历四隅，大地震动，至金刚座，方得安静。

　　树垣之内，圣迹鳞次，差难遍举。

【注释】

　　① 吠舍佉月，释见卷二 1.4 注 ⑨。

　　② 等正觉，释见卷六 1.7 注 ⑥。

　　③ 经行，利用行路而修习的方法，释见卷二 1.10 注 ⑥。

　　④ 梵王，释见卷二 1.8 注 ①。

　　⑤ 帝释，释见卷二 2.8 注 ⑨。

　　⑥ 净草，梵文 kuśa；音译作姑奢、俱舒、矩尸、拘舍、孤沙、固沙等。又意译为牺牲草、吉祥草、吉祥茅等。《七帖见闻》卷五："一义云，茅草头似剑，魔王见之，剑上坐思成怖畏，去此草名智剑草。……一义云，此草敷精舍，去不净，七尺也，佛为去烦恼不净用之也。……一义云，此草吸物热，仍以空观草，吸烦恼热事表。"《大日经疏》卷十九："西方持诵者，多用吉祥茅为藉也。此有多利益。一者以如来成道时所坐故，一切世间以为吉祥故，持诵者藉之，障不生也。又，诸毒虫等，若敷之者，皆不得至其所也。又，性甚香洁也。"

　　⑦ 净居天，即五净居天，释见卷六 1.15 注 ⑨。

　　⑧ 宿命智，能知宿命之智，即宿命智通，六通之一，释见卷二 2.7 注 ⑨。

　　⑨ 郁金香，释见卷二 1.7 注 ④。

　　⑩ 漕矩吒国，释见卷一 4.7 注 ③。

　　⑪ 摩竭，又作摩迦罗、摩伽罗等，梵文 makara 的音译；意译作鲸鱼、巨鳌。是为传说中的大鱼。玄应《音义》卷一："摩伽罗鱼，亦言摩竭鱼。

正言摩迦罗鱼，此云鲸鱼，谓鱼之王也。"慧苑《音义》卷下："摩竭鱼，此云大体也。谓即此方巨鳌鱼。"又，《法苑珠林》卷六："如《四分律》说，摩竭大鱼，身长或三百由旬、四百由旬，乃至极大者长七百由旬。故《阿含经》云，眼如日月，鼻如大山，口如赤谷。"

⑫ 庠序，释见卷七 1.8 注 ②。这里的"威仪庠序"当解作举止高雅，具有学者风度。

⑬ 尼拘律树，释见卷五 1.2 注 ④。

⑭ 法轮，指佛法；转法轮，谓演说佛法。释见卷七 1.2 注 ③。

【译文】

如来在印度历吠舍佉月后半月的八日成等正觉，相当于我国的三月八日。上座部则认为他在吠舍佉月后半月的十五日成等正觉，相当于我国的三月十五日。当时如来三十岁，有人说是三十五岁。

在菩提树的北面，有佛陀散步的场所。如来成正觉后，没有从座上站起，又入定七日。站起以后，来到菩提树北，经过七天的散步修行，自东至西往来行走，走十多步，随着足迹留下奇异花纹，共有十八处。后世之人在这里用砖砌成台基，高三尺多。听当地人说：这一圣迹基可以显示人寿的长短，求请者先发下至诚誓愿，然后用步度量台基，随着本人寿命的长短，所测步数也会增多或减少。

经行基的北面，道路左侧磐石之上的大精舍中，有尊佛像，眼神向上凝视。当初，如来在这里历时七天观看菩提树，目光一刻也不离开。这是为了报答树的恩德，所以这样瞻仰。

菩提树西侧的不远处，大精舍内有尊鍮石佛像，饰有奇珍异宝，朝东站立。前方有块青石，上有奇异的花纹、色彩，当初如来刚成正觉，梵王建起七宝堂，帝释作成七宝座，佛陀坐在上面，历经七日默思，身发奇异光芒，照耀菩提树。如今离佛陀时代已经久远，七宝变成了石头。

菩提树南面不远之处，有座佛塔，高一百多尺，乃是无忧王所建造。菩萨在尼连河中洗浴以后，将要前赴菩提树，心中暗自思量用什么东西充当座位，旋即想到应该使用净草。于是天帝释变作一个割草人，担着净草赶路。菩萨问道："所担之草，可以送我些吗？"化人听到以后，便恭敬地奉上净草；菩萨接受之后，拿着净草继续前进。

在受草地点东北方不远处，有座佛塔，乃是菩萨将证佛果时，青雀、群鹿显示祥瑞之处。在印度的吉兆之中，这是一种极好的征状，所以净居天根据人间风俗，带领天神大众飞绕菩萨周围，以展示他的灵异和神圣。

菩提树东的大路两旁，各有一座佛塔，是魔王骚扰菩萨之处。菩萨将要证得佛果之时，魔王劝他当转轮王，劝说失败之后，深怀忧虑而归。魔王的女儿请求前往诱惑，但是菩萨的神威使其妖冶的容貌变得衰老丑陋，只得拖着虚弱的身体，拄着拐杖，相互搀扶而退。

菩提树西北方的精舍中，有尊迦叶波佛像，以灵异神圣著称，时常放射光明。据早先的记载说：如果虔诚祈请，绕像旋行七圈，就能在出生之处获得宿命智。

迦叶波佛精舍西北方的二个砖室之内，各有一尊地神像。当初如来将成正觉之时，一个地神报告魔王将要到达，一个地神为佛陀作证。后世之人为纪念其功绩，绘制他们的图像，以表彰其功德。

菩提树垣西北方不远处有座佛塔，名为郁金香，高四十多尺，是漕矩吒国的商主所建造。当初漕矩吒国有位大商主，崇奉天神，祈求福德利益，轻视佛法，不信因果之说。后来带着其它商人，一起贩运货物，行船南海之上，遭受大风，迷失航向，随波逐浪，漂泊海上，历时三年之久，食粮全部吃光，再无东西充饥。同船之人朝不保夕，于是齐心协力，一致祈求所事奉的天神，心力交瘁，仍无灵应。忽然看见一座大山，悬崖高峙，峰岭险峻，两个太阳，一齐闪光，犹如日月同时照耀。商人们都欣慰地说道："我们总算有福，遇到这座大山，应该在此停泊，以图稍得安乐。"但是商主说道："这不是山，而是摩竭鱼。悬崖峻岭，乃是颔旁之鳍；两日照耀，乃是它的眼光。"话音未落，船只向它漂去。于是商主对同伴们说道："我听说观自在菩萨在人们危难之时，能够施以安乐，我们都应诚心诚意，念诵他的名号。"于是众人同声，以诚心皈依佛门的誓愿念诵菩萨名号。高山立即隐去，两目也都消逝。旋即看见一位沙门，仪表威严，风度高雅，拄着锡杖，腾空而来，拯救这些将要沉溺的人，不一会儿，便已回到本国。商人们因此坚信佛法，追求福德，矢志不渝，建造佛塔，敬修供养，用郁金香泥涂满塔身。商主信仰佛教之后，率领其它同伴，亲来礼拜圣迹，瞻仰菩提树。滞留一月以上，尚未想到归去。一同出游的商人们互相说道："山水遥遥相隔，故乡远在它方，如今我们在此，先前在国内建造的佛塔，又有谁来洒扫？"说完以后，绕行到达这里，忽然看见一塔，惊奇于它的突然出现，于是上前瞻仰观察，发现即是国内所建佛塔。所以如今印度人就称之为郁金。

菩提树垣东南角的尼拘律树旁，有座佛塔，塔旁有座精舍，内有一尊佛陀坐像。当初如来刚证佛果，大梵天王在这里劝请如来转妙法轮。

菩提树垣之内，四角都有一座大塔。当初如来接受吉祥草后，前赴菩提树处，先在四角走过，大地都为震动，抵达金刚座后，方才安稳如常。

菩提树垣之内，圣迹鳞次栉比，难以一一列举。

菩提树垣外

3.6　菩提树垣外，西南窣堵波，奉乳糜二牧女故宅。其侧窣堵波，牧女于此煮糜。次此窣堵波，如来受糜处也。

菩提树垣南门外有大池，周七百余步，清澜澄镜，龙鱼潜宅，婆罗门兄弟承大自在天命之所凿也。次南一池，在昔如来初成正觉，方欲浣濯，天帝释为佛化成。池西有大石，佛浣衣已，方欲曝晒，天帝释自大雪山持来也。其侧窣堵波，如来于此纳故衣。次南林中窣堵波，如来受贫老母施故衣处。

帝释化池东林中，有目支邻陀 [①] 龙王池，其水清黑，其味甘美。西岸有小精舍，中作佛像。昔如来初成正觉，于此宴坐，七日入定。时此龙王警卫如来，即以其身绕佛七匝，化出多头，俯垂为盖，故池东岸有其室焉。

目支邻陀龙池东，林中精舍有佛羸瘦之像。其侧有经行之所，长七十余步，南北各有毕钵罗树。故今土俗，诸有婴疾，香油涂像，多蒙除差。是菩萨修苦行处。如来为伏外道，又受魔请，于是苦行六年，日食一麻一麦，形容憔悴，肌肤羸瘠，经行往来，攀树后起。

菩萨苦行毕钵罗树侧有窣堵波，是阿若憍陈如 [②] 等五人住处。初，太子之舍家也，彷徨山泽，栖息林泉，时净饭王乃命五人随瞻侍焉。太子既修苦行，憍陈如等亦即勤求。

憍陈如等住处东南有窣堵波，菩萨入尼连禅那河沐浴之处。河侧不远，菩萨于此受食乳糜。其侧窣堵波，二长者献麨蜜处。佛在树下结加趺坐[③]，寂然宴默，受解脱[④]乐，过七日后，方从定起。时二商主行次林外，而彼林神告商主曰："释种太子今在此中，初证佛果，心凝寂定，四十九日未有所食，随有奉上，获大善利。"时二商主各持行资麨蜜奉上，世尊纳受。

长者献麨蜜侧有窣堵波，四天王[⑤]奉钵处。商主既献麨蜜，世尊思以何器受之。时四天王从四方来，各持金钵，而以奉上。世尊默然，而不纳受，以为出家不宜此器。四天王舍金钵，奉银钵，乃至颇胝、瑠璃、马脑、车渠、真珠等[⑥]钵，世尊如是皆不为受。四天王各还宫，奉持石钵，绀青映彻，重以进献。世尊断彼此故，而总受之，次第重垒，按为一钵，故其外则有四际焉。

四天王献钵侧不远，有窣堵波，如来为母说法处也。如来既成正觉，称天人师[⑦]，其母摩耶[⑧]自天宫降于此处，世尊随机[⑨]示教利喜[⑩]。其侧涸池岸有窣堵波，在昔如来现诸神变化有缘处。

现神变侧有窣堵波，如来度优娄频螺迦叶波[⑪]三兄弟及千门人处。如来方垂善导，随应降伏，时优娄频螺迦叶波五百门人请受佛教，迦叶波曰："吾亦与尔俱返迷途。"于是相从来至佛所。如来告曰："弃鹿皮衣，舍祭火具。"时诸梵志[⑫]恭承圣教，以其服用投尼连河[⑬]。捺地迦叶波见诸祭器随流漂泛，与其门人候兄动静，既见改辙，亦随染衣。伽耶迦叶波与二百门人闻其兄之舍法也，亦至佛所，愿修梵行。

度迦叶波兄弟西北窣堵波，是如来伏迦叶所事火龙处。如来将化其人，先伏所宗，乃止梵志火龙之室。夜分已后，龙吐烟焰，佛既入定，亦起火光，其室洞然，猛焰炎炽。诸梵志师恐火害佛，莫不奔赴，悲号愍昔。优娄频螺迦叶波谓其徒曰："以今观之，未必火也，当是沙门伏火龙耳。"如来乃以火龙盛置钵中，清旦持示外道门人。其侧窣堵波，五百独觉⑭同入涅槃处也。

目支邻陀龙王池南窣堵波，迦叶波救如来溺水处也。迦叶兄弟时推神通，远近仰德，黎庶归心。世尊方导迷徒，大权摄化，兴布密云，降注暴雨，周佛所居，令独无水。迦叶是时见此云雨，谓门人曰："沙门住处将不漂溺？"泛舟来救，乃见世尊履水如地，蹈河中流，水分沙见。迦叶见已，心伏而退。

【注释】

① 目支邻陀，又作目脂邻陀、目真邻陀、母真邻陀、文真邻陀、目邻等，梵文 Mucilinda 的音译；意译作解脱，因闻佛法而脱龙身之苦，故名。慧苑《音义》卷下："目真，或曰牟真，此云解脱，是龙名也；邻陀，此云处也，谓有龙于此窟中因闻法解脱龙苦，故名解脱处窟也。"

② 阿若憍陈如，释见卷七 1.2 注 ④。

③ 结加趺坐，释见卷二 2.6 注 ⑪。

④ 解脱，梵文 mokṣa 的意译；音译作木叉。这是离束缚而得自在之义。《维摩经》卷一："善于诸法得解脱。"注云："肇曰：我染诸法故，诸法缚我；我心无染，则万缚斯解。"《传心法要》卷下："前际无去，今

际无住，后际无来，安然端坐，任运不拘，方名解脱。"

⑤ 四天王，释见卷六 1.12 注 ③。

⑥ 这里所谓的金、银、颇胝、琉璃、马脑、车渠、真珠等均为通常所说的"七宝"之一。释见卷二 2.4 注 ②。

⑦ 天人师，梵文 Śāsta Deva-manuṣyānām 的意译；音译作舍多提婆摩菟舍喃。是为天与人之教师。《智度论》卷二："复名舍多提婆魔菟舍喃。舍多，秦言教师；提婆，言天；魔菟舍喃，言人。是名天人教师。云何名天人教师？佛示导是应作，是不应作，是善，是不善，是人随教行，不舍道法，得烦恼解脱报，是名天人师。问道：佛能度龙、鬼、神等堕余道中生者，何以独言天人师？答曰：度余道中生者少，度天人中生者多。如白色人，虽有黑靥子，不名黑人，黑少故。"

⑧ 摩耶，释迦之母，释见卷六 1.7 注 ②。

⑨ 随机，谓佛之设教，一随众生之机。《最胜王经》卷二："随机说法利群生。"

⑩ 示教利喜，示者，示人之好、丑、善、不善，以及应行、应不行，如生死为丑，涅槃为好。教者，言汝舍恶行善。利者，谓未得善法之味故，心则退没，为说法引导，汝今虽勤苦，然报出时得大利益，导之以利，故名。喜者，随其所行赞叹之，使其心喜，若乐布施者赞叹布施，则喜。是为佛教说法的原则。

⑪ 优娄频螺迦叶波，又作优卢频螺迦叶、优楼蠡迦叶、优留毗迦叶、乌卢频螺迦叶波等，梵文 Uruvilvākāśyapa 的音译；意译作木瓜林。是为三迦叶之一（其它二人，释见卷八 3.1 注 ④ 和注 ⑤），原为外道论师。玄应《音义》卷二十五："乌卢频螺迦叶波，此云木瓜林，在此下修道，因以名焉。迦叶波是姓，旧言优楼频螺，《正法华经》云上时迦叶，兄弟三

人,居长者也。"《玄赞》卷一:"迦叶波者,姓也,此云饮光,婆罗门姓。上古有仙,身有光明,饮蔽日月之光。……三迦叶,皆饮光种,兄弟三人。梵云邬卢频螺,言优楼,讹也。此云木瓜,当其胸前,有一瘰起,犹如木瓜。又,池中龙亦名木瓜,从彼为称,故以为名。"

⑫ 梵志,即婆罗门教徒,释见卷二 2.7 注 ⑤。

⑬ 尼连河,即尼连禅河,释见卷八 3.1 注 ①。

⑭ 独觉,即辟支佛,释见卷一 4.3 注 ②。

【译文】

菩提树垣之外,西南方有座佛塔,是向佛奉献奶粥的两个牧女的故居遗址。旁边一塔,是牧女煮粥之处。再过去一塔,是如来受粥之处。

菩提树垣的南门外有个大水池,方圆七百多步,池水清澈,明澄似镜,龙、鱼潜居其中,这是婆罗门兄弟奉大自在天之命所开凿。更南的一个水池,是当初如来刚成正觉,要想洗衣沐浴,天帝释变化而成。池的西侧有块大石,是佛陀洗好衣服后,想要曝晒时,天帝释从大雪山拿来的。在这旁边的佛塔,是如来缝补旧衣之处。又往南去的树林中一塔,则是如来接受贫穷老妇施舍旧衣之处。

帝释所化水池东面的树林中,有目支邻陀龙王池,池水青黑色,味道甜美。西岸有个小精舍,其中置一佛像。当初如来刚成正觉后,在此静坐,入定七天。这时龙王为了护卫如来,用自己的身体环绕佛陀七圈,并且化出许多头颅,下垂作为伞盖,所以水池东岸有龙王居室。

目邻支陀龙池之东,树林中的精舍内有一尊瘦弱状貌的佛像。旁边则有散步场所,长七十多步,南北都有毕钵罗树。无论古代以及现代,按照当地人的习俗,有人患疾以后,只要用香油涂抹佛像,大多能够痊愈。这是菩萨修苦行的地方。如来为了降伏外道，又接受魔王请求，于是修了六年苦行，每天吃一粒芝麻、一粒麦子，面容憔悴，身体瘦弱，往来散步，必须扶着树后才能站起。

菩萨修苦行的毕钵罗树侧有座佛塔，是阿若憍陈如等五个人的住处。当初，太子离家出走，彷徨山川之间，栖息树林之中，净饭王便命五人跟随太子，察看侍候。太子修了苦行，憍陈如等也勤修苦行。

憍陈如等住处的东南方有座佛塔，是菩萨入尼连禅那河洗浴之处。河旁不远处，菩萨曾在那里接受奶粥。旁边的佛塔，则是两位长者向菩萨奉献炒麦粉和蜂蜜的地点。佛陀在树下盘腿打坐，寂静入定，获得解脱之乐，七天过后，方才出定起身。当时有两个商人走过树林之外，林神告诉商主说："释种太子如今在此林中，刚刚证得佛果，专心致志入定，四十九天期间，没有吃过东西，你们有些什么，望能献给佛陀，必能得大好处。"两个商人各自拿着在旅途中备用的炒麦粉和蜂蜜献上，世尊于是接受。

长者献麨蜜处的旁边有座佛塔，是四天王献钵之处。商主献上炒麦粉和蜂蜜后，世尊正在考虑用什么器物盛受。这时四天王从四方前来，各人拿着金钵，准备献给世尊。世尊默然不语，不肯收下金钵，认为出家人不宜使用这种器物。四天王不献金钵，而换以银钵，以至颇胝、琉璃、马脑、车渠、真珠等钵，世尊对此都不接受。四天王各自回到天宫，取来石钵，色泽青紫，晶莹光亮，重新献上。世尊为了不分彼此，全部收下四个石钵，并且将其一一叠合，压成一钵，所以钵外共有四层边棱。

四天王献钵处旁边不远的地方，有座佛塔，是如来为母亲演说佛法之处。如来证得正觉后，号称天人师，其母摩耶从天宫下降于此，世尊根据她的具体情况，展示好、丑、善、恶，教她行善积德，导以莫大利益，赞美她的善行，使之内心喜欢。旁边干涸水池的岸畔，有座佛塔，这是如来当初展现各种神通，度化有缘人之处。

展现神变地点旁边，有座佛塔，这是如来度化优娄频螺迦叶波三兄弟及其一千门徒之处。如来循循善诱，根据不同情况引导和折服外道，优娄频螺迦叶波的五百门徒请求皈依佛教，迦叶波说道："我也和你们一起从迷途中返回。"于是一起来到佛陀那里。如来对他们说道："丢弃鹿皮衣服，抛掉祭火器物。"当时众婆罗门恭敬地听从佛陀教导，将其衣服、器物投入尼连河。捺地迦叶波见各种器物随波漂流，就与自己的门徒们等待兄弟的动静，看到他已改变信仰，于是也出家而穿上了僧衣。伽耶迦叶波与二百门徒听说二位兄长舍弃了原来的宗教，就也来到佛陀那里，愿意修习梵行。

度迦叶波兄弟处西北方的一座佛塔，是如来降伏迦叶波所祀奉之火龙的地点。如来将要度人之前，首先降伏其崇拜对象，于是待在婆罗门事奉的火龙室内。半夜以后，火龙喷吐火焰，佛陀入定之后，身上也发火光，室内照得通亮，烈焰猛烈燃烧。众婆罗门担心佛陀被火烧死，大家全都奔来，悲伤号哭，怜悯万分。优娄频螺迦叶波对其门徒说道："按现在的情况看来，这未必是火，而是沙门在降伏火龙。"如来将火龙放在钵内，清晨出示给外道信徒们看。旁边的佛塔，是五百名独觉一同入涅槃的地方。

目支陀邻龙水池之南的佛塔，是迦叶波救助遭受水溺之如来的地点。迦叶兄弟被世人推为神通广大的人，远近各地敬仰其德操，黎民百姓深深地钦佩。世尊引导走入歧路之人，大力度化众生，布起浓云密雾，降下倾盆大雨，然而居处周围，却无丝毫积水。当时迦叶看见如此狂暴风雨，便对门徒说道："沙门住的地方，岂非要遭水淹？"于是驾船来救，却见世尊踩在水面，犹如踏在实地，走在河的当中，水流分开，河沙可见。迦叶见后，衷心钦佩而退。

3.7 菩提树垣东门外二三里，有盲龙室。此龙者，殃累宿积，报受生盲。如来自前正觉山欲趣菩提树，途次室侧，龙眼忽明，乃见菩萨将趣佛树，谓菩萨曰："仁今不久当成正觉。我眼盲冥，于兹已久，有佛兴世，我眼辄明，贤劫之中，过去三佛①出兴世时，已得明视。仁今至此，我眼忽开，以故知之，当成佛矣。"

菩提树垣东门侧有窣堵波，魔王怖菩萨之处。初，魔王知菩萨将成正觉也，诱乱不遂，忧惶无赖②，集诸神众，齐整魔军，治兵振旅，将胁菩萨。于是风雨飘注，雷电晦冥，纵火飞烟，扬沙激石，备矛楯之具，极弦矢之用。菩萨于是入大慈定，凡厥兵杖变为莲华。魔军骇怖，奔驰退散。其侧不远有二窣堵波，帝释、梵王之所建也。

菩提树北门外摩诃菩提僧伽蓝③，其先僧伽罗国④王之所建也。庭宇六院，观阁三层，周堵垣墙高三四丈，极工人之妙，穷丹青之饰。至于佛像，铸以金银，凡厥庄严，厕以珍宝。诸窣堵波高广妙饰，中有如来舍利，其骨舍利大如手指节，光润鲜白，皎彻中外；其肉舍利如大真珠，色带红缥。每岁至如来大神变月⑤满之日，出示众人。即印度十二月三十日，当此正月十五日也。此时也，或放光，或雨花。僧徒减千人，习学上座大乘部法，律仪清肃，戒行贞明。昔者，南海僧伽罗国，其王淳信佛法，发自天然。有族弟出家，想佛圣迹，远游印度，寓诸伽蓝，咸轻边鄙。于是返迹本国，王躬远迎，沙门悲耿，若不能言。王曰："将何所负，若此殷忧？"沙门曰："凭恃国威，游方问道，羁旅异域，载罹寒暑，动遭凌辱，语见讥诮，负斯忧耻，讵得欢心？"王曰："若是者何谓也？"曰："诚愿大王福田为意，于诸印度建立伽蓝，既旌圣迹，又擅高名，福资先王，恩及后嗣。"曰："斯事甚美，闻之何晚？"于是以国中重宝献印度王。王既纳贡，义存怀远，谓使臣曰："我今将何持报来命？"使臣曰："僧伽罗王稽首印度大吉祥王！大王威德远振，惠泽遐被，下土沙门，钦风慕化，敢游上国，展敬圣迹，寓诸伽蓝，莫之见馆，艰辛已极，蒙耻而归。窃图远谋，贻范来叶，于诸印度建一伽蓝，使客游乞士，息肩有所，两国交欢，行人无替。"王曰："如来潜化，遗风斯在，圣迹之所，任取一焉。"使者奉辞报命，群臣拜贺，遂乃集诸沙门，评议建立。沙门曰："菩提树者，去来诸佛咸此证圣，考之异议，无出此谋。"于是舍国珍宝，建此伽蓝，以其国僧而修供养，乃刻铜为记曰："夫周给无私，诸佛至教；惠济有缘，先圣明训。今我小子，丕承王业，式建伽蓝，用旌圣迹，福资祖考，惠被黎元。唯我国僧而得自在，及有国人亦同僧例。传之后嗣，永永无穷。"故此伽蓝多执师子国僧也。

菩提树南十余里，圣迹相邻，难以备举。每岁苾刍解雨安居，四方法俗百千万众，七日七夜，持香花，鼓音乐，遍游林中，礼拜供养。印度僧徒依佛圣教，皆以室罗伐拿月[⑥]前半一日入雨安居，当此五月十六日；以颉湿缚庚阇月[⑦]

后半十五日解雨安居，当此八月十五日。印度月名，依星而建，古今不易，诸部无差。良以方言未融，传译有谬，分时计月，致斯乖异，故以四月十六日入安居，七月十五日解安居也。

【注释】

① 过去三佛，即过去四佛（释见卷二 2.6 注 ②）中的前三佛。

② 无赖，即无聊，亦即不乐之意。《三国志·魏书·华陀传》："彭城夫人夜之厕，虿螫其手，呻呼无赖。"《论衡·道虚篇》："血脉之动，亦扰不安。不安，则犹人勤苦无聊也，安能得久生乎？"

③ 摩诃僧伽蓝，梵文 Mahābodhi-saṃghārāma 的音译；意译作大觉寺。也称摩诃菩提寺。《求法高僧传》卷上："金刚座大觉寺，即僧诃罗国王所造，师子洲僧旧住于此。"《法苑珠林》卷二十九引王玄策等使印时于菩提树下塔西所立的碑文云："王玄策等二十二人巡抚其国，遂至摩诃菩提寺。其寺所菩提树下金刚之座，贤劫千佛并于中成道。观严饰相好，具若真容，灵塔净地，巧穷天外。此乃旷代所未见，史籍所未详。"

④ 僧伽罗国，即执师子国，《西域记》有专条叙述。释见卷十一 1.1 注 ①。

⑤ 神变月，又称神通月、神足月，即是正月、五月、九月三个长斋月（释见卷四 2.2 注 ⑩）的异名。在这个月中，诸天以神足巡行四天下，所以称神足月或神变月。《杂阿含经》卷四十："于月八日、十四日、十五日及神变月受戒布萨。"

⑥ 室罗伐拿月，佛历夏季三个月中的第二月，释见卷二 1.4 注 ⑫。

⑦ 頞湿缚庾阇月，佛历秋季三个月中的第一月，释见卷二 1.4 注 ⑭。

【译文】

菩提树垣的东门外二三里处，有个盲龙室。此龙由于前世积下罪孽，所以遭到报应，天生就是瞎子。如来从前正觉山前赴菩提树，路过盲龙室旁，龙眼忽然复明，看见菩萨将赴佛树，于是对菩萨说道："您不久以后将成正觉。我的双目失明，距今已经十分久远，一旦佛陀出世，我的眼睛就能重见光明；在贤劫之中，过去三佛出世之时，我曾经恢复视力。如今您到这里，我双目忽能见物，所以知道您将成佛。"

菩提树垣的东门旁，有座佛塔，这是魔王吓唬菩萨之处。当初，魔王得知菩萨将成正觉后，引诱、扰乱，没有成功，忧愁惶恐，闷闷不乐。后来便召集鬼神，整顿魔军，训练兵士，准备胁迫菩萨。于是狂风大作，暴雨瓢泼，雷电交加，天昏地黑，喷发烈火，布散浓烟，尘沙弥漫，砖石飞击，矛、盾之具备全，弓、箭之类用尽。菩萨于是入大慈大悲之定，使得所有兵器都变作莲花。魔军恐惧万分，奔逃溃退。在这旁边不远处，有两座佛塔，这是帝释、梵王所建造。

菩提树垣的北门外，有座摩诃菩提寺，从前由僧伽罗国国王所建造。庭院分成六进，楼阁建成三层，四周围墙高达三四丈，匠工极为卓越，绘饰十分精妙。佛像则用金、银铸成，都用珍宝镶嵌装饰。佛塔都很高大，内藏如来舍利，其中骨舍利大如手指节，光洁润滑，色泽白嫩，晶莹剔透；肉舍利则状如大珍珠，呈红色和淡青色。每年到如来大神变月的满月之日，这些舍利便公开展示（即印度历十二月三十日，相当于我国正月十五日）。这时候，或者舍利发射光辉，或者天上降下鲜花。寺内僧徒不到一千，研学大乘上座部法，恪守清规，严遵戒律，德行高超。从前，南海中僧伽罗国的国王坚信佛法，源自他的天生情感。他有一个族弟出家，思念佛陀圣迹，于是远游印度，投宿的各个佛寺，都嫌他是边远地区之人而十分轻视。只得返回本国，国王亲自远迎，沙门悲伤咽泣，似有难言之隐。于是国王问道："有谁欺侮于你，以致如此忧愁？"沙门答道；"我凭借国威，云游四方，研求佛学，寄居异国它乡，历经寒暑之苦，动辄遭受凌辱，颇多讥讽之语，蒙受这种耻辱，怎么还能快活？"国王问道："既然如此，你有什么办法？"沙门答道："诚恳希望陛下着眼于崇树福田，在印度建造一座佛寺，既能彰表圣人遗迹，又能获得崇高名望，为先王积累福德，为后代施加恩惠。"国王说道："这件事情很好，只恨没有早些听到。"于是将国内的珍贵宝物献给印度国王。国王收纳贡品以后，为了抚服远方国家，便问使臣道："我该用什么东西来答谢贵国呢？"使臣答道："僧伽罗王谨向印度大吉祥王致敬！陛下的声威教化传布远方，恩惠德泽遍及异域，我们偏僻之地的佛教僧徒，敬佩羡慕您的风俗教化，前来贵国游览、礼敬、朝拜圣迹，求宿各个佛寺，却都不肯收留，生活艰苦之极，只得蒙耻而归。本人私下认为，要从长远利益出发，为子孙后代树立榜样，在印度建造一座佛寺，让外来僧人有个歇息之处，以使贵我两国友好沟通，往来不绝。"国王说道："如来的教诲潜移默化，留下的风气依然存在，各个圣迹场所，你们可以任选一个，建造佛寺。"使者便将此话报告僧伽罗国国王，大臣们都礼拜祝贺；于是召集众多沙门，商议建寺之事。沙门说道："菩提树那里，是过去、未来诸佛的证道场所，比较各种意见，这一设想最好。"于是施舍国库的珍宝，建造了这座佛寺，让本国僧人敬修供养，并在铜牌上镌刻铭文道："施舍周济，毫无私心，是为佛陀谆谆教导；惠施济度，有缘之人，是为圣人明白训示。我这低微之人，继承先王遗业，敬建这座佛寺，彰表圣人遗迹，以使祖先得福，以使人民受惠。凡属我国佛僧，均可自由借宿，其它各国僧侣，同样遵照此例。传之子孙后代，永世无穷无尽。"所以这座寺内颇多执师子国的僧人。

　　菩提树以南十多里处，圣迹一个接着一个，难以全部列举。每年，比丘的雨安居期结束后，来自四方的僧徒、俗人，为数成千上万，历时七天七夜，手持香花，鼓奏音乐，游遍树林之中，礼拜供养佛迹。印度的僧人按照佛教惯例，都在室罗伐拿月前半月的一日入安居，相当于我国的五月十六日；在頞湿缚庚阇月的后半十五日结束雨安居，相当于我国的八月十五日。印度的月份名称，按照星宿而定，自古迄今始终不变，各个部派全都相同。恐怕由于两地语言不同，翻译之间有讹，划分季节、计算月份遂不一致，所以我国在四月十六日入安居，七月十五日结束安居。

卷第九

上茅宫城及王舍城诸地

【题解】

　　玄奘在摩揭陀国停留的时间相当长。据《慈恩传》,他在那烂陀寺"钻研诸部及学梵书,凡经五岁",即,约从贞观五年至贞观九年（631—635 年）。在此期间,玄奘除了学习佛经外,还参观了许多佛教遗迹。这些遗迹就地区而言,可分作两大部分:一为那烂陀寺以南王舍城一带,一为那烂陀寺及其周近地区。

香象池及外道发恶愿处

1.1　菩提树东渡尼连禅那^①河,大林中有窣堵波。其北有池,香象^②侍母处也。如来在昔修菩萨行,为香象子,居北山中,游此池侧。其母盲也,采藕根,汲清水,恭行孝养,与时推移。属有一人,游林迷路,彷徨往来,悲号恸哭。象子闻而愍焉,导之以示归路。是人既还,遂白王曰:"我知香象游舍林薮,此奇货也,可往捕之。"王纳其言,兴兵往捕,是人前导,指象示王,即时两臂堕落,若有斩截者。其王虽惊此异,仍缚象子以归。象子既已维萦多时,而不食水草,典厩者闻王,王遂亲问之。象子曰:"我母盲冥,累日饥饿,今见幽厄，讵能甘食？"王愍其情志，故遂放之。其侧窣堵波，前建石柱，是昔迦叶波佛^③于此宴坐。其侧有过去四佛座及经行遗迹之所。

【注释】

① 尼连禅那河，即尼连禅河，释见卷八 3.1 注 ①。

② 香象，梵文 Gandhahasti 的意译。北方香聚山之菩萨名。《华严经·菩萨住处品》："北方有菩萨住处，名香聚山。过去诸菩萨常于中住，彼现有菩萨名香象，有三千菩萨眷属，常为说法。"

③ 迦叶波佛，释见卷一 3.5 注 ⑫。

【译文】

从菩提树垣向东渡过尼连禅那河，大树林中有座佛塔。塔北有个水池，是香象侍候母亲之处。当初如来修菩萨行，生为香象之子，居住北山之中，游走于这个池畔。母象双目失明，小象于是采集藕根，汲取清水，恭敬地孝顺、供养母亲，年复一年。一次，有个人在树林里游玩而迷了路，左右顾盼，来来往往，悲戚号哭。小象听见后十分同情，于是引导他走出树林，指示归路。此人回去以后，对国王说道："我知道有只香象居住在山林野泽之中，这是珍奇之物，陛下可去捕捉。"国王听从此话，发兵前往捕象，此人作为向导，把象指给王看，双臂立即脱落，仿佛斩断一般。国王尽管惊奇于这件怪事，但是仍然缚住小象，带回宫去。小象被捆缚了许多时候，不喝水也不吃草；象厩看守便将此事禀告国王，于是国王亲自询问小象。小象答道："我的母亲眼睛已瞎，这些天来饥饿不堪，而我现被囚禁在此，怎有心思吃下东西？"国王怜悯它的真情，当下将它释放回家。池旁有座佛塔，前方立有石柱，这是以前迦叶波佛的静坐之处。旁边有过去四佛的坐处以及散步场所的遗迹。

1.2　四佛座东渡莫诃 ① 河，至大林中，有石柱，是外道入定及发恶愿处。昔有外道郁头蓝子 ② 者，志逸烟霞 ③，身遗草泽，于此法林栖神匿迹。既具五神通 ④，得第一有定 ⑤。摩揭陀王特深宗敬，每至中时，请就宫食。郁头蓝子凌虚履空，往来无替。摩揭陀王候时瞻望，亦既至已，捧接置座。王将出游，欲委留事，简擢中宫，无堪承命。有少息女，淑慎令仪，既亲且贤，无出其右，摩揭陀王召而命曰："吾方远游，将有所委，尔宜悉心，慎终其事。彼郁头蓝仙，宿所宗敬，时至来饭，如我所奉。"敕诫既已，便即巡览。少女承旨，瞻候如仪，大仙至已，捧而置座。郁头蓝子既触女人，起欲界染 ⑥，退失神通，饭讫言归，不得虚游。心中愧耻，诡谓女曰："我比修道业，入定怡神，凌虚往来，略无暇景，国人愿睹，闻之久矣。然先达垂训，利物为务，岂守独善，忘其兼济？今欲从门而出，履地而往，使夫睹见之徒，咸蒙福利。"王女闻已，宣告远近。是时人以心竞 ⑦，洒扫衢路，百千万众，伫望来仪。郁头蓝子步自王宫，至彼法林，宴坐入定，心驰外境，栖林则乌鸟嘤咮，临池乃鱼鳖喧声，情散心乱，失神废定。乃生忿恚，即发恶愿："愿我当来为暴恶兽，狸身鸟翼，博食生类，身广三千里，两翅各广千五百里，投林啖诸羽属，入流食彼水生。"发愿既已，忿心渐息，勤求顷之，复得本定。不久命终，生第一有天 ⑧，寿八万劫。如来记之，天寿毕已，当果昔愿，得此弊身，从是流转恶道 ⑨，

未期出离。

【注释】

① 莫诃，可能是梵文 Mahā 的音译；义为"大"。或以为此河即今柏瓦尔河（Pewar）上游。

② 郁头蓝子，释见卷七 1.4 注 ⑤。

③ 烟霞，形容山水的景色，并引申为"山水"之意。杨师道《还山宅》诗："依然此泉路，犹是昔烟霞。"

④ 五神通，又称五神变、五通。第一，天眼通，为色界四大所造清净之眼根，前知粗细远近一切之色，以及众生未来生死之相。第二，天耳通，为色界四大所造之清净耳根，能闻一切之声。第三，他心通，得知一切他人之心。第四，宿命通，得知自身之宿世事。第五，如意通，又称神境通、神足通，能飞行自在，石壁无碍，又能化石为金，变火为水等。

⑤ 第一有定，即非想定或非想非非想处定，释见卷七 1.4 注 ⑥。

⑥ 欲界染，犹言欲界之染爱贪欲。在此尤指色欲、色爱。《行事钞》卷中："《僧祇》云：可畏之甚无过女人，败正毁德莫不由之。染心看者越毗尼，闻声起染亦尔。"

⑦ 心竞，谓以德慧相争。《左传·襄公二十六年》："师旷曰：'公室惧卑，臣不心竞而力争，不务德而争善，私欲已侈，能无卑乎？'"《后汉书·孔融传》："融报曰：'……晋侯嘉其臣所争者大，而师旷以为不如心竞。'"

⑧ 第一有天，即有顶天，又称非想非非想天，为无色界之第四处，由于位于世界之最顶上，故名。《妙句解》卷六："非非想天，名为有顶，是于三界有漏世间极顶之故。"

⑨ 恶道，即恶趣，释见卷三 1.5 注 ④。

【译文】

从过去四佛处向东渡过莫诃河，抵达大树林，有一石柱，是外道入定和发恶愿之处。从前有个外道名叫郁头蓝子，有心隐遁山水之间，身居荒山野林之中，在这法林内隐居。具备五种神通，获得第一有定。摩揭陀国王对他十分崇敬，每日中午，邀请他来王宫进食。郁头蓝子腾行空中，来来往往，从不间断。摩揭陀王到时便恭迎延望，待他来后，伸手引接，请入座中。有一次，国王将要出游，意欲委人留守政事，挑选内宫众人，无人能够胜任。国王的最小女儿，为人贤淑，办事谨慎，仪态美好，和蔼贤惠，没人超出于她。摩揭陀王把她召来吩咐道："我将巡游远方，有事委托于你，你应尽心竭力，谨慎办好事情。有位郁头蓝仙，一向受我崇敬，届时他来用饭，如我一般侍奉。"谆谆告诫之后，国王便去巡游。少女禀承父旨，遵照常规恭候，大仙来了以后，伸手引接入座。郁头蓝子手触女人肌肤，产生世俗爱欲，从而失却神通，饭后要想归去，不能腾空飞行。内心羞愧万分，便假意对少女说道："我辈修习道行，长期坐禅入定，心神安乐宁静，空中往来飞行。人们想要见我，我也早已听说。先圣、先贤教导，必须有利它人，以此作为职责，怎能独善其身，而忘帮助别人？如今，我将从大门出去，步行返回法林，以便见我之人，都能获得福德。"国王之女听了这番话语，立即布告各处。当时，人们竞以虔敬程度相争，纷纷洒扫街道，成千上万民众，等候观望他的仪态。郁头蓝子从王宫步行而出，抵达法林之后，静坐入定。但是由于心神不能收敛，他坐在树林中则听见乌、鸟鸣叫，坐在水池旁则听见鱼、鳖喧闹，弄得心意散乱，失却神通，无法入定。于是产生怨恨之念，发下恶毒誓愿："但愿将来变成凶暴恶兽，身体如狸，胁生鸟翼，吃食一切生灵，身体大至三千里，两翅各达一千五百里，进入森林吃掉鸟类，潜入河中吃掉鱼类。"发愿之后，怨气逐渐平息，勤苦修炼一会，又获原来禅定。不久之后死去，转生第一有天，享寿达八万劫。如来曾作预言，说他天寿结束之后，将会兑现当初誓愿，变成丑弊之身，从此轮回恶道，永无出头之日。

鸡足山

1.3　莫诃河东入大林野，行百余里，至屈屈_{居勿反}咤播陀^①山，_{唐言鸡足山。}亦谓窭卢播陀^②山。_{唐言尊足山。}高峦峭绝，壑洞无涯，山麓溪涧，乔林罗谷，岗岑岭嶂，繁草被岩，峻起三峰，傍挺绝崿，气将天接，形与云同。其后尊者大迦叶波居中寂灭，不敢指言，故云尊足。摩诃迦叶波^③者，声闻弟子^④也，得六神通，具八解脱^⑤。如来化缘斯毕，垂将涅槃，告迦叶波曰："我于旷劫勤修苦行，为诸众生求无上法，昔所愿期，今已果满。我今将欲入大涅槃，以诸法藏^⑥嘱累于汝，住持宣布，勿有失坠。姨母所献金镂袈裟，慈氏成佛，留以传付。我遗法中诸修行者，若苾刍、苾刍尼^⑦、邬波索迦^⑧、_{唐言近事男。旧曰伊蒲塞，又曰优婆塞，皆讹也。}邬婆斯迦^⑨，_{唐言近事女。旧言优婆斯，又曰优婆夷，皆讹也。}皆先济渡，令离流转。"迦叶承旨，住持正法。结集既已，至第二十年，厌世无常，将入寂灭。乃往鸡足山，山阴而上，屈盘取路，至西南岗。山峰险阻，崖径槃薄，乃以锡扣，剖之如割。山径既开，逐路而进，槃纡曲折，回互斜通，至于山顶，东面而出，既入三

峰之中，捧佛袈裟而立，以愿力故，三峰敛覆，故今此山三
脊隆起。当来慈氏世尊之兴世也，三会说法^⑩之后，余有
无量憍慢众生，将登此山，至迦叶所。慈氏弹指，山峰自开，
彼诸众生既见迦叶，更增憍慢。时大迦叶授衣致辞，礼敬已
毕，身升虚空，示诸神变，化火焚身，遂入寂灭。时众瞻仰，
憍慢心除，因而感悟，皆证圣果。故今山上建窣堵波，静夜
远望，或见明炬，及有登山，遂无所睹。

【注释】

① 屈屈吒播陀，梵文 Kukkuṭapāda 的音译；意译作鸡足。

② 窭卢播陀，梵文 Gurupāda 的音译；意译作尊足。此山又名狼迹
山。或谓此山当在今佛陀伽雅东南方约 32 公里处的 Gurpa 山。《毗奈
耶杂事》卷四十："旧云鸡足，由尊者在中，后人唤为尊足。又，岭有佛迹。
然鸡足、尊足，梵音相滥也。"

③ 摩诃迦叶波，即大迦叶波，释见卷三 3.4 注 ⑪。

④ 声闻弟子，简称声闻，梵文 śrāvaka 的意译；音译作舍罗婆迦。
指小乘佛教中的弟子，是为闻佛之声教，悟四谛之理，断见、思之惑而入
于涅槃者，这是佛道中的最下根。但是《西域记》在此所言的"声闻弟
子"当是指直接听到如来教诲的弟子，亦即亲传弟子。

⑤ 六神通、八解脱，释见卷二 2.7 注 ⑨ 和注 ⑩。

⑥ 法藏，谓佛陀所说之教法。教法含藏多义，故名法藏。多法集积，
故又名法蕴，其数有八万四千，有多种解释。《多论》卷一："八万法藏
者，又云，如树根须枝叶多名为一树，佛为一众生始终说法名一藏，如是
八万。有云，佛一坐说法名为一藏，如是有八万。有云，十六字为半偈，

三十二字为一偈，如是有八万。有长短偈，三十二字为一偈，如是八万。有云，如半月说戒为一藏，如是八万。有云，佛自说六万六千偈为一藏，如是八万。有云，佛说尘劳有八万，法药亦有八万，名八万法藏。”

⑦ 苾刍、苾刍尼，释见卷三2.2注③。

⑧ 邬波索迦，亦称优波沙迦、优婆沙柯、优婆塞、伊婆塞等，梵文upāsaka的音译；意译作清信士、近事男、善宿男等，亲近奉事三宝之意。泛称受五戒（不杀、不盗、不淫邪、不妄语、不饮酒）之男子。玄应《音义》卷二十一："邬波索迦，或言优波娑迦，近是也。言优婆塞者，讹。此云近善男，亦云近宿男……义译也。"《业疏》卷二："正音云邬波塞迦，唐翻善宿也。故《成论》云，此人善能离破戒宿。《古录》以为清信士者，清是离过之名，信为入道之本，士即男子通称。取意得矣，在言少异。"

⑨ 邬波斯迦，又作邬婆斯迦、优婆赐迦、优婆夷、优婆斯等，梵文upāsika的音译；意译作清净女、清信女、近善女、近事女等，即是在俗之信女。泛称受过五戒的女子。

⑩ 三会说法，谓慈氏菩萨（弥勒佛）三度说法，度化释迦余留未度的三界众生。《弥勒大成佛经》载云："尔时释提桓因、护世六王、大梵天王、无数天子于华林园头面礼足，合掌劝请转于法轮，时弥勒佛默然受请。……说是语时，九十六亿人不受诸法，漏尽意解得阿罗汉、三明六通具八解脱。三十六万天子、二十万天女发阿耨多罗三藐三菩提心。……时阎浮提城邑聚落小王、长者及诸四姓，皆悉来集龙花树下华林园中。尔时世尊重说四谛十二因缘，九十四亿人得阿罗汉。……第三大会，九十二亿人得阿罗汉，三十四亿天龙八部发三菩提心。"

【译文】

在莫诃河东岸进入一片大森林，行走一百多里，抵达屈屈吒播陀山（唐语谓"鸡足山"），也称窭卢播陀山（唐语谓"尊足山"）。山峰高峻陡峭，沟壑幽深宽广，山坡峡谷之间，密布高大树木，形状各异之山，遍覆茂密青草，三个高峰矗立，旁竖险峻悬崖，气势犹如与天相接，形状仿佛与云相同。后来尊者大迦叶波在山中入涅槃，人们不敢直接称呼，所以就叫尊足山。摩诃迦叶波，是如来的亲传弟子，他已获得六神通，具备八解脱。如来度化有缘者的事业结束，行将涅槃之时，告诉迦叶波道："我在以往许多劫以来，勤勉修习苦行，为众生求得无上佛法，当初的愿望，如今已经实现。我现在将要入大涅槃，把各法藏托付于你，你要久居人间，护持佛法，广为弘扬，切勿有误。我姨母所献的金镂袈裟，待慈氏成佛之后，传交给他。按我遗法修行的人，如比丘、比丘尼、邬波索迦（唐语谓"近事男"。旧称伊蒲塞，又称优婆塞，均误）、邬波斯迦（唐语谓"近事女"。旧称优婆斯，又称优婆夷，均误），都要先行度化，使之脱离轮回。"迦叶禀承佛旨，在世维护正法。结集结束以后，到第二十年，迦叶厌烦人世无常，打算入涅槃。于是前往鸡足山，顺着北坡而上，沿着屈曲盘绕之路，抵达西南山岗。那里山峰险阻，山崖小路当中，巨石拔地而起，便用锡杖敲击，岩石即被剖开，犹如刀割一般。山路开通之后，继续赶路前进，经过迂回曲折，来回绕行以后，抵达高山顶上，面朝东北而出，进入三峰之中，捧着佛陀袈裟站在那里，由于愿力之威，以致三个山头低垂，所以如今这座山的三个背脊隆起。后来慈氏世尊出世，三会说法以后，还剩无数骄慢之人，打算登上此山，前赴迦叶所在。慈氏用指弹山，山峰自动裂开，众人看见迦叶，更生骄慢之心。这时大迦叶将衣递给慈氏，并且恭敬致辞；礼敬结束之后，身体升入空中，显示种种神变，化出火焰烧身，于是进入涅槃。众人瞻仰此景，骄慢之心方除，从而感动、觉悟，全都证得圣果。所以如今山上建有佛塔，待到夜深人静，若从远处眺望，或可看见火炬，但若登上山去，则会一无所见。

佛陀伐那山及杖林

1.4　鸡足山东北行百余里，至佛陀伐那①山。峰崖崇峻，巇崿隐嶙，岩间石室，佛尝降止。傍有磐石，帝释、梵天摩牛头旃檀②涂饰如来，今其石上余香郁烈。五百罗汉潜灵于此，诸有感遇，或得睹见，时作沙弥之形，入里乞食，或隐或显，差难以述。

　　佛陀伐那山空谷中东行三十余里，至泄移结反。瑟知③林。唐言杖林。林竹修劲，被山弥谷。其先有婆罗门，闻释迦佛身长丈六，常怀疑惑，未之信也，乃以丈六竹杖，欲量佛身。恒于杖端出过丈六，如是增高，莫能穷实，遂投杖而去，因植根焉。中有大窣堵波，无忧王之所建也。如来在昔，于此七日为诸天、人现大神通，说深妙法。

　　杖林中近有邬波索迦阇耶犀那④者，唐言胜军。西印度刹帝利种也，志尚夷简⑤，情悦山林，迹居幻境，心游真际⑥，内外典籍，穷究幽微，辞论清高，仪范闲雅。诸沙门、婆罗门、外道、异学、国王、大臣、长者、豪右，相趣通谒，伏膺请益。受业门人，十室而六。年渐七十，耽读不倦，余艺捐废，惟习佛经，策励身心，不舍昼夜。印度之法，香末为泥，作小窣堵波，高五六寸，书写经文，以置其中，谓之法舍利也；

数渐盈积，建大窣堵波，总聚于内，常修供养。故胜军之为业也，口则宣说妙法，导诱学人，手乃作窣堵波，式崇胜福，夜又经行礼诵，宴坐思惟，寝食不遑，昼夜无怠。年百岁矣，志业不衰。三十年间，凡作七拘胝[7]唐言亿。法舍利窣堵波。每满一拘胝，建大窣堵波，而总置中，盛修供养，请诸僧众，法会称庆，其时神光烛曜，灵异昭彰，自兹厥后，时放光明。

杖林西南十余里大山阳，有二温泉，其水甚热。在昔如来化出此水，于中浴焉。今者尚存，清流无减，远近之人，皆来就浴，沈痾宿疹，多有除差。其傍侧有窣堵波，如来经行之处也。

杖林东南行六七里，至大山，横岭之前有石窣堵波，昔如来两三月为诸人、天于此说法，时频毗娑罗王[8]欲来听法，乃疏山积石，垒阶以进，广二十余步，长三四里。

大山北三四里，有孤山，昔广博[9]仙人栖隐于此，凿崖为室，余址尚存，传教门人，遗风犹扇。

孤山东北四五里，有小孤山，山壁石室广袤可坐千余人矣。如来在昔于此三月说法。石室上有大磐石，帝释、梵天磨牛头旃檀涂饰佛身，石上余香，于今郁烈。

石室西南隅有岩岫，印度谓之阿素洛[10]旧曰阿修罗，又曰阿须伦，又曰阿苏罗，皆讹也。宫也。往有好事者，深闲咒术，顾俦命侣，十有四人，约契同志，入此岩岫。行三四十里，廓然大明，乃见城邑台观，皆是金银琉璃。是人至已，有诸少女伫立门侧，欢喜迎接，甚加礼遇。于是渐进至内城门，有二婢使各捧金盘，盛满花香，而来迎候。谓诸人曰："宜就池浴，涂冠香花，已而后入，斯为美矣。唯彼术士，宜时速进。"余十三人遂即沐浴，既入池已，恍若有忘，乃坐稻田中，去此之北平川中，已三四十里矣。

　　石室侧有栈道，广十余步，长四五里。昔频毗娑罗王将往佛所，乃斩石通谷，疏崖导川，或垒石，或凿岩，作为阶级，以至佛所。

【注释】

　　① 佛陀伐那，梵文 Buddhavana 的意译作觉林。当即今天的佛陀因山（Buddhain）。

　　② 牛头旃檀，梵文 Gośīrṣa-candana 的音义混译，由于这种香料产于牛头山，故名。又称赤旃檀。《名义集》卷三："《华严》云，摩罗耶山出旃檀香，名曰牛头。若以涂身，设入火坑，火不能烧。《正法念经》云，此洲有山名曰高山，高山之峰多有牛头旃檀。……以此山峰状如牛头，于此峰中生旃檀树，故名牛头。《大论》云，除摩梨山，无出旃檀。"《观佛三昧海经》卷一："牛头旃檀，生伊兰丛中，未及长大在地下时，牙茎枝叶如阎浮提竹笋。……仲秋月满，卒从地生，成旃檀树。众人皆闻牛头旃檀上妙之香。"

　　③ 泄瑟知，又泄悉知，梵文 Yaṣṭi 的音译；意译作竹杖。其地相当于今之 Jeshtiban。

　　④ 阇耶犀那，梵文 Jayasena 的音译；意译作胜军。他博通宗教、哲学、天文、地理、医方、术数，是 7 世纪时与戒贤齐名的学者。

　　⑤ 夷简，谓心神恬淡质朴。《梁书·庾诜传》："（庾诜）性托夷简，特爱林泉。十亩之宅，山池居半。蔬食弊衣，不治产业。"

⑥ 真际，犹谓真言之边际，即至极之义，指释迦所说之法。《仁王经》卷上："以诸法性即真实故，无来无去，无生无灭，同真际，等法性。"《楞严经》卷一："不能折伏娑毗罗咒，为彼所转溺于淫舍，当由不知真际所指。"

⑦ 拘胝，释见卷八1.3注⑥。

⑧ 频毗娑罗王，释见卷八1.3注②。

⑨ 广博，梵文Vyāsa的意译；音译作毗耶娑。据说广博仙人是《吠陀》和《摩诃婆罗多》的编纂者。

⑩ 阿素洛，又称阿修罗、阿须罗、阿须伦、阿苏罗等，梵文Asura的音译。意译作无端，容貌丑陋之义；又称无酒，其果报无酒之义；又作非天，其果报胜似天而非天之义。是为常与天帝释战斗之神，八部众之一。《法华文句》卷五："阿修罗，此云无酒，四天下采花，酝于大海，鱼龙业力，其味不变，瞋妒誓断，故言无酒神。"玄应《音义》卷三："阿须伦，又作阿修伦，或作阿修罗，皆讹也。正言阿素洛。此译云阿，无也，亦云非。素洛云酒，亦云天，名无酒神，亦名非天。经中亦名无善神也。"阿素洛宫，《义楚》卷十六："《长阿含》云，阿修罗宫，在大海底。……如天富乐。"

【译文】

从鸡足山向东北方行走一百多里，抵达佛陀伐那山。悬崖险峻，峰峦高耸，山岩之间有一石室，佛陀曾经降临逗留。旁边有一磐石，帝释和梵天曾经用它磨碎牛头栴檀，用来涂饰如来，至今磐石依旧香气浓郁。五百罗汉曾在这里潜伏真神，以虔敬感动神灵的人，有时可以看见罗汉。罗汉常作沙弥状貌，进入市里乞食，有时隐身，有时现身，灵验神异事迹，难以一一详述。

在佛陀伐那山空旷的山谷中向东行走三十多里，抵达泄瑟知林（唐语谓"杖林"）。林内竹子长而粗壮，漫山遍谷。从前有个婆罗门，听说释迦佛身高一丈六尺，心中常存疑惑，不信有此奇事，于是用根一丈六尺的竹杖，打算度量佛身。但是不管用多长的竹杖，佛的身体总是高过杖端一丈六尺，如此增高不已，婆罗门始终不知佛陀究竟长多少，于是丢下竹杖而去，竹杖便在地上生了根。竹林内有座大塔，乃是无忧王所建造。当初如来曾在这里为天、人大众示现大神通，并且演说精妙佛法，历时七天。

杖林内近来有位清信士，名叫阇耶犀那（唐语谓"胜军"），乃是西印度的刹帝利种姓，心神恬淡质朴，喜爱山川林泽，隐居空幻之境，思考至高真理，对于佛教和其他各派的典籍，都能深入探究其玄奥微妙之处，言辞论辩，清雅高明，仪表风范，娴静高雅。沙门、婆罗门、外道信徒、各派学者、国王、大臣、有德长者、豪门大族，竞相前往，通名求见，虚心请教。受他教诲的学生，十家中占了六家。虽然年近七十，仍然勤读不倦，抛弃其他学业，单独钻研佛经，鞭策、激励身心，不分白天黑夜。印度有个习俗，使用香末和泥，制成一座小塔，其高约五六寸，写好经文以后，放在佛塔之内，称之为法舍利；小塔数目日多，则就建造大塔，总藏所有小塔，常年虔敬供养。所以，胜军修持善业之时，口中宣说佛法，教诲、引导学生，手中则做佛塔，树造妙胜福田，夜间散步、诵经，静坐思考佛理，不顾睡觉、饮食，日夜都不懈怠。尽管年已百岁，意志、学业不衰。他在三十年内，共制七拘胝（唐语谓"亿"）法舍利塔。每满一拘胝小塔，就建一座大塔，将小塔全部装入，隆重地修供养，并邀请众多僧人，举办法会庆祝，这时神光照耀，灵异明显可见，佛塔在这以后，时常放射光辉。

杖林西南方十多里处的大山之南，有二座温泉，泉水很热。当初如来变化出这些泉水，在其中沐浴。如今泉流还在，清澈的水并未减少，远近各地之人，都来这里洗浴；长年不愈之疾，大多焕然若失。泉旁有座佛塔，是如来散步之处。

从杖林向东南方行走六七里，抵达一座大山，山岭之前有座石塔，当初如来历时两三个月，在此为人、神演说佛法。这时频毗娑罗王要来听法，便开通山间岩石，筑建石阶而进，这条山路宽二十多步，长三四里。

大山之北三四里处，有座孤山，当初广博仙人隐居在这里，开凿石崖，筑成一室，如今遗址还在。他传授、教导门徒，留下的风尚教化，至今还在流布。

孤山东北方四五里处，有座小孤山。山壁上有个石室，十分宽广，可以容纳一千多人。当初如来在此演讲佛法，历时三月。石室之上有块大磐石，帝释和梵天曾用它研磨牛头旃檀，涂饰佛身，石上留有余香，至今香气浓郁。

石室的西南角上有个岩洞，印度人称之为阿素洛（旧称阿修罗，又称阿须伦，又称阿苏罗，均误）宫。以前有个好事之徒，深通咒术，邀集同伴，共有十四人，约好同心协力，进入这个岩洞。行走三四十里后，豁然开朗，看见一座城市，亭台楼阁，都用金、银、琉璃建成。他们一到那里，便有一群少女，站在城门之旁，笑脸相迎，礼节隆重。于是缓步前行，来到内城门口，即有两个婢女，各人捧着金盘，装满鲜花、香料，上前热情迎接，并对众人说道："请先入池沐浴，涂抹香料，戴上花冠，然后再入城内，这才至善至美。至于这位术士，则应立即进城。"其余十三个人，旋即入池洗浴，但是进池以后，便即恍恍惚惚，仿佛有所忘却，忽然发现坐在稻田之中，位于岩洞之北的平原上，距离岩洞已有三四十里。

石室旁边有条栈道，宽十多步，长四五里。当年频毗婆罗王要前往佛陀居处，于是凿掉岩石，开通道路，疏导山川，或者垒筑石块，或者开凿山岩，建成石级通道，以便抵达佛处。

上茅宫城

1.5　从此大山中东行六十余里，至矩奢揭罗补罗 ① 城。唐言上茅宫城。上茅宫城，摩揭陀国之正中，古先国王之所都，多出胜上吉祥香茅，以故谓之上茅城也。崇山四周，以为外郭，西通峡径，北辟山门，东西长，南北狭，周一百五十余里。内城余址周三十余里。羯尼迦 ② 树遍诸蹊径，花含殊馥，色烂黄金，暮春之月，林皆金色。

宫城北门外有窣堵波，是提婆达多 ③ 与未生怨 ④ 王共为亲友，乃放护财醉象，欲害如来。如来指端出五师子，醉象于此驯伏而前。

伏醉象东北有窣堵波，是舍利子 ⑤ 闻阿湿婆恃 ⑥ 苾刍唐言马胜。说法证果之处。初，舍利子在家也，高才雅量，见重当时，门生学徒，传以受业。此时将入王舍大城，马胜苾刍亦方乞食。时舍利子遥见马胜，谓门生曰："彼来者甚庠序，不证圣果，岂斯调寂 ⑦ ？宜少伫待，观其进趣。"马胜苾刍已证罗汉，心得自在，容止和雅，振锡来仪。舍利子曰："长老善安乐耶？师何人，讲何法，若此之悦豫乎？"马胜谓曰："尔不知耶，净饭王 ⑧ 太子，舍转轮王 ⑨ 位，悲愍六趣，苦行六年，证三菩提 ⑩，具一切智 ⑪，是吾师也。夫法者，非有非空 ⑫，难用诠叙，惟佛与佛乃能究述，岂伊愚昧所能详议？"因为颂说，称赞佛法，舍利子闻已，便获果证。

舍利子证果北不远，有大深坑，傍建窣堵波，是室利毱多 ⑬唐言胜密。以火坑、毒饭欲害佛处。胜密者，崇信外道，深著邪见。诸梵志 ⑭曰："乔答摩国人尊敬，遂令我徒无所恃赖，汝今可请至家饭会，门穿大坑，满中纵火，栈以朽木，覆以燥土。凡诸饭食，皆杂毒药，若免火坑，当遭毒食。"胜密承命，便设毒会。城中之人皆知胜密于世尊所起恶害心，咸皆劝请，愿佛勿往。世尊告曰："无得怀忧。如来之身，物莫能害。"于是受请而往。足履门阃，火坑成池，清澜澄鉴，莲花弥漫。胜密见已，忧惶无措，谓其徒曰："以术灭火，尚有毒食。"世尊饭食已讫，为说妙法，胜密闻已，谢咎归依。

胜密火坑东北，山城之曲，有窣堵波，是时缚迦 ⑮大医旧曰耆婆，讹也。于此为佛建说法堂，周其墙垣，种植花果，余址蘡枝，尚有遗迹。如来在世，多于中止。其傍复有时缚迦故宅，余基旧井，墟坎犹存。

【注释】

① 矩奢揭罗补罗，梵文 Kuśagrapura 的音译；意译作上茅宫城，因其地出产上品香茅，故名；由于附近多山，又名山城。此即摩揭陀国古都"旧王舍城"。其故址在今印度比哈尔邦的腊季吉尔（Rajgir）。

② 羯尼迦，又作迦尼迦、迦尼割罗、割尼迦罗等，梵文 karṇikāra 的

音译；意译作月作。慧琳《音义》卷二十五："迦尼迦树，具云迦割罗尼。迦尼，此云月；割罗，此云作也。"《慈恩传》卷三："羯尼迦树，处处成林，发蕚开荣，四时无间，叶如金色。"

③ 提婆达多，佛之从弟，释见卷六 1.3 注 ⑤。

④ 未生怨，梵文 Ajātaśatru 的意译；音译作阿阇世、阿阇多设咄路。是为佛陀在世之时的摩揭陀国统治者。父为频婆娑罗，母为韦提希。母怀胎之时，相师占之，谓生此儿必害父，故名之曰未生怨。又名婆罗留支，译曰折指。盖因父闻相师之言，遂与夫人共谋将婴儿从楼堕地，但阿阇世仅折手指而未死，故名。又名善见，因一切内人护持，故名。阿阇世长大后，亲近恶友提婆达多，幽禁父母。即位后吞并诸小国，威震四邻，建一统印度之基。后因害父之罪而遍体生疮，至佛所忏悔后痊愈，遂皈依佛教。佛寂灭后，五百罗汉结集佛说，未生怨王为之护法；故佛教之兴，他出力甚多。

⑤ 舍利子，即秋鹭，释见卷四 2.2 注 ③。

⑥ 阿湿婆恃，又作阿湿婆氏多、阿湿缚伐多、阿湿婆、阿湿波持、阿说示等，梵文 Aśvajit 的音译；意译作马胜、马师、马星等。《瑜伽论略纂》卷十六："马胜者，即旧《俱舍》云'阿输实'，应云阿湿缚（此云马）伐多（此云胜），与梵王论义比丘也。"是为舍利弗之师，佛陀的血族，乃是佛最初所度的五比丘之一。

⑦ 调寂，犹言能调伏而处寂定之境。《探玄记》卷四："调者，调和；伏者，制伏。谓调和、控御身、口、意业，制伏、除灭诸恶行故。"离妄心、妄想则谓寂定，《无量寿经》卷上静影疏云："一切法中不起妄想，名广寂定。"故这里的"调寂"意指由清心寡欲而表现出来的安详宁静。

⑧ 净饭王，释迦之父亲，释见卷六 1.7 注 ①。

⑨ 转轮王，释见玄奘序 1.2 注 ⑮。

⑩ 三菩提，即正等觉，释见卷六 1.5 注 ②。

⑪ 一切智，佛拥有的三智之一，知了一切之法。就广义而言，相当于一切种智（释见卷六 1.3 注 ④）；就狭义而言，则为视平等界空性之智，而一切种智为视差别界事相之智。《智度论》卷二十七："问曰：一切智、一切种智有何差别？答曰：有人言，无差别，或时言一切智，或时言一切种智。有人言，总相是一切智，别相是一切种智。因是一切智，果是一切种智。略说一切智，广说一切种智。一切智者，忽破一切法中无明暗；一切种智者，观种种法门，破诸无明。一切智譬如说四谛；一切种智譬如说四谛义。一切智者如说苦谛；一切种智者如说八苦相。……佛自说，一切智是声闻、辟支佛事；道智是诸菩萨事；一切种智是佛事。"

⑫ 非有非空，即唯识论所说之"中道"。一切诸法有偏计所执性（凡夫迷着于所观之虚妄相）、依他起性（因缘所生之法）、圆成实性（诸法之实性，即真如）这样三性。其中，偏计为空而非有；依他、圆成为有而非空。也就是说，心外之法为非有，心内之法为非空。这即是非有非空之说。

⑬ 室利毱多，尸利毱多、尸利崛多等，梵文 Śrīgupta 的音译；意译作吉护、德护、胜密等。是为王舍城的长者。《佛说德护长者经》叙说室利毱多害佛之事甚详。

⑭ 梵志，即婆罗门教徒，释见卷二 2.7 注 ⑤。

⑮ 时缚迦，又作耆婆、耆域等，梵文 Jivaka 的音译；意译作固活、能活、活童子等。是为王舍城的良医，频婆娑罗王之子。但《四分律》卷三十九则谓他是王舍城娼女婆罗跋提与频婆娑罗之子无畏王所生的儿子，后随呾叉始罗的宾迦罗学医。

【译文】

从这座大山中向东行走六十多里，抵达矩奢揭罗补罗城（唐语谓"上茅宫城"）。上茅宫城位于摩揭陀国的中部，古代国王建都于此，盛产上佳的吉祥香茅，所以称之为上茅城。高山四周环绕，作为该城城墙，西边通有山谷小径，北边则有出山之路，东西较长，南北狭窄，方圆一百五十多里。内城的遗址三十多里。山路两侧遍植羯尼迦树，花有特殊香味，色泽灿烂如金，一到晚春季节，树林一片金色。

宫城的北门外有座佛塔，提婆达多与未生怨王亲近友好后，曾经放出名叫护财的醉象，企图谋害如来。如来指端化出五只狮子，醉象便在这里驯良伏于如来之前。

伏醉象处的东北方有座佛塔，是舍利子听阿湿婆恃比丘（唐语谓"马胜"）说法后证成圣果的地点。当初，舍利子在家之时，富有才学，度量很大，被当世之人所推崇，招收许多门徒，传授他们学业。一次，他刚要进入王舍大城，马胜比丘正在乞食。舍利子远远看见马胜，便对门徒说道："走来的人风度十分高雅，若非已证圣果，怎么可能如此安详宁静？应该在此稍稍等候，看看他的动静。"马胜比丘已经证得罗汉果，内心无挂无碍，举止温文高雅，手持锡杖，稳步前来。舍利子问道："长老，您好吗？您的导师是谁，证的是什么法，以致如此欢愉自在？"马胜答道："你不知道吗？净饭王太子，放弃转轮王位，怜悯六道众生，修习六年苦行，证成三菩提，具备一切智，他就是我的导师。至于法，即是'非有非空'，难以解释叙述，只有佛与佛之间才能探究讲述。我辈这类愚昧之人，怎么能够详细议论？"于是为舍利子念偈，赞美佛法，舍利听后，便证得圣果。

舍利子证果地点之北不远处，有个大深坑，旁边建有一座佛塔，这是室利毱多（唐语谓"胜密"）用火坑、毒饭企图谋害佛陀之处。胜密此人，信奉外道，深怀邪恶之见。众婆罗门对他说道："乔答摩受到人们尊敬，致使我辈失去依赖，你可请他到家里吃饭，门口挖一大坑，坑内点满烈火，坑上搁些朽木，再盖一层干土。请他吃喝的东西之中，全都拌入毒药，如果他没有掉入火坑，则也会吃下毒药。"胜密听从这一建议，便在家中设下毒宴。城内居民都知道胜密对于佛陀怀有恶毒谋害之心，于是都劝佛陀不要前去赴宴。但是世尊说道："你们不必担忧。如来的身体，是没有任何东西伤害得了的。"于是接受邀请，前往赴会。他的脚刚踏上门槛，火坑立即变成水池，池水清澄似镜，池内长满莲花。胜密看见之后，惶恐不知所措，对其门徒说道："他用法术避火，但我还有毒食。"世尊吃完饭后，演说绝妙佛法，胜密闻听之后，便向如来谢罪，并且归依佛教。

　　胜密火坑的东北方，在山崖城墙的拐弯处，有座佛塔，时缚迦大医师（旧称耆婆，误）在此为佛陀建造说法堂，在其围墙四周，种植花卉果树，围墙残基以及树木残枝，还有遗迹存在。如来在世之时，经常居住其中。堂旁又有时缚迦旧宅，残存的墙基和旧的水井依然存在。

鹫峰山

1.6　宫城东北行十四五里，至姞栗陀罗矩吒^①山，唐言鹫峰，亦谓鹫台。旧曰耆阇崛山，讹也。接北山之阳，孤标特起，既栖鹫鸟，又类高台，空翠相映，浓淡分色。如来御世垂五十年，多居此山，广说妙法。频毗娑罗王^②为闻法故，兴发人徒，自山麓至峰岑，跨谷凌岩，编石为阶，广十余步，长五六里。中路有二小窣堵波，一谓下乘，即王至此徒行以进；一谓退凡，即简凡夫不令同往。其山顶则东西长，南北狭。临崖西垂有砖精舍，高广奇制，东辟其户，如来在昔多居说法，今作说法之像，量等如来之身。

精舍东有长石，如来经行所履也。傍有大石，高丈四五尺，同三十余步，是提婆达多遥掷击佛处也。其南崖下有窣堵波，在昔如来于此说《法华经》③。

精舍南山崖侧有大石室，如来在昔于此入定。

佛石室西北，石室前有大磐石，阿难④为魔怖处也。尊者阿难于此入定，魔王化作鹫鸟，于黑月⑤夜分据其大石，奋翼惊鸣，以怖尊者。尊者是时惊惧无措，如来鉴见，伸手安慰，通过石壁，摩阿难顶，以大慈言而告之曰："魔所变化，宜无怖惧。"阿难蒙慰，身心安乐。石上鸟迹，崖中通穴，岁月虽久，于今尚存。

精舍侧有数石室，舍利子等诸大罗汉于此入定。舍利子石室前有一大井，枯涸无水，墟坎犹存。

精舍东北石涧中有大磐石，是如来晒袈裟之处，衣文明彻，皎如雕刻。其傍石上有佛脚迹，轮文虽暗，规模可察。

北山顶有窣堵波，是如来望摩揭陀城，于此七日说法。

【注释】

① 姞栗陀罗矩吒，梵文 Gṛdhrakūṭa 的音译；意译作灵鹫、鹫头等。其地当在今察塔吉里山（Chatagiri）。释见敬播序 1.1 注 ⑬。

② 频毗娑罗王，释见卷八 1.3 注 ②。

③《法华经》，亦称《妙法华经》，乃是《妙法莲华经》之简称。妙法，

意谓所说教法精妙无比；莲华经，则譬喻佛经洁白美丽如莲花。此经原为二十七品，后增加为二十八品。后秦鸠摩罗什译，共八卷。现存的其他异译本有西晋竺法护译《正法华经》十卷、隋阇那崛多和达摩笈多译《添品妙法莲花经》七卷。这是天台宗和日本日莲宗所依据的主要经典。

④ 阿难，释见卷一 4.3 注 ⑨。

⑤ 黑月，又称黑分，即太阴历之下半月。按印度历法，每月十五夜之满月前的十五天称为白月；此后的十五天则称黑月。参见卷二 1.4 注 ⑥。

【译文】

从宫城向东北方行走十四五里，抵达姞栗陀罗矩吒山（唐语谓"鹫峰"，也称鹫台。旧名耆阇崛山，误），邻接北山南麓，孤峰耸立，山上有鹫鸟栖居，并且形似高台，蔚蓝天空与翠绿山林相映照，浓淡色彩分明。如来驾驭世界，将近五十年间，大多居住此山，广泛宣讲佛法。频毗娑罗王为了闻听妙法，派遣众多匠工，从山脚到山顶跨过山谷，攀登悬崖，将石垒成阶梯，宽十多步，长五六里。沿途有二座小塔，一座名为"下乘"，因为国王到此开始徒步前进；一座名为"退凡"，因为至此便屏退凡夫，不准一同前往。山顶上东西较长，南北狭窄。濒临西侧悬崖，有座砖砌精舍，屋宇高大，形制奇特，向东开设门户，当初如来曾经多次在此说法，如今绘制成说法之像，规格相当于如来真身。

精舍之东有块长石，是如来散步时所踩之处。旁边有块巨石，高一丈四五尺，方圆三十多步，这是提婆达多从远处掷石击佛的地点。在这南面的山崖下有座佛塔，当初如来曾在这里演说《法华经》。

精舍之南山崖的旁边，有一宽大石室，当初如来曾经在此入定。

　　佛陀石室的西北方有一石室，前面有块巨大磐石，这是阿难遭受魔王恐吓之处。尊者阿难在此入定，魔王变作一只鹫鸟，在黑月的夜半，蹲在阿难入定的大石上，煽动翅膀，高声怪叫，以此吓唬尊者。当时尊者惊慌失措，如来见后，就伸出手来安慰他，穿过石壁，抚摸阿难头顶，用大慈大悲的话告诉他道："这是魔王所变，切勿心怀恐惧。"阿难受到慰抚，身心趋于安乐。石上鹫鸟爪迹，以及崖室孔眼，虽然久历岁月，但是至今犹存。

　　精舍旁边有几间石室，舍利子等大罗汉曾经在此入定。舍利石室之前，有口大井，井内已经干涸无水，但是残存遗迹还在。

　　精舍东北方的石涧之中，有块巨大磐石，这是如来暴晒袈裟之处，石上留有明晰的衣服纹印，洁白光滑，犹如雕刻一般。旁边一块石上有佛陀的足迹，足底轮相的纹样虽然有些模糊，但是大致轮廓依然可见。

　　北山顶上有座佛塔，如来曾在这里眺望摩揭陀城，并且演说佛法，历时七天。

毗布罗山

1.7　山城北门西有毗布罗^①山。闻之土俗曰：山西南崖阴，昔有五百温泉，今者数十而已，然犹有冷有暖，未尽温也。其泉源发雪山之南无热恼池^②，潜流至此，水甚清美，味同本池。流经五百枝小热地狱^③，火势上炎，致斯温热。泉流之口，并皆雕石，或作师子、白象之首，或作石筒悬流之道，下乃编石为池。诸方异域咸来此浴，浴者宿疹多差。温泉左右诸窣堵波及精舍，基址鳞次，并是过去四佛座及经行遗迹之所。此处既山水相带，仁智攸居，隐沦之士盖亦多矣。

温泉西有卑钵罗^④石室，世尊在昔恒居其中。后壁洞穴是阿素洛^⑤宫也。习定苾刍多居此室。时出怪异、龙、蛇、师子之形，见之者心发狂乱。然斯圣地，灵圣所止，蹑迹钦风，忘其灾祸。近有苾刍，戒行贞洁，心乐幽寂，欲于此室匿迹习定。或有谏曰："勿往彼也。彼多灾异，为害不少，既难取定，亦恐丧身。宜鉴前事，勿贻后悔。"苾刍曰："不然。我方志求佛果，摧伏天魔^⑥，若此之害，夫何足言？"便即振锡而往室焉。于是设坛场，诵禁咒^⑦。旬日之后，穴出少女，谓苾刍曰："尊者染衣^⑧守戒，为含识^⑨归依；修慧^⑩习定，作生灵善导。而今居此，惊骇我曹。如来之教，岂若是耶？"苾刍曰："我守净戒，遵圣教也。匿迹山谷，远喧杂也。忽此见讥，其咎安在？"对曰："尊者诵咒声发，火从外入，烧我居室，苦我枝属。唯愿悲愍，勿复诵咒。"苾刍曰："诵咒护身，非欲害物。往者，行人居此习定，期于圣果，以济幽涂，睹怪惊骇，丧弃身命，汝之辜也，其何辞乎？"对曰："罪障既重，智慧斯浅。自今已来，屏居守分，亦愿尊者勿诵神咒。"苾刍于是修定如初，安静无害。

【注释】

① 毗布罗，又作毗富罗、毗福罗、尾布罗等，梵文 Vipula 的音译；意译作广博胁。《瑜伽论记》卷三："广博胁山者，旧云毗富罗山，其形如非天胁也。"《涅槃经》卷二十二："一一众生，一劫之中所积身骨，如王舍城毗富罗山。"

② 无热恼池，即阿那婆答多池，释见玄奘序 1.3 注①。

③ 热地狱，当是热铁地狱之略称，是由炽热烙铁所构成的地狱。《智度论》卷十六："热铁地狱，纵广百由旬。驱打驰走，足皆焦然；脂髓流出，如笮苏油；铁棒棒头，头破脑出，如破酪瓶；斫、剉、割、剥，身体糜烂。"

④ 卑钵罗，一种高大的常绿乔木，也称菩提树。释见卷一 3.5 注 ④。

⑤ 阿素洛，即阿修罗，释见卷九 1.4 注 ⑩。

⑥ 天魔，释见卷七 1.11 注 ③。

⑦ 禁咒，即咒陀罗尼，释见卷三 1.1 注 ②。

⑧ 染衣，即僧衣，释见卷二 2.7 注 ⑥。

⑨ 含识，指一切有情者，释见卷二 2.7 注 ㉑。

⑩ 修慧，通过修行而求得"慧"。慧，是分别事理，决断疑念之作用，也是通达事理之作用。智与慧，有时虽然通用，但二者实有区别。达于有为之事相为智；达于无为之空相为慧。《唯识论》卷九："云何为慧？于所观境简择为性，断疑为业。谓观德失、俱非境中，由慧推求得决定故。"

【译文】

山城的北门之西，有座毗布罗山。听当地居民说：山的西南崖之北，以前曾有五百处温泉，如今只剩几十处，并且有冷有暖，不是全属温泉。泉水之源来自雪山之南的无热恼池，潜行地下，流至此地，水质清香甘美，味与原池相同。泉水分成五百支流，流经五百个小型热铁地狱，地狱火势向上蒸腾，所以造成泉水温热。泉流出口之处，都有雕刻石像，有的做成狮子、白象之头，有的做成石筒，作为水流通道，下方则用石块砌成水池。四面八方，异乡它国之人，都来这里洗浴，多年不治之病，大多能够痊愈。温泉附近有许多佛塔和精舍，基址鳞次栉比，都是过去四佛的坐处以及散步场所的遗迹。这里山林溪泉相连，仁人志士居住，隐居避俗之人大概为数不少。

温泉之西有个卑钵罗石室，当初世尊经常居住其中，后壁有个洞穴，乃是阿素洛宫。修习禅定的比丘，大多住在这个石室中。但是时常出现怪异生物，以及龙、蛇、狮子之类，见者便会心神狂乱。然而这里毕竟是块圣地，圣人曾在这里住过，因此后人亲莅圣人遗迹，就会敬慕教化，忘却灾难祸殃。最近有个比丘，恪守戒规律条，喜爱幽静环境，打算在这石室，隐居修习禅定。有人诚劝他道："切勿前往那里，因为石室颇多灾异，曾经伤害不少生灵，不但难以入定，恐怕还要丧命。应该注意前车之鉴，以免届时后悔莫及。"比丘答道："我不这样认为。我志在求得佛果，摧毁、降伏天魔，诸如此类祸害，哪里值得一提！"于是手执锡杖，前赴石室而去。他设立坛场，念诵禁咒。十天之后，洞中走出一位少女，对比丘说道："尊者穿着僧衣，谨守戒律，成为众生仰慕之人；修行求慧，坐禅入定，作为生灵优秀导师。但是如今居住此地，却来惊吓我们。难道如来的教导，就是这样的吗？"比丘说道："我恪守戒规，即是遵循如来教导。隐居山谷之中，远离喧闹繁杂。忽然遭你责备，到底错在哪里？"少女答道："尊者念咒之时，声音发出，火就从外而入，焚烧我们居室，苦害我的宗族。望你大发慈悲，别再念诵禁咒。"比丘说道："我念咒只是护身，并非旨在害人。以前修行之人，在此修禅入定，希望证得圣果，以便济度堕入三恶道者，由于见到怪异现象，惊恐万分，从而丧失性命。这是你们的罪过，你能推卸这种罪责吗？"少女答道："我确实罪孽深重，智慧浅陋。从今以后，我将避世隐居，安分守己，但是也望尊者不再念诵神咒。"比丘于是像以前一样修习禅定，平安宁静，毫无伤害。

1.8　毗布罗山上有窣堵波，昔者如来说法之处，今有露形外道 ①，多依此住，修习苦行，夙夜匪懈，自旦至昏，旋转观察 ②。

山城北门左，南崖阴，东行二三里，至大石室，昔提婆达多 ③ 于此入定。

石室东不远，磐石上有班采，状血染，傍建窣堵波，是习定苾刍自害证果之处。昔有苾刍，勤励心身，屏居修定，岁月逾远，不证圣果。退而自咎，窃复叹曰："无学 ④ 之果，终不时证；有累之身 ⑤，徒生何益！"便就此石自刺其颈，是时即证阿罗汉果，上升虚空，示现神变，化火焚身，而入寂灭。美其雅操，建以记功。

苾刍证果东石崖上，有石窣堵波，习定苾刍投崖证果之处。昔在佛世，有一苾刍，宴坐山林，修证果定，精勤已久，不得果证，昼夜继念，无忘静定。如来知其根机将发也，遂往彼而成之，自竹林园 ⑥ 至山崖下，弹指而召，伫立以待。时此苾刍遥睹圣众，身意勇悦，投崖而下，犹其净心，敬信佛语，未至于地，已获果证。世尊告曰："宜知是时。"即升虚空，示现神变。用彰净信，故斯封记。

【注释】

①露形外道，即耆那教天衣派，释见卷一 4.4 注 ⑦。

②在此所言的"自旦至昏，旋转观察"，是指外道修行的一种方式。即，日出之前，升上高杆，始终看着太阳，随其旋动身躯，直到太阳落山。卷五 2.6 叙述较详。

③ 提婆达多,佛之从弟,释见卷六 1.3 注 ⑤。

④ 无学,释见卷三 3.4 注 ⑤。

⑤ 有累之身,犹言产生"累形"之身。累形,指凡夫为自己形休而蒙受的种种烦累。《寄归传》卷二:"有待累形,假衣食而始济。"

⑥ 竹林园,即竹林精舍,梵文 Venuvana。是为天竺五精舍之一,亦即迦兰陀竹林之精舍。释见卷九 1.9 注 ①。

【译文】

毗布山上有座佛塔,是当初如来演说佛法之处。如今,不少露形外道教徒在此居住,修习苦行,朝夕总不懈怠,从清晨直到黄昏,随着太阳旋转,盯着日光观察。

从山城北门左方的南崖北面,向东行走二三里,抵达一间宽大石室,当初提婆达多经常在此坐禅入定。

石室之东不远处,磐石之上留有班迹,犹如血染一般,旁边建有一座佛塔,是修习禅定的比丘自杀而证成圣果之处。以前有个比丘,勤勉修炼身心,隐居避世,修习禅定,经过许多年月,仍然未证圣果。他不禁自怨自艾,私下叹息道:"对于无学之果,我已没有证得之日了;这种产生累烦的身体,徒然活着有何益处!"于是在这石上自刺颈项,立即证得阿罗汉果,升入虚空之中,显示神变,化出烈火焚身,入于涅槃。后人赞美他的高尚德操,于是建造这座佛塔,纪念他的功德。

比丘证果处东面的石崖上,有座石塔,这是修习禅定的比丘跳崖而证成圣果之处。当初佛陀在世之时,有位比丘,静坐山林之中,修习禅定,欲证圣果,勤勉修炼,历时已久,但仍未得果证;日以继夜思念,时刻不忘寂定。如来知道他证果的根基业已成熟,机缘即将来临,于是前去成全他，如来从竹林园抵达山崖下，弹指召唤，站立等待。比丘远远看见圣人、天神，心情喜悦，勇气倍增，便从悬崖之上跳下，仍然信心清净，坚信佛陀教导，尚未落到地上，已经获得果证。世尊对他说道："你当知道，时机已到。"旋即升入虚空，显现神变。后人为了表彰他的坚定信仰，所以建造此塔作为纪念。

迦兰陀竹园

1.9 山城北门行一里余，至迦兰陀^①竹园。今有精舍，石基砖室，东开其户。如来在世，多居此中，说法开化，导凡拯俗。今作如来之像，量等如来之身。初，此城中有大长者迦兰陀，时称豪贵，以大竹园施诸外道。及见如来，闻法净信，追昔竹园居彼异众，今天人师^②无以馆舍。时诸神鬼感其诚心，斥逐外道，而告之曰："长者迦兰陀当以竹园起佛精舍，汝宜速去，得免危厄。"外道愤恚，含怒而去。长者于此建立精舍，功成事毕，躬往请佛，如来是时遂受其施。

迦兰陀竹园东有窣堵波，阿阇多设咄路王^③唐言未生怨。旧曰阿阇世，讹略也。之所建也。如来涅槃之后，诸王共分舍利，未生怨王得以持归，式遵崇建，而修供养。无忧王之发信心也，开取舍利，建窣堵波，尚有遗余，时烛光景。

未生怨王窣堵波侧窣堵波，有尊者阿难半身舍利。昔尊者将寂灭也，去摩揭陀国，趣吠舍厘城^④，两国交争，欲兴兵甲。尊者伤愍，遂分其身，摩揭陀王奉归供养，即斯胜地，式修崇建。其傍则有如来经行之处。次此不远有窣堵波，是舍利子及没特伽罗子^⑤等安居之所。

【注释】

①　迦兰陀，又作迦兰驮、迦蓝陀、羯兰铎迦、迦兰多迦、迦兰陀夷、伽邻等，梵文 Karaṇḍaka 的音译；意译作好声鸟。玄应《音义》卷五：“迦兰陀……鸟名也，其形似鹊。鞞纽婆那，此云竹林，谓大竹林也。此鸟多栖此林。”迦兰陀竹园因迦兰陀鸟多栖于此而得名；也因该竹林为迦兰陀长者所有而得名。这一竹园本来归尼犍外道所有，后迦兰陀奉佛为僧院，是为印度僧院之始。但有的经典则说它是频毗娑罗王所施舍。《四分律》卷五十：“尔时世尊在王舍城，摩竭王瓶沙作如是念：世尊若初来所入园，便当布施作僧伽蓝。时王舍城有迦兰陀竹园，最为第一。时世尊知王心念，即往迦兰陀竹园。王遥见世尊，即自下象，取象上褥，叠为四重，敷已，白佛言：‘愿坐此座。’世尊即就座而坐。时瓶沙王捉金澡瓶，授水与佛，白言：‘此王舍城迦兰陀竹园最为第一，今奉施世尊，愿慈愍故为纳收。’”

②　天人师，指释迦，释见卷八 3.6 注 ⑦ 。

③　阿阇多设咄路王，即未生怨王，释见卷九 1.5 注 ④ 。

④　吠舍厘城，释见卷七 1.10 注 ① 。

⑤　舍利子、没特伽罗子，均为佛之弟子，释见卷四 2.2 注 ③ 和注 ④ 。

【译文】

出山城北门行走一里多，抵达迦兰陀竹园。如今那里有一精舍，石砌基座，砖盖屋宇，门户朝东而开。如来在世之日，常常居住其中，演讲佛法，开导教化，引导凡夫，拯济俗人。现在绘制一尊佛像，规格与如来真身相等。当初，山城内有位大长者，名叫迦兰陀，是当时有名的豪门贵族，曾将大竹园施舍给各派外道。待到谒见如来，闻听佛法，产生虔诚信仰后，便后悔不该将竹园让给外道居住，致使天人师如今没有地方栖身。神鬼们被其诚心感动，于是帮他驱逐外道信徒，对他们说道："长者迦兰陀要在竹园建造佛陀精舍，你们应该赶快离开，这样才能避免灾祸。"外道愤恨异常，只得含怒而去。于是长者在竹林中建造精舍，工程完毕之后，亲自前去邀请佛陀，如来接受了他布施。

迦兰陀竹园的东面有座佛塔，是阿阇多设咄路王（唐语谓"未生怨"。旧名阿阇世，是为误称或略称）所建造。如来涅槃之后，各国国王共同分配舍利，未生怨王将舍利拿回去后，建造佛塔，虔诚供养。无忧王信仰佛教之后，打开此塔，取走舍利，另外建造佛塔，原塔内还留下一些舍利，时常放射光芒。

未生怨王塔旁有座佛塔，其中藏有阿难的半身舍利。当初尊者将要涅槃之时，离开摩揭陀国，前赴吠舍厘城，两国发生争执，将要兴兵动武。尊者十分感伤，遂将遗体一分为二，摩揭陀王取回供养，就在这一胜地，恭敬建造佛塔。旁边则有如来的散步场所。再过去不远处有座佛塔，乃是舍利子和没特伽罗子等人进行夏安居的地点。

1.10

竹林园西南行五六里，南山之阴，大竹林中，有大石室，是尊者摩诃迦叶波于此与九百九十九大阿罗汉以如来涅槃后结集三藏①。前有故基，未生怨王为集法藏诸大罗汉建此堂宇。初，大迦叶宴坐山林，忽烛光明，又睹地震，曰："是何祥变，若此之异？"以天眼观，见佛世尊于双林②间入般涅槃，寻命徒属趣拘尸城③。路逢梵志④，手执天花。迦叶问曰："汝从何来？知我大师今在何处？"梵志对曰："我适从彼拘尸城来，见汝大师已入涅槃，天、人大众咸兴供养，我所持花，自彼得也。"迦叶闻已，谓其徒曰："慧日⑤沦照，世界暗冥，善导遐弃，众生颠坠。"懈怠苾刍更相贺曰："如来寂灭，我曹安乐，若有所犯，谁能诃制？"迦叶闻已，深更感伤，思集法藏，据教治犯。遂至双树，观佛礼敬。既而法王⑥去世，人、天无导，诸大罗汉亦取灭度⑦。时大迦叶作是思惟："承顺佛教，宜集法藏。"于是登苏迷卢山⑧，击大犍椎⑨，唱如是言："今王舍城将有法事，诸证果人宜时速集！"椎槌声中传迦叶教，遍至三千大千世界⑩，得神通者闻皆集会。是时迦叶告诸众曰："如来寂灭，世界空虚，当集法藏，用报佛恩。今将集法，务从简静，岂特群居，不成胜业？其有具三明⑪，得六通⑫，闻持⑬不谬，辩才无碍，如斯上人，可应结集。自余果学，各归其居。"于是得九百九十九人，除阿难在学地⑭，大迦叶召而谓曰："汝未尽漏⑮，宜出圣众。"曰："随侍如来，多历年所，每有法议，曾未弃遗。今将结集，而见摈弃，法王寂灭，失所依怙。"迦叶告曰："勿怀忧恼。汝亲侍佛，诚复多闻，然爱惑⑯未尽，习结⑰未断。"阿难辞屈而出，至空寂处，欲取无学⑱，勤求不证。既已疲怠，便欲假寐，未及伏枕，遂证罗汉。往结集所，叩门白至。迦叶问曰："汝结⑲尽耶？宜云神通，非门而入。"阿难承命，从钥隙入，礼僧已毕，退而复坐。是时安居初十五日也。于是迦叶扬言曰："念哉谛听！阿难闻持，如来称赞，集素呾缆旧曰修多罗，讹也。藏⑳。优波厘㉑持律明究，众所知识，集毗奈耶旧曰毗那耶，讹也。藏㉒。我迦叶波集阿毗达磨藏㉓。"雨三月尽，集三藏讫。以大迦叶僧中上座㉔,因而谓之上座部㉕焉。

大迦叶结集西北,有窣堵波,是阿难受僧诃责,不预结集,至此宴坐,证罗汉果。证果之后,方乃预焉。

阿难证果西行二十余里,有窣堵波,无忧王之所建也,大众部㉖结集之处。诸学、无学数百千人,不预大迦叶结集之众,而来至此,更相谓曰:"如来在世,同一师学,法王寂灭,简易我曹。欲报佛恩,当集法藏。"于是凡、圣咸会,贤智毕萃,复集素呾缆藏、毗奈耶藏、阿毗达磨藏、杂集藏㉗、禁咒藏㉘,别为五藏。而此结集,凡、圣同会,因而谓之大众部。

【注释】

① 大迦叶波所主持的结集,即是佛教史上所称的第一次结集。各种经典的记载不尽相同,尤其是关于结集三藏的部数以及诵出者,大致有如下几种说法:甲、结集经、律二藏,即,由大迦叶波主持,阿难诵出经(或"法藏"),优波离诵出律。乙、结集经、律、论三藏,即,阿难诵出经、论,优波离诵出律。丙、结集经、律、论、杂集、禁咒五藏。这即是本节下文谈及的,在大迦叶波主持的"上座部"结集之同时,又有"大众部"结集的五藏。丁、大乘经结集,即,大迦叶波让阿难诵出大、小乘藏,共集出八藏:胎化藏、中阴藏、摩诃方等藏、戒律藏、十住菩萨藏、杂藏、金刚藏、佛藏。不过此说当是大乘佛教兴起后的传说。通常认为第一说较为可信。

② 双林,即娑罗林,释见卷六 1.17 注 ②。

③ 拘尸城,释见卷三 1.5 注 ⑩。

④ 梵志,即婆罗门教徒,释见卷二 2.7 注 ⑤。

⑤ 慧日,喻指佛陀或其智慧,释见于志宁序 1.1 注 ⑫。

⑥ 法王,指佛陀,释见卷六 1.11 注 ④。

⑦ 灭度,即涅槃。《涅槃经》卷二十九:"灭生死故,名为灭度。"《行愿品钞》卷四:"言涅槃者,具云般涅槃那,古译为入灭息,息即是灭故。但云入灭,或云灭度,即灭障度苦也。"

⑧ 苏迷卢山,是为小世界之中心。释见玄奘序 1.2 注 ⑤。

⑨ 犍椎,释见卷一 4.8 注 ⑳。

⑩ 三千大千世界,释见于志宁序 1.1 注 ④。

⑪ 三明,释见卷二 2.7 注 ⑫。

⑫ 六通,释见卷二 2.7 注 ⑨。

⑬ 闻持,谓闻佛之教法持而不忘,亦即四种陀罗尼(dhāranī,译作持、总持、能持等)之一。《华严经》卷三十三:"闻持无量诸佛正法。"《法华经·分别功德品》:"复有千倍菩萨摩诃萨,得闻持陀罗尼门。"

⑭ 在学地,犹言仍处于"学"的阶段。研究真理,以断妄惑,谓之学。小乘教以戒、定、慧三果为"学";大乘教以菩萨十地为"学"。《法华义疏》卷九:"若缘真之心,更有增进义,是名为学。缘真之心,已满不复进求,是名无学。"

⑮ 漏,即烦恼,释见卷六 1.18 注 ⑧。

⑯ 爱惑,即爱欲(释见卷五 1.2 注 ⑥)所导致之惑。惑,乃是惑真理之义;此惑不断,则不能见理。《光明文句》卷三:"八人见地,犹有爱惑。"

⑰ 习结,即习气,梵文 vāsanā 的意译,指烦恼相续在心中形成的余习。大乘教将妄惑分为现行、种子、习气三种。既伏惑之现行,又断惑之种子,但尚有惑之气分而现惑相,故名习气。《述记》卷二:"言习气者,

是现行气分熏习所成,故名习气。"

⑱ 无学,释见卷三 3.4 注 ⑤。

⑲ 结,即结缚,烦恼之异名,释见卷三 3.4 注 ⑮。

⑳ 素呾缆藏,即经藏,释见卷二 1.10 注 ⑧。

㉑ 优波厘,佛陀的十大弟子之一,释见卷四 2.2 注 ⑥。

㉒ 毗奈耶藏,即律,释见卷二 1.10 注 ⑧。

㉓ 阿毗达磨藏,即论藏,释见卷二 1.10 注 ⑧。

㉔ 上座,释见卷八 1.5 注 ④。

㉕ 上座部,梵文 Sthaviravāda 的意译;音译作悉他陛罗婆多。佛灭后一百年,诸长老比丘反对大天提出的"五事",从而分裂出这一部派。上座部后来又分十二部,其中最有势力,并基本上代表本部派观点的是说一切有部。

㉖ 大众部,释见卷三 1.1 注 ⑨。

㉗ 杂集藏,即杂藏,梵文 Samyukta-piṭaka 的意译。《分别功德论》卷一:"杂藏者,非一人说。或佛所说,或弟子说,或诸天赞颂,或说宿缘三阿僧祇菩萨所生,文义非一,多于三藏,故曰杂藏。"又,《集藏传》云:"杂藏之法,诸菩萨生,此中诸义,多于三藏,都合诸法,结在一处。"

㉘ 禁咒藏,梵文 Vidyādhara-piṭaka 的意译。集有关咒语的各种经典,有些包括在杂藏中。其内容涉及咒(dhāraṇī)、神咒(mantra)、禁咒(vidyā mantra)、神变(tantra)、瑜伽神变(yoga tantra)等方面。

【译文】

从竹林园向西北方行走五六里,在南山北麓的大竹林中,有间宽大石室,尊者摩诃迦叶波曾在这里和九百九十九位大罗汉一起,于如来涅槃之后集中编纂三藏。石室之前有一旧基，是未生怨王为结集法藏的各大罗汉所建之堂屋遗址。当初，大迦叶静坐山林之中，忽然光芒照耀，又见大地震动，于是说道："什么祥瑞变异，居然这样奇特？"便用天眼观察，看见世尊在双林之间入于涅槃，旋即吩咐门徒前往拘尸城。路上遇见一位婆罗门，手中拿着天宫之花。迦叶问道："你从哪里来？可知我的导师现在什么地方？"婆罗门答道："我刚从拘尸城来，看见你的导师已入涅槃，天神及世俗大众全都敬修供养，我手中所拿之花，便是从那里取来。"迦叶听后，对其门徒说道："智慧太阳已经沉没，世界变得漆黑一团，优秀导师弃世远去，众生将会颠仆堕落。"懒散的比丘们则互相庆贺："如来已经寂灭，我们可享安乐，即使违反教谕，还有谁能制止？"迦叶听到以后，深感忧虑悲伤，于是考虑编集所有佛典，以便根据它们施以教化，惩治犯戒僧人。于是来到双树林间，瞻仰佛陀，礼拜致敬。法王去世之后，人、神失去导师，各大罗汉也相继涅槃。当时大迦叶这样考虑："为了继承和听从佛陀教诲，应该编集所有佛经。"于是登上苏迷卢山，敲击巨大犍椎，高声宣讲这些话语："如今王舍城内，将要举行法会，各位证果之人，赶快前往集合！"在犍椎声中，传达迦叶的命令，遍及三千大千世界，已获神通的人，听后都来集合。迦叶便对众人说道："如来已经涅槃，世界变得空虚，应当编集佛经，以便报答佛恩。编集佛陀教法，必须人员精简，心思宁静，难道仅仅是众人聚在一起，而不完成伟大事业吗？你们之中，凡是已经具备三明，获得六通，听过佛陀教法，并且正确记住，以及自己能够自在说法，融会贯通的人，可以参加编集佛经。其他果位的人，则请各自归去。"于是共得九百九十九人，阿难由于尚在修学阶段，所以被排除在外。大迦叶唤他前来，对他说道："你的烦恼尚未除尽，应该离开已获圣果之人。"阿难说道："我追随、侍候如来，经过许多岁月，每逢说法讲经，我都不曾遗漏。如今将要结集，反而遭受排斥，法王涅槃以后，我已失去依助。"迦叶对他说道："不要忧愁气恼。你亲自侍候佛陀，确实见多识广，但是爱惑未尽，习气也未断绝。"阿难理屈辞穷，只得怏怏退出，来到幽静之处，打算证得无学；虽然勤勉修求，但是未获果证。此时疲劳已极，便想和衣而睡，还未触及枕头，已证阿罗汉果。于是前往结集场所，敲门通报自己到达。迦叶问道："你的烦恼断尽了吗？应该显示神通，不从门里进来。"阿难听从吩咐，从钥匙缝中进屋，向各位僧人礼敬之后，退下入座。当时是安居期的第十五天。迦叶随后高声说道："敬请各位仔细听好！阿难能将佛陀教导确切记牢，如来也曾十分赞赏，现在由他主编素呾缆（旧称修多罗，误）藏。优波厘修持戒律，彻底研究，此事众所周知，由他主编毗奈耶（旧称毗那耶，误）藏。我迦叶波则主编阿毗达磨藏。"雨安居的三个月结束以后，三藏的编集工作也已完成。因为大迦叶是僧人中的上座，所以这一部派称为上座部。

　　大迦叶波结集处的西北方，有座佛塔，阿难受到圣僧斥责，未能参与结集之后，曾在这里静坐，从而证得阿罗汉果。证得圣果之后，方才参与结集。

　　从阿难证果处向西行走二十多里，有座佛塔，乃是无忧王所建造，这是大众部编集佛经的地点。当时，处于修学阶段以及已获无学果位的成百上千僧人，未能参与大迦叶主持的佛经编集工作，于是来到这里，互相议论道："如来在世之时，我们与他们追随同一导师，一同研学佛法，现在法王涅槃之后，他们却藐视我们。我们应该报答佛恩，也来编集佛陀经典。"于是普通僧人与得道高僧相聚一起，贤明人士和聪慧才子全都会集，又编集了素呾缆藏、毗奈耶藏、阿毗达磨藏、杂集藏、禁咒藏,另外构成五藏。这次结集,由于普通僧人和得道僧人合作进行,所以称这部派为大众部。

1.11 竹林精舍北行二百余步,至迦兰陀池 ①,如来在世多此说法。水既清澄,具八功德 ②,佛涅槃后,枯涸无余。

迦兰陀池西北行二三里,有窣堵波,无忧王所建也,高六十余尺。傍有石柱,刻记立窣堵波事,高五十余尺,上作象形。

【注释】

① 迦兰陀池,即是迦兰陀竹园(释见卷九 1.9 注 1)附近的池塘。

② 八功德,上品之水所具有的八种性质,释见序言部分 3.2 注 10。

【译文】

从竹林精舍向北行走二百多步,抵达迦兰陀池,如来在世时经常在此演说佛法。池水清澈明澄,具备八种佳妙特性,自从佛陀涅槃以后,池水干涸,丝毫无遗。

从迦兰陀池向西北方行走二、三里,有座佛塔,无忧王所建造,高达六十多尺。塔旁立一石柱,镌刻建塔之事,柱高五十多尺,顶端雕有象的形状。

王舍城

1.12 石柱东北不远,至曷罗阇姞利呬 ① 城。唐言王舍。外郭已坏,无复遗堵,内城虽毁,基址犹峻,周二十余里,面有一门。初,频毗娑罗王 ② 都在上茆宫城 ③ 也,编户之家频遭火害。一家纵逸，四邻罹灾，防火不暇，资产废业，众庶嗟怨，不安其居。王曰："我以无德，下民罹患，修何福德可以禳之？"群臣曰："大王德化邕穆[④]，政教明察。今兹细民不谨，致此火灾，宜制严科，以清后犯。若有火起，穷究先发，罚其首恶，迁之寒林[⑤]。寒林者，弃尸之所，俗谓不祥之地，人绝游往之迹。令迁于彼，同夫弃尸。既耻陋居，当自谨护。"王曰："善。宜遍宣告居人。"顷之，王宫中先自失火。谓诸臣曰："我其迁矣。"乃命太子监摄留事，欲清国宪[⑥]，故迁居焉。时吠舍厘[⑦]王闻频毗婆罗王野处寒林，整齐戎旅，欲袭不虞。边候以闻，乃建城邑。以王先舍于此，故称王舍城也，官属、士庶咸徙家焉。或云，至未生怨王[⑧]乃筑此城，未生怨太子既嗣王位，因遂都之。逮无忧王[⑨]迁都波吒厘城[⑩]，以王舍城施婆罗门，故今城中无复凡民，惟婆罗门减千家耳。

宫城西南隅有二小伽蓝，诸国客僧往来此止，是佛昔日说法之所。次此西北有窣堵波，殊底色迦[⑪]唐言星历。旧曰树提伽，讹也。长者本生故里。

城南门外，道左有窣堵波，如来于此说法及度罗怙罗[⑫]。

【注释】

① 曷罗阇姞利呬，梵文 Rājagṛha 的音译；即是王舍城，参看卷三 3.4 注 ⑩。在此所指的是王舍新城。《智度论》卷三谈及王舍城名的缘起道："问曰：如舍婆提、迦毗罗婆、波罗㮈大城皆有诸王舍，何以故独名此城为王舍？答曰：有人言，是摩伽陀国王有子，一头、二面、四臂，时人以为

不祥，王即裂其身首，弃之旷野。罗刹女鬼名梨罗，还合其身而乳养之。后大成人，力能并兼诸国，王有天下。取诸国王万八千人置此五山中，以大力势治阎浮提。阎浮提人因名此山为王舍城。复次，有人言，摩伽陀王先所住城，城中失火，一烧一作，如是至七，国人疲役。王大忧怖，集诸智人问其意故，有言应易处。王即更求住处，见此五山周匝如城，即作宫殿，于中止住。以是故，名王舍城。复次，往古世时，此国有王名婆薮，心厌世法，出家作仙人。……婆薮之子，名曰广车，嗣位为王，后亦厌世法，而复不能出家。……未经几时，王出田猎，见有一鹿，走疾如风。王便逐之而不可及，遂逐不止，百官侍从无能及者。转前见有五山，周匝峻固，其地平正，生草细软，好华遍地，种种林木、华果茂盛，温泉、凉池皆悉清净。其地庄严，处处有散天花、天香，闻天妓乐。……（广车王）即舍本城，于此山中住。是王初始在是中住，从是已后，次第止住。是王先起造立宫舍，故名王舍城。"

②　频毗婆罗王，释见卷八 1.3 注 ②。

③　上茆宫城，即上茅宫城，释见卷九 1.5 注 ①。

④　邕穆，即雍穆，义为"和睦、美好"。《晋书·乐志》："君臣邕穆，庶绩咸熙。"《南史·顾觊之传》："觊之家门雍穆，为州郡所重。"

⑤　寒林，梵文 Śītavana 的意译；音义混译作尸陀林。是为林葬之所，弃尸于此，饲诸禽兽。林间幽深阴冷，并又横死尸所，进入者毛骨悚然，故名寒林。玄应《音义》卷七："尸陀林，正言尸多婆那，此名寒林。其林幽邃而寒，因以名也。在王舍城侧，死人多送其中。今总指弃尸之处名尸陀林者，取彼名也。"

⑥　国宪，国家之根本大法，《汉书·叙传》："释之典刑，国宪以平。"

⑦　吠舍厘，释见卷七 1.10 注 ①。

⑧ 未生怨王，释见卷九 1.5 注 ④。

⑨ 无忧王，释见卷一 4.10 注 ③。

⑩ 波吒厘城，释见卷八 1.2 注 ②。

⑪ 殊底色迦，又作聚底色迦、殊底迦、树提伽、殊底稽迦等，梵文 Jyotiṣka 的音译；意译作星历、有命、火生等。《俱舍光记》卷五："佛遣人入火抱取殊底稽迦，此云有明。旧曰树提迦，讹也。彼之父母，其家巨富，年老无子，忽因怀孕。问诸外道，咸言是女而不长命。及其问佛，佛记是男，长年具德。外道无识，方便药中，母丧焚躯，子安无损。佛遣活命入火抱取。有命由佛记力故不死；活命由佛使故不死。委说如经。"

⑫ 罗怙罗，佛之嫡子及弟子，释见卷四 2.2 注 ⑧。

【译文】

石柱东北方不远处，是曷罗阇姞利呬城（唐语谓"王舍"）。外城已经塌毁，全无残垣存留，内城虽也损坏，墙基依然高峻，该城方圆二十多里，四方各有一处城门。当初，频毗婆罗王建都上茆宫城，城内居民经常遭受火灾。一家疏忽，四邻遭殃，人们疲于防火，难以正常营生，百姓嗟叹怨恨，不能安居乐业。国王说道："因为我不积德，致使人民遭祸，要修什么福德，方能消除灾殃？"群臣答道："陛下施行德政，天下安宁和睦，政治廉明清正。如今小民粗心大意，故而导致这类灾难，应该制定严厉法律，用以惩治违犯之人。如果再有火灾发生，必须彻底追查根源，惩罚肇事之人，将他迁往寒林。所谓寒林，乃是弃尸场所，俗称不祥之地，绝无人迹往来。命他移居那里，犹如被弃死尸。既然耻于居此恶地，想必就会谨慎小心。"国王说道："很好。应该通令所有居民。"不久之后，王宫中自己首先失火。国王便对大臣们道："我要迁移

了。"于是命令太子摄政，为了维护国法尊严，所以只能迁居寒林。此
时，吠舍厘国国王听说频毗娑罗王已经移居郊外寒林，于是召集军队，
企图趁机偷袭。边境守军报告此事，频毗娑罗便筑城墙。由于国王最
先居住于此，所以称为王舍城，官吏、平民也都随之迁居。有人说：到
未生怨王时才筑造此城，未生怨太子嗣位之后，便在这里建都。待到无
忧王迁都波吒厘城后，便将王舍城施舍给婆罗门，所以如今城内不再有
世俗之人，只有婆罗门教徒将近一千家。

　　宫城西南角上有二座小佛寺，外国僧人们游方之时居住在此，这是
当初佛陀演说佛法的场所。从这再往西北，有座佛塔，那是殊底色迦
（唐语谓"星历"。旧称树提迦，误）长者的故乡。

　　王舍城的南门外，道路之左有座佛塔，如来曾在这里演说佛法，并
且度化罗怙罗。

那烂陀寺及其周近地区

【题解】

　　那烂陀寺是当时印度最为著名的佛教寺院，大乘教的许多
大师都曾在此讲学和研习。该寺历史悠久，规模宏大，藏书丰富，
乃是古代印度的主要文化中心之一。玄奘在其整个西游行程中，
滞留在那烂陀寺的时间最长——求学达五年之久。他听戒贤大
师讲授《瑜伽师地论》多达三遍，并还研习其他经典，以及学习梵
文。所以这一阶段乃是玄奘印度之行中最富成果的时期；而他对
那烂陀寺及其周近圣迹的描绘也是游记中十分精彩的一部分。

那烂陀僧伽蓝

2.1　从此北行三十余里，至那烂陀_{唐言施无厌}。僧伽蓝^①。闻
之耆旧曰：此伽蓝南庵没罗林中有池，其龙名那烂陀，傍
建伽蓝，因取为称。从其实义，是如来在昔修菩萨行，为大
国主，建都此地，悲愍众生，好乐周给，时美其德，号施无
厌，由是伽蓝因以为称。其地本庵没罗园^②，五百商人以十
亿金钱买以施佛，佛于此处三月说法，诸商人等亦证圣果。
佛涅槃后未久，此国先王铄迦罗阿迭多^③_{唐言帝日}。敬重一
乘^④，遵崇三宝^⑤，式占^⑥福地，建此伽蓝。初兴功也，穿
伤龙身，时有善占尼乾^⑦外道，见而记曰："斯胜地也，建
立伽蓝，当必昌盛，为五印度之轨则，逾千载而弥隆，后进
学人易以成业。然多欧血，伤龙故也。"其子佛陀毱多^⑧王
_{唐言觉护}。继体承统，聿遵胜业，次此之南，又建伽蓝。呾他
揭多毱多^⑨_{王唐言如来}。笃修前绪，次此之东，又建伽蓝。婆
罗阿迭多^⑩_{唐言幼日}。王之嗣位也，次此东北，又建伽蓝。功
成事毕，福会称庆，输诚幽显，延请凡圣。其会也，五印度
僧万里云集，众坐已定，二僧后至，引上第三重阁。或有问
曰："王将设会，先请凡圣，大德何方，最后而至？"曰："我
至那国也，和上^⑪婴疹，饭已方行，受王远请，故来赴会。"
闻者惊骇，遽以白王。王心知圣也，躬往问焉，迟上重阁，
莫知所去。王更深信，舍国出家。出家既已，位居僧末，心
常怏怏，怀不自安："我昔为王，尊居最上；今者出家，卑在
众末。"寻往白僧，自述情事。于是众僧和合，令未受戒者

以年齿为次，故此伽蓝独有斯制。其王之子伐阇罗^⑫唐言金刚。嗣位之后，信心贞固，复于此西建立伽蓝。其后中印度王^⑬于此北复建大伽蓝。于是周垣峻峙，同为一门，既历代君王继世兴建，穷诸剞劂，诚壮观也。帝日王本伽蓝者，今置佛像，众中日差四十僧就此而食，以报施主之恩。

　　僧徒数千，并俊才高学也，德重当时，声驰异域者，数百余矣。戒行清白，律仪淳粹，僧有严制，众咸贞素，印度诸国皆仰则焉。请益谈玄，竭日不足，夙夜警诚，少长相成，其有不谈三藏幽旨者，则形影自愧矣。故异域学人欲驰声问，咸来稽疑，方流雅誉，是以窃名而游，咸得礼重。殊方异域欲入谈议，门者诘难，多屈而退；学深今古，乃得入焉。于是客游后进，详论艺能，其退走者固十七八矣。二三博物，众中次诘，莫不挫其锐，颓其名。若其高才博物，强识多能，明德哲人，联晖继轨。至如护法^⑭、护月^⑮，振芳尘于遗教；德慧^⑯、坚德^⑰，流雅誉于当时；光友^⑱之清论，胜友^⑲之高谈；智月^⑳则风鉴明敏，戒贤^㉑乃至德幽邃。若此上人，众所知识，德隆先达，学贯旧章，述作论释各十数部，并盛流通，见珍当时。

【注释】

　　① 那烂陀寺，释见卷五 1.4 注 ⑤。

　　② 在此所言的庵没罗园与卷七 1.10 谈及的庵没罗园（也称庵没罗女园或庵没罗树园）并非一地。吠舍厘城的庵没罗园乃是频毗娑罗王之贵妃所献，地处吠舍厘城外。而这里的庵没罗园则为五百商人所献，

地处那烂陀寺。故水谷真成将两园均视为吠舍厘女所献（见水谷《西域记》，第 296 页），当误。

③ 铄迦罗阿迭多，梵文 Śakrāditya 的音译；意译作帝日（Śakra 即因陀罗，印度古代神话中的众神之首，汉译作帝释、帝）。通常认为，铄迦罗阿迭多乃是笈多王朝的第四代国王拘摩罗笈多一世，公元 415—455 年在位（见《校注》，第 754—755 页）。但是，正如《西域记》卷四 1.2 注 ② 和注 ④ 业已指出的那样，铄迦罗阿迭多实际上应是前笈多王。所以，这里声称在佛陀涅槃后不久建造那烂陀寺，是正确的。

④ 一乘，谓成佛的唯一方法、途径或教说。乘，为车乘，比喻佛之教法，教法能载人运于涅槃岸，故谓之乘。《胜鬘宝窟》卷上："一乘者，至道无二，故称为一；运用自在，目之为乘。"《法华经·方便品》："十方佛土中，唯有一乘法。无二亦无三，除佛方便说。""唯此一事实，余二则非真。"

⑤ 三宝，释见卷一 1.6 注 ③。

⑥ 式占，即雷公、太乙、六壬三种重要占卜方式的总称。《唐六典·大卜署》："凡式占辨三式之同异。（一曰雷公式，二曰太乙式，并禁私家畜，三曰六壬式，士庶通用之。）"故在此的"式占福地"一语，犹言"郑重地卜占具有福德之地"。

⑦ 尼乾，又作尼犍、尼健、尼虔、尼乾陀等，梵文 Nigrantha 的音译；意译作离系、不系、无结等，即是"离三界系缚"之意。尼乾原为外道出家的总名，但因六大外道中的第六种外道特修裸形、涂灰等离系苦行，所以就以此特指这一外道。这便是露形外道（释见卷一 4.4 注 ⑦），亦即现今通称的耆那教。《俱舍光记》卷十六："离系，梵云尼乾陀。彼谓内离烦恼系缚，外离衣服系缚，即露形外道也。"《注维摩经》卷三："肇曰：

尼犍陀，其出家总名也。如佛法，出家名沙门。"

⑧ 佛陀毱多，梵文 Buddhagupta 的音译；意译作觉护。

⑨ 呾他揭多毱多，梵文 Tathāgatagupta 的音译；意译当作如来护（tathāgata 义为"如来"；gupta 义"护"）。所以玄奘谓"唐言如来"，误。

⑩ 婆罗阿迭多，释见卷四 1.2 注 ④。

⑪ 和上，亦作和尚、乌社、和社、鹘社、邬波驮耶等，梵文 upādhyāya 的音译。《秘藏记》："天竺呼俗博士曰乌邪，汉家讹误，以乌邪为和尚；加以乌邪是俗儒之称，而名道人，大误耳。正可云拔底耶。天竺呼有智僧为人师者为拔底耶。拔底耶者，亲亲义也。"玄应《音义》卷十四："和尚，《菩萨内戒经》作和阇，皆于阗国等讹也。应言郁波弟耶，此云近诵。以弟子年少不离于师，常逐近受经而诵也。又言邬波陀耶，此云亲教。旧译云知罪知无罪，名为和上也。"和上原有尊敬之义，后渐泛指所有佛僧。

⑫ 伐阇罗，梵文 Vajra 的音译；意译作金刚。

⑬ 在此所言的"中印度王"，水谷真成认为可能是戒日王（水谷《西域记》，第 298 页注八）。但查托帕德耶耶则认为是 Mandasor（在今中央邦西部，是笈多王朝最重要的副王所在地之一）的 Yaśodharman，他在 532 年的 Mandasor 铭文中声称战胜了东方和北方的诸王；在另一块铭文中则声称已征服了远至 Lauhitya 的地方（见 Chattopadhyaya, *North India*, p.186）。

⑭ 护法，释见卷五 2.8 注 ②。

⑮ 护月，也作月藏、月护，梵文 Candrapāla 的意译。他是护法的同时代人，为那烂陀寺沙门，曾造《辨中边论》之释，倡导本有种子之说。

⑯ 德慧，梵文 Guṇamati 的意译；音译作瞿那末底、婆那末底、求那末底等。约是 5 世纪后期、6 世纪初期的南印度人，瑜伽行宗的著名学者，

唯识十大论师之一。他曾游西印度伐腊毗等国，后在那烂陀寺讲学。今存著作《随相论》，由真谛翻译。

⑰ 坚慧，梵文 Sāramati 的意译；音译作沙罗末底。南印度人，行化于摩揭陀。著有《究竟一乘宝性论》、《法界无差别论》等。

⑱ 光友，梵文 Prabhāmitra 的意译。或以为即是 627 年东来中国，住兴善寺译经，并于 633 年卒于胜光寺的光智。

⑲ 胜友，亦作胜亲，梵文 Viśeṣamitra 的意译；音译作毗世沙密多罗。是为护法的门人，唯识十大论师之一。

⑳ 智月，梵文 Jñānacandra 的意译；音译作若那战达罗。护法之门人，唯识十大论师之一，曾为《唯识三十颂》作释论。

㉑ 戒贤，即尸罗跋陀罗，释见卷八 2.3 注 ①。

【译文】

从这里向北行走三十多里，抵达那烂陀（唐语谓 “施无厌”）寺。听年老长者说：这座佛寺之南的庵没罗林中有个水池，池中之龙名叫那烂陀，由于旁边建有佛寺，所以用它予以命名。其真实情况是：当初如来修习菩萨行，生为大国国王，在此建立都城，慈悲怜悯众生，喜欢周济穷人，人们赞其德行，称他为施无厌，佛寺遂得此名。这里原来有座庵没罗园，后被五百商人用十亿金钱买下，施舍给佛；佛陀便在这里说法三月，五百商人也都证成圣果。佛陀涅槃之后不久，该国国王铄迦罗阿迭多（唐语谓 “帝日”），敬重佛法，崇拜三宝，郑重地卜占福德之地，建造了这座佛寺。刚刚开工之时，不慎戳伤龙身，当时一位精于占卜的尼乾外道，得知此事后预言道：“这里是块宝地，建造佛寺之后，必定兴旺发达，成为五印度的榜样，经过千年之后，还将更为兴隆，后进研学之人，易于成就功业。但是多将吐血，因为伤了龙身。"其子佛陀毱多（唐语谓"觉护"）王继位之后，继续从事伟业，就在此寺之南，又建一座佛寺。呾他揭多毱多（唐语谓"如来"）王，认真继承前业，在这佛寺东面，再建一座佛寺。婆罗阿迭多（唐语谓"幼日"）王继位之后，在这东北方处，又建一座佛寺。工程完成以后，举办福会庆祝，不论无名之辈，还是著名人士，都被诚恳接待；无论一般僧众，还是得道高僧，全都受到邀请。这次会上，五印度国的僧人都从万里以外赶来集会，众人入座以后，有二名僧人最后到达，即被领上第三层楼。有人问道："国王举办福会之前，首先邀请凡、圣佛僧，二位高僧来自何方，为何最后抵达？"二僧答道："我们来自至那国。由于大和尚身患疾病，所以我们侍候他吃好饭后方才动身，接受国王远方之请，前来赴这福会。"听者全都惊奇异常，便将此事报告国王。国王心知这是圣人，于是亲自前去问候，略有耽搁再行上楼，二僧已经不知去向。国王更加深信佛法，放弃王位而去出家。国王出家之后，位居众僧之末，常常怏怏不乐，心中不得安宁："当初我是国王，尊贵至高无上；如今出家为僧，贱得居于末位。"便去告诉众僧，谈及这件事情。众僧一起协商，决定对于尚未受戒之人，都按年龄确定品位高低，所以只有这座佛寺，订有这种制度。这位国王之子伐阇罗（唐语谓"金刚"）继位之后，坚定信仰佛法，又在这里的西面建造一座佛寺。此后的中印度王又在北面再建一座大寺。于是四周围墙高筑，各寺共用一门。这是历代君王相继兴建，极尽精雕细刻的匠工手艺，宏伟壮丽万分。帝日王所建的佛寺中，如今置有佛像，僧团每天派遣四十名僧人在此进食，旨在报答施主之恩。

　　那烂陀寺内有僧人几千名，都是才能出众，学识渊博之人，德操为人所重，声誉传布国外者，共有一百多人。他们恪守戒规，品行清白，教律纯粹，制度严格，僧众全都信仰坚定，印度各国都仰慕他们，将其作为学习榜样。他们互相请教，谈论玄妙佛学，日复一日，仍不满足；不分昼夜，互相督促、提醒，老少相互帮助，完成学业；谁要不谈佛学的深奥义理，就会感到孤独无友，羞惭无比。所以外国的学者们，如果想要显扬名声，就都前来请教释疑，这样才能美名远播。因此盗名窃誉之辈，居然也受礼遇、尊重。来自四面八方和国外的人，若要入寺谈论，则由守门者先行责难，大多数人因为辞屈理穷，只得怏怏而归；唯有博通今古学问之人，才能进入寺门。所以外来的年轻学者，详细谈论学业以后，败退而去的人，十人中倒有八九个。至于两三个博学之士，与众僧相继辩难，也无不遭受挫折，以致名誉扫地。那烂陀寺中博学多才、见多识广、多才多艺、德操高尚的贤人智士，则并世而出，接踵而至。诸如护法、护月，美好名声流传于佛学界；德慧、坚慧，高尚声誉布扬于世人中；光友有清雅的议论；胜友有高明的谈辞；智月卓有风度、识见，聪慧机敏；戒贤德行高尚，见识深刻。这些杰出僧人，已是众所周知，德行隆盛，超过前辈，学识渊博，贯通以前的一切著述；撰写的论著、注释，每人都有十多部，广泛流传于世，备受世人推崇。

那烂陀伽蓝四周

2.2　伽蓝四周，圣迹百数，举其二三，可略言矣。

　　伽蓝西不远有精舍，在昔如来三月止此，为诸天、人广说妙法。次南百余步小窣堵波，远方苾刍见佛处。昔有苾刍自远方来，至此遇见如来圣众，内发敬心，五体投地[①]，便即发愿求轮王[②]位。如来见已，告诸众曰："彼苾刍者甚可愍惜。福德深远，信心坚固，若求佛果，不久当证。今其发愿求转轮王，于当来世必受此报。身体投地下至金轮③，其中所有微尘之数，一一尘是一轮王报也。既耽世乐，圣果斯远。"其南则有观自在菩萨④立像。或见执香炉往佛精舍，周旋右绕。

观自在菩萨像南窣堵波中，有如来三月之间剃剪发、爪。有婴疾病，旋绕多愈。其西垣外池侧窣堵波，是外道执雀于此问佛死生⑤之事。次东南垣内五十余步，有奇树，高八九尺，其干两枝，在昔如来嚼杨枝弃地，因植根柢，岁月虽久，初无增减。次东大精舍，高二百余尺，如来在昔于此四月说诸妙法。次北百余步精舍中，有观自在菩萨像，净信之徒兴供养者所见不同，莫定其所，或立门侧，或出檐前，诸国法俗咸来供养。

观自在菩萨精舍北有大精舍，高三百余尺，婆罗阿迭多王⑥之所建也，庄严度量及中佛像同菩提树下大精舍。其东北窣堵波，在昔如来于此七日演说妙法。西北则有过去四佛坐处。其南鍮石⑦精舍，戒日王⑧之所建立，功虽未毕，然其图量一十丈而后成之。次东二百余步垣外，有铜立佛像，高八十余尺，重阁六层，乃得弥覆，昔满胄王⑨之所作也。

满胄王铜佛像北二三里，砖精舍中，有多罗菩萨⑩像。其量既高，其灵甚察。每岁元日，盛兴供养，邻境国王、大臣、豪族，赍妙香花，持宝幡盖，金石递奏，丝竹相和，七日之中，建斯法会。其垣南门内有大井。昔佛在世，有大商侣，热渴逼迫，来至佛所，世尊指其地，言可得水，商主乃以车轴筑^⑪地,地既为陷,水遂泉涌,饮已闻法,皆悟圣果。

【注释】

① 五体投地,又称五轮投地,乃是佛教礼敬中的最隆重者。《行事钞》卷下:"《地持》:当五轮至地作礼。《阿含》云:二肘、二膝、顶名轮也。亦云五体投地。先正立已,合掌,右手褰衣,屈二膝已,次屈两手,以手承足,然后顶礼;后起顶头,次肘,次膝,以为次第。"

② 轮王,释见玄奘序 1.2 注 ⑮。

③ 金轮,释见玄奘序 1.2 注 ⑦。

④ 观自在菩萨,释见卷一 4.5 注 ⑦。

⑤ "外道执雀问佛生死"的具体内容是:有一外道将一活雀握在手中,诣佛处问此雀是死是活。他暗中打算,若佛说雀是活的,他就掐死雀后再出示;但若佛说雀是死的,他则将活雀出示之。外道企图以此方法为难佛陀。

⑥ 婆罗阿迭多王,即幼日王,释见卷四 1.2 注 ④。

⑦ 鍮石,释见卷一 4.2 注 ①。

⑧ 戒日王,释见卷五 1.3 注 ①。

⑨ 满胄王,无忧王之末孙,释见卷八 3.3 注 ⑧。

⑩ 多罗菩萨,即眼观音,释见卷八 2.1 注 ④。

⑪ 筑,即捣,义为"捣土使之结实"。《释名·释言语》:"筑,坚实称也。"《仪礼·既夕礼记》:"甸人筑今坎。"注云:"筑,实土其中坚之。"

【译文】

佛寺四周,圣贤遗迹数以百计,在此只举几例,约略叙述概况。

佛寺西南不远之处有座精舍,当初如来住在这里,历时三月,为天、人大众演说绝妙佛法。再往南去一百多步，有一小塔，是远方比丘谒见如来之处。当初，有个比丘从远方而来，到此遇见如来和圣贤们以后，内心产生敬意，五体投地致礼，当即立下誓愿，请求转生轮王。如来见此情形，便对众人说道："这个比丘十分可惜，他的信仰坚定，如果求证佛果，不久就能成功。如今却发愿心，要求当转轮王，因此来世之中，必会受此果报。在他拜伏之处，下沉直至金轮，总共几粒微尘，就当几次轮王。他既沉溺于世俗之乐，离开圣果就更远了。"在这南面则有观自在菩萨的立像。有人看见他手持香炉前往佛陀精舍，自左至右绕行佛像。

观自在菩萨像南的佛塔中，藏有如来在三个月之间剪下的头发、指甲。患病之人，环塔绕行后，大多能够痊愈。其西围墙外的水池之旁，有座佛塔，这是外道握雀，向佛陀询问雀之生死的地点。离此东南方五十多步的围墙内，有棵古怪的树，高八九尺，干上分出两枝，当初如来嚼杨枝后，丢弃于地，因而生根成活，虽然年月已久，树身却未长高，但是也未缩短。又往东去有间大精舍，高二百多尺，当初如来曾在这里演说精妙佛法，历时四月。其北一百多步的精舍中，有观自在菩萨像，供养菩萨的虔诚信徒，各人所见都不相同，不能确定佛像位置，有人见他立在门旁，有人见他走出屋檐，各国僧徒、俗人，全都来此供养。

观自在菩萨精舍之北有个大精舍，高三百多尺，乃是婆罗阿迭多王所建。精舍的装饰、规模，以及室内佛像，都与菩提树下大精舍内的相同。它的东北方有座佛塔，当初如来曾在这里演说七日佛法。西北方则有过去四佛的坐处。它的南面是鍮石精舍，乃是戒日王所建造，虽然并未完工，但是预计高度十丈，打算日后再造。再往东去二百多步，围墙之外有尊铜质佛陀立像，高达八十多尺，要用六层高楼，始能覆盖此像，这是以前满胄王所建造。

满胄王铜佛像之北二三里的砖砌精舍中，有尊多罗菩萨像。他的身量很高，而且灵验异常。每年的第一天，举行盛大供养，邻国的国王、大臣、贵族，带来美妙香、花，打着珍宝伞盖，锣鼓鸣击，琴笛奏和，七日之中，举行法会。其围墙的南门之内有口大井。当初佛陀在世之时，有批商人，受炎热、干渴所迫，来到佛陀之处，世尊用手指地，声称可以得水，商人就用车轴捣地，地面因此下陷，水流喷涌而出。商人饮水之后，又听佛陀说法，结果都证圣果。

拘理迦邑

2.3　伽蓝西南行八九里，至拘理迦①邑，中有窣堵波，无忧王之所建也，是尊者没特伽罗子②本生故里。傍有窣堵波，尊者于此入无余涅槃③，其中则有遗身舍利。尊者，大婆罗门种，与舍利子④少为亲友。舍利子以才明见贵，尊者以精鉴⑤延誉，才智相比，动止必俱，结要终始，契同去就，相与厌俗，共求舍家，遂师珊阇耶⑥焉。舍利子遇马胜阿罗汉⑦，闻法悟圣，还为尊者重述，闻而悟法，遂证初果⑧。与其徒二百五十人俱到佛所，世尊遥见，指告众曰："彼来者，我弟子中神足第一⑨。"既至佛所，请入法中。世尊告曰："善来⑩，苾刍，净修梵行⑪，得离苦际⑫。"闻是语时，须发落，俗裳变，戒品清净，威仪调顺。经七日，结漏⑬尽，证罗汉果⑭，得神通力。

没特伽罗子故里东行三四里，有窣堵波，频毗娑罗王⑮迎见佛处。如来初证佛果，知摩揭陀国人心渴仰，受频毗娑罗王请，于朝晨时，着衣持钵，与千苾刍左右围绕，皆是耆旧螺髻梵志，慕法染衣⑯，前后翼从，入王舍城。时帝释天王⑰变身为摩那婆⑱，首冠螺结，左手执金瓶，右手执宝杖，足蹈虚空，履地四指，在大众中前导佛路。时摩揭陀国王频毗娑罗与其国内诸婆罗门、长者、居士，百千万众，前后导从，出王舍城奉迎圣众。

【注释】

① 拘理迦，又作拘离迦、俱利迦、俱律陀、拘隶多，梵文 Kolika 的音译。是为目连（摩诃目犍连）的名号之一，《法华玄赞》卷一："（目连）从父本名俱利迦，亦云拘隶多。先云俱律陀，讹也。《大般若》云舍利子大采菽氏。"所以目连之故乡从其名，称为拘理迦邑。

② 没特伽罗子，即是目连，释见卷四 2.2 注 ④。

③ 无余涅槃，释见卷三 3.2 注 ⑥。

④ 舍利子，佛之弟子，释见卷四 2.2 注 ③。

⑤ 精鉴，谓观察详细。《宋史·吕祖谦传》："尝读陆九渊文，喜之，而未识其人。考试礼部，得一卷，曰：'此必江西小陆之文也。'揭示，果九渊。人服其精鉴。"

⑥ 珊阇耶，全称珊阇夜毗罗胝子、珊逝移毗剌知子，梵文 Sañjura Vairaṭiputra 的音义混译（putra 义为"子"）。珊阇夜是其名字；毗罗胝是其母名。他是六师外道之一，认为不必求道，但经生死劫数间，自尽苦际，如缕转于高山，缕尽则自止。

⑦ 马胜阿罗汉，即阿湿婆恃，释见卷九 1.5 注 ⑥。

⑧ 初果，声闻乘四果中的前三果，也称预流果，谓脱离凡夫而初入

圣道之法流。《俱舍论》卷二十三：“言初果者，谓预流果，此于一切沙门果中必初得故。”

⑨ 神足第一，指没特伽罗子（即目犍连）的特长。《增一阿含经》卷三：“神足轻举，飞到十方，所谓大目犍连比丘是。”《智度论》卷四十一：“如舍利弗于智慧中第一；目犍连神足第一；摩诃迦叶头陀第一；须菩提得无净三昧中第一。”

⑩ 善来，欢迎之辞，释见卷五 2.2 注 ⑫。

⑪ 梵行，释见卷六 1.18 注 ⑥。

⑫ 苦际，谓苦之最终，受生死苦最后之身。《法华经·序品》：“若人遭苦，厌老病死，为说涅槃，尽诸苦际。”

⑬ 结漏，即烦恼之异名。烦恼系缚心身，故云结；烦恼从眼、耳等六根日夜漏泄，故云漏。参见卷三 3.4 注 ⑮，以及卷六 1.18 注 ⑧。

⑭ 罗汉果，释见卷一 3.4 注 ⑪。

⑮ 频毗娑罗王，释见卷八 1.3 注 ②。

⑯ 梵志，即婆罗门；染衣，即僧衣，参见卷二 2.7 注 ⑤ 和注 ⑥。

⑰ 帝释天王，释见卷二 2.8 注 ⑨。

⑱ 摩那婆，亦作摩纳婆、摩纳缚迦、摩纳等，梵文 mānavaka 的音译；意译作儒童、少年、年少净行等。玄应《音义》卷一：“摩纳，或云摩纳婆，或云摩那婆，或云那罗摩那，皆是梵音讹转也。此译云年少净行，亦云人也。”慧苑《音义》卷上：“摩纳婆，正云摩那婆。此曰年少者，谓儒童也。”但是《大日经疏》卷二之解则异：“经云摩纳婆者，是毗纽天外道部类。正翻应言胜我，言我于身心中最为胜妙也。彼常于心中观我，可一寸许。《智度》亦云，有计神在心中，微细如芥子。……唐三藏翻为儒童，非也。儒童，梵云摩拿婆；此云纳，义别。误耳。”

【译文】

从佛寺向西南方行走八九里,抵达拘理迦邑,邑中有一佛塔,乃无忧王所建造,这是尊者没特伽罗子故居的地点。旁边有一佛塔,尊者曾在这里入无余涅槃,塔内则有他的遗身舍利。尊者出身于婆罗门种姓中的大族,自幼与舍利子结为密友。舍利子以聪明才智见长,尊者则以洞察入微著称,二人的才学智慧不相上下,所作所为都在一起,发誓始终荣辱与共,相约采取一致行动。他们同样弃世厌俗,于是共谋出家修行,遂拜珊阇耶为导师。舍利子得遇马胜罗汉,听他演说佛法,从而悟得圣果,舍利子又为尊者复述,尊者听后也悟佛法,于是同样证得圣果。尊者偕同门人二百五十人,来到佛陀那里,佛陀遥遥看见,指着他对众人说道:"正在过来来之人,是我弟子中的神足第一。"尊者见佛以后,要求加入佛教。世尊对他说道:"欢迎你,比丘!你虔诚修持梵行,就能脱离苦海。"尊者听了此话,顿时须发脱落,世俗服饰改变,他恪守教规戒律,举止从容和顺。经过七日修炼,烦恼全部去尽,证得阿罗汉果,获得神通威力。

从没特伽罗子故居向东行走三四里,有座佛塔,是毗频娑罗王迎接佛陀之处。如来刚刚证得佛果,知道摩揭陀国人渴望瞻仰他的仪容,于是接受了频毗娑罗王的邀请。如来于清晨时分,身穿袈裟,手中执钵,一千名比丘在其左右拥簇,都是年高德韶、头盘螺髻的婆罗门;他们敬慕佛法,从而穿上僧衣,出家修行,随从佛陀前后,进入王舍城内。当时帝释天王变化为少年模样,头发盘成螺髻,左手拿着金瓶,右手执着宝杖,双足腾空而行,与地相隔四指,走在众人之前,为佛引导开路。此时,摩揭陀国王频毗娑罗,在其国内的婆罗门、长者、居士以及成千上万平民的前呼后拥下,走出王舍城,恭敬迎接圣贤们。

迦罗臂拿迦邑

2.4 频毗娑罗王迎佛东南行二十余里,至迦罗臂拿迦①邑,中有窣堵波,无忧王之所建也,是尊者舍利子本生故里,并今尚在。傍有窣堵波,尊者于此寂灭,其中则有遗身舍利。尊者,大婆罗门种。其父高才博识,深鉴精微,凡诸典籍,莫不究习。其妻感梦,具告夫曰:"吾昨宵寐,梦感异人,身披铠甲,手执金刚②,摧破诸山,退立一山之下。"夫曰:"梦甚善。汝当生男,达学贯世,摧诸论师,破其宗致,唯不如一人,为作弟子。"果而有娠,母忽聪明,高谈剧论,言无屈滞。尊者年始八岁,名擅四方,其性淳质,其心慈悲,朽坏结缚③,成就智慧。与没特伽罗子少而相友,深厌尘俗,未有所归,于是与没特伽罗子于珊阇耶外道所而修习焉。乃相谓曰:"斯非究竟之理,未能穷苦际也。各求明导,先尝甘露④,必同其味。"时大阿罗汉马胜执持应器⑤,入城乞食。舍利子见其威仪闲雅,即而问曰:"汝师是谁?"曰:"释迦太子,厌世出家,成等正觉⑥,是我师也。"舍利子曰:"所说何法,可得闻乎?"曰:"我初受教,未达深义。"舍利子曰:"愿说所闻。"马胜乃随宜演说,舍利子闻已,即证初果,遂与其徒二百五十人往诣佛所。世尊遥见,指告众曰:"我弟子中智慧第一⑦。"至已顶礼,愿从佛法。世尊告曰:"善来,苾刍。"闻是语时,戒品具足。过半月后,闻佛为长爪梵志⑧说法,闻余论而感悟,遂证罗汉之果。其后阿难承佛告寂灭期,展转相语,各怀悲感,舍利子深增恋仰,不忍见佛入般涅槃，遂请世尊，先入寂灭。世尊告曰："宜知是时。"告谢门人，至本生里，侍者沙弥⑨遍告城邑。未生怨王⑩及其国人莫不风驰，皆悉云会。舍利子广为说法，闻已而去。于后夜分，正意⑪系心，入灭尽定⑫，从定而起，而寂灭焉。

迦罗臂拿迦邑东南四五里，有窣堵波，是尊者舍利子门人入涅槃处。或曰：迦叶波佛⑬在世时，有三拘胝⑭拘胝者，唐言亿。大阿罗汉同于此地无余寂灭⑮。

【注释】

① 迦罗臂拿迦，梵文 Kālapināka 的音译。舍利弗之故居所在地，亦称那罗聚落，见《法显传》。

② 金刚，梵文 vajra 的音译（释见卷一 3.4 注 ⑦）。在此则为"金刚杵"的略称，《大日经疏》卷一："一切持金刚者，皆悉集会。"金刚杵，乃是用金刚制成之杵，为古印度之兵器。其两头单独者，称为独股；分三枝者，称三股；分五枝者，称五股；分九枝者，称九股。材料有金属、石、木等区别，并分大、中、小三品。《诸部要目》："杵，金、银、铜、铁、石、水精、佉陀罗木等，无量种各不同。杵，五股、三股、一股。长十六指为上；十二指为中；八指以为下。"

③ 结缚，烦恼之异名，释见卷三 3.4 注 ⑮。这里的"朽坏结缚"，犹言去除了烦恼。

④ 甘露，原指天人所食的味甘如蜜的不死药（释见于志宁序 1.1 注 ③）。在此则是"甘露法"的略称。甘露法，即如来的教法。《法华经·药草喻品》："我为世尊，无能及者，安隐众生，故现于世。为大众说，甘露

净法，其法一味，解脱涅槃。"又，《佛地论》卷三："如来圣教，于诸外道一切世间邪劣教中，最为真实殊胜清净，犹如醍醐，亦如甘露，令得涅槃，永不死故。"

⑤ 应器，又称应量器，梵文 pātra 的意译；音译作钵多罗。是为比丘之食器，用铁制成。《行事钞资持记》卷下："钵是梵言……具云钵多罗，此翻应器。……应量之器，对法为名。《准章服仪》云，堪受供者用之，名为应器，此即对人为目。或处说云，量腹而食，故云应器，即对食为名。"

⑥ 等正觉，释见卷六 1.7 注 ⑥。

⑦ 智慧第一，指舍利子的特长。《增一阿含经》卷三："智慧无穷，决了诸疑，所谓舍利弗比丘是。"又，《智度论》卷十一："舍利弗于一切弟子中，智慧最第一，如佛偈说：一切众生智，唯除佛世尊，欲比舍利弗，智慧及多闻，于十六分中，犹尚不及一。"

⑧ 长爪梵志，梵文 Dirghanakha Brahmācārin 的意译。是为舍利弗之母舅摩诃俱缔罗的外号。他曾与其姊辩论，不胜，一怒之下出家作梵志，入南天竺国，始读经书。他发誓道，始终不剪指甲，直待读尽十八种经。于是便得长爪梵志之号。学成之后，摧诸论师。回国后得知其姊所生之子年已十六，且论议胜一切人，今为释迦弟子。长爪遂诣佛所，被佛难倒，于是信佛；佛为说法，断其邪见，长爪便证得圣果。

⑨ 沙弥，释见卷一 4.8 注 ⑤。

⑩ 未生怨王，释见卷九 1.5 注 ④。

⑪ 正意，谓意无邪念。《无量寿经》："正心正意，斋戒清净。"

⑫ 灭尽定，释见卷八 2.1 注 ⑥。

⑬ 迦叶波佛，释见卷一 3.5 注 ⑫。

⑭ 拘胝，释见卷三 1.3 注 ⑥。

⑮ 无余寂灭，即无余涅槃，释见卷三 3.2 注 ⑥。

【译文】

从频婆娑罗王迎佛处向东南方行走二十多里，抵达迦罗臂拿迦邑，邑内有座佛塔，乃是无忧王所建造，这是尊者舍利子的故居遗址，如今水井还在。旁边有座佛塔，舍利子在此涅槃，塔内藏有他的遗身舍利。尊者出身于婆罗门种姓的大族。他的父亲才学出众，学识渊博，深谙事理，洞察精微，所有学术典籍，无不研究透彻。妻子夜做一梦，详细告诉丈夫："我昨夜睡着之时，梦见一个奇人，身上披着铠甲，手中执金刚杵，摧毁所有大山，侍立一座山下。"丈夫说道："这梦很好。你将生下男孩，精通各门学问，成为当世名人，挫败各派论师，驳倒各类观点，唯独不及一人，只能作他弟子。"妻子果然怀孕，忽然变得聪明，能够侃侃而谈，与人热烈辩论，言辞清晰流畅。尊者八岁之时，已经名扬四方，天性淳厚质朴，心怀大慈大悲，去除世俗烦恼，智慧臻于上乘。他与没特伽罗子从小友谊甚笃，深深厌倦尘俗，尚未信奉宗教，于是便与没特伽罗子一起在珊阇耶那里修道研学。二人商议道："这不是终极真理，不能彻底解决脱离苦海问题，必须另求贤明导师。谁先品尝甘露之法，一定要供二人同享。"当时，大阿罗汉马胜，手中拿着食钵，进城乞讨食物。舍利子见他仪态从容高雅，于是上前问道："你的导师是谁？"马胜答道："释种太子，厌烦人世，出家修行，得道成佛，他便是我导师。"舍利子问道："他演说的是什么法？可以让我听听吗？"马胜答道："我刚开始接受教诲，尚未领会深奥含义。"舍利子说："希望谈谈你所听到的话。"马胜于是根据具体情况，演说佛法，舍利子听后，立即证得初果，便与门人二百五十人前往佛陀之处。佛陀远远看见，指着他对众人说道："这是我弟子中的智慧第一。"舍利子来后，即向佛陀顶礼膜拜，请求信奉佛教。世尊对他说道："欢迎你，比丘！"听到这句话后，舍利子就戒品具备。经过半个月后，佛陀为长爪梵志演说佛法，舍利子旁听之后，领会、觉悟，于是证得罗汉之果。此后，阿难由佛预告涅槃日期，辗转告诉大家，众人都极悲伤。舍利子特别留恋、敬仰佛陀，不忍亲眼看见佛陀涅槃，于是请示世尊，要求自己先行涅槃。世尊对他说道"你应知道，现在正是时候。"舍利子于是通知门人，全来故乡集会，侍者沙弥便将消息传遍城乡。未生怨王及其国内人民，无不如风一般飞速前来，全都像云一样会聚这里。舍利子为大家演说佛法，人们听后散去。他在下半夜间，心无丝毫邪念，入灭尽定，出定以后，便入涅槃。

迦罗臂拿迦邑的东南方四五里处，有座佛塔，这是尊者舍利子之门徒的涅槃地点。有人说：迦叶波佛在世之时，有三拘胝（拘胝，唐语谓"亿"）的大罗汉一起在此入无余涅槃。

因陀罗势罗窭诃山

2.5　舍利子门人窣堵波东行三十余里，至因陀罗势罗窭诃[①]山。唐言帝释窟也。其山岩谷杳冥，花林蓊郁，岭有两峰，岌然特起。西峰南岩间有大石室，广而不高，昔如来尝于中止。时天帝释以四十二疑事画石请问，佛为演释，其迹犹在。今作此像，拟昔圣仪，入中礼敬者，莫不肃然敬惧。山岭上有过去四佛[②]座及经行遗迹之所。东峰上有伽蓝，闻诸土俗曰：其中僧众，或于夜分，望见西峰石室前每有灯炬，常为照烛。

因陀罗势罗窭诃山东峰伽蓝前有窣堵波，谓亘许赠反。娑③。唐言雁。昔此伽蓝习玩小乘④，渐教⑤也，故开三净⑥之食，而此伽蓝遵而不坠。其后三净求不时获。有苾刍经行，忽见群雁飞翔，戏言曰："今日众僧中食不充，摩诃萨埵⑦宜知是时。"言声未绝，一雁退飞，当其僧前，投身自殪。苾刍见已，具白众僧，闻者悲感，咸相谓曰："如来设法，导诱随机；我等守愚，遵行渐教。大乘者，正理也，宜改先执，务从圣旨。此雁垂诚，诚为明导，宜旌厚德，传记终古。"于是建窣堵波，式昭遗烈，以彼死雁瘗其下焉。

【注释】

① 因陀罗势罗窭诃，梵文 Indraśailāguhā 的音译；意译作帝释窟，又作帝释岩。《帝释岩秘密成就仪轨》云："摩伽陀国庵没罗聚落北韦提希山有帝释岩，而彼岩中有九十九宫。……慈氏菩萨今现在彼入三摩地，名最上庄严。"《帝释所问经》云："尔时帝释天王闻佛在摩伽陀国毗提呬山帝释岩中。"

② 过去四佛，释见卷二 2.6 注②。

③ 亘娑，梵文 Haṃsa 的音译。其原义为"鹅"；在此谓"雁"，乃是通称。雁的专称，梵文为 dhār tarāṣtra。

④ 小乘，释见卷二 1.10 注④。

⑤ 渐教，见卷一 1.1 注⑪。

⑥ 三净，见卷一 1.1 注⑩。

⑦ 摩诃萨埵，原为"菩萨"的通称。在此则是指释迦修菩萨行时的名号之一。释迦为摩诃萨埵太子时，曾投身饲饿虎，见卷三 2.5 及其注①。

【译文】

从舍利子门徒塔向东行走三十多里，抵达因陀罗势罗窭诃山（唐语谓"帝释窟"）。此山山谷幽深，花草繁荣，树林浓密，两座山峰，巍然耸立。西面山峰的南侧山岩间，有间石室，甚为宽大，但是不高，当初如来曾在室内居住。天帝释将四十二个疑难问题刻在石上，向佛请教，佛陀为他分析解释，这一遗迹至今还在。如今绘制此像，模仿当初仪态，入内礼拜的人，无不肃然起敬，顿生畏惧之心。山岭之上，有过去四佛的坐处，以及散步场所的遗迹。东面山峰上有座佛寺，听当地居民说：寺内的僧人，有时在半夜里，可以看见西峰石室的佛像之前，往往有灯光火把，明亮照耀。

因陀罗势罗窭诃山的东峰佛寺前有一座塔，名为亘娑（唐语谓"雁"）。起初，寺内的僧人研习小乘佛教，小乘佛教乃是渐教，允许食用三种净肉，此寺始终奉行这一教规。但是后来往往难以找到净肉。有个比丘散步之时，忽然看见雁群飞翔，于是开玩笑道："如今僧众食品不足，摩诃萨埵应该知道，现在正是供食之时。"话音未落，一只大雁飞了回来，当着僧人之面，投向地上自杀。比丘见此情形，告诉其他僧人，大家十分悲伤，相互议论道："如来确立教法，根据不同情况，予以谆谆诱导，我们顽固不化，始终宗奉渐教。只有大乘佛教，才是至高真理，我们应该改掉原有陋习，听从佛陀旨意。此雁给予我们教训，实是贤明导师，应该表彰它的伟大功德，使其事迹流芳千古。"于是建造一座佛塔，明白志记雁的事迹，并将死雁葬在塔下。

迦布德迦伽蓝

2.6 因陀罗势罗窭诃山东北行百五六十里，至迦布德迦①唐言鸽。伽蓝，僧徒二百余人，学说一切有部。伽蓝东有窣堵波，无忧王之所建也。昔佛于此为诸大众一宿说法。佛说法时，有罗者于此林中网捕羽族，经日不获，遂作是言："我惟薄福，恒为弊事。"来至佛所，扬言唱曰："今日如来于此说法，令我网捕都无所得，妻孥饥饿，其计安出？"如来告曰："汝应蕴火，当与汝食。"如来是时化作大鸽，投火而死。罗者持归，妻孥共食。其后重往佛所，如来方便摄化，罗者闻法，悔过自新，舍家修学，便证圣果。因名所建为鸽伽蓝。

　　迦布德迦伽蓝南二三里，至孤山。其山崇峻，树林郁茂，名花清流，被崖注壑。上多精舍灵庙，颇极剞劂[2]之工。正中精舍有观自在菩萨像，躯量虽小，威神感肃，手执莲花，顶戴佛像。常有数人，断食要心，求见菩萨，七日、二七日，乃至一月，其有感者，见观自在菩萨，妙相庄严，威光赫奕，从像中出，慰谕其人。昔南海僧伽罗国[3]王清旦以镜照面，不见其身，乃睹赡部洲[4]摩揭陀国[5]多罗[6]林中小山上有此菩萨像，王深感庆，图以营求。既至此山，实唯肖似，因建精舍，兴诸供养。自后诸王尚想遗风，遂于其侧建立精舍灵庙，香花伎乐供养不绝。

　　孤山观自在菩萨像东南行四十余里，至一伽蓝，僧徒五十余人，并学小乘法教。伽蓝前有大窣堵波，多有灵异，佛昔于此为梵天王[7]等七日说法。其侧则有过去三佛[8]座及经行遗迹之所。

　　伽蓝东北行七十余里，殑伽河南，至大聚落，人民殷盛，有数天祠，并穷雕饰。东南不远有大窣堵波，佛昔于此一宿说法。

　　从此东入山林中，行一百余里，至洛般腻罗 ^⑨ 聚落。伽蓝前有大窣堵波，无忧王之所建，佛昔于此三月说法。此北二三里有大池，周三十余里。四色莲花 ^⑩ 四时开发。

　　从此东入大山林中，行二百余里，至伊烂拿钵伐多国。中印度境。

【注释】

　　① 迦布德迦，梵文 Kapotaka 的音译；意译作鸽。《西域记》在此所述释迦化鸽救饥人的故事与《智度论》卷十一所述略异："释迦文佛，本作一鸽，在雪山中。时大雨雪，有一人失道，穷厄辛苦，饥寒并至，命在须臾。鸽见此人，即飞求火，为其聚薪然之，又得以身投火，施此饥人。"

　　② 剞劂，原义为刻镂之曲刀。释见卷四 2.13 注 ④。

　　③ 僧伽罗国，释见卷十一 1.1 注 ①。

　　④ 赡部洲，释见序言部分 3.2 注 ⑫。

　　⑤ 摩揭陀国，释见卷八 1.1 注 ①。

　　⑥ 多罗，梵文 tāla 的音译；意译作岸树、高竦树。慧苑《音义》卷上："其形似棕榈树也。体坚如铁，叶长稠密。纵多时大雨，其叶阴处干若屋下。……又，或翻为高笋树也。"多罗树的花白色而大；果熟即赤，状如石榴，可食；其叶形如棕榈，干燥后可以刻文字。

　　⑦ 梵天王，释见卷二 1.8 注 ①。

　　⑧ 过去三佛，即过去四佛中的前三佛，释见卷二 2.6 注 ②。

　　⑨ 关于洛般腻罗的梵文对音，瓦特斯说："这些音节可以表示诸如 Lāvaṇīla 这样的语源，但是对于其词义，并无任何暗示，它可能是

Lavanānīla 一词。"（见 Watters, *Travels in India*, Vol.II, pp.176–177）

⑩ 四色莲花，指具有不同色泽的四种莲花。第一，优钵罗花，也称媪钵罗、乌钵罗等，即青莲花。慧苑《音义》卷上："优钵罗，具正云尼罗乌钵罗。尼罗者，此云青；乌钵罗者，花号也。其叶狭长，近下小圆，而上渐尖，佛眼似之。经多为喻。其花茎似藕，稍有刺也。"但亦有认为此乃其他色泽者，《大日经疏》卷十五："优钵罗，有赤白二色，又有不赤不白者。形似泥卢钵罗花。"第二，拘物头花，亦作俱勿头、句文罗等，即黄莲花。《续高僧传》卷二《达摩笈多传》："究牟地，谓黄色花，因园以得名也。"但是也有作其他颜色者，慧琳《音义》卷三："拘某陀花，古云拘勿头，正梵音拘牟那。此即赤莲花，深朱色，人间亦无，唯彼池（指龙池——引者）有。甚香，亦大也"。第三，波头摩花，又作钵头摩、波纳摩等，即红莲花。慧苑《音义》卷上："波头摩，正云钵特忙，此曰赤莲花也。其花茎有刺。"慧琳《音义》卷三："钵特摩花，古云钵头摩，或云钵努摩，正梵音云钵纳摩。此人间红莲花之上者。或云赤黄色花。"第四，芬陀利花，又称奔陀利、本努哩迦等，即白莲花。《大日经疏》卷十五："芬陀利迦，花可有百叶，叶叶相承，圆整可爱。最外叶极白，渐向内色渐微黄，乃至最在内者与萼色相近也。此花极香也。昔琉璃王害释女时，大迦叶于阿耨多池取此花，裹八功德水洒之，诸女身心得安乐，命终生天。因是投花于地遂成种，至今犹有之。花大可爱，径一尺余，尤可爱也。"

【译文】

从因陀罗势罗窭诃山向东北方行走一百五六十里，抵达迦布德迦（唐语谓"鸽"）寺，寺内有僧人二百多名，研习说一切有部。佛寺之东有一座塔，乃是无忧王所建造。当初佛陀在此为大家演说佛法，历时一天。佛陀说法之时，有个捕鸟人在这座树林中张网捕捉飞禽，整天一无所获，于是说道："我的福德太薄，始终干些徒劳无益之事。"他便来到佛陀之处，高声说道："今天如来在此演说佛法，使我张网捕鸟一无所得，我的妻子、儿女饥饿无食，请问有何办法可以解决？"如来告诉他道："你可以先去生火，我将给你食物。"这时如来化作一只大鸽，投身火中而死。捕鸟者将鸽拿回家去，与妻子、儿女一起吃掉。后来，他又去佛陀那里，如来因势利导，教导、度化，捕鸟者闻听佛法之后，悔过自新，出家修行佛学，便即证得圣果。所以后人便将所建的佛寺称为鸽寺。

迦布德迦佛寺之南二三里处，有座孤山。此山高大险峻，树木浓密茂盛，名贵鲜花盖遍山崖，清澈泉流布满沟谷。山上建有不少精舍灵庙，雕镂装饰极尽人工之妙。正中的精舍内有尊观自在菩萨像，尺寸虽然不大，但是神态威严，令人肃然起敬，手中持有莲花，在其前额之上，佩有佛陀肖像。经常有几个人，禁断食物，约束杂念，以求看见菩萨，这样持续七天、十四天，乃至一个月，那些受到感应的人，便能看到观音菩萨，仪容美妙，神情威严，光采照人，从像中出来，慰抚、教化他们。当初，南海的僧伽国国王用镜子照脸，未能照见自己，只见赡部洲摩揭陀国多罗树林中的小山上有此菩萨之像，国王深感幸运，试图前往寻访。到达此山之后，发现此像酷肖镜中所见，于是建立精舍，举办各种供养。此后的诸王模仿他的做法，便在旁边建造精舍灵庙，进献香花伎乐，常年供养不断。

从孤山观自在菩萨像向东南方行走四十多里，抵达一座佛寺，寺内僧人五十多名，全都研学小乘佛教。佛寺之前有座大塔，经常出现灵异奇迹。佛陀当初在此为梵天王等演说佛法，历时七天。塔的旁边则有过去三佛的坐处以及散步场所的遗迹。

从佛寺向东北方行走七十多里，在殑伽河南，抵达一个大镇，居民众多，镇上有几座天祠，雕镂装饰极佳。东南方不远处有座大塔，佛陀当初在此演说佛法，历时一天。

从这里向东进入山林之中，行走一百多里，抵达洛般腻罗村落。寺前有座大塔，无忧王所建造，佛陀曾在这里演说佛法，历时三月。在这之北二三里处有一大湖，方圆三十多里。湖内长有四种颜色的莲花，一年四季始终盛开。

从本国向东进入大山林中，行走二百多里，抵达伊烂拿钵伐多国（在中印度境内）。

卷第十

从伊烂拿钵伐多到奔那伐弹那等四国

【题解】

　　这是玄奘离开摩揭陀国那烂陀寺后巡游的第一个地区，其时约为贞观十年和十一年（636—637 年）。他除了在伊烂拿钵伐多国停居一年，学习《婆沙》、《顺正理》等经典外，在其他三国均未作长期逗留。玄奘将这四国都归入中印度境内。

伊烂拿钵伐多国

1.1　伊烂拿钵伐多①国，周三千余里。国大都城北临殑伽河②，周二十余里。稼穑滋植，花果具繁。气序和畅，风俗淳质。伽蓝十余所，僧徒四千余人，多学小乘正量部③法。天祠二十余所，异道杂居。近有邻王废其国君，以大都城持施众僧，于此城中建二伽蓝，各减千僧，并学小乘教说一切有部④。

　　大城侧，临殑伽河，有伊烂拿山⑤，含吐烟霞，蔽亏日月，古今仙圣继踵栖神，今有天祠尚遵遗则。在昔如来亦尚居此，为诸天、人广说妙法。

　　大城南有窣堵波，如来于此三月说法。其傍则有过去三佛座及经行遗迹之所。

【注释】

① 伊烂拿钵伐多，梵文 Iraṇaparvata 的音译；义为"荒山"。该国都城在今比哈尔邦中部的茫吉尔（Monghyr）。

② 殑伽河，即今恒河，释见玄奘序 1.3 注 ⑧。

③ 正量部，释见卷四 2.11 注 ②。

④ 说一切有部，释见卷一 1.1 注 ⑧。

⑤ 伊烂拿山，当即今 Monghyr 以东约 5 公里处的 Pirphar 山；这是一座火山，但至现代未见喷火，只是附近颇多温泉。

【译文】

伊烂拿钵伐多国，方圆三千多里。其国的大都城北侧濒临殑伽河，方圆二十多里。境内庄稼茂盛，花草果木繁多。气候温和舒畅，民风淳厚朴质。境内有佛寺十多座，僧人四千多名，大多研学小乘教的正量部教法。尚有天祠二十多所，各派外道混杂相居。近世邻国有位国王，废黜该国国君，将大都城施给佛僧，在此城内建造了两座佛寺，每寺的僧人几近千名，全都研学小乘教的说一切有部教法。

大都城的旁边，殑伽河畔有座伊烂拿山，烟霞蒸腾，遮天蔽日，古今的神仙、圣贤相继在此居息，如今还有天祠依然遵奉古代传下的法规。当初如来也曾在此居住，为天人大众演说绝妙佛法。

大都城之南有一佛塔，如来曾在这里演讲佛法，历时三月。塔旁则有过去三佛的坐处以及散步场所的遗迹。

1.2 三佛经行西不远，有窣堵波，是室缕多频设底拘胝 ① 唐

言闻二百亿。旧译曰亿耳，谬也。苾刍生处。昔此城有长者，豪贵巨富，晚有继嗣，时有报者，辄赐金钱二百亿，因名其子闻二百亿。洎乎成立，未曾履地，故其足跖^②毛长尺余，光润细软，色若黄金。珍爱此儿，备诸玩好，自其居家以至雪山，亭传^③连隅，童仆交路，凡须妙药，递相告语，转而以授，曾不逾时，其豪富如此。世尊知其善根^④将发，命没特伽罗子^⑤往化导之。既至门下，莫由自通。长者家祠日天^⑥，每晨朝时东向而拜。是时尊者以神通力，从日轮中降立于前。长者子疑日天也，因施香饭而归，其饭香气遍王舍城^⑦。时频毗娑罗王^⑧骇其异馥，命使历问，乃竹林精舍^⑨没特伽罗子自长者家持来，因知长者子有此奇异，乃使召焉。长者承命，思何安步：泛舟鼓棹，有风波之危；乘车驭象，惧蹎蹶之患。于是自其居家，至王舍城，凿渠通漕，流满芥子，御舟安止，长縆以引。至王舍城，先礼世尊。世尊告曰："频毗娑罗王命使召汝，无过欲见足下毛耳。王欲观者，宜结跏^⑩坐，伸脚向王，国法当死。"长者子受佛诲而往，引入廷谒。王欲视毛，乃跏趺坐，王善其有礼，特深珍爱。亦既得归，还至佛所。如来是时说法诲谕，闻而感悟，遂即出家。于是精勤修习，思求果证，经行不舍，足遂流血。世尊告曰："汝善男子^⑪，在家之时知鼓琴耶？"曰："知。""若然者，以此为喻。弦急则声不合韵，弦缓则调不和雅，非急非缓，其声乃和。夫修行者亦然。急则身疲心怠，缓则情舒志逸。"承佛指教，奉以周旋，如是不久，便获果证。

【注释】

① 室缕多频设底拘胝，当是梵文 Śruta-viṃśati-koṭi 的音译；意译通常作二十亿耳、亿耳等；音义混译则作首楼那二十亿、室路拿二十俱底等。

② 足跖，即脚掌。《说文》："跖，足下，从足，石声。"段注云："今所谓脚掌也。"《淮南子·说山训》："善学者，若齐王之食鸡，必食其跖数十而后足。"高诱注云："跖，鸡足踵也。喻学取道众多然后优。"

③ 亭传，即是指驿亭、传舍。古代驿传有亭，乃是行旅止息之所。《宋史·礼志》："华阴就行宫宴父老，赐驿亭名曰宣泽。"传舍，则是驿站所设之房舍，也供行人休息，《史记·郦生传》："沛公至高阳传舍，使人召郦生。郦生至，沛公方倨床使两女子洗足，而见郦生。"所以本文"亭传连隅"当是意为"沿途驿亭、传舍接连不断。"

④ 善根，即善本，释见卷一 4.8 注 ⑪ 。

⑤ 没特伽罗子，佛陀弟子，释见卷四 2.2 注 ④ 。

⑥ 日天，相当于太阳神，释见卷五 1.6 注 ② 。

⑦ 王舍城，释见卷三 3.4 注 ⑩ 。

⑧ 频毗娑罗王，释见卷八 1.3 注 ② 。

⑨ 竹林精舍，即迦兰陀竹园，释见卷九 1.9 注 ① 。

⑩ 结跏，释见卷二 2.6 注 ⑪ 。

⑪ 善男子，佛教对于在家修行之男子的称呼；在家修行的女子则称善女子。称之为"善"，是赞美其信佛闻法。

【译文】

过去三佛散步遗迹不远处，有座佛塔，乃是室缕多频设底拘胝

（唐语谓"闻二百亿"。旧译作亿耳，误）比丘的出生之地。从前，该城有位长者，出身高贵，家有巨财，晚年生了个儿子，有人来报告消息，他就赏赐金钱二百亿，所以其子取名为闻二百亿。儿子从小到大，双足未曾踏地，因此脚掌之上，毛长一尺，光洁润滑，又细又软，色泽犹如黄金。长者极爱儿子，备有种种玩物，从他家里直到雪山，驿亭、传舍连接不断，仆人、差役频繁往来，儿子若要珍贵药品，各个驿站相继通知，辗转递送，从来不曾耽搁时间，其家的富贵程度竟至于此。世尊知道长者之子的善根将要萌发，于是命没特伽罗子前往诱导度化。没特伽罗子来到他家门口，但是无法自我通报。长者家中祀奉太阳神，每天清晨要向东礼拜。当时尊者便运用神通力，从太阳中降下，立在他们面前。长者之子以为他就是太阳神，于是布施香饭，此后他便返回，饭的香气弥漫整个王舍城。频毗娑罗王惊奇于饭的异香，于是命人一一查问，原来是竹林精舍的没特伽罗子从长者家中取来，从而得知长者子的奇异之处，随后派人召他入宫。长者接到命令之后，考虑如何能够平安旅行：如果乘船前去，则有风浪之险；假若乘车驾象，则害怕车翻象跌之祸。于是从他家中，直到王舍城内，开凿一条水渠，水面撒满芥子，安然驾船其上，并用长绳牵引。抵达王舍城后，首先礼拜世尊。世尊对他说道："频毗娑罗王派遣使者召你，无非是想看看你脚掌之毛。所以国王若要观看，你就应该结跏趺坐，假如脚底向着国王，将依国法处以死刑。"长者子接受佛陀教诲后前赴王宫，被引入朝堂见王。国王要看他的脚掌毫毛，他就结跏趺坐，国王称赞他的礼貌，对他特别喜爱。长者子从宫廷返回，再到佛陀那里。这时如来演说佛法，教诲、谕示，他听后觉悟，于是立即出家。长者子勤勉修持、研学，一心求得果证，不断散步修行，以至脚底流血。世尊对他说道："善男子啊，你未曾出家之时,是否懂得如何操琴?"长者子答道:"我会操琴。"如来又说:"既然如此,就以操琴作为譬喻。琴弦绷得太紧,琴声就不合乎韵律,琴弦放得太松,音调便不和谐高雅,琴弦不紧不松,声音方始悦耳。修习道行的人,也是这个道理。如果过于紧张,身心就会疲惫,假若过于松懈,思想就会懒散。"长者之子听从佛陀指教,绕佛旋行作礼,这样不久之后,便即获得果证。

1.3　国西界殑伽河南,至小孤山,重巘嶜崟①,昔佛于此三月安居,降薄句罗②药叉。山东南岩下大石上,有佛坐迹,入石寸余,长五尺二寸,广二尺一寸,其上则建窣堵波焉。次南石上则有佛置君稚迦③即澡瓶也。旧曰军持,讹略也。迹,深寸余,作八出花纹。佛坐迹东南不远,有薄句罗药叉脚迹,长尺五六寸,广七八寸,深减二寸。药叉迹后有石佛坐像,高六七尺。次西不远有佛经行之处。其山顶有药叉故室。次北有佛足迹,长尺有八寸,广余六寸,深可半寸,其迹上有窣堵波。如来昔日降伏药叉,令不杀人食肉,敬受佛戒,后得生天。此西有温泉六七所,其水极热。国南界大山林中多诸野象,其形伟大。

　　从此顺殑伽河南岸东行三百余里,至瞻波国。中印度境。

【注释】

　　①嶜崟,谓山之极高而险峻的状貌,《文选》张衡《南都赋》:"幽谷嶜崟,夏含霜雪。"注云:"嶜崟,极峻貌。"

　　②薄句罗,梵文 Vakkula 的音译,在此为药叉名。另有一同名罗汉,

汉文意译作善容、伟形、大肥盛等；音译作薄矩罗、薄俱罗等。

　　③ 君稚迦，亦作君持、君迟、军持、捃犀迦等，梵文 Kuṇḍikā 的音译；意译作瓶、水瓶、澡瓶等。是为比丘十八物之一。慧琳《音义》卷八十二：“君稚迦，梵语。即僧所受用。君持，铜瓶是也。”玄应《音义》卷九：“军持，正言捃稚迦，此译云瓶也。谓双口澡罐也。”又，《寄归传》卷一：“凡水分清、触。净者咸用瓦瓷；触者任兼铜铁。净拟非时饮用；触乃便利所须。净则净手方持，必须安着净处；触乃触手随执，可于触处置之。唯斯净瓶及新净器所盛之水，非时合饮。余器盛者，名为时水，中前受饮即是无愆，若于午后饮便有过。”

【译文】

　　从本国西境的殑伽河向南行走，抵达小孤山，此山峰峦相叠，高大险峻，当初佛陀曾在这里安居三月，降伏薄句罗药叉。此山东南部崖岩下的大石之上，有佛陀坐过的印迹，深入石中一寸多，长五尺二寸，宽二尺一寸，石上建有一座佛塔。再往南去的石上则有佛陀置放君稚迦（即澡瓶。旧称君持，误）的印迹，深一寸多，形状作八瓣花纹。佛陀坐迹的东南方不远处，有薄句罗药叉的脚印，长一尺五六寸，宽七八寸，深二寸不到。药叉脚印处之后，有尊石刻的佛陀坐像，高六七尺。再西去不远，有佛陀散步的场地。山顶上有个药叉的旧居室。其北有佛陀的脚印，长一尺八寸，宽六寸多，深约半寸，脚印之上建有佛塔。当初如来降伏药叉之后，命令他不得杀人，不得吃肉，他恭敬接受佛陀劝诫，后来得以生入天界。在这西面有六七处温泉，泉水十分灼热。该国南境的大山林中有许多野象，形体相当庞大。

　　从本国顺殑伽河南岸向东方行走三百多里，抵达瞻波国（在中印度境内）。

瞻波国

1.4　瞻波^①国，周四千余里。国大都城北背殑伽河，周四十余里。土地垫湿^②，稼穑滋盛。气序温暑，风俗淳质。伽蓝数十所，多有倾毁，僧徒二百余人，习小乘教。天祠二十余所，异道杂居。都城垒砖，其高数丈，基址崇峻，却敌高险。在昔劫^③初，人物伊始，野居穴处，未知宫室。后有天女，降迹人中，游殑伽河，濯流自媚，感灵有娠，生四子焉。分王赡部洲，各擅区宇，建都筑邑，封疆画界，此则一子之国都，赡部洲诸城之始也。

城东百四五十里，殑伽河南，水环孤屿，崖巘崇峻，上有天祠，神多灵感。凿崖为室，引流成沼，花林奇树，巨石危峰，仁智所居，观者忘返。

国南境山林中，野象猛兽群游千数。

自此东行四百余里，至羯朱嗢祇罗国。彼俗或谓羯蝇揭罗国。中印度境。

【注释】

① 瞻波，又作占波、占婆等，梵文 Campa 的音译；意译作天胜。此国因长有金色花的瞻波树（释见卷五 2.4 注②）而得名。是为古印度十六大国之一；都城原是古国鸯伽的首都，位于瞻波河（今名 Chāndan）及恒河岸畔。其故址在今比哈尔邦东部巴加尔普尔（Bhāgalpul）之西不远处的占波那加尔（Champanagar）。据说释迦曾行化此国。

② 垫湿,谓低下潮湿,释见卷八 1.1 注 ②。

③ 劫,释见卷一 4.3 注 ①。

【译文】

瞻波国,方圆四千多里。其国的大都城北侧背靠殑伽河,方圆四十多里。地土低下潮湿,庄稼繁荣茂盛。气候略见炎热,民风淳厚朴质。境内有佛寺十多座,大多已经塌毁,僧人三百多名,研学小乘佛教。尚有天祠二十多所,各派外道混杂相居。首都城墙,用砖砌成,高达几丈,城墙基座,宽大高峻,御敌城楼,高险易守。早在劫初之时,万物刚刚形成,人们居住野外,栖身洞穴之中,不知建屋造房。后来有位神女,降凡来到人间,游嬉殑伽河畔,进入清流沐浴,自我欣赏媚态,从而感应神灵,以致怀有身孕,生下四个儿子。四子俱各为王,分治南赡部洲,每人统治一块疆域,建造都城,修筑村邑,划分国界,此城即是其中一子的首都,乃是赡部洲内许多城市中最早的一城。

都城之东一百四五十里处,在殑伽河南,有一孤岛被水环绕,岛上峰峦高耸险峻,上面有座天祠,神祇十分灵验。开凿山岩,筑成石室,引来泉流,修成池塘,名贵花卉,珍奇树木,巨大岩石,陡峭山峰,这是仁者、智士居住之处,观赏游客流连忘返。

本国南部的大山林中,野象、猛兽成群结队,来来往往,数以千计。

从本国向东行走四百多里,抵达羯朱嗢祇罗国(当地俗称羯蝇揭罗国。在中印度境内)。

羯朱嗢祇罗国

1.5　羯朱嗢祇罗 ① 国,周二千余里。土地泉湿,稼穑丰盛。

气序温，风俗顺。敦尚^②高才，崇贵学艺。伽蓝六七所，僧徒三百余人。天祠十所，异道杂居。近数百年，王族绝嗣，役属邻国，所以城郭丘墟，多居村邑。故戒日王^③游东印度，于此筑宫，理诸国务，至则葺茅为宇，去则纵火焚烧。国南境多野象。北境去殑伽河不远，有大高台，积垒砖石，而以建焉，基址广峙，刻雕奇制，周台方面镂众圣像，佛及天形区别而作。

　　自此东渡殑伽河，行六百余里，至奔那伐弹那国。中印度境。

【注释】

　　① 羯朱嗢祇罗，当是梵文 Kajughira 的音译。其都城故址在今比哈尔邦东部之拉其马哈（Rājmahāl）附近。

　　② 敦尚，犹言敦慕、崇尚。敦慕，为厚慕、加勉之意，《荀子·儒效》："我欲贱而贵，愚而智，贫而富，可乎？曰：其唯学乎。彼学者，行之，曰士也；敦慕焉，君子也。"王先谦《集解》云："敦、慕，皆勉也。……此承上文而言，言能行之则为士，行而加勉则为君子。"崇尚，尊崇好尚之意，《后汉书·党锢传》："自武帝以后，崇尚儒学。"

　　③ 戒日王，释见卷五 1.3 注 ②。

【译文】

　　羯朱嗢祇罗国，方圆二千多里。地土低下潮湿，庄稼丰足茂盛。气候温和，民风驯顺。勉励、尊崇才学杰出之人，尊敬、重视学业、技艺。境内有佛寺六七座，僧人三百多名。尚有天祠十所，各派外道混杂相居。最近几百年来，王族断绝后代，遭到邻国控制。所以，城市变成废墟，人民居住乡村。因此戒日王巡游东印度时，曾在这里建造行宫，处理种种政务；他到来时用茅草盖建房屋，离开时则放火烧掉。该国南部有许多野象。北部离殑伽河不远处，有一巨大高台，用砖、石建造而成，台基宽广高耸，雕刻十分奇特，高台四周刻有各种圣贤肖像，另外还有佛陀与天神之像。

从本国向东渡过殑伽河，行走六百多里，抵达奔那伐弹那国（在中印度境内）。

奔那伐弹那国

1.6　奔那伐弹那[①]国，周四千余里。国大都城周三十余里。居人殷盛，池馆花林往往相间。土地卑湿，稼穑滋茂。般橠娑果[②]既多且贵，其果大如冬瓜，熟则黄赤，剖之中有数十小果，大如鹤卵，又更破之，其汁黄赤，其味甘美，或在树枝，如众果之结实，或在树根，若伏苓[③]之在土。气序调畅，风俗好学。伽蓝二十余所，僧徒三千余人，大小二乘，兼功综习。天祠百数，异道杂居，露形尼乾[④]实繁其党。

城西二十余里有跋始婆[⑤]僧伽蓝。庭宇显敞，台阁崇高。僧徒七百余人，并学大乘教法，东印度境硕学名僧多在于此。其侧不远有窣堵波，无忧王之所建也。昔者如来三月在此为诸天、人说法之处，或至斋日[⑥]，时烛光明。其侧则有四佛座及经行遗迹之所。去此不远复有精舍，中作观自在菩萨像，神鉴无隐，灵应有徵，远近之人，绝粒祈请。

自此东行九百余里，渡大河，至迦摩缕波国。东印度境。

【注释】

① 奔那伐弹那，亦作分那婆陀那，梵文 Puṇḍravardhana 的音译；意译作正增长。该国领土包括今孟加拉国北部的大部分地区。其都城故址在今博格勒（Bogra）城以北约 12 公里的摩诃斯坦。

② 般櫱娑果，释见卷二 1.17 注 ⑪。

③ 伏苓，即茯苓，又称茯灵、茯兔、松腴等。是为一种菌类植物，寄生于山林的松根，呈块球状，外皮黑而皱缩，内部白色或淡赤色，其包含松根者称茯神，供药用。《本草纲目》卷三十七《木部》："时珍曰：茯苓，《史记·龟策传》作茯灵，盖松之神灵之气，伏结而成，故谓之茯苓、茯神也。《仙经》言，茯灵大如拳者，佩之令百鬼消灭。则神灵之气，亦可徵矣。"

④ 露形、尼乾，均指耆那教徒，释见卷一 4.4 注 ⑦ 和卷九 2.1 注 ⑦。

⑤ 跋始婆，梵文 Vāśibhā 的音译；义为"火焰、光辉"。该寺遗址在摩诃斯坦城西北约 7 公里处，位于 Bihar 及 Vasu–Bihar 两村之间。

⑥ 斋日，释见卷一 1.4 注 ④。

【译文】

奔那伐弹那国，方圆四千多里。其国的大都城方圆三十多里。居民众口众多，池塘、馆舍、花卉、树林，往往相互交织。地土低下潮湿，庄稼繁荣茂盛。盛产般櫱娑果，但仍十分珍贵。这种果实，大如冬瓜，成熟之后，色泽黄赤，将其剖开，中间则有几十枚小的果实，大小犹如鹤卵，再将小果剖开，则有黄赤果汁，味道极为甜美。有的长在树枝，犹如其他果实一般，有的则生树根，仿佛茯苓一样，生在泥土之中。气候温和舒畅，民风爱好学业。境内有佛寺二十多座，僧徒三千多名，无论大乘、小乘，全都研究学习。尚有天祠一百来所，各派外道混杂相居，耆那教徒更是众多。

大都城之西二十多里处，有座跋始婆寺。庭院屋宇开阔宽敞，亭台楼阁堂皇高广。共有僧人七百多名，全都研学大乘教法，东印度境内的博学名僧，大多在此居留。寺旁不远之处有座佛塔，乃是无忧王所建造。当初如来在此为天人大众演说佛法历时三月，待到斋日期间，往往放射光明。塔旁则有过去四佛的坐处以及散步场所的遗迹。离此不远之处，还有一座精舍，内有一尊观自在菩萨像，神灵明察秋毫，应验凿凿有据，远近各地居民，常常绝食祈祷。

从本国向东行走九百多里，渡过一条大河，抵达迦摩缕波国（在东印度境内）。

从迦摩缕波到恭御陀等六国

【题解】

这六国均被纳入东印度境的范围内。按《慈恩传》，玄奘在贞观十一年（637年）并未访问迦摩缕波国，而是由奔那伐弹那国直接前往羯罗拿苏伐剌那国；至于迦摩缕波之行，则是在贞观十六年（642年），当时应国王拘摩罗之请，从那烂陀寺前赴该国。所以，玄奘在贞观十一年巡游该地区的顺序应该是：奔那伐弹那国→羯罗拿苏伐剌那国→三摩呾吒国→耽摩栗底国→乌茶国→恭御陀国。故《西域记》对于这段行程的排列顺序有误。

迦摩缕波国

2.1　迦摩缕波 [①] 国，周万余里。国大都城周三十余里。土地泉湿,稼穑时播。般檬娑果^②、那罗鸡果^③,其树虽多,弥复珍贵。河流湖陂,交带城邑。气序和畅,风俗淳质。人形卑小,容貌黧黑。语言少异中印度。性甚犷暴,志存强学。宗事天神,不信佛法。故自佛兴以迄于今,尚未建立伽蓝,招集僧侣。其有净信之徒^④,但窃念而已。天祠数百,异道数万。

今王本那罗延天^⑤之祚胤,婆罗门之种也,字婆塞羯罗伐摩,_{唐言日冑。}号拘摩罗。_{唐言童子。}自据疆土,奕叶^⑦君临,逮于今王,历千世矣。国王好学,众庶从化,远方高才,慕义客游,虽不淳信佛法,然敬多学沙门^⑧。初,闻有至那^⑨国沙门在摩揭陀^⑩那烂陀^⑪僧伽蓝,自远方来,学佛深法,殷勤往复者再三,未从来命。时尸罗跋陀罗论师^⑫曰:"欲报佛恩,当弘正法,子其行矣,勿惮远涉。拘摩罗王世宗外道,今请沙门,斯善事也,因兹改辙,福利弘远。子昔起大心,发弘誓,愿孤游异域,遗身求法,普济含灵^⑬,岂徒乡国? 宜忘得丧,勿拘荣辱,宣扬圣教,开导群迷,先物后身,忘名弘法。"于是辞不获免,遂与使偕行,而会见焉。拘摩罗王曰:"虽则不才,常慕高学,闻名雅尚,敢事延请。"曰:"寡能褊智,猥蒙流听。"拘摩罗王曰:"善哉! 慕德好学,顾身若浮,逾越重险,远游异域。斯则王化所由,国风尚学。今印度诸国多有歌颂摩诃至那国《秦王破阵乐》^⑭者,闻之久矣,岂大德之乡国耶? "曰:"然。此歌者,美我君之德也。"拘摩罗王曰:"不意大德是此国人,常慕风化,东望已久,山川道阻,无由自致。"曰:"我大君圣德远洽,仁化逮被，殊俗异域拜阙称臣者众矣。"拘摩罗王曰："覆载[15]若斯，心冀朝贡。今戒日王在羯朱嗢祇罗国[16]，将设大施[17]，崇树福慧，五印度沙门、婆罗门有学业者，莫不召集。今遣使来请，愿与同行。"于是遂往焉。

此国东山阜连接，无大国都，境接西南夷，故其人类蛮獠矣。详问土俗，可两月行，入蜀西南之境，然山川险阻，嶂气[18]氛沴，毒蛇毒草，为害滋甚。国之东南野象群暴，故此国中象军特盛。

从此南行千二三百里，至三摩呾吒国。东印度境。

【注释】

① 迦摩缕波，亦作伽没路、个没卢等，梵文 Kāmarūpa 的音译。是为东印度的一个古大国，其地在今印度阿萨姆邦的西部。都城故址在今阿萨姆邦的高哈蒂（Gauhati）。

② 般橠娑果，释见卷二 1.17 注 ⑪。

③ 那罗鸡罗果，即那利蓟罗果，释见卷二 1.17 注 ⑩。又称那利果，《探玄记》卷二十："那利罗树者，具云檊唎罗吉唎，此云茎等有用树。檊唎，此云茎也；罗是多声，谓茎等枝叶花果也；吉唎，此云能作，谓此树茎等悉有用益众生故。此树出海中，其形甚高，似多罗树，其菓甚美，于中有汁，似耶子树。"

④ 净信之徒，谓信佛者，释见卷八 2.2 注 ⑫。

⑤ 那罗延天，即梵天王之异名，释见卷二 2.5 注 ⑤。

⑥ 婆塞羯罗伐摩，即拘摩罗王，释见卷五 1.4 注 ①。

⑦ 奕叶，犹言奕世、累世。《文选》曹植《王仲宣诔》："伊君显考，

奕世佐时。"

⑧ 沙门，释见卷二 1.6 注 ⑨。

⑨ 至那，亦称摩诃至那，古代印度对中国的称呼，释见卷五 1.4 注 ⑥。

⑩ 摩揭陀国，释见卷八 1.1 注 ①。

⑪ 那烂陀寺，释见卷五 1.4 注 ⑤。

⑫ 尸罗跋陀罗论师，即戒贤论师，释见卷八 2.3 注 ①。

⑬ 含灵，通常是指人类，《晋书·桓玄传论》："夫帝王者，功高宇内，道济含灵。"但佛家则泛指一切有灵魂者，《大宝积经》卷三十七："假使三界诸含灵，一切变成声闻众。"其义大致同于"含识"（释见卷二 2.7 注 ㉑）、"含生"、"有情"等。

⑭《秦王破阵乐》，释见卷五 1.4 注 ⑨。

⑮ 覆载，释见玄奘序 1.1 注 ⑰。在此意为人君以至诚之德包容天下。所以这里的"覆载若斯"当意为"贵国君主的盛德教化达到如此程度"。

⑯ 羯朱嗢祇罗国，释见卷十 1.5 注 ①。

⑰ 大施，即"大施会"之略，亦即无遮大会（释见卷一 1.5 注 ①）。《维摩经·菩萨品》："我昔自于父舍设大施会，供养一切沙门、婆罗门及诸外道、贫穷、下贱、孤、独、乞人。"

⑱ 嶂气，即瘴气，是为山林间湿热蒸郁之毒气。《后汉书·南蛮传》引大将军从事中郎李固之言道："南州水土温暑，加有瘴气，致死亡者十必四五。"氛，谓恶气、妖气、凶气，《左传·昭公十五年》："梓慎曰：'禘之日，其有咎乎。吾见赤黑之祲，非祭祥也，丧氛也。'"注引王逸云："氛，恶气貌。"沴，也指恶气、妖气、灾气，《正字通》："沴，妖气也。"又，《汉书·孔光传》："六沴之作。"注云："师古曰：沴，恶气也。"所以这里的"嶂气氛沴"一语，系指山林中的瘴气和其它一切污秽有毒之气。

【译文】

迦摩缕波国，方圆一万多里。其国的大都城方圆三十多里。地土低下潮湿，庄稼适时种植。般檬婆果树和那罗鸡罗果树虽然很多，但仍十分珍贵。河流、湖泊交叉于城乡之间，气候温和舒畅，民风淳厚朴质。居民身材矮小，肤色黝黑。语言与中印度国稍有不同。性格粗犷暴烈，相当重视学业。崇拜天神，不信佛法。所以自从佛教兴起直到今天，始终没有建造佛寺，召集僧人。那些信佛之人，只能私下心中默念。境内有天祠几百座，外道信徒几万名。

现任国王原是那罗延天的子孙，属于婆罗门种姓，名叫婆塞羯罗伐摩（唐语谓"日冑"），号称拘摩罗（唐语谓"童子"）。自从拥有这块土地，世世代代君临天下，传到这位国王，已经历时千世。国王爱好学业，百姓受其教化，远方杰出人才，仰慕他的仁义，前来该国游学，国王虽不十分信仰佛法，但是敬重博学多才的佛僧。当初，他听说有位至那国的沙门，在摩揭陀国那烂陀寺，长途跋涉而来，学习深奥佛法，于是热情地再三遣使来请，但是我未接受邀请。当时尸罗跋陀罗论师便对我说："如欲报答佛陀恩典，就应积极弘扬佛法，你今应该前去，不要害怕路远。拘摩罗王世代事奉外道，如今邀请沙门，这是一件好事，他若从此改邪归正，便会获得无限福德。你当初怀有远大志向，立下坚定誓愿，愿意孤身游学外国，舍弃生命求取佛法，普度一切生灵，难道只是考虑本国？你应忘却得失，不要计较荣辱，宣扬神圣佛教，开导迷途群众，首先考虑他人，然后再及自身，忘掉功名利禄，一心弘扬正法。"我无法再行推辞，便与使者同行，从而会见国王。拘摩罗王说道："我虽然才疏学浅，但是经常仰慕饱学之士，久闻你的大名，心中十分敬佩，所以邀你前来。"我答道："我的能力有限，才智相当浅薄，承蒙您曾听到，赞美我的话语，实是惭愧得很。"拘摩罗王说道："妙哇！你仰慕佛法，爱好学业，看待自身，犹如浮云，跨越重重险阻，远游异乡它国。这是由于贵国的王道仁政所致，是因为贵国的风气崇尚学术。如今，印度各国有许多人在歌唱、演奏摩诃至那国的《秦王破阵乐》，我久已有所听闻，摩诃至那岂不就是高僧的祖国吗？"我答道："是的。这曲歌舞，旨在赞美我朝君主的德行。"拘摩罗王说道："想不到高僧即是该国之人，我一直仰慕贵国的民风教化，早已盼望能够东游，只是途中山水阻隔，所以无法亲自前来。"我答道："我国君王的神圣恩德布及远方，仁厚教化传遍各地，异族外国前来朝拜称臣，为数十分众多。"拘摩罗王说道："贵国君主的盛德、教化达到如此程度，我也渴望朝谒进贡。现在戒日王在羯朱嗢祇罗国，将要举办大施之会，树立福德智慧，五印度国中有学术成就的沙门、婆罗门，无不受到邀请，参加这次盛会。如今遣使来请，我想与你同去。"于是我就前去赴会。

该国的东部山岭延绵不绝，没有大都城，这与我国西南部夷人的居住区接界，所以该国居民的状貌类似蛮、獠。我曾详细询问当地之人，大约花费两月行程，可以进入我国蜀地的西南境内。但是这条路上隔有峻山险水，弥漫着瘴气和其它污秽之气，毒蛇、毒草为害不浅。该国的东南部，野象成群结队，凶暴异常，因此其国的象军特别强盛。

从本国向南行走一千二三百里，抵达三摩呾吒国（在东印度境内）。

三摩呾吒国

2.2 三摩呾吒 [①] 国，周三千余里。滨近大海，地遂卑湿。国大都城周二十余里。稼穑滋植，花果繁茂。气序和，风俗顺。人性刚烈，形卑色黑。好学勤励，邪正兼信。伽蓝三十余所，僧徒二千余人，并皆遵习上座部②学。天祠百数，异道杂居，露形尼乾③，其徒特盛。去城不远有窣堵波，无忧王之所建也，昔者如来于此七日为诸天、人说深妙法。傍有四佛座及经行遗迹之所。去此不远，伽蓝中有青玉佛像，其高八尺，相好圆备，灵应时效。

从此东北大海滨山谷中，有室利差呾罗④国。次东南大海隅有迦摩浪迦⑤国。次东有堕罗钵底⑥国。次东有伊赏那补罗⑦国。次东有摩诃瞻波⑧国，即此云林邑是也。次西南有阎摩那洲⑨国。凡此六国，山川道阻，不入其境，然风俗壤界，声问可知。

自三摩呾吒国西行九百余里，至耽摩栗底国。东印度境。

【注释】

① 三摩呾吒，亦作三摩怛吒，梵文 Samataṭa 的音译；义为"平地"，因为该国土地比较平坦。是为印度东北部最重要的古国之一，其领域在恒河及梅格纳河三角洲上。该国都城故址，在今孟加拉国达卡西南的柯密拉（Gomilla）之西约 20 公里处。

② 上座部，释见卷九 1.10 注 ㉕。

③ 露形尼乾，指耆那教徒，释见卷一 4.4 注 ⑦ 和卷九 2.1 注 ⑦。

④ 室利差呾罗，又作室利察呾罗，梵文 Śrīkṣetra 的音译。即缅甸故都 Thare Khettara，其地在今下缅甸伊洛瓦底江畔骠蔑（Prome）附近。

⑤ 迦摩浪迦，梵文 Kāmalaṅka 的音译。此即《梁书·海南夷传》中的狼牙修国："狼牙修国，在南海中。其界东西三十日行，南北二十日行，去广州二万四千里。土气物产，与扶南略同，偏多篾沉婆律香等。"

⑥ 堕罗钵底，亦作堕和罗、独和罗、社和钵底等，梵文 Dvārapatī 的音译。即是泰国古都 Ayuthya。《新唐书·南蛮传下》："堕和罗，亦曰独和罗，南距盘盘，北迦罗舍弗，西属海，东真腊。自广州行五月乃至。国多美犀，世谓堕和罗犀。"

⑦ 伊赏那补罗，梵文 Iśanapura 的音译，即柬埔寨古名。《隋书·真腊传》："真腊国，在林邑西南，本扶南之属国也。……（其王质多斯那死，）子伊奢那先代立。居伊奢那城，郭下二万余家。"

⑧ 摩诃瞻波，梵文 Mahācampā 的音译。亦称瞻波、占波、占婆、占城、林邑等。由于恒河下游也有瞻波国，故在此国之前冠以"摩诃"一词。其地在今越南中部一带。

⑨ 阎摩那洲，一作耶婆提、叶调等，梵文 Yamanadvīpa。或以为其地即今爪哇，或以为即今苏门答腊。但爪哇、苏门答腊两岛毗连，故耶婆提、叶调恐为二岛之共称（说见章巽《法显传校注》，第 170 页注 ㉙）。

【译文】

三摩咀吒国，方圆三千多里。由于濒临大海，所以地土低下卑湿。其国的大都城方圆二十多里。庄稼丰盛，花卉果木，品种繁多，十分荣茂。气候温暖，民风和顺。居民性格，刚猛暴烈，形貌猥琐，肤色黝黑。爱好学业，勤奋努力，外道、佛教，全都信奉。境内有佛寺三十多座，僧人两千多名，全都研学上座部教法。尚有天祠一百所，各派外道混杂相居，耆那教徒更是众多。离城不远之处，有座佛塔，乃是无忧王所建造，当初如来曾在这里为天、人大众演说绝妙佛法，历时七天。旁边有过去四佛的坐处以及散步场所的遗迹。离此不远的佛寺之内，有尊青玉佛像，像高八尺，庄严佳妙之极，往往十分灵验。

在本国东北方的山谷中，有室利差呾罗国。再往东南的大海角中，有迦摩浪迦国。更往东去，有堕罗钵底国。更往东去，有伊赏那补罗国。更往东去，有摩诃瞻波国，这便是我国所说的林邑。又往西南方，则有阎摩那洲国。以上六国，由于山水阻隔，我未亲临其境，但是关于风俗、疆界，则从传闻中可以得知。

从三摩呾吒国向西行走九百多里，抵达耽摩栗底国（在东印度境内）。

耽摩栗底国

2.3　耽摩栗底 [①] 国，周千四五百里。国大都城周十余里。滨近海陲，土地卑湿。稼穑时播，花果茂盛。气序温暑，风俗躁烈。人性刚勇，邪正兼信 [②]。伽蓝十余所，僧众千余人。天祠五十余所，异道杂居。国滨海隅，水陆交会，奇珍异宝，多聚此国，故其国人大抵殷富。城侧窣堵波，无忧王所建也。其傍则有过去四佛座及经行遗迹之所。

自此西北行七百余里，至羯罗拿苏伐剌那国。东印度境。

【注释】

①　耽摩栗底，亦作耽摩立底、多摩梨帝等，梵文 Tāmralipti 的音译。其故地在今印度西孟加拉邦米德纳普尔县（Midnapur Dist.）的塔姆卢克（Tamluk）附近。古代位于胡格利河（Hooghly）的入海口旁，这是东印度的重要港口。法显曾由此乘船赴师子国。《法显传·多摩梨帝国》："从此东行近五十由延，到多摩梨帝国，即是海口。其国有二十四僧伽蓝，尽有僧住，佛法亦兴。"

②　邪正兼信，犹言外道、佛教都信。佛教将本教说成"正教"，凡非

正教者,均被斥为"邪",亦即邪魔、外道。《药师经》卷下:"信世间邪魔、外道、妖孽之师,妄说祸福。"

【译文】

耽摩栗底国,方圆一千四五百里。其国的大都城方圆十多里。濒临海岸,土地低下潮湿。庄稼适时种植,花卉果木茂盛。气候渐趋炎热,民风急躁刚烈。居民性格刚强勇敢,外道、佛教全都信仰。境内有佛寺十多座,僧人一千多名。尚有天祠五十多所,各派外道混杂相居。由于该国濒临大海,所以水道、陆路在此交会,各地奇珍异宝,大多聚集此国,因此其国人民通常都很富足。城旁有一佛塔,乃是无忧王所建造。塔旁则有过去四佛的坐处以及散步场所的遗迹。

从本国向西北方行走七百多里,抵达羯罗拿苏伐剌那国(在东印度境内)。

羯罗拿苏伐剌那国

2.4　羯罗拿苏伐剌那^①国,周四千四五百里。国大都城周二十余里。居人殷盛,家室富饶。土地卑湿,稼穑时播,众花滋茂,珍果繁植。气序调畅,风俗淳和。好尚学艺,邪正兼信。伽蓝十余所,僧徒二千余人,习学小乘正量部^②法。天祠五十余所,异道实多。别有三伽蓝,不食乳酪,遵提婆达多^③遗训也。

大城侧有络多末知^④僧伽蓝,唐言赤泥。庭宇显敞,台阁崇峻。国中高才达学、聪明有闻者,咸集其中,警诫相成,琢磨道德。初,此国未信佛法时,南印度有一外道,腹锢铜鍱，首戴明炬，杖策高步，来入此城，振击论鼓，求欲论义。或人问曰："首腹何异？"曰："吾学艺多能，恐腹拆裂；悲诸愚暗，所以持照。"时经旬日，人无问者，询访髦彦，莫有其人。王曰："合境之内，岂无明哲？客难不酬，为国深耻。宜更营求，访诸幽隐。"或曰："大林中有异人，其自称曰沙门，强学是务，今屏居幽寂，久矣于兹，非夫体法合德，何能若此者乎？"王闻之，躬往请焉。沙门对曰："我，南印度人也，客游止此，学业庸浅，恐黜所闻。敢承来旨，不复固辞。论议无负，请建伽蓝，招集僧徒，光赞佛法。"王曰："敬闻，不敢忘德。"沙门受请，往赴论场。外道于是诵其宗致，三万余言，其义远，其文博，包含名相，网罗视听。沙门一闻究览，词义无谬，以数百言，辩而释之，因问宗致。外道辞穷理屈，杜口不酬。既折其名，负耻而退。王深敬德，建此伽蓝，自时厥后，方弘法教。

伽蓝侧不远有窣堵波，无忧王所建也，在昔如来于此七日说法开导。其侧精舍，过去四佛座及经行遗迹之所。有数窣堵波，并是如来说经法之处，无忧王之所建也。

从此西南行七百余里，至乌荼国。东印度境。

【注释】

① 羯罗拿苏伐剌那，释见卷五 1.3 注 ⑤。

② 正量部，释见卷四 2.11 注 ②。

③ 提婆达多，释迦之从弟，始终仇视释迦，释见卷六 1.3 注 ⑤。提婆达多曾妄自制定五法，以破坏释迦之和合僧。《正理论》卷四十三："言

邪道者，提婆达多妄说五事为出离道。一者，不应受用乳等；二者，断肉；三者，断盐；四者，应被不截衣服；五者，应居聚落边寺。"又，《婆娑论》卷一百一十六："云何五法？一者，尽寿着粪扫衣；二者，尽寿常乞食食；三者，尽寿唯一坐食；四者，尽寿常居迥露；五者，尽寿不食一切鱼、肉、血味、盐、苏乳等。"所以本文谓寺僧不食乳酪，乃是遵奉提婆达多遗训。

④ 络多末知，梵文 Raktamṛttikā 的音译；意译作赤泥，因为当地田土色赤，故名。

【译文】

羯罗拿苏伐剌那国，方圆四千四五百里。其国的大都城方圆二十多里。居民人口众多，每家都很富裕。土地低下潮湿，庄稼适时种植，众多鲜花茂盛，珍异果木繁荣。气候适宜舒畅，民风淳朴温和。爱好学业、技艺，兼信外道、佛教。境内有佛寺十多座，僧人两千多名，研学小乘教正量部法。尚有天祠五十多所，外道信徒很多。另有三座佛寺，僧人不吃乳酪，这是遵奉提婆达多留传下来的训诫。

大都城旁有座络多末知寺（唐语谓"赤泥"），庭院屋宇开阔宽敞，亭台楼阁高大挺拔。国内才能卓越、学问渊博、聪慧机敏、见识广博的人，全都聚集在这寺内，互相督促告诫，完成佛学研究，探讨修道之德。当初，该国尚未信仰佛教之时，南印度有个外道信徒，肚子箍着铜片，头上顶着火炬，执着手杖，昂首阔步，进入都城，敲击论鼓，意欲与人辩论。有人问道："你的头和肚子，为何这么奇特？"外道答道："我的学问、技艺实在太多，所以恐怕肚皮破裂；可怜众人愚昧昏暗，因此拿这火炬照明。"过了十天，无人向他提出质疑，寻访国内杰出人才，始终未见这样的人。国王说道："我们整个国家之中，难道竟无贤明之士？外国学者前来挑战，我们不能对付应答，实在是桩奇耻大辱。应该继续深入求访，当在隐居者中寻找。"有人说道："大森林中有位奇士，自称乃是佛教沙门，专心致志研究学习，现在隐居幽静之处，至今已有很长时间。他若不是按照佛法行事，符合佛家道德，怎么能够做到这一地步？"国王听了，亲自前往邀请。沙门说道："我是南印度人，游学客地，居留这里，学识平庸浅薄，恐怕不如您所说的那样杰出。如今遵奉您的旨意，不再坚决推辞。假若辩论不败，则请建造佛寺，召集僧徒居住，光大弘扬佛法。"国王答道："我已知道你的意思，不敢忘记你的恩德。"沙门接受邀请，前赴辩论会场。外道于是讲出他的论题宗旨，一共三万多言，含义深远，文辞广博，解释名词概念，包括所见所闻。沙门听了一遍，即已彻底了解外道演讲的内容、含意，就连词义也未搞错，他只使用寥寥几百言，加以辩论解释，并再诘问外道辩论的宗旨。外道说不出道理，无言以对，只能闭口不语。由于名声已被摧毁，外道只得忍辱而退。国王深深敬佩沙门的德操，所以建造这座佛寺，从此以后，该国开始弘扬佛教。

佛寺旁边不远之处有座佛塔，乃是无忧王所建造，当初如来曾在这里演说佛法，开导世人，历时七天。塔旁有一精舍，有过去四佛的坐处以及散步场所的遗迹。还有几座佛塔，都是如来讲经说法之处，这是无忧王所建造。

从本国向西南方行走七百多里，抵达乌荼国（在东印度境内）。

乌荼国

2.5　乌荼国，周七千余里。国大都城周二十余里。土地膏腴，谷稼茂盛，凡诸果实，颇大诸国，异草名花，难以称述。气

序温暑,风俗犷烈。人貌魁梧,容色黧黮②。言辞风调,异
中印度。好学不倦,多信佛法,伽蓝百余所,僧徒万余人,
并皆习学大乘法教。天祠五十所,异道杂居。诸窣堵波凡
十余所,并是如来说法之处,无忧王之所建也。

　　国西南境大山中,有补涩波祇厘僧伽蓝③,其石窣堵
波极多灵异,或至斋日,时烛光明。故诸净信,远近咸会,
持妙花盖④,竞修供养。承露盘⑤下,覆钵⑥势上,以花盖
笴⑦,置之便住,若磁石之吸针也。此西北山伽蓝中有窣堵
波,所异同前。此二窣堵波者,神鬼所建,灵奇若斯。

　　国东南境临大海滨,有折利呾罗⑧城,唐言发行。周二十
余里,入海商人、远方旅客,往来中止之路也。其城坚峻,
多诸奇宝。城外鳞次有五伽蓝,台阁崇高,尊像工丽。南去
僧伽罗⑨国二万余里,静夜遥望,见彼国佛牙窣堵波上宝
珠光明,离离⑩然如明炬之悬烛也。

　　自此西南大林中行千二百余里,至恭御陀国。东印度境。

【注释】

　　①乌荼,梵文 Uḍra 的音译。其国故地相当于今印度奥里萨邦
(Orissa)北部一带;都城故址则可能在今奥里萨邦布巴内斯瓦尔
(Bhubaneswar)之南约 11 公里的陀武里村(Dhauli)。

　　②黧黮,色黑之貌。慧琳《音义》卷八十二:“黧黮,上音梨,又音离,
俗字也,亦作厘;下贪感反。黧黮,不明色黑貌,如桑椹色也。”

　　③补涩波祇厘僧伽蓝,梵文 Puṣpagiri Saṅghārāma 的音译;意译作
花山寺。补涩波,译云花,《大日经疏》卷八:“梵云枳娑攞瑜,是林树上

兼带条叶之花；次云补涩波，正目花体，如花鬘散花之类，皆用此名。"或谓此寺在今布巴内其瓦尔市以西约 6、7 公里处的库尔德（Khurdā）地区的坎德山（Khandagiri）。

④ 花盖，犹言用花装饰之伞盖。慧琳《音义》卷二十七："华盖，户花反。《古今注》云：黄帝与蚩尤战于涿鹿之野，常有五色云气、金枝玉叶止于帝上，有花蘤之象故，因而作华盖焉。华字又音呼瓜反。西域暑热，人多持盖，以花饰之。幢幡，花盖者也。"

⑤ 承露盘，即罗盘，亦称轮相，释见卷一 4.9 注 ⑦。

⑥ 覆钵，指塔顶之形状，释见卷一 4.6 注 ③。

⑦ 笴，与杆、竿同，原指箭杆。《广韵》："笴，箭茎也。"《周礼·冬官考工记总叙》："燕之角、荆之干、妢胡之笴，吴粤之金锡，此材之美者也。"注云："笴，矢杆也。……杜子春云：'……笴读为稿，谓箭稿。'"这里的"笴"则意指花盖之柄。

⑧ 折利呾罗，梵文 Caritra 的音译；意译作发行。故址可能在今普里城（Puri），是为一个重要的海港。

⑨ 僧伽罗国，释见卷十一 1.1 注 ①。

⑩ 离离，犹言整齐排列，历历在目。《诗经·王风·黍离》："彼黍离离，彼稷之苗。"马瑞辰《传笺通释》："黍秀舒散，离离者，状其有行列也。自穗至实，皆离离然。"

【译文】

乌荼国，方圆七千多里。其国的大都城方圆二十多里。土地肥沃，谷物丰盛，各类果品，都大于其他诸国，奇异之草，名贵之花，难以一一罗列叙述。气候略趋炎热，民风粗犷燥烈。居民身形魁梧，肤色则呈棕黑。所操言语,异于中印度国。人们爱好学业,从不厌倦惰怠,大多信仰佛教,境内有佛寺一百多座,僧人一万多名,全都研学大乘教法。尚有天祠五十所,各派外道混杂相居。佛塔共有十多座,都是如来演说佛法之处,乃是无忧王所建造。

国境西南部的大山中,有座补涩波祇厘寺,寺内的石塔极多灵验、奇迹,待到斋日期间,经常放射光辉。所以远近各地的信佛之人,全都来此聚会,手持鲜花伞盖,竞相礼敬供养。在塔的承露盘之下、覆钵状体之上,放上花盖柄,便能粘在那里,犹如磁石吸住铁针一般,在这西北方山头的佛寺中,有一座塔,灵异与此塔相同。这两座塔,都是神鬼建造,所以有此灵异。

该国的西南方临近大海滨处,有座折利呾罗城(唐语谓"发行"),方圆二十多里,这是入海商人和远方游客往来途中停歇的要道。城墙坚固险峻,国内颇多奇宝。城外依次有五座佛寺,亭台楼阁宽广高大,所塑佛像工巧壮丽。此城南距僧伽罗国二万多里,夜深人静之时,遥望僧伽罗国,可以看见佛牙塔上的宝珠发射阵阵光芒,排列整齐,历历可见,犹如火炬高悬空中,照耀远方。

从本国向西南的大森林中行走一千二百多里,抵达恭御陀国(在东印度境内)。

恭御陀国

2.6　恭御陀^①国,周千余里。国大都城周二十余里。滨近海隅,山阜隐嶙,土地垫湿^②,稼穑时播。气序温暑,风俗勇烈。其形伟,其貌黑。粗有礼义,不甚欺诈。至于文字,同中印度,语言风调,颇有异焉。崇敬外道,不信佛法。

天祠百余所，异道万余人。国境之内，数十小城，接山岭，据海交，城既坚峻，兵又敢勇，威雄邻境，遂无强敌。国临海滨，多有奇宝，螺贝珠玑，斯为货用。出大青象，超乘[3]致远。

从此西南入大荒野，深林巨木，干霄蔽日，行千四五百里，至羯䅟力甑反。伽国。南印度境。

【注释】

① 恭御陀，梵文 Koṅgoda 的音译。该国故地相当于今印度奥里萨邦之契尔卡湖（Chilka）沿岸，面临孟加拉湾。其都城故址当在今甘占城西北方约 29 公里处的乔羯吒（Jaugaḍa）。

② 垫湿，犹言低下潮湿。释见卷八 1.1 注 ②。

③ 超乘，原指跃而上车（超，义为"跳"）。《左传·僖公三十三年》："三十三年，春，秦师过周北门，左右免胄而下，超乘者三百乘。"《左传·昭公元年》："子南戎服入，左右射，超乘而出。"但是这里所谓的"超乘"，当是指一般的乘坐。

【译文】

恭御陀国，方圆一千多里。其国的大都城方圆二十多里。临近大海之滨，山峰连绵起伏，地土低下潮湿，庄稼适时种植。气候渐趋炎热，民风勇猛躁烈。身形魁梧长大，容貌则呈黑色。略知礼节、仁义，不太欺骗、诡诈。至于所用文字，则同中印度国，但是语言声调，与之颇不相同。崇敬事奉外道，并不信仰佛教。天祠一百多所，外道一万多人。国内共有几十所小城，邻接山岭，扼守海道，城墙坚固险峻，兵士骁果勇猛，军威雄伏邻国，没有强大敌手。国土濒临海滨，故多奇珍异宝，海螺、贝壳、珍珠,是为通用货币。出产庞大青象,可作长途乘骑。

从本国向西南方进入广大荒野,森林幽深,树木高大,直冲云霄,遮天蔽日,行走一千四五百里,抵达羯餕伽国(在南印度境内)。

从羯餕伽到秣罗矩吒等七国

【题解】

这七国都被归入南印度境内。整段旅程在贞观十一年(637年)内进行。玄奘在憍萨罗国与案达罗国逗留的时间较长:在憍萨罗国花费一月学习《集量论》,在案达罗国花费数月学习大众部的《根本阿毗达磨》。尽管本节列有秣罗矩吒国,但事实上玄奘并未亲履其地,故《慈恩传》卷四称说"闻有秣罗矩吒国"。

羯餕伽国

3.1　羯餕伽[1]国,周五千余里。国大都城周二十余里。稼穑时播,花果具繁,林薮联绵,动数百里。出青野象,邻国所奇。气序暑热,风俗躁暴,情多狷犷[2],志存信义。言语轻捷,音调质正,词旨风则,颇与中印度异焉。少信正法,多遵外道,伽蓝十余所,僧徒五百余人,习学大乘上座部[3]法。天祠百余所,异道甚众,多是尼乾之徒[4]。

羯餕伽国在昔之时,氓俗殷盛,肩摩毂击[5],举袂成帷[6]。有五通仙[7]栖岩养素,人或凌触,退失神通,以恶咒术残害国人,少长无遗,贤愚俱丧。人烟断绝,多历年所,颇渐迁居,犹未充实,故今此国人户尚少。

城南不远有窣堵波,高百余尺,无忧王之所建也。傍有过去四佛座及经行遗迹之所。

国境北陲,大山岭上有石窣堵波,高百余尺,是劫^⑧初时人寿无量岁,有独觉^⑨于此入寂灭焉。

自此西北山林中行千八百余里,至憍萨罗国。中印度境。

【注释】

① 羯餕伽,一作迦陵迦、葛令葛等,梵文 Kaliṅga 的音译。其国故地相当于今甘占海岸以南哥达瓦里河(Godavari)下游一带。其都城故址可能在今之默卡林甘(Mukhalingam)。

② 狷犷,犹言狷急、犷悍。狷急,谓性情峭直,不能委屈从俗,《三国志·魏书·文昭甄皇后传》:"帝曰:'任(氏)性狷急不婉顺,前后忿我非一,是以遣之耳。'"犷悍,蛮横之意,《桂海虞衡志·志蛮》:"其人物犷悍,风俗荒怪。"

③ 上座部,释见卷九 1.10 注 ㉕。

④ 尼乾之徒,指耆那教徒,释见卷九 2.1 注 ⑦。

⑤ 肩摩毂击,犹言肩与肩相接,众车之毂相互击撞,形容市况繁盛,热闹拥挤。《太平御览·车部·毂》:"桓谭《新论》曰:楚之郢都,车挂毂,民摩肩,市路相交,号为朝衣新而暮衣弊。"《战国策·秦策》:"古者使车毂击驰,言语相结,天下为一,约从连横,兵革不藏。"

⑥ 举袂成帷,意谓举起衣袖可以连成帐幕,极言市人之众多。《史记·苏秦传》引苏秦说齐宣王之语道:"临淄之途,车毂击,人肩摩,连衽成帷,举袂成幕,挥汗成雨,家殷人足,志高气扬。"

⑦ 五通仙,谓获得五神通(释见卷九 1.2 注 ⑤)的仙人。天竺外道

修炼有漏禅定而得五通者很多,而极三乘之证果者则于五通之上更得漏尽通(尽断烦恼),因而具六通。《维摩诘经·不思议品》:"或现离淫欲,为五通仙人。"

⑧ 劫,释见卷一 4.3 注 ①。

⑨ 独觉,即辟支佛,释见卷一 4.3 注 ②。

【译文】

羯䬖伽国,方圆五千多里。其国的大都城方圆二十多里。庄稼适时种植,花草果木繁多,树林山泽延绵不断,往往广达几百里地。当地出产青色野象,邻国视为珍奇动物。气候炎热,民风急躁暴烈,性格峭直蛮横,但是颇重信义。语言轻巧快捷,音调质朴淳正,词义以及语法与中印度国不同。不太信奉佛教,大多宗事外道。境内有佛寺十多座,僧人五百多名,研学大乘教的上座部法。尚有天祠一百多所,外道信徒十分众多,大多数是耆那教徒。

古代时期,羯䬖伽国居民繁多,市里拥挤,人肩相摩,车轮相撞,大家举起袖子,便能连成帐幕。有个五通仙人,栖居山岩之间,避世怡养真性;有人触犯了他,使之失掉神通,他便使用恶毒咒术,残害当地居民,无论幼儿、老人,竟无一人幸免,不管能人、笨人,全部丧失性命。所以这里人烟断绝,已有许多岁月,后来逐渐有人从外地迁来居住,然而居民还是不多,因此该国人口至今仍然很少。

都城之南不远处有座佛塔,高一百多尺,乃是无忧王所建造。旁边有过去四佛的坐处以及散步场所的遗迹。

该国北部边界的大山岭上,有座石塔,高一百多尺,这是劫初人寿无量岁时辟支佛涅槃的地点。

从本国向西北方的山林中行走一千八百多里,抵达憍萨罗国(在中印度境内)。

憍萨罗国

3.2　憍萨罗^①国,周六千余里,山岭周绕,林薮连接。国大都城周四十余里。土地膏腴,地利滋盛。邑里相望,人户殷实。其形伟,其色黑。风俗刚猛,人性勇烈。邪正兼信,学艺高明。王,刹帝利^②也,崇敬佛教,仁慈深远。伽蓝百余所,僧徒减万人,并皆习学大乘^③法教。天祠七十余所,异道杂居。

【注释】

① 憍萨罗,梵文 Kosala 的音译。《慈恩传》称之为南憍萨罗,以区别于北方以室罗伐悉底城(释见卷六 1.1 注 ①)为首都的北憍萨罗国。《法显传》则译作达嚫国,是为梵文 Daksina 的音译;义为"南"。该国故地,相当于今哥达瓦里河上游的东北部一带。都城故址,则可能在今瓦尔达河(Wardha)注入哥达瓦里河处略东的昌达(Chanda),也可能在昌达东北之威拉高尔(Wairagarh)。

② 刹帝利,印度古代四大种姓中的第二等级,释见卷一 4.4 注 ④。

③ 大乘,释见卷二 1.10 注 ④。

【译文】

憍萨罗国,方圆六千多里,山岭环绕国土周围,山林野泽连绵不断。其国的大都城方圆四十多里。土壤肥沃,物产丰盛。城邑里市相接,居民多而富裕。形体魁梧长大,容貌肤色黝黑。民风刚果猛悍,性

格骁勇躁烈。外道、佛教都信,学业、技艺杰出。其国国王出身于刹帝
利种姓,崇敬佛教,心地仁慈。境内有佛寺一百多座,僧人接近一万名,
全都研学大乘法教。尚有天祠七十多所,各派外道混杂相居。

3.3 城南不远有故伽蓝,傍有窣堵波,无忧王所建也。昔者,
如来曾于此处现大神通,摧伏外道。后龙猛菩萨^① 止此伽
蓝,时此国王号娑多婆诃^②,唐言引正。珍敬龙猛,周卫门庐。
时提婆菩萨^③ 自执师子国^④ 来求论议,谓门者曰:"幸为
通谒。"时门者遂为入白。龙猛雅知其名,盛满钵水,命弟
子曰:"汝持是水,示彼提婆。"提婆见水,默而投针。弟子
持钵,怀疑而返。龙猛曰:"彼何辞乎?"对曰:"默无所
说,但投针于水而已。"龙猛曰:"智矣哉,若人也!知几^⑤
其人,察微亚圣,盛德若此,宜速命入。"对曰:"何谓也?
无言妙辩,其在是欤?"曰:"夫水也者,随器方圆,逐物清
浊,弥满无间,澄湛莫测。满而示之,比我学之智周也,彼
乃投针,遂穷其极。此非常人,宜速召进。"而龙猛风范懔
然肃物,言谈者皆伏抑首。提婆素挹风徽^⑥,久希请益,方
欲受业,先骋机神,雅惧威严,升堂僻坐,谈玄永日,辞义清
高。龙猛曰:"后学冠世,妙辩光前,我惟衰耄,遇斯俊彦,
诚乃写瓶^⑦ 有寄,传灯^⑧ 不绝,法教弘扬,伊人是赖。幸
能前席,雅谈玄奥。"提婆闻命,心独自负,将开义府^⑨,先
游辩囿,提振辞端,仰视质义^⑩。忽睹威颜,忘言杜口,避
坐引责,遂请受业。龙猛曰:"复坐,今将授子至真妙理,
法王诚教。"提婆五体投地^⑪,一心归命,曰:"而今而后,

敢闻命矣。"

龙猛菩萨善闲药术，餐饵养生，寿年数百，志貌不衰。引正王既得妙药，寿亦数百。王有稚子，谓其母曰："如我何时得嗣王位？"母曰："以今观之，未有期也。父王年寿已数百岁，子孙老终者盖益多矣。斯皆龙猛福力所加，药术所致。菩萨寂灭，王必殂落。夫龙猛菩萨智慧弘远，慈悲深厚，周给群有，身命若遗。汝宜往彼，试从乞头，若遂此志，当果所愿。"王子恭承母命，来至伽蓝，门者惊惧，故得入焉。时龙猛菩萨方赞诵经行，忽见王子，伫而谓曰："今夕何夕，降趾僧坊，若畏若惧，疾驱来至？"对曰："我承慈母余论，语及行舍之士，以为含生宝命，经语格言，未有轻舍报身，施诸求欲。我慈母曰：'不然。十方善逝⑫，三世如来⑬，在昔发心，逮乎证果，勤求佛道，修习戒忍。或投身饲兽，或割肌救鸽，月光王⑭施婆罗门头，慈力王⑮饮饿药叉血。诸若此类，尤难备举。求之先觉，何代无人？今龙猛菩萨笃斯高志。'我有所求，人头为用，招募累岁，未之有舍。欲行暴劫杀，则罪累尤多，虐害无辜，秽德彰显。唯菩萨修习圣道，远期佛果，慈沾有识⑯，惠及无边，轻身若浮，视身如朽，不违本愿，垂允所求！"龙猛曰："俞⑰，诚哉是言也！我求佛圣果，我学佛能舍，是身如响，是身如泡⑱，流转四生⑲，往来六趣⑳，宿契弘誓，不违物欲。然王子：有一不可者，其将若何？我身既终，汝父亦丧。顾斯为意，谁能济之？"龙猛徘徊顾视，求所绝命，以干茅叶自刎其颈，若利剑断割，身首异处。王子见已，惊奔而去。门者上白，具陈始末，王闻哀感，果亦命终。

【注释】

① 龙猛菩萨，即那伽阏剌树那，释见卷八 1.6 注 ②。

② 娑多婆诃，亦作娑多婆汉那，梵文 Sātavāhana 的音译；意译作引正。

③ 提婆菩萨，释见卷四 2.4 注 ⑧。

④ 执师子国，即僧伽罗国，释见卷十一 1.1 注 ①。

⑤ 知几，谓预知事变之机微。《周易·系辞下》："子曰：知几其神乎。君子上交不谄，下交不渎，其知几乎。几者，动之微，吉之先见者也。"疏云："几，微也，是已动之微。动谓心动、事动。……几是离无入有，在有无之际，故云动之微也。若事著之后乃成为吉，此几在吉之先，豫前已见，故云吉之先见者也。"

⑥ 素挹风徽，犹言一向敬佩（龙猛的）美德。挹，推重之意，《新唐书·李频传》："给事中姚合名为诗，士多归重，频走千里丐其品，合大加奖挹，以女妻之。"风徽，义为"美风"，参见于志宁序 1.5 注 ③ 。

⑦ 写瓶，即泻瓶，谓毫无遗漏地传授佛法，释见于志宁序 1.3 注 55。

⑧ 传灯，谓佛法之相传，释见卷八 2.3 注 ⑨。

⑨ 义府，谓义理之府藏，古代原指《诗》、《书》。《左传·僖公二十七年》："《诗》、《书》，义之府也；礼、乐，德之则也。"疏云："奉上以道，禁民为非之谓义。《诗》、《书》，义之府藏也。"而佛家则以佛经为义府。

⑩ 质义，犹言质问意义，谓询问他人，以正某要义之是非当否。《汉书·刘歆传》："时丞相史尹咸以能治《左氏》，与歆共校经传。歆略从咸及丞相翟方进受，质问大义。"师古注云："质，正也。"

⑪ 五体投地，释见卷九 2.2 注 ①。

⑫ 十方善逝，指分身于世界十方，摄化各处众生的佛陀。十方，即东、南、西、北、东南、西南、东北、西北、上方、下方。善逝，梵文 Sugata 的意译，也作好去；音译作须伽陀、修伽陀。是为佛陀的十号之五：第一曰如来，第五曰善逝。其义是"如实去彼岸，不再退没生死之海"。《大乘义章》卷二十："言善逝者，此从德义以立其名。善者名好，逝者名去，如来好去，故名善逝。"《菩萨持地经》卷一："第一上升，永不复还，名善逝。"至于十方之佛名，有多种说法，按《称赞净土经》，则为：东方不动如来、南方日月光如来、西方无量寿如来、北方无量光严通达觉慧如来、下方一切妙法正理常放火王胜德光明如来、上方梵音如来、东南方最胜广大云雷音王如来、西南方最胜日光名称功德如来、西北方无量功德火王光明如来、东北方无数百千俱胝广慧如来。

⑬ 三世如来，即三世佛。指过去住劫的迦叶诸佛、现在住劫的释迦牟尼佛、未来住劫的弥勒诸佛。亦即泛指所有时期的佛陀。

⑭ 月光王，即释迦在过去世所作的战达罗钵刺婆王。关于其施头故事，见于《佛说月光菩萨经》、《贤愚经》卷六《月光王头施缘品》等；参看《西域记》卷三 2.2 及其注 ⑦。

⑮ 慈力王，也是释迦的前身之一。关于他以身血布施饿药叉之事，见《贤愚经》卷二《慈力王血施缘品》；参看《西域记》卷三 1.4 及其注 ⑥。

⑯ 有识，犹言有情、含识（释见卷二 2.7 注 ㉑），泛指人类或一切众生。《归敬仪》卷中："有识凡夫。"《观经散善义》："含灵闻之生信，有识睹者而归。"

⑰ 俞，犹今之言"是"，应诺之辞。《书经·尧典》："帝曰：'俞，予闻。

如何？’”蔡沈注云：“俞，应许之辞。”《礼记·内则》：“子能食食，教以右手；能言，男唯女俞。”陈澔注云：“唯、俞，皆应辞。”

⑱ 响、泡，谓空谷回声和水花泡沫，即是十缘生句中的二喻。十缘生句，都是从缘而生，并无自性。此十喻令人观无性生而不执著，得知一切是幻。十缘生句是：幻，幻术师所作之种种相貌；阳炎，热、空、尘等因缘和合，于旷野之中现示水相；梦，睡眠中所见之种种境界；影，镜中之影像；乾达婆城，蜃气映日光于大海上，现宫殿之相；响，深谷等中依声而生之声；水月，水中所现之月影；浮浪，水上所现之泡沫；虚空花，眼膜于空中所见之种种花；旋火轮，人以火炉旋转空中，则生轮象。

⑲ 四生，指六道众生所分成的四种形态，释见卷三 3.3 注 ③。

⑳ 六趣，亦称六道。众生由业因之差别而趣向六种处所：地狱趣，具有八寒、八热等苦处，此在地下，故称地狱；饿鬼趣，常求饭食之鬼类所生之处，与人趣杂处而不可见；畜生趣，又称旁边趣，即禽兽所生之所，多以人界为依附而眼可见；阿修罗趣，常怀瞋心而好战斗，是为大力神祇之生所，以深山幽谷为依所，与人隔离；人趣，人类之生所，分阎浮提等四大洲，但四大洲隔离，无神通者不能到；天趣，身有光明，自然受快乐之众生名为天，有欲界六所，谓之六欲天，色界、无色界都是其生所。《大乘义章》卷八云：“此之六种，经名为趣，亦名为道。所言趣者，盖乃对因以名果也，因能向果，果为因趣，故名为趣。所言道者，从因名也，善恶两业，通人至果，名之为道；地狱等报，为道所诣，故名为道。”

【译文】

大都城南面不远处，有座旧寺，旁边有座佛塔，乃是无忧王所建造。当初，如来曾在这里显示大神通，挫败折服外道。后来龙猛菩萨居住在这寺内，当时该国国王名叫娑多婆诃（唐语谓"引正"），尊崇敬仰龙猛，派兵护卫佛寺。提婆菩萨从执师子国前来，以求与龙猛辩论，他对门卫说道："烦你通报一下。"门卫便入内报告此事。龙猛向来知道提婆的名望，于是将钵盛满清水，吩咐学生道："你拿这钵水去，出示给提婆看。"提婆看见钵水，默默投入一针。学生拿着水钵，满腹狐疑而回。龙猛问道："他有什么话说？"学生答道："他默然不作一声，只是投针于水。"龙猛说道："此人真聪明啊！预知事情几微，达到神奇程度，细察精微之处，直与圣人相仿，道德如此盛隆，赶快请他进来。"学生问道："这是什么意思？并不开口而巧妙答辩，就是这种方式吗？"龙猛答道："水这种物质，形状随着容器变化，无论清洁、肮脏物体，它都能够与之相处，它充满容器，毫无间隙，清澄深厚，神妙莫测。我用满钵之水出示，隐喻我的学问渊博，思虑周到，他将针投入水中，则谓已经彻底了解我学问的要旨。这不是一个平凡之人，应该赶快请他进来。"龙猛仪态高雅，令人肃然生敬，与他交谈之人，全都屈身低头。提婆一向敬佩他的美德，早就希望向他请教，而在接受他的教诲之前，首先显示了一下神妙机智，由于畏惧龙猛的威严神态，上堂以后便在角落坐下。他与龙猛整日谈论玄妙佛理，言辞清晰，论义高明。龙猛说道："你这位后学之人已经冠绝于世，精妙的论辩超过了前辈，我已属于衰老之人，遇到你这年轻俊杰，确实可使泻瓶有所寄托，传灯能够不灭，光大弘扬佛法，全都依靠你了。望你上前入座，演说深奥佛理。"提婆听到此话，内心甚为自豪。他在演讲佛经之前，先与龙猛论辩，刚刚打足精神，准备开言宣讲，抬头正视龙猛，打算发问质疑。提婆忽然看见他的威严相貌，居然忘却言辞，再也不敢开口，连忙离开上座，深刻自责，请求充当龙猛的学生。龙猛说道："仍然请你坐下。我现在将教你至真妙理,这是如来的真实教导。"提婆五体投地致敬,诚心归依龙猛门下,说道:"从今以后,愿意听从您的教诲。"

龙猛菩萨精通丹药之术,能够服丹养生,年龄好几百岁,身、心都不衰老。引正王吃了他的妙药,年寿也有几百。国王有个幼儿,对其母亲说道:"像我这样,什么时候才能继承王位?"母亲答道:"按照目前情况看来,继位之日真是未可预料。你的父王已经好几百岁,他的儿、孙老死的也已不少。这都是依赖龙猛福力的作用,以及长生丹药的效果。假若龙猛菩萨涅槃,国王肯定也会去世。龙猛菩萨智慧广远,深深怀有慈悲之心,周济供给众多生灵,并不重视身家性命。你可前往他处,试着讨其头颅,如果此举成功,就能实现愿望。"王子听从母亲之言,来到佛寺,守门之人又惊又怕,因此王子得以入内。龙猛菩萨正在一面念经,一面散步修行,忽然看见王子,立停之后问道:"今天是什么日子,你居然光降本寺,为何状若畏惧,匆匆来到这里?"王子答道:"我听母亲谈论,提及布施之人,我认为众生全都珍惜生命,经典格言都这样说,从来无人轻易捐献生命,布施给乞讨之人。我的母亲则说:'事情并非如此。十方善逝、三世如来,从前都曾立下心愿,努力证得圣果,勤勉修求佛道,行善止恶,忍苦受难。有时献身喂养猛兽,有时割肉解救飞鸽,月光王将头颅布施给婆罗门,慈力王让饿药叉喝血。诸如此类,难以一一详说。在先前的得道者之间寻找,哪个时代没有这类人物?现在龙猛菩萨便怀有如此高尚的心愿。'我曾要求人头一用,已经募集许多年月,但是无人愿意施舍。假若我去行凶杀人,那么罪孽更为深重,残害无辜之人,恶行十分明显。只有菩萨您啊,修习神圣佛道,期望证得佛果,仁慈施遍生灵,恩惠广及万物,轻视生命,看作浮云,卑视身休,视作朽木,望您不要违背本来誓愿,答应我的要求。"龙猛答道:

"是啊，你的话很正确！我修求神圣佛果，学习佛陀布施，我这身体犹如空谷回声，仿佛水花泡沫，轮回四种生态之中，往来六种场所之内，我以前的誓约心愿，都是不想拒绝他人对我的要求。但是王子啊，有一件事却很为难，应该如何处理才好？我的生命失掉以后，你的父亲也会死亡。考虑到这一点，谁能拯救于他？"龙猛左右顾盼，寻找自杀方式，他用干燥茅叶自割颈项，犹如利剑切下一般，马上身首异处。王子见此情况，惊恐逃奔而去。门卫禀告国王，详细说明始末，国王十分悲哀，果然也即去世。

3.4 国西南三百余里至跋逻末罗耆厘①山，唐言黑蜂。岌然特起，峰岩峭险，既无崖谷，宛如全石。引正王为龙猛菩萨凿此山中，建立伽蓝。去山十数里，凿开孔道，当其山下，仰凿疏石。其中则长廊步簷，崇台重阁，阁有五层，层有四院，并建精舍②，各置金像，量等佛身，妙穷工思，自余庄严，唯饰金宝。从山高峰临注飞泉，周流重阁，交带廊庑。疏寮外穴，明烛中宇。初，引正王建此伽蓝也，人力疲竭，府库空虚，功犹未半，心甚忧戚。龙猛谓曰："大王何故若有忧色？"王曰："辄运大心，敢树胜福，期之永固，待至慈氏③，功绩未成，财用已竭，每怀此恨，坐而待旦。"龙猛曰："勿忧。崇福胜善，其利不穷，有兴弘愿，无忧不济。今日还宫，当极欢乐，后晨出游，历览山野，已而至此，平议营建。"王既受诲，奉以周旋。龙猛菩萨以神妙药，滴诸大石，并变为金。王游见金，心口相贺，回驾至龙猛所曰："今日畋游，神鬼所惑，山林之中，时见金聚。"龙猛曰："非鬼惑也。至诚所感，故有此金，宜时取用，济成胜业。"遂以营建，功毕有余。于是五层之中，各铸四大金像，余尚盈积，充诸帑藏。招集千僧，居中礼诵。龙猛菩萨以释迦佛所宣教法，及诸菩萨所演述论，鸠集④部别，藏在其中。故上第一层惟置佛像及诸经论，下第五层居止净人⑤、资产、什物，中间三层僧徒所舍。闻诸先志曰：引正营建已毕，计工人所食盐价，用九拘胝⑥拘胝者，唐言亿。金钱。其后僧徒忿净，就王平议。时诸净人更相谓曰："僧徒净起，言议相乖，凶人伺隙，毁坏伽蓝。"于是重关反拒，以摈僧徒。自尔以来，无复僧众。远瞩山岩，莫知门径。时引善医方者入中疗疾，蒙面入出，不识其路。

　　从此大林中南行九百余里，至案达罗国。南印度境。

【注释】

　　① 跋逻末罗耆厘，梵文 Bhrāmaragiri 的音译；意译作黑蜂山。《法显传》与慧超《往五天竺国传》也都谈及此山。《法显传》谓此山之寺名波罗越（梵文 Pārāvata，义"鸽"），山则名大石山；则"鸽"（Pārāvata）恐是"山"（Parvata）或"黑蜂"（Bhrāmara）之误。

　　② 关于穿山而作的寺内五层之阁，《法显传》描述道："凡有五重：最下重作象形，有五百间石室；第二层作师子形，有四百间；第三层作马形，有三百间；第四层作牛形，有二百间；第五层作鸽形，有百间。"

　　③ 慈氏，即弥勒佛，释见卷三 1.6 注③。

　　④ 鸠集，即鸠聚、搜集。《后汉书·孔融传》："（孔融）稍复鸠集吏民为黄巾所误者男女四万余人，更置城邑，立学校，表显儒术，荐举贤良

郑玄、彭璆、邴原等。"《南史·裴松之传》:"上使注陈寿《三国志》,松之鸠集传记,广增异闻。"

⑤ 净人,即侍奉比丘僧之俗人,释见卷二 1.10 注 ⑪。

⑥ 拘胝,释见卷三 1.3 注 ⑥。

【译文】

该国西南方距都城三百多里处,有座跋逻末罗耆厘山(唐语谓"黑蜂"),巍然耸立,山峰陡峭,并无山谷,仿佛一块完整的巨石。引正王曾经开凿此山,为龙猛菩萨建造佛寺。离山十多里处,凿掘通道,进入山的底部,然后向上凿石。里面建有长廊、高大台轩、多层楼阁。楼阁共有五层,每层四个庭院,并且建有精舍,俱各铸有金佛,大小同于真身,极尽精妙构思,其他装饰点缀,全用黄金、珠宝。山的高峰之上,泉水飞流而下,环绕楼阁周围,交错廊庑之间。窗户开向洞外,光线照射内屋。当初,引正王建造这座佛寺,人力疲乏、枯竭,国库财政空虚,工程未及一半,心内十分忧虑。龙猛问道:"陛下为何脸带愁容?"国王答道:"我发下宏大心愿,树造妙胜福德,希望永世常存,等待慈氏降世,但是如今功业尚未完成,财源已经枯竭,经常遗憾万分,坐着直到天明。"龙猛说道:"陛下请勿担心。树造大福大善,其利无穷无尽,只要立下雄心大志,不必担心不能完成。今日您且回宫,尽管寻欢作乐,明朝出外游玩,观赏山林村野,然后再来这里,商议建寺事宜。"国王听从此话,绕行龙猛致礼。龙猛菩萨用神妙丹药,滴在巨石之上,石即变为黄金。国王巡游至此,见到许多金子,内心高兴,口中称贺,车驾返回龙猛那里,说道:"今日出外游猎,似被神鬼迷惑,山野树林之中,时见黄金聚集。"龙猛说道:"这并非鬼神迷惑,是您诚意感天,所以有此金子,您应及时取用,完成建寺大业。"于是国王用这些黄金建造佛寺,完工以后还剩许多。便在五层楼阁之中,各铸四尊巨大金像,还有黄金多余,藏入国库之中。召集一千僧人,住在寺内礼佛。龙猛菩萨将释迦所宣讲的佛法,以及诸菩萨所演述的论议,搜集起来,分门别类,藏在寺内。所以,第一层只放佛像和各种经论,下面第五层居住净人,放置资产、什物,中间三层则由僧人居住。据古书记载,引正王建好佛寺之后,仅仅支付工人所吃的盐就化了九拘胝(拘胝,唐语谓"亿")金钱。后来僧人争吵,到国王处评论是非。净人们便传言道:"僧徒之间争吵,言辞互相对抗,恶人趁此机会,破坏这座佛寺。"于是反锁重重大门,排斥众多僧人。自从那时以来,寺内再无僧众。远望山岩之间,不知门路何在。净人时常带领擅长医术之人,进入寺内治病,便将他们蒙着面孔出入,因此医生也不知道其间门径。

从本国的大森林中向南行走九百多里,抵达案达罗国(在南印度境内)。

案达罗国

3.5　案达罗^①国,周三千余里。国大都城周二十余里,号瓶耆罗^②。土地良沃,稼穑丰盛。气序温暑,风俗猛暴。语言辞调异中印度,至于文字,轨则大同。伽蓝二十余所,僧徒三千余人。天祠三十余所,异道实多。

瓶耆罗城侧不远有大伽蓝,重阁层台,制穷剞劂,佛像圣容,丽极工思。伽蓝前有石窣堵波,高数百尺,并阿折罗^③唐言所行。阿罗汉之所建也。

所行罗汉伽蓝西南不远有窣堵波,无忧王之所建也,如来在昔于此说法，现大神通，度无量众。

所行罗汉伽蓝西南行二十余里，至孤山，山岭有石窣堵波，陈那④唐言童授。菩萨于此作《因明论》⑤。陈那菩萨者，佛去世后，承风染衣。智愿广大，慧力深固，愍世无依，思弘圣教。以为因明之论，言深理广，学者虚功，难以成业，乃匿迹幽岩，栖神寂定，观述作之利害，审文义之繁约。是时崖谷震响，烟云变采，山神捧菩萨高数百尺，唱如是言："昔佛世尊善权⑥导物，以慈悲心，说《因明论》，综括妙理，深究微言。如来寂灭，大义泯绝。今者，陈那菩萨福智悠远，深达圣旨，因明之论，重弘兹日。"菩萨乃放大光明，照烛幽昧。时此国王深生尊敬，见此光明相，疑入金刚定⑦，因请菩萨证无生果⑧。陈那曰："吾入定观察，欲释深经，心期正觉，非愿无生果也。"王曰："无生之果，众圣攸仰，断三界⑨欲，洞三明智⑩，斯盛事也，愿疾证之。"陈那是时心悦王请，方欲证受无学圣果。时妙吉祥菩萨⑪知而惜焉，欲相警诫，乃弹指悟之，而告曰："惜哉！如何舍广大心，为狭劣志，从独善之怀，弃兼济之愿？欲为善利，当广传说慈氏菩萨所制《瑜伽师地论》⑫，导诱后学，为利甚大。"陈那菩萨敬受指诲，奉以周旋。于是覃思沉研，广因明论。犹恐学者惧其文微辞约也，乃举其大义，综其微言，作《因明论》，以导后进。自兹已后，宣畅瑜伽，盛业门人，有知当世。

从此林野中南行千余里，至驮那羯磔迦国。亦谓大安达逻国。南印度境。

【注释】

① 案达罗，梵文 Āndhra 的音译。此国故地相当于今印度安德拉邦北部哥达瓦里河下游的西南部一带。

② 瓶耆罗，梵文 Veṅgī。该城故址当在今艾洛尔（Ellore）以北约 11 公里处的贝达维基（Bedda Vegi）附近。

③ 阿折罗，梵文 Ācāra 的音译；意译作所行。是为罗汉名。

④ 陈那，梵文 Dignāga 的音译；意译作童授、授童、域龙等。是为古印度大乘佛教瑜伽行派论师，新因明学的创始人。生卒年份约为公元 440—520 年。他是南印度香至国人，属婆罗门种姓。出家后初为小乘教犊子部信徒，后改学大乘，成为世亲的弟子。能言善辩，曾在那烂陀寺演讲《俱舍论》和唯识、因明学说。著有《佛母般若波罗蜜多圆集要义论》、《无相思尘论》、《解卷论》、《掌中论》、《取因假设论》、《观总相论颂》、《观所缘缘论》、《因明正理门论》等。

⑤《因明论》，亦作《正理门论》、《理门论》、《大论》，全称《因明正理门论》。此书主要阐述四个方面的问题；其特点是：九句因占突出地位，详细说明因三相的后二相，没有强调第一相。是为重要的因明著作之一，现存汉译本有玄奘和义净的两种。

⑥ 善权，谓善巧之权谋，犹言方便。《自誓三昧经》："善权随时，三十七品，具足佛事。"《法华玄义》卷二："夫经论异说，悉是如来善权方便。"又，《文句私记》卷三："旧译以方便并为善权，若唐三藏翻为善巧。"

⑦ 金刚定，释见卷八 3.2 注 ②。

⑧ 无生果，即是阿罗汉果之最高智，亦即声闻果十智中的第一智。阿罗汉至此已断三界之烦恼，证知我生更不受生于三界。

⑨ 三界，指欲界、色界、无色界，释见于志宁序 1.1 注 ⑧。

⑩ 三明智，释见卷二 2.7 注 ⑫。

⑪ 妙吉祥菩萨，即文殊菩萨，释见卷四 2.2 注 ⑨。

⑫《瑜伽师地论》，释见卷五 2.2 注 ③。

【译文】

案达罗国，方圆三千多里。其国的大都城方圆二十多里，名叫瓶耆罗。土地肥沃，庄稼茂盛。气候比较温热，民风刚猛暴烈。语言声调，异于中印度国，至于文字规则，则大体相同。境内有佛寺二十多座，僧人三千多名。尚有天祠三十多所，外道信徒十分众多。

瓶耆罗城附近，有座大寺，楼阁重重，台轩层层，雕刻精巧万分，佛像的容貌装饰，十分华丽，极具匠心。佛寺之前有座石塔，高达几百尺。佛寺、佛塔都是阿折罗（唐语谓"所行"）罗汉所建造。

所行罗汉西南方不远处，有座佛塔，乃是无忧王所建造，如来当初曾在这里演说佛法，示现大神通，度化无数人众。

从所行罗汉寺向西南方行走二十多里，抵达一座孤山，山上有座石塔，陈那（唐语谓"童授"）菩萨曾在这里撰写《因明论》。陈那菩萨在佛陀去世之后，继承佛风，出家为僧。他知识渊博，誓愿宏大，慧根深而坚固，悲愍世人无依无靠，于是思量弘扬佛法。他认为因明之论，言辞深奥，说理广大，学习之人徒费功夫，难以理解其中要旨；他便隐居幽静山林之中，收敛神思，坐禅入定，观察述作的利弊得失，审查文义的繁复简略。这时山谷震响，烟云变色，山神捧起菩萨，高达好几百尺，大声宣说此话："当初佛陀世尊利用善巧权谋，方便引导世人，大发慈悲之心，演说《因明论》，综合概括玄妙佛理，深入研究精微言辞。如来涅槃之后，大义灭绝殆尽。如今陈那菩萨，福德、智慧深远，彻底理解佛意，致使因明之论，重新得以弘扬。"菩萨于是大放光辉，照耀幽暗之地。这时国王深生敬意，看见这一光明形象，以为他已入金刚定，因此请求菩萨证无生果。陈那说："我进入禅定，意在观察，打算解释深奥经文，希望获得无上正觉，并不愿意证无生果。"国王说道："无生之果，众多圣贤全都仰慕，断绝三界之欲，洞察三明之智，这是大好之事，望你迅速证得。"陈那因为国王的请求而相当快活，便想证得无学圣果。此时妙吉祥菩萨得知此事，为他感到十分惋惜，打算警诫于他，于是弹弹手指，意在使之醒悟，菩萨说道："真可惜啊！你为何舍弃广大心愿，追求低劣志向，只想独善其身，而不普度众生？若要行善获利，便应广为演说慈氏菩萨所写的《瑜伽师地论》，引导后进学者，才能获利巨大。"陈那菩萨恭敬地接受指导、教诲，绕行妙吉祥菩萨施礼致敬。于是深思熟虑，精细研究，推广因明之论。但仍担心学习之人畏惧文义精微，言辞简略，便又列举主旨，概括精微语句，撰成《因明论》，用以指导后世学者。从此以后，宣讲瑜伽之理；从事这一盛隆功业的学生，全都著称于世。

从本国的山林野地中向南方行走一千多里，抵达驮那羯磔迦国（也称大安达逻国。在南印度境内）。

驮那羯磔迦国

3.6 驮那羯磔迦^①国，周六千余里。国大都城周四十余里。土地膏腴，稼穑殷盛。荒野多，邑居少。气序温暑，人貌黧黑。性猛烈，好学艺。伽蓝鳞次，荒芜已甚，存者二十余所，僧徒千余人，并多习学大乘部法。天祠百余所，异道实多。

城东据山有弗婆势罗^②唐言东山。僧伽蓝，城西据山有

阿伐罗势罗 ③ 唐言西山。僧伽蓝，此国先王为佛建焉。奠 ④ 川
通径，疏崖 ⑤ 峙阁，长廊 ⑥ 步簷 ⑦，枕岩接岫，灵神警卫，圣
贤游息。自佛寂灭，千年之内，每岁有千凡夫僧 ⑧ 同入安居，
罢安居 ⑨ 日，皆证罗汉，以神通力凌虚而去；千年之后，凡、
圣同居；自百余年，无复僧侣，而山神易形，或作豺狼，或
为猨狖，恐惊行人，以故空荒，阒 ⑩ 无僧众。

【注释】

① 驮那羯磔迦，梵文 Dhānyakaṭana 的音译。其故地相当于今印度
安德拉邦中部克里希纳河（Krishna）下游的两岸地区。其国都城故址
在今克里希纳河下游南岸的阿马拉瓦底（Amaravati）附近。

② 弗婆势罗僧伽蓝，梵文 Pūrvaśāila Saṃghārāma 的音译；意译作
东山寺。或以为这即是阿马拉瓦底西南方著名大塔的所在地。

③ 阿伐罗势罗僧伽蓝，梵文 Avaraśāila Saṃghārāma 的音译；意译西
山寺。或以为这即是阿马拉瓦底西方约 2 公里处的 Dhanakatohēka 精舍，
建于公元前 7 世纪，毁于公元 7 世纪。

④ 奠，在此作"定"义，《书经·禹贡》："禹敷土，随山刊木，奠高
山大川。"蔡沈注云："奠，定也。定高山大川，以别州境也。……方洪水
横流，不辨区域。禹分九州之地，随山之势，相其便宜，斩不通道以治之。
又定其山之高者，与其川之大者，以为之纪纲。此三者，禹治水之要。"故
这里的"奠川通径"一语大致意为"（先王）治理、疏通河道，开辟路径"。

⑤ 疏，在此当为疏通、开凿之意。《孟子·滕文公上》："禹疏九河，
瀹济漯，而注诸海。"朱熹注云："疏，通也，分也。"郭璞《江赋》："巴东之
峡，夏后疏凿。"故这里的"疏崖峙阁"一语犹言"开凿山崖，建造楼阁"。

⑥ 长廊，指很长的大殿下的外屋，李涉《题开元寺》诗："长廊无事僧归院，尽日门前独看松。"

⑦ 步簷，即屋外之长廊，谢灵运《伤己赋》："望步簷而周流，眺幽闺之清阴。"

⑧ 凡夫僧，释见卷三3.3注④。

⑨ 安居，释见卷一3.1注⑧。

⑩ 阒，静寂，空而无人之意。《玉篇》："阒，静无人也。"《周易·丰》："阒其无人。"

【译文】

　　驮那羯磔迦国，方圆六千多里。其国的大都城方圆四十多里。土地肥沃，庄稼茂盛。荒野较多，市镇颇少。气候比较温热，居民肤色黝黑。性格刚猛躁烈，爱好学业、技艺。佛寺鳞次栉比，但已十分荒芜，存留下来的寺，不过二十多座，僧人一千多名，全都研学大乘教法。境内尚有天祠一百多所，外道信徒众多。

　　都城之东的山上有座弗婆势罗（唐语谓"东山"）寺，都城之西的山上则有阿伐罗势罗（唐语谓"西山"）寺，全是该国从前的国王为佛陀所建造。他疏治河渠，开辟通道，整凿山崖，筑造楼阁，漫长廊屋延绵于山峦之间，这里有神灵警戒护卫，圣贤游览止息。自从佛陀涅槃之后，在一千年内，每年有一千个凡夫僧在此入安居，待到结束安居之日，全部证得阿罗汉果，运用神通威力，腾空飞行而去；一千年之后，凡僧、圣僧同居于此；最后一百多年以来，这里不再居住僧人，而山神也经常化成各种形貌，有时变作豺狼，有时变作猿猴，恐吓过往行人；所以佛寺荒芜，空寂而无僧人。

3.7　城南不远有大山岩，婆毗吠伽①唐言清辩。论师住阿素洛宫②待见慈氏菩萨③成佛之处。论师雅量弘远，至德深邃，外示僧佉④之服，内弘龙猛⑤之学。闻摩揭陀国⑥护法⑦菩萨宣扬法教，学徒数千，有怀谈议，杖锡而往。至波吒厘城⑧，知护法菩萨在菩提树⑨，论师乃命门人曰："汝行诣菩提树护法菩萨所，如我辞曰：菩萨宣扬遗教，导诱迷徒，仰德虚心，为日已久。然以宿愿未果，遂乖礼谒。菩提树者，誓不空见，见当有证，称天人师⑩。"护法菩萨谓其使曰："人世如幻，身命若浮⑪，渴日⑫勤诚，未遑谈议。"人信往复，竟不会见。论师既还本土，静而思曰："非慈氏成佛，谁决我疑？"于观自在菩萨⑬像前诵《随心陀罗尼》⑭，绝粒饮水，时历三岁。观自在菩萨乃现妙色身⑮，谓论师曰："何所志乎？"对曰："愿留此身，待见慈氏。"观自在菩萨曰："人命危脆⑯，世间浮幻，宜修胜善愿，生睹史多天⑰，于斯礼觐，尚速得见。"论师曰："志不可夺，心不可贰。"菩萨曰："若然者，宜往驮那羯磔迦国城南山岩执金刚神⑱所，至诚诵持《执金刚陀罗尼》⑲者，当遂此愿。"论师于是往而诵焉。三岁之后，神乃谓曰："伊何所愿，若斯勤励？"论师曰："愿留此身，待见慈氏。观自在菩萨指遣来请，成我愿者，其在神乎？"神乃授秘方，而谓之曰："此岩石内有阿素洛宫，如法行请，石壁当开，开即入中，可以待见。"论师曰："幽居无睹，讵知佛兴？"执金刚曰："慈氏出世，我当相报。"论师受命，专精诵持，复历三岁，初无异想，咒芥子以击石，岩壁谿而洞开。是时百千万众观睹忘返，论师跨其户而告众曰："吾久祈请，待见慈氏，圣灵警佑，大愿斯遂，宜可入此，同见佛兴。"闻者怖骇，莫敢履户，谓是毒蛇之窟，恐丧身命。再三告语，惟有六人从入。论师顾谢时众，从容而入，入之既已，石壁还合，众皆嗟怨，恨前言之过也。

自此西南行千余里，至珠利耶国。南印度境。

【注释】

① 婆毗吠伽，梵文 Bhāviveka 的音译；意译作清辩、明辩、分别明。是为 6 世纪时南印度秣剌耶山人，属刹帝利种姓。著有《大乘掌珍论》（即《掌中论》）和《般若灯论释》，分别由玄奘与波罗颇蜜多罗译成汉文。

② 阿素洛宫，参看卷九 1.4 注 ⑩。

③ 慈氏菩萨，即弥勒，释见卷三 1.6 注 ③。

④ 僧佉，即外道数论学派之名号，释见卷八 2.2 注 ③。

⑤ 龙猛，即那伽阏剌树那，释见卷八 1.6 注 ②。

⑥ 摩揭陀国，释见卷八 1.1 注 ①。

⑦ 护法，即达磨波罗论师，释见卷五 2.8 注 ②。

⑧ 波吒厘城，释见卷八 1.2 注 ②。

⑨ 菩提树，释见卷一 3.5 注 ④。

⑩ 天人师，指佛陀，释见卷八 3.6 注 ⑦。

⑪ 身命若浮，犹言人生无常，幻若浮云，一切是空。是为《维摩经·方便品》的十喻之一："是身如聚沫，不可撮摩；是身如泡，不得久立；是身如炎，从渴爱生；是身如芭蕉，中无有坚；是身如幻，从颠倒起；是身如梦，为虚妄见；是身如影，从业缘现；是身如响，属诸因缘；是身

如浮云,须臾变灭;是身如电,念念不住。"

⑫ 渴日,即愒日,意谓日复一日地从事某项活动而不厌烦,释见卷一 1.5 注 ③。

⑬ 观自在菩萨,即观音菩萨,释见卷一 4.5 注 ⑦。

⑭《随心陀罗尼》,梵文书名 Mahākāruṇikacitta-dhāraṇi。汉文全名为《千手千眼观世音菩萨广大圆满无碍大悲心陀罗尼经》,略称《大悲总持经》、《千手观音大悲心陀罗尼经》、《千手陀罗尼》、《大悲心陀罗尼》、《大悲陀罗尼》、《大悲咒》等。现今流行的是唐代伽梵达磨之译本,共有咒语八十二句。关于其名称,经中说道:"佛告阿难:如是神咒有种种名,一名广大圆满,一名无碍大悲,一名救苦陀罗尼,一名延寿陀罗尼,一名灭恶趣陀罗尼,一名破恶业障陀罗尼,一名满愿陀罗尼,一名随心自在陀罗尼,一名超速上地陀罗尼。"

⑮ 妙色身,犹言美妙之色身,释见卷一 4.5 注 ⑧。

⑯ 危脆,谓人的生命易尽。《南史·张邵传》引张邵问宋武帝刘裕之言云:"人生危脆,宜有远虑。若刘穆之邂逅不幸,谁可代之?尊业如此,若有不讳,则处分云何?"

⑰ 睹史多天,即兜率天,释见卷三 1.6 注 ⑤。

⑱ 执金刚神,即金刚手菩萨,释见卷三 1.2 注 ⑥。

⑲《执金刚陀罗尼》,梵文经名 Vadjra-maṇḍa-dhāraṇi。今存汉译本有两种:北魏佛陀扇多的《金刚上昧陀罗尼经》(亦作《金刚三昧陀罗尼经》);隋代阇那崛多的《金刚场陀罗尼经》(亦称《金刚陀罗尼经》)。

【译文】

城南不远之处,有块巨大岩石,这是婆毗吠伽(唐语谓"清辩")

论师居住在阿素洛宫,等待瞻仰慈氏菩萨成佛的地点。论师度量宽宏,志趣远大,道德高深,学识渊博;虽然穿着僧佉学派的服饰,内心却崇奉龙猛论师的学说。他听说摩揭陀国的护法菩萨正在宣扬佛法,学生达到好几千人,于是希望与他谈论评讲,手执锡杖前往。抵达波吒厘城以后,得知护法菩萨在菩提树处,论师便吩咐学生道:"你去菩提树垣护法菩萨那里,传达我此话的意思:菩萨宣说、传扬如来遗教,指点、启发迷途世人。我仰慕您的德行,诚心向您学习,为时已经很久。但是由于以前的誓愿尚未实现,所以未能前来礼敬拜谒。我已发下宏誓,决不毫无成果地见到菩提树,只要见到此树,就已获得果证,成为天、人之师。"护法菩萨对其使者说道:"人世如同幻梦,生命好比浮云,我日复一日勤勉修行,没有空暇谈论评议。"使者往返通讯联系,二人最终仍未会面。清辩论师回到本国之后,静心思考道:"除非慈氏菩萨成佛,否则无人可以解除我的疑惑。"他便在观自在菩萨像前念诵《随心陀罗尼》,不吃食粮,只喝清水,历时三年。观自在菩萨于是示现美妙色身,问论师道:"你有什么愿望?"论师答道:"我想保留这个身躯,等待谒见慈氏菩萨。"观自在菩萨说道:"人的生命脆弱易尽,世间犹如浮云幻梦,你应修得大善大德,以便转生睹史多天,就在那里拜谒慈氏,则可迅速会见菩萨。"论师答道:"我已立定志向,再也不能改变,只可专心一致,不能三心二意。"菩萨说道:"既然如此,你可前往驮那羯磔迦国都城之南山岩中的执金刚神居处,虔诚万分地念诵《执金刚陀罗尼》,便能实现你的愿望。"论师于是前往那里,念诵经咒。三年之后,执金刚神询问他道:"你有什么心愿,如此勤奋刻苦?"论师答道:"我想保留这个身躯,等待谒见慈氏菩萨。观自在菩萨指点我来向您请求,看来使我实现心愿的,就是您执金刚神了吧?"执金刚神于是教他一个秘法,对他说道:"这块岩石之中,有个阿素洛宫;按照这个方法请求,石壁就会自动裂开,一见裂开你就进去,等在那里可见慈氏。"论师问道:"我在黑暗之中,眼睛一无所见,怎知佛陀出世?"执金刚神答道:"慈氏出世之时,我会向你通报。"论师听从吩咐,专致诵念佛经,又经三个年头,仍未改变初衷。一次,他一边念诵咒语,一边用芥子敲击岩石,石壁忽然裂开,出现一个大洞。成千上万世俗大众见此奇景,忘了归去,论师站在洞口,便对众人说道:"我祈祷恳请已久,等待谒见慈氏,神灵指示、佑助,大愿终于实现,你们也可进来,共观佛陀出世。"听众十分恐惧骇怕,无人敢于踏入洞门,都说这是毒蛇穴窟,进去怕会丧失性命。论师再三劝告解释,只有六人随他入内。论师便向世人告别,从从容容走入岩洞;待他进洞以后,石壁重新闭合。大家慨叹埋怨,只恨刚才失言。

从本国向西南方行走一千多里,抵达珠利耶国（在南印度境内）。

珠利耶国

3.8　珠利耶①国,周二千四五百里。国大都城周十余里。土野空旷,薮泽荒芜。居户寡少,群盗公行。气序温暑,风俗奸宄②。人性犷烈,崇信外道。伽蓝颓毁,粗有僧徒。天祠③数十所,多露形外道④也。

城东南不远有窣堵波,无忧王之所建也。如来在昔尝于此处现大神通,说深妙法,摧伏外道,度诸天、人。

城西不远有故伽蓝,提婆菩萨⑤与罗汉论议之处。初,提婆菩萨闻此伽蓝有嗢呾罗⑥ 唐言上。阿罗汉,得六神通,具八解脱⑦,遂来远寻,观其风范。既至伽蓝,投罗汉宿。罗汉少欲知足^⑧，唯置一床^⑨。提婆既至，无以为席，乃聚落叶，指令就坐。罗汉入定，夜分方出。提婆于是陈疑请决，罗汉随难为释，提婆寻声重质，第七转已，杜口不酬，窃运神通力，往睹史多天请问慈氏。慈氏为释，因而告曰："彼提婆者，旷劫^⑩修行，贤劫^⑪之中，当绍佛位，非尔所知，宜深礼敬。"如弹顷间，还复本座，乃复抑扬妙义，剖析微言。提婆谓曰："此慈氏菩萨圣智之释也，岂仁者^⑫所能详究哉？"罗汉曰："然，诚如来旨。"于是避席礼谢，深加敬叹。

从此南入林野中，行千五六百里，至达罗毗荼国。南印度境。

【注释】

① 珠利耶，梵文 Colya 的音译。其国故地相当于今印度安德拉邦东南部佩内尔河（Penner）河口及以南一带。都城故址则在佩内尔河南岸的内格洛尔（Nellore）。

② 奸宄，原指犯法作乱之人。《书经·舜典》："帝曰：皋陶，蛮夷猾夏，寇贼奸宄。汝作士，五刑有服，五服三就，五流有宅，五宅三居，惟明克允。"蔡沈注云："劫人曰寇，杀人曰贼，在外曰奸，在内曰宄。"但是这里所谓的"风俗奸宄"，则是指民风不正，易于导致犯法作乱的行为。

③ 天祠，释见卷一 1.3 注 ①。

④ 露形外道，即耆那教徒，释见卷一 4.4 注 ⑦。

⑤ 提婆菩萨，释见卷四 2.4 注 ⑧。

⑥ 嗢呾罗，又作呬呾罗、郁多罗、温呾罗，梵文 Uttara 的音译；意译

作上、胜。是为罗汉之名，与释迦在过去世的前身郁多罗（事迹见《贤愚经》卷一、《菩萨本行经》卷下）并非一人。

⑦ 六神通、八解脱，释见卷二 2.7 注 ⑨ 和注 ⑩。

⑧ 少欲，谓不多求；知足，谓得少而不懊恼。《无量寿经》卷上："忍力成就，不计众苦。少欲知足，无染恚痴。"《法华经·劝发品》："是人少欲知足，能修普贤之行。"又，《涅槃经》卷二十七："师子吼菩萨言：世尊！少欲、知足有何差别？善男子！少欲者，不求不取；知足者，得之少时，心不悔恨。"

⑨ 在此所言的"床"，当指绳床，这是修禅者常用的折叠式坐椅。

⑩ 旷劫，极言过去时之漫长。旷，义为"久远"；劫，梵语"劫波"之略称，谓长时期（释见卷一 4.3 注 ①）。《止观》卷五："弥生旷劫，不睹界内一隅，况复界外边表。"

⑪ 贤劫，释见卷二 2.3 注 ⑦。

⑫ 仁者，亦单称仁，佛门对于对方的敬称。《大日经疏》卷四："梵音尔你，名为仁者。"又，《法华经·序品》："四众龙神，瞻察仁者。"

【译文】

珠利耶国，方圆二千四五百里。其国的大都城方圆十多里。国土空旷，山林荒芜。居民稀少，盗匪横行。气候比较温热，民风十分恶劣，使人犯法作乱。性格粗犷躁烈，崇拜、信奉外道。佛寺多已塌毁，略微有些僧人。天祠好几十所，多是耆那教徒。

都城东南方不远之处，有座佛塔，乃是无忧王所建造。当初如来曾在这里示现大神通，演说深奥、玄妙佛法，挫败外道信徒，度化天人大众。

都城之西不远之处，有座旧寺，这是提婆菩萨与罗汉论辩之处。当初，提婆菩萨听说这座寺中有位嗢呾罗（唐语谓"上"）阿罗汉，已经获得六神通，具备八解脱，于是远道前来寻访，瞻仰他的风范。抵达这里以后，投宿罗汉寺中。罗汉对于物质毫无贪欲，所以只有一张绳床。提婆来了以后，无物可作座位，于是收集落叶，指请提婆坐下。罗汉即刻入定，夜半方始出定。提婆陈述所怀疑问，请求罗汉解答；对于他的疑难，罗汉一一解释，罗汉话音刚落，提婆又再质问，七个回合结束，罗汉闭口不答，暗自运起神通，前往睹史多天请教慈氏菩萨。慈氏为他解释，从而告诉他道："那位提婆，修行已历漫长时期，贤劫之中将要继承佛位，此事不是你所知道，你应对他深加礼敬。"整个这番活动，不过弹指瞬间，罗汉复归原座，再论胜妙义理，分析精微言辞。提婆对他说道："这是慈氏菩萨神圣智慧所作的解释，哪里是您所能参详探究的呢？"罗汉答道："是的，确实如你所说。"于是离开座位，向他敬礼致歉，对于提婆菩萨，深为敬佩赞叹。

　　从本国之南进入森林、荒野之中，行走一千五六百里，抵达达罗毗荼国（在南印度境内）。

达罗毗荼国

3.9　达罗毗荼[①]国，周六千余里，国大都城号建志补罗[②]，周三十余里。土地沃润，稼穑丰盛，多花果，出宝物。气序温暑，风俗勇烈。深笃信义，高尚博识，而语言、文字少异中印度。伽蓝百余所，僧徒万余人，并皆遵学上座部[③]法。天祠八十余所，多露形外道也。如来在世，数游此国，说法度人，故无忧王于诸圣迹皆建窣堵波。

　　建志补罗城者，即达磨波罗唐言护法菩萨[④]本生之城。

菩萨，此国大臣之长子也。幼怀雅量，长而弘远。年方弱冠⑤，王姬⑥下降。礼筵之夕，忧心惨凄，对佛像前殷勤祈请，至诚所感，神负远遁，去此数百里，至山伽蓝，坐佛堂中。有僧开户，见此少年，疑其盗也，更诘问之，菩萨具怀指告，因请出家。众咸惊异，遂允其志。王乃宣命，推求邅迍，乃知菩萨神负远尘。王之知也，增生敬异。自染衣⑦已，笃学精勤，令问风范，语在前记。

城南不远有大伽蓝，国中聪睿同类萃止。有窣堵波，高百余尺，无忧王所建也。如来在昔于此说法，摧伏外道，广度人、天。其侧则有过去四佛⑧座及经行⑨遗迹之所。

自此南行三千余里，至秣罗矩吒国。亦谓枳秣罗国。南印度境。

【注释】

① 达罗毗荼，又作达罗鼻荼、达里鼻荼、达罗比吒等，梵文 Draviḍa 的音译。其国故地相当于今印度安德拉邦最南部及泰米尔纳德邦最北部一带。

② 建志补罗，梵文 Kañcīpura 的音译。其故址在今马德拉斯西南的康契普腊姆（Conjeeveram）。

③ 上座部，释见卷九 1.10 注 ㉕。

④ 达磨波罗菩萨，释见卷五 2.8 注 ②。

⑤ 弱冠，男子二十岁之称号。《礼记·曲礼上》："人生十年曰幼，学；二十曰弱，冠；三十曰壮，有室；四十曰强，而仕；五十曰艾，服官政；六十曰耆，指使；七十曰老，而传。"《白虎通·绋冕》："男子阳也，成于阴。

故二十而冠,《曲礼》曰'二十弱,冠',言见正。"

⑥ 王姬,犹言王室之女。古以"姬"作为妇人之美称。《汉书·文帝纪》:"孝文皇帝,高祖中子也,母曰薄姬。"师古注云:"姬者,本周之姓,贵于众国之女,所以妇人美号皆称姬焉。"《称谓录·妾姬》:"据此则古人以'姬'为妇人之通称;至后世,乃专以之称妾耳。"

⑦ 染衣,即僧衣,释见卷二 2.7 注 ⑥。

⑧ 过去四佛,释见卷二 2.6 注 ②。

⑨ 经行,类似散步的一种修习法,释见卷二 1.10 注 ⑥。

【译文】

达罗毗荼国,方圆六千多里。其国的大都城名叫建志补罗,方圆三十多里。田地肥沃湿润,庄稼丰饶茂盛。花草果木繁多,出产奇珍异宝。气候比较温热,民风勇敢刚烈。讲究信用、仁义,崇尚博学多识,语言、文字略微异于中印度国。境内有佛寺一百多座,僧人一万多名,全都遵奉上座部法。尚有天祠八十多所,耆那教徒十分繁多。如来在世之时,多次游学此国,说法济度世人,所以无忧王在各个圣迹地点全都建有佛塔。

建志补罗城,即是达磨波罗(唐语谓"护法")菩萨的出生之地。菩萨本是该国大臣的长子。从小度量宽宏,成年以后志向远大。刚到弱冠之年,王室之女下嫁于他。举行婚礼之夜,菩萨忧虑悲戚,对着佛像之前,苦苦祈祷求请,至诚产生感应,神灵背他远逃,离家几百里地,抵达一座山寺,让他坐在佛堂之中。有个僧人开门,看见这位少年,怀疑他是盗贼,上前细细盘问;菩萨详细说明心愿,从而请求出家为僧。众多僧人全很惊奇,于是答应他的请求。国王发布命令,到处寻找菩萨,后来知道乃是神灵背他逃往远方。国王了解此事之后，更加深生敬意，同时又很惊异。菩萨自从穿上僧衣出家以后，精心钻研佛学；关于他的声誉、风范，上文各处已有记载。

都城南方不远之处，有座大寺，国内的聪慧睿智之士，全都会聚那里。寺内有座佛塔，高达一百多尺，乃是无忧王所建造。如来当初曾在这里演说佛法，挫败外道教徒，度化天人大众。塔旁则有过去四佛的坐处以及散步场所的遗迹。

从本国向南行走三千多里，抵达秣罗矩吒国（也称枳秣罗国。在南印度境内）。

秣罗矩吒国

3.10 秣罗矩吒①国，周五千余里。国大都城周四十余里。土田舄卤②，地利不滋。海渚诸珍，多聚此国。气序炎热，人多黧黑。志性刚烈，邪正兼崇。不尚游艺，惟善逐利。伽蓝故基，实多余址，存者既少，僧徒亦寡。天祠数百，外道甚众，多露形之徒也。

城东不远有故伽蓝，庭宇荒芜，基址尚在，无忧王弟大帝之所建也。其东有窣堵波，崇基已陷，覆钵犹存，无忧王之所建立。在昔如来于此说法，现大神通，度无量众，用彰圣迹，故此标建，岁久弥神，祈愿或遂。

国南滨海有秣剌耶③山，崇崖峻岭，洞谷深涧。其中则有白檀香树④、栴檀儞婆⑤树。树类白檀，不可以别，唯于盛夏，登高远瞩，其有大蛇萦者，于是知之。犹其木性凉冷，故蛇盘也。既望见已，射箭为记，冬蛰之后，方乃采伐。羯布罗⑥香树松身异叶，花果斯别，初采既湿，尚未有香，木干之后，循理而析，其中有香，状若云母，色如冰雪，此所谓龙脑香也。

秣剌耶山东有布呾洛迦⑦山，山径危险，岩谷敧倾，山顶有池，其水澄镜，派出大河，周流绕山二十匝，入南海。池侧有石天宫，观自在菩萨往来游舍。其有愿见菩萨者，不顾身命，厉水登山，忘其艰险，能达之者，盖亦寡矣。而山下之人，祈心请见，或作自在天⑧形，或为涂灰外道⑨，慰谕其人，果遂其愿。

从此东北海畔有城，是往南海僧伽罗国路。闻诸土俗曰：从此入海，东南可三千余里，至僧伽罗国。唐言执师子，非印度之境。

【注释】

① 秣罗矩吒，梵文 Malakūla 的音译。其国故地在今印度半岛的最南端，约相当于今科佛里河（Cauvery）以南地区。都城故址则在今印度泰米尔纳德邦的马杜赖（Madura）。

② 舄卤，谓不蓄水而有盐性的瘠薄之地。释见卷二 1.2 注 ⑤。

③ 秣剌耶，又作摩罗耶、魔罗延、摩梨、么罗庾等，梵文 Malaya 的音译。此山即是西高止山脉中从泊尔尼到科摩林角的那段称为卡尔达蒙（Cardamon）的山脉。慧苑《音义》卷下："摩罗耶山，具云摩利伽罗耶。其山在南天竺境摩利伽罗耶国南界，而因国以立山名。其山中多出白旃檀木。"慧琳《音义》卷二十六："摩罗耶山，亦云摩罗延。摩罗，此云垢也；耶，云除也。山在南天竺境，因国为名。其山多白旃檀香，入者

香洁,故云除垢也。”

④ 白檀香,是旃檀(释见卷二 1.7 注 ③)中的白色者,据云其清香尤胜黄檀、紫檀。入药则可消风热肿毒,治中恶鬼气,杀虫;以其涂身,则能治一切热恼。说见《本草纲目》卷三十四“檀香”条。

⑤ 栴檀儞婆,梵文 Candaneva 的音译。又称乌洛迦旃檀(Uragasāra candana),义为“蛇卫旃檀”,因为有蛇盘绕之故。

⑥ 羯布罗,又作羯婆罗、劫布罗,梵文 Karpūra 的音译;意译作龙脑香。《千手千眼治病合药经》云:“劫布罗香者,龙脑香是也。”《本草纲目》卷二十四《龙脑香·释名》:“恭曰:龙脑是树根中干脂;婆律香是树下清脂。旧出婆律国,因以为名也。”又,《龙脑香·集解》:“颂曰:……相传云,其木高七八丈,大可六七围,如积年杉木状。旁生枝,其叶正圆而背白。结实如豆蔻;皮有甲错;香即木中脂也,膏即根下清液,谓之婆律膏。按段成式《酉阳杂俎》云,龙脑香树名固不婆律。无花实,其树有肥有瘦。瘦者出龙脑;肥者出婆律膏。香在木心中,波斯国亦出之。断其树,剪取之,其膏于树端流出,砍树作坎而承之。”

⑦ 布呾洛迦,又作补陀落迦、补怛落迦、普陀洛迦、布达拉、逋多罗等,梵文 Potalaka 的音译;意译作光明山、海岛山、小花树山等。是为观音之住处,其山形呈八角状。《探玄记》卷十九:“光明山者,彼山树华常有光明,表大悲光明普门示现。此山在南印度南边。天竺本名逋多罗山。此无正翻,以义译之,名小树蔓庄严山。”慧苑《音义》卷下:“补怛洛迦山,此翻为小花树山,谓此山中多有小白花树,其花甚香,香气远及也。”

⑧ 自在天,释见卷二 2.9 注 ⑦。

⑨ 涂灰外道,释见卷一 4.4 注 ⑧。

【译文】

秣罗矩吒国，方圆五千多里。其国的大都城方圆四十多里。田土少水多盐，物产十分贫乏。海中各类珍宝，大多汇聚此国。气候相当炎热，居民肤色黝黑。性格刚猛躁烈，外道、佛教都信。并不重视技艺，但是善于经商。佛寺古址很多，现在存留却少，寺内僧人稀少。天祠倒有几百，外道信徒众多，多为耆那教徒。

都城之东不远之处，有座旧寺，庭院屋宇荒芜，只剩墙基尚在，这是无忧王之弟大帝所建。寺东有座佛塔，高大塔基已经塌毁，覆钵状体则还存在，这是无忧王所建造。当初如来在此说法，示现大神通，度化无数世人。为了表彰圣迹，所以造塔纪念。岁月过去越久，神佛越有灵验，人们祈祷请愿，大多能够实现。

该国南部的沿海之地，有座秣剌耶山，山崖高耸，岩峰险峻，涧谷幽深。山中出产白檀香树、栴檀儞婆树。栴檀儞婆树类似白檀，无法辨别；只有在盛夏季节，登高远眺，若有大蛇盘绕，方可得知栴檀儞婆。由于此树木性寒凉，所以巨蛇喜爱盘绕。望见之后，射出一箭做好标记，待到大蛇冬眠以后，方才可以采伐此树。羯布香树的树身犹如松树，但是树叶不同，花与果实也有区别。新伐之树较湿，尚未散发香气，等到树木干后，顺着木纹剖开，其中便有香脂，形状好象云母，色泽仿佛冰雪，这即是所谓的龙脑香。

秣剌耶山之东，有座布呾洛迦山，山道十分险要，山谷崎岖倾斜，山顶有一湖泊，湖水清澄似镜，分出一条大河，绕山流二十圈，最后注入南海。湖畔有座岩石天宫，观自在菩萨往来于此巡游、居住。有人想见菩萨，往往不顾身家性命，渡越深水高山，忘却艰难险阻，但是到达之人，实在也很鲜少。山脚下的居民，如果诚心祈请，菩萨便会降临，有时变作自在天，有时化作涂灰外道，抚慰、教诲他们，使其心愿实现。

　　此山东北方的海边有座城市，乃是通往南海僧伽罗国的要道。听当地居民说：从那里入海，向东北方航行三千多里，可以抵达僧伽罗国（唐语谓"执师子"，那里已非印度境内）。

卷第十一

僧伽罗国

【题解】

　　玄奘虽未亲履僧伽罗国，但是对它的描述却很详细，这与该国佛教的十分兴盛有关。另一方面，作为印度次大陆南端海岛的僧伽罗，与外界的海上交通特别发达。它不但自古以来与印度有着密切的交往，而且早在公元前 2 世纪就与中国也建立了通航关系。这当是引起玄奘注意的另一个原因。

1.1　僧伽罗 ①，周七千余里。国大都城 ② 周四十余里。土地沃壤，气序温暑，稼穑时播，花果具繁。人户殷盛，家产富饶。其形卑黑，其性犷烈。好学尚德，崇善勤福。

　　此国本宝渚 ③ 也，多有珍宝，栖止鬼神。其后南印度有一国王，女娉邻国，吉日送归，路逢师子，侍卫之徒弃女逃难，女在舆中，心甘丧命。时师子王负女而去，入深山，处幽谷，捕鹿采果，以时资给。既积岁月，遂孕男女，形貌同人，性种畜也。男渐长大，力格猛兽。年方弱冠，人智斯发，请其母曰：“我何谓乎？父则野兽，母乃是人，既非族类，如何配偶？”母乃述昔事以告其子。子曰：“人畜殊途，宜速逃逝。"母曰："我先已逃，不能自济。"其子以后逐师子父，登山逾岭，察其游止，可以逃难。伺父去已，遂担负母妹，下趋人里。母曰："宜各慎密，勿说事源，人或知闻，轻鄙我等。"于是至父本国，国非家族，宗祀已灭。投寄邑人，人谓之曰："尔曹何国人也？"曰："我本此国，流离异域，子母相携，来归故里。"人皆哀愍，更共资给。其师子王还无所见，追恋男女，愤恚既发，便出山谷，往来村邑，咆哮震吼，暴害人物，残毒生类，邑人辄出，遂取而杀。击鼓吹贝，负弩持矛，群从成旅，然后免害。其王惧仁化之不洽也，乃纵猎者，期于擒获。王躬率四兵④，众以万计，掩薄林薮，弥跨山谷。师子震吼，人畜辟易。既不擒获，寻复招募，其有擒执师子除国患者，当酬重赏，式旌茂绩。其子闻王之令，乃谓母曰："饥寒已甚，宜可应募，或有所得，以相抚育。"母曰："言不可若是！彼虽畜也，犹谓父焉，岂以艰辛，而兴逆害？"子曰："人畜异类，礼义安在？既以违阻，此心何冀？"乃袖小刃，出应招募。是时千众万骑，云屯雾合，师子踞在林中，人莫敢近。子即其前，父遂驯伏，于是乎亲爱忘怒，乃傅刃⑤于腹中，尚怀慈爱，犹无忿毒，乃至刳腹，含苦而死。王曰："斯何人哉，若此之异也？"诱之以福利，震之以威祸，然后具陈始末，备述情事。王曰："逆哉！父而尚害，况非亲乎？畜种难驯，凶情易动。除民之害，其功大矣；断父之命，其心逆矣。重赏以酬其功，远放以诛其逆。则国典不亏，王言不贰。"于是装二大船，多储粮糗⑥。母留在国，周给赏功，子女各从一舟，随波飘荡。其男船泛海至

此宝渚,见丰珍玉,便于中止。其后商人采宝,复至渚中,
乃杀其商主,留其子女。如是繁息,子孙众多,遂立君臣,
以位上下,建都筑邑,据有疆域。以其先祖擒执师子,因举
元功,而为国号。其女船者,泛至波剌斯[⑦]西,神鬼所魅,
产育群女,故今西大女国是也。故师子国人形貌卑黑,方颐
大颡,情性犷烈,安忍鸩毒,斯亦猛兽遗种,故其人多勇健。
斯一说也。

【注释】

① 僧伽罗,又作僧诃罗、私诃罗、僧加剌、僧迦剌等,梵文 Siṃhala
的音译;意译作执师子、师子。由于梵文原语亦可作 Siṃhadvipa(是为
Siṃhaladvipa 之省写;–dvipa 义为“洲、岛”),故汉译名又作私诃条、斯
调洲、私诃叠国等。由于该国土壤类似赤铜,故印度古籍又称之为铜色
国(梵文 Tāmraparṇī,义为“铜”),汉译也相应作赤铜邑、铜邑国等。此
国即今斯里兰卡(Srilanka),义即“神圣的兰卡”。

② 该国都城名叫阿奟罗陀补罗,梵文 Anurādhapura 的音译。此即
今之阿努拉达普拉城,位于本岛的西北部。自从佛教初传以降,直至公
元 8 世纪末,该城始终是岛国的首府,所以留有许多佛教遗迹,如塔园、
无畏山塔、逝多林园、铜宫等;其中以塔园为最古老。城东有眉沙迦山,
据说阿育王之子摩哂陀(Mahinda)当初在此为国王及其臣民宣说佛
法,致令国王皈依三宝,从而成为全岛佛教兴隆的滥觞。

③ 宝渚,亦称宝洲,梵文 Ratnadvīpa 的意译。之所以得此名号,是
因为传说该地盛产珍贵宝珠——摩尼珠。《法显传·师子国》:“多出珍
珠宝玑。有出摩尼珠地,方可十里。王使人守护,若有采者,十分取三。”

④ 四兵，即象、马、车、步四个兵种。释见卷四 1.5 注 ⑤。

⑤ 傅刃，即插刃。《史记·陈余传》引蒯通说范阳令之辞曰："足下为范阳令十年矣，杀人之父，孤人之子，断人之足，黥人之首，不可胜数，然而慈父孝子莫敢傅刃公之腹中者，畏秦法耳。"《集解》引李奇语云："东方人以物插地皆为傅。"

⑥ 粮糒，亦即糒粮，犹言干粮。《吕氏春秋·知接》："唯恐士卒罢弊与糒粮匮乏。何其久也，使人臣辒劳以璧，膳以十二牛。"

⑦ 波剌斯国，释见卷十一 3.17 注 ①。

【译文】

　　僧伽罗国，方圆七千多里。其国的大都城方圆四十多里。田地肥沃，气候温热，庄稼适时种植，花草果木繁多。居民人口众多，家庭富裕丰饶。形貌猥琐黝黑，性格粗犷躁烈。爱好学业，崇尚德操，喜欢行善，勤勉植福。

　　此国本是一个宝岛，珍贵宝珠十分繁多，鬼怪神灵居住止息。后来南印度有位国王，其女与邻国订了婚姻之约，选择吉日送去完婚，不料中途遇一狮子；侍卫丢弃王女，只顾自己逃命，王女坐在车中，心知快要丧命。但是狮子背负王女而去，进入深山，将她安置在幽深山谷之中，捕猎鹿等动物，采集诸多水果，按时供她饮食。过了若干年月，王女生下一男一女，外形容貌与人相同，性情血缘则是畜生。男孩长大以后，力大无穷，可以格杀猛兽。当他二十岁时，方才具有人类智慧，问他母亲道："我算什么东西？父亲是只野兽，母亲却是人类，你们既非同类，当初怎能婚配？"母亲于是叙述往事，告诉儿子。儿子说道："人、畜两个种类，应该赶快逃开。"母亲答道："我以前曾经逃过，但是没有成功。"儿子便跟随狮子父亲，翻山越岭，观察它的行踪，以便日后逃难。待到父亲走远，他就背着母亲、妹妹，下山进入人类居地。母亲说道："大家都应谨慎保密，切勿说出事情由来，人们若知内情，就会鄙视我们。"于是回到其父王的故国，但是国家已经不是由她家族统治，原有王族业已绝嗣。她们只得投奔同乡居民，人们问道："你们是哪国之人？"王女答道："我本是此国之人，流落异国它乡，如今携带子女，回到自己故乡。"人们都很同情，共同资助她们。狮子王出游归来，一无所见，思念亲生儿女，愤怒怨恨爆发，于是走出山谷，来往村镇之间，咆哮狂吼，伤害居民，残杀生灵，人们一出家门，就被抓住咬死。只有敲击锣鼓，吹奏贝螺，背着弓弩，手持长矛，成群结队，一起外出，才能免遭伤害。国王担心社会不得安宁，于是派遣猎人，企图捉住狮子。国王亲自率领四个兵种，兵卒成千上万，搜索山林野泽，渡越山岭谷地。狮子震怒狂吼，人、畜站立不稳。由于无法抓获狮子，国王重新招募勇士。如果有人捉住狮子，为国除害，则有重重奖赏，表彰丰功伟绩。狮子之子得知国王命令，便对母亲说道："我们已经十分饥寒，现在不妨前去应募，如果获得奖赏，还能养家活口。"母亲说道："话可不能这样说啊！它虽是只野兽，毕竟是你父亲；岂能因为生活艰苦，便去谋害自己父亲？"儿子说道："人、畜不是同类，哪讲什么礼义？既然已经与它分离，还有什么感情可言？"于是暗藏小刀，出去接受招募。当时千军万马，犹如云雾蒸腾，遍布各处各地；狮子待在树林之中，没有人敢走上前去。儿子走到它的面前，父亲便即驯服异常，它只顾亲热爱抚，不再愤怒咆哮。儿子将刀插入狮腹，狮子仍然怀着慈爱，并无怨忿恨毒之意，任凭儿子剖开肚子，忍着剧烈痛苦而死。国王问道："这是什么样的人，怎么如此神异？"于是先用厚利诱惑，接着又以灾祸恐吓，才使儿子详说前因后果，细讲事情始末。国王说道："真是大逆不道，连父亲都要谋害，何况对待并非亲属的其他人了！你这畜生之种，难以驯服，凶顽性情，容易冲动。除去人民祸害，功劳诚然很大；杀死亲生父亲，心地却极狠毒。所以如今给予重赏，以便报答你的功劳；但是必须流放远域，用以惩罚你的弑逆。这样既可无损国法，又能表明国王说话算数。"于是装备两艘大船，船上储藏许多干粮。母亲留在国内，享受政府供养，作为奖赏功劳；儿子、女儿二人，各人乘坐一船，任其出海飘流。儿子之船飘流海上，来到这座宝岛，看见许多珍宝，于是留下居住。后有商人采集珍宝，也到这个岛上，儿子杀死商人，留下他的子女。如此繁衍后代，子孙越来越多，于是设立君臣，确定地位尊卑，筑造都城，建修村邑，拥有这块国土。由于他们的先祖曾经擒执狮子，所以人们将此事作为开国之功，从而以为国号。女儿之船则飘流至波剌斯国西南，她被神灵鬼怪迷惑，生下了一群女孩，这便形成现在的西大女国。所以以师子国的居民形貌猥琐黝黑，方颊大额，性格犷悍暴烈，心地残忍狠毒，这也是因为他们都是猛兽后代的缘故，所以大多十分勇健。这是一种说法。

1.2　佛法所记，则曰：昔此宝洲大铁城中，五百罗刹女①之所居也。城楼之上竖二高幢，表吉凶之相，有吉事吉幢动，有凶事凶幢动。恒伺商人至宝渚者，便变为美女，持香花，奏音乐，出迎慰问，诱入铁城，乐宴欢会已，而置铁牢中，渐取食之。时赡部洲②有大商主僧伽者，其子字僧伽罗。父既年老，代知家务，与五百商人入海采宝，风波飘荡，遇至宝洲。时罗刹女望吉幢动，便赍香花，鼓奏音乐，相携迎候，诱入铁城。商主于是对罗刹女王欢娱乐会，自余商侣，各相配合，弥历岁时，皆生一子。诸罗刹女情疏故人，欲幽之铁牢，更伺商侣。时僧伽罗夜感恶梦，知非吉祥，窃求归路，遇至铁牢，乃闻悲号之声，遂升高树，问曰："谁相拘絷，而此怨伤？"曰："尔不知耶？城中诸女，并是罗刹，昔诱我曹入城娱乐。君既将至，幽牢我曹，渐充所食，今已太半，君等不久亦遭此祸。"僧伽罗曰："当图何计，可免危难？"对曰："我闻海滨有一天马，至诚祈请，必相济渡。"僧伽闻已，窃告商侣，共往海滨，专精求救。是时天马来告人曰："尔辈各执我毛鬣，不回顾者，我济汝曹，越海免难，至赡部洲，吉达乡国。"诸商人奉指告，专一无贰，执其髦鬣，天马乃腾骧云路，越济海岸。诸罗刹女忽觉夫逃，遂相告语，异其所去，各携稚子凌虚往来。知诸商人将出海滨，遂相召命，飞行远访。尝未逾时，遇诸商侣，悲喜俱至，涕泪交流，各掩泣而言曰："我惟感遇，幸会良人，室家有庆，恩爱已久，而今远弃，妻子孤遗，悠悠此心，谁其能忍？幸愿留顾，相与还城。"商人之心未肯还虑，诸罗刹女策说无功，遂纵妖媚，备行矫惑。商侣爱恋，情难堪忍，心疑去留，身皆退堕。罗刹诸女更相拜贺，与彼商人携持而去。僧伽罗者，智慧[③]深固，心无滞累，得越大海，免斯危难。时罗刹女王空还铁城，诸女谓曰："汝无智略，为夫所弃，既寡艺能，宜勿居此。"时罗刹女王持所生子，飞至僧伽罗前，纵极妖惑，诱请令还。僧伽罗口诵神咒，手挥利剑，叱而告曰："汝是罗刹，我乃是人，人鬼异路，非其匹合。若苦相逼，当断汝命。"罗刹女知诱惑之不遂也,凌虚而去,至僧伽罗家,谓其父僧伽曰:"我是某国王女,僧伽娶我为妻,生一子矣,赍持宝货,来还乡国。泛海遭风,舟楫漂没,惟我子母及僧伽罗仅而获济。山川道阻,冻馁艰辛,一言忤意,遂见弃遗,詈言不逊,骂为罗刹。归则家国辽远,止则孤遗羁旅。进退无依,敢陈情事。"僧伽曰:"诚如所言,宜时即入室。"居未久,僧伽罗至。父谓之曰:"何重财宝,而轻妻子?"僧伽罗曰:"此罗刹女也。"则以先事具白父母,而亲宗戚属咸事驱逐。时罗刹女遂以诉王,王欲罪僧伽罗。僧伽罗曰:"罗刹之女,情多妖惑。"王以为不诚也,而情悦其淑美,谓僧伽罗曰:"必弃此女,今留后宫。"僧伽罗曰:"恐为灾祸。斯既罗刹,食唯血肉。"王不听僧伽罗之言,遂纳为妻。其后夜分,飞还宝渚,召余五百罗刹鬼女共至王宫,以毒咒术残害宫中,凡诸人畜,食肉饮血,持其余尸,还归宝渚。旦日群臣朝集,王门闭而不开,候听久之,不闻人语。于是排其户,辟其门,相从趋进,遂至宫庭,阒其无人,惟有骸骨。群臣僚佐相顾失图,悲号恸哭,莫测祸源。僧伽罗具告始末,臣庶信然,祸自招矣。于是国辅、老臣、群官、宿将,历问明德,推举崇高,咸仰僧伽罗之福智也,乃相议曰:"夫君人者,岂苟且哉?先资福智,次体明哲,非福智无以享宝位,非明哲何以理机务?僧伽罗者,斯其人矣。梦察祸机,感应天马,忠以谏主,智足谋身。历运在兹,惟新成咏。"众庶乐推,尊立为王。僧伽罗辞不获免,允执其中,恭揖群官,遂即王位。于是沿革前弊,表式贤良。乃下令曰:"吾先商侣在罗刹国，死生莫测，善恶不分。今将救难，宜整兵甲，拯危恤患，国之福也；收珍藏宝，国之利也。"于是治兵，浮海而往。时铁城上凶幢遂动，诸罗刹女睹而惶怖，便纵妖媚，出迎诱诳。王素知其诈，令诸兵士口诵神咒，身奋武威。诸罗刹女蹎坠退败，或逃隐海岛，或沈溺洪流。于是毁铁城，破铁牢，救得商人，多获珍宝。招募黎庶，迁居宝洲，建都筑邑，遂有国焉。因以王名而为国号。僧伽罗者，即释迦如来本生之事也。

【注释】

① 罗刹女，即食人之鬼女。罗刹为恶鬼之总名，男性称罗刹娑、罗叉娑，梵文 rākṣasa；女性称罗刹私，梵文 rākṣasi。意为暴恶、可畏等。罗刹原为印度古民族之称号；但是自从雅利安人入主印度以后，此词遂成畏恶的名称。传说罗刹男黑身、朱发、绿睛；罗刹女则为绝美的妇人。玄应《音义》卷二十四："罗刹娑，或言阿落刹娑，是恶鬼之通名也。又云罗叉娑，此云护者；若女则名罗叉私。旧云罗刹，讹略也。"慧琳《音义》卷二十五："罗刹，梵音翻为可畏，唐梵双彰故也。此鬼行速，牙爪锋芒，食人血肉，故云可畏也。"

② 赡部洲，释见玄奘序 1.2 注 ⑫。

③ 智慧，梵文 jñāna 和 prajñā 的意译；音译则分别为若那、般若。决断谓智，简择谓慧。又，知俗谛谓智，照真谛谓慧。《大乘义章》卷二："照见名智，解了称慧。此二各别，知世谛者，名之为智；照第一义者，说以为慧。通则义齐。"《法华经义疏》卷二："经论之中，多说慧门鉴空，智门照有。"

【译文】

佛教的记载则这样说道：从前在这宝洲的大铁城中，居住着五百个罗刹女。城楼上高竖两面长幢，用以展示吉凶，将有吉事降临，吉幢就会摆动，将有凶事发生，凶幢就会摆动。一旦商人来到宝岛，罗刹便会变作美女，手持香花，演奏音乐，出城迎接问候，将其骗入铁城，快乐宴饮、两性交欢之后，旋即关入铁牢之中，慢慢捉来食用。当时赡部洲有个大商主，名叫僧伽，其子名叫僧伽罗。父亲年事已高，儿子代理家务，偕同五百商人，出海采集珍宝，风浪之中漂泊，来到这个宝洲。罗刹女望见吉幢摆动，便即拿着香花，同时奏起音乐，相率出城迎候，诱骗商人入城。商主陪伴罗刹女王寻欢作乐，其他商人也各与罗刹成双配对，经过一年之后，各生一个儿子。罗刹女们对于旧偶感情淡薄，打算将其关入铁牢，另外寻找新的商人。此时，僧伽罗夜间做了一个恶梦，心知不是吉祥征兆，于是偷偷寻找归路，偶然经过铁牢旁边，听到悲哀号哭之声，便即爬上大树问道：“谁将你们抓来，因而如此悲愤？”牢中之人答道：“你还不知道吗？城内众多美女，全部都是罗刹，当初诱骗我们，进城寻欢作乐。待到你们将到，就把我们幽禁，逐步充作食粮，如今已吃大半。你们不久之后，也会遭此祸殃。”僧伽罗便问道：“可有什么办法，免遭这一灾难？”牢中之人答道：“我听说海边有匹天马，只要虔诚祈求，便会救你渡海。”僧伽罗听了此话以后，偷偷转告同伴，一起前往海滨，至诚无二求救。这时天马便来告诉他们道：“各自抓住我的鬣毛，只有不再留恋不舍，我才能够拯救你们，渡过大海，免除灾难，抵达赡部洲，平安回故乡。”商人们遵照天马吩咐，专心一致，抓住天马鬣毛，天马于是飞腾半空之中，将要越过大海。罗刹女们忽然发觉丈夫逃走，于是互相转告，惊奇于他们怎会离去。各自带着幼小儿子，飞行空中，得知商人将要离开海滨，于是相互召唤，腾飞远处寻访。不过片刻之后，便与商人相会，悲喜交集，涕泪交流，俱各掩面哭泣："由于因缘巧合，有幸遇见夫君，家庭十分幸福，恩爱已经很久。如今弃我远去，留下娇妻幼子，落得孤苦无依。内心如此悲愁，怎么能够忍受？望你眷顾我们，一起返还城去。"商人不肯还心转意，罗刹女们见劝说无效，便施展妖冶媚术，极尽诱惑之能事。商人们产生爱恋情欲，难以控制感情，心中犹豫不决，身体便即落地。罗刹女们互相作礼庆贺，偕同这些商人，一起返回宝洲。但是僧伽的智、慧根基很深，心中并无牵挂，得以飞越大海，免遭危厄灾难。罗刹女王孤身回到铁城，众女对她说道："你无智谋策略，故被丈夫遗弃，既然缺乏才能，不应再住此地。"罗刹女只得带着所生儿子，飞到僧伽罗前，施尽媚惑手段，诱骗他回铁城。僧伽罗则口中念诵神咒，手舞锋利宝剑，斥骂她道："你是罗刹，而我是人，人、鬼乃是异类，不能互相匹配。你若苦苦相逼，我将断你生命。"罗刹女王知道，诱惑不再可能成功，于是飞入空中离去，来到僧伽罗家。对其父亲僧伽说道："我是某国国王之女，僧伽罗曾经娶我为妻，生下一个儿子，带着珍宝返回故乡。但是航海途中遭遇风浪，舟船沉没，只有我们母子和僧伽罗得以生还。途中跋山涉水，备受饥寒艰辛，只因有一句话，违拗他的心意，我便遭到遗弃，他还出言不逊，把我骂作罗刹。我若返归乡国，路程过于遥远；若是留在这里，却又孤苦零丁，流落异乡客地。我如今走投无路，冒昧禀告此事。"僧伽说道："如果确实如你所说，应该马上住进我家。"罗刹女王居住不久之后，僧伽罗回到家中。父亲对他说道："你怎么竟然看重钱财珍宝，轻视妻子、儿女？"僧伽罗答道："这是罗刹女啊！"于是便将先前的事情始末详细告诉父母，族人亲戚得知以后，也都驱逐罗刹女王。罗刹女便向国王控诉，国王便打算惩处僧伽罗。僧伽罗说道："这是罗刹女鬼，善于虚情假意，施展妖媚迷人。"国王认为此话不实，但又喜爱罗刹女的美貌，便对僧伽罗说："你若定要抛弃此女，那就让她留在后宫。"僧伽罗说道："恐怕这会酿成灾祸，因为她是罗刹，专吃人类血肉。"国王不听僧伽罗的劝告，娶了罗刹女王为妻。有一天的半夜时分，罗刹女王飞回宝洲，召集其他五百罗刹鬼女，一起来到王宫，使用邪毒咒术，残杀后宫生灵，凡属人类、家畜，全被食肉饮血，罗刹女们带着残剩尸体，飞还宝洲之中。待到翌日清晨，群臣上朝会集，宫门紧闭不开，久久等候、倾听，毫无谈话之声。于是击破门户，大家相率而入，来到内宫庭院，空寂没有一人，只有骸骨遍地。文武百官面面相觑，惊慌之下不知所措，悲愤号叫，失声痛哭，不知灾祸从何而起。僧伽罗详细陈述事情经过，官吏百姓方始明白，相信祸殃咎由自取。于是国家辅宰、资深功臣、文武百官、显赫老将，遍访贤明有德之士，旨在推选伟大、高尚者继承王位，大家一致敬仰僧伽罗的福德、智慧，于是纷纷议论道："统治万民之人，怎能马虎从事？首先要有福德、智慧，其次必须洞察事理，如果没有福德、智慧，他就不能坐享王位，如果不能洞察事理，怎么能够处理政务？僧伽罗就是这一类人。他在梦中发觉灾祸征兆，并且感动天马显灵，忠心耿耿劝谏君主，智慧足以保全自身。国运由此振兴，新朝值得赞颂。国人全都乐意推戴，尊奉僧伽罗为国王。僧伽罗无法推辞，只得同意尽力而为，恭敬地向百官施礼，然后继承王位。他遂改革前期弊政，表彰贤明善良之士。此后下达诏令道："我先前的商人同伴尚在罗刹国内，生死情况不知，善恶也不分辨。如今我要把他们救出苦难，故应整顿军队，拯救受难同伴，抚慰遭祸的人，这是为国造福；收取奇珍异宝，这是为国谋利。"于是训练军士，航海前往宝洲。这时铁城之上，凶幢立即摆动，罗刹女们见后，顿时恐慌万分,便即施展媚术,出城迎候诱骗。国王深知这类计谋,吩咐兵士口念神咒,奋勇冲击,耀武扬威。罗刹女们跌仆溃散,有的逃往海岛隐藏,有的溺死汪洋大海。国王捣毁铁城,打破铁牢,救出商人,大获珍宝。随后招募百姓,迁来宝洲居住,建造都市城邑,从此建立国家。所以用国王之名作为国号。这里所说的僧伽罗,就是释迦如来的本生故事。

1.3 僧伽罗国先时惟宗淫祀。佛去世后第一百年,无忧王弟摩醯因陀罗[①]舍离欲爱,志求圣果,得六神通,具八解脱[②],足步虚空,来游此国,弘宣正法,流布遗教。自兹已降,风俗淳信。伽蓝数百所,僧徒二万余人,遵行大乘上座部[③]法。佛教至后二百余年,各擅专门,分成二部:一曰摩诃毗诃罗[④]住部,斥大乘,习小教。二曰阿跋耶祇厘[⑤]住部,学兼二乘,弘演三藏[⑥]。僧徒乃戒行贞洁,定慧[⑦]凝明,仪范可师,济济如也。

王宫侧有佛牙精舍,高数百尺,莹以珍珠,饰之奇宝。精舍上建表柱,置钵县摩罗伽[⑧]大宝,宝光赫奕,联晖照曜,昼夜远望,烂若明星。王以佛牙日三灌洗,香水香末,或濯或焚,务极珍奇,式修供养。

佛牙精舍侧有小精舍,亦以众宝而为莹饰。中有金佛像,此国先王等身而铸,肉髻[⑨]则贵宝饰焉。其后有盗,伺欲窃取,而重门周槛,卫守清切。盗乃凿通孔道,入精舍而穴之,遂欲取宝,像渐高远。其盗既不果求,退而叹曰:"如来在昔修菩萨行,起广大心,发弘誓愿,上自身命,下至国城，悲愍四生，周给一切。今者，如何遗像恡宝？静言于此，不明昔行⑩。”佛乃俯首而授宝焉。是盗得已，寻持货卖，人或见者，咸谓之曰：“此宝乃先王金佛像顶髻宝也，尔从何获，来此鬻卖？”遂擒以白王。王问所从得，盗曰：“佛自与我，我非盗也。”王以为不诚，命使观验，像犹俯首。王睹圣灵，信心淳固，不罪其人，重赎其宝，庄严像髻，重置顶焉。像因俯首，以至于今。

王宫侧建大厨，日营万八千僧食。食时既至，僧徒持钵受馔，既得食已，各还其居。自佛教流被，建斯供养，子孙承统，继业至今。十数年来，国中政乱，未有定主，乃废斯业。

国滨海隅，地产珍宝，王亲祠祭，神呈奇货，都人士子，往来求采，称其福报，所获不同，随得珠玑，赋税有科。

国东南隅有棱勒邓反。迦⑪山，岩谷幽峻，神鬼游舍，在昔如来于此说《棱迦经》⑫。旧曰《楞伽经》，讹也。

【注释】

①摩醯因陀罗，即大帝，释见卷八 1.4 注②。

②六神通、八解脱，释见卷二 2.7 注⑨和注⑩。

③上座部，释见卷九 1.10 注㉕。

④摩诃毗诃罗，一作摩诃毗呵罗，梵文 Mahāvihara 的音译；意译作大寺。相传天爱帝须王既迎摩哂陀至王城，便以城南之摩诃弥伽王园布施给僧团，便是大寺创建之始。《法显传》在谈及师子国时，曾提及“城南七里有一精舍，名摩诃毗诃罗，有三千僧住”。由于僧伽罗国上座部的

这一分支以该"大寺"为本部,所以部派也以"大寺"为名号。

⑤ 阿跋耶祇厘,梵文 Abhayagiri 的音译;意译作无畏山。《法显传·师子国》也曾谈及这座佛寺:"塔边复起一僧伽蓝,名无畏山,有五千僧。起一佛殿,金银刻镂,悉以众宝。"建此佛寺的国王名伐多伽摩尼,可能于公元前 29—前 17 年在位。此寺则为僧伽罗国上座部另一支派的本部,故也以寺名为号。

⑥ 三藏,释见卷二 1.10 注 ⑧。

⑦ 定、慧,是佛门的两种修习方法,释见卷二 1.10 注 ⑦。

⑧ 钵昙摩罗伽,梵文 Padmarāga 的音译;义为"红莲花",或"红莲花色的"。故"钵昙摩罗伽大宝",即是红色宝石之意。此宝亦译作映红、红莲华宝、红鸦鹘等。

⑨ 肉髻,梵文 uṣṇīṣa 的意译;音译作乌瑟腻沙。是为佛陀头顶上的一个肉团,亦即佛陀三十二相中的无间顶相。《大般若》卷三百八十一:"世尊顶上乌瑟腻沙,高显周圆,犹如天盖,是三十二。"玄应《音义》卷九:"肉髻,古帝反,梵言喔瑟尼沙,此云髻。即《无上依经》云郁瑟尼沙顶骨涌起自然成髻是也。"故这里的"肉髻"并不是通常所说的"发髻"。

⑩ 静言,原有巧言、能言、饰言之义,即将"静"字解作"谋"。但在此,"静"字当解作"审"义。《说文》:"静,审也。从青,争声。"段注云:"采色详审,得其宜,谓之静。……人心审度得宜,一言一事必求理义之必然,则虽非繁劳之极而无纷乱,亦曰静。"明,在此则为昌明之义,《逸周书·木典解》:"智能亲智,仁能亲仁,义能亲义,德能亲德,武能亲武。五者昌于国,曰明。"所以,在此的"静言于此,不明昔行"一语,当意为"我在此仔细揆之事理,认为你没有发扬光大从前的善行"。

⑪ 駿迦,又作餕伽、楞伽等,梵文 Laṅkā 的音译;有"不可到"、"难

入"之义,又为宝名。慧琳《音义》卷三十一:"楞伽……此亦宝名也,此山多饶此宝,故以为名。在南海中师子国西南隅,海岛大山也。"或以为此即斯里兰卡南部的亚当峰,高2243米,至今仍是印度教徒、佛教徒,以及伊斯兰教徒的圣地。

⑫《骏迦经》,今通常作《楞伽经》,全称《楞伽阿跋多罗宝经》。南朝宋的求那跋陀罗译,共四卷。阿跋多罗义为"入",犹言佛陀入此楞伽山说此宝经。异译本则有北魏菩提流支译的《入楞伽经》十卷、唐代实叉难陀译的《大乘入楞伽经》七卷。

【译文】

僧伽罗国早先只祀奉邪教。佛陀去世后第一百年,无忧王之弟摩醯因陀罗抛弃欲染爱,立志求得圣果,获得六神通,具备八解脱,飞行虚空之中,前来游览此国,弘扬、宣讲佛法,传布、推广佛教。自从那时开始,民风淳厚诚信。境内有佛寺几百座,僧人两万多名,遵奉大乘教的上座部派。佛教传入二百多年之后,教徒各有专业,分成两个支派:一称摩诃毗诃罗住部,排斥大乘,研学小乘。二称阿跋耶祇厘住部,大、小二乘都学,研究、弘扬三藏。僧徒恪守戒规律条,专心修习定、慧,仪表风范可作师表,这样的人为数众多。

王宫旁边有座佛牙精舍,高几百尺,镶有珍珠,饰有奇宝。精舍之上立有表柱,装有钵昙摩罗伽大宝石,宝石光彩闪耀,相互之间映照,无论白天还是黑夜,远望都像灿烂明星。国王每天清洗佛牙三次,有时用香水洗刷,有时则焚烧香末,用尽珍奇物品,虔诚供养佛牙。

佛牙精舍的旁边有座小精舍,也用许多珠宝加以装饰。精舍内有尊金佛像,这是该国以前的国王所铸造,尺寸与佛陀真身相等,肉髻上则用珍贵的宝石装饰。后来有个窃贼，企图伺机偷宝，但是精舍门户重重，四周环有栅栏，防卫十分严密。于是窃贼挖了一条地道，偷偷进入精舍，刚想动手取宝，佛像变高、远离。窃贼未能得手，退下喟然叹道："当初如来修菩萨行时，曾以广大智慧，立下伟大誓愿，上自本身生命，下到国家、城池，同情世间众生，周济供给一切。但是留下的佛像，却为何吝惜珍宝？我仔细度以事理，认为你没有发扬光大从前的善行。"佛像于是低下头来，让窃贼取走宝石。窃贼旋即拿去卖掉，看见宝石之人，全都责问窃贼："这是前代国王所铸金佛像肉髻上的宝石，你从哪里取得，拿来这里变卖？"于是把他抓去，将事禀明国王。国王询问窃贼从何处获得此宝，窃贼答道："佛像自己给我，我却不曾偷窃。"国王认为他在说谎，便命使者前去验看，只见佛像仍低着头。国王看见圣佛显灵，更加坚定对佛信仰，不再处罚窃贼，而以重金赎宝，装饰佛像肉髻，重新安在头顶。佛像从此低头，一直保持至今。

　　王宫旁边建有一间大厨房，每天供应一万八千僧人的伙食。一到进餐时间，僧徒用钵就餐，用餐完毕以后，各归自己居所。自从佛教传入之后，便建此厨供养众僧，子子孙孙接任王位，继承善业直到今天。最近十多年来，国内政局动荡，没有固定君主，于是荒废此举。

　　该国濒临大海，出产珍珠、宝贝，国王亲自祭祀，神灵即献奇货，城市居民纷纷寻找、采集，随其福报不同，收获也有差别。凡是采得珠玑，都得交纳赋税。

　　本国的东南部有座骏迦山，山谷幽深险峻，神鬼巡游、止舍，当初如来曾在这里演说《骏迦经》（旧称《楞伽经》，误）。

1.4　国南浮海数千里，至那罗稽罗 [①] 洲。洲人卑小，长余三

尺，人身鸟喙。既无谷稼，唯食椰子。

那罗稽罗洲西浮海数千里，孤岛东崖有石佛像，高百余尺，东面坐，以月爱珠^②为肉髻^③，月将回照，水即悬流，滂霈崖岭，临注溪壑。时有商侣，遭风飘浪，随波泛滥，遂至孤岛，海咸不可以饮，渴乏者久之。是时月十五日也，像顶流水，众皆获济，以为至诚所感，灵圣拯之。于即停留，遂经数日，每月隐高岩，其水不流。时商主曰："未必为济我曹而流水也。尝闻月爱珠月光照即流注耳，将非佛像顶上有此宝耶？"遂登崖而视之，乃以月爱珠为像肉髻。当见其人，说其始末。

国西浮海数千里，至大宝洲，无人居止，唯神栖宅。静夜遥望，光烛山川。商人往之者多矣，咸无所得。

自达罗毗荼国^④北入林野中，历孤城，过小邑，凶人结党，作害羁旅。行二千余里，至恭建那补罗国。南印度境。

【注释】

① 那罗稽罗，亦作那利蓟罗、那罗鸡罗，梵文 Nārikela 的音译；意译作椰子（释见卷二 1.17 注 ⑩）。该地具体方位不详，当是印度洋上的某个岛屿；可见当时僧伽罗国海上交通的发达。

② 月爱珠，梵文 candra kānta 的意译；也作水晶、月长石等。是为传说中的珠宝。据说由月光凝结而成，只有在受到月光照射时才发出光辉，以及冰凉的气。

③ 肉髻，乃是佛头顶上的一个肉团，状如发髻。释见卷十一 1.3 注 ⑨。

④ 达罗毗荼国，释见卷十 3.9 注 ①。

【译文】

从僧伽罗国向南航海几千里,抵达那罗稽罗洲。洲中居民矮小,身高三尺多点,长着人的身体,却有鸟的嘴形。没有谷物庄稼,只是食用椰子。

从那罗稽罗洲向西航海几千里,有一孤岛,岛的东面山崖上,有座石佛像,高一百多尺,向东而坐,佛顶髻状肉团用月爱珠做成;每当月亮自缺向圆回照高空之时,山泉即成瀑布冲下,大水淋刷峰崖山岭注满溪谷之中。当时有帮商人,航海遭受风浪,随着波涛飘流,来到这座孤岛。海水很咸,不可饮用,又渴又累,历时很久。此时正当该月十五,佛像顶上流下水来,于是大家才获救援;以为至诚感动神灵,所以佛圣前来拯助。于是留在岛上,住了好些日子。每当月亮隐入峰岩,佛顶之水就不流下。这时商队首领说道:"恐怕不是由于神灵为了拯救我们,泉水才大量流下。我曾听说月光照在月爱珠上,就能使水流注,莫非佛像顶上装有此宝? 。"于是登上山崖察看,原来佛顶肉髻是用月爱珠做成。我曾见到这位商主,听他说了这件事情。

从僧伽罗国向西航海几千里,抵达大宝洲;洲中没人居住,只有神灵栖身。深夜远远望去,光芒照耀山川。许多商人前往,都是一无所获。

从达罗毗荼国北,进入丛林旷野之中,经过孤城,穿过小邑,途中有恶人结成匪帮,危害往来旅客。行走二千多里,抵达恭建那补罗国(在南印度境内)。

恭建那补罗国、摩诃剌侘国和跋禄羯呫婆国

【题解】

　　这三国是继达罗毗荼国后的第一段行程,时仍在贞观十一年(637年)。玄奘原来打算从达罗毗荼国前赴狮子国,但是因为风闻该国饥荒动乱,而且并无著名学者,所以改而取道西印度返回中印度。这三国均属南印度境。

恭建那补罗国

2.1　恭建那补罗^①国,周五千余里。国大都城周三十余里。土地膏腴,稼穑滋盛。气序温暑,风俗躁烈。形貌黧黑,情性犷暴。好学业,尚德艺。伽蓝百余所,僧徒万余人,大小二乘,兼功综习。天祠数百,异道杂居。

　　王宫城侧有大伽蓝,僧徒三百余人,实唯俊彦也。其伽蓝大精舍高百余尺,中有一切义成太子^②宝冠,高减二尺,饰以宝珍,盛以宝函。每至斋日,出置高座,香花供养,时放光明。

　　城侧大伽蓝中有精舍,高五十余尺,中有刻檀慈氏菩萨^③像,高十余尺,或至斋日,神光照烛,是闻二百亿^④罗汉之所造也。

　　城北不远有多罗树^⑤林,周三十余里,其叶长广,其色光润,诸国书写,莫不采用。林中有窣堵波,是过去四佛坐及经行遗迹之所。其侧则有闻二百亿罗汉遗身舍利窣堵波也。

城东不远有窣堵波，基已倾陷，余高三丈。闻诸耆旧曰：此中有如来舍利，或至斋日，时烛灵光。在昔如来于此说法，现神通力，度诸群生。

城西南不远有窣堵波，高百余尺，无忧王之所建也。是闻二百亿罗汉于此现大神通，化度众生。旁有伽蓝，唯余基址，是彼罗汉之所建也。

从此西北入大林野，猛兽暴害，群盗凶残。行千四五百里，至摩诃剌侘国。南印度境。

【注释】

① 恭建那补罗，又作恭达那补罗、建那补罗等，梵文 Koṅkaṇapura 的音译。其国故地在今印度南部果阿 (Goa) 地区以西通加巴德腊河 (Tungabhadra) 流域一带；都城故址则在此河北岸之安纳根第 (Annagundhi)。

② 一切义成太子，即释迦，释见卷六 1.12 注 ⑪。

③ 慈氏菩萨，即弥勒，释见卷三 1.6 注 ③。

④ 闻二百亿，即室镂多频设底拘胝，释见卷十 1.2 注 ①。

⑤ 多罗树，释见卷九 2.6 注 ⑥。

【译文】

恭建那补罗国，方圆五千多里。其国的大都城方圆三十多里。田地肥沃，庄稼茂盛。气候温暖较热，民风急躁刚烈。形貌肤色黝黑，性格犷悍粗暴。爱好钻研学问，崇尚道德技艺。境内有佛寺一百多所，僧人一万多名；大、小二乘法教，全都研学诵习。尚有天祠几百所，外道信徒混杂相居。

国王宫城之旁有座大佛寺,僧人三百多名,都是杰出人士。佛寺中的大精舍高一百多尺,其中藏有一切义成太子的宝冠,高近二尺,饰有珍宝,并用宝匣盛装。每逢斋日期间,拿出宝冠置于高座之上,焚香献花供养,经常放射光明。

城旁大佛寺中有一精舍,高五十多尺,其中藏有檀木雕刻的慈氏菩萨像,高十多尺,神圣光芒照耀,这是闻二百亿罗汉所造。

城北不远之处,有片多罗树林,方圆三十多里。这种树叶又长又宽,色泽光亮滋润,各国编书写字,无不采用此叶。树林之中有一佛塔,是过去四佛的坐处以及散步场所的遗迹。塔旁则有闻二百亿罗汉的遗身舍利塔。

城东不远处有座佛塔,基址已经塌陷,余塔仅高三丈。听年老长者说:塔内有如来舍利;常在斋日期间,照耀神圣光芒。当初如来在此说法,显现神通,度化众生。

城西南不远处,有座佛塔,高一百多尺,是无忧王所建造。当初闻二百亿罗汉在此显示大神通,化度诸多生灵。旁边有一佛寺,只是剩下残基,也是闻二百亿罗汉所造。

从这里向西北方行走,进入一大片森林旷野,那里有凶猛野兽危害人类,盗匪结帮凶狠残忍。行走二千四百多里,抵达摩诃剌侘国(在南印度境内)。

摩诃剌侘国

2.2 摩诃剌侘^①国,周六千余里。国大都城西临大河,周三十余里。土地沃壤,稼穑殷盛。气序温暑,风俗淳质。其形伟大,其性傲逸,有恩必报,有怨必复,人或凌辱,殉命以雠,窘急投分②,忘身以济。将复怨也,必先告之,各披坚甲,然后争锋。临阵逐北,不杀已降。兵将失利,无所刑罚,赐之女服,感激自死。国养勇士,有数百人,每将决战,饮酒酣醉,一人摧锋,万夫挫锐。遇人肆害,国刑不加,每出游行,击鼓前导。复饲暴象,凡数百头,将欲阵战,亦先饮酒,群驰蹴践,前无坚敌。其王恃此人象,轻陵邻国。王,刹帝利③种也,名补罗稽舍④。谋猷弘远,仁慈广被,臣下事之,尽其忠矣。今戒日大王⑤东征西伐,远宾迩肃,惟此国人独不臣伏,屡率五印度甲兵,及募召诸国烈将,躬往讨伐,犹未克胜。其兵也如此,其俗也如彼。人知好学,邪正兼崇。伽蓝百余所,僧徒五千余人,大小二乘,兼功综习。天祠百所,异道甚多。大城内外,五窣堵波,并过去四佛座及经行之所,无忧王建也。自余石砖诸窣堵波,其数甚多,难用备举。

城南不远有故伽蓝,中有观自在菩萨⑥石像,灵鉴潜被,愿求多果。

【注释】

①摩诃剌侂,又作摩诃勒吒、摩诃赖吒等,梵文 Maharaṭṭha 的音译;意译作大国。其国故地在今印度孟买西北一带;都城故址则当今纳西克(Nasik)。

②投分,谓意气相合之人,犹谓知心朋友。《周书·史宁传》:"宁乃见异,申以投分之言,微托思归之意。"又,王僧孺《临海伏府君集序》:"与君道合神遇,投分披衿。"故这里的"窘急投分,忘身以济",是指这

些居民对于陷于困境中的好友至亲能够舍身相救；并非对所有人而言。

③ 刹帝利，古印度四大种姓的第二阶层，释见卷一 4.4 注 ④。

④ 补罗稽舍，梵文 Pulakeśin 的音译。他即是印度历史上有名的统治者补罗稽舍二世，其生卒年份为公元 610—642 年。

⑤ 戒日王，即曷利沙伐弹那，释见卷五 1.3 注 ②。

⑥ 观自在菩萨，释见卷一 4.5 注 ⑦。

【译文】

摩诃剌侘国，方圆六千多里。其国的大都城西面滨临大河，方圆三十多里。土地肥沃，庄稼茂盛。气候温暖较热，民风淳厚朴质。居民身材高大，性格傲慢放逸。受了恩惠必定报答，有了怨仇必定报复；如果被人欺凌侮辱，即使舍命也要复仇；至爱亲朋陷入困境，奋不顾身全力救助。将要复仇之前，必先通知对方；各自披上甲胄，然后一争高低。打仗追逐败军，不杀投降之人。兵将吃了败仗，不用其它刑罚，赐给女人衣服，让他羞愧自杀。国家豢养勇士，共有好几百人；每次决战之前，饮酒酣然而醉，己方一人冲锋在前，敌方万夫被挫锐气。如有勇士残害别人，国家并不施加刑罚，只是每逢出外游行，令他击鼓在前开路。另外饲养猛象，共有好几百头，将要临阵作战，也要首先饮酒，群象驰驱践踏，敌方无法抵御。该国君王依仗这些勇士、猛象，轻侮欺凌邻国。国王属于刹帝利种姓，名叫补罗稽舍。深怀谋略，志向远大，仁厚慈爱，遍及众人，所以臣下都能尽忠。如今的戒日大王，东征西讨，远近国家，全都宾服，只有该国之人不肯臣伏。戒日王屡次率领五印度国大军，并且召募各国勇将，亲自前往讨伐，仍然未能取胜。该国军队是这种情况，而其民风则颇不相同。人们懂得崇尚学问，外道、佛教全都信仰。境内有佛寺一百多所，僧人五千多名，大乘、小乘佛教，全都研学诵习。天祠一百来所，外道信徒很多。大城的内外，有五座佛塔，都是过去四佛的坐处以及散步场所的遗迹，是无忧王所建造。其它的石、砖佛塔，为数很多，难以一一列举。

城南不远之处，有座旧的佛寺，其中有观自在菩萨石像，十分灵验，求者大多如愿。

2.3　国东境有大山，叠岭连嶂，重峦绝巘。爰有伽蓝，基于幽谷，高堂邃宇，疏崖枕峰，重阁层台，背岩面壑，阿折罗 ①唐言所行。阿罗汉所建。罗汉，西印度人也，其母既终，观生何趣 ②，见于此国受女人身，罗汉遂来至此，将欲导化，随机摄受 ③。入里乞食，至母生家，女子持食来施，乳便流汁，亲属既见，以为不祥。罗汉说本因缘，女子便证圣果。罗汉感生育之恩，怀业缘之致，将酬厚德，建此伽蓝。

伽蓝大精舍高百余尺，中有石佛像，高七十余尺。上有石盖七重，虚悬无缀，盖间相去各三尺余。闻之耆旧曰：斯乃罗汉愿力之所持也；或曰神通之力；或曰药术之功。考厥实录，未详其致。精舍四周雕镂石壁，作如来在昔修菩萨行诸因地 ④事，证圣果之祯祥，入寂灭之灵应，巨细无遗，备尽镌镂。伽蓝门外，南、北、左、右，各一石象。闻之土俗曰：此象时大声吼，地为震动。昔陈那菩萨 ⑤多止此伽蓝。

自此西行千余里，渡耐秣陀河，至跋禄羯咕婆 昌叶反。国。南印度境。

【注释】

① 阿折罗,释见卷十 3.5 注 ③。通常认为这座阿折罗僧伽蓝即是著名的阿旃陀石窟寺,位于今南印度德干高原文达雅山的悬崖上。此石窟佛寺约始建于公元前 1、2 世纪,完成于公元 6、7 世纪。其中有石雕佛像、藻井图案和壁画等,而以壁画最为著名。主要描绘佛陀的生平故事,以及印度宫廷生活的景象。这些艺术品对于印度文化史的研究有着重大的价值。玄奘在此则概括叙述了这一石窟的全貌。

② 趣,亦作道,梵文 gadi 的意译,即谓众生死后不同的趋向。佛教有五趣、六趣之说,参见卷十 3.3 注 ⑳。

③ 摄受,又作摄取,谓佛以慈悲之光明摄救苦难之众生。《华严经》卷二十八:"普能摄受一切众生。"《无量寿经》卷上:"我当修行,摄取佛国清净庄严无量妙土。"

④ 因地,即修行佛道之位;成佛之位为果地,修菩萨行之位则为因地。《圆觉经》:"说于如来本起清净因地法行。"《楞严经》卷五:"我本因地,以念佛心入无生忍。"故这里的"如来在昔修菩萨行诸因地事"一语当意为"如来在当初修菩萨行时,为取得因地位而做的种种事情"。

⑤ 陈那菩萨,又称童受、域龙,释见卷十 3.5 注 ④。

【译文】

该国东部有座大山,山岭重叠,峰嶂连绵,重重山岗,陡峭崖壁。这里有座佛寺,建在深谷之中,殿堂高广,屋宇深邃,疏凿山崖,倚枕高峰,重重楼阁,层层轩台,背靠峰岩,面对峡谷;这是阿折罗(唐语谓"所行")阿罗汉所建造。罗汉乃是西印度人。当他母亲死后,他观察母亲转生于哪一道,发现她在该国转投女人之身。于是罗汉来到这里,打算度化他的母亲，根据情况引导济助。罗汉进入市里乞讨，抵达母亲所生之家，此女拿来食品布施，乳房立即流下乳汁。亲属看到以后，以为很不吉利。于是罗汉讲述前世因缘，这个女子马上证得圣果。罗汉感激她的生育之恩，怀念因缘造成的母子关系，为了报答这份厚德，于是造了这座佛寺。

佛寺里的大精舍，高一百多尺，里面有尊石佛像，高达七十多尺。像上设有七层石伞，虚悬空中，无所钩连，各伞间相距三尺多。听年老长者说：这是由罗汉的愿力所支撑；也有人说这是神通的威力；有人则说是药物、法术的效果。考究文字记录，始终不知原因。精舍四边石壁，雕刻各种图画：如来当初修菩萨行时，为了取得因地之位，而做的种种善事；如来证得圣果之时，现显的吉祥征兆；如来将要涅槃之前，出现的灵验预示。大大小小故事，详细刻在上面。佛寺大门之外，南北左右各方，都有一尊石象。听当地居民说：这些石象有时大声吼叫，大地也被震动。当初陈那菩萨经常住此寺内。

从本国向西行走一千多里，渡过耐秣陀河，抵达跋禄羯呫婆国（在南印度境内）。

跋禄羯呫婆国

2.4　跋禄羯呫婆 [①] 国，周二千四五百里。国大都城周二十余里。土地咸卤，草木稀疏。煮海为盐，利海为业。气序暑热，回风飙 [②] 起。土俗浇薄，人性诡诈。不知学艺，邪正兼信。伽蓝十余所，僧徒三百余人，习学大乘上座部 [③] 法。天祠十余所，异道杂居。

从此西行二千余里，至摩腊婆国。即南罗罗国。南印度境。

【注释】

① 跋禄羯呫婆，又作婆楼割车、婆卢羯车等，梵文 Bharukacchapa 的音译。其国临海；都城故址在今纳巴达河口的布罗奇 (Broach)，自古以来就是著名的海港。

② 飙，原谓暴风、回风。《玉篇》："飙，暴风也。"《汉书·扬雄传上》录扬雄《甘泉赋》有"风发飙拂"一句，颜师古注云："飙，回风也。"而在此的"飙起"则用以比喻风之疾起。

③ 上座部，释见卷九 1.10 注 ㉕。

【译文】

跋禄羯呫婆国，方圆二千四五百里。该国的大都城方圆二十多里。土地多含盐碱，花草树木稀疏。煮熬海水制盐，依靠海洋为生。气候十分炎热，旋风往往突发。当地民风刻薄，居民性格诡诈。不愿学习技艺，外道、佛教都信。境内有佛寺十多所，僧人三百多名，研学大乘教上座部法。尚有天祠十多所，外道信徒混杂相居。

从本国向西北行走二千多里，抵达摩腊婆国（即南罗罗国，在南印度境内）。

从摩腊婆到伐剌拿等十九国

【题解】

这十九个国家均位于印度半岛的西部。玄奘游览这一地区时，约当贞观十一年岁末和十二年全年 (637—638 年)。《西域记》与《慈恩传》所记的旅行路线有所不同。即，按《慈恩传》，继摩醯湿伐罗补罗国后，玄奘曾西返苏剌侘国，然后至阿点婆翅罗国、狼揭罗国（又闻说波剌斯、拂懔、西女三国）、臂多势罗国、阿荼茶国。信度、茂罗三部卢、钵伐多三国，则并非继摩醯湿伐罗补罗之后，而是继阿荼茶之后。最后抵达的是伐剌拿国；但是该国似乎系玄奘离印返归时所经，而非当时（贞观十二年）所游。

摩腊婆国

3.1　摩腊婆^①国，周六千余里。国大都城周三十余里，据莫诃河东南^②。土地膏腴，稼穑殷盛，草木荣茂，花果繁实，特宜宿麦，多食饼麨。人性善顺，大抵聪敏，言辞雅亮，学艺优深。五印度境，两国重学，西南摩腊婆国，东北摩揭陀国^③，贵德尚仁，明敏强学。而此国也，邪正杂信。伽蓝数百所，僧徒二万余人，习学小乘正量部^④法。天祠数百，异道实众，多是涂灰之侣^⑤也。

国志曰：六十年前，王号尸罗阿迭多^⑥，唐言戒日。机慧高明，才学赡敏，爱育四生^⑦，敬崇三宝^⑧。始自诞灵，泊乎没齿^⑨，貌无瞋色，手不害生。象马饮水，漉而后饲，恐伤水性也，其仁如此。在位五十余年，野兽狎人，举国黎庶咸不杀害。居宫之侧建立精舍，穷诸工巧，备诸庄严，中作七佛^⑩世尊之像。每岁恒设无遮大会^⑪，招集四方僧徒，修施四事供养^⑫，或以三衣^⑬道具，或以七宝^⑭珍奇。奕世相承，美业无替。

【注释】

① 摩腊婆，梵文 Mālava 的音译。该国疆域颇大，约相当于今印度

孟买邦卡奇湾（Gulf of Cutch）以东到中央邦马尔瓦一带地区。

②关于摩腊婆国的大都城，有人认为在达拉那伽拉（Dharanagara），有人则比定为东伽尔普尔（Dongarpur）。周连宽则认为都城不在莫诃河（即今之 Mahi 河）之西，而是在其东南地区，故有可能为今之拉特拉姆（Ratlam）。说见周连宽《丛稿》，第 165 页。

③摩揭陀国，释见卷八 1.1 注①。

④正量部，释见卷四 2.11 注②。

⑤涂灰之侣，即是指印度教湿婆派教徒，释见卷一 4.4 注⑧。

⑥尸罗阿迭多，即戒日王，但这与卷五 1.3 所记曲女城的戒日王（曷利沙伐弹那）并非同一个人。这里所说的乃是伐腊毗国王尸罗阿迭多一世，亦即法日王（Dharmaditya），其在位时期约为公元 595 年至 610 或 615 年。

⑦四生，释见卷三 3.3 注③。

⑧三宝，释见卷一 1.6 注③。

⑨没齿，犹言终身。《后汉书·清河孝王庆传》："（庆）常泣向左右，以为没齿之恨。"注云："没，终；齿，年也。"

⑩七佛，亦称过去七佛；关于其具体名称，有各种不同说法。《智度论》卷九则云："贤劫之前九十一劫，初有佛名鞞婆尸（秦言种种见）；第三十一劫中有二佛，一名尸弃（秦言火），二名鞞恕婆附（秦言一切胜）；是贤劫中有四佛，一名迦罗鸠飡陀，二名迦那迦牟尼（秦言金仙人也），三名迦叶，四名释迦牟尼。除此余劫，皆空无佛，甚可怜愍。"

⑪无遮大会，释见卷一 1.5 注①。

⑫四事供养，释见卷一 1.6 注②。

⑬三衣，释见卷二 1.6 注⑩。

⑭ 七宝,释见卷二 2.4 注 ②。

【译文】

摩腊婆国,方圆六千多里。其国的大都城方圆三十多里,位于莫诃河的东南方。田地肥沃,庄稼茂盛;草木繁荣,花果很多;特别适宜种植冬小麦,居民都以饼面为主食。人性善良驯顺,大多聪明机智,谈吐高雅清晰,学问技艺高深。五印度国境内,两国重视学术:西南摩腊婆国,东北摩揭陀国;它们尊重道德,崇尚仁义,聪明机智,勤奋学习。这个摩腊婆国,外道、佛教都信。境内有佛寺几百座,僧人两万多名,研学小乘教的正量部法。尚有天祠几百所,外道信徒很多,大多是涂灰派教徒。

据该国史书记载:六十年前,国王名叫尸罗阿迭多(唐语谓“戒日”),聪慧敏明,学硕才富,爱护养育众生,尊敬崇拜佛教。自从出生以后,一直到达晚年,从未现显怒色,也未伤害生灵。大象、马匹所饮之水,都要过滤以后再喂,以免杀伤水中生物,仁慈到达这种地步。在位五十多年,野兽与人亲近,全国黎民百姓,都不杀害生灵。所住王宫旁边,建有一座精舍,极尽匠工之巧,具备各种装饰,其中置有过去七佛之像。每年都设无遮大会,招集各地佛门僧人,布施财物,供养四事,或者施给三种僧衣,或者施给七宝珍奇。这种传统世代相继,美好事业,从不间断。

3.2　大城西北二十余里,至婆罗门邑,旁有陷坑,秋夏淫滞,弥淹旬日,虽纳众流,而无积水。其旁又建小窣堵波。闻之耆旧曰:昔者大慢 ① 婆罗门生身陷入地狱之处。昔此邑中，有婆罗门，生知博物，学冠时彦；内外典籍，究极幽微，历数玄文，若视指掌；风范清高，令闻遐被。王甚珍敬，国人宗重。门人千数，味道②钦风。每自言曰："吾为世出，述圣导凡，先贤后哲，无与我比。彼大自在天③、婆薮④天、那罗延天⑤、佛世尊者，人皆风靡，祖述其道，莫不图形，竞修祗敬。我今德逾于彼，名擅于时，不有所异，其何以显？"遂用赤栴檀刻作大自在天、婆薮天、那罗延天、佛世尊等像，为座四足，凡有所至，负以自随，其慢傲也如此。时西印度有苾刍跋陀罗楼支⑥，唐言贤爱。妙极因明⑦，深穷异论，道风淳粹，戒香郁烈，少欲知足⑧，无求于物，闻而叹曰："惜哉！时无人矣。令彼愚夫，敢行凶德⑨。"于是荷锡远游，来至此国，以其宿心，具白于王。王见弊服，心未之敬，然高其志，强为之礼。遂设论座，告婆罗门。婆罗门闻而笑曰："彼何人斯，敢怀此志？"命其徒属，来就论场，数百千众，前后侍听。贤爱服弊故衣，敷草而坐。彼婆罗门踞所持座，非斥正法，敷述邪宗。苾刍清辩若流，循环往复，婆罗门久而谢屈。王乃谓曰："久滥虚名，罔上惑众，先典有记，论负当戮。"欲烧炉铁，令其坐上。婆罗门窘迫，乃归命求救。贤爱愍之，乃请王曰："大王仁化远洽，颂声载途，当布慈育，勿行残酷，恕其不逮，唯所去就。"王令乘驴，遍告城邑。婆罗门耻其戮辱，发愤欧血。苾刍闻已，往慰之曰："尔学苞内外，声闻遐迩，荣辱之事，进退当明。夫名者，何实乎？"婆罗门愤恚，深訾苾刍，谤毁大乘，轻蔑先圣。言声未静，地便坼裂，生身坠陷，遗迹斯在。

自此西南入海交，西北行二千四五百里，至阿吒厘国。
南印度境。

【注释】

① 大慢，犹言我慢（释见卷四 2.6 注 ⑧）之大者，即极为傲慢之意。

② 味道，玩味于道的意思。《文选》班固《答宾戏》："委命供己，味道之腴。"又，《文选》任昉《王文宪集序》："齿危发秃之老，含经味道之生。"

③ 大自在天，释见卷二 2.9 注 ⑦。

④ 婆薮，梵文 Vāsu 的音译。此神通常称为毗湿奴，乃婆罗门教的主神之一。

⑤ 那罗延天，即梵天王之异名，释见卷二 2.5 注 ⑤ 和 1.8 注 ①。

⑥ 跋陀罗楼支，梵文 Bhadraruci 的意译；音译作贤爱。

⑦ 因明，梵文 hetuvidya 的音译。因，指推理的根据、理由；明，指知识、智慧，是为佛教进行推理证明的一门学问。

⑧ 少欲知足，释见卷十 3.8 注 ⑧。

⑨ 凶德，谓恶德、恶性，又谓恶行悖德。《左传·文公十八年》引《誓命》之语云："毁则为贼，掩贼为藏，窃贿为盗，盗器为奸。主藏之名，赖奸之用，为大凶德，有常无赦，在《九刑》不忘。"又云："孝敬忠信为吉德，盗贼藏奸为凶德。"

【译文】

从大都城向西北方行二十多里，抵达婆罗门镇。镇旁有一陷坑，逢到夏秋季节，连日淫雨霏霏，十天半月不停，深坑容纳诸水，但是从不积聚。坑旁又建造一座小塔。听年老长者说：这是当初极为傲慢的婆罗门活生生陷入地狱的处所。那时这个镇中，有个婆罗门教徒，生来十分聪明，知识相当渊博，当代高才之中，他的学问第一。佛教、外道典籍，研究深入细微，历法、天文、宗教，他都了如指掌；风度仪范高雅，美好名声远播。国王十分尊敬，人民也很崇拜。门徒一千多人，研玩他的说教，钦佩他的高风。婆罗门经常自夸道："我为这个世界而生，传述圣贤之学，引导凡俗之人；无论先贤后哲，都难与我媲美。对于大自在天、婆薮天、那罗延天、佛世尊，人们佩服倾倒，遵循这些学说，全都描绘图形，竞相供养礼拜。现在我的德操，已经胜过他们，美名著称于世，与之并无不同；如何才能更加突出？"于是他用红色檀木雕成大自在天、婆薮天、那罗延天，以及佛陀的像，制成座椅的四脚，他到任何地方，都带着这个座椅，他的傲慢狂妄，竟达如此地步。当时西印度有个和尚，名叫跋陀罗楼支（唐语谓"贤爱"），深通因明之学，尽知外道理论，道德完美，风操淳朴，戒行清肃，美名盛传，没有贪欲之念，始终十分知足，并不追求它物，听了此事叹道："真遗憾啊！当世没有杰出人物了，致使这种愚蠢之人，也敢如此恶行悖德。"于是挂着锡杖，远游它乡，来到此国，将其心愿告诉国王。国王见他衣服破旧，内心便不十分尊敬，然而佩服他的志向，勉强给予适当礼遇。于是设置辩论座席，并将此事通知婆罗门。婆罗门听后笑道："这是什么人物，竟有如此抱负？"于是吩咐门徒，前来辩论场所，成百上千之人，前后左右旁听。贤爱穿着破衣，地上铺草而坐。婆罗门则坐在他所带来的檀木椅上，非难排斥佛法，铺陈论述邪说。和尚畅谈佛门玄理，犹如流水滔滔不绝，反反复复辩论诘难，时间一长，婆罗门只得承认失败。国王便对婆罗门说："长久以来，你浪得虚名，欺骗君上，蛊惑大众；国家早有法典，辩论败者该杀。"于是命人烧红烙铁，要他坐在上面。婆罗门陷入困境，只得向和尚屈服求救。贤爱不免同情，于是请求国王："陛下的仁义教化远布四方，歌颂之声充斥路途，您应该施以仁慈教育，不要执行残酷刑罚；宽恕他的错误，让他自己去吧。"于是国王便令婆罗门乘上驴子，游遍城乡，宣告各方。婆罗门耻于受到这种侮辱，心中气愤，呕吐鲜血。和尚知道以后，前往安慰他说："你的学问渊博，通晓佛教、外道，名声传播远近，对于荣辱之事，应能处理得当。名声这样东西，有何实际意义？"婆罗门恼羞成怒，破口大骂和尚，毁谤大乘佛教，污蔑古代圣贤。话音还未落下，大地便已裂开，活人掉入陷坑，遗迹至今还在。

从本国的西南方进入海湾，向西北方行走二千四五百里，抵达阿吒厘国（在南印度境内）。

阿吒厘国

3.3　阿吒厘^①国，周六千余里。国大都城周二十余里。居人殷盛，珍宝盈积，稼穑虽备，兴贩为业。土地沙卤，花果稀少。出胡椒^②树，若蜀椒也。出熏陆香^③树，树叶若棠梨也。气序热，多风埃。人性浇薄，贵财贱德。文字语言，仪形法则，大同摩腊婆国^④。多不信福，纵有信者，宗事天神。祠馆十余所，异道杂居。

从摩腊婆国西北行三百里，至契吒国。南印度境。

【注释】

①　阿吒厘，梵文 Aṭali 的音译。其地望不详，当在西北方很远之处，可能要由海道前往。对于此国，玄奘只是得之传闻，并未亲自抵达。

②　胡椒，梵文名 pippali。《本草纲目》卷三十二《胡椒》载云："时

珍曰：胡椒因其辛辣似椒，故得椒名；实非椒也。""慎微曰：按段成式《酉阳杂俎》云，胡椒出摩伽陀国，呼为昧履支。其苗蔓生，茎极柔弱；叶长寸半，有细条与叶齐；条条结子，两两相对；其叶晨开暮合，合则裹其子于叶中。形似汉椒，至辛辣，六月采，今食料用之。"不过，《西域记》在此所谓的"胡椒树"，恐非草本胡椒，而是灌木的长胡椒。

　　③ 熏陆香，梵文名 Kunduru，这是一种十分珍贵的香料。《本草纲目》卷三十四《熏陆香乳香》载云："时珍曰：佛书谓之天泽香，言其润泽也；又谓之多伽罗香，又曰杜噜香。""承曰：西出天竺，南出波斯等国。西者色黄白，南者色紫赤。日久重叠者，不成乳头，杂以沙石；其成乳者，乃新出未杂沙石者也。熏陆香是总名，乳是熏陆之乳头也。"

　　④ 摩腊婆国，释见卷十一 3.1 注 ①。

【译文】

　　阿吒厘国，方圆六千多里。该国的大都城方圆二十多里。居民多而富裕，储积许多珍宝，虽也种植庄稼，但以商贩为生。土地多为沙质、盐碱，花草水果十分稀少。出产胡椒树，树叶类似我国蜀椒。又出熏陆香树，树叶犹如我国棠梨。气候炎热，风尘很多。居民禀性，虚伪刻薄，重视钱财，轻视德操。文字语言、仪表形貌、法律规则，大体与摩腊婆国相同。居民大多不信福报，即使有人信仰，也多崇拜天神。境内有天祠十多所，外道信徒混杂相居。

　　从摩腊婆国向西北方行走三百里，抵达契吒国（在南印度国境内）。

契吒国

3.4　契吒 ① 国，周三千余里。国大都城周二十余里。人户殷盛，家室富饶。无大君长，役属摩腊婆国，风土物产，遂同其俗。伽蓝十余所，僧徒千余人，大小二乘^②，兼功习学。天祠数十，外道众多。

从此北行千余里，至伐腊毗国。即北罗罗国。南印度境。

【注释】

① 契吒，当是梵文 Kaccha 的音译。其国故地当在今卡奇湾北岸的卡奇（Cutch）地区。但是今卡奇地区是一块辽阔的大荒地，分布着许多盆地沼泽和湖泊，似与玄奘之描述相悖。该国亦系玄奘得之于传闻。

② 大、小乘，释见卷二 1.10 注 ④。

【译文】

契吒国，方圆三千多里。该国的大都城方圆二十多里。居民人口众多，家家都很富裕。全国没有君主，隶属摩腊婆国；所以风俗物产，也和其国相同。境内有佛寺十多座，僧人一千多名，大乘、小乘佛教，全都研学诵习。尚有天祠几十所，外道信徒很多。

从本国向北行走一千多里，抵达伐腊毗国（即北罗罗国，在北印度境内）。

伐腊毗国

3.5　伐腊毗^①国，周六千余里。国大都城周三十余里。土地所产，气序所宜，风俗人性，同摩腊婆国。居人殷盛，家室富饶，积财百亿者乃有百余室矣。远方奇货，多聚其国。伽蓝百余所，僧徒六千余人，多学小乘正量部^②法。天祠数百，异道实多。如来在世，屡游此国，故无忧王于佛所止皆树旌表，建窣堵波。过去三佛坐及经行说法之处，遗迹相间。

今王，刹帝利种也，即昔摩腊婆国尸罗阿迭多王之姪，今羯若鞠阇国尸罗阿迭多王之子婿，号杜鲁婆跋吒[3]，唐言常睿。情性躁急，智谋浅近。然而淳信三宝[4]，岁设大会七日，以殊珍上味供养僧众。三衣[5]医药之价，七宝[6]奇贵之珍，既以总施，倍价酬赎。贵德尚贤，尊道重学，远方高僧，特加礼敬。

去城不远，有大伽蓝，阿折罗阿罗汉[7]之所建立，德慧、坚慧[8]菩萨之所游止，于中制论，并盛流布。

自此西北行七百余里，至阿难陀补罗国。西印度境。

【注释】

① 伐腊毗，梵文 Valabhi 的音译。其国故地在今卡提阿瓦 (Kathiawar) 半岛；都城故址则在今包纳加尔 (Bhaonagar) 西北约 30 公里的伐腊 (Wala)。

② 正量部，释见卷四 2.11 注 ②。

③ 杜鲁婆跋吒，梵文 Dhruvabhaṭṭa 的音译。意译为常胄；《慈恩传》卷四谓帝胄，误。此王又名幼日，约即位于 629 年以前，至少统治到 640—641 年。

④ 三宝，释见卷一 1.6 注 ③。

⑤ 三衣，释见卷二 1.6 注 ⑩。

⑥ 七宝，释见卷二 2.4 注 ②。

⑦ 阿折罗阿罗汉，释见卷十 3.5 注 ③。

⑧ 德慧、坚慧，释见卷九 2.1 注 ⑯ 和注 ⑰。

【译文】

伐腊毗国，方圆六千多里。该国的大都城方圆三十多里。当地土产、气候情况、风俗习惯、居民禀性，与摩腊婆国相同。居民人口众多，家家都很富裕，拥有百亿财产者，约有一百多家。远方运来珍奇货物，大多聚集这个国家。境内有佛寺一百多座，僧人六千多名，大多研学小乘正量部法。尚有天祠几百所，外道信徒很多。如来在世之时，屡次巡游此国，所以无忧王在佛陀留止之处全都树立旌表，并且建立佛塔。过去三佛的坐处以及散步、说法的地点，遗迹间隔分布。

现在的国王，属于刹帝利种姓，即是当初摩腊婆国尸罗阿迭多王的侄儿，亦即如今羯若鞠阇国尸罗阿迭多王的女婿，名叫杜鲁婆跋吒（唐语谓“常睿”），性格急躁，缺乏智谋。但是笃信佛教，每年举办七天大会，用珍贵的物品、上佳的饮食供养佛教僧徒。把三衣、医药、七宝、奇珍全部布施僧众，然后再以一倍价格赎取。珍视德操，崇尚贤能，尊敬佛教，重视学业；对于远方高僧，特别加以礼敬。

离城不远之处，有一座大佛寺，乃是阿折罗阿罗汉所建造，德慧、坚慧菩萨都曾在此留住，在此撰写论著，并且广为流布。

从本国向西北行走七百多里，抵达阿难陀补罗国（在西印度境内）。

阿难陀补罗国

3.6　阿难陀补罗^①国，周二千余里。国大都城周二十余里。人户殷盛，家室富饶。无大君长，役属摩腊婆国。土宜气序，文字法则，遂亦同焉。伽蓝十余所，僧徒减千人，习学小乘正量部法。天祠数十，异道杂居。

从伐腊毗国西行五百余里，至苏剌侘国。西印度境。

【注释】

① 阿难陀补罗，梵文 Ānandapura 的音译。其国故地在今卡提阿瓦半岛东北，沙巴马提河 (Sabarmati) 上游以西的瓦特纳加尔 (Vadnagar) 及其附近一带。或以为今巴那斯河 (Banas) 西岸阿布山西麓之阿那得拉 (Anadra) 地方可能是其都城故址。

【译文】

阿难陀补罗国，方圆二千多里。该国的大都城方圆二十多里。居民人口众多，家家都很富裕。全国没有君主，隶属摩腊婆国。土地物产、气候情况、文字语言、法律规则，因而与之相同。境内有佛寺十多座，僧徒将近一千人，研学小乘正量部法。尚有天祠几十所，外道信徒混杂相居。

从伐腊毗国向西行走五百多里，抵达苏剌侘国（在西印度境内）。

苏剌侘国

3.7　苏剌侘 ① 国，周四千余里。国大都城周三十余里，西据莫醯河 ②。居人殷盛，家产富饶。役属伐剌毗国。地土咸卤，花果希少。寒暑虽均，风飘不静。土俗浇薄，人性轻躁。不好学艺，邪正兼信。伽蓝五十余所，僧徒三千余人，多学大乘上座部法 ③。天祠百余所，异道杂居。国当西海之路，人皆资海之利，兴贩为业，贸迁有无。

去城不远，有郁鄯多^④山。山顶有伽蓝，房宇廊庑，多疏崖岭，林树郁茂，泉流交境，圣贤之所游止，灵仙之所集往。

从伐腊毗国北行千八百余里，至瞿折罗国。西印度境。

【注释】

① 苏剌侘，亦作苏剌咤，梵文 Surāṣṭra 的音译。其国故地在今卡提阿瓦南部的卡奇湾上。当是以今港口城市苏拉特（Surat）为中心的一块地区；苏拉特曾经是个重要的通商口岸。

② 该国的都城故址当在今朱纳格（Junagarh）；在古代则称为讫哩纳加罗（Girinagara），意即山城。莫醯河，即莫诃河，或以为是今柏瓦尔河上游。释见卷九 1.2 注 ①。

③ 上座部法，释见卷九 1.10 注 ㉕。

④ 郁鄯多，当是梵文 Ujjanta 的音译。即今讫尔纳山（Girnar）；古代都城即以此山而得名。郁鄯多山是耆那教的圣地，为该教圣人涅密那塔的诞生之地，故山上有关于他和其它圣徒的不少遗迹。当然，也有许多佛教文物。

【译文】

苏剌侘国，方圆四千多里。该国的大都城方圆三十多里，西侧滨临莫醯河。居民人口众多，家家都很富裕。隶属伐腊毗国。地质多属盐碱，花草果树稀少。气候冷热调匀，但是颇多风暴。民风虚伪刻薄，人性轻浮急躁；不爱学术技艺，外道佛教都信。境内有佛寺五十多座，僧人三千多名，大多研学大乘上座部法。尚有天祠一百多所，外道信徒混杂相居。其国扼守通往西海之路，所以居民都靠大海谋利，依靠商贩为生，交易各种货物。

　　离城不远之处，有座郁善多山。山顶有座佛寺，寺内屋宇廊庑，大多建在崖上。树林茂密浓郁，泉水、溪流交叉，这是圣贤游览之地，神仙聚集之所。

　　从伐腊毗国向北行走一千八百多里，抵达瞿折罗国（在西印度境内）。

瞿折罗国

3.8　瞿折罗①国，周五千余里。国大都城号毗罗摩罗②，周三十余里。土宜风俗，同苏剌侘国。居人殷盛，家产富饶。多事外道，少信佛法。伽蓝一所，僧百余人，习学小乘法教说一切有部③。天祠数十，异道杂居。王，刹帝利种也，年在弱冠，智勇高远，深信佛法，高尚异能。

　　从此东南行二千八百余里，至邬阇衍那国。南印度境。

【注释】

　　① 瞿折罗，梵文 Gūrjara 的音译。其国故地在今印度西部拉贾斯坦邦一带；其国境和民族语言延伸至今拉兹普塔那（Rajputana）和马尔瓦的南部。

　　② 毗罗摩罗，梵文 Bhillamāla 的音译。该城故址当在今巴尔梅尔（Balmer）。

　　③说一切有部，释见卷一 1.1 注 ⑧。

【译文】

　　瞿折罗国，方圆五千多里。该国的大都城名叫毗罗摩罗，方圆三十多里。土地物产、风俗习惯，与苏剌侘国相同。居民人口众多，家家都很富裕。大多宗奉外道，很少信仰佛教。境内有佛寺一座，僧徒一百多人，研学小乘教说一切有部。尚有天祠几十所，外道信徒混杂相居。国王属于刹帝利种姓，年纪二十左右，极为机智勇敢，深深信仰佛教，崇尚异能之士。

从本国向东南方行走二千八百多里，抵达邬阇衍那国（在南印度境内）。

邬阇衍那国

3.9　邬阇衍那[①]国，周六千余里。国大都城周三十余里。土宜风俗，同苏剌侘国。居人殷盛，家室富饶。伽蓝十余所，多以圮坏，存者三五。僧徒三百余人，大小二乘，兼功习学。天祠数十，异道杂居。王，婆罗门种也，博览邪书，不信正法。去城不远有窣堵波，无忧王作地狱之处[②]。

从此东北行千余里，至掷枳陀国。南印度境。

【注释】

①　邬阇衍那，亦作优禅尼、乌然尼、乌舍尼等，梵文 Ujjayanī 的音译。其国故地相当于今印度中央邦的西部。都城则在今乌贾因（Ujjain），位于中央邦的西南部，至今是马尔瓦高原上的经济中心之一。

②　无忧王作地狱一事，见卷八 1.3。

【译文】

邬阇衍那国，方圆六千多里。该国的大都城方圆三十多里。土地物产、风俗习惯，与苏剌侘国相同。居民人口众多，家室都很富裕。境内有佛寺几十座，大多倾塌毁坏，存留的不过三五座；共有僧人三百多名，对于大、小二乘佛教，全都研学诵习。尚有天祠几十所，外道信徒混杂相居。国王属于婆罗门种姓，博览外道书籍，并不信仰佛教。

从本国向东北方行走一千多里，抵达掷枳陀国（在南印度境内）。

掷枳陀国

3.10 掷枳陀[①]国，周四千余里。国大都城周十五六里。土称沃壤，稼穑滋植，宜菽、麦，多花果。气序调畅，人性善顺。多信外道，少敬佛法。伽蓝数十，少有僧徒。天祠十余所，外道千余人。王，婆罗门种[②]也，笃信三宝[③]，尊重有德，诸方博达之士，多集此国。

从此北行九百余里，至摩醯湿伐罗补罗国。中印度境。

【注释】

① 掷枳陀，梵文名 Jejākabhukti。该国故地相当于今印度中央邦北部的彭德尔甘德（Bundelkhand）地区。都城故址在今卡朱拉霍(Khajuraho)，位于卡瑙季东南方约 145 公里处。

② 婆罗门种姓，释见卷二 4.8 注 ⑩。

③ 三宝，释见卷一 1.6 注 ③。

【译文】

掷枳陀国，方圆四千多里。该国的大都城方圆十五六里。土壤肥沃，庄稼茂盛，适宜种植菽、麦，花草、果树较多。气候调和舒畅，居民善良驯顺。大多信仰外道，很少崇敬佛法。境内有佛寺几十座，僧徒数量很少。尚有天祠十几所，外道信徒一千多人。国王属于婆罗门种姓，深信佛教,尊重有德之士,各地渊博通达之人,大多会聚这一国家。

从本国向北行走九百多里,抵达摩醯湿伐罗补罗国(在中印度境内)。

摩醯湿伐罗补罗国

3.11 摩醯湿伐罗补罗[①]国,周三千余里。国大都城周三十余里。土宜风俗,同邬阇衍那国。宗敬外道,不信佛法。天祠数十,多是涂灰之侣[②]。王,婆罗门种也,不甚敬信佛法。

从此还至瞿折罗国,复北行荒野险碛,经千九百余里,渡信度大河,至信度国。西印度境。

【注释】

① 摩醯湿伐罗补罗,梵文 Maheśvarapura 的音译;义为"大自在城"。该国故地相当于今印度拉贾斯坦邦东部的瓜廖尔(Gwalior)一带。而其都城也可能就在今瓜廖尔,地处恒河平原至温德亚山区的天然走廊中。

② 涂灰之侣,指印度教湿婆派的信徒,释见卷一 4.4 注 ⑧。

【译文】

摩醯湿伐罗补罗国,方圆三千多里。该国的大都城方圆三十多里。土地物产、风俗习惯,与邬阇衍那国相同。宗奉外道,不信佛教。境内有天祠几十所,大多居住涂灰派信徒。国王属于婆罗门种姓,不太信仰佛教。

从本国回到瞿折罗国,再向北穿越荒芜山野、艰险沙碛,经过一千九百多里,渡过信度大河,抵达信度国(在西印度境内)。

信度国

3.12 信度^①国，周七千余里。国大都城号毗苫婆补罗^②，周三十余里。宜谷稼，丰粟麦，出金、银、鍮石，宜牛、羊、橐驼、骡畜之属。橐驼卑小，唯有一峰。多出赤盐，色如赤石，白盐、黑盐及白石盐等，异域远方以之为药。人性刚烈而质直，数斗净，多诽讟。学不好博，深信佛法。伽蓝百所，僧徒万余人，并学小乘正量部法，大抵懈怠，性行弊秽；其有精勤贤善之徒，独处闲寂，远迹山林，夙夜匪懈，多证圣果。天祠三十余所，异道杂居。王，戍陀罗种^③也，性淳质，敬佛法。如来在昔颇游此国，故无忧王于圣迹处建窣堵波数十所。乌波毱多大阿罗汉^④屡游此国，演法开导，所止之处，皆旌遗迹，或建僧伽蓝，或树窣堵波，往往间起，可略而言。

信度河侧千余里陂泽间，有数百千户，于此宅居，其性刚烈，唯杀是务。牧牛自活，无所系命。若男若女，无贵无贱，剃须发，服袈裟，像类苾刍，而行俗事，专执小见，非斥大乘^⑤。闻之耆旧曰：昔此地民庶安忍，但事凶残。时有罗汉悯其颠坠，为化彼故，乘虚而来，现大神通，示稀有事，令众信受，渐导言教。诸人敬悦，愿奉指诲。罗汉知众心顺，为授三归^⑥，息其凶暴，悉断杀生，剃发染衣，恭行法教。年代浸远，世易时移，守善既亏，余风不殄，虽服法衣，尝无戒善。子孙奕世，习以成俗。

从此东行九百余里，渡信度河东岸，至茂罗三部卢国。西印度境。

【注释】

① 信度，亦作新头、信地、辛头、辛都等，梵文 Sindhu 的音译。该国故地相当于今巴基斯坦旁遮普省的西南部一带，滨临信度河。

② 毗苫婆补罗，可能是梵文 Vichavapura 的音译。通常将该城故址比定为苏库尔地区的阿洛尔 (Alor)，即今阿洛尔以东约 8 公里处的古城乌奇 (Uch)。据说此城由亚历山大大帝所建。

③ 戍陀罗种姓，释见卷二 1.11 注 ⑥。

④ 乌波毱多罗汉，释见卷四 2.2 注 ⑯。

⑤ 小见，犹言小乘之见。关于大乘、小乘，释见卷二 1.10 注 ④。

⑥ 三归，亦称三归依、三归戒，梵文 triśaraṇagamana 的音译。佛教徒在入教之前，必须先于师前受这“三归依”，意谓对佛、法、僧的归顺依附。具体内容是：一，归依佛宝以为师者；二，归依法宝以为药者；三，归依僧宝以为友者。《大乘义章》卷十：“归依不同，随境说三，所谓归佛归法归僧。依佛为师，故曰归佛；凭法为药，故称归法；依僧为友，故名归僧。”

【译文】

信度国，方圆七千多里。该国的大都城名叫毗苫婆补罗，方圆三十多里。适宜种植谷物庄稼，粟子、小麦产量很高，出产金、银、鍮石，宜于放牧牛、羊、骆驼、骡子之类。骆驼身形矮小，只有一个驼峰。赤盐出产很多，颜色犹如红石，这里的白盐、黑盐、白石盐等，都被异国它乡之人作为药物使用。居民禀性刚烈，但是质朴率直，经常斗殴争吵，颇多诽谤怨恨。学问不求渊博，然而深信佛法。境内有佛寺几百座，僧人一万多名，全都研学小乘正量部法，大多松懈懒散，品行德操低劣。其中也有勤奋善良之人，独处闲静之地，远避山林之中，日夜勤学不怠，大多证得圣果。境内有天祠三十多所，外道信徒混杂相居。国王属于戍陀罗种姓，禀性淳厚质朴，十分敬信佛教。如来当初多次巡游此国，所以无忧王在圣佛遗迹之处，建造佛塔几十座。乌波毱多大阿罗汉屡次游览此国，演说佛法，开导众生；他所停留之处，全都旌表遗迹，或者建造佛寺，或者树立佛塔，往往相隔不远，可知大略情况。

信度河旁一千多里的丘坡水泽之间，有成百上千户人家，在此建屋居住。他们性格刚烈，专以屠宰为业，还以牧牛为生，并无其它职业。不管是男是女，无论是贵是贱，全都剃去须发，穿上僧人服装，外貌像个和尚，干的却是俗事，专门执着小乘见解，非难指责大乘佛教。听年老长者说：当初，这里居民心地残忍，专干凶恶害人之事。罗汉怜悯他们堕落，为了度化他们，腾空飞行而来，展示广大神通，现显稀奇之事，使得众人信服，逐渐开导他们，使之接受佛教。众人敬慕喜悦，愿意听从教诲。罗汉知道大家内心归顺，即为他们举行三归仪式；制止凶暴行为，杜绝杀害生灵，剃去头发，穿上僧衣，恭敬实行佛教法规。然而，经过许多年代，世事屡屡更易，时光飞速流驰，人们对于善业不再虔诚信奉，过去凶残风气却未完全消失，虽然穿着僧服，却不守戒行善，子孙代代相传，沿习成为风俗。

从这里向东行走九百多里，渡过信度河的东岸，抵达茂罗三部卢国（在西印度境内）。

茂罗三部卢国

3.13 茂罗三部卢①国，周四千余里。国大都城周三十余里。居人殷盛，家室富饶。役属磔迦国②。土地良沃，气序调顺。

风俗质直,好学尚德。多事天神,少信佛法。伽蓝十余所,多已圮坏,少有僧徒,学无专习。天祠八所,异道杂居。有日天祠,庄严甚丽,其日天^③像铸以黄金,饰以奇宝。灵鉴幽通,神功潜被,女乐递奏,明炬继日,香花供养,初无废绝。五印度国诸王豪族,莫不于此舍施珍宝,建立福舍^④,以饮食医药给济贫病。诸国之人来此求愿,常有千数。天祠四周,池沼花林,甚可游赏。

从此东北行七百余里,至钵多伐国。北印度境。

【注释】

① 茂罗三部卢,梵文 Mūlasthānapura 的音译。该国故地在今巴基斯坦旁遮普省中部。其都城故址在今木尔坦(Multan),位于切纳布河下游;此地至今仍是通往全国各主要城镇的交通枢纽。

② 磔迦国,释见卷四 1.1 注 ①。

③ 日天,即太阳神,释见卷五 1.6 注 ②。

④ 福舍,释见卷四 1.1 注 ④。

【译文】

茂罗三部卢国,方圆四千多里。该国的大都城方圆三十多里。居民人口众多,家室都很富裕。隶属于磔迦国。田地优良肥沃,气候调和舒适。民风朴质率直,爱好学业,崇尚道德。大多宗奉天神,很少信仰佛教。境内有佛寺十多座,多数已经塌毁,少有僧人留止,不学专门部派。尚有天祠八所,外道信徒杂居。有一座日天祠,装饰十分华丽,日天像用黄金铸成,上面缀以珍奇宝石。神灵暗暗鉴察一切,神功悄悄发挥作用;女伎不断演奏歌乐,明亮烛炬日以继夜;焚香献花,虔敬供养,从不间断。五印度国的各位国王、豪门大族，无不在此布施珍宝，设立福舍，用饮食、医药救济贫、病之人。来到这里求愿的各国之人，常有上千之数。天祠四周地区，池塘、花草、树林，颇可游览观赏。

从本国向东北方行走七百多里，抵达钵多伐国（在北印度境内）。

钵伐多国

3.14 钵伐多①国，周五千余里。国大都城周二十余里。居人殷盛。役属磔迦国。多旱稻，宜菽、麦。气序调适，风俗质直，人性躁急，言含鄙辞。学艺深博，邪正杂信。伽蓝十余所，僧徒千余人。大小二乘，兼功习学。四窣堵波，无忧王之所建也。天祠二十，异道杂居。

城侧有大伽蓝，僧徒百余人，并学大乘教，即是昔慎那弗呾罗②唐言最胜子。论师于此制《瑜伽师地释论》，亦是贤爱论师③、德光论师④本出家处。此大伽蓝为天火所烧，摧残荒圮。

从信度国西南行千五六百里，至阿点婆翅罗国。西印度境。

【注释】

① 钵伐多，梵文 Parvata 的音译；义为"山岳"。其都城故址可能在今克什米尔南部城市查谟 (Jammu)；也有不少人认为当在今巴基斯坦旁遮普省的哈拉巴 (Harappa)，那里是著名的"印度河文明"古代遗址的出土地点。

② 慎那弗呾罗，又作辰那弗多罗，梵文 Jinaputra 的音译；意译作最

胜子、佛子、胜子等。是为唯识十大论师之一,著有《瑜伽师地论释》《菩萨戒品释》、《三十唯识论注》等。

③ 贤爱论师,即跋陀罗楼支,释见卷十一3.2注 ⑥。

④ 德光论师,即瞿拿钵剌婆,释见卷四2.6注 ①。

【译文】

钵伐多国,方圆五千多里。该国的大都城方圆二十多里。居民人口众多,隶属于磔迦国。种植很多旱稻,适宜菽、麦生长。气候调和舒适,民风质朴率直,人们性格急躁,语言谈吐粗鄙。学问博大精深,外道佛教都信。境内有佛寺十多座,僧人一千多名。大乘、小乘佛教,全都研学诵习。共有四座佛塔,都是无忧王所建造。尚有天祠二十所,外道信徒混杂相居。

城旁有座大佛寺,共有僧人一百多名,全都研学大乘佛教。当年慎那弗呾罗(唐语谓"最胜子")论师曾在这里撰写《瑜伽师地论》;这里也是贤爱论师、德光论师最初出家的地方。这座大寺曾被天火所烧,已经破残荒废。

从信度国向西南方行走一千五六百里,抵达阿点婆翅罗国(在西印度境内)。

阿点婆翅罗国

3.15 阿点婆翅罗^①国,周五千余里。国大都城号朅麟湿伐罗^②,周三十余里。僻在西境,临信度河,邻大海滨。屋宇庄严,多有珍宝。近无君长,统属信度国。地下湿,土斥卤^③,秽草荒茂,畴垄少垦,谷稼虽备,菽、麦特丰。气序微寒，风飙劲烈。宜牛、羊、橐驼、骡畜之类。人性暴急，不好习学。语言微异中印度。其俗淳质，敬崇三宝。伽蓝八十余所，僧徒五千余人，多学小乘正量部法。天祠十所，多是涂灰外道④之所居止。城中有大自在天⑤祠，祠宇雕饰，天像灵鉴，涂灰外道游舍其中。在昔如来颇游此国，说法度人，导凡利俗，故无忧王于圣迹处建六窣堵波焉。

从此西行减二千里，至狼揭罗国。西印度境。

【注释】

① 阿点婆翅罗，可能是梵文 Audumbatira 的音译。该国故地在今巴基斯坦南部印度河口一带。

② 朅麟湿伐罗，当是梵文 Kacchesvara 的音译。通常将该城故址比定为今巴基斯坦的卡拉奇 (Karachi)；此城在印度河三角洲的西面，南濒阿拉伯海，今为巴基斯坦的第一大城和最大港口。

③ 斥卤，即舄卤，指盐碱地，释见卷二 1.2 注 ⑤。

④ 涂灰外道，指印度教的大自在天教派，释见卷一 4.4 注 ⑧。

⑤ 大自在天，释见卷二 2.9 注 ⑦。

【译文】

阿点婆翅罗国，方圆五千多里。该国的大都城名叫朅麟湿伐罗，方圆三十多里。僻处国境之西，濒临信度河，邻接大海滨。房屋装饰华丽，缀有许多珍宝。近代此国未设君主，隶属于信度国。地势低下潮湿，土质多为盐碱；杂草十分茂盛，农田却少耕垦；庄稼品种齐备，菽、麦产量特高。气候稍趋寒冷，风暴强劲猛烈。宜于牧放牛、羊、骆驼、骡子等家畜。居民性格急躁，不爱从事学术。语言略异于中印度国。民风淳朴质直,敬仰崇拜佛教。境内有佛寺八十多所,僧徒五千多人,大多研学小乘正量部法。尚有天祠十所,大部分为涂灰派信徒所居住。城内有座大自在天祠,庙宇雕刻装饰,神像十分灵验,游方的涂灰派信徒住宿其中。当初如来多次巡游此国,演说佛法,度化世人,引导凡俗,诱之以利,所以无忧王在圣人遗迹之处建造了六座佛塔。

从本国向西行走将近二千里,抵达狼揭罗国(在西印度境内)。

狼揭罗国

3.16 狼揭罗^①国,东西南北各数千里。国大都城周三十余里,号窣菟黎湿伐罗^②。土地沃润,稼穑滋盛。气序风俗,同阿点婆翅罗国。居人殷盛,多诸珍宝。临大海滨,入西女国^③之路也。无大君长,据川自立,不相承命,役属波剌斯国^④。文字大同印度,语言少异。邪正兼信。伽蓝百余所,僧徒六千余人,大小二乘,兼功习学。天祠数百所,涂灰外道其徒极众。城中有大自在天祠,庄严壮丽,涂灰外道之所宗事。

自此西北,至波剌斯国。虽非印度之国,路次附见。旧曰波斯,略也。

【注释】

① 狼揭罗,可能是梵文 Langala 的音译。其故地相当于今巴基斯坦俾路支省东南部一带。

② 窣菟黎湿伐罗,或以为此乃梵文 Sambhurīśvara 的音译,即大自在天的尊号。故址被比定为胡兹达尔(Khozdar)与基拉特(Kilat)之

间的拉柯利安（Lakorian）地区的大故城废墟。但是瓦特斯认为，在此的"菟"字通"菀"，应读作 tu 音，故全名的语源当为 Strī-īśvara，义为"Woman Paramount"（女性至尊）。参见 Watters, *Travels in India*, Vol.II, p.257。

　　③ 西女国，释见卷十一 3.17 注 ⑨。

　　④ 波剌斯国，释见卷十一 3.17 注 ①。

【译文】

　　狼揭罗国，东西边境和南北边境之间都相距几千里之遥。该国的大都城方圆三十多里，名叫窣菟黎湿伐罗。土地肥沃湿润，庄稼繁荣茂盛。气候情况、风俗习惯，与阿点婆翅罗国相同。居民人口众多，家藏各种珍宝。滨临大海，乃是通往西女国的要道。全国没有最高君主，各自据地独立治理，互相不受对方管辖，共同隶属波剌斯国。文字大体同于印度，只是语言稍有差异。外道、佛教全都信仰。境内有佛寺一百多座，僧人六千多名，大乘、小乘佛教，一起研学诵习。尚有天祠几百所，涂灰外道的信徒极多。城内有座大自在天神庙，装饰十分华丽，都由涂灰外道所宗奉。

　　从本国向西北方行走，抵达波剌斯国（虽然不在印度境内，但在途中闻听所得，所以附记在此。以前名叫波斯，乃是简略之称）。

波剌斯等国

3.17 波剌斯 ① 国，周数万里。国大都城号苏剌萨傥那 ②，周四十余里。川土既广，气序亦异，大抵温也。引水为田，人户富饶。出金、银、鍮石 ③、颇胝 ④、水精奇珍异宝，工织大锦、细褐、氍毹之类，多善马、橐驼。货用大银钱。人性躁暴，俗无礼仪。文字、语言异于诸国。无学艺，多工技，凡诸造作，邻境所重。婚姻杂乱，死多弃尸。其形伟大，齐发露头，衣皮褐，服锦氍。户课赋税，人四银钱。天祠甚多，提那跋⑤外道之徒为所宗也。伽蓝二三，僧徒数百，并学小乘教说一切有部⑥。释迦佛钵在此王宫。国东境有鹤秣⑦城，内城不广，外郭周六十余里。居人众，家产富。

西北接拂懔⑧国，境壤风俗，同波剌斯。形貌语言，稍有乖异，多珍宝，亦富饶也。

拂懔国西南海岛有西女国⑨，皆是女人，略无男子。多诸珍宝货，附拂懔国，故拂懔王岁遣丈夫配焉，其俗产男皆不举也。

自阿点婆翅国北行七百余里，至臂多势罗国。西印度境。

【注释】

① 波剌斯，亦作波斯，古伊兰语 Pārasi、Pārsia 或 Pārsa 的译音。其地大约相当于今西亚的伊朗。玄奘访印之时，该国正处于萨珊王朝的末期，领土正日益落入刚刚兴起的阿拉伯人手中。玄奘并未亲履此国，而只是得之于传闻；但是他所著录的资料却有其独特性，如都城之名以及宗教状况等都可补其它同类史料之不足。

② 苏剌萨傥那，梵文 Surasthāna 的音译；义为"神之居所"。此名仅见于本书，故为探索萨珊王朝都城的名称提供了珍贵的资料。通常所知的萨珊王朝都城名叫泰西封（Ctesiphon）和波斯波利斯（Persepolis）；前者义为"银城"。玄奘为何如此称呼波剌斯都城，似乎不甚明瞭。

③ 鍮石，释见卷一 4.2 注 ①。

④ 颇胝，实际上即是水精，释见玄奘序 1.3 注 ④。

⑤ 提那跋，或谓是梵文 Dinapati 的音译；义为"太阳"。通常认为这即是古代流行于伊朗和中亚一带的琐罗亚斯德教，亦即祆教，或称拜火教；因为该教认为火是神圣之物，是善神阿胡拉马兹达的儿子，所以对它特别尊崇。伊朗的这一宗教大约在南北朝时期的 516—519 年间传入我国，到了隋末唐初特别兴盛，成为中伊文化交流史上的一件大事。此外，也有人认为，《西域记》在此的"提那跋"乃是帕提亚语 Dēnāwar（义为"虔诚的、正直的或信徒、真信者"等）的音译，而此即源于西亚的摩尼教东传中亚之后所创教派的专称。

⑥ 说一切有部，释见卷一 1.1 注 ⑧。

⑦ 鹤秣，当是 Ormus 的对音，即现代城市霍尔木兹 (Hormuz)，乃伊朗的重要港口。

⑧ 拂懔，亦作拂菻、弗林、拂临等，中古波斯语及粟特语 From、Hrum、Hrom 和 Porum 的音译，均为 Rum（罗马）一字的讹音。是为隋唐时期对东罗马帝国及其所属亚洲领土的称呼。慧超《往五天竺国传》分拂临为大小二国，说"小拂临傍海西北，即是大拂临国"；似乎以君士坦丁堡一带为大拂临，以小亚细亚为小拂临。

⑨ 西女国，当是指西方之女国；杜环《经行记》"拂林国"条所谓"又闻西有女国，感水而生"，也是指这类西女国。然而，古代关于女国的传说很多，方位各异。《图书集成·边裔典》卷四十一《女国部汇考》引《梁四公记》云："以今所知，女国有六。何者？北海之东方夷之北有女国，天女下降为其君，国中有男女，如他恒俗；西南板楯之西有女国，其女悍而男恭，女为人君，以贵男为夫，置男为妾媵，多者百人，少者匹

夫；昆明东南绝徼之外有女国，以猿为夫，生男类父而入山谷，昼伏夜游，生女则巢居穴处；南海东南有女国，举国惟以鬼为夫，夫致饮食禽兽以养之；勃律山之西有女国，方百里，山出台虺之水，女子浴之而有孕，其女举国无夫；并蛇六矣。"

【译文】

波剌斯国，方圆几万里。该国的大都城名叫苏剌萨傥那，方圆四十多里。土地十分辽阔，气候也不相同，大体比较温暖。引水灌溉田地，居民家室富足。出产金、银、鍮石、颇胝、水精奇珍异宝；精工纺织大锦、细褐、毛毯之类；盛产良马、骆驼。货币使用大银钱。居民性格暴躁，向来不讲礼义。文字语言情况，异于其它各国。没有饱学之士，但多工匠技师，所制各种物品，邻国视为珍品。婚姻状况混乱，死后丢弃尸体。身材高大魁梧，剪短头发，露出头顶，用皮褐、织锦棉布作为衣服料子。每户交纳赋税，每人四个银钱。境内天祠很多，由提那跋外道信徒所宗奉。佛寺二三座，僧徒几百人，全都研学小乘教说一切有部。释迦佛的食钵，藏在此国王宫。该国东部有座鹤秣城，内城不大，外郭则方圆六十多里。居民十分众多，家产都很富足。

此国西北所邻接的拂懔国，土产风俗状况，同于波剌斯国；外貌语言方面，稍微有所不同；多产奇珍异宝，也是相当富饶。

拂懔国西南方的海岛上，有个西女国，国内全是妇女，没有一个男人。各种珍宝很多，依附于拂懔国，所以拂懔国王，每年派遣男子，前往女国婚配。按照此国风俗，生下男婴都不抚育。

从阿点婆翅罗国向北行走七百多里，抵达臂多势罗国（在西印度境内）。

臂多势罗国

3.18 臂多势罗①国，周三千余里。国大都城周二十余里。居人殷盛，无大君长，役属信度国②。土地沙卤，寒风凄劲。多菽、麦，少花果。而风俗犷暴。语异中印度。不好艺学，然知淳信。伽蓝五十余所，僧徒三千余人，并学小乘正量部③法。天祠二十余所，并涂灰外道④也。

城北十五六里大林中，有窣堵波，高数百尺，无忧王所建也。中有舍利，时放光明。是如来昔作仙人，为国王所害之处。此东不远有故伽蓝，是昔大迦多延那⑤大阿罗汉之所建立。其旁则有过去四佛座及经行遗迹之处，建窣堵波以为旌表。

从此东北行三百余里，至阿軬荼国。西印度境。

【注释】

① 臂多势罗，可能是梵文 Pāṭāsila 的音译。其国故地相当于今巴基斯坦信德省的南部。都城故址则当在今海德拉巴德（Hydarabad）。

② 信度国，释见卷十一 3.12 注 ①。

③ 正量部，释见卷四 2.11 注 ②。

④ 涂灰外道，释见卷一 4.4 注 ⑧。

⑤ 迦多延那，又称迦多衍那、迦多衍尼子等，据云是佛陀十大弟子中的摩诃迦旃延（号为议论第一）的儿子，从母姓为名。《俱舍光记》卷一："迦多衍尼子者，迦多，名剪剃；衍，名为种；尼，是女声。此人是剪剃种女生，从母姓为名，故名迦多衍尼子。是婆罗门十姓中一姓也，此剪剃种，西方贵族。……若言迦多衍那，迦多衍，如前释；那，是男声，从父

为名也。"其简历参见卷四 1.5 注 ⑧。

【译文】

臂多势罗国,方圆三千多里。该国的大都城方圆二十多里。居民人口众多,并无最高君主,隶属于信度国。地多沙土,质含盐碱,常刮寒风,凄厉猛烈。多产菽、麦,很少花果。民风粗犷暴烈。语言异于中印度国。不爱技艺学问,但是虔诚信佛。境内有佛寺五十多座,僧人三千多名,全都研学小乘正量部法。尚有天祠二十多所,都是涂灰外道信徒留止。

城北十五六里的大树林中,有座佛塔,高几百尺,是无忧王所建造。塔中藏有舍利,经常放射光明。这是如来以前当仙人之时,被国王杀害的地点。在这东面不远之处,有座旧佛寺,是当初迦多衍那大阿罗汉所建造。寺旁则有过去四佛的坐处以及散步遗迹的场所,那里建有佛塔作为旌表。

从这里向东北方行走三百多里,抵达阿叇荼国(在西印度境内)。

阿叇荼国

3.19 阿叇荼 ① 国,周二千四五百里。国大都城周二十余里。无大君长,役属信度国。土宜稼穑,菽、麦特丰,花果少,草木疏。气序风寒,人性犷烈。言辞朴质,不尚学业。然于三宝,守心淳信。伽蓝二十余所,僧徒二千余人,多学小乘正量部法。天祠五所,并涂灰外道也。

城东北不远,大竹林中,伽蓝余址,是如来昔于此处听诸苾刍着亟缚屣 ②。唐言靴。傍有窣堵波,无忧王所建也,基虽倾陷，尚高百余尺。其旁精舍，有青石立佛像，每至斋日，或放神光。次南八百余步，林中有窣堵波，无忧王之所建也。如来昔日止此，夜寒，乃以三衣 ③ 重覆，至明旦，开 ④ 诸苾刍着复纳衣。此林之中有佛经行之处。又有诸窣堵波，鳞次相望，并过去四佛坐处也。其窣堵波中有如来发、爪，每至斋日，多放光明。

　　从此东北行九百余里，至伐剌拏国。西印度境。

【注释】

　　① 阿叠茶，亦作阿畲茶、河畲茶等，当是梵文 Avaṇḍa 的音译。该国故地在今巴基斯坦信德省北部。其都城故址则可能在今凯浦尔（Khaipur）附近；凯浦尔位于印度河南岸 18 公里的米尔瓦赫运河（Mir Wah）河畔。

　　② 亟缚屣，亦作迦缚史，其语源不得而知；只是据玄奘所注，知道其义为靴而已。瓦特斯推测，藏语 Kō-ba 有可能是其语源，义为“皮革”。但是“亟缚”更可能是印度土语“用带子系牢”一词的非常用形式，因而亟缚屣当为“用带系牢之便鞋”的意思（见 Watters, *Travels in India*, Vol. Ⅱ, p.260）。按照佛教戒律，僧人所穿的便鞋只能用植物材料制作，而不得使用皮革；但是有些律典则声称便鞋可用皮革制作。北方寒冷地区的佛僧被允许穿着皮靴，双腿亦可覆以皮片纳成之服。《西域记》在此谓如来允许诸比丘破例穿靴，可能也是因为天气寒冷的缘故。

　　③ 三衣，即僧人的三种法服——众聚时衣、上衣、中着衣，释见卷二 1.6 注 10。

　　④ 开，在此当为“开……禁”之意；故这里的“开诸苾刍着覆纳衣”

一语当意为"免除禁止比丘同时穿几套法衣的规定"。

【译文】

　　阿耸荼国,方圆二千四五百里。该国的大都城方圆二十多里。没有最高君主,隶属于信度国。田地适宜种植庄稼,豆类、小麦产量特高。鲜花、水果很少,草类、树木稀疏。气候多风寒冷,人性粗犷暴烈。语言谈吐朴实,并不尊崇学术。但是对于佛教,却是虔敬信奉。境内有佛寺二十多座,僧徒二千多人,大多学研学小乘正量部法。尚有天祠五所,都是涂灰派信徒。

　　都城东北方不远的大竹林中,有座佛寺的旧址,当初如来曾在这里允许和尚们穿着亚缚屣(唐语谓"靴")。旁边有座佛塔,无忧王所建造;塔基虽已塌陷,仍高一百多尺。塔旁有一精舍,其中有尊青石立佛像,逢到斋日期间,经常放射光芒。再往南去八百多步,树林之中有座佛塔,乃是无忧王所建造。当初如来曾经留住这里,夜间寒冷,便用三衣重重裹身,待到天亮之后,遂撤消禁止比丘同时穿着几套法衣的禁令。这座树林之中,有佛陀的散步之处。还有许多佛塔,犹如鱼鳞相接,都是过去四佛坐处的遗迹。这些佛塔之中,藏有如来的头发、指甲,逢到斋日期间,经常放射光芒。

　　从这里向东北方行走九百多里,抵达伐剌拿国(在西印度境内)。

伐剌拿国

3.20 伐剌拿[①]国,周四千余里。国大都城周二十余里。居人殷盛,役属迦毕试国[②]。地多山林,稼穑时播。气序微寒,风俗犷烈。性忍暴,志鄙弊。语言少同中印度。邪正兼崇,不好学艺。伽蓝数十，荒圮已多，僧徒三百余人，并学大乘法教。天祠五所，多涂灰外道也。

城南不远有故伽蓝，如来在昔于此说法，示教利喜 [3]，开悟含生 [4]。其侧有过去四佛座及经行遗迹之处。

闻诸土俗曰：从此国西接稽姜那国 [5]，居大山川间，别立主，无大君长。多羊、马，有善马者，其形殊大，诸国希种，邻境所宝。

复此西北，逾大山，涉广川，历小城邑，行二千余里，出印度境，至漕矩吒国。亦谓漕利国。

【注释】

① 伐剌拿，梵文 Varṇu 的音译。通常认为此国故地在今巴基斯坦西北边境省南部的班努（Bannu）周近。都城即在班努，该城位于库拉姆河南岸，扼守着北部重镇白沙瓦通往南部的要道；至今仍是巴基斯坦的商业中心和军事基地。

② 迦毕试国，释见卷一 4.4 注 ①。

③ 示教利喜，《智度论》卷五十四《释天王品》如此解释道："示者，示人好丑、善不善、应行不应行；生死为丑，涅槃安隐为好；分别三乘，分别六波罗蜜，如是等名示。教者，教言汝舍恶行善，是名教。利者，未得善法味故，心则退没，为说法引导令出：'汝莫于因时求果，汝今虽勤苦，果报出时，大得利益。'令其心利，故名利。喜者，随其所行而赞叹之，令其心喜；若乐布施者，赞布施则喜，故名喜。以此四事，庄严说法。"

④ 含生，即指人类、有灵魂者，义同"含灵"，释见卷十 2.1 注 ⑬。

⑤ 稽姜那，此为传说之国，难以断定故地。或以为此即阿拉伯史家

所说的 Kykānān 国，又称 Kykan，在今 Chāl 地方；有人则将它比定为今班努以西的瓦齐利斯坦（Waziristan），位于巴基斯坦与阿富汗接壤的山区中。不过这类说法也仅聊备一说而已。

【译文】

伐剌拿国，方圆四千多里。该国的大都城方圆二十多里。居民人口众多，隶属迦毕试国。山丘、树林很多，庄稼适时播种。气候稍见寒冷，民风粗犷暴烈。性格残忍，志趣低下。语言大体同于中印度国。外道、佛教都信，不爱学术、技艺。境内有佛寺几十座，大多荒废倾塌；僧徒三百多人，全都研学大乘佛教。尚有天祠五所，多是涂灰派信徒。

都城南边不远之处，有座旧佛寺，当初如来曾在这里讲经说法，指示修行之道，教人舍恶行善，用利诱导人心，赞美善人善事，促使众人觉悟。寺旁则有过去四佛的坐处以及散步场所的遗迹。

听当地居民说：此国西境邻接稽姜那国，位于大山川间，各自推立首领，没有最高君主。当地盛产羊、马；内有一种骏马，体形特别高大，各国视为稀种，邻境作为珍品。

再从本国向西北，翻过大山，渡过大河，经过小城，行走二千多里，离开印度国境，抵达漕矩吒国（也称漕利国）。

卷第十二

漕矩吒国和弗栗恃萨傥那国

【题解】

这是玄奘在回国途中，出印度境后和再入睹货逻国故地之前所巡游的两国，时当贞观十六年（642 年）。显然，这与《西域记》卷十一末尾所记行程的时间相差了三四年，因为玄奘由钵伐多国到那烂陀寺后，又曾就学于低罗择迦寺大德般若跋陀罗、杖林山居士胜军论师等人，并分别受戒日王和拘摩罗王的邀请，参加了许多活动，尤其是著名的曲女城法会。这些活动的详情均见《慈恩传》。

漕矩吒国

1.1　漕矩吒^①国，周七千余里。国大都城号鹤悉那^②，周三十余里，或都鹤萨罗^③城，周三十余里，并坚峻险固也。山川隐嶙，畴垄爽垲。谷稼时播，宿麦滋丰，草木扶疏，花果茂盛，宜郁金香，出兴瞿^④草，草生罗摩印度^⑤川。鹤萨罗城中涌泉流派，国人利之，以溉田也。气序寒烈，霜雪繁多。人性轻躁，情多诡诈。好学艺，多伎术，聪而不明，日诵数万言。文字言辞，异于诸国。多饰虚谈，少成事实。虽祀百神，敬崇三宝。伽蓝数百所，僧徒万余人，并皆习学大乘法教。今王淳信，累叶承统，务兴胜福，敏而好学。无忧王所建窣堵波十余所。天祠数十，异道杂居。计多外道，其徒极盛，宗事穄锄句反，下同。那天⑥。其天神昔自迦毕试国阿路猱山⑦徙居此国南界穄那呬罗山⑧中，作威作福，为暴为恶，信求者遂愿，轻蔑者遭殃。故远近宗仰，上下祇惧⑨。邻国异俗君臣僚庶，每岁佳辰不期而会，或赍金、银奇宝，或以羊、马驯畜，竞兴贡奉，俱申诚素。所以金、银布地，羊、马满谷，无敢觊觎，唯修施奉。宗事外道，克心苦行，天神授其咒术，外道遵行多效，治疗疾病，颇蒙痊愈。

　　从此北行五百余里，至弗栗恃萨傥那国。

【注释】

　　① 漕矩吒国，释见卷一4.7注③。

　　② 鹤悉那，当为 Ghazni 或 Ghaznin 的音译。该城故址在今阿富汗东部的加兹尼。

　　③ 鹤萨罗，当是 Ghasala 的对音。该城故址可能在今加兹尼以西的赫尔曼德河（Helmand）流域。

　　④ 兴瞿，又作兴渠、兴旧、兴宣等，梵文 hiṅgu 的音译。是为"五辛"之一，属于辛、蒜之类植物，可供食用。玄应《音义》卷十八："兴渠，此言讹也。应言兴旧。……出阇乌荼婆他那国，彼土人常所食者也。此方相传以为芸薹，非也。……又云此树汁似桃胶，西国作食皆着之；今时阿魏药也。"《宋高僧传》卷二十九《慧日传》云："又以僧徒多迷五辛中'兴渠'。'兴渠'，人多说不同，或云芸薹、胡荽，或云阿魏，唯《净土集》

中别行书出云：'五辛，此土唯有四，一蒜，二韭，三葱，四薤，阙于兴渠。梵语稍讹，正云形具，余国不见。回至于阗，方得见也。根粗如细蔓，菁根而白，其臭如蒜，彼国人种取根食也。于时冬天到彼，不见枝叶。薹、荽非五辛，所食无罪。'"

⑤ 罗摩印度，当是 Rāmendu 的音译；可能是指今赫尔曼德河。

⑥ 穄那天，即是婆罗门教中的太阳神，释见卷一 4.7 注 ④ 和注 ⑤。

⑦ 阿路猱山，释见卷一 4.7 注 ②。

⑧ 穄那呬罗山，释见卷一 4.7 注 ④。

⑨ 祇惧，恭敬怖惧之意，释见卷五 1.5 注 ⑥。

【译文】

漕矩吒国，方圆七千多里。该国的大都城称为鹤悉那，方圆三十多里；有时则以鹤萨罗为都城，方圆三十多里，两城都很险要坚固。山岭河流地势很高，农田土质也很干爽。庄稼适时种植，宿麦产量很高；草丛树木浓郁，鲜花水果茂盛；宜于生长郁金香，并且出产兴瞿草，此草生在罗摩印度河流域。鹤萨罗城内有泉水喷流涌出，人们利用它来浇灌田地。气候特别寒冷，霜、雪十分繁多。居民性格轻浮急躁，经常使用诡诈手腕。爱好学问技艺，掌握多门技能；耳目反应灵敏，心智却不颖悟，每天诵经几万字。文字语言方面，异于其它诸国。经常夸夸其谈，很少干成实事。虽然供奉百神，但也信仰佛教。境内有佛寺几百座，僧人一万多名，全都研学大乘佛教。当今的国王虔诚信仰佛法，多世继承王统，致力慈善事业，聪明而且好学。境内有无忧王所建造的佛塔十多座。还有天祠几十所，外道信徒混杂相居。外道种类很多，信徒极为兴盛，崇拜穄那天神。这个天神当初从迦毕试国的阿路猱山迁居到此国南境的稠那呬罗山中，滥施淫威，行凶作恶；信奉祈求他的人都能如愿以偿，轻蔑鄙视他的人则会招来祸殃；所以，远近人们全都崇拜敬仰，君臣庶民都很恭敬恐惧。邻域异邦的国王、大臣、百姓，每年逢到佳节良辰，都会自动前来相聚；有的带来金银珠宝，有的带来羊马家畜，竞相献给天神，各自表白诚意。所以那里金子、银子铺地，羊马布满山谷，没人敢生贪心，只有恭敬奉献。对于信仰外道，刻苦修行之人，天神便会教他咒术，信徒依法施行，往往很有效果，用以治疗疾病，大多能够痊愈。

从本国向北方行走五百多里，抵达弗栗恃萨傥那国。

弗栗恃萨傥那国

1.2　弗栗恃萨傥那①国，东西二千余里，南北千余里。国大都城号护苾那②，周二十余里。土宜风俗，同漕矩吒国，语言有异。气序寒劲，人性犷烈。王，突厥种也，深信三宝，尚学遵德。

【注释】

　　①　弗栗恃萨傥那，亦作佛栗氏萨傥那，可能是 Vṛjisthāna 的对音。或以为其国故地位于今阿富汗的喀布尔河流域。

　　②　护苾那，当是 Hupiāna 的对音。该城故址可能在今阿富汗喀布尔以北约 50 公里处的胡皮安（Hupian 或 Opian）。

【译文】

　　弗栗恃萨傥那国，疆域的东西方相距二千多里，南北方相距一千多里。该国的大都城名叫护苾那，方圆二十多里。当地物产、风俗习惯，与漕矩吒国相同,语言则稍有差异。气候十分寒冷,人们粗犷暴烈。国王属于突厥种族,深信佛教,崇尚学问,遵守道德。

1.3　从此国东北,逾山涉川,越迦毕试国边城小邑,凡数十所,至大雪山婆罗犀那^①大岭。岭极崇峻,危隥敧倾,蹊径盘迂,岩岫回互^②。或入深谷,或上高崖,盛夏合冻,凿冰而度。行经三日,方至岭上。寒风凄烈,积雪弥谷,行旅经涉,莫能仁足。飞隼翱翔,不能越度,足趾步履,然后翻飞,下望诸山,若观培塿^③。赡部洲^④中,斯岭特高。其巅无树,惟多石峰,攒立丛倚,森然若林。

又三日行,方得下岭,至安呾罗缚国。

【注释】

①　婆罗犀那,可能是 Varasena 的对音;其地当即今阿富汗东北部的卡瓦克山口(Khawak Pass),它位于兴都库什山的东部,海拔约高 3500 米。

②　回互,犹言回护、回环交错,有蟠曲阻塞以及曲折而相互遮蔽之意,柳宗元《梦乡赋》:"纷若喜而怡傥兮,心回互以壅塞。"高适《自淇涉黄河途中作十三首》之六:"北风吹万里,南雁不知数。归意方浩然,云沙更回互。"

③　培塿,亦作部娄,即小土丘。《风俗通义·山泽》"培"条云:"谨按《春秋左氏传》:'培塿无松柏。'言其卑小。部者,阜之类也。今齐、鲁之间,田中少高印,名之为部矣。"

④　赡部洲,释见玄奘序 1.2 注 ⑫。

【译文】

　　从本国向东北方，翻过山岭，渡过大河，越经迦毕试国边境的小城镇几十个，抵达大雪山的婆罗犀那大岭。这座山岭高大险峻，危岩斜倾，势欲坠下；山径迂回曲折，岩岭交相遮蔽，有时降入深谷，有时盘上高崖，即使盛夏季节，也都雪封冰冻，行人若要过山，只得凿冰开路。经过三日路程，方才到达山顶。寒风凄厉猛烈，积雪满山遍谷，旅客经过这里，无法停顿休息。猛禽飞到这里，同样不能度越，必须走上山顶，然后振翅再飞。站在山顶之上，眺望其它各山，犹如小小土丘。整个赡部洲中，这座山岭最高。峰顶不生树木，尽是岩石林立，有的穿天而起，有的聚集成堆，阴暗浓密之状，好像一片森林。

　　又走三天路程，方始下得山岭，抵达安呾罗缚国。

睹货逻国故地

【题解】

　　玄奘在归途中再次经过睹货逻国故地，但是这次所经的地区更偏向于东南方，并未重复当初的路线。这里所载属于"睹货逻故地"的国家共有十三个，不过据《慈恩传》，玄奘是从䕃健国直接东行三百余里至呬摩呾罗国的，故这段行程附近的阿利尼国、曷罗胡国、讫栗瑟摩国、钵利曷国均当得自传闻。此外，《西域记》所记分别位于达摩悉铁帝国之北、南的尸弃尼国和商弥国（不属睹货逻故地）也并非玄奘亲履之地。

安呾罗缚国和阔悉多国

2.1　安呾罗缚^①国，睹货逻国故地也。周三千余里。国大都城周十四五里。无大君长，役属突厥。三埠连属，川田隘狭。气序寒烈，风雪凄劲。丰稼穑，宜花果。人性犷暴，俗无纲纪。不知罪福，不尚习学，唯修神祠，少信佛法。伽蓝三所，僧徒数十，然皆遵习大众部^②法。有一窣堵波，无忧王建也。

从此西北，入谷逾岭，度诸小城，行四百余里，至阔悉多国。

阔悉多^③国，睹货逻国故地也。周减千里。国大都城周十余里。无大君长，役属突厥。山多川狭，风而且寒。谷稼丰，花果盛。人性犷暴，俗无法度。伽蓝三所，僧徒尠少。

从此西北，逾山越谷，度诸城邑，行三百余里，至活国。

【注释】

①　安呾罗缚，乃伊朗语 Andarāb 的音译。此国都城的故址在今卡瓦克山口以西的印特拉布（Inderab）。

②　大众部，释见卷三 1.1 注 ⑨。

③　阔悉多，当是 Khousta 或 Khost 的对音。其地域可能在今塔里汗（Talikan）与印达拉布之间的查勒霍斯特（Chal Khost）地区；西界昆都士河，东界富尔汗河（Fulkhan）。

【译文】

安呾罗缚国，是原睹货逻国的属地。方圆三千多里。该国的大都城方圆十四五里。国内没有最高君主，各邦全都隶属突厥。山岭丘阜连绵相接，平原农田十分狭窄。气候极其寒冷，风雪凄厉强劲。谷物庄稼茂盛，适宜花果生长。居民性格粗犷暴烈，从来不讲纲常法纪。不懂罪孽、福德，不爱研习佛学，只知崇拜神祠，很少信仰佛教。境内有佛寺三座，僧人几十名，但都遵奉大众部法。国内有座佛塔，无忧王所建造。

从本国向西北方，进入山谷，翻过山岭，路经若干小城，行走四百多里，抵达阔悉多国。

阔悉多国，是原睹货逻国的属地。方圆不到一千里。该国的大都城方圆十多里。没有最高君主，全都隶属突厥。山地很多，平原狭窄，风暴较多，气候寒冷。谷物产量很高，花草水果茂盛。居民性格犷悍，从来没有法纪。境内有佛寺三所，僧徒十分稀少。

从本国向西北方，翻过山岭，越过峡谷，穿经不少城镇，行走三百多里，抵达活国。

活　国

2.2　活国^①，睹货逻国故地也。周二千余里。国大都城周二十余里。无别君长，役属突厥。土地平坦，谷稼时播，草木荣茂，花果异繁。气序和畅，风俗淳质。人性躁烈，衣服毡褐。多信三宝，少事诸神。伽蓝十余所，僧徒数百人，大小二乘，兼功综习。其王突厥也，管铁门^②已南诸小国，迁徙鸟居，不常其邑。

【注释】

　　① 活国，通常认为即是 Warwāliz 一词之转讹音 Awar 的对音，故其

异称尚有遏换、阿缓、阿换等。其国都城故址在今阿富汗东北部的昆都士（Qunduz）。

②铁门，释见卷一2.13注①。

【译文】

活国，是原睹货逻国的属地。方圆二千多里。其国的大都城方圆二十多里。并不另设君主，共同隶属突厥。国土相当平坦，庄稼适时种植，草木繁荣茂盛，花果品种繁多。气候温和舒畅，民风淳厚质朴。居民性格暴躁，衣服使用毛料。大多信奉佛教，很少宗事外道。境内有佛寺十多座，僧人几百名，大、小二乘，全都研学。国王乃是突厥人，管辖铁门以南的各小国；犹如候鸟般地冬、夏迁居，并不长期留驻一地。

2.3　从此东入葱岭①。葱岭者，据赡部洲中，南接大雪山，北至热海②、千泉③，西至活国，东至乌铩国④，东西南北各数千里。崖岭数百重，幽谷险峻，恒积冰雪，寒风劲烈。地多出葱，故谓葱岭，又以山崖葱翠，遂以名焉。

东行百余里，至瞢健国。

【注释】

①葱岭，释见敬播序1.1注㉑。

②热海，即大清池，释见卷一1.8注④。

③千泉，释见卷一2.2注①。

④乌铩国，释见卷十二3.4注①。

【译文】

从本国向东进入葱岭。葱岭位于赡部洲的中央,南边邻接大雪山,北边抵达热海、千泉,西边到达活国,东边到达乌铩国,东西之间和南北之间都要相距几千里。丛山峻岭,好几百重,深谷险峻,常年积雪,寒风凛冽。由于那里盛产葱类,所以把它称作葱岭;又因山上葱绿一片,故而获得这一名称。

向东行走一百多里,抵达瞢健国。

瞢健、阿利尼、曷逻胡、讫栗瑟摩、钵利曷等五国

2.4　瞢健^①国,睹货逻国故地也。周四百余里。国大都城周十五六里。土宜风俗,大同活国。无大君长,役属突厥。北至阿利尼国。

阿利尼^②国,睹货逻国故地也。带缚刍河^③两岸,周三百余里。国大都城周十四五里。土宜风俗,大同活国。东至曷逻胡国。

曷逻胡^④国,睹货逻国故地也。北临缚刍河,周二百余里。国大都城周十四五里。土宜风俗,大同活国。

从瞢健国东逾峻岭,越洞谷,历数川城,行三百余里,至讫栗瑟摩国。

讫栗瑟摩^⑤国,睹货逻国故地也。东西千余里,南北三百余里。国大都城周十五六里。土宜风俗,大同瞢健国,但其人性暴恶有异。东北至钵利曷国。

钵利曷^⑥国,睹货逻国故地也。东西百余里,南北三百

余里。国大都城周二十余里。土宜风俗，大同讫栗瑟摩国。

从讫栗瑟摩国东，逾山越川，行三百余里，至呬摩呾罗国。

【注释】

① 瞢健，当是 Mungān 的对音。有人认为此国即是今阿富汗东北部的巴达赫尚省内的 Munjan 周近地区；但是其故址更可能在今昆都士以东约 65 公里处的塔利汗 (Talikhan)。

② 阿利尼，当是 Arhan 或 Arhang 的对音。故地可能在今哈兹拉特·伊茫（Hazrat–Iman）的附近。此国系得之传闻，玄奘并未亲履其地。

③ 缚刍河，即阿姆河，释见玄奘序 1.3 注 ⑩。

④ 曷逻胡，可能是 Rāhu 的对音。其故地约在今阿富汗东北部阿姆河与科克查河（Kokcha）之间。此国也系传闻，玄奘并未亲到。

⑤ 讫栗瑟摩，当是 Krism 的对音。其故地可能在今阿富汗东北部的基希姆（Kishm）的周近地区。不过据《慈恩传》，玄奘并未经过讫栗瑟摩国，而是直接由瞢健国前往呬摩呾罗国的。

⑥ 钵利曷，可能是 Parika 的对音。其故地当在今基希姆以北的科克查河畔。此国也是得之传闻，玄奘并未亲履其地。或以为此即元魏时代的钵和国，恐非是。

【译文】

瞢健国，是原睹货逻国的属地。方圆四百多里。该国的大都城方圆十五六里。当地土产、风俗习惯，与活国大体相同。没有最高君主，全国隶属突厥。向北行走，抵达阿利尼国。

阿利尼国，是原睹货逻国的属地。领土沿着缚刍河的两岸，方圆

三百多里。该国的大都城方圆十四五里。当地物产、风俗习惯，大体上
与活国相同。向东行走，抵达曷逻胡国。

曷逻胡国，是原睹货逻国的属地。北境濒临缚刍河，方圆二百多里。
该国的大都城方圆十四五里。当地物产、风俗习惯，与活国大体相同。

从瞢健国向东越过高山，跨过深谷，经过若干平原城镇，行走三百
多里，抵达讫栗瑟摩国。

讫栗瑟摩国，是原睹货逻国的属地。其疆域的东西边界相距一千
多里，南北边界相距三百多里。该国的大都城方圆十五六里。当地物产、
风俗习惯，与瞢健国大体相同，但其居民性格暴烈凶恶，在这方面异于
瞢健国。向东北行走，抵达钵利曷国。

钵利曷国，是原睹货逻国的属地。东西边界相距一百多里，南北边
界相距三百多里。该国的大都城方圆二十多里。当地物产、风俗习惯，
与讫栗瑟摩国大体相同。

从讫栗瑟摩国向东翻过山岭，越过平原，行走三百多里，抵达呬摩
呾罗国。

呬摩呾罗国

2.5　呬摩呾罗 ① 国，睹货逻国故地也。周三千余里。山川
逦迤 ②，土地沃壤。宜谷稼，多宿麦，百卉滋茂，众果具繁。
气序寒烈，人性暴急，不识罪福，形貌鄙陋。举措威仪，衣
毡皮褐，颇同突厥。其妇人首冠木角，高三尺余，前有两岐，
表夫父母；上岐表父，下岐表母，随先丧亡，除去一岐，舅
姑俱殁，角冠全弃 ③。其先强国，王，释种也，葱岭 ④ 之西，
多见臣伏。境邻突厥，遂染其俗，又为侵掠，自守其境，故

此国人，流离异域，数十坚城，各别立主，穹庐毳帐^⑤，迁徙往来。西接讫栗瑟摩国。

东谷行二百余里，至钵铎创那国。

【注释】

① 呬摩呾罗，当即梵文 Himatala 的音译，义为"雪山下"。释见卷三 3.5 注 ②。或以为其故址在今基希姆之东的达莱姆（Daraim）。

② 迤逦，即逶迤，旁行连绵延接之意。窦臮《述书赋》："登泰山之崇高，知群阜之迤逦。"

③ 该国妇女头饰木角之俗，与嚈哒之俗相同。《洛阳伽蓝记》卷五载云："（嚈哒国王妃）头带一角，长八尺，奇长三尺，以玫瑰五色装饰其上。……自余大臣妻皆随伞，头亦似有角，团园垂下，状似宝盖。"又，《周书》卷五十《异域传》载嚈哒人之风俗云："其俗又兄弟共娶一妻。夫无兄弟者，其妻戴一角帽；若有兄弟者，依其多少之数，更加帽角焉。"由于呬摩呾罗（Himatala）与嚈哒（Hephthal）的发音相近，以及这一风俗的类似，人们通常认为两国之名源于一词。此外，并认为两国都有一妻多夫之俗。但实际上嚈哒人并无多夫风俗，故角帽与多夫无关；且角帽之饰可能源于中亚当地，而非嚈哒人的固有风俗（说见余太山《嚈哒》，第115—116 页）。

④ 葱岭，释见敬播序 1.1 注 ㉑。

⑤ 穹庐毳帐，犹言各种毡帐。程大昌《演繁露》："唐人昏礼多用百子帐……其制本出戎虏，特穹庐、拂庐之具体而微者耳。……大抵如今尖顶圆亭子，而用青毡通冒四隅上下，便于移置耳。"又，《新唐书·吐蕃传上》："（吐蕃人）有城郭庐舍不肯处，联毳帐以居，号大拂庐，容数

百人。"

【译文】

啊摩呾罗国，是原睹货逻国的属地。方圆三千多里。山地连绵相接，土壤十分肥沃，适宜种植庄稼，尤其盛产冬麦；各种花草茂盛，水果品种繁多。天气极为寒冷，人性凶暴急躁。不懂罪过、福德，相貌粗鄙丑陋。平时举止仪表，所穿毛皮、粗布，都与突厥相同。该国妇女头戴木角，高三尺多，前面分出两叉，代表夫之父母，上叉表示夫父，下叉表示夫母。公、婆有一亡故，便去其中一叉；公婆全部去世，角帽则都摘掉。该国最初是个强国，国王属于释族之人，葱岭以西各个国家，大多向它拜服称臣。该国边界邻接突厥，所以染上它的风俗；受到突厥侵扰劫掠，依靠自己守卫边境。所以此国人民，往往流落它乡；坚固城池几十，各自拥立君长，居住毡帐之中，往来迁徙各地。西境邻接讫栗瑟摩国。

向东在山谷之中行走二百多里，抵达钵铎创那国。

钵铎创那、淫薄健、屈浪拿等三国

2.6　钵铎创那[①]国，睹货逻国故地也。周二千余里。国大都城据山崖上，周六七里。山川逦迤，沙石弥漫。土宜菽、麦，多蒲萄、胡桃、梨、柰等果。气序寒烈，人性刚猛。俗无礼法，不知学艺。其貌鄙陋，多衣毡褐。伽蓝三四所，僧徒寡少。王性淳质，深信三宝。

从此东南，山谷中行二百余里，至淫薄健国。

淫薄健[②]国，睹货逻国故地也。周千余里。国大都城周十余里。山岭连属，川田隘狭。土地所产，气序所宜，人性之差，同钵铎创那，但言语少异。王性苛暴，不明善恶。

从此东南，逾岭越谷，峡路危险，行三百余里，至屈_{居勿反}浪拿国。

屈浪拿^③国，睹货逻国故地也。周二千余里。土地山川，气序时候，同淫薄健国。俗无法则，人性鄙暴。多不营福，少信佛法。其貌丑弊，多服毡褐。有山岩，中多出金精^④，琢析其石，然后得之。伽蓝既少，僧徒亦寡。其王淳质，敬崇三宝。

从此东北，登山入谷，途路艰险，行五百余里，至达摩悉铁帝国。_{亦名镬侃，又谓护蜜。}

【注释】

① 钵铎创那，又作波多叉拿、弗敌沙、钵创那、拔特山、巴达哈伤、八答黑商等，乃 Badakhshan 的音译。地当今阿富汗东北角的巴达赫尚省；那里地处兴多库什山脉的最高部分，科克查河与喷赤河沿岸有狭小的河谷平原。或以为此国的都城即在今巴达赫尚首府法扎巴德 (Faizabad) 附近。

② 淫薄健，当是 Yamgān 的音译。或以为其故地在今科克查河中段的谷地。此河中游自吉姆以上的一段，古代称为 Yamgān 河。其都城故址可能即今之哲尔姆（Jerm）。

③ 屈浪拿，又作俱兰、俱兰弩、俱烂那、俱诃兰等，当是 Kurān 的音译。其地应在今科克查河最上游的一段河谷地区；都城约相当于今天的拉杰瓦尔德 (Lajward)，那里以出产琉璃著称。

④ 金精，据劳费尔认为，在唐代，金精可能就是指青金石，这是出

产在巴达赫尚的名矿（见 Laufer, *Sino-Iranica*, p.520）。《马可波罗游记》提及：“就在这一国家（巴达赫尚），还有一座山也产青金石，这是世界上最好的青金石，像银子一样得自矿脉中。”青金，即是铅的别名；其所以称为金精，当是由于铅在古代被认为是五金之祖的缘故。《本草纲目》卷八《金石部·铅》云：“铅乃五金之祖，故有‘五金狴犴、追魂使者’之称，言其能伏五金而死八石也。雌黄乃金之苗，而中有铅气，是黄金之祖矣；银坑有铅，是白金之祖矣；信铅杂铜，是赤金之祖矣；与锡同气，是青金之祖矣。”

【译文】

钵铎创那国，是原睹货逻国的属地。方圆二千多里。该国的大都城位于山崖之上，方圆六七里。山地延绵连接，到处风沙弥漫。田土适宜种植豆类、麦子，盛产葡萄、胡桃、梨、花红等水果。气候极为寒冷，民性刚毅勇猛。向来没有礼义，不懂学问、技艺。相貌粗鄙丑陋，多穿毛料粗布。境内有佛寺三四座，僧徒数量很少。国王淳厚朴质，虔诚信仰佛教。

从本国向东南方，在山谷之中行走二百多里，抵达淫薄健国。

淫薄健国，是原睹货逻国的属地。方圆一千多里。该国的大都城方圆十多里。山岭连绵相接，平原农田狭小。当地土产、气候状况、居民禀性，与钵铎创那国相仿，但是语言稍有差别。国王性格苛刻暴戾，不能区分善行、罪恶。

从本国向东南方，翻过山岭，越过峡谷，山中小径，危险异常，行走三百多里，抵达屈浪拿国。

屈浪拿国，是原睹货逻国的属地。方圆二千多里。地形、气候状况，都与淫薄健国相同。向来没有法律，居民顽劣凶暴。大多不修福德，很少信仰佛法。相貌丑陋粗鄙，衣服多用毛料。国内有一座山，其中盛产金精；凿碎山石之后，然后取得金精。境内佛寺不多，僧徒数量也少。国王淳厚朴质，敬仰崇拜佛教。

从本国向东北，翻山进入峡谷，途中艰难险阻，行走五百多里，抵达达摩悉铁帝国（也叫镬侃，又称护密）。

达摩悉铁帝、尸弃尼、商弥等三国

2.7　达摩悉铁帝[①]国，在两山间，睹货逻国故地也。东西千五六百里，南北广四五里，狭则不逾一里。临缚刍河，盘纡曲折，堆阜高下，沙石流漫，寒风凄烈。唯植麦、豆，少树林，乏花果。多出善马，马形虽小，而耐驰涉。俗无礼义，人性犷暴。形貌鄙陋，衣服毡褐。眼多碧绿，异于诸国。伽蓝十余所，僧徒寡少。

昏驮多[②]城，国之都也。中有伽蓝，此国先王之所建立，疏崖奠谷，式建堂宇。此国之先，未被佛教，但事邪神，数百年前，肇弘法化。初，此国王爱子婴疾，徒究医术，有加无瘳。王乃躬往天祠，礼请求救。时彼祠主为神下语："必当痊复，良无他虑。"王闻喜慰，回驾而归。路逢沙门，容止可观，骇其形服，问所从止。此沙门者，已证圣果[③]，欲弘佛法，故此仪形。而报王曰："我，如来弟子，所谓苾刍也。"王既忧心，即先问曰："我子婴疾，生死未分。"沙门曰："王先灵可起，爱子难济。"王曰："天神谓其不死，沙门言其当终，诡俗之人，言何可信？"迟至宫中，爱子已死。匿不发丧，更问神主，犹曰："不死，疹疾当瘳。"王便发怒，缚神主而数曰："汝曹群居常恶，妄行威福。我子已死，尚云当瘳，此而谬惑，孰不可忍？宜戮神主，殄灭灵庙。"于是杀神主，除神像，投缚刍河。回驾而还，又遇沙门，见而敬悦，稽首谢曰："曩无明导，亻足邪途，浇弊虽久，沿革在兹，愿能垂顾，降临居室。"沙门受请，随之中宫。葬子既已，谓沙门曰："人世纠纷，生死流转，我子婴疾，问其去留，神而妄言，当必痊差。先承指告，果无虚说，斯则其法可奉，惟垂哀悯，导此迷徒。"遂请沙门揆度伽蓝，依其规矩，而便建立。自尔之后，佛教方隆。故伽蓝中精舍，为罗汉建也。伽蓝大精舍中有石佛像，像上悬金铜圆盖，众宝庄严。人有旋绕，盖亦随转，人止盖止，莫测灵鉴。闻诸耆旧曰：或云圣人愿力所持，或谓机关秘术所致。观其堂宇，石壁坚峻。考厥众议，莫知实录。

逾此国大山，北至尸弃尼国。

尸弃尼^④国，周二千余里。国大都城周五六里。山川连属，沙石遍野。多菽、麦，少谷稼，林树稀疏，花果寡少。气序寒烈，风俗犷勇，忍于杀戮，务于盗窃，不知礼义，不识善恶。迷未来祸福，惧现世灾殃。形貌鄙陋，皮褐为服。文字同睹货逻国，语言有异。

越达摩悉铁帝国大山之南，至商弥国。

商弥^⑤国，周二千五六百里。山川相间，堆阜高下。谷稼备植，菽、麦弥丰，多蒲萄，出雌黄^⑥，凿崖析石，然后得之。山神暴恶，屡为灾害，祀祭后入，平吉往来。若不祈祷，风暴奋发。气序寒，风俗急。人性淳质，俗无礼义，智谋寡狭，伎能浅薄。文字同睹货逻国，语言别异。多衣毡褐。其王，释种也，崇重佛法，国人从化，莫不淳信。伽蓝二所，僧徒寡少。

【注释】

① 达摩悉铁帝，亦作达摩悉须多，很可能出自伊朗语 Dar I Mastit，义为"Mastit 门"。《新唐书·西域传下》云："护蜜者，或曰达摩悉铁帝，曰镬侃，元魏所谓钵和者，亦吐火罗故地。"则知此国即是《后汉书》之休密、《梁书》之胡密丹、《五天竺国传》之胡蜜；其地在今阿富汗东北端的瓦汉地区 (Wakhan)。瓦汉地区又称瓦汉走廊，因其地狭长，东西长约 300 公里，南北最窄处仅 15 公里。这一地区的东端与中国接界；北面以喷赤河及其支流帕米尔河与塔吉克斯坦接界；南面则以兴都库什山山脊与巴基斯坦接界。

② 昏驮多，当是 Khamdādh 的音译。通常认为此城故址在今喷赤河南岸的汗杜德 (Khandud)。

③ 证得圣果，即达到菩提涅槃状态。释见卷二 2.7 注 ③。

④ 尸弃尼，亦作识匿、瑟匿、赤匿、式匿等，当是 Shughnān 的对音，故地在今舒格南地区（Shighnan）。《新唐书·西域传下》："识匿，或曰尸弃尼，曰瑟匿。东南直京师九千里，东五百里距葱岭守捉所，南三百里属护蜜，西北五百里抵俱蜜。初治苦汗城，后散居山谷。"此国玄奘并未亲到，仅得之于传闻。

⑤ 商弥，又作双靡、舍弥、赊弥等，可能是 Sāmbhi 的对音。故地在今巴基斯坦北部的奇特拉尔 (Chitral) 和马斯图吉 (Mastuj) 之间。《北

史·西域传》："赊弥国，在波知之南。山居，不信佛法，专事诸神。亦附嚈哒。东有钵卢勒国，路险，缘铁锁而度，下不见底。"玄奘亦未亲到此国，而是得之于传闻。

⑥ 雌黄，矿物，可以入药。《本草纲目》卷九《金部·雌黄》："生山之阴，故曰雌黄。……阳石气未足者为雌。""时珍曰：按独孤滔《丹房镜源》云，背阴者，雌黄也；淄成者，即黑色轻干，如焦锡块。臭黄作者，硬而无衣。试法：但于甲上磨之，上色者好；又烧熨斗底，以雌划之，如赤黄线一道者好。舶上来如巽血者上；湘南者次之，青者尤佳。叶子者为上，造化黄金，非此不成。亦能柔五金、干汞，转硫黄，伏粉霜。又云，雄黄变铁，雌黄变锡。"

【译文】

达摩悉铁帝国，位于两座山脉之间，是原睹货逻国的属地。该国疆域，东西宽达一千五六百里；南北之间，即使宽广处也不过四五里，狭窄处则不足一里。其国濒临缚刍河；地形迂回曲折，山丘高低不平，沙石流布弥漫，寒风凄厉劲烈。只种麦子、豆类，缺少树林、花果。盛产良种骏马，马的躯体虽小，却善长途跋涉。向来不讲礼义，居民犷悍暴烈。容貌粗俗丑陋，多穿毛料服装。大多眼珠碧绿，异于其它各国。境内有佛寺十多座，僧徒数量很少。

昏驮多城，乃是该国首都。城内有座佛寺，是其前代国王所建。当时开凿山岩，填平山谷，建造庙宇殿堂。最初之时，该国并不信仰佛教，只是宗奉邪神，直到几百年前，方才开始弘扬佛法。当初，国王的爱子感染疾病，徒然求助医术，病情有增无减。国王于是亲自前往天祠，礼拜祈请，向神求救。这时祠主代替天神回答道："你的儿子定能康复，完全不必有所忧虑。"国王听后宽慰欣喜，于是起驾返回宫中。路上遇见一位和尚，相貌举止惹人注目；国王对其外貌服饰感到惊奇，于是问他从何而来。其实这位和尚，已经证成圣果，想要弘扬佛法，故意显此形貌。他对国王说道："我是如来弟子，即是所谓比丘。"国王心内忧急，所以首先问道："我的儿子染上疾病，至今仍然生死未卜。"和尚答道："陛下的祖先神灵倒可唤回，爱子之病却难痊愈。"国王说道："天神说他不死，和尚讲他将亡，此人诡诈平庸，讲话怎能相信？"此后回到宫中，爱子已经死亡。于是隐匿此事，暂不宣布死讯，再去询问祠主，祠主仍然说道："你儿不会死去，疾病将会痊愈。"国王于是大发雷霆，绑住祠主责骂他道："你辈聚集一起，经常为非作歹，妄自作威作福。我的儿子已死，却说将会康复，这类妖言惑众，怎能轻易容忍？应该处死祠主，并且摧毁神庙。"于是杀死祠主，拆除神像，投入缚刍河中。国王返宫途中，再度遇见和尚，这次对他恭恭敬敬，心悦诚服，行了大礼谢罪道："以前我没有贤明之士指导，因此陷于歧途。不过，这种陋俗虽然沿袭很久，如今却要将其革除。希望您能看得起我，大驾光临我的宫室。"和尚接受邀请，随他来到内宫。国王葬好儿子之后，对和尚说道："人世之间纠葛纷杂，生生死死流转不息。我儿染上疾病之后，向神询问生死前途，不料神竟胡言乱语，说他一定能够康复。但是早先承你指教，如今证实并非假话。说明佛法可以崇奉，只是求你可怜我们，引导这些迷途弟子。"于是邀请和尚设计佛寺，按照他的规划，立即动工兴建。从此以后，佛教方始兴盛。所以寺内有一精舍，是为这位罗汉所建。佛寺大精舍中有尊石佛像，像上悬挂金、铜质地的圆盖，并用各种珍宝装饰。人们如果绕像行走，圆盖也会随之转动；人若止步，盖亦停转，如此灵验，奥妙莫测。听各位年老长者说：有人声称是佛圣意愿之力所导致；有人则说是秘密机关所引发。但是观察屋宇结构，石砌墙壁坚固异常。研究大家种种议论，不知实情究竟如何。

翻过本国的大山，向北行走，抵达尸弃尼国。

尸弃尼国，方圆二千多里。该国的大都城方圆五六里。山地连绵相接，沙石满山遍野。盛产豆类、麦子，很少谷类庄稼。树木相当稀疏，鲜花、水果很少。气候极为寒冷，民风犷悍勇猛。心地残忍，嗜好杀戮，专门从事抢劫、偷窃，不讲礼义，不辨善恶。对于来世祸福迷惘不清，对于今世灾殃却很惧怕。容貌粗俗丑陋，毛料制作衣服。文字与睹货逻国相同，语言则有差异。

翻越达摩悉铁帝国的大山，向南抵达商弥国。

商弥国，方圆二千五六百里。高山、平原相间，丘陵起伏不平。庄稼品种齐全，豆类、麦子更多；盛产葡萄，出产雌黄。凿碎岩石之后，可以取得雌黄。山神残暴凶恶，经常制造灾害。祭拜以后入山，可以平安往来；如果不作祈祷，即发狂风、冰雹。当地气候寒冷，风俗甚为急躁。居民淳厚朴质，向来不知礼义，缺少智慧谋略，技艺低下浅陋。文字与睹货逻国相同，语言则有差异。衣服多用毛料。国王属于释种，崇拜敬仰佛法，人民也受教化，无不虔诚信仰。境内有佛寺两座，僧人数量很少。

波谜罗川和朅盘陀等五国

【题解】

这是玄奘东归途中的最后一大段行程，时当贞观十七年（643 年）和十八年岁初。他由达摩悉铁帝国东北行七百余里，翻越波谜罗川（即今帕米尔）后，便进入了今天的中国新疆境内。朅盘陀以下的五国大体上均位于塔里木盆地以南的交通要道上。玄奘在瞿萨旦那受到热情的接待，并停留了七八个月，才启程前赴长安。

波谜罗川

3.1　国境东北，逾山越谷，经危履险，行七百余里，至波谜罗川①。东西千余里，南北百余里，狭隘之处不逾十里。据两雪山间，故寒风凄劲，春夏飞雪，昼夜飘风。地咸卤，多砾石，播植不滋，草木稀少，遂致空荒，绝无人止。波谜罗川中有大龙池，东西三百余里，南北五十余里，据大葱岭内，当赡部洲中，其地最高也。水乃澄清皎镜，莫测其深，色带青黑，味甚甘美。潜居则鲛②、螭③、鱼、龙、鼋④、鼍⑤、龟、鳖，浮游乃鸳鸯、鸿雁、驾鹅⑥、鹔⑦、鸧⑧，诸鸟大卵，遗㲉⑨荒野，或草泽间，或沙渚上。池西派一大流，西至达摩悉铁帝国东界，与缚刍河⑩合而西流，故此已右，水皆西流。池东派一大流，东北至佉沙国西界，与徙多河⑪合而东流，故此已左，水皆东流。波谜罗川南越山，有钵露罗国⑫，多金、银，金色如火。

自此川中东南，登山履险，路无人里，唯多冰雪。行五百余里，至朅盘陀国。

【注释】

①波谜罗川，即是前文经常提到的"葱岭"（释见敬播序 1.1 注 ㉑），

亦即今帕米尔高原。波谜罗（帕米尔）的对音为 Pamir，原义为"山峰脚下的山谷"。帕米尔高原上的这类冰谷，大部分都在海拔 4000 米以上；可能"帕米尔"即得名于这些高地冰谷。波谜罗川中所谓的大龙池，当即今卡拉库尔湖，一名大帕米尔湖。

②鲛，古代常用以指鲨鱼。《说文》："鲛，海鱼，皮可饰刀。"段注云："今所谓沙鱼，所谓沙鱼皮也。"《通雅·动物》："鲛，海沙鱼之大者也。"但是《西域记》在此未必特指鲨鱼，恐是泛指一般大鱼，因为"鲛"字通"蛟"；而"蛟"则可指大鱼。《酉阳杂俎》前集卷十六《广动植物·序》："鱼二千斤为蛟"。

③螭，传说中的动物。似龙而黄称螭；或谓龙无角称螭。古代宫殿阶柱上多雕这类图形。《说文》："螭，若龙而黄，北方谓之地蝼。从虫离声。或云无角曰螭。"又，似虎而有鳞的猛兽亦称为螭。《文选》班固《西都赋》云"拖熊螭"，李善注云："欧阳尚书说曰：螭，猛兽也。"

④鼋，即是巨形之鳖。《尔雅翼》："鼋，鳖之大者，阔或至一二丈……介虫之元也。……以鳖为雌，故曰鼋鸣鳖应。"又，《正字通》："鼋，鳖类。青黄色，肠属于首，卵大如鸭子，一产一二百枚。好自曝其腹于江岸，渔人接竹以掣之，仓卒不能自反，为所制。其脂磨铁则明。"

⑤鼍，即今所谓扬子鳄，俗称猪婆龙。《说文》段注："鼍，水虫。似蜥易，长丈所，皮可为鼓。"《诗经·大雅·灵台》："鼍鼓逢逢。"疏云："鼍，形似水蜥蜴。四足，长丈余；生卵，大如鹅卵；甲如铠甲……其皮坚，可以冒鼓。"

⑥驾鹅，即野鹅。《史记·司马相如列传》："弋白鹄，连驾鹅。"《集解》引郭璞云："野鹅也。"

⑦鹔，即鹔鹴、鹔鸘，传说中的五方神鸟之一，乃凤凰之属。《说文》：

"鹔鹴也，五方神鸟也。东方发明、南方焦明、西方鹔鹴、北方幽昌、中央凤皇。"《后汉书·五行志二》注引《叶图征》曰："似凤有四，并为妖：一曰鹔鹴，鸠喙，圆目，身义戴信婴礼膺仁负智，至则旱疫之感也。"

⑧ 鸨，即野雁，亦称鸿豹、独豹。其体比雁略大；头扁，头及颈皆青灰色，背面黄褐色，密布黑色斑纹，腹部白色；脚健善走；翼较小，飞力颇弱。

⑨ 鷇，亦作鷇，初生之小鸟。《集韵》："鷇，卵已孚，或作鷇。"

⑩ 缚刍河，释见玄奘序 1.3 注 ⑩。

⑪ 徙多河，释见玄奘序 1.3 注 ⑪。

⑫ 钵露罗国，释见卷三 1.7 注 ①。

【译文】

从商弥国向东北方，翻过高山，越过峡谷，经历重重险阻，行走七百多里，抵达波谜罗川。这一地区，东西宽广一千多里，南北只有一百多里，最狭之处不足十里。位于两座雪山之间，所以寒风凄厉劲烈，无论春季夏天，始终大雪纷飞，昼夜狂风不息。多为盐碱之土，沙子砾石遍地，庄稼难以滋长，草木十分稀疏，所以空旷荒芜，完全无人居住。波谜罗川中，有个大龙池，东西宽三百多里，南北五十多里，位于大葱岭内，正当赡部洲中央，并且地势最高。湖水洁净如镜，不知究竟多深，水色呈现青黑，味道十分甘美。湖的深处居住着鲛、螭、鱼、龙、鼋、鼍、龟、鳖，湖面之上则有鸳鸯、鸿雁、䴔鹅、鹔、鸨，各种鸟类的大蛋以及孵出幼禽后的蛋壳，遍布荒野之中，或在草丛之间，或在沙滩之上。湖泊西面流出一条大河，向西流至达摩悉铁帝国的东界，与缚刍河汇合一起，再向西流；所以大龙池右侧的河道都向西方流去。湖泊东面流出一条大河，向东北方流至佉沙国的西界，与徙多河汇合一起，再向东流；所以大龙池左侧的河道都向东方流去。从波谜罗川向南，越过大山，有个钵露罗国，盛产金、银，金子颜色如火一般。

　　从波谜罗川向东南方，攀登山岭，经历险阻，沿途没有人烟，尽是冰天雪地。行走五百多里，抵达朅盘陀国。

朅盘陀国

3.2　朅盘陀^①国，周二千余里。国大都城基大石岭，背徙多河，周二十余里。山岭连属，川原隘狭。谷稼俭少，菽、麦丰多，林树稀，花果少。原隰丘墟，城邑空旷。俗无礼义，人寡学艺。性既犷暴，力亦骁勇。容貌丑弊，衣服毡褐。文字、语言，大同佉沙国。然知淳信，敬崇佛法。伽蓝十余所，僧徒五百余人，习学小乘教说一切有部^②。

　　今王淳质，敬重三宝，仪容闲雅，笃志好学。建国以来，多历年所。其自称云是至那提婆瞿呾罗^③。唐言汉日天种。此国之先，葱岭中荒川也。昔波利斯国王娶妇汉土，迎归至此，时属兵乱，东西路绝，遂以王女置于孤峰，峰极危峻，梯崖而上，下设周卫，警昼巡夜。时经三月，寇贼方静，欲趋归路，女已有娠。使臣惶惧，谓徒属曰："王命迎妇，属斯寇乱，野次荒川，朝不谋夕。吾王德感，妖气已静。今将归国，王妇有娠。顾此为忧，不知死地，宜推首恶，或以后诛。"讯问喧哗，莫究其实。时彼侍儿谓使臣曰："勿相尤也，乃神会耳。每日正中，有一丈夫从日轮中乘马会此。"使臣曰："若然者，何以雪罪？归必见诛，留亦来讨，进退若是，何所宜行？"金曰："斯事不细，谁就深诛？待罪境外，且推旦夕。"于是即石峰上筑宫起馆，周三百余步。环宫筑城，立女为主，建官垂宪。至期产男，容貌妍丽，母摄政事，子称尊号。飞行虚空，控驭风云，威德遐被，声教远洽，邻域异国，莫不称臣。其王寿终，葬在此城东南百余里大山岩石室中。其尸干腊，今犹不坏，状羸瘠人，俨然如睡，时易衣服，恒置香花。子孙奕世以讫于今。以其先祖之出，母则汉土之人，父乃日天之种，故其自称汉日天种。然其王族，貌同中国，首饰方冠，身衣胡服。

【注释】

① 朅盘陀，又作汉盘陀、诃盘陀、喝盘陀、渴盘陀等，当是 Kavanta 的对音。《新唐书·西域传上》："喝盘陀，或曰汉陀，曰渴馆檀，亦谓渴罗陀，由疏勒西南入剑末谷、不忍岭六百里，其国也。……治葱岭中，都城负徙多河。"此国都城故址在今新疆塔什库尔干塔吉克自治县。沙畹说："喝盘陀即玄奘《西域记》之朅盘陀。Vivien de Saint-Martin 曾经考订其为乞儿吉思（Kirgiz）人所称之喀尔楚（Kartchou），其地在今叶尔羌河上流之塔什霍尔罕（Tachkourgane），今蒲犁县治也。大食（Tadjik）人则名之曰色勒库尔（Sarikol）。"

② 说一切有部，释见卷一 1.1 注 ⑧。

③ 至那提婆瞿呾罗，亦作脂那提婆瞿怛罗，梵文 Cina-deva-gotra 的音译，义为"中国与天神之种"。此天神即是日天神，也就是太阳神，释见卷五 1.6 注 ②。

【译文】

揭盘陀国，方圆二千多里。该国的大都城建在大石岭上，背靠徙多河，方圆二十多里。山岭连绵相接，平原十分狭窄。谷物产量很低，豆类、麦子丰盛；树林相当稀疏，花草、水果甚少。高阜低地荒芜，城镇空旷人稀。向来不懂礼节、仁义，居民缺乏学问、技艺。性格犷悍，体强多力，骁勇果敢。容貌丑陋粗俗，衣服毛料制成。文字、语言，大体上与佉沙国相同。然而信仰坚定，敬仰崇拜佛教。境内有佛寺十多座，僧人五百多名，研学小乘教说一切有部。

如今的国王淳厚朴质，敬重佛法，仪态从容高雅，专心研习学问。自从建国以来，经历许多年代。王族自称为至那提婆瞿呾罗（唐语谓“汉日天种”）。该国祖先居于葱岭的荒川之中。当初波利斯国王从汉地娶得妻子，迎接归国，途经这里，正逢乱军交战，东西道路隔断，于是将汉王之女安置在孤峰顶上。山峰极为险峻，要攀登悬崖始能上去；峰下四面设岗，日日夜夜警卫巡逻。经过三个月后，盗寇方才平定。正要启程归国，王女却已有孕。使臣惊恐万分，对其部下说道：“国王命令我们迎娶新妇，正好碰上盗匪作乱，露宿荒郊野地，生命朝不保夕。依仗我王威德，妖寇总算扫净。如今将要回国，王后却有身孕。因此十分忧虑，不知葬身何地。应该找出首恶分子，我们或可逃避死罪。”于是追查罪魁祸首，掀起一场轩然大波，仍未搞清真实情况。此时有个侍童对使臣说道：“你们不必互相埋怨，这是神灵交合之故。每天正午时分，有一魁梧男子从日轮中骑马来此相会。”使臣说道：“如果确是这样，怎么洗雪罪责？回去肯定被杀，假使留在这里，也会遭到讨伐。如此进退两难，可有恰当办法？”众人全都说道：“此事非同小可，谁愿去顶死罪？不如暂留域外，拖延一些时日。”于是便在石峰之上筑造宫馆，方圆三百多步。环绕宫殿筑起城墙,奉立此女作为君主,设置官职,制订法律。汉王之女到期生下一个男孩,容貌十分俊美。母亲摄理政事,儿子则称王号。他能腾空飞行,驾驭风云;威德布及远方,教化传至它乡,异域邻国之王,无不向他称臣。此王逝世以后,葬在都城东南方一百多里的大山岩的石室之中。尸身炼制风干,至今仍未腐坏,状如瘦弱病人,仿佛睡着一样。不时更换衣服,经常供放香花。子孙世代相传,一直延续至今。就其祖先的渊源而言,母亲属于汉土之人,父亲来自日神之种,所以他们自称"汉日天种"。该国王族成员,貌与汉人相同,头上戴有方冠,身上却穿胡服。

3.3　后嗣陵夷,见迫强国。无忧王命世,即其宫中建窣堵波。其王于后迁居宫东北隅,以其故宫,为尊者童受论师[①]建僧伽蓝,台阁高广,佛像威严。尊者,呾叉始罗国[②]人也,幼而颖悟,早离俗尘,游心典籍,栖神玄旨,日诵三万二千言,兼书三万二千字。故能学冠时彦,名高当世,立正法[③],摧邪见[④],高论清举,无难不酬,五印度国咸见推高。其所制论凡数十部,并盛宣行,莫不玩习,即经部本师[⑤]也。当此之时,东有马鸣[⑥],南有提婆[⑦],西有龙猛[⑧],北有童受,号为四日照世。故此国王闻尊者盛德,兴兵动众,伐呾叉始罗国,胁而得之,建此伽蓝,式昭瞻仰。

城东南行三百余里,至大石崖,有二石室,各一罗汉于中入灭尽定[⑨]。端然而坐,难以动摇,形若羸人,肤骸不朽,已经七百余岁,其须发恒长,故众僧年别为剃发易衣。

大崖东北,逾岭履险,行二百余里,至奔逋论反。穰舍罗[⑩]。

唐言福舍。葱岭东岗，四山之中，地方百余顷，正中垫下。冬夏积雪，风寒飘劲。畴垅㶶卤，稼穑不滋，既无林树，唯有细草。时虽暑热，而多风雪，人徒才入，云雾已兴，商旅往来，苦斯艰险。闻诸耆旧曰：昔有贾客，其徒万余，橐驼数千，赍货逐利，遭风遇雪，人畜俱丧。时揭盘陀国有大罗汉，遥观见之，愍其危厄，欲运神通，拯斯沦溺；适来至此，商人已丧。于是收诸珍宝，集其所有，构立馆舍，储积资财，买地邻国，鬻户边城，以赈往来。故今行人商旅，咸蒙周给。

　　从此东下葱岭东岗，登危岭，越洞谷，蹑径险阻，风雪相继，行八百余里，出葱岭，至乌铩国。

【注释】

　　① 童受论师，即拘摩罗逻多论师，释见卷三 2.2 注 ⑨。

　　② 呾叉始罗国，释见卷三 2.1 注 ①。

　　③ 正法，即佛法，释见卷二 2.3 注 ④。

　　④ 邪见，五见之一，释见卷五 2.9 注 ⑧。

　　⑤ 经部本师，即是指创立经量部的大师。经量部乃小乘十八部之一，佛灭四百年后，由说一切有部分出。三藏之中，唯依经为正量，故名经量部，简称经部。《宗轮论述记》："此师唯依经为正量，不依律及对法；凡所援据，以经为证。即经部师，从所立以名经量部。"

　　⑥ 马鸣，即阿湿缚窭沙，释见卷八 1.7 注 ③。

　　⑦ 提婆，即龙树的弟子，释见卷四 2.4 注 ⑧。

　　⑧ 龙猛，即那伽阏剌树那，释见卷八 1.6 注 ②。

　　⑨ 灭尽定，释见卷八 2.1 注 ⑥。

⑩ 奔穰舍罗，即福舍，释见卷四 1.1 注 ④。

【译文】

该族后代衰落，遭受强国欺凌。无忧王在位之时，即在宫中建造佛塔。此王后来迁到王宫的东北角居住，而在原来王宫之处为尊者童受论师建造佛寺。寺内的台轩楼阁高大宽广，佛像仪容威严庄重。尊者乃是呾叉始罗国人，从小聪慧颖悟，早就脱离凡尘；专心研究佛家典籍，潜心体会深奥旨意；每天诵念三万二千个词，并且书写三万二千个字。所以学问居于当时名士之首，名声也是当世第一。他扶树佛教正法，破除外道邪说，所述理论清雅高明，任何责难都能解答。五印度国全都对他推崇备至。他所撰写的论著共有几十部，全部广泛流传，人人都在研习。他即是经量部的祖师。在他那个时代，东有马鸣，南有提婆，西有龙猛，北有童受，号称"四日照世"。所以该国国王听说尊者德高望重，便即兴师动众，讨伐呾叉始罗国，利用武力抢得尊者，建造这座佛寺，以让世人礼拜瞻仰。

从都城向东南方行走三百多里，抵达一座大石崖，崖上有二间石室，每一室中都有一个罗汉入灭尽定，端正安稳而坐，难以将其摇动。罗汉状若瘦弱病人，但是骨肉并不朽腐；年纪已有七百多岁，胡子头发一直在长，所以僧人们每年都为他们剃削须发，更换衣服。

从大石崖向东北方，翻越山岭，经历险阻，行走二百多里，抵达奔穰舍罗（唐语谓"福舍"）。福舍在葱岭东麓的四山环抱之中，方圆一百多顷，中央地势低下；冬夏都有积雪，大风寒冷强劲；多是盐碱土质，庄稼无法生长，没有森林树木，只有纤细草皮；虽逢炎热夏季，也多狂风大雪，行人刚一入山，云雾就已兴起，商旅往来这里，苦于这种艰险。

听得年老长者说：当初有个商客，带着伙计一万多人、骆驼好几千头，载着货物经商营利，在这地区遭遇风雪，连人带畜一起丧亡。当时揭盘陀国有位大罗汉，遥遥看见此事，怜悯他们遭灾，打算运用神通，拯救他们脱难；刚刚来到这里，商人已经死去。于是收取他们遗下的珍宝，集中了所有的财物，建造一座馆舍，储藏物资钱财；在相邻国家购买土地，在边境城市养育住户，用以赈济往来旅客。所以如今行人商旅，全靠福舍周济供给。

从这里走下葱岭东坡，攀登陡峭山岭，越过幽深峡谷，走过小径险阻，一路风雪不断，行走八百多里，脱离葱岭山区，抵达乌铩国。

乌铩国

3.4　乌铩①国，周千余里。国大都城周十余里，南临徙多河。地土沃壤，稼穑殷盛，林树郁茂，花果具繁。多出杂玉，则有白玉、䃜玉②、青玉。气序和，风雨顺。俗寡礼义，人性刚犷，多诡诈，少廉耻。文字、语言少同佉沙国。容貌丑弊，衣服皮褐。然能崇信，敬奉佛法。伽蓝十余所，僧徒减千人，习学小乘教说一切有部。自数百年，王族绝嗣，无别君长，役属揭盘陀国。

城西二百余里，至大山。山气巃嵸③，触石兴云，崖巘峥嵘，将崩未坠。其巅窣堵波，郁然奇质也。闻诸土俗曰：数百年前，山崖崩圮，中有苾刍，瞑目而坐，躯量伟大，形容枯槁，须发下垂，被肩蒙面。有畋猎者见已白王，王躬观礼。都人士子，不召而至，焚香散花，竞修供养。王曰："斯何人哉？若此伟也！"有苾刍对曰："此须发垂长而被服袈裟，乃入灭心定 ④ 阿罗汉也。夫入灭心定者，先有期限，或言闻犍椎声，或云待日光照，有兹警察，便从定起；若无警察，寂然不动，定力持身，遂无坏灭。段食 ⑤ 之体，出定便谢。宜以酥油灌注，令得滋润，然后鼓击，警悟定心。"王曰："尔乎？"乃击犍椎。其声才振，而此罗汉豁然高视，久之，乃曰："尔辈何人？形容卑劣，被服袈裟！"对曰："我苾刍也。"曰："然，我师迦叶波如来 ⑥ 今何所在？"对曰："入大涅槃，其来已久。"闻而闭目，怅若有怀，寻重问曰："释迦如来出兴世耶？"对曰："诞灵导世，已从寂灭。"闻复俯首，久之乃起，升虚空，现神变，化火焚身，遗骸坠地。王收其骨起窣堵波。

从此北行，山碛旷野五百余里，至佉沙国。旧谓疏勒者，乃称其城号也。正音宜云室利讫栗多底。疏勒之言，犹为讹也。

【注释】

① 乌铩，其对音当是 Ušar。关于其国的今地有多种说法，通常认为白鸟库吉将它比定为叶尔羌（即今新疆莎车县）的说法比较可靠。莎车地区在汉代称莎车国，在魏晋和北朝时期称渠沙国，元明则有鸭儿看、押儿牵、牙儿干等名，清代称作叶尔羌。

② 黳玉，即黑玉。《广雅·释器》："黳，黑也。"

③ 巃嵸，有二义。一为山岭高峻貌，《文选》司马相如《上林赋》："崇山矗矗，巃嵸崔巍。"二是云气浓郁貌，《楚辞·招隐士》："山气巃嵸兮石嵯峨。"这里的"山气巃嵸"则是用其第二义。

④ 灭心定，即是灭尽定。《俱舍论》卷五："如说复有别法，能令心

心所灭，名无想定。如是复有别法，能令心心所灭，名灭尽定。"参见卷八 2.1 注 ⑥。

⑤ 段食，亦作抟食、团食，梵文 piṇḍa 的意译。是为四食之一。即指人们常用之食物。香、味、触为体，分分段段受用，以资益身体，故云段食。《俱舍论》卷十："香、味、触三，一切皆为段食自体；可成段别而饮啖故，谓以口、鼻分分受之。"《义林章》卷五："段者分段，分分受之，有持身命。旧云团者，可抟可握，立为团食。此义全非，团字非抟，非水饮等可抟团圆。云何名团，故应名段。"

⑥ 迦叶波如来，即迦叶波佛，释见卷一 3.5 注 ⑫。

【译文】

乌铩国，方圆一千多里。该国的大都城方圆十多里，南境濒临徙多河。田地肥沃，庄稼兴盛，树林浓密，花果繁多。盛产各种玉石，有白玉、黑玉、青玉。气候温和，风调雨顺。向来缺少礼节仁义，居民性格刚烈犷悍，大多诡诈欺骗，不大懂得廉耻。文字、语言，大体上与佉沙国相同。容貌丑陋粗俗，多用毛料制衣。但是信仰坚定，虔敬信奉佛法。境内有佛寺十多座，僧徒不到一千人，研学小乘教说一切有部。好几百年以来，王族后嗣断绝，国内没有君主，隶属揭盘陀国。

都城西面二百多里之处，有座大山。山峦之间，雾气浓郁，触碰岩石，便会成云，悬崖层层，既高又险，形似将崩，尚未坠落。山顶有一佛塔，形制十分奇特。听当地居民说道：几百年前，山崖曾经崩塌，其中有个和尚，闭目端然而坐，身躯魁梧长大，面容干枯憔悴，胡须、头发下垂，遮蔽肩膀、脸庞。有个打猎之人，见此景象之后，便去禀告国王。国王亲自前去，瞻仰礼拜和尚；城内各界人士，主动跟随前往，焚香、撒布鲜花，竞相礼敬供养。国王问道："这是何许样人，身躯如此高大？"有个僧人答道："这位须发长长垂下，身披袈裟的人，乃是在入灭心定的罗汉。入灭心定的人，具有一定期限。有人说，听到犍椎之声，有人说，待到日光照射，得到这类警讯，他便从定而起；如果没有警讯，他便寂然不动，定力维持身体，永远不会毁灭。依靠食物养生的肉体，一旦出定便会死亡。应该用酥油浇灌他的身体，使他得以滋润，然后在旁敲鼓，惊醒他的定心。"国王说道："果然如此吗？"于是敲击犍椎。犍椎声音刚才发出，罗汉骤然张开双目，过了好久，问众人道："你们是些什么人？身材如此矮小，却也穿着袈裟！"那个僧人答道："我是一个和尚。"罗汉问道："那么我的老师迦叶波如来现在什么地方？"僧人答道："他已入大涅槃，岁月相隔已久。"罗汉听后闭上眼睛，神色怅然若有思念，过了一会重新问道："释迦如来是否已经出世？"僧人答道："圣灵诞生，指导凡世，如今也已归于寂灭。"罗汉听后，重又低头沉思，过了许久，站起身来，升入虚空之中，展示神通变化，化出神火，焚烧自身，遗骸坠落于地。国王收取骨殖，为他建一佛塔。

从本国向北，在山地、沙碛、旷野中行走五百多里，抵达佉沙国（原来所称的疏勒，乃是它都城的名号。正确应称室利讫栗多底。"疏勒"一名，乃是误称）。

佉沙国

3.5　佉沙[①]国，周五千余里。多沙碛，少壤土。稼穑殷盛，花果繁茂。出细氈褐，工织细氈氍毹。气候和畅，风雨顺序。人性犷暴，俗多诡诈，礼义轻薄，学艺庸浅。其俗生子，押头匾㔸[②]，容貌粗鄙，文身绿睛。而其文字，取则印度，虽有删讹，颇存体势。语言辞调，异于诸国。淳信佛法，勤营福利。伽蓝数百所，僧徒万余人，习学小乘教说一切有部③。不究其理，多讽其文，故诵通三藏及《毗婆沙》④者多矣。

从此东南行五百余里，济徙多河，逾大沙岭，至斫句迦国。旧曰沮渠。

【注释】

① 佉沙，又作竭石、竭叉、迦舍、伽师祇离、可失哈耳等，当是古代塞语 Kašrār 的音译或音译之略。《西域记》谓"室利讫栗多底"，则可能是梵文 Śrīkrītāti 的音译。在古代，此国亦称疏勒，《新唐书·西域传上》："疏勒，一曰佉沙，环五千里，距京师九千里而赢。……王姓裴氏，自号'阿摩支'，居迦师城，突厥以女妻之。"通常认为该国即是以今新疆喀什为中心的一块地区。而现代所见的黑太沁遗址（东北距英尔瓦特约60多里），则当是唐代疏勒国王阿摩支所居之迦师城，亦即是玄奘经过此国时的大都城（说见周连宽《丛稿》，第208—209页）。

② 匾㦷，谓薄或不圆之状貌。这种押头之俗，释见卷一 1.2 注 ⑥。

③ 说一切有部，释见卷一 1.1 注 ⑧。

④《毗婆沙》，即《毗婆沙论》，释见卷二 2.7 注 ⑯。

【译文】

佉沙国，方圆五千多里。沙石之地很多，农田沃土较少。庄稼十分兴盛，花果品种繁多。出产精细毛毡，擅长织造细毡。气候温暖舒畅，风雨调匀和顺。民性犷悍暴烈，惯于施诈行骗，轻视礼节仁义，学问、技艺浅陋。按照当地风俗，生下儿子以后，要将其头夹扁。容貌粗俗，身上刺花，眼睛碧绿。文字以印度文为范本，虽然有所删削舛讹，但是基本上保持了原有文字的特色。语言的辞汇声调，则与其它各国不同。居民虔诚信仰佛法，努力追求积善植福。境内有佛寺几百座，僧人一万多名，研学小乘教说一切有部。不大深究其中道理，大体只是念诵文句，所以能够通篇背诵三藏和《毗婆沙》的人为数甚多。

从本国向东南方行走五百多里，渡过徙多河，翻越大沙岭，抵达斫句迦国（旧称沮渠）。

斫句迦国

3.6　斫句迦[①]国，周千余里。国大都城周十余里，坚峻险固，编户殷盛。山阜连属，砾石弥漫，临带两河，颇以耕植。蒲萄、梨、柰，其果实繁。时风寒，人躁暴。俗惟诡诈，公行劫盗。文字同瞿萨旦那国，言语有异。礼义轻薄，学艺浅近。淳信三宝，好乐福利。伽蓝数十，毁坏已多，僧徒百余人，习学大乘教。

国南境有大山，崖岭嵯峨，峰峦重叠；草木凌寒，春秋一贯；蹊涧浚濑[②]，飞流四注；崖龛石室，棋布岩林。印度果人[③]，多运神通，轻举远游，栖止于此。诸阿罗汉寂灭者众，以故多窣堵波也。今犹现有三阿罗汉居岩穴中，入灭心定[④]，形若羸人，须发恒长，故诸沙门时往为剃。而此国中大乘经典部数尤多，佛法至处，莫斯为盛也。十万颂为部者，凡有十数；自兹已降，其流实广。

从此而东，逾岭越谷，行八百余里，至瞿萨旦那国。唐言地乳，即其俗之雅言也。俗语谓之涣那国，匈奴谓之于遁，诸胡谓之豁旦，印度谓之屈丹。旧曰于阗，讹也。

【注释】

① 斫句迦，又作朱驹波、悉居半、遮俱波、遮拘迦等，当是 Čukupa 的对音。此即汉代之子合国；其都城故址在今新疆叶城县西南约 55 公里的奇盘庄。今奇盘庄南 20 多里的山岩上也有佛洞，与《西域记》在此描绘的国南境大山上的许多崖龛石室相吻合。

② 浚濑，犹言水流深而湍急。浚，义为深，《诗经·小雅·小弁》："莫高匪山，莫浚匪泉。"濑，义为湍急，《楚辞·九歌·湘君》："石濑兮浅浅。"

③ 果人，即裸人；果与裸通，《说文通训定声》："果，杜子春则谓借为裸。"裸人，在此即是指所谓的"露形外道"（释见卷一 4.4 注 ⑦），所以这里的"印度果人"当是指印度的露形外道信徒，似乎不是指证得圣果之人。

④ 灭心定，即灭尽定，释见卷八 2.1 注 ⑥ 和卷十二 3.4 注 ④。

【译文】

斫句迦国，方圆一千多里。该国的大都城方圆十多里，城墙高峻坚固，居民人数众多。丘岭连绵相接，沙石布满各处，沿着两河之旁，颇多农耕田地，葡萄、梨、花红等水果繁多。气候多风寒冷，人性急躁暴烈。惯于使诈行骗，公然抢劫掳掠。文字与瞿萨旦那国相同，语言则有差异。轻视礼节仁义，学问、技艺浅陋。虔诚信仰佛教，爱好积善植福，境内有佛寺几十座，大多已经塌毁，僧人一百多名，研学大乘佛教。

该国南境有座大山，峰崖高耸，山峦重叠；花草树木十分耐寒，从春到秋总不凋谢；山间溪流幽深湍急，泉瀑飞泻，水珠四溅；崖上凿有许多石室，犹如棋子密布山林。不少印度露形外道信徒，运用神通之力，升空遨游远方，在此山中栖居。由于有许多罗汉在这里入涅槃，所以留下大量佛塔。至今仍有三位罗汉，住在岩洞之中，修持灭心定，状如瘦弱病人，须、发一直在长，所以其它僧人经常前去为他们剃剪须、发。此国之中，大乘经典的部数特别多，佛教传播所及，这里最为兴盛。以十万颂为一部的佛经，共有十几部；至于不到十万颂的经典，则流传更加广泛。

从本国向东，翻过山岭，越过峡谷，行走八百多里，抵达瞿萨旦那国（唐语称为"地乳"，这是当地的雅语。俗语称之为涣那国，匈奴人称之为于遁，胡人称之为豁旦，印度人称之为屈丹。旧称于阗，误）。

瞿萨旦那国

3.7　瞿萨旦那①国，周四千余里。沙碛太半，壤土隘狭。宜谷稼，多众果。出氍毹②、细氈，工纺织絁䌷③。又产白玉、黳玉。气序和畅，飘风飞埃。俗知礼义，人性温恭。好学典艺，博达伎能。众庶富乐，编户安业。国尚乐音，人好歌舞。少服毛褐氈裘，多衣絁䌷油白氎。仪形有礼，风则有纪。文字宪章，聿遵印度，微改体势，粗有沿革。语异诸国。崇尚佛法。伽蓝百有余所，僧徒五千余人，并多习学大乘法教。

王甚骁武，敬重佛法，自云毗沙门天④之祚胤也。昔者，此国虚旷无人，毗沙门天于此栖止。无忧王太子在呾叉始罗国被抉目已，无忧王怒遣辅佐，迁其豪族，出雪山北，居荒谷间。迁人逐物，至此西界，推举酋豪，尊立为王。当是时也，东土帝子，蒙谴流徙，居此东界，群下劝进，又自称王。岁月已积，风教不通。各因田猎，遇会荒泽，更问宗绪，因而争长。忿形辞语，便欲交兵。或有谏曰："今何遽乎？

因猎决战，未尽兵锋。宜归治兵，期而后集。"于是回驾而返，各归其国，校习戎马，督励士卒。至期兵会，旗鼓相望。旦日合战，西主不利，因而逐北，遂斩其首。东主乘胜，抚集亡国，迁都中地，方建城郭。忧其无土，恐难成功，宣告远近，谁识地理。时有涂灰外道，负大瓠，盛满水，自而进曰："我知地理。"遂以其水屈曲遗流，周而复始，因即疾驱，忽而不见。依彼水迹，峙其基堵，遂得兴工，即斯国治，今王所都于此城也。城非崇峻，攻击难克，自古已来，未能有胜。其王迁都作邑，建国安人，功绩已成，齿耋云暮，未有胤嗣，恐绝宗绪。乃往毗沙门天神所祈祷请嗣，神像额上，剖出婴孩，捧以回家，国人称庆。既不饮乳，恐其不寿，寻诣神祠，重请育养。神前之地忽然隆起，其状如乳，神童饮吮，遂至成立。智勇光前，风教遐被，遂营神祠，宗先祖也。自兹已降，奕世相承，传国君临，不失其绪。故今神庙多诸珍宝，拜祠享祭，无替于时。地乳所育，因为国号。

【注释】

①瞿萨旦那，又有于阗、五端、兀丹、斡端、忽炭等名，其对音当是 Gostana。该国故地相当于今新疆和田地区及其周近；其地包括今和田、于田、济浦、策勒、墨玉、皮山、民丰等县。都城故址在今新疆和田县城东南约 24 公里之处的什斯比尔（维吾尔语义"三道墙"），也称下库马提，位于玉珑喀什河的西岸。此国扼古代中国通往西域的南道上之要冲，故在东西方文化、经济的交流方面曾经起过巨大的作用。

②氍毹，即毛织地毯之属，《广韵》"氍"字下引《风俗通》云："织

毛褥谓之氀毼。"

③ 絁绸，丝织品中之比较粗劣者，《宋史·舆服志》："民庶止许以
毡皮、絁绸为鞯。"

④ 毗沙门天，释见卷一3.4注②。

【译文】

瞿萨旦那国，方圆四千多里。大半国土都是沙漠，肥沃农田相当狭
小。宜于种植谷物，水果品种很多。出产毛毯、细毡，擅长纺织粗绸。
又产白玉、黑玉。气候温暖舒畅，但是风大尘多。通常懂得礼义，性格
温顺谦恭。爱好佛学经典，掌握各种技能。百姓富足愉快，居民安居乐
业。此国崇尚音乐，人人喜欢歌舞。不大服用毛皮衣料，较多穿着粗绸、
白布。仪态举止彬彬有礼，所作所为符合法纪。文字规则，模仿印度，
稍有改动，大体承袭。居民崇信佛法，境内有佛寺一百多座，僧人五千
多名，全都研习大乘法教。

国王十分骁勇威武，敬仰佛法，自称是毗沙门天神的后代。当初，
该国空旷，荒无人烟，毗沙门天在此居住。无忧王的太子在呾叉始罗
国被挖去眼睛以后，无忧王十分震怒，罢黜太子的辅臣，流放当地的大
族，赶到雪山以北，居住荒谷之中。被迫迁徙之人，追随水草而走，来
到该地西界，推举一个首领，充任一国之君。正在这个时候，东方皇帝
之子，因罪遭到流放，居于该地东界，部下劝他僭号，便也自称为王。
虽然经过许多岁月，两国文化却未沟通。有一次，二王都因打猎，相逢
荒野之中，互相追问世系，从而争执高下，恼怒形于辞色，便欲动手交
战。这时有人谏道："现在何必匆忙争战？由于打猎动用武力，不能完
全施展威力。应该回去整顿大军，约定日期再来决战。"于是二王起驾，

各自返回其国；整治操练军马，督促勉励士卒。到期两军对阵，双方旗鼓相望。明日开始交战，西国君主失利，东王从而追击，斩下西王首级。东王乘胜推进，招抚亡国军民，打算迁都中部，计划建造城邑。担心没有粘土，恐怕难以成功。于是通告远近各地，征召熟知地理之人。这时有个涂灰外道，背着一只大葫芦，其中装满清水，自我推荐道："我懂得地理。"于是将葫芦中的水弯弯曲曲地浇在地上，绕完一圈，重又开始，忽然快速飞跑起来，骤然之间消失不见。人们依照这些水迹，就在上面建起墙基，再按墙基筑造城邑，便成现在这个首都，当今的国王就以它为都城。城墙并不高峻，但是很难攻克，自从古代以来，无人能够取胜。那位国王迁移首都，筑造城邑，建立国家，安抚人民，功业建成之后，年纪已经垂暮，但是没有后嗣，担心断绝宗系。于是前往毗沙门天神庙，祈求赐予子嗣。神像前额裂开，生出一个婴孩，国王捧着回宫，全国人民庆贺。但是婴孩不吃人奶，国王怕他寿命不长，旋即再赴神庙，请求天神育养。神像前面土地，忽然之间隆起，形状犹如乳房，神童吮吸地乳，直至长大成人。此人机智勇武，胜过他的前辈，声威教化远播，于是建造神祠，将神奉为先祖。自从那时以来，王统世代相继，政权逐一传递，从未断绝宗嗣。所以如今神庙之中珍宝极多，历代国君祭拜供养，从不间断。由于先王是由地乳所育，因此便将"地乳"作为国号。

3.8 王城南十余里有大伽蓝，此国先王为毗卢折那^①唐言遍照。阿罗汉建也。昔者，此国佛法未被，而阿罗汉自迦湿弥罗国^②至此林中，宴坐习定。时有见者，骇其容服，具以其状上白于王。王遂躬往，观其容止，曰："尔何人乎，独在幽林？"罗汉曰："我，如来弟子，闲居习定。王宜树福，弘赞佛教，建伽蓝，召僧众。"王曰："如来者，有何德，有何神，而汝鸟栖，勤苦奉教？"曰："如来慈愍四生③，诱导三界④，或显或隐，示生示灭。遵其法者，出离生死，迷其教者，羁缠爱⑤网。"王曰："诚如所说，事高言议，既云大圣，为我显形；若得瞻仰，当为建立，罄心归信，弘扬教法。"罗汉曰："王建伽蓝，功成感应。"王苟从其请，建僧伽蓝，远近咸集，法会称庆，而未有犍椎⑥扣击召集。王谓罗汉曰："伽蓝已成，佛在何所？"罗汉曰："王当至诚，圣鉴不远。"王遂礼请，忽见空中佛像下降，授王犍椎，因即诚信，弘扬佛教。

王城西南二十余里，有瞿室餕伽⑦山。唐言牛角。山峰两起，岩隒四绝，于崖谷间建一伽蓝，其中佛像时烛光明。昔如来曾至此处，为诸天、人略说法要，悬记此地当建国土，敬崇遗法，遵习大乘。

牛角山岩有大石室，中有阿罗汉，入灭心定，待慈氏佛⑧，数百年间，供养无替。近者崖崩，掩塞门径，国王兴兵，欲除崩石，即黑峰群飞，毒螫人众，以故至今，石门不开。

王城西南十余里，有地迦婆缚那⑨伽蓝。中有夹纻立佛像，本从屈支国⑩而来至止。昔此国中有臣被谴，寓居屈支，恒礼此像。后蒙还国，倾心遥敬，夜分之后，像忽自至，其人舍宅，建此伽蓝。

【注释】

①　毗卢折那，又作毗卢舍那、毗卢遮那、毗卢旃等，梵文 Vairocana

的音译；意译作遍照。此名本是佛陀真身之尊称，慧苑《音义》上："按梵本，毗字应音云无废反，此云种种也。卢遮那，云光明照也，言佛于身智以种种光明照众生也。或曰，毗，遍也；卢遮那，光明也。谓佛以身智无碍光明遍照理事无碍法界也。"《西域记》在此所载于阗王始信佛教的传说，《洛阳伽蓝记》卷五也有类似记述："于阗王不信佛法。有商胡将一比丘名毗卢旃，在城南杏树下，向王伏罪云：'今辄将异国沙门来在城南杏树下。'王闻忽怒，即往看毗卢旃。旃语王曰：'如来遣我来，令王造覆盆浮图一躯，使王祚永隆。'王言：'令我见佛，当即从命。'毗卢旃鸣钟告佛，即遣罗睺罗变形为佛，从空而现真容。王五体投地，即于杏树下置立寺舍。"

　　② 迦湿弥罗国，释见卷三 3.1 注 ①。

　　③ 四生，释见卷三 3.3 注 ③。

　　④ 三界，即欲界、色界、无色界，释见于志宁序 1.1 注 ⑧。

　　⑤ 爱，贪物、染着之义，释见卷五 1.2 注 ⑥。

　　⑥ 犍椎，钟、磬之属，释见卷一 4.8 注 ⑳。

　　⑦ 瞿室馂伽，梵文 Gośṛṅga 的音译，义为"牛角"。关于此山的位置，斯坦因说道，在卡拉卡什河 (Kara-kash) 下游约 8 公里处的乌杰特村 (Ujat)，肉眼可见的对岸约 1 英里处的乌卢加特山 (Ulughat) 支脉的悬岩即是此山，名为科马里 (Kohmari)。他确信格兰那德将此山比定为玄奘所述之于阗佛教圣地牛角山是正确的（见 Stein, *Khotan*, p.244）。

　　⑧ 慈氏佛，即弥勒佛，释见卷三 1.6 注 ③。

　　⑨ 地迦婆缚那，可能是梵文 Dīrghabhāvana 的音译；义为"长宫"。或以为此寺在姚头岗西南约 4 英里处的 Bowa-kambar。

　　⑩ 屈支国，释见卷一 1.2 注 ①。

【译文】

都城之南十多里，有一大佛寺，是该国前代国王为毗卢折那（唐语谓"遍照"）罗汉所建造。当初，佛教尚未传到此国，罗汉从迦湿弥罗国来到这座树林之中，静默打坐，修习禅定。当时看见他的人，都惊奇于他的容貌服装，便将情况禀告国王。国王于是亲自前往，观瞻他的容貌举止，问道："你是何许样人，独居幽深树林？"罗汉答道："我是如来的弟子，脱离尘世，清闲居住，修习禅定。陛下应该修持福德，弘扬佛教，建造佛寺，召集僧众。"国王说道："如来究竟有何德操，有何神通，值得你像鸟一般地栖宿树林，勤勉刻苦崇奉于他？"罗汉答道："如来怜悯一切众生，劝诱教导所有神、人；有时现出真身，有时暗显灵应，展示万物或生或灭的深奥道理；遵奉佛法之人，脱离生死轮回，不信佛教的人，陷入爱网之中。"国王说道："如果确实如像你所说，事实应该胜于言辞；既然如来称为大圣，希望为我现出真身。假如我能瞻仰佛容，我就一定为他建寺，诚心诚意皈依信奉，大力传播宣扬佛教。"罗汉说道："陛下先去建造佛寺，建成之后自有感应。"国王姑且听从他的要求，建成一座佛寺，远近各地都来集会，举办法会以示庆贺；但是尚未扣击犍椎召集大众。国王对罗汉说道："现在佛寺已经建成，如来佛祖却在哪里？"罗汉答道："陛下只要真心实意，圣佛自然就会显灵。"国王于是礼拜，虔诚邀请佛祖，忽见佛像自天而降，并将犍椎授予国王。国王从此笃诚信仰，竭尽全力传播佛教。

都城西南方二十多里，有座瞿室馂伽山（唐语谓"牛角"）。两座山峰高耸而起，四周重重崖岩隔绝。山崖峡谷之间，建有一座佛寺，寺内佛像经常放射光明。当初如来曾经来到此地，为天、人大众概要演说佛法，预言这里将要建立国家，敬仰崇拜如来遗教，遵奉研学大乘教法。

牛角山的山崖上有座大石室，室内有位阿罗汉，正在修持灭心定，等待慈氏菩萨；好几百年以来，供养从未间断。最近山崖崩塌，堵塞进出通道。国王动用军队，准备清除碎石，即有黑蜂成群飞舞，毒针螫伤洞前众人，所以至今石门不开。

都城西南方十多里，有座地迦婆缚那佛寺。寺内有尊纻麻立佛像，早先从屈支国来到这里，留了下来。当初瞿萨旦那国有位大臣遭到放逐，寄居在屈支国，始终礼拜此像。嗣后获赦回国以后，依然诚心遥遥致敬；一天正当半夜之后，佛像忽然自动来此，大臣于是施舍住宅，用来建成这座佛寺。

3.9 王城西行三百余里，至勃伽夷①城。中有佛坐像，高七尺余，相好允备②，威肃巍然，首戴宝冠，光明时照。闻诸土俗曰：本在迦湿弥罗国，请移至此。昔有罗汉，其沙弥弟子临命终时，求酢米饼③。罗汉以天眼观，见瞿萨旦那国有此味焉，运神通力，至此求获。沙弥噉已，愿生其国，果遂宿心，得为王子。既嗣位已，威摄遐迩，遂逾雪山，伐迦湿弥罗国。迦湿弥罗国王整集戎马，欲御边寇。时阿罗汉谏王："勿斗兵也，我能退之。"寻为瞿萨旦那王说诸法要。王初未信，尚欲兴兵。罗汉遂取此王先身沙弥时衣，而以示之。王既见衣，得宿命智④，与迦湿弥罗王谢咎交欢，释兵而返，奉迎沙弥时所供养佛像，随军礼请。像至此地，不可转移，环建伽蓝，式招僧侣，舍宝冠置像顶，今所冠者，即先王所施也。

王城西百五六十里，大沙碛正路中，有堆阜，并鼠壤坟也。闻之土俗曰：此沙碛中，鼠大如猬，其毛则金银异色，为其群之首长，每出穴游止，则群鼠为从。昔者，匈奴⑤率数十万众，寇略边城，至鼠坟侧屯军。时瞿萨旦那王率数万兵，恐力不敌，素知碛中鼠奇，而未神也。洎乎寇至，无所求救，君臣震恐，莫知图计，苟复设祭，焚香请鼠，冀其有灵，少加军力。其夜瞿萨旦那王梦见大鼠曰："敬欲相助。愿早治兵，旦日合战，必当克胜。"瞿萨旦那王知有灵佑，遂整戎马，申令将士，未明而行，长驱掩袭。匈奴之闻也，莫不惧焉。方欲驾乘被铠，而诸马鞍、人服、弓弦、甲縺，凡厥带系，鼠皆啮断。兵寇既临，面缚受戮。于是杀其将，虏其兵，匈奴震慑，以为神灵所佑也。瞿萨旦那王感鼠厚恩，建祠设祭，奕世遵敬，特深珍异。故上自君王，下至黎庶，咸修礼祭，以求福佑。行次其穴，下乘而趋，拜以致敬，祭以祈福。或衣服、弓、矢，或香花、肴膳，亦既输诚，多蒙福利。若无享祭，则逢灾变。

【注释】

① 勃伽夷，关于其对音，或以为是 Bogai，或以为是 Bhāgya，但是都无确据。至于其地望，当今的中国学者似都倾向于黄文弼的比定。他认为在今皮山县东南的装桂牙附近："装桂牙西北约五里许徒诺克有废寺遗址，旁散布泥塑残件甚多。在废寺西北四五里许之所罗倘不果拉麻札附近，陶片散布极广，房舍遗迹犹存，井渠巷陌，历历可辨，颓垣甚多，类似城墙遗迹，周广约十余里，可能为古城遗址。按辩机《西域记》称'王城西行三百余里，至勃伽夷城'，距离约略相当。'装桂牙'与'勃伽夷'

音亦相近，可能后者因沿于前。如此地遗址为唐之勃伽夷城，则庙基亦即瞿萨旦那王所建之伽蓝。"

②　相好允备，即"相好俱足"，犹言佛陀相貌庄严佳妙之极。释见卷二 2.3 注 ②。

③　酢米饼，当是用发酵之米或米粉所做的一种饼。酢，即是指酸味，《急就篇》卷三："酸醎酢淡辨浊清。"这属于出家人可以食用的五种正食之一。《寄归传》卷一："半者蒲膳尼，应译为五啖食；旧云五正者，准义翻也。一饭，二麦豆饭，三麨，四肉，五饼。"

④　宿命智，即是知宿命之智，为六神通之一。释见卷二 2.7 注 ⑨。

⑤　匈奴，在此只是泛指北方游牧民族，而非特指秦汉时期活跃于中原北方的匈奴人或其后裔。对于此名，玄奘在《西域记》中用得很泛，故不可拘泥于字面意义。

【译文】

从都城向西行走三百多里，抵达勃伽夷城。城内有尊佛陀坐像，高七尺多，相貌佳妙，威严肃穆，端然而坐，头戴宝冠，常放光芒。听当地居民说：此像原在迦湿弥罗国，后被礼请，移留这里。当初有个罗汉，他的沙弥弟子，即将去世之时，要求吃酢米饼。罗汉用天眼观看，发现瞿萨旦那国中有此食品，于是运起神通力，来到这里求取。沙弥吃饼以后，发愿来世转生该国。后来果然实现宿愿，投生此国成为王子。王子继承王位之后，声威慑服远近各地，于是翻过雪山，征伐迦湿弥罗国。迦湿弥罗国王整顿军马，准备抵抗外敌寇侵。这时罗汉劝谏国王："请勿使用武力，我能使他退兵。"罗汉旋即为瞿萨旦那王演说佛法要领。国王起初尚未相信，仍旧打算率军进击。罗汉于是拿出国王前生当沙

弥时的衣服，展示给他看。国王一见衣服，便得宿命之智，遂向迦湿弥
罗国王谢罪致歉，归于和好，引兵而退；同时奉迎当沙弥时所供养的佛
像，随军而行，时时礼拜。佛像到了这里，再也无法移动，于是环绕佛
像，建造一座佛寺，虔敬招募僧人，并且布施宝冠，装在佛像顶上。如
今佛顶宝冠，便是先王所施。

　　都城西侧一百五六十里处，在大沙碛的正路之中，有不少土丘，都
由老鼠挖洞后排出的土壤堆成。听当地居民说：在这沙碛之中，老鼠
大如刺猬，毛色金、银相间者，乃是鼠群之长；每当老鼠首领出外游走
时，其它老鼠便都伴随跟从。当初，匈奴曾经率领十万大军，前来劫掠
此国边境，抵达鼠坟附近驻扎军队。这时瞿萨旦那国王只有几万兵力，
担心抵抗不住敌军。他一向知道沙碛中的老鼠不同寻常，但是尚未将
它视作神物。待到敌寇大军压境，无处可以寻求救助，君臣上下惊恐
万状，不知如何设法对付；于是姑且祭拜，焚香祈请老鼠，盼望它们有
灵，稍稍增加军力。当天夜里，瞿萨旦那王梦见大鼠对他说道：“我很
愿意帮助陛下，望你尽早整顿兵马；明日一早两军交战，你们一定能够
胜利。”瞿萨旦那王得知鼠神暗中保佑，于是集合军队，发令将士，天还
未亮，便即开拔，长途奔袭，猛攻敌营。匈奴发现大军突然降临，无不
惊恐万分。刚刚想要驾驶兵车，披挂铠甲，那些马鞍、军服、弓弦、甲链，
凡是有带系缚的物件，全被老鼠咬断；敌军既已来临，只得束手受擒，
任其屠宰杀戮。于是，瞿萨旦那军队杀死匈奴将领，俘虏匈奴士兵，匈
奴震惊惧怕，认为这是神灵在保佑对方。瞿萨旦那王感谢老鼠的深厚
恩情，便为它们建造神庙，设置祭祀，世世代代，敬奉鼠神，对于它们，
特别珍视。所以上自君王，下至百姓，全都礼拜祭奉老鼠，以便求得福
德佑助。每当经过鼠穴，都要下马步行，向其膜拜致礼，设祭以求赐福；

有时施以衣服、弓箭，有时供上香花、食品。诚心祈求的人，都能获得好处；如果不设祭礼，就会遭逢灾殃。

3.10 王城西五六里，有娑摩若^①僧伽蓝。中有窣堵波，高百余尺，甚多灵瑞，时烛神光。昔有罗汉，自远方来，止此林中，以神通力，放大光明。时王夜在重阁，遥见林中光明照曜，于是历问，佥曰：“有一沙门，自远而至，宴坐林中，示现神通。”王遂命驾，躬往观察。既睹明贤，心乃祗敬，钦风不已，请至中宫。沙门曰：“物有所宜，志有所在。幽林薮泽，情之所赏；高堂邃宇，非我攸闻。”王益敬仰，深加宗重，为建伽蓝，起窣堵波。沙门受请，遂止其中。顷之，王感获舍利数百粒，甚庆悦，窃自念曰：“舍利来应，何其晚欤？早得置之窣堵波下，岂非胜迹？”寻诣伽蓝，具白沙门。罗汉曰：“王无忧也，今为置之。宜以金、银、铜、铁、大石函等，以次周盛。”王命匠人，不日功毕，载诸宝舆，送至伽蓝。是时也，王宫导从、庶僚凡百，观送舍利者，动以万计。罗汉乃以右手举窣堵波，置诸掌中，谓王曰：“可以藏下也。”遂坎地安函，其功斯毕，于是下窣堵波，无所倾损。观睹之徒，叹未曾有，信佛之心弥笃，敬法之志斯坚。王谓群官曰：“我尝闻佛力难思，神通难究。或分身百亿，或应迹人天；举世界于掌内，众生无动静之想，演法性于常音，众生有随类之悟^②。斯则神力不共，智慧绝言。其灵已隐，其教犹传。餐和饮泽，味道钦风，尚获斯灵，深赖其福。勉哉，凡百！宜深崇敬，佛法幽深，于是明矣。”

【注释】

① 娑摩若，可能是梵文 Samājñā 的音译。其地故址在今姚头岗西方约 1 英里处的 Somiya 村；当地有一坟丘，据说即其遗迹。

② 随类之悟，犹言不同类型的芸芸众生，都能因佛之教化而悟道。佛教讲究根据不同的对象而以不同的方式导化。例如，佛济度众生，应其机类而现诸种身，如满虚空身、丈六身等，此称"随类不定"；又，佛随众生之机类而施协于其根性之教化，称为"随类应同"。

【译文】

在都城以西五六里处，有座娑摩若寺。寺内有座佛塔，高达一百多尺，灵应、瑞祥很多，经常放射神光。当初有个罗汉，从远方来到此地，居住这座林内，运用神通之力，发射耀眼光芒。这天夜间，国王正在高楼之上，远远望见林中光明照耀，于是逐一询问臣属，大家都说："有位和尚，从远方而来，静坐树林之中，展示巨大神通。"国王便命驾车，亲自前往观察。见到这位贤明之士，心内产生敬仰之情，十分佩服他的风范，邀他来到王宫之中。和尚说道："万物各有宜于生长之处，人的志向也是各不相同。幽静森林、山野草丛，是我喜爱之处；高大楼房、深邃屋宇，不是我愿闻见。"国王因而对他更加敬仰，深为看重，替他建立佛寺，筑造佛塔；和尚接受邀请，于是居留寺内。不久之后，国王感动神灵，获得舍利几百粒，十分庆幸喜悦，暗自想道："舍利感应我的虔诚，为何来得如此之晚？如果我能早日得到，便可藏在佛塔之下，难道不是一大胜迹？"旋即来到佛寺，把这想法告诉和尚。罗汉说道："陛下不必担忧，我今为你置放。你可用金、银、铜、铁、石制成匣子，依次逐一装入舍利。"国王命令工匠制作，不多几天便已完成，将匣装在宝车之上，一直送到佛寺之中。这时，王宫随从、朝廷官吏、平民百姓，全来观看护送舍利，人数众多，数以万计。罗汉用右手举起佛塔，放在手掌之中，对国王说道："现在可以将舍利放下去了。"于是工匠掘开地面，藏入匣子，待到工程完毕，罗汉放下佛塔，绝无倾斜损坏。四周观看之人，慨叹从未见过，信仰佛教之心更为虔诚，敬奉佛法之志更为坚定。国王对众多官员说道："我曾听说佛陀的神力不可思议，他的神通难知究竟。他或者将身化为百亿之数，或者适应人、天机缘，示现种种神迹。他能把世界举在掌内，而使众生并无动摇之感；他能用通俗言辞演说佛家真理，使得各类生灵都能由于他的因材施教而悟道。这种神力无可比拟，这种智慧空前绝后。如今圣灵已经退隐，但是佛教仍在流传。我辈受到佛的教化、哺育，犹如品味佳肴，饮用甘露一般，体会佛教真理，钦慕佛陀风范；得到这些舍利灵物，也是全仗佛陀之福。努力吧，各位！你们应该深深崇敬佛教；佛法幽深广大，如今已很明显。"

3.11 王城东南五六里，有麻射①僧伽蓝，此国先王妃所立也。昔者，此国未知桑蚕，闻东国有之，命使以求。时东国君秘而不赐，严敕关防，无令桑蚕种出也。瞿萨旦那王乃卑辞下礼，求婚东国；国君有怀远之志，遂允其请。瞿萨旦那王命使迎妇，而诫曰："尔致辞东国君女，我国素无丝绵桑蚕之种，可以持来，自为裳服。"女闻其言，密求其种，以桑蚕之子置帽絮中，既至关防，主者遍索，唯王女帽不敢以检。遂入瞿萨旦那国，止麻射伽蓝故地，方备仪礼，奉迎入宫，以桑蚕种留于此地。阳春告始，乃植其桑，蚕月既临，复事采养。初至也，尚以杂叶饲之，自时厥后，桑树连荫。王妃乃刻石为制，不令伤杀；蚕蛾飞尽，乃得治茧。敢有犯违，明神不佑。遂为先蚕^②建此伽蓝。数株枯桑，云是本种之树也。故今此国有蚕不杀，窃有取丝者，来年辄不宜蚕。

【注释】

① 麻射，好几个古本作"鹿射"；但因藏文文献作 Ma-Za，故汉文当以"麻射"为确。关于麻射寺的确切方位，近年李吟屏有一说，即在今阿拉勒巴格之南4、5里处的巴塞（见李吟屏《于阗国都》，第45页）。藏文《于阗国史》也谈到了类似的中国公主将蚕桑传入于阗的故事：于阗国王从中国娶了一位公主，她想把蚕带到于阗去，于是就在 Ma-Za 地方养了一些。但是中国大臣从中破坏，告诉国王说，蚕会变成毒蛇。国王信了他的谗言，便将蚕室放火烧掉。公主抢救了一些出来。嗣后缫出丝来，制成衣服，并把实情告诉国王；国王因此十分后悔。

② 先蚕，即是最先教民养蚕的神。《后汉书·礼仪志上》："祠先蚕，礼以少牢。"注引《汉旧仪》云："春蚕生而皇后亲桑于菀中。蚕室养蚕千薄以上。祠以中牢羊豕，祭蚕神曰菀窳妇人、寓氏公主，凡二神。"但是北周以后，则将黄帝之妃嫘祖奉为先蚕了。《通鉴外纪》："西陵氏之女嫘祖，为帝元妃，始教民育蚕治丝茧，以供衣服。后世祀为先蚕。"

【译文】

都城东南方五六里处，有座麻射寺，乃是该国先王的妃子所建。当初，此国不知如何种桑养蚕，听说东方国家有蚕，于是遣使求取。但是东国国君意欲保守蚕桑秘密，不将蚕桑赐给使者；并且严厉命令关卡，不得让蚕桑种子外流。瞿萨旦那王于是用谦卑的言辞、贵重的聘礼，向东国求结婚姻。东国帝君正有安抚域外地区的意图，于是答应了他的请求。瞿萨旦那王命令使臣迎接新娘,告诫他道:"你可对东国公主说,我国向来没有丝绸蚕桑之种,她应将种子带来,以便自制衣裳。"公主听得此话以后,秘密求取蚕桑种子,并将种子藏在帽子的绵絮之中。抵达边境关卡之后,关防长官搜遍各处,唯独公主帽子不敢检查,因此蚕种流入瞿萨旦那国。公主最初留住在此后建造麻射寺的地方,瞿萨旦那国王准备仪仗、婚礼,然后迎娶公主入宫;蚕桑之种则留在那里。待到翌年早春,王妃种植桑树,蚕月来临之后,再采桑叶养蚕。公主刚到之时,还只能用其它叶子喂蚕,但是经过一段时间以后,桑树便即茂密成荫。王妃将规章制度刻在石上,禁止杀伤蚕蛾,须待蚕蛾飞尽以后,方才可以治茧缫丝;如果有人违反此令,神明就会不再保佑。王妃还为蚕神建造了这座寺庙。现在尚有几枝枯桑,据说即是最初做种的桑树。所以该国至今不杀有蛾之茧;如果有人偷偷缫丝,翌年就会不利蚕桑。

3.12 城东南百余里有大河①,西北流,国人利之,以用溉田。其后断流,王深怪异。于是命驾问罗汉僧曰:"大河之水,国人取给,今忽断流,其咎安在?为政有不平,德有不洽乎?不然,垂谴何重也?"罗汉曰:"大王治国,政化清和。河水断流,龙所为耳。宜速祠求,当复昔利。"王因回驾,祠祭河龙。忽有一女凌波而至,曰:"我夫早丧,主命无从;所以河水绝流,农人失利。王于国内选一贵臣,配我为夫,水流如昔。"王曰:"敬闻,任所欲耳。"龙遂目悦国之大臣。王既回驾,谓群下曰:"大臣者,国之重镇;农务者,人之命食。国失镇则危,人绝食则死。危、死之事,何所宜行?"

大臣越席，跪而对曰：“久已虚薄，谬当重任。常思报国，未遇其时，今而预选，敢塞深责。苟利万姓，何吝一臣？臣者，国之佐；人者，国之本，愿大王不再思也。幸为修福，建僧伽蓝。”王允所求，功成不日。其臣又请早入龙宫，于是举国僚庶，鼓乐饮饯。其臣乃衣素服，乘白马，与王辞诀，敬谢国人。驱马入河，履水不溺，济乎中流，麾鞭画水，水为中开，自兹没矣。顷之，白马浮出，负一旃檀[②]大鼓，封一函书。其书大略曰：“大王不遗细微，谬参神选，愿多营福，益国滋臣。以此大鼓，悬城东南，若有寇至，鼓先声震。”河水遂流，至今利用。岁月浸远，龙鼓久无。旧悬之处，今仍有鼓，池侧伽蓝，荒圮无僧。

【注释】

① 城东南百余里之大河，当即指今玉珑哈什河，亦称玉陇哈什河或玉河、白玉河。有人认为其对音为 Yörüngqaš，突厥语义为“白玉”；但也有人认为其义乃是“往取玉”。此河即是今新疆和田河的东源，那里产玉。《魏书·西域传》谓于阗“城东二十里有大水北流，号树枝水，即黄河也，一名计式水”。或以为这即是指玉珑哈什河。

② 旃檀，即今通常所说的檀香，释见卷二 1.7 注 ③。

【译文】

都城东南方一百多里处有条大河，流向西北。该国人民利用河水浇灌田地；但是忽然水流断绝，国王对此深感奇怪。于是备起车驾，前往罗汉僧处，问道：“大河中的水流，人民一直取用，如今忽然断绝，罪咎出在哪里？是我施政不公正，还是仁德未普及？否则的话，为何惩罚如此之重？"罗汉答道："陛下治理国家，政治十分清明，教化也很和平。河水所以断绝，乃是龙在作怪。你应立即祭祀祈求，便会恢复以前水利。"国王回到宫中，设典祭祀河龙。忽然有一女子，踏着波浪而来，说道："我的丈夫早就死亡，使我一直无依无靠，所以现在阻断河水，导致农民失却水利。陛下只要在国内选出一位大官，将他配作我的丈夫，水流自会恢复如初。"国王说道："谨遵你的旨意，满足你的愿望。"河龙以目示意，看中了该国的一位大臣。国王回去以后，对群臣说道："大臣乃是国家的重要栋梁，农务则是人民的生命食粮；国家失去栋梁就会危险，人们断绝食粮就会死亡。危险、死亡的问题，要怎样才能解决？"大臣走出座位，跪着对国王说道："我长期以来身居要职，其实不能担当重任。经常希望报答国家，只是没有很好机会；如今能够被龙选中，盼望聊以弥补罪责。只要利于百姓大众，何必吝惜一个大臣？大臣只是国家的辅佐，人民却是国家的根本，请陛下不必再犹豫了。望您为我修福，建造一座佛寺。"国王答应他的请求，未几建成佛寺。大臣又请早日前赴龙宫。于是，全国上下官吏、平民，演奏音乐，举办宴会，为他饯行。大臣穿着白色服装，骑着白马，与国王诀别，并向人们致谢。随后策马入河，踩水而不沉没，渡至河的中央，他用马鞭划水，水面当中分开，于是没入水中。不多一会之后，白马从中浮出，驮着一面檀木大鼓，并且附有一封书信。信的大意说道："陛下没有藐视卑微之物，使我有幸被河神选中。望您多多植福积善，这将有益国家、恩被臣民。把这大鼓挂在都城东南，如有敌寇来临，大鼓便会震响。"此后河水重新流通，至今仍被充分利用。年代已经久远，龙鼓早已没有；原来挂鼓之处，现在别有一鼓。池畔那座佛寺，则已荒废无僧。

3.13 王城东三百余里大荒泽中，数十顷地，绝无蘖草 [①]，其土赤黑。闻诸耆旧曰：败军之地也。昔者，东国军师百万西伐，此时瞿萨旦那王亦整齐戎马数十万众，东御强敌，至于此地，两军相遇，因即合战。西兵失利，乘胜残杀，虏其王，杀其将，诛戮士卒，无复孑遗 [②]。流血染地，其迹斯在。

【注释】

① 蘖草，犹言被砍伐后重新长出的树木及野草。蘖，指树木被伐处所生的新芽，《诗经·商颂·长发》"苞有三蘖"，毛传："蘖，余也。"《集韵》："蘖，木余也。"

② 或以为，瞿萨旦那国惨败的这一战，即是公元445年游牧人吐谷浑（根据地在今青海地区）大举入侵于阗的一事。王仲荦《魏晋南北朝史》："北魏太平真君六年（公元445年），吐谷浑汗慕利延为了躲避北魏的兵锋，将吐谷浑的主力撤向塔里木盆地南缘，'遂入于阗，杀其王，死者数万人'（《魏书·吐谷浑传》）。"（王仲荦《魏晋南北朝史》，第681页）

【译文】

都城以东三百多里的大荒泽中，有几十顷地，毫无残存树木和野草，泥土则呈赤黑色。听年老长者说：那里即是西军大败之地。当初，东国百万大军西伐，这时瞿萨旦那王也率领军马几十万，东进抗击强敌。来到这块地方，双方军队相遇，因而立即交战。结果西军失败，东军乘胜追击，俘虏西国国王，斩杀将领，屠杀士兵，未留一个活口。所流鲜血染红大地，这一遗迹至今仍在。

3.14 战地东行三十余里，至媲摩 [①] 城。有雕檀立佛像，高二丈余。甚多灵应，时烛光明。凡有疾病，随其痛处，金薄帖像，即时痊复。虚心请愿，多亦遂求。闻之土俗曰：此像，昔佛在世憍赏弥国②邬陀衍那王③所作也。佛去世后，自彼凌空至此国北曷劳落迦④城中。初，此城人安乐富饶，深着邪见，而不珍敬，传其自来，神而不贵。后有罗汉礼拜此像，国人惊骇，异其容貌，驰以白王。王乃下令，宜以沙土坌此异人。时阿罗汉身蒙沙土，糊口绝粮。时有一人，心甚不忍，昔常恭敬尊礼此像，及见罗汉，密以馈之。罗汉将去，谓其人曰："却后七天，当雨沙土，填满此城，略无遗类。尔宜知之，早图出计。由其坌我，获斯殃耳。"语已便去，忽然不见。其人入城，具告亲故，或有闻者，莫不嗤笑。至第二日，大风忽发，吹去秽壤，雨杂宝满衢路，人更詈所告者。此人心知必然，窃开孔道，出城外而穴之。第七日夜，宵分之后，雨沙土满城中。其人从孔道出，东趣此国，止媲摩城。其人才至，其像亦来，即此供养，不敢迁移。闻诸先记曰：释迦法尽，像入龙宫。今曷劳落迦城为大堆阜，诸国君王、异方豪右，多欲发掘，取其宝物。适至其侧，狂风暴发，烟云四合，道路迷失。

　　媲摩川东入沙碛，行二百余里，至尼壤⑤城，周三四里，在大泽中。泽地热湿，难以履涉；芦草荒茂，无复途径，唯趣城路，仅得通行。故往来者莫不由此城焉。而瞿萨旦那以为东境之关防也。

【注释】

　　① 媲摩，或认为即是梵文 Bhīmā 的音译，亦作毗摩、比摩等。毗摩

乃是大自在天之妻,也称突迦,人们一年一度向她供献人肉。《魏书·西域传》说:"于阗西五百里有比摩寺,云是老子化胡成佛之所。"此寺似亦为大自在天女神祠。参看卷二2.9注⑦。媲摩城的故址在今新疆策勒县以北之乌曾塔地;那里位于塔里木河流域之南,正当入西域的交通孔道。

② 憍赏弥国,释见卷五2.7注①。

③ 邬陀衍那王,释见卷五2.7注③。

④ 朅劳落迦,可能是 Rauraka 的对音。关于此城的地望,周连宽说:"若依斯坦因把位于克里雅北150英里的喀拉墩(Karadong)比拟为朅劳落迦,则适得其反,即朅劳落迦位于媲摩城之东,与玄奘的记述大相径庭。……故朅劳落迦城,如果在历史上确实存在的话,它的遗址应从此乾河一带或其以东以北的其它乾河地区求之。"(周连宽《丛稿》,第261页)

⑤ 尼壤,其语源当为 Nina。故址则可能在今新疆民丰县以北约105公里的沙漠中,正当尼雅河向北流入沙漠之处。

【译文】

从战场向东行走三十多里,抵达媲摩城。城内有座檀木雕刻的立佛像,高两丈多。此像很有灵验,经常放射光明。人们有了病痛,按照疼痛部位,用金薄贴在佛像之上,立刻就能痊愈康复。诚心诚意祈求的人,大多能够称心如愿。听当地居民说道:这尊佛像,是当初佛陀在世时憍赏弥国的邬陀衍那王所制作。佛陀去世以后,此像从憍赏弥国腾空飞来,降在该国之北的朅劳落迦城中。早先,这座城里的居民生活安乐,家室富饶,然而深深迷于邪恶思想,对于佛教并不敬崇;他们认为,这尊佛像自动飞来,虽然颇为神奇,但是不足珍贵。后来有位罗汉礼拜此像，人们十分惊讶，并且对其容貌、服装感到奇怪，于是急忙报告国王。国王便即下令，用沙土堆掩这个怪人。罗汉身上堆满沙土，赖以活命的食粮也已断绝。这时有一个人，心中十分不忍，他以前一直恭敬地礼拜此像，现在看到罗汉这副模样，于是偷偷地供给他饮食。罗汉离去之前，对此人说道："自今七天之后，天将降下沙土，填满这座城市，不留一个活口。你应知道此事，尽早设法脱身。由于他们用沙掩我，所以遭受这一灾殃。"说完此话便即离去，忽然之间消失不见。此人赶紧入城，转告亲戚朋友；听到这话的人，无不嘲弄讥笑。翌日，大风忽然发作，吹去地上脏土，雨中夹着珍宝，撒得满路都是；于是人们更加责骂那个预告灾难之人。但是此人心中明白，知道灾祸必会发生；他便暗自挖了一条地道，通到城外，做成一个地穴。待到第七天的半夜之后，天上降下大量沙土，填满整个城市。此人从地道中逃出城外，向东来到这个国家，居留在媲摩城内。那人刚才到达，佛像随着跟来，于是就在这里供养，不敢再将佛像迁移。据以前的记载说：释迦的佛法消尽之后，佛像便会进入龙宫。如今曷劳落迦城已经成为大土丘，各国国王、异域豪强，都想发挖沙丘，盗取其中珍宝；但是刚到丘侧，便即狂风大作，四方云雾聚合，使人道路迷失。

　　从媲摩平原向东进入沙碛，行走二百多里，抵达尼壤城；该城方圆三四里，位于巨大沼泽地中。沼泽地又热又湿，难以渡越；芦苇茂密，不见路径；只有一条通往尼壤城的道路可以行走，所以往来旅客都要经过这座城市。瞿萨旦那国便以此城作为东方边境的关防。

大流沙和以东行路

3.15 从此东行入大流沙，沙则流漫，聚散随风，人行无迹，遂多迷路。四远茫茫，莫知所指，是以往来者聚遗骸以记之。乏水草，多热风；风起则人畜惛迷，因以成病。时闻歌啸，或闻号哭。视听之间，恍然不知所至，由此屡有丧亡，盖鬼魅之所致也。

行四百里，至睹货逻故国[①]。国久空旷，城皆荒芜。

从此东行六百余里，至折摩驮那[②]故国，即沮末地也。城郭岿然，人烟断绝。

复此东行千余里，至纳缚波[③]故国，即楼兰地也。

【注释】

① 通常所说的睹货逻国故地，都远在葱岭以西，所以有人认为玄奘所谓新疆境内的睹货逻国故地，乃是纯属杜撰。但是也有人认为，此说有所根据，其故址可能在今尼雅以东 130 多公里处的安得悦。

② 折摩驮那，可能是梵文 Chalmadana 的音译；这一名称大概只是玄奘附会梵文的雅称。沮末，亦作且末、左末等，或谓其原音乃 Sharma。此城在唐代又名播仙镇，《新唐书·地理志七下》："又西经特勒井，渡且末河，五百里至播仙镇，故且末城也，高宗上元中更名。"此城故址在今新疆且末县附近。

③ 纳缚波，瓦特斯说，此名可能是梵文 Nava-bhaga 的音译；nava 义为"九"。但是这一名称也许只在佛教寺院中使用，普通汉人则一直称之为鄯善（说见 Watters, *Travels in India*, Vol. II, p.305）。楼兰，又名鄯善，《汉书·西域传上》："鄯善国，本名楼兰，王治扜泥城，去阳关千六百里，去长安六千一百里。"纳缚波的故址大致在今新疆若羌县境。

【译文】

从这里向东行走，进入大流沙地区。沙土盖遍各处，随风或聚或散；人在上面行走，不会留下痕迹，所以常常迷路，四周茫茫一片，不知方向所指；因此，来往旅客，堆聚骸骨作为标记。这里缺乏水草，经常括起热风；一旦热风吹起，人畜便会昏迷，从而染上疾病。有时听到歌声、啸声，有时听到号叫、哭声，仔细谛听顾视，却又若隐若现，不知声音来自何方；因此，旅行之人屡有死亡，这都是鬼怪作祟的缘故。

行走四百多里之后，抵达睹货逻故国。该国久已空旷，城邑全都荒废。

从这里向东行走六百多里，抵达折摩驮那故国，即是原沮末国的领地。城郭依然耸立，人烟却已断绝。

再从这里向东行走一千多里，抵达纳缚波故国，即是原楼兰国的领地。

跋　文

【题解】

这是玄奘总结全书的一篇后记，寥寥数语，概述了撰写《西域记》的动机，以及《西域记》的体例和内容。当然，不免要对大唐君主的"盛德"歌颂一番。

推表山川，考採境壤，详国俗之刚柔，系水土之风气①，动静②无常，取舍③不同，事难穷验，非可臆说。随所游止，略书梗概，举其闻见，记诸慕化。斯固日入以来，咸沐惠泽，风行所及，皆仰至德。混同天下，一之宇内，岂徒单车出使④，通驿万里者哉？

【注释】

① 风气，在此应是指风土气候。《汉书·地理志下》："凡民函五常之性，而其刚柔缓急，音声不同，系水土之风气，故谓之风；好恶取舍，动静亡常，随君上之情欲，故谓之俗。"《后汉书·宋意传》引宋意之疏云："今诸国之封，并皆膏腴，风气平调，道路夷近，朝聘有期，行来不难。"

② 动静，在此当是指各地的自然环境、居民性格等异。《礼记·乐记》："天尊地卑，君臣定矣；卑高以陈，贵贱位矣；动静有常，小大殊矣。"陈澔注云："言圣人制礼，其本于天地自然之理者如此。定君臣之礼者，取于天地尊卑之势也；列贵贱者，取于山泽卑高之势也；小者不可为大，大者不可为小，故小大之殊，取于阴阳动静之常也。……刘氏曰：'此又申言礼者，天地之序也。天地万物，各有动静之常，大者有大动静，小者有小动静，则小大之事法之，而久近之期殊矣。'"显然，"动静"系指自然界的规律与变化。上引书又云："人生而静，天之性也；感于物而动，性之欲也。物至知知，然后好恶形焉。"注引刘氏语云："人生而静者，喜怒哀乐未发之中，天命之性也；感于物而动，则性发而为情也。人性虚灵，知觉事至物来，则必知之而好恶形焉。"又，上引书云："乐由中出，礼自外作。乐由中出，故静；礼自外作，故文。"注引刘氏语曰："欣喜欢爱之和出于中，进退周旋之序著于外。和则情意安舒，故静；序则威仪交错，故文。"则知"动静"又可指人的性格、好恶等。

③ 取舍，在此当是指人们对于自己或他人的道德、行为等重大问题的赞同或否定；而不是指对于材料的采取和舍弃。《汉书·贾谊传》："为人主计者，莫如先审取舍，取舍之极定于内，而安危之萌应于外矣。"又，《韩非子·奸劫弑臣》："凡人之大体，取舍同者则相是也，取舍异者则相非也。今人臣所誉者，人主所是也，此之谓同取；人臣所毁者，人主所

非也,此之谓同舍。夫取舍合而相与逆者,未尝闻也。"所以跋文的"动静无常,取舍不同"一语应当意为"各地的自然环境、居民性格互有差异,道德规范、行为举止也各不相同"。

④ 单车出使,犹言单独一人出使域外。《文选》李陵《重报苏武书》:"足下昔以单车之使,适万乘之虏……丁年奉使,皓首而归,老母终堂,生妻去帷,此天下所希闻,古今所未有也。"

【译文】

本书旨在描述山川形势,考察各地环境,详细介绍诸国风俗的刚烈、柔顺,系统罗列各方各处的水土气候。不同地区的自然环境、居民性格互有差异,道德规范、行为举止各不相同;虽然难以一一验证,但我并未胡乱猜测。随着游迹所到之处,约略记下当地概况,列举我的所见所闻,记载仰慕大唐之情。从太阳沉没之处直到这里,人们全都沐浴陛下的恩泽;大唐教化布及的一切地方,人们全都敬仰陛下的盛德。天下能够大同,陛下统一宇内,哪里只是靠我单独一人出使域外,旅行万里之遥而能成功的呢?

大唐西域记赞

沙门辩机制

【题解】

这篇《记赞》题为辩机所撰，然而颇多矛盾和可疑之处。例如，一，"赞"作为文体的一种，通常附在一部著作或文章之后，评论其人或其事的得失。但是这篇赞文，除了"绮藻经文者钦"一句以上可以称为赞扬佛教和玄奘的业绩之外，其它部分无异于辩机的自我标榜，与赞文之体大相径庭。二，全篇只说所撰的是《方志》或《地志》，并未具体提及《西域记》；而敬播和于志宁两序则都明言玄奘撰写《大唐西域记》十二卷。这难免使人怀疑《记赞》所指恐是另外一书。三，《慈恩传》与《释迦方志》都说玄奘奉太宗之命撰写《西域记》；但是辩机在此却称"爰命庸才，撰斯方志"，并且绝未提及玄奘奉命撰《记》之事。四，《记赞》谓"二十年秋七月，绝笔杀青，文成油素，尘黩圣鉴，诋称天规"，似乎辩机在撰成全书以后，自己直接进呈太宗御览；而这与《慈恩传》所载玄奘表进《西域记》的事实不符。凡此种种，不一而足。因此之故，有的学者认为，这篇《记赞》乃是后人将原作跋文的一部分与辩机所撰什么《方志》的遗文拼凑而成（说见周连宽《丛稿》，第 296—298 页）。

1.1　大矣哉,法王 ① 之应世也! 灵化潜运,神道虚通。尽形识 ② 于沙界 ③,绝起谢 ④ 于尘劫。形识尽,虽应生而不生;起谢绝,示寂灭而无灭。岂实迦维 ⑤ 降神,娑罗 ⑥ 潜化而已。固知应物效灵,感缘垂迹,嗣种刹利,绍胤释迦,继域中之尊,擅方外之道。于是舍金轮 ⑦ 而临制法界 ⑧,摛 ⑨ 玉毫 ⑩ 而光抚含生。道洽十方,智周万物。虽出希夷 ⑪ 之外,将庇视听之中。三转法轮 ⑫ 于大千,一音 ⑬ 振辩于群有。八万门 ⑭ 之区别,十二部 ⑮ 之综要。是以声教之所沾被,驰骛福林 ⑯;风轨之所鼓扇,载驱寿域 ⑰。圣贤之业盛矣,天人之义备矣! 然忘动寂于坚固之林 ⑱,遗去来于幻化之境,莫继乎有待,匪遂乎无物。尊者迦叶妙选应真,将报佛恩,集斯法宝。四含 ⑲ 总其源流,三藏 ⑳ 括其枢要。虽部执兹兴,而大宝斯在。粤自降生,洎乎潜化,圣迹千变,神瑞万殊。不尽之灵逾显,无为之教 ㉑ 弥新。备在经诰,详著记传。然尚群言纷纠,异议舛驰,原始要终,罕能正说。此指事之实录,尚众论之若斯,况正法幽玄,至理冲邈,研覈奥旨,文多阙焉。是以前修令德,继轨译经之学;后进英彦,踵武缺简之文。大义郁而未彰,微言阙而无问。法教流渐,多历年所,始自炎汉,迄于圣代。传译盛业,流美联晖,玄道未摅,真宗犹昧,匪圣教之行藏,固王化之由致。我大唐临训天下,作孚海外,考圣人之遗则,正先王之旧典。阐兹像教 ㉒,郁为大训,道不虚行,弘在明德。遂使三乘奥义,郁于千载之下;十力 ㉓ 遗灵,閟于万里之外。神道无方,圣教有寄,待缘斯显,其言信矣。

【注释】

① 法王，即是指如来，释见卷六 1.11 注 ④。

② 形识，乃形与识的合称。形，即形色，也就是形体与色相，《无量寿经》卷上："国中人天，形色不同。"识，通常指一切精神现象，与"心"、"意"的含义相同。《俱舍论》卷四："心、意、识体一"，"集起故名心，思量故名意，了别故名识"。所以，"形识"亦即"身心"之意。

③ 沙界，形容犹如恒河沙数那么多的世界。

④ 起谢，即起灭，指事物之生与灭。因缘和合则生起，因缘离散则灭谢。《维摩经·文殊师利问疾品》："应作是念：但以众法合成此身，起唯法起，灭唯法灭。"

⑤ 迦维，迦维罗卫的略称，即劫比罗伐窣多国的异称，释见卷六 1.6 注 ①。

⑥ 娑罗，即娑罗双树的略称，释见卷三 1.5 注 ⑪、卷六 1.17 注 ②。

⑦ 金轮，即金轮王，指皇帝，释见于志宁序 1.5 注 ①。

⑧ 法界，梵文 dharmadhatu 的意译；音译作达摩驮多。有多种含义，在此当是泛指各种事物。"界"指分界，即事物的类别。《俱舍论》卷八："能持自相，故名为界，或种族义。"一切事物种类自性各别不同，一一称为法界，如三界、十八界等。

⑨ 摛，舒发、传播之意，梁简文帝《神山寺碑》："英名远摛。"参看于志宁序 1.5 注 ⑩。

⑩ 玉毫，原为如来眉间白色毫毛，多用以喻指佛陀的瑞光、瑞色。释见于志宁序 1.1 注 ②。

⑪ 希夷，即夷希。无色曰夷，无声曰希，谓道之本体。《老子》十四章："视之不见名曰夷，听之不闻名曰希，搏之不得名曰微。此三者不可

致诘，故混而为一。"王弼注云："无状无象，无声无响，故能无所不通，无所不往。不得而知，更以我耳、目、体不知为名，故不可致诘，混而为一也。"所以赞文的"虽出希夷之外，将庇视听之中"一语当是意为"佛法虽然幽而不显，但是涉及到所有可见可闻的事物"。

⑫ 三转法轮，佛陀在鹿野苑对声闻乘人说苦、集、灭、道之四谛，有示、劝、证之三转。一，示转——此是苦，此是集，此是灭，此是道，这是示四谛之四相；二，劝转——苦当知，集当断，灭当证，道当修，这是劝谛之修行；三，证转——苦者我已知，集者我已断，灭者我已证，道者我已修，这是佛陀举自己为例证。《维摩经·佛国品》："三转法轮于大千，其轮本来常清净。"僧肇注云："始于鹿野苑为拘邻等三转四谛法轮于大千世界也。"

⑬ 一音，一种音声，指如来之说法，《止观》卷七："一音殊唱，万听咸悦。"《维摩经·佛国品》："佛以一音演说法，众生各各随所解。普得受行获其利，斯则神力不共法。"僧肇注云："佛以一音说一法，众生各随所好而受解。好施者闻施，好戒者闻戒。各异受异行，获其异利。上一音异适，此一法异适也。"

⑭ 八万门，即八万法门、八万四千法门、八万四千教门之略。众生有八万四千烦恼之病，佛为退治之，说八万四千种法；就能诠之教而言称"法藏"，就所诠之义而言称"法门"。《胜鬘经》云："摄受正法广大义者，则是无量得一切佛法，摄八万四千法门。"

⑮ 十二部，即十二部经，是为一切经所分成的十二门类。按《智度论》卷三十三之说，这十二经是契经、应颂、讽颂、因缘、本事、本生、未曾有、譬喻、论义、自说、方广、授记。

⑯ 福林，犹言福德的树林。王融《法门颂启》："驱率土于福林，入

苍黔于正术。"

⑰ 寿域,指居民长寿的地域,亦用以喻称太平盛世。《汉书·礼乐志》引王吉之疏云:"愿与大臣延及儒生,述旧礼,明王制,驱一世之民,济之仁寿之域,则俗何以不若成康? 寿何以不若高宗?"颜师古注云:"言以仁道治之,皆得其性,则寿考也。域,界也。"又,杜甫《上韦左相二十韵》诗:"八荒开寿域,一气转洪钧。"

⑱ 坚固之林,即是指娑罗树林,因为娑罗乃坚固之义。《涅槃经疏》卷二:"娑罗双树者,此翻坚固。一方二株,四方八株,悉高五丈,四荣四枯,下根相连,上枝相合。"

⑲ 四含,即"四阿含经"之略。是为北传汉译的四部《阿含经》:《长阿含经》、《中阿含经》、《杂阿含经》、《增一阿含经》。

⑳ 三藏,释见卷二 1.10 注 ⑧。

㉑ 无为之教,即是指佛教。无因缘造作,称无为;无生、住、异、灭四相之造作,称无为,即是"真理"的异名。《探玄记》卷四:"缘所起法名曰有为;无性真理名曰无为。"《无量寿经》上:"无为泥洹之道。"

㉒ 像教,即像化,也就是"像法之教化",指佛教。释见于志宁序 1.1 注 ⑬。

㉓ 十力,即佛陀的十种智力。释见卷六 1.3 注 ②。

【译文】

多么伟大的盛事啊,法王如来降生人世! 圣灵的化育暗中发挥作用,神妙的教法幽然布达四方。穷尽无数世界中的所有身、心,杜绝久远时间中的一切生、死。穷尽所有身心,则本应产生的就不产生;杜绝一切生死,则显示寂灭的实未消灭。所以如来不仅仅是在迦维罗卫城降生，在娑罗树林中入灭那么简单地应世。释迦如来响应世间事物，显示种种灵验，感应天下因缘，留下无数圣迹。他出身于刹帝利种姓，乃是释迦族的后代，作为尊贵王位的继承者，却潜心研究出世学说。他因此放弃王位而创立佛教，普照佛光而抚育众生。佛法遍及十方，智慧囊括万物。佛法虽然幽而不显，但是涉及一切可见可闻之事。在大千世界中三转法轮，用一种音声讲演佛法，使得亿万听众各得其解。以八万四千门类区分整个佛法，以十二部经综合佛经要旨。所以，佛陀教化广为传播，来往于福德之林；风范仪轨勉励世人，盛行于长寿之地。圣贤的事业兴盛啊，天、人的道义完备了！然而，释迦如来最终在坚固林中忘却动、静，在幻化境中丢弃来、去，从而归于寂灭。人间不再有继承者，没人再探讨空无之理。迦叶尊者认真挑选五百罗汉，旨在报答佛陀恩典，而将佛经收集编辑。四部《阿含经》总括了佛法的源流，经、律、论三藏概述了佛法的要旨。虽然各个部派纷起，但是佛法依然存在。自从佛陀降生，一直到他涅槃，圣迹千般变化，祥瑞万种不同。无穷灵验日益明显，无为真理更见新意。这些全在佛经里面，详细载在传记之中。但是仍然众说纷纭，各种议论以讹传讹，对于最初事情原委，很少能够正确叙说。这些具体事件实录，尚且如此异说繁多，况且佛法深奥玄妙，最高真理抽象虚渺，若要研究深奥佛旨，文字记载残缺很多。所以从前的贤明有德之人，相继翻译佛教经典；后世的杰出学者，研学前代的残篇简文。重要含义未能揭示显露，精微言辞缺失而未探究。佛教在中土的流布，至今已有许多年代，始自汉代，迄于当今圣朝，翻译佛经的隆盛事业，犹如日月连晖，相继不断。但是，玄妙大道仍未抒发，真理要旨犹被掩没；这并不是由于大道的隐退，而是因为王朝教化的缘故。我朝大唐统驭天下，诚信传播海外，考实古代圣人的训示规则，修正前朝帝王的宪章典籍。阐扬佛法教化，奉为最高训诫，大道并不虚行，努力提倡善德。于是使得三乘的深奥义理，在千年之后重新揭示；佛陀十种智慧留下的灵验，在万里之外再度获得。神圣的大道不分区域，到处可以传播，神圣的佛教继续存在，有缘才会显扬，此话真是确实无疑。

1.2　夫玄奘法师者，疏清流于雷泽^①，派洪源于妫川^②；体上德之祯祥，蕴中和之淳粹；履道合德，居贞茸行；福树曩因，命偶昌运。拔迹尘俗，闲居学肆，奉先师之雅训，仰前哲之令德。负笈从学，游方请业，周流燕^③、赵^④之地，历览鲁^⑤、卫^⑥之邦；背三河^⑦而入秦中^⑧，步三蜀^⑨而抵吴会^⑩。达学髦彦，遍效请益之勤；冠世英贤，屡申求法之志。侧闻余论，考厥众谋，竞党专门之义，俱嫉异道之学。情发讨源，志存详考。属四海之有截，会八表之无虞，以贞观三年仲秋朔旦，褰裳遵路，杖锡遐征。^⑪资皇化而问道，乘冥佑而孤游。出铁门^⑫、石门^⑬之阨，逾凌山^⑭、雪山^⑮之险，骤移灰管^⑯，达于印度。宣国风于殊俗，谕大化于异域。亲承梵学，询谋哲人。宿疑则览文明发，奥旨则博问高才；启灵府而究理，廓神衷而体道。闻所未闻，得所未得，为道场之益友，诚法门之匠人者也。是知道风昭著，德行高明，学蕴三冬，声驰万里。印度学人，咸仰盛德，既曰经笥^⑰，亦称法将。小乘学徒，号木叉提婆^⑱，唐言解脱天。大乘法众，号摩诃耶那提婆^⑲。唐言大乘天。斯乃高其德而传徽号，敬其人而议嘉名。至若三轮奥义^⑳，三请微言^㉑，深究源流，妙穷枝叶，奂然慧悟，怡然理顺；质疑之义，详诸别录。既而精义通玄，清风载扇；学已博矣，德已盛矣，于是乎游览山川，徘徊郊邑。出茅城^㉒而入鹿苑^㉓，游杖林^㉔而栖鸡园^㉕，回眺迦维之国^㉖，流目拘尸之城^㉗。降生故基，与川原而膴膴^㉘；潜灵旧址，对郊阜而茫茫。览神迹而增怀，仰玄风而永叹，匪惟麦秀悲殷^㉙，黍离愍周^㉚而已。是用详释迦之故事，举印度之茂实，颇采风壤，存记异说。岁月遄迈，寒暑屡迁，有怀乐土，无忘返迹。请得如来肉舍利一百五十粒；金佛像一躯，通光座高尺有六寸；拟摩揭陀国^㉛前正觉山^㉜龙窟影像金佛像一躯，通光座高三尺三寸；拟婆罗痆斯国^㉝鹿野苑初转法轮像刻檀佛像一躯，通光座高尺有五寸；拟憍赏弥国^㉞出爱王^㉟思慕如来刻檀写真像刻檀佛像一躯，通光座高二尺九寸；拟劫比他国^㊱如来自天宫降履宝阶像银佛像一躯，通光座高四尺；拟摩揭陀国鹫峰山说《法华》等经像金佛像一躯，通光座高三尺五寸；拟那揭罗曷国^㊲伏毒龙所留影像刻檀佛像一躯，通光座高尺有三寸；拟吠舍厘国^㊳巡城行化像；大乘经二百二十四部，大乘论一百九十二部，上座部^㊴经律论一十四部，大众部^㊵经律论一十五部，三弥底部^㊶经律论一十五部，弥沙塞部^㊷经律论二十二部，迦叶臂耶部^㊸经律论一十七部，法密部^㊹经律论四十二部，说一切有部^㊺经律论六十七部，因论^㊻三十六部，声论^㊼一十三部，凡五百二十夹，总六百五十七部。将弘至教，越践畏途，薄言旋轸，载驰归驾。出舍卫^㊽之故国，背伽耶^㊾之旧郊，逾葱岭^㊿之危隥，越沙碛之险路。十九年春正月，达于京邑，谒帝雒阳。肃承明昭，载令宣译，爰召学人，共成胜业。法云再荫，慧日重明。黄图(51)流鹫山(52)之化，赤县(53)演龙宫(54)之教。像运之兴，斯为盛矣。法师妙穷梵学，式赞深经，览文如已，转音犹响；敬顺圣旨，不加文饰；方言不通，梵语无译，务存陶冶，取正典謩，推而考文，恐乖实矣。

【注释】

① 雷泽，即是舜的故乡所在地。《尚书》云："舜生姚墟。"《括地志》则云："姚墟，在濮州雷泽县东十三里。"又，《水经注·瓠子河》："瓠河又左径雷泽北，其泽薮在大城阳县故城西北一十余里，昔华胥履大迹处也。其陂东西二十余里，南北一十五里，即舜所渔也。"

② 妫川，传说中陈姓的发源处。《史记·陈杞世家》："陈胡公满者，虞帝舜之后也。昔舜为庶人时，尧妻之二女，居于妫汭，其后因为氏姓，姓妫氏。"所以，赞文提及的"雷泽"与"妫川"都是旨在追溯玄奘的显贵祖系（玄奘俗姓陈）。

③ 燕，最初为西周分封的诸侯国名，据今河北北部和辽宁西端之地；后来则通常指河北省。

④ 赵，战国时代七雄之一，其疆域大致相当于今山西中部、陕西东北角和河北西南部。

⑤ 鲁，最初为西周分封的诸侯国名，据有今山东省的西南部；秦、汉以后一直称今山东省泰山以南的汶、泗、沂、沭水流域为鲁，近代则指称整个山东省。

⑥ 卫，西周初年所封的诸侯国，地处今河南省内，先后建都朝歌（今河南淇县）、楚丘（今河南滑县）、帝丘（今河南濮阳）和野王（今河南沁阳）；最终于公元前 209 年被秦所灭。

⑦ 三河，汉代人对于河东（今山西省西南部）、河内（今河南省黄河以北，京汉铁路以西地区）、河南（今内蒙古河套一带）三郡的称呼。

⑧ 秦中，大致相当于狭义的"关中"，指今陕西省中部平原地区。

⑨ 三蜀，汉代对于蜀郡、广汉郡、犍为郡的合称，其地约相当于今四川中部、贵州北部的赤水河流域及云南金沙江以东与会泽以北地区。

⑩ 吴会，东汉时分会稽郡为吴、会稽二郡，合称"吴会"。其地在汉代约相当于今江苏省长江以南，浙江省仙霞岭、牛头山、天台山以北，安徽省水阳江流域以东，以及新安江、率水流域地区。

⑪ 玄奘"贞观三年"首途当是"贞观元年"首途之误。释见敬播序1.2 注 ⑦。

⑫ 铁门，释见卷一2.13 注 ①。

⑬ 石门，当是指迦湿弥罗国的西界要隘"大石门"或"石门"。《慈恩传》卷二："又从呾叉始罗北界渡信度河，东南二百余里，经大石门，是昔摩诃萨埵王子于此舍身饲饿乌择七子处。……法师初入其境（指迦湿弥罗国——引者），至石门，彼国西门也，王遣母弟将车马来迎。"

⑭ 凌山，即勃达岭，释见卷一1.8 注 ①。

⑮ 雪山，释见敬播序1.1 注 ㉒。

⑯ 灰管，亦作灰琯。古代以葭莩之灰置于律管，用以占测气候，故名。唐太宗《于太原召侍臣赐宴守岁》诗："四时运灰琯，一夕变冬春。"赞文的"骤移灰管"则是喻指玄奘途中经过许多时日。

⑰ 经笥，原指藏经的箱子，后则常用以比喻学问之渊博。《后汉书·边韶传》载云，边韶字孝先，善辩，曾白天假寐，其弟子私下嘲笑道："边孝先，腹便便。懒读书，但欲眠。"但是此诗却被边韶听到，于是应声答道："边为姓，孝为字。腹便便，《五经》笥。但欲眠，思经事。寐与

周公通梦,静与孔子同意。师而可嘲,出何典记?"

⑱ 木叉提婆,梵文 Mokṣadeva 的音译。"木叉"义为"解脱、解律";"天"是最为尊贵的称呼。

⑲ 摩诃耶那提婆,梵文 Mahāyānadeva 的音译;意译作大乘天。这是大乘教徒对玄奘的尊称。

⑳ 三轮奥义,当是指佛陀开导众生时所说佛法的深奥含义。三轮,即佛的身、口、意三业;佛以三业如轮一般碾摧众生的惑业,故名三轮。《光明文句记》卷一:"身业现化,名神通轮;口业说法,名正教轮;意业鉴机,名记心轮。三皆摧碾众生惑业,故名轮。"

㉑ 三请微言,也是指佛陀的精妙说法。据《法华经》,经舍利弗三请后,佛说迹门之法华;经弥勒三请后,佛说本门之法华。《法华经·方便品》:"世尊告舍利弗:'汝已殷勤三请,岂得不说?……'"《法华经·寿量品》:"是时菩萨大众,弥勒为首,合掌白佛言:'世尊!唯愿说之,我等当信受佛语。'如是三白已……尔时世尊知诸菩萨三请不止,而告之言:'汝等谛听。……'"

㉒ 茅城,即上茅宫城、矩奢揭罗补罗城,释见卷九 1.5 注 ①。

㉓ 鹿苑,即鹿野、鹿园,释见敬播序 1.2 注 ③。

㉔ 杖林,即泄瑟知林,释见卷九 1.4 注 ③。

㉕ 鸡园,又称鸡林,即屈屈吒阿蓝摩寺,释见卷八 1.5 注 ① 和于志宁序 1.5 注 ⑮。

㉖ 迦维国,即劫比罗伐窣堵国,释见卷六 1.6 注 ①。

㉗ 拘尸城,释见卷三 1.5 注 ⑩。

㉘ 膴膴,肥美之意。《广韵》:"膴,土地腴美,膴膴然也。"《诗经·大雅·绵》:"周原膴膴,堇荼如饴。"

㉙ 麦秀悲殷，原指箕子悲悼殷商灭亡而作《麦秀》之诗一事。《史记·宋微子世家》:"于是武王乃封箕子于朝鲜，而不臣也。其后箕子朝周，过故殷墟，感宫室毁坏，生禾黍。箕子伤之，欲哭则不可，欲泣为其近妇人，乃作《麦秀》之诗，以歌咏之。其诗曰:'麦秀渐渐兮，禾黍油油。彼狡僮兮，不与我好兮。'"但是赞文在此则借"麦秀悲殷"喻指佛迹在印度的逐渐湮没。

㉚ 黍离愍周，原指东周初年，王朝大夫作《黍离》诗哀悼周室东迁一事。周幽王残暴无道，犬戎攻破镐京，杀死幽王。平王东迁洛邑，是为东周。东周初年，大夫行役到镐京，见宗庙宫殿均已毁坏，并且长满庄稼，不胜感慨，遂作此诗。这即是《诗经·王风·黍离》一诗。这里的"黍离愍周"一语也是喻指佛迹在印度的湮灭。

㉛ 摩揭陀国，释见卷八 1.1 注 ①。

㉜ 前正觉山，即钵罗笈菩提山，释见卷八 3.2 注 ①。

㉝ 婆罗痆斯国，释见卷七 1.1 注 ①。

㉞ 憍赏弥国，释见卷五 2.7 注 ①。

㉟ 出爱王，即邬陀衍那王，释见卷五 2.7 注 ③。

㊱ 劫比他国，释见卷四 2.13 注 ①。

㊲ 那揭罗曷国，释见卷二 2.2 注 ①。

㊳ 吠舍厘国，释见卷七 1.10 注 ①。

㊴ 上座部，释见卷九 1.10 注 ㉕。

㊵ 大众部，释见卷三 1.1 注 ⑨。

㊶ 三弥底部，即正量部，释见卷四 2.11 注 ②。

㊷ 弥沙塞部，即化地部，释见卷三 1.1 注 ⑥。

㊸ 迦叶臂耶部，即饮光部，释见卷三 1.1 注 ⑦。

㊹ 法密部，即法藏部，释见卷三 1.1 注 ⑤。

㊺ 说一切有部，释见卷一 1.1 注 ⑧。

㊻ 因论，当是关于因明学的经论。参看卷十一 3.2 注 ⑦。

㊼ 声论，当是关于语言学的经论。参看卷二 2.10 注 ③。

㊽ 舍卫国，即室罗伐悉底国，释见卷六 1.1 注 ①。

㊾ 伽耶，即伽耶城，释见卷八 3.1 注 ②。

㊿ 葱岭，释见敬播序 1.1 注 ㉑。

(51) 黄图，在此喻指长安都城或皇宫，因为古地理书《三辅黄图》所记的乃是秦汉时代京畿地区的情况及旧迹。

(52) 鹫山，亦称灵鹫山、鹫峰，在上茅宫城附近，为印度的著名佛教圣地之一，释见敬播序 1.1 注 ⑬。

(53) 赤县，亦称赤县神州，古代中国之别称。《史记·孟子荀卿列传》："中国名曰赤县神州。赤县神州内自有九州，禹之序九州是也。"

(54) 龙宫，指收藏一切佛经与佛法之所，释见于志宁序 1.4 注 ⑦。

【译文】

玄奘法师，他的祖先源于雷泽，并从妫川分出支系；体现了至上之德的吉祥征兆，包含了刚柔兼济的教化精华；遵循正道，合乎至德，操守坚贞，品行端正；以往累世积聚福善，今生恰逢昌明盛世。行为举止超凡脱俗，久居佛学讲习场所；遵奉导师的谆谆教诲，仰慕前贤的美好德操。背着书箱访师求学，游遍各地请教学业；到过燕国、赵国故地，历经鲁国、卫国旧邦；离开三河之地，来到关中平原，走遍三蜀之地，抵达吴郡、会稽。对于知识渊博的杰出学者，都要虚心诚恳地请教求益；对于声誉隆盛的贤明高僧，屡次表白坚定的求法志向。玄奘了解别人的论点，考察众人的看法，只见大家都是维护自己一派的主张，忌恨其它派别的学说。于是他迫切希望探究佛学的源流，立志详细考查佛教的实情。正当天下归于统一，恰值四方国泰民安，法师于贞观三年八月初一，打点行装，出发西行，拄着锡杖，开始远征。依仗着帝君的贤明教化而取道前进，借助于神灵的暗中保佑而独自远游。经过铁门、石门的关隘，逾越凌山、雪山的险阻，转眼许多时日，终于抵达印度。在其它民族中宣扬中国的风尚，在异国它乡内传播大唐的教化。师承名家的梵文教育，求教博学的有识之士；多年的疑问在览阅佛典后得以消除，深奥的含义在请教高才后终于明了；启发了心灵，探究了义理，开拓了智慧，体会了佛道。听到了从未听到的事情，得到了从未得到的知识；成为佛教领域的知心朋友，确是佛教学说的伟大匠师。玄奘法师的道德风范著称于世，德操品行高人一等，他在印度研学多年，声誉传播万里之外。印度学者全都敬仰他的盛德，或者称他为"装满佛经的书箱"，或者称他为"佛法领域的大将"；小乘教派信徒称他为"木叉提婆"（唐语义为"解脱天"），大乘教派信徒称他为"摩诃耶那提婆"（唐语义为"大乘天"）。这是因为推崇他的德行而赋予的尊号，敬重他的为人而传扬的美名。对于佛陀以身、口、意三业开导众生时所说佛法的深奥含义，以及舍利弗、弥勒等再三请求佛陀所说《法华经》的精妙言辞，玄奘法师都能彻底探究它的源流，全面领悟所有枝节；他迅速地理解涵义，轻松地贯通理论；至于提出疑问，予以商讨的文字，则详见其它著述。法师精通佛学的深奥义理之后，美名犹如清风传遍各地；他的学识已经渊博，他的道德已经盛隆，于是游览山川，访问城乡。到了上茅宫，又去鹿野苑，游于杖林山，歇于鸡园寺，回顾迦维国，瞻望拘尸城。释迦诞生的故地，已成腴美的平原；佛陀隐迹的旧址，变作宽广的荒丘。见到神圣的遗迹，更增缅怀之感情，仰慕玄妙的风范，发出赞

美的咏叹；这不仅仅是像箕子作《麦秀》悼殷商之灭，以及东周大夫作
《黍离》悼西周之亡那样的悲伤情感。法师因此详细记载了释迦的故
事，具体列举了印度的史实，收集了不少风土习俗，记述了各种不同传
说。光阴迅速流逝，冬夏不断交替，虽然留恋佛国乐土，但是未忘返回
故乡。法师在印度请得如来肉身舍利一百五十粒；金质佛像一尊，其
通光座高一尺六寸；模仿摩揭陀国前正觉山龙窟内影像的金质佛像一
尊，其通光座高三尺三寸；模仿婆罗疟斯国鹿野苑初转法轮像的檀木
雕刻佛像一尊，其通光座高一尺五寸；模仿憍赏弥国出爱王思念如来
情景之刻檀写真像的檀木雕刻佛像一尊，其通光座高二尺九寸；模仿
劫比他国如来从天宫下临宝阶之像的银质佛像一尊，其通光座高四尺；
模仿摩揭陀国灵鹫山演讲《法华》等经之像的金质佛像一尊，其通光座
高三尺五寸；模仿那揭罗曷国降伏毒龙后所留影像的檀木雕刻佛像一
尊，其通光座高一尺三寸；模仿吠舍厘国巡城行化之像一尊；此外，尚
有大乘经二百二十四部、大乘论一百九十二部、上座部经律论十四部、
大众部经律论十五部、三弥底部经律论十五部、弥沙塞部经律论二十二
部、迦叶臂耶部经律论十七部、法密部经律论四十二部、说一切有部
经律论六十七部、因论三十六部、声论十三部，一共五百二十夹，总计
六百五十七部。为了弘扬至高无上的佛教，法师踏上充满艰险的归途，
调转车头，取道回国。经过舍卫国故地，离开伽耶城旧郊，翻越葱岭的
险要山径，跨过沙漠的危险道路。贞观十九年的正月，法师抵达京城，
并在洛阳拜谒帝君。圣上颁布诏书，命令法师译经，召集博学之人，共
同完成大业。于是，佛法之云再度荫庇天下，智慧之日重新大放光明。
中国京师传播印度鹫山的教化，赤县神州演说印度龙宫的佛法。佛教
的兴盛，到达了顶峰。玄奘法师精通梵文，特别欣赏深奥佛经；阅读梵

文典籍，如看亲撰文稿，直接念出汉语，犹未失去韵味。恭敬遵奉圣旨，译著不加文饰；若逢汉语没有对应译名，音译梵文又难表达原义，则必经过一番郑重推敲，然后根据经典确定译名；法师总是仔细推求考索，唯恐译文有违原著之义。

1.3　有搢绅先生 ①，动色相趋，俨然而进曰："夫印度之为国也，灵圣之所降集，贤懿之所挺生。书称天书，译为天语；文辞婉密，音韵循环；或一言贯多义，或一义综多言；声有抑扬，调裁清浊。梵文深致，译寄明人，经旨冲玄，义资盛德。若其裁以笔削，调以宫商 ②，实所未安，诚非谠论 ③。传经深旨，务从易晓，苟不违本，斯则为善。文过则艳，质甚则野。谠而不文，辩而不质，则可无大过矣，始可与言译也。李老曰：'美言者则不信，信言者则不美。'韩子曰：'理正者直其言，言饰者昧其理。'是知垂训范物，义本玄同，庶祛 ④ 蒙滞，将存利喜，违本从文，所害滋甚。率由旧章，法王之至诚也。"缁、素佥曰："俞乎，斯言谠矣！昔孔子在位听讼 ⑤，文辞有与人共者，弗独有也；至于修《春秋》，笔则笔，削则削，游、夏之徒 ⑥，孔门文学，尝不能赞一辞焉。法师之译经，亦犹是也。非如童寿 ⑦ 逍遥之集文，任生、肇、融、睿 ⑧ 之笔削。况乎园方为圆 ⑨ 之世，斲雕从朴 ⑩ 之时，其可增损圣旨，绮藻经文者欤？"

【注释】

　　① 搢绅先生，指当官之人；因为古代仕者插笏于绅，故名。《史

记·封禅书》："其语不经见,搢绅者不道。"《集解》云："李奇云:'搢,插也,插笏于绅;绅,大带。'"《索隐》云:"姚氏云:'搢,当作缙。'郑众注《周礼》云:'搢读曰荐,谓荐之于绅带之间。'今按,郑意以搢为荐,则荐亦是进,进而置于绅带之间。故《史记》亦多作荐字也。"

② 宫商,本是古代五音中的两音,后则引伸为音乐、音律之义。《南史·褚彦回传》:"彦回援琴奏《别鹄》之曲,宫商既调,风神谐畅。"

③ 谠论,即正直的言论。《宋史·苏轼传》:"忠规谠论,挺挺大节,群臣莫出其右。"

④ 袪,原义为衣袂或袖口。《说文》:"袪,衣袂也。从衣,去声。"段注云:"《丧服记》注曰:袪,袖口也。《檀弓》注曰:袪,袖缘口也。"

⑤ 听讼,即听狱,谓审判诉讼案件。孔子听讼,语出《史记·孔子世家》:"孔子在位听讼,文辞有可与人共者,弗独有也。至于为《春秋》,笔则笔,削则削,子夏之徒不能赞一辞。"此语犹言孔子在听讼时,与常人无异,使用的文辞并无独特之处;但是作《春秋》时,则进行了严肃认真的删削和评论,以致别人不能妄改一字。

⑥ 游、夏之徒,指孔子的门人子游、子夏。

⑦ 童寿,即鸠摩罗什。是为后秦僧人(344—413 年),中国佛教的四大译经家之一。生在西域龟兹,博通大、小乘经论,名闻西域诸国。于后秦弘始三年(401 年)被后秦王姚兴迎至长安,请入西明阁和逍遥园,待以国师之礼;并集弟子八百余人,译出佛经七十四部(一说三十五部)。故赞文在此有"童寿逍遥之集文"之语。

⑧ 生、肇、融、睿,系指鸠摩罗什的四个著名弟子道生、僧肇、道融、僧睿,他们被称为"什门四圣"。

⑨ 园,通刓,义"削"。园方为圆,意即将方木削圆。语出《楚辞·九

章·怀沙》：“刓方以为圆兮，常度未替。”

⑩ 斲雕，谓斫去文饰，《后汉书·皇后纪上》：“及光武中兴，斲雕为朴，六宫称号，唯皇后、贵人。”注云：“雕谓刻镂也。《史记》曰：‘汉兴，破觚而为圆，斲雕而为璞。’”故赞文的“园方为圆”及“斲雕从朴”均为删繁就简，归真返璞之意。

【译文】

有位官员，神情激动地前来，一本正经地说道：“印度这个国家，乃是圣灵降凡，贤哲诞生之处。文字叫做天书，语言称为天语；文辞委婉缜密，声韵回转循环；或者一词包含多义，或者多词共有一义；声音抑扬顿挫，语调清浊不一；梵文涵义深奥，聪慧之人才能确切翻译，佛经旨意玄妙，盛德之人方能阐发义理。如若进行裁改，配以音律乐曲，实在不很妥贴，确非正当之见。翻译佛经深奥意旨，必须使之简易明了，并不违背原文含义，这样才是最佳翻译。文饰过头，则有艳丽浮华之嫌，质朴过分，则有浅陋粗野之憾。正确率直而不文饰，清晰明了而不鄙野，这样就无重大过失，方始可以称为翻译。老子说道：‘言辞华丽的就不可信，确实可靠的就不华丽。’韩非子说道：‘道理正确的言辞就率直，言辞修饰的道理就暧昧。’由此可知，圣贤之垂训示诫，规范事物，其道理原则是一样的。去掉含糊与不通顺之处，能使读者体会到译文的益处而喜爱之，如果违背原文本意而一味追求华美辞藻，产生的危害必然很大。一切遵循原有旨意，这是佛陀的重要训诫。”出家僧人和在家居士全都说道：“对啊，这番议论正确而又实在！当初孔子听取诉讼，审理案件时，所用的文辞有很多与别人相同，并不独具一格。但是在撰写《春秋》时，则该记的就记，该删的就删，连子游、子夏这些孔子门生中以文才见长的人，也无法妄改一句。玄奘法师之翻译佛经，就是这种情况。并不像童寿在逍遥园所译之经那样，任凭门生道生、僧肇、道融、僧睿修改删削。何况现在正值将方木削圆之世，去除雕饰，回归朴实之时，怎么可以擅自增删佛经原旨，以使经文绮丽华美呢？”

1.4　辩机远承轻举之胤，少怀高蹈之节，年方志学^①，抽簪^②革服，为大总持寺萨婆多部^③道岳法师^④弟子。虽遇匠石，朽木难雕；幸入法流，脂膏不润^⑤。徒饱食而终日^⑥，诚面墙^⑦而卒岁。幸藉时来，属斯嘉会。负燕雀之资，厕鹓鸿^⑧之末。爰命庸才，撰斯方志。学非博古，文无丽藻，磨钝励朽，力疲曳塞。恭承志记，伦次其文，尚书给笔札而撰录焉。浅智褊能，多所阙漏；或有盈辞，尚无刊落。昔司马子长^⑨，良史之才也，序《太史公书》，仍父子继业，或名而不字，或县而不郡。故曰：一人之精，思繁文重，盖不暇也。其况下愚之智，而能详备哉？若其风土习俗之差，封疆物产之记，性智区品，炎凉节候，则备写优薄，审存根实。至于胡戎姓氏，颇称其国；印度风化，清浊群分。略书梗概，备如前序。宾仪、嘉礼、户口、胜兵、染衣之士，非所详记。然佛以神通接物，灵化垂训，故曰：神道洞玄，则礼绝人区，灵化幽显，则事出天外。是以诸佛降祥之域，先圣流美之墟，略举遗灵，粗申记注。境路盘纡，疆场回互，行次即书，不在编比。故诸印度，无分境壤，散书国末，略指封域。书行者，亲游践也；举至者，传闻记也。或直书其事，或曲畅其文。优而柔之，推而述之，务从实录，进诚皇极。二十年秋七月，绝笔杀青[10]；文成油素[11]，尘黩圣鉴，讵称天规[12]？然则冒远穷遐，实资朝化；怀奇纂异，诚赖皇灵。逐日八荒，匪专夸父[13]之力；凿空千里，徒闻博望[14]之功？鹫山徙于中州，鹿苑掩于外囿。想千载如目击，览万里若躬游，复古之所不闻，前载之所未记。至德焘覆，殊俗来王；淳风遐扇，幽荒无外。庶斯地志，补阙《山经》。颁左史[15]之书事，备职方[16]之遍举。

【注释】

① 年方志学，即是指十五岁，语出《论语·为政》："子曰：吾十有五而志于学；三十而立；四十而不惑；五十而知天命；六十而耳顺；七十而从心所欲，不逾矩。"

② 抽簪，亦作拔簪，原义为"弃官归隐"。《文选》张协《咏史》："抽簪解朝衣，散发归海隅。"注云："铣曰：簪，冠簪也。凡束发为从官，散发为罢官。"但是赞文在此的"抽簪"则借喻为辩机脱离红尘而出家。

③ 萨婆多部，梵文 Sarvāstivāda 的音译，即说一切有部，释见卷一1.1 注 ⑧。

④ 道岳法师，隋唐时代的高僧。洛阳孟氏子，出家从僧粲为弟子。隋大业初，召住大禅定道场，即大总持寺。唐贞观中，因得太子赏识而任普光寺主持。有《十八部论疏》等著述数十卷。

⑤ 脂膏不润，谓置于脂膏之中而不能自润，比喻人长期处于某种有利的环境中，却不能很好地利用它谋取好处。《后汉书·孔奋传》："时天下扰乱，唯河西独安，而姑臧称为富邑，通货羌胡，市日四合，每居县者，不盈数月辄致丰积。奋在职四年，财产无所增。事母孝谨，虽为俭约，奉

养极求珍膳。躬率妻子,同甘菜茹。时天下未定,士多不修节操,而奋力行清洁,为众人所笑,或以为身处脂膏,而不能以自润,徒益苦辛耳。"

⑥ 饱食终日,语出《论语·阳货》:"子曰:饱食终日,无所用心,难矣哉。"赞文此语乃辩机自谦之辞。

⑦ 面墙,犹言不学,亦是辩机自谦之辞。语见《书经·周官》:"不学墙面,莅事惟烦。"蔡沈注云:"人而不学,其犹正墙面而立,必无所见,而举措烦扰也。"又,《论语·阳货》:"子谓伯鱼曰:女为《周南》、《召南》矣乎?人而不为《周南》、《召南》,其犹正墙面而立也与?"朱熹注云:"为,犹学也。《周南》、《召南》,《诗》首篇名,所言皆修身齐家之事。正墙面而立,言即其至近之地,而一物无所见,一步不可行。"

⑧ 鹓鸿,即鹓雏和鸿鹄,均为凤凰之类的神鸟。《庄子·秋水》:"南方有鸟,其名为鹓雏。……夫鹓雏,发于南海而飞于北海,非梧桐不止,非练实不食,非醴泉不饮。"王先谦注云:"李云:鹓雏乃鸾凤之属也。"《史记·陈涉世家》:"陈涉太息曰:'嗟乎,燕雀安知鸿鹄之志哉!'"《索隐》曰:"尸子云'鸿鹄之鷇,羽翼未合,而有四海之心'是也。按,鸿鹄是一鸟,若凤凰然,非谓鸿雁与黄鹄也。"

⑨ 司马子长,即司马迁,西汉的史学家、文学家和思想家,撰著名的《太史公书》,后称《史记》。

⑩ 杀青,通常指书籍之写定。据说古人著书,初稿书于青竹皮上,取其易于改抹,改定后再削去青皮,书于竹白,故谓之"杀青"。

⑪ 油素,精白的绢,古人作书画之用。

⑫ 天规,亦称天轨、天路,指上天或天子之法则、要求。《文选》班固《幽通赋》云:"既仁得其信然兮,仰天路而同轨。"李善注云:"刘德曰:人道既然,仰视天道,又同法也。"

⑬ 夸父逐日的神话传说，见《山海经》、《列子》等。《山海经·大荒北经》载云："大荒之中有山，名曰成都载天。有人珥两黄蛇，把两黄蛇，名曰夸父。后土生信，信生夸父。夸父不量力，欲追日景，逮之于禺谷。将饮河而不足也，将走大泽，未至，死于此。"又，《山海经·海外北经》："夸父与日逐走，入日。渴欲得饮，饮于河渭，河渭不足，北饮大泽。未至，道渴而死。弃其杖，化为邓林。"

⑭ 博望，乃博望侯之略，即西汉武帝时代出使西域的张骞。释见敬播序 1.1 注 ⑧。

⑮ 左史，亦即太史，古之官名，专记天子之事。《礼记·玉藻》："（天子）动则左史书之，言则右史书之。"疏云："太史为左史，内史为右史。"这里的"左史"则泛指一般史官。

⑯ 职方，亦为古代官名，专司地图与四方的职贡。

【译文】

辩机的远祖是得道的仙人，我在少儿时代就有避世修道之心；到十五岁时，削发出家，换上僧服，作为大总持寺萨婆多部道岳法师的弟子。虽然遇到名师，但是我如朽木，难以雕凿成材；虽然有幸身列佛门，但是犹如身处脂膏之中而不能自润，获益甚微。徒然饱食终日，确实学业无成，虚度宝贵光阴。我很幸运地逢此大好时机，正遇上这样美好的年代。我只拥有燕雀般的些微才学，勉强跟在鹓雏和鸿鹄的后面。圣上命令我这庸才，撰写这样一本方志。学识不能博古通今，文内并无华丽词藻，犹如磨了钝刀来雕朽木，仿佛精疲力尽拖曳瘸子。恭敬禀承圣旨，撰成这篇游记，按照前后顺序，整理编排成文。尚书发下笔、册，于是抄录在此。我的才智浅薄，遗漏之处很多；可能有些废话，尚未删削干净。当年司马子长，是位优秀史家，撰写《太史公书》，乃是子承父业，尚且不免疏漏，有人有名无字，有的地方却只有县名，未记郡名。所以说，单凭一人之力，既要繁复考虑，文字篇幅又大，就会无法遍顾。况且如我这般下等智力，又怎能详细备述呢？关于各地风俗习惯的差异，疆域物产的记载，性格、智力的区别，气候状况的不同，则全都具体记述优劣，仔细核定实情。至于胡人、西戎的姓氏，大多使用国号；印度的风俗教化，有清流、浊流之分。对于这些情况，只是大略记载，犹如序文所言。迎宾仪式、喜庆礼节、居民编户、军事力量、佛教僧侣，就不作详细记叙了。佛陀以广大神通对待世俗事物，用灵妙化导教育芸芸众生。所以说：神道深奥玄妙，佛理冠绝人世，灵化时隐时现，神迹来自天外。因此，诸佛示显瑞祥之地，先圣留下胜迹之处，本书之中都要概略列举遗迹，粗粗作一说明。境域道路曲折迂回，疆界国境相互交叉，行程所至便即记下，不再将其一一编排。所以五印度地，不作疆域划分，只在每国末尾，约略指出领地。凡是写作"行"的，即是亲游之地；凡是写作"至"的，则是传闻之地。或者直截了当记叙其事，或者委婉曲折表述其意，筛选加工，推敲考究，然后记述下来，务必根据实际情况记录，须将可靠材料进呈圣上。贞观二十年秋七月，本书搁笔定稿，誊在白绢之上。唯恐不配圣主明鉴，怎敢妄想符合天意？然而，甘冒艰险抵达穷乡僻壤，实是仰仗我朝教化布扬；本书能够记述奇闻异事，确是依赖皇上威灵佑庇。追逐太阳到达荒远之地，并非仅靠夸父之力；开拓西域之间千里交通，难道全属张骞之功？灵鹫山迁到了大唐的中原，鹿野苑变成了唐皇的外园。千年历史犹如亲眼目睹，万里山河仿佛亲自游览。这是远古以来从未听说，也是前代典籍所未记载的。至高无上的美德传遍天下，异乡它国的人们都来朝贡；淳厚的王风吹拂远方，荒僻的地区也不例外。这样一本地志，或者可补《山海经》的不足之处，可供史官用为史料，可备职方采纳参考。

部分引用资料略称表

（本表将汉文和日文归入一类，按编、著者或校点者的汉语拼音字序排列；西文一类则按作者的拉丁字母顺序排列。）

汉日文著述

白鸟库吉《西域史研究（上）》，岩波书店，1941年；《西域史研究（下）》，岩波书店，1944年。

略称：白鸟《研究（上）》、《研究（下）》。

伯希和《吐火罗语与库车语》，载伯希和、列维《吐火罗语考》，冯承钧译，中华书局，1957年。

略称：伯希和《吐火罗与库车语》。

慈怡主编《佛光大辞典》，台湾佛光出版社，1989年。

略称：慈怡《佛光辞典》

村越三千男编《大植物图鉴》，东京，1925年。

略称：村越《图鉴》。

冯承钧《迦腻色迦时代之汉质子》，原载《汉学》一卷一期；今收入冯承钧《西域南海史地考证论著汇辑》，中华书局，1957年。

略称：冯承钧《汉质子》。

冯承钧《再说龟兹白姓》，原载《女师大学术季刊》二卷一期；今收入冯承钧《西域南海史地考证论著汇辑》，中华书局，

1957 年。

　　　略称 : 冯承钧《龟兹白姓》。

黄文弼《塔里木盆地考古记》,科学出版社，1958 年。

　　　略称 : 黄文弼《考古记》。

黄文弼《西北史地论丛》,上海人民出版社，1981 年。

　　　略称 : 黄文弼《论丛》。

季羡林等《大唐西域记校注》,中华书局，1985 年。

　　　略称 : 季羡林等《校注》。

季羡林等《大唐西域记今译》,陕西人民出版社，1985 年。

　　　略称 : 季羡林等《今译》。

堀谦德《解说西域记》,前川文荣阁，1912 年。

　　　略称 : 堀谦德《解说》。

李吟屏《古代于阗国都再研究》,《新疆大学学报》1989 年
第三期。

　　　略称 : 李吟屏《于阗国都》。

林梅村《新疆佉卢文书释地》,《西北民族研究》1989 年第
一期。

　　　略称 : 林梅村《佉卢文书释地》。

内田吟风《吐火罗国史考》,斯英琦、徐文堪译,《民族译丛》
1981 年第二期、第三期。

　　　略称 : 内田《吐火罗国》。

芮传明《“曳落河”与“柘羯”考》,《西域研究》1991 年第
三期。

　　　略称 : 芮传明《柘羯考》。

沙畹《宋云行纪笺注》,冯承钧译,载《西域南海史地考证译丛六编》,中华书局,1956 年。

略称:沙畹《笺注》。

沙畹《西突厥史料》,冯承钧译,中华书局,1958 年。

略称:沙畹《史料》。

水谷真成译注《大唐西域记》,平凡社,1979 年(第二版)。

略称:水谷《西域记》。

松田寿男《古代天山历史地理学研究》,陈俊谋译,中央民族学院出版社,1987 年。

略称:松田《天山研究》。

汤用彤《汉魏两晋南北朝佛教史》,中华书局,1983 年。

略称:汤用彤《佛教史》。

藤田丰八《慧超往五天竺国传笺释》,泉寿东文书藏,1931 年。

略称:藤田《笺释》。

藤田丰八《西域研究》,杨炼译,商务印书馆,1933 年。

略称:藤田《西域研究》。

王邦维《大唐西域求法高僧传校注》,中华书局,1988 年。

略称:王邦维《高僧传校注》。

王仲荦《魏晋南北朝史》,上海人民出版社,1990 年。

略称:王仲荦《魏晋南北朝史》。

王国维校,袁英光、刘寅生整理标点《水经注校》,上海人民出版社,1984 年。

略称:王国维《水经注》。

夏德《大秦国全录》,朱杰勤译,商务印书馆,1964 年。

略称：夏德《全录》。

杨廷福《玄奘论集》，齐鲁书社，1986 年。

略称：杨廷福《论集》。

杨廷福《玄奘年谱》，中华书局，1988 年。

略称：杨廷福《年谱》。

杨廷福《玄奘西行首途年月考释》，《上海师范大学学报（哲社版）》1978 年第一期。

略称：杨廷福《首途年月》。

杨宪益《译余偶拾》，北京三联书店，1983 年。

略称：杨宪益《偶拾》。

姚世珍《大唐西域记注释》，中央民族学院科研处，1984 年。

略称：姚世珍《注释》。

余太山《嚈哒史研究》，齐鲁书社，1986 年。

略称：余太山《嚈哒》。

张平《龟兹五铢铸币的考古发现及其有关问题》，《西北史地》1986 年第四期。

略称：张平《五铢铸币》。

章巽校点《大唐西域记》，上海人民出版社，1977 年。

略称：章巽《西域记》。

章巽《法显传校注》，上海古籍出版社，1985 年。

略称：章巽《法显传》。

周连宽《大唐西域记史地研究丛稿》，中华书局，1984 年。

略称：周连宽《丛稿》。

西文著述

A. L. Basham, *Papers on the Date of Kanishka*, Leiden, 1968.

略称: Basham, *The Date of Kanishka*.

V. V. Barthold, *Turkestan Down to the Mongol Invasion*, Oxford University Press, 1928.

略称: Barthold, *Turkestan*.

Al-Biruni, *Alberubi's India*, tr. by E.C.Sachau, London, 1964.

略称: Al-Biruni, *India*.

S. Chattopadhyaya, *The Early History of North India*, Calcutta, 1958.

略称: Chattopadhyaya, *North India*.

G. Clauson, "Ak Beshim-Suyab", *Journal of the Royal Asiatic Society*, No.1, 1961.

略称: Clauson, "Ak Beshim".

A. Cunningham, *Ancient Geography of India*, rev.by Majumdar, Calcutta, 1924, repr. Delhi, 1979.

略称: Cunningham, *Geography*.

R. N. Frye, *Islamic Iran and Central Asia*, London, 1979.

略称: Frye, *Central Asia*.

B. Laufer, *Sino-Iranica*, Anthropological Series, Vol. X V, No.3, Chicago, 1919.

略称：Laufer, *Sino-Iranica*.

Le Strange, *The Lands of the Eastern Caliphate*, Cambridge University Press, 1905.

略称：Le Strange, *The Eastern Caliphate*.

V. Minorsky, *The Regions of the World*, Oxford University Press, 1937.

略称：Minorsky, *The Regions*.

V. A. Smith, *The Oxford History of India*, 3rd edition, Oxford, 1958.

略称：Smith, *History of India*.

M. A. Stein, *Sand-Buried Ruins of Khotan*, London, 1903.

略称：Stein, Khotan.

T. Watters, *On Yuan Chwang's Travels in India*, 2 Vols, London, 1904–1905.

略称：Watters, *Travels in India*.

译注后记

　　本书虽然题为《大唐西域记译注》，但是其主体内容和全书结构都承袭了我二十余年前撰写的《大唐西域记全译》。

　　《全译》一书由贵州人民出版社于1995年出版。最初，这一写作任务是由先师章巽（丹枫）教授接受的。孰料不久之后，他老的健康状况急剧恶化，乃至连"勉力为之"也办不到了。在此情况下，他老希望我能担当此责，完成全书，以不负出版社所托。此事对我而言，虽然"义不容辞"，但毕竟才疏学浅，故对于最终的质量能否"达标"颇为担心。幸而前辈学者的相关著述颇多，尤其是恩师早年校点的《大唐西域记》以及季羡林先生等的《大唐西域记校注》诸书，为我提供了优质的范本和参考。此外，此书编辑倪腊松先生的认真而辛勤的工作，也促使此书得以顺利和比较圆满地面世。

　　不过，随着资料的积累和知识的拓展，我感到此书的质量还有很大的提升空间。遗憾的是，对于2008年的所谓"修订版"，我因为忙于其他事务，未及亲自修改只字，仅由出版方做了一点编排方面的小改动。但幸运的是，这次蒙中华书局青睐，意欲再版拙书，故我趁此良机，得以尽可能地修改了旧版存在的笔误、印刷错误、不适当的词句，乃至个别的谬误注释。尽管囿于体例要求，未能对全书作大幅度的调整和修改，却也部分地改善了原版质量，得以向读者聊作交待；同时，也是对已经仙逝二十多年的先师的一种纪念。

芮传明

二〇一八年三月